赵伯雄 著

春秋学史

山东教育出版社

图书在版编目(CIP)数据

春秋学史/赵伯雄著.—济南:山东教育出版社,2014
ISBN 978-7-5328-7261-9

Ⅰ.①春… Ⅱ.①赵… Ⅲ.①《春秋》—研究—中国—古代 Ⅳ.①K225.04

中国版本图书馆 CIP 数据核字(2014)第 027229 号

春秋学史

赵伯雄 著

主　　管:	山东出版传媒股份有限公司
出版者:	山东教育出版社
	(济南市纬一路 321 号　邮编:250001)
电　　话:	(0531)82092664　传真:(0531)82092625
网　　址:	http://www.sjs.com.cn
发行者:	山东教育出版社
印　　刷:	山东临沂新华印刷物流集团
版　　次:	2014 年 2 月第 1 版第 1 次印刷
规　　格:	787mm×1092mm　16 开本
印　　张:	38 印张
字　　数:	620 千字
书　　号:	ISBN 978-7-5328-7261-9
定　　价:	76.00 元

(如印装质量有问题,请与印刷单位联系调换)
电话:0539—2925659

自　序

　　大约在二十世纪八十年代，我就发愿要写一部基于现代人立场的、对传统学术进行重新审视的《中国经学史》。但对这部书究竟能做到什么程度、能达到怎样的规模、能取得哪些创获，当时的想法实际上是很朦胧的。随着学殖的增长和研究的深入，我逐渐感到我理想中的"经学史"并不那么好写，需要研究的问题实在太多，需要看的书也实在太多，也许穷毕生之力，也未必能够达到自己预想的目标。而且，就当时学界一般的研究状况来看，似乎也还不具备编撰成功一部新的经学史的基础。因为毋庸讳言，解放以来，中国大陆地区对经学及经学史的研究，实在难以令人满意。因此我感到，作经学史，还须从许多最基础的工作做起，例如先做分经典的研究，或者先做分阶段的研究。只有在分经典的研究及分阶段的研究上有了高水平的成果，例如有了高水平的《易学史》、《尚书学史》、《诗经学史》等，有了高水平的《两汉经学史》、《两宋经学史》、《清代经学史》等，高水平的《中国经学史》才有可能出现。显然，这不是凭一两个人的力量能够做到的。于今之计，还须从根本上做起。于是，我选择了先作一部《春秋学史》。

　　在儒家的经典当中，《春秋》真是很特别的一部。别的经典，尽管其原本不过是占卜之书、档案汇编、诗歌总集之类，但既作为经典，其经文本身，总还多少有些"义"可说；《春秋》就不一样，它本是史文，只是干巴巴的记事，经文本身没有表达出任何"义"来。如果离开了三传，人们从《春秋》经文中简直看不出任何好恶褒贬。然而古往今来，历代的儒者经师对《春秋》的经义发挥得最多，说解《春秋》的著作真可谓汗牛充栋，《春秋》二百四十二年的史事，一万六千余字的史文，承载着太多的经义。这真是一个有趣的现象。这些著作和数不清的经义，就构成了传统的《春秋》学。

　　《春秋》学的形态与内容，随着时代的变迁而不断地变化。汉代《春秋》学的主体是公羊学。为什么会是这样呢？因为汉人治经，特别注重实用，公羊学的理论，特别适合汉朝统治者的需要。汉时流行"三统说"，以此作为论证汉朝立国具有合理性、合法性的理论根据。而公羊学说中，正有可以配合三统说的地方。因此，公羊理论很自然地受到汉统治者的欢迎。他如维护中央集权的"大一统"义，维护王权、抗御少数族侵扰的"尊王攘夷"之义，维护统治秩序的诛讨乱臣贼子之义等，这些公羊学中的"大义"，都能够用来解决现实政治问题。加以汉初的公羊学者董仲舒等人又对《春秋》学做了一番符合时代潮流的改造，加进了大量天人感应、灾异祥瑞之类的内容，这就使《春秋》学更与当时弥漫着神秘主义气息的社会风习相契合。因此《春秋》公羊学成为西汉的显学，自是情理中事。但是任何理论都不可能恒久不变地被一个社会所遵奉，公羊学也难脱衰败的命运。代之而起的是《春秋》左氏学。《左传》以实事解经，较之《公》、《谷》，显得更为"深切著明"，这与东汉以后的社会普遍高扬的历史意识是合拍的。唐代经学，当然也包括《春秋》学，明显表现为缺乏生命力。这是因为汉学的研究已经没有多少余地，唐初《五经正义》的颁行，更是统一了经义，进而统一了士人的思想，经学的发展实际上陷于停滞。不是说唐代的统治者不需要《春秋》学，《春秋》学的一些理论和原则依然为人所遵奉，但人们的实际态度则是敬而远之，口头上把《春秋》捧得天高，而对《春秋》经传的研究则用力越来越少。到了宋代，学者开始尝试摆脱三传，直接从经文中去挖掘微言大义，这样不可避免地走上了逞臆说经的道路。这也不是偶然的，宋人注重内省，耽于玄想，同时迫切地需要用《春秋》来解决现实问题，故舍传求经是他们最好的选择。清代学术趋于征实，学者多在《左传》的训诂、校勘、考证上下功夫，在经义上很少有什么新的发明。此时的《春秋》学，有脱离政治的倾向，而向纯学术的方向发展。晚清今文学复兴，公羊学又重新被人拾起，公羊学说中的"三统论"、"三世说"以及"孔子改制"等思想，又成了知识分子鼓吹维新变法的理论武器。此时的《春秋》学，似乎是完成了一个轮回，以《公羊》的崛起为始，中经《公》、《谷》的式微及《左传》的独行其道，又以公羊学的重新被提起告终。随着封建王朝统治在中国的终结，作为封建社会主流意识形态的经学也终于完成了它的历史使命，退出了历史政治舞台。此后的《春秋》学，只有在纯粹学术研究的领域中才有其意义了。

在《春秋》学整个发展进程中，有数不清的学者对《春秋》以及三传从各个角度做了大量的研究，对这些形形色色的议论、观点和著作，现代学者理应给以清算和总结。这本《春秋学史》就承担着这样一个任务。

按照现代的学科分类，《春秋》、三传及古来围绕着《春秋》经传出现的大量著作,是被归在了历史类中的。这也难怪,现代人的知识结构中,经学并不构成一个学术门类。《易》本卜筮之书,其中多含哲理,于是归入哲学类;《尚书》乃档案之汇编,于是归入历史类;《诗经》是上古诗歌的总集,自然要归入文学类;《春秋》本是鲁国的编年史,《左传》更是一部记事详赡的"史书",故将《春秋》经传及相关著作归入历史类中似在情理之中。但若细究起来,这种分类并不准确。《春秋》固然本是鲁国的编年史,但严格说起来,《春秋》学却不能算是史学。《春秋》学从它成立的第一天起就不是史学。孔子用《春秋》来教学生,也根本不是在讲历史。孟子称《春秋》"其事则齐桓、晋文,其文则史",但更重要的是下面一句:"其义则丘窃取之矣。"孔子是着眼于《春秋》史文中的"义"的。孔子以后,历代儒者,不管其家派如何,解说《春秋》,都是不否认其中有"义"的,而且都把挖掘《春秋》中的义作为研究《春秋》的首要任务。即使是最为质实的《左传》学者,也主张《春秋》大义蕴涵在记事之中,其考证、梳理史事,也是为了"明义"。

　　那么《春秋》学到底是一种什么学问呢?《春秋》学是经学的一个分支,它也正像经学一样,是一种综合性的学问,几乎涉及了旧时学术的各个领域。经学固然以经典为核心,同时也包括围绕经典而产生的对经典所做的解释、发挥、考订、改编等种种学问。经学史就是这种综合学术的发展史。台湾学者林庆彰说:"一部经典形成后,后人一切相关研究的成果,包括经典的注释、个别字义、典章制度、思想内容的探讨,和相关论著目录、论文集、丛书等的编辑,都可以说是该部经典研究史探讨的对象。"这里所谓"经典研究史",应理解为即经学史。我对《春秋》学史就是这样来理解的。《春秋》学不是史学,但它包含有史学的内容。《春秋》学不是文献学,但它包含有文献学的内容。不过从历代学者研治《春秋》经传的总的倾向来看,从历代统治阶级对《春秋》的利用情况来看,《春秋》学更主要的应该是一种政治哲学。那么什么是政治哲学呢?现代学者使用这一学术概念,主要是指一些对指导政治实践有重要作用的、带有根本性的政治思想,包括重要的政治原则、政治思维方式、政治价值观等。所谓《春秋》的微言大义,大多属于政治思想的范畴。例如《春秋》的"尊王"之义、"攘夷"之义、诛贬"乱臣贼子"之义、"大复仇"之义、"贵权变"之义、"重内轻外"之义等。当然,不同的学派,所述之义容有不同,有时对同一种义的理解也存在差异(例如对"弑君"的看法,《左传》与《公》、《谷》就不一样)。不同的时代,由于现实政治需要的不同,强调的义也不一样(例如汉代之强调"大一统",南宋之强调"攘夷",清末之鼓吹

"改制"，都与当时的政治相关)。但这些义都具有指导政治实践的意义，这一点是相同的。因此《春秋》不啻是一部政治教科书。

值得注意的是，所有这些义，都不是经文所直接表述出来的，而是三传以及后世的经师挖掘与发挥出来的。可见《春秋》一经，可供学者发挥的空间很大，这也正是历代《春秋》学著作，在数量上每每超过其他经典以至汗牛充栋的原因。从实证的角度来看，这些著作大多数很难说有什么价值，它们毕竟不是史学著作；但若从探寻古代中国人的政治思想，探寻古代统治阶级如何利用意识形态巩固他们的统治这个角度来看，古来《春秋》学的发展历史能够给我们许多启发。而且，研究这些《春秋》学著作，不难从中发现古代中国人思维方式的一些特点。例如在阐述自己的政治理念时对经典文本的依赖，人们往往喜欢通过对经典的解说、诠释来表达自己的政治观点；而这种解说和诠释，又往往关注于表面文字之外，喜欢探寻所谓弦外之音（这在《春秋》学上称为微言、书法）。仅以"春王正月"四个字来说，为了解释为什么"春"在"王"的上头、"王"在"正月"的上头，就不知耗费了古来经师的多少笔墨！

当年司马迁对《春秋》备极推崇，说什么"有国者不可以不知《春秋》"，"为人臣者不可以不知《春秋》"，若是不通《春秋》之义，为君者"必蒙首恶之名"，为臣者"必陷篡弑之诛、死罪之名"，虽说是反映了《春秋》在维护封建政权上的大纲大法地位，但也未免有些过甚其辞。然而在经学作为主流意识形态早已寿终正寝的今天，我们却可以说，如果不了解《春秋》学，不了解《春秋》学的发展历史，恐怕就无法从根本上深入透彻地理解中国古代的政治，无法准确地把握古代政治思想的发展脉络。从这个意义上说，对传统《春秋》学做史的研究，其意义已经超出一般学术史的范围之外了。

本书对历代重要的《春秋》学者及其著作进行了全面的回顾和梳理，力图把《春秋》学的发展变化与当时的社会政治结合起来，探索《春秋》学发展的内在规律。现代中国人也许很难理解，区区一万多字的一部大事记式的鲁国史，竟被学者和经师们讲论了两千多年，而且历朝历代的统治者，除了极少数的例外，都把它奉为治国的宝典，真是不可思议，但这确是历史的事实。凡在历史上存在过的事物，都有其一定的合理性，《春秋》学也是这样。就其主要方面来讲，《春秋》学是古代中国人政治思维的产物，只有中国这样的土壤、中国人这样的政治认知和思维模式，才会产生出《春秋》学这样的独特的学术；反过来说，作为一种长期占统治地位的意识形态，《春秋》学又不断地对后世的中国人发生深刻的影响。因此对传统《春秋》学的发展给予清算和总结，对现代中国人来说并不是一件没有意义的事。

这本《春秋学史》是作者十余年来攻苦力学的结果。作者对前人特别是清代学者的研究成果多所汲取，同时也参阅了大量的时贤论著。书中既有对前人成果的归纳和总结，也有作者独立的钻研和思考。不敢说有多少创获，但每一章每一节之中，自信是做了许多脚踏实地的工作的。在现代社会中，经学史的研究真是一个寂寞的领域，但同时又是认识传统文化所不可或缺的一环。惟其为社会所必需，总要有人不畏艰险、披荆斩棘地探索前行；惟其寂寞，更要求这里的学人敛戢虚华，力戒浮躁，不计成败地默默耕耘。《诗》不云乎："如切如磋，如琢如磨"，今日治学，特别需要提倡这样一种精神；于《传》有之："譬如农夫，是穮是蓘，虽有饥馑，必有丰年"，辛勤的耕耘必定会有所收获。至于书中的疏漏错误，由于作者的学力有限，实难避免，尚祈海内博雅君子，有以教之。

目　　录

第一章　先秦《春秋》学的形成与分化 …………………………………… 1
第一节　《春秋》的性质 …………………………………………………… 1
第二节　孔子与《春秋》的关系 …………………………………………… 4
第三节　《春秋》学的形成 ………………………………………………… 6
第四节　《左传》与《春秋》左氏学 ……………………………………… 9
一、《左传》的作者与时代 ……………………………………………… 9
二、《左传》的编撰过程 ………………………………………………… 14
三、左氏处理史料的方式 ………………………………………………… 19
四、《左传》的传经方法 ………………………………………………… 21
五、《春秋》学中的一个家派 …………………………………………… 25
第五节　《公羊传》的出现与《春秋》公羊学 …………………………… 27
一、从"口说"到"著于竹帛" ………………………………………… 27
二、《春秋》的公羊之义 ………………………………………………… 30
第六节　《谷梁传》与《春秋》谷梁学 …………………………………… 40
一、《谷梁》与《公羊》的先后次序 …………………………………… 40
二、《谷梁》所发挥经义的特点 ………………………………………… 44
三、《谷梁传》的"日月时例" ………………………………………… 47
第七节　《春秋》三传之同源异流 ………………………………………… 51
第八节　孟、荀《春秋》学之比较 ………………………………………… 58
一、孟子论《春秋》之作意 ……………………………………………… 58
二、荀子的《春秋》观及荀子与三传的关系 …………………………… 61

第二章　两汉《春秋》学（上） …………………………………………… 68
第一节　《春秋》学成为显学 ……………………………………………… 68

第二节　汉代《春秋》经传的社会政治功能 ·············· 74
　一、以《春秋》说灾异 ·· 76
　二、以《春秋》之义为政治原则 ································· 82
　三、以《春秋》议礼 ·· 86
　四、以《春秋》决狱 ·· 89

第三节　一代《公羊》大师——董仲舒 ······················ 94
　一、董仲舒其人及其著作 ······································ 94
　二、董仲舒有关《春秋》的新理论 ··························· 97
　三、董仲舒的《春秋》大义及其阐扬大义的方法 ······ 102
　四、董仲舒对《春秋》学的神学化改造 ··················· 106
　五、有关《春秋》书法的董氏义例 ························· 111

第四节　司马迁的《春秋》观 ···································· 114

第五节　西汉《春秋》学的传授 ································ 120
　一、《春秋》公羊学的传授 ···································· 120
　二、《春秋》谷梁学的授受源流 ····························· 125
　三、《左传》在西汉的传授 ···································· 127

第三章　两汉《春秋》学（下） ································ 130

第一节　经今古文学的分立与斗争 ···························· 130
　一、今古文学的分化 ·· 130
　二、统一经义的努力——白虎观会议 ···················· 134
　三、东汉今古文势力的消长 ································· 137
　四、今文学派与古文学派之比较 ··························· 147

第二节　《春秋》研究的畸变——春秋纬 ··················· 150
　一、谶纬盛行于东汉 ·· 150
　二、春秋纬的内容与分类 ····································· 153

第三节　"订其真伪，辨其实虚"的王充 ···················· 156

第四节　何休《公羊解诂》中的《春秋》义法 ············ 163

第五节　宗主《左传》、兼采《公》《谷》的郑玄 ········ 171

第六节　《春秋》《左传》的贾注与服注 ···················· 178
　一、贾逵对《春秋》经义的阐发 ····························· 178
　二、服虔的《春秋左氏传解谊》 ····························· 181

第七节　东汉的《春秋》学者及其学术之传承 ·················· 185
　一、《春秋》学者及其授受源流 ························· 185
　二、师法与家法 ···································· 193
　三、东汉学者崇尚兼综的风气 ·························· 195

第四章　魏晋南北朝时期的《春秋》学 ················ 197
第一节　魏晋经学地位的衰落 ························ 197
第二节　魏晋的《春秋》学者与《春秋》经义 ·············· 200
　一、向郑学挑战的王肃 ······························· 200
　二、《魏略》中所见之《春秋》学者 ····················· 202
　三、晋世的《春秋》学者 ····························· 204
　四、晋人口中的《春秋》经义 ·························· 206
第三节　杜预与《春秋经传集解》 ····················· 207
　一、杜预的生平与著作 ······························· 207
　二、"经承旧史，史承赴告"的思想 ····················· 210
　三、杜预关于"例"的理论 ···························· 213
　四、《集解》"强经以就传"的倾向 ····················· 217
　五、杜注与服注的势力消长 ··························· 220
第四节　范宁与《春秋谷梁传集解》 ··················· 223
　一、范宁对三传的批评 ······························· 223
　二、范氏《集解》的注释特点及其思想倾向 ················ 227
　三、范注对《公》、《左》的吸取 ····················· 231
第五节　南学与北学的分立 ·························· 232
　一、南朝经学概况 ·································· 232
　二、北魏鲜卑统治者的崇儒 ··························· 233
　三、南北学风的差异 ································ 235
　四、北朝的《春秋》学者 ····························· 237
　五、南朝的《春秋》学者 ····························· 240
第六节　义疏的出现 ······························· 242
第七节　徐彦与他的《公羊传疏》 ····················· 246
　一、徐彦应是一位北朝的学者 ·························· 246
　二、徐彦对《春秋》公羊学的基本认识 ··················· 249

三、徐彦疏的内容及疏释范围 ············ 251
四、徐彦疏与《公羊》旧疏之关系 ········ 255

第五章 隋唐五代时期的《春秋》学 ············ 257
第一节 唐初《春秋左传正义》的修撰与颁行 ········ 257
一、经学上的北并于南 ················ 257
二、孔颖达与《五经正义》 ············ 258
三、《左传正义》定杜注于一尊 ········ 261
第二节 陆德明的《经典释文》 ············ 264
一、注音兼释义的《经典释文》 ········ 264
二、《春秋》三传的传授系统 ············ 266
三、对《春秋》三传的注音与释义 ········ 266
第三节 九经取士与唐人的《春秋》观 ········ 272
一、唐代《春秋》学的颓势 ············ 272
二、唐人的《春秋》观 ················ 275
第四节 刘知几的"疑经"、"申左" ············ 278
一、对所谓《春秋》书法的质疑 ········ 279
二、扬《左传》而抑《公》《谷》 ········ 283
第五节 开"舍传求经"之风的啖、赵、陆三家 ········ 285
一、啖、赵、陆其人及其著作 ············ 285
二、啖、赵对《春秋》的基本认识 ········ 290
三、啖、赵关于《左传》作者及成书过程的意见 ········ 293
第六节 杨士勋的《谷梁传疏》与唐代谷梁学 ········ 296
一、杨士勋与《谷梁传疏》 ············ 296
二、刘蕡对策中的《谷梁》传义 ········ 300
第七节 隋唐的《春秋》学者及其著作举要 ········ 303
一、续《春秋》作《元经》的王通 ········ 303
二、唐初的几位《春秋》学者 ············ 305
三、殷侑注《公羊春秋》 ············ 306
四、卢仝的《春秋摘微》 ············ 307
五、刘轲与《三传指要》 ············ 308
六、陈岳的《春秋折衷论》 ············ 309

第六章　宋元明《春秋》学（上） …… 311
第一节　北宋前期《春秋》学之大势 …… 311
第二节　胡瑗与孙复 …… 314
　　一、作为理学先驱的胡瑗 …… 314
　　二、孙复与《春秋尊王发微》 …… 317
第三节　庆历新学与刘敞的《春秋权衡》 …… 323
　　一、刘敞与他的《春秋》学著作 …… 323
　　二、刘氏对《左传》"五十凡"的批判 …… 326
　　三、论《春秋》之褒贬与鲁史旧文 …… 329
　　四、剔除怪论妄说以改造《公》《谷》 …… 333
　　五、刘氏《春秋》学的标新与立异 …… 336
第四节　王安石与"断烂朝报"之说 …… 341
第五节　二程对《春秋》学的影响 …… 347
　　一、二程的《春秋》观 …… 347
　　二、二程对传统《春秋》学之批判 …… 351
　　三、程颐的《春秋传》 …… 355

第七章　宋元明《春秋》学（下） …… 359
第一节　朱熹的怀疑与困惑 …… 359
　　一、朱熹的《春秋》观 …… 359
　　二、朱熹对三传的批评 …… 362
　　三、朱熹对程、胡《春秋》传的批判 …… 364
第二节　胡安国及其《春秋传》 …… 368
　　一、胡安国及其学术渊源 …… 368
　　二、胡氏《春秋传》之成书 …… 371
　　三、胡安国对《春秋》的基本认识 …… 372
　　四、胡氏《春秋传》之要旨 …… 373
　　五、胡氏《春秋传》的时代特征 …… 375
　　六、"以夏时冠周月" …… 380
　　七、后儒对胡氏《春秋传》的评论 …… 386
第三节　两宋其他重要的《春秋》学者 …… 388

一、王晳 ……………………………………………………… 388
　　二、孙觉 ……………………………………………………… 389
　　三、苏辙 ……………………………………………………… 391
　　四、崔子方 …………………………………………………… 394
　　五、萧楚 ……………………………………………………… 397
　　六、叶梦得 …………………………………………………… 398
　　七、高闶 ……………………………………………………… 402
　　八、陈傅良 …………………………………………………… 404
　　九、吕祖谦 …………………………………………………… 406
　　十、张洽 ……………………………………………………… 411
　　十一、黄仲炎 ………………………………………………… 412
　　十二、赵鹏飞 ………………………………………………… 414
　　十三、吕大圭 ………………………………………………… 415
　第四节　《春秋》经传的专门化研究 ………………………… 418
　第五节　元明《春秋》学的衰落 ………………………………… 421
　　一、元代经学地位的下降 …………………………………… 421
　　二、继承朱学统绪的吴澄 …………………………………… 423
　　三、程端学的《春秋》三书 ………………………………… 427
　　四、黄泽与赵汸的"复古" ………………………………… 430
　　五、明初的《春秋大全》及其影响 ………………………… 436

第八章　清代《春秋》学（上） ……………………………………… 440
　第一节　康、雍、乾时期的《春秋》官学 …………………… 440
　第二节　清前期之变臆解为征实 ……………………………… 444
　　一、清初学风的变化 ………………………………………… 444
　　二、顾炎武以实证的方法治《春秋》 ……………………… 445
　　三、顾炎武的《左传杜解补正》 …………………………… 450
　　四、偏于征实的《春秋》学者 ……………………………… 453
　第三节　毛奇龄的《春秋》学 ………………………………… 463
　　一、毛氏论经传关系——简书与策书 ……………………… 464
　　二、毛氏对《左传》之推重 ………………………………… 465
　　三、对传统"义例"说的批判 ……………………………… 466

  四、以"礼"说《春秋》 …………………………………………… 466
  五、毛氏对胡安国传的批判 …………………………………… 467
  六、毛氏对经文之考证 ………………………………………… 469
 第四节 顾栋高与他的《春秋大事表》 ………………………… 470
  一、顾栋高的《春秋》观 ……………………………………… 471
  二、《春秋大事表》 …………………………………………… 473
 第五节 汉学勃兴与实证《春秋》学的发展 …………………… 478
  一、清代汉学的流派及其特征 ………………………………… 478
  二、惠氏《春秋》学 …………………………………………… 481
  三、皖派学者对《春秋》经传所做的工作 …………………… 484

第九章 清代《春秋》学（下） ………………………………… 510
 第一节 公羊学在清代的复兴 …………………………………… 510
  一、清代公羊学的初祖——庄存与 …………………………… 510
  二、孔广森与他的《公羊通义》 ……………………………… 517
 第二节 常州学派的中坚——刘逢禄 …………………………… 521
  一、刘逢禄的学术渊源 ………………………………………… 521
  二、刘逢禄的《春秋公羊经何氏释例》 ……………………… 525
  三、刘逢禄对《左传》的考证与批判 ………………………… 528
 第三节 龚自珍与魏源 …………………………………………… 533
  一、道、咸以降的龚魏新学 …………………………………… 534
  二、开发公羊学的经世功能 …………………………………… 536
  三、对董子《春秋繁露》之表章 ……………………………… 538
 第四节 晚清经生派之《春秋》学研究 ………………………… 541
  一、陈立及其《公羊义疏》 …………………………………… 541
  二、皮锡瑞与他的《春秋通论》 ……………………………… 543
 第五节 从廖平到康有为 ………………………………………… 548
  一、廖平的经学六变 …………………………………………… 549
  二、廖平的谷梁学与公羊学研究 ……………………………… 551
  三、廖平对《左传》的看法 …………………………………… 555
  四、康有为改良主义的《春秋》观 …………………………… 558
  五、《春秋》学成了康有为变法的理论基础 ………………… 561

六、康有为对《左传》的排斥与否定 …………………………………… 565
第六节　晚清《春秋》古文学者——章太炎与刘师培 ………………… 569
　　一、利用《春秋》鼓吹革命 …………………………………………… 569
　　二、国粹派的《左传》研究 …………………………………………… 571
　　三、刘师培对改良派公羊学说的批判 ………………………………… 579

后记 ………………………………………………………………………… 589
再版后记 …………………………………………………………………… 591

第一章　先秦《春秋》学的形成与分化

第一节　《春秋》的性质

先秦儒家经典中的《春秋》，原本是鲁国的史书，这一点在今日的学者中已经成为共识了。

中国古代的史官记事制度十分发达。从甲骨文中可以看到，商代就有史、大史这样的官名。西周的史官，更有许多区别的名称，见于青铜器铭文的，有大史、内史、作册，见于文献的，还有小史、左史、右史等职官。《说文》云："史，记事者也。"据王国维的研究，史字从又（即手）持中（盛简策之器），义为持书之人。因此，"史之职专以藏书读书作书为事"①。所谓藏书，当是保存国家的文书档案；所谓读书，是指宣读王的诰命；所谓作书，则是指记录国家的军政大事、国王的言论动止。这最后一项"作书"特别为人所重视。《汉书·艺文志》云："古之王者世有史官，君举必书，所以慎言行、昭法式也。左史记言，右史记事，事为《春秋》，言为《尚书》。"这左、右史的分职，在《礼记·玉藻》中正好相反："动则左史书之，言则右史书之。"实际情形究竟怎样，现在已很难考清，不过史官的职责是记录王的言行与国家的大事，这当是事实。据《国语·鲁语》，鲁庄公要到齐国去"观社"，曹刿认为此举不合"先王之训"，他说："君举必书。书而不法，后嗣何观？"可见不管国君的言行正确与否，史官都是要记录下来的。不只本国的事情，就是别国的大事，往往也要记载在史册上。宋国的华督弑宋殇公，他的后人说："君之先臣督得罪于宋殇公，名在诸侯之策。"② 卫国的宁殖曾赶走卫君，他临死前说："吾得罪于君，悔而无及也。名藏在诸侯之策，曰'孙林父、宁殖出其君'。"③ 表明发生在宋国、卫国的弑君、出君事件也是要记载在"诸侯之策"亦即其他国家的史

---

① 王国维《释史》，《观堂集林》卷六，中华书局1959年版。
② 《左传》文公十五年。
③ 《左传》襄公二十年。

册上的。

　　史官的这些记载,就形成了先秦时期数量颇为可观的历史著作。据《国语·楚语上》记载,楚庄王就太子的教育问题访于申叔时,申叔时对曰:"教之春秋,而为之耸善而抑恶焉,以戒劝其心;教之世,而为之昭明德而废幽昏焉,以休惧其动;教之诗,而为之导广显德,以耀明其志;教之礼,使知上下之则;教之乐,以疏其秽而镇其浮;教之令,使访物官;教之语,使明其德,而知先王之务用明德于民也;教之故志,使知废兴者而戒惧焉;教之训典,使知族类,行比义焉。"这里面的春秋、世、语、故志、训典,其内容可能都是一些历史记载,① 在今人看来,恐怕都应该归入史部;但其体裁不同,功用也不相同。其中对后世影响最大的,应该说是"春秋"。

　　从上引《楚语》这段文字看,"春秋"不像是某一部书的专名,楚庄王太子所读的春秋,绝不会是我们今天看到的《春秋经》。"春秋"在当时可能是一类史书的通名。《国语·晋语七》也提到,"(晋)悼公与司马侯升台而望曰:'乐夫!'对曰:'临下之乐则乐矣,德义之乐则未也。'公曰:'何谓德义?'对曰:'诸侯之为,日在君侧,以其善行,以其恶戒,可谓德义矣。'公曰:'孰能?'对曰:'羊舌肸(即叔向)习于春秋。'乃召叔向,使傅太子彪"。这里的"春秋",由于记载了"诸侯之为(行为)",包括他们的善举和恶行,故而可以为国君提供借鉴,精通"春秋"的人也就有资格做太子的老师了。墨子云:"吾见百国春秋。"② 《战国策·燕策》载乐毅云:"贤明之君,功立而不废,故著于春秋。"这里的"春秋",也应是史书的通名。有时为了说明史书是哪一国的,则在"春秋"前面加上国名。《墨子·明鬼篇》有"周之春秋"、"燕之春秋"、"宋之春秋"、"齐之春秋"的提法。《左传》昭公二年:晋韩起聘鲁,"观书于大史氏,见《易象》与《鲁春秋》"。《礼记·坊记》:"《鲁春秋》记晋丧曰:杀其君之子奚齐及其君卓。"这都是"春秋"之前带有国名的例子。

　　那么"春秋"是一种什么体裁的史书呢?墨子所说的"百国春秋"俱已不传,唯一可以回答这一问题的只有今日所见的原本是鲁史的《春秋经》了。从这部《春秋》来看,编年记事是其一大特点,而且每项记事都只是极为简洁的一行文字:"三月,公及邾仪父盟于蔑","夏五月,郑伯克段于鄢","秋七月,

---

① 韦昭注云:"世,谓先王之世系也。语,治国之善语。故志,谓所记前世成败之书。训典,五帝之书。"按世、故志、训典属于历史记载,似无疑问;所谓"治国之善语",殆即今所见《国语》之类,也是历史著作。

② 此为《墨子》佚文,见孙诒让《墨子间诂》之附录。

天王使宰咺来归惠公、仲子之赗"等。《春秋》中的一条记事，少则几个字，多者也就是三四十个字，一般只记时、地、人、事，绝无枝蔓描写，绝无人物对话，也极少解释性的、说明因果的文字，几乎全不带感情色彩。这种记事方法，可能是当时各国史册记事的通例。晋国的灵公被大夫赵盾的族人杀死，晋国的太史就在国史上记下了"赵盾弑其君";① 齐国发生了庄公在崔杼家被杀的事件，齐国的太史就直接记为"崔杼弑其君";② 还有前面提到的载在"诸侯之策"的"孙林父、宁殖出其君"，都说明当时各国史官记事，确有一种我们今日在《春秋》中所见到的记事法。这种纲要式的、编年大事记式的史书，在晋朝太康年间汲冢出土的战国简策中也可以看到，这就是作为晋魏史的《竹书纪年》。东晋杜预是亲眼见到过这批简策的，他在谈到《竹书纪年》时说："（是书）盖魏国之史记也。……其著书文意大似《春秋经》，推此足见古者国史策书之常也。"③ 杜预此语是用《竹书纪年》印证《春秋经》，指出从春秋至战国，那种纲要式的大事记是各国史官记事的常法，并非晋国或鲁国所独有的。

这种名为"春秋"的国史，当时在有些国家似乎还有各自的专名，《孟子·离娄下》云："晋之《乘》，楚之《梼杌》，鲁之《春秋》，一也。"是则晋、楚那种大事记式的国史分别又叫做"乘"和"梼杌"。鲁史似乎没有别的名称，就叫"春秋"。也许是由于鲁史为儒家素所研习，随着儒家势力的壮大，"春秋"也就逐渐成了鲁史的专名。

至于这种编年大事记为什么被称做"春秋"，古来说法甚多，当以杜预所说最为合理，他说："记事者，以事系日，以日系月，以月系时，以时系年，所以纪远近、别同异也。故史之所记必表年以首事。年有四时，故错举以为所记之名也。"④ 这是说这种史册的特点就在于编年，而古人于一年四季当中，往往"错举"春、秋二季以该其余，盖由于"春为生物之始，而秋为成物之终"⑤，举"春秋"就可以代表一年了，进而"春秋"就成了编年史册的代称。当然，根据现代学者的研究，直到西周时代的青铜器铭文中，尚不见有用春、秋记时的，因此，"春秋"之作为史册的名称，恐怕也不会早于西周。

---

① 《左传》宣公二年。
② 《左传》襄公二十五年。
③ 杜预《春秋经传集解后序》，中华书局影印《十三经注疏》本。
④ 杜预《春秋经传集解序》，中华书局影印《十三经注疏》本。
⑤ 《公羊传》徐彦疏，中华书局影印《十三经注疏》本。

第二节 孔子与《春秋》的关系

"春秋"既为古代史册之通名,又为鲁史之专名,已如上述。那么我们今日所见的《春秋》与孔子究竟有什么关系呢?这是一个极其重要,然而又众说纷纭、极不容易取得一致认识的问题。

自古以来,不管经学的家派怎样,对孔子"作"或者"修"《春秋》这一点几乎没有异辞。今文经学家自不必说,他们是极其坚定地主张《春秋》是孔子的著作的;古文经学家虽然认《春秋》为鲁史旧文,却也主张《春秋》曾经孔子笔削,例如杜预就这样说:"仲尼因鲁史策书成文,考其真伪,而志其典礼,上以遵周公之遗制,下以明将来之法。其教之所存,文之所害,则刊而正之,以示劝戒;其余则皆即用旧史,史有文质,辞有详略,不必改也。"① 现在所能见到的有关孔子作《春秋》的最早记述当数《孟子·滕文公下》:"世衰道微,邪说暴行有作,臣弑其君者有之,子弑其父者有之。孔子惧,作《春秋》。""孔子成《春秋》而乱臣贼子惧。"照孟子的说法,孔子惩于当时乱臣贼子横行无忌的局面才作《春秋》的,《春秋》作成之后,乱臣贼子人人悚惧,因此这《春秋》之中,包含有对乱臣贼子的谴责贬斥,乃是题中应有之义。至于孔子是如何进行褒贬的,孟子没有说,司马迁则对此有进一步的说明:"子曰:'弗乎,弗乎!君子病没世而名不称焉。吾道不行矣,吾何以自见于后世哉!'乃因史记作《春秋》,上至隐公,下讫哀公十四年。……孔子在位听讼,文辞有可与人共者,弗独有也;至于为《春秋》,笔则笔,削则削,子夏之徒不能赞一辞。"② 从这段话可以看出,孔子作《春秋》是依据原有的"史记"的,具体作法是"笔则笔,削则削",也就是对史记旧文有保留,有删改,而且在这笔削的过程中,看来贯穿着孔子独特的也是十分高深的思想,以致连孔子的高徒子夏们都插不上嘴,帮不上忙。

至于孔子作《春秋》的时间,一般以为是在孔子的晚年。《春秋经》截止于鲁哀公十四年(今文经如此,古文经又延续了两年),最后一条经文是"西狩获麟"。《孔子世家》是把作《春秋》列于"获麟"之后的。但孔子卒于哀公十六年,这样一来,作《春秋》就是孔子最后两年的事了。汉人还有另一种说

---

① 杜预《春秋经传集解序》。
② 《史记·孔子世家》。

法，《春秋》哀公十四年之孔颖达疏云："贾逵、服虔、颖容等皆以为孔子自卫反鲁，考正礼乐，修《春秋》，约以周礼，三年文成致麟，麟感而至。"是则孔子作《春秋》应在哀公十一年。看来《春秋》作于孔子晚年，是汉人一致的意见。

但是孔子作或者修《春秋》这种传统的观念却受到了现代学者的有力挑战。由于摆脱了经学的桎梏，把孔子与《春秋》的关系纯粹作为一个历史现象来研究，现代学者就发现了许多疑点。例如，一些学者指出，《论语》一书真实记录了孔子的言行，如果孔子果真作或者修《春秋》，为什么在《论语》中竟没有一点反映呢？孔子明明说自己是"述而不作"，也就是只传述古代文献，而不进行创作，怎么能说孔子"作"《春秋》呢？《春秋经》上明明记载有"孔丘卒"，并没有证据表明这条记载是所谓后人的"续经"，怎么能说《春秋》是孔子所作呢？如果对《春秋》经传进行仔细的研究，则会发现更多的疑点：《春秋》存在有明显的阙文，如"郭公"、"夏五"之类，如果孔子真的修了《春秋》，有什么理由一定要保留这样的阙文呢？统观《春秋》全书，其记事规则并不统一，例如记非鲁国的卿大夫参加盟会，或书名或不书名；记载弑君事件，庄公及庄公以前的弑君者均不书氏，而闵公以后的弑君者皆书氏；僖公二十一年以前对楚国君都称"楚人"，此后则或称"楚人"，或称"楚子"，宣公十一年以后就都称"楚子"了。① 如果孔子修了《春秋》，他为什么不把这些书法统一了呢？昭公十二年《春秋经》云："春，齐高偃帅师纳北燕伯于阳。"《公羊传》云："伯于阳者何？公子阳生也。子曰：'我乃知之矣。'在侧者曰：'子苟知之，何以不革？'曰：'如尔所不知何？'"按《公羊传》的说法，《春秋》上的"伯于阳"三个字是"公子阳生"之误，而且孔子也明明知道，但他鉴于自己所知有限，宁肯保留文本原貌，也不肯造成有的错处改了、有的错处没有改这样一种混乱的局面。这不是明说孔子没有修《春秋》吗？把所有这些疑点加以通盘的考察，不能不说孔子没有作或者修《春秋》这种看法也有一定的道理。

不管孔子是否作过或者修过《春秋》，孔子与《春秋》有着很密切的关系，这一点却是谁也无法否认的。这是一种怎样的关系呢？大多数学者都承认，孔子是用《春秋》作教材来教学生。不只《春秋》，《易》、《诗》、《书》、《礼》、《乐》，这些后来被称为经典的文献（只是"乐"未必形成文本），当初恐怕都

---

① 参见杨伯峻著《春秋左传注》之前言，但杨说有误，可同时参阅该书僖公二十一年注文。

是孔门教学的科目，同时也是教材。问题是孔子用《春秋》作教材来教什么。《礼记·经解》引孔子曰："入其国，其教可知也。其为人也，温柔敦厚，《诗》教也；疏通知远，《书》教也；广博易良，《乐》教也；絜静精微，《易》教也；恭俭庄敬，《礼》教也；属辞比事，《春秋》教也。"按《礼记·经解》的说法，《春秋》之教是"属辞比事"。关于什么是"属辞比事"，历代学者有种种不同的解释。从字面上看，是说连缀文辞，排列史事，似乎是指记事作文的方法。结合其他材料来看，《经解》此说未必十分可信。孟子曰："王者之迹熄而《诗》亡，《诗》亡然后《春秋》作。……其事则齐桓、晋文，其文则史。孔子曰：其义则丘窃取之矣。"① 孟子在这里对《春秋》做了三方面的规定：一、《春秋》的内容是诸侯争霸时代的事情；二、《春秋》的形式是史文；三、孔子讲《春秋》，是着眼于其中的"义"的。孟子生活在战国中期，距孔子之卒只有一百多年，他是子思的再传弟子，应该说是继承了子思的学术衣钵的，他对孔子《春秋》之教的了解当可信据。《史记·滑稽列传》引孔子曰："六艺于治一也：《礼》以节人，《乐》以发和，《书》以道事，《诗》以达意，《易》以神化，《春秋》以（道）义。"② 这个说法是与孟子相合的。看来孔子以《春秋》教学生，并不是教作文（属辞比事），也不是教历史，从《春秋》那极简单的纲要式的记事法来看，确实也无法用它来教历史。孔子是讲解其中的"义"。他是借讲《春秋》之义来向学生灌输自己的主张。孔子生活于礼崩乐坏的春秋时代，他办学授徒，虽说是以培养入仕人材为最直接的目的，却也贯穿着一种挽救世风、维护旧有礼制的理想。孔子身微位卑，他无力左右政局，也无力进行实际上的奖善罚恶，他只能通过讲学，宣传自己的思想，培养赞成他的主张的人材。他向学生讲解"六经"，在这一过程中，无疑是要灌输自己的主张的，这些主张应当就是六经中的义。

第三节 《春秋》学的形成

《春秋》到底有没有义？答案应该是肯定的。即使在孔子以前，《春秋》作为单纯的史册，它也是有义的。这种义就表现为史官记事的方法、原则及隐藏在文字背后的深层价值观念。公元前632年，已成为诸侯霸主的晋文公大会诸

---

① 《孟子·离娄下》。
② 中华书局点校本《史记》作"《春秋》以义"，阙"道"字。从各分句的句式来看，末句"以"与"义"之间疑脱漏一字，《太史公自序》正作"《春秋》以道义"。

侯于温，把早已式微的天子周襄王也召了去。鲁国的史官在记载这件事时，写下了"天王狩于河阳"这样几个字。因为按照旧有的名分，周王是君，晋侯是臣，臣是不能够召君的；而当时的形势，却是王纲解纽，诸侯僭越。鲁国的史官对此是看不惯的，他们仍然固守着昔日的名分，却又不得不面对天子衰微、诸侯强大的现实，只好在记事的方式上做文章，于是曲书曰："天王狩于河阳。"孔子对此十分赞赏，他说："以臣召君，不可以训。故书曰'天王狩于河阳'，言非其地也，且明德也。"①《史记·晋世家》云："孔子读史记至文公，曰：'诸侯无召王。王狩河阳者，《春秋》讳之也。'"史官的这种"为尊者讳"的记事方法，体现了史官的尊王思想，表明了史官对"诸侯召君"这一事实所持的不赞成的态度，这就是作为史册的《春秋》中所包含的义。

公元前607年，晋国发生了国君被杀事件。此事的实际情况是：晋灵公顽劣残暴，作恶多端，当时朝廷的主政大臣赵盾屡谏不听。灵公后来竟派人前去刺杀赵盾，赵盾出走，其族人赵穿将灵公杀死。但晋国的史官董狐认为赵盾应负"弑君"的责任，"子为正卿，亡不越竟，反不讨贼，非子而谁"？故在史册上大书"赵盾弑其君"，以示对赵盾的谴责，并以此赴告诸侯，因而鲁国的《春秋》上也出现了"赵盾弑其君夷皋"的记载。孔子对董狐的书法颇为赞赏，同时也深为赵盾惋惜，他说："董狐，古之良史也，书法不隐。赵宣子（即盾），古之良大夫也，为法受恶，惜也，越竟乃免。"②《春秋》上的这一记载表明了史官对此次弑君事件的责任认定，反映了史官强烈的尊君意识，而这也正是作为史册的《春秋》所包含的义。

以上二例说明，史册中确实是有义的，史官的政治观点及好恶，往往通过记事的方法、用词反映出来。当然，史册中绝不是每一句话都有义，绝不是每一处遣词用字都有褒贬，都有所谓弦外之音。有义的地方毕竟是少数。由于史官的素养、见识有不同，记事习惯也不一样，对同一件事或同一类事件的记载可能会有差异，各国史册的义也不可能完全一致。就拿前面提到的晋文公召周天子参加盟会一事来说，作为晋国史册的《竹书纪年》就记作"周襄王会诸侯于河阳"③，与《春秋》的"天王狩于河阳"自然不可同日而语了。《左传》昭公二年："晋侯使韩宣子来聘……观书于大史氏，见《易象》与《鲁春秋》，曰：'周礼尽在鲁矣，吾乃今知周公之德与周之所以王也。'"从韩宣子的赞叹来看，

---

① 《左传》僖公二十八年。
② 《左传》宣公二年。
③ 杜预《春秋经传集解后序》引。

《鲁春秋》恐怕是确有一些与众不同之处的，也许是鲁国独特的政治背景和文化传统，使鲁国的史官更注重于维护旧的礼制，他们所作的《春秋》，与别国史册相比，有更多、更深的义，以至使来访者有"周礼尽在鲁矣"之叹。也许正是基于这样的原因，孔子才将鲁国的《春秋》确定为他讲学的教本的吧？

对于作为史册的《春秋》中所包含的义，孔子是"窃取之"的，也就是说，孔子对鲁史《春秋》中的义进行了最大限度的挖掘和阐发，当然同时很可能也加进了孔子自己的义。《韩非子·内储说上》有云：

  鲁哀公问于仲尼曰："《春秋》之记曰：冬十二月陨霜，不杀菽。何为记此？"仲尼对曰："此言可以杀而不杀也。夫宜杀而不杀，桃李冬实。天失道，草木犹犯干之，而况于人君乎？"

按这条材料中的"《春秋》之记"，与今本《春秋》僖公三十三年经文略同，唯经文作"冬十二月陨霜，不杀草，李梅实"。可见孔子所见的《春秋》中已有这样的记载。《春秋》记事用周正，十二月相当于夏历十月，十月而陨霜不杀草，且"李梅实"，足见是年冬天天气之暖。《春秋》所以有这样的记载，恐怕主要还是"记异"，就如同它记载日食、大水、虫灾一样，不一定有什么深义。然而当鲁哀公问孔子《春秋》为什么要这样记载时，孔子却说出了人君一旦失道，将会有意想不到的事情发生的大道理。这番道理很可能就是孔子自己的发挥，他在给学生讲解《春秋》的过程中，这样的发挥一定很多。这也很自然，孔子拿《春秋》作教本，绝不是用来教近代史、现代史，干巴巴的大事记条目是并不宜于作历史教材的。孔子着眼于其中的义。他把自己的思想意识、政治主张，融入了《春秋》的书法之中。这些义虽非作为史册的《春秋》所固有，但在孔子的弟子看来，这些无疑都已是作为孔门教材（即儒家经典）的《春秋》中的义了。

孔子死后，他的弟子们继续研治经典，授徒讲学。经典在长期的传授过程中，其中的义也在不断地增加，《春秋》也是这样。后世经师讲《春秋》的义，有很多既不是作为史册的《春秋》所原有，也不像是孔子的思想，实际上是孔子的弟子和再传弟子们在传经的过程中新增加进去的。因此，应该说，《春秋》的经义是逐渐累积形成的。例如《公羊传》中的"大一统"，似乎就不是孔子的时代应有的思想。孔子虽然也尊王，但他维护的是周礼，是一种逐层分封的政治形式，他并不主张"一统"，"一统"的理想是在战国时代才出现的。而且《公羊传》之发挥大一统之义，是专在《春秋》记事中的"王正月"这种记时方式上做文章的。从西周及春秋时代的彝器铭文来看，"王×月"的记时方法为当时所习见，只是表示所用为周历而已，加"王"字并不限于正月，这种情况孔子不容不知。因此，从"王正月"中挖掘"大一统"之义，绝不会是孔子所为。人们有理由相信，《公羊传》中的"大一统"之义，乃是战国儒者的创造。又如《公羊传》的"讥世卿"，恐怕也不是孔子的思想。孔子生当春秋末叶，他极力维护旧的统治秩序，并无反对贵族世袭的言论，"讥世卿"应当也是战国士人的意见。至于汉代经师讲《春秋》，又加进去了不少具有汉代色彩的东西，那就更不用说了。

可以这样说，孔子及孔门弟子对《春秋》的解说、发挥，就形成了最初的《春秋》学。此后历代儒者、经师又在此基础上不断地增益、改造，才有了后来为不同时期的统治者所利用的形形色色的《春秋》学说。

第四节 《左传》与《春秋》左氏学

如果说在孔子的时代《春秋》学得以形成，那么战国时代有关《春秋》的几个传的出现，则标志着《春秋》学出现了分化。据《汉书·艺文志》，孔门后学的《春秋》之传共有五家之多，即《左氏传》、《公羊传》、《谷梁传》、《邹氏传》、《夹氏传》。五家之中，只有"公羊、谷梁立于学官"，而"邹氏无师，夹氏未有书"，今日已很难知其大略，故我们在这里只能论《左》、《公》、《谷》三传。

一、《左传》的作者与时代

《左传》的出现，《史记》上有明文。《十二诸侯年表序》云：

> 孔子明王道，干七十余君，莫能用，故西观周室，论史记旧闻，兴于鲁而次《春秋》，上记隐，下至哀之获麟，约其辞文，去其烦重，以制义法。王道备，人事浃。七十子之徒口受其传旨，为有所刺讥褒讳挹损之文辞不可以书见也。鲁君子左丘明惧弟子人人异端，各安其意，失其真，故因孔子史记具论其语，成《左氏春秋》。

按这段材料的前一半是说孔子作《春秋》，后一半是说左丘明作《左传》。关于《左传》的作者，自古以来就是一个争议颇多的问题。这位左丘明，在《论语》里出现过，孔子曰："巧言、令色、足恭，左丘明耻之，丘亦耻之。匿怨而友其人，左丘明耻之，丘亦耻之。"① 自唐代就有人指出，从孔子的语气来看，这

---

① 《论语·公冶长》。

位左丘明像是孔子的前辈，不像是他的学生辈，因此司马迁所说的那位作《左传》的左丘明，与《论语》中的左丘明是否一个人，不免让人生疑。晚近以来，不断有学者就这一问题进行研究，提出了子夏作、吴起作等诸种假说，只是都没有什么确据，也就难得学界一致的认可。于今之计，这一问题也只好暂且作为一桩悬案，留待以后解决。我们可以姑且称《左传》的作者为左氏，认为他是孔门的后学，或许不致大错。至于《左传》的成书时代，恐怕是比《左传》的作者更为重要的一个问题，而关于这一问题的研究，目前已经取得了一些令人满意的成果。

纵观近代以来所有关于《左传》时代的研究，不难得出这样的结论，即《左传》是一部战国时代的作品。而在学者所采取的众多的研究方法之中，在我看来，还是以根据《左传》中的预言判定其成书时代这一方法最能令人信服。《左传》中记载了很多当时人的占卜和预言，这些占卜和预言大多数都应验了，也有少数没有应验。今日的研究者一般认为，《左传》的作者记载这些预言，本意是为渲染预言者的高明和占卜的灵验的，因此左氏应该是看到了这些预言和占卜的实际结果的，因此《左传》应该成书于发生这些实际结果之后。而《左传》中那少数没有应验的预言，则昭示我们左氏可能没有来得及看到这些预言的实际结果。这样我们就可以根据书中预言、占卜的验与不验来大致判断《左传》这部书的成书时代。

《左传》庄公二十二年：

> 齐侯使敬仲为卿。……初，懿氏卜妻敬仲，其妻占之，曰："吉。是谓凤皇于飞，和鸣锵锵。有妫之后，将育于姜。五世其昌，并于正卿。八世之后，莫之与京。"陈厉公，蔡出也，故蔡人杀五父而立之，生敬仲。其少也，周史有以《周易》见陈侯者，陈侯使筮之，遇观䷓之否䷋，曰："是谓'观国之光，利用宾于王'。此其代陈有国乎？不在此，其在异国；非此其身，在其子孙。……若在异国，必姜姓也。……陈衰，此其昌乎！"及陈之初亡也，陈桓子始大于齐；其后亡也，成子得政。

按敬仲本为陈国的公子，还在他少年时代，就有人预卜他的后代将"代陈有国"，只是不在陈国本土，而是在"异国"齐国。在敬仲结婚的时候，又有人预卜他的五世后代将发达起来，将跻身"正卿"之位；而八世之后，会更加贵不可言，没有人能与之比肩了。后来事情的发展正是如此，《左传》所说的"陈桓子始大于齐"，就是卜辞中的"五世其昌"，而其后的"成子得政"，就是卜辞中的"莫之与京"了。有的学者认为《左传》的这段文字反映了《左传》

的作者看到了田成子专齐之政,"当时只有陈氏代齐之苗头,而是否果代齐,《左传》作者未见到"①。我的看法则与此不同。我认为《左传》作者是看到了田氏代齐的,卜辞中的"八世之后,莫之与京"就是暗指田氏代齐,因为预言中有说陈敬仲的后代将"代陈有国"的话,意思是说陈国灭亡之后,敬仲的后代又将拥有一国,只是这个国不在陈的本土,而是在姜姓齐国的土地之上,这不分明是说田氏将取代姜氏成为齐国的君主吗?田成子之曾孙田和请于周天子立为诸侯,是在公元前386年,那么《左传》的成书应该是在此年之后了。

《左传》襄公二十九年记吴公子札来鲁国聘问,"请观于周乐",鲁人使乐工为之歌《周南》、《召南》、《邶》、《鄘》、《卫》、《王》、《郑》、《齐》、《豳》、《秦》、《魏》、《唐》、《陈》诸国风,每一歌毕,公子札都要发表一番议论,大多是赞美之辞,独于郑、陈二国,口吐不利之言,他预言陈国"国无主,其能久乎",陈国果然在六十余年之后灭亡了。② 在听了乐工歌《郑风》之后,公子札说:"美哉!其细已甚,民弗堪也。是其先亡乎!"这其实就是预言郑国与周、卫、齐、秦、魏等相比将先行灭亡。后来事情的发展的确如此,公元前375年郑国灭亡,当时周、卫、齐、秦、魏等国都还存在。

《左传》昭公四年也提到了郑的"先亡":

> 郑子产作丘赋,国人谤之……浑罕曰:"国氏其先亡乎!君子作法于凉,其敝犹贪;作法于贪,敝将若之何?姬在列者,蔡及曹、滕其先亡乎,偪而无礼。郑先卫亡,偪而无法。政不率法,而制于心。民各有心,何上之有?"

按浑罕所言是预言中原姬姓列国灭亡的先后。后来事实的发展,蔡国亡于公元前446年,③ 曹国亡于公元前487年,④ 滕国亡于公元前415年,⑤ 这三国在中原诸姬中是亡国比较早的。《左传》所记浑罕的话,无疑是一种"验辞"。左氏

---

① 杨伯峻《左传成书年代论述》,《文史》第六辑。
② 《左传》哀公十七年:"七月己卯,楚公孙朝帅师灭陈。"
③ 《史记·管蔡世家》索隐云:"鲁哀十七年(公元前478年)楚灭陈,其楚灭蔡绝其祀,又在灭陈之后三十三年,即在春秋后二十三年。"据此,灭蔡当在公元前446年。
④ 据《史记·管蔡世家》:"(曹伯阳)十五年(公元前487年),宋灭曹,执曹伯阳及公孙彊以归而杀之,曹遂绝其祀。"
⑤ 《史记·越世家》索隐引《竹书纪年》云:晋出公十年(公元前465年)十一月,於粤子句践卒。次鹿郢立。六年卒,不寿立。十年见杀,次朱句立。三十四年灭滕。是则滕亡于公元前415年。但据《孟子》,滕国似乎于公元前四世纪中后期尚存,此殆犹陈、蔡之灭而复封者欤?

两言郑国先卫而亡，他是应该看到了郑国之亡的，因此"郑先卫亡"也是验辞。① 这样，《左传》的成书，应当在公元前 375 年以后。

《左传》中的占卜和预言也有不验的，可以帮助我们来确定《左传》成书的下限。

僖公三十一年：

> 冬，狄围卫，卫迁于帝丘，卜曰三百年。

按这是预卜卫国的国运究竟能维持多久。僖公三十一年是公元前 629 年，三百年后当是前 329 年，《左传》一定是作于前此若干年之内，当时卫国还存在，但数世积弱，已有亡征，作者可能已经感觉到卫国的灭亡恐怕不会太久了，因此大胆地作了国祚三百年的预测。实际上卫国由帝丘迁野王是在前 241 年，亡国更在其后。《左传》如作于前 329 年以后，作者是绝不会记下卫国将在帝丘延祀三百年这一不验的预言的。

另一条不验的预言出自"君子"之口。《左传》文公六年：

> 秦伯任好卒，以子车氏之三子奄息、仲行、鍼虎为殉，皆秦之良也。国人哀之，为之赋《黄鸟》。君子曰："秦穆之不为盟主也宜哉！死而弃民。……"君子是以知秦之不复东征也。

按这条材料广为学者所引用，用来作为《左传》预言不验的证据。秦伯任好即秦穆公，卒于公元前 621 年，穆公嘱用秦国的英才殉葬，颇为当时以及后世的人们所贬斥。穆公以后，秦国的国势确乎走了下坡路，不复有能力东向与关东的诸侯争夺霸权，因此"君子"知"秦之不复东征"。但战国时秦孝公用商鞅变法，国势大振，遂向东方用兵，成为关东诸国的大患，周天子也不得不承认秦的霸权，这些肯定是《左传》的作者所不知道的。顾炎武曾论《左传》这一条预言之不验说："三良殉死，君子是以知秦之不复东征；至于孝公，而天子致伯，诸侯毕贺，其后始皇遂并天下。"② 而孝公时秦国势复振，"天子致伯"③，是在孝公十九年，也即前 343 年，这种局面《左传》的作者肯定是没有见到

---

① 卫国最终亡于公元前 209 年，与郑国之亡相去甚远，以致有的学者对左氏为什么用郑与卫作比感到困惑。例如徐中舒先生就说："如果郑先卫亡，必然是郑亡之后，不久卫也灭亡，先后不能相去过远。"其实左氏之以郑、卫并提，恐怕主要是因为这里讲的是"姬在列者"被兼并的先后，蔡、曹、滕既已先亡，中原姬姓国就只剩下郑与卫了。故左氏虽未得见卫之亡，他既已得见郑之灭，仍然是可以说"郑先卫亡"的。

② 顾炎武《日知录》卷四"左氏不必尽信"条。

③ 《史记·秦本纪》。

的。因此,《左传》的成书,应当在公元前343年之前。①

这样看来,《左传》的成书,应该大致在公元前375—公元前343年之间。

现在我们可以回到本节开头引述的《史记·十二诸侯年表序》上的那段文字。尽管司马迁那段话尚不能使我们确知《左传》的作者,但其中谈到了《左传》的作意,还是值得重视的。类似的说法还见于《汉书·艺文志》:

> 仲尼思存前圣之业……以鲁周公之国,礼文备物,史官有法,故与左丘明观其史记,据行事,仍人道,因兴以立功,就败以成罚,假日月以定历数,藉朝聘以正礼乐。有所褒讳贬损,不可书见,口授弟子。弟子退而异言。丘明恐弟子各安其意,以失其真,故论本事而作传,明夫子不以空言说经也。

原来在《春秋》学形成之后,《左传》成书之前,还有一个七十子口传的阶段。之所以要"口授传旨",是因为"有所刺讥褒讳挹损之文辞不可以书见也",也就是说,文辞简单的《春秋》中所蕴含的义(讥刺、褒贬、隐讳等等),没有似乎也不便于明白地写出来。由于孔子的弟子众多,在传经的过程中可能会各执一端,日久定将发生越来越大的歧异,于是有"鲁君子左丘明"(我们可以姑且理解为《左传》的编著者)出来,"因孔子史记具论其语",作成了一部《左氏春秋》。这段话明确地告诉我们,《左传》是为了更准确地理解《春秋》而作的,也就是说,《左传》的作意是"传(读去声)经"的。尽管今文经学家激烈地反对《左传》是《春秋》之传,但他们的证据毕竟显得薄弱,《左传》解经的性质是很难轻易否定的。② 前辈学者普遍认为,《左传》的解经主要是传事。所谓传事,当是指从事实上解经。孔子当年讲《春秋》,是结合史实来讲解的,例如他讲"赵盾弑其君夷皋",是一定要讲晋灵公的"不君"、赵盾的出走以及赵穿弑君的经过的,否则他怎么能够讲清这句经文当中的义呢?又如他讲"郑伯克段于鄢",恐怕也是要讲郑庄公与其母、其弟的种种纠葛的,否则学生们单从那一句话又能知道些什么呢?但这些具体的史实《春秋》上是没有的,孔子当另有所据,孔子所据应当是与《春秋》不同体裁的其他史书(这些

---

① 有的学者根据《史记·秦本纪》中的有关秦与别国战事的记载,说秦在穆公以后、孝公以前并非没有"东征",因此认为这条材料不能算是预言,也就不能作为左氏预言不验的证据(陈茂同:《左传的作者及其成书的年代问题》,载于《厦门大学学报》1984年第1期)。这种看法是值得商榷的。对"秦之不复东征",不能做机械的理解,以为只要是与东邻作战就是"东征"。其实左氏所谓"不复东征",很明显地是指不再有像穆公时期那样的以争夺霸权为目的的大规模向东方用兵,而这种"东征"在穆公以后、孝公以前二百五六十年间确乎不曾有过。

② 参见赵伯雄《左传无经之传考》,《文史》1999年第四辑。

史书记事生动详赡），甚或还有一些口头的历史传说。而这些历史材料就是司马迁所说的"孔子史记"，"左丘明"就是依据这些孔子曾经依据的材料编著出一部《左传》的。当然，《左传》编著者生活在战国时代，他所见的记述春秋时代史事的文字材料可能要比孔子为多，因此，"因孔子史记具论其语"这一提法并不完全准确。但是"左丘明"试图为解释《春秋》提供充分的史实依据，以避免因口说流传而渐"失其真"，这确实是《左传》的作意。《左传》成书的时间，如前所述，大约在战国的中叶，这就是说，自孔子卒后的几十年至一百年间，对《春秋》的说解已经出现了分歧，《春秋》学已经发生了分化，这使"左丘明"感到已有将《春秋》的史实背景形诸简册的必要了。

二、《左传》的编撰过程

今日我们所见的《左传》究竟是怎样成书的，自来就有许多推测。《左传》的性质（《左传》究竟是不是《春秋》的传？）在汉代就已成为一个问题，西汉博士曾坚持"左氏不传《春秋》"的观点。此后历代都有人认为《左传》与《春秋》本是不相干的两部书。这种怀疑是有一定的道理的，因为《左传》所记载的内容并不总是与《春秋经》一一对应着的，除了有大量的无传之经外，似乎还有数量相当可观的无经之传。此外，《左传》中虽也有不少解经的内容（包括"君子曰"、"五十凡"、解经语等），但这些东西都有很明显的嵌入的痕迹，多数都没有与传文融为一体。清儒皮锡瑞曾经举"郑伯克段于鄢"一段为例，指出在"太叔出奔共"一句下硬加上了"书曰……难之也"一段解经的话，致使本来与上文紧密相连的"遂置姜氏于城颍"的"遂"字显得上无所承，突如其来。因此"书曰"云云显然是被人后加上去的。① 那么，究竟是谁将"书曰"、"君子曰"之类的解经语加进去的呢？

自宋以来，就有人怀疑是刘歆改造了《左传》，加进了解经语。宋人林栗说："《左传》凡言君子曰是刘歆之辞。"② 到了清代，刘逢禄作《左氏春秋考证》，详细论证了刘歆是怎样把先秦旧书《左氏春秋》改编为《春秋左氏传》的。后来康有为继承其说，进而提出刘歆割裂《国语》、伪造《左传》的新说。刘、康的观点尽管有很多不同，但在《左传》（这里指刘歆以前的"左传"）与《春秋》本是不相干的两部书这一点上是完全一致的。而这一点恰是《左传》

---

① 皮锡瑞《经学通论》之《春秋通论》，中华书局1954年版，第61页。
② 引自朱彝尊《经义考》卷一百六十九，乾隆乙亥刻本。以下引《经义考》均用此本，不另出注。

问题的要害所在。刘、康的意见在近代中国学术界影响至为深远。在二十世纪初期，不少著名学者都是信从刘歆伪造说的。

学问之道，有如积薪，总是后来居上。现代学者的研究，又彻底推翻了刘歆伪造说。研究表明，那些所谓由刘歆加进去的解经语、"君子曰"等等，在刘歆以前早已存在了。司马迁曾经引用过，先秦诸子也曾经引用过。这对于刘、康的说法无异于釜底抽薪。时至今日，除了极个别的人以外，已很少有人相信刘歆伪造说了。

但是问题还没有真正解决。疑点依然存在。《左传》之"述史"部分与"解经"部分之不相融合是不争的事实，大量"无经之传"的存在也有目共睹。怎样解释这些疑点呢？

按照刘逢禄的意见，《左传》在先秦本被称做《左氏春秋》，是与《吕氏春秋》、《晏子春秋》类型相似的著作。后经刘歆改造，遂成今本这样的解经的《春秋左氏传》。因此，《左传》之成书，实有两个过程。先是由左氏"惟取所见载籍如晋《乘》、楚《梼杌》等相错编年为之，本不必比附夫子之经"，这样撰得《左氏春秋》；后由刘歆"或缘经饰说，或缘左氏本文前后事，或兼采他书以实其年"，改编而为《左传》。① 今日刘歆改编之说虽已被破，但刘逢禄的这一思路却被某些现代学者所继承，不过将改编的时代提前，由刘歆变为战国时的儒者了。在这一方面，胡念贻先生的意见很有代表性。他说：

> 《左传》本来是一部叙事较详的史书，是公元前五世纪的一部私家著作。它在写作过程中当然参考了《鲁春秋》——我们见到的《春秋》。但它并不是为解释《春秋》而作，它独立于《春秋》之外。后来有人陆续窜入了一些解释《春秋》的文字，这些文字虽然有的经过精心弥缝，消灭了痕迹，但有许多却是窜入之迹宛然。……《左传》里面那些属于"书曰"以下的文字以及其他讲《春秋》"义例"的文字，如果全部删去，丝毫不影响《左传》叙事的完整性。这些文字游离于叙事之外。这和《公羊传》、《谷梁传》可以说恰恰相反。这就是因为，《公羊传》和《谷梁传》是解经的书；《左传》不是解经的书，解经的文字是后加的。②

顾颉刚先生也是主张《左传》本非《春秋》之传的，他提出了"左传原本"这样一个概念，指出"左传原本"在刘歆以前早已存在，"当时（按盖谓

---

① 刘逢禄《左氏春秋考证》卷一，《皇清经解》本。
② 胡念贻《〈左传〉的真伪和写作时代问题考辨》，载《文史》第十一辑，第3页。

战国时)《左传》原亦杂记体之史,犹《国语》、《战国策》、《说苑》、《新序》、《世说新语》、《唐语林》、《宋稗类钞》、清之野史等类,其故事为一条条者"。①这样一部"左传原本",后来被人改造为说解《春秋》的"传",尽管顾先生认为改造、附益、增窜者非一人,亦非一世,然就其有原书而后被改造而言,亦不妨说他是主张今本《左传》是"二次成书"的。

赵光贤先生对此又做了更为明确的表述。他说:

> 我们现在所看到的,具有编年形式,而且有很多解释语的《左传》,并不是《左传》原本,而是后人改编的结果(原注:这个原本是不是名为《左氏春秋》,不是一个重要问题,可以不去管它,姑且叫它《左传》)。因此,应该说《左传》与《春秋》原本是各自独立的两部书,《左传》并不是依附《春秋》而存在的。……《左传》原系杂采各国史书而成,最初不过是一种史事汇编的性质,并非编年之史,原是一部独立的书,与《春秋》无关。②

按这也是指出了《左传》曾经二次成书,先是有人编成一部记事之书,今本《左传》中的记事部分就是这部书的内容;后又有人对它进行了改造,加进了解经语,于是本来与《春秋》不相干的记事之书成了《春秋》的传——当然,改造者最迟也是战国时人,这一点比前人指实为刘歆要可信得多了。

这种"二次成书"的理论虽然解决了今本《左传》解经部分与记事部分(洪业氏分别称之为"释经"与"述史")不相协调的问题,同时对"无经之传"的存在似乎也给予了合理的解释,但是缺欠也是很明显的。首先一个问题是:这种先期存在的"左传原本"究竟是一部什么样的书?刘逢禄说是像《晏子春秋》、《吕氏春秋》(雄按:《晏子春秋》与《吕氏春秋》就已大不相同);顾颉刚先生说是像《国语》、《战国策》、《世说新语》、《宋稗类钞》等等,一条一条的;赵光贤先生说是"纪事本末体的"。这种体例的不确定性正好说明对它的真实性尚须大打折扣。第二个问题是:《左传》原本被改编后,这部原本到哪里去了?一部书流传于世,当不会只有一个本子。孔门后学将《左传》原本改造为《春秋》的传,当世之人当不会因此就再也见不到那"原本"了,为什么作为《春秋》传的《左传》曾多次被战国诸子征引,而那部"原本"却一点踪迹也没有了呢?

---

① 顾颉刚《春秋三传及国语之综合研究》,巴蜀书社1988年版,第36页。
② 赵光贤《左传编撰考》,载于《古史考辨》,北京师范大学出版社1987年版,第137—140页。

如果我们对今本《左传》的传文做深入的考察，就会发现这种"二次成书"说的更多疑点。

（一）假设《左传》是经过二次成书的，那么它在被改编为《春秋》传之前应是一部独立的著作。如前所述，这部《左传》原本当是一种记事之书。既然解经的话被看做是第二次编定（即改编）时加进去的，那么所有与经文无关的记事（无经之传）就都应该是《左传》原本中所原有的（一般"二次成书"论者也正是以无经之传作为有所谓《左传》原本的主要证据的）。但事实上，《左传》中的无经之传在叙事的内容、方法、详略、风格等方面差异非常之大，很难令人相信它们原先都是属于同一部著作的。例如隐公元年传文有云：

　　八月，纪人伐夷。夷不告，故不书。
　　有蜚。不为灾，亦不书。

按传既明言"不书"，这两条当然是无经之传。按照二次成书论者的说法，这两条应该在《左传》原本之内。我们再看僖公二十三年有关重耳复国的那一段传文：

　　晋公子重耳之及于难也，晋人伐诸蒲城。……遂奔狄。……处狄十二年而行。……过卫……及齐……及曹……及宋……及郑……及楚……乃送诸秦……

按这也是无经之传。重耳及于难，在僖公四年，至本年"送诸秦"，时间跨度有十九年。传文详叙重耳在各国之经历，俨然一段纪事本末体的史文。这样的文章，怎么会与上引"八月纪人伐夷"、"有蜚"等同出于《左传》原本呢？类似这样的例子在《左传》中举不胜举，倘若真有所谓《左传》原本，这《左传》原本的内容也未免太芜杂了吧？

（二）论者或以无经之传为据，以证明《左传》原本与《春秋》本为不相干的两种书，言外之意，改编者只加进了一些解经的话，变动了一些叙事的次序（编年之需要），对《左传》原本并没有进行删节，故而保留了大量的无经之传。但我们细审《左传》全书，竟有相当多的年份传文是与经文一致的，也就是说这些年的传文都是解经的（至于解经的方式则详后文），并不存在无经之传。以鲁文公在位之十八年为例。在这十八年中，《左传》之记事有一百三十九条，[①] 其中有几年的记事应该讨论。六年记秦穆公卒，三良为殉之事，是无经之传。但左氏记此事，亦非无因。盖三年经文有"秦人伐晋"条，传乃述

---

① 参见杨伯峻《春秋左传注》，中华书局1981年版，第609—643页。

秦伯用孟明、遂霸西戎之事；此年记秦穆公卒，用三良为殉，正为三年之事作一结，故君子有"秦穆公之不为盟主也宜哉"之论。这样看来，六年的这条传文，就不是简单的无经之传了。它应该被看做是三年传文的延续。七年、八年传文记有晋人"归匡戚之田于卫"事，看似无经之传，实则元年经有"晋侯伐卫"之文，传在解释这条经文时载有晋取匡、戚之事，故七、八两年之传亦应看做是元年传文的延续（或者说与元年传结合在一起都是用来传"晋侯伐卫"之经的，只是因为归还匡、戚事在七年、八年，故而一传分置两三处），同样不能认为是无经之传的。十三年传记士会返回晋国事，亦无经，但此事实为七年经"晋先蔑奔秦"之余传。据七年经文，士会随先蔑奔秦；而士会在后来晋国的政坛上又是一个非常重要的人物，在经、传中多次出现，故左氏于此年特记士会返国之经过，并非完全与经无涉。真正的无经之传，十八年中只有两条。十四年传云："春，顷王崩。周公阅与王孙苏争政，故不赴。凡崩、薨，不赴则不书。"这里明言《春秋》所以不记此事，盖因"不赴"。同年传还记有楚国庄王新立，公子燮与子仪作乱被杀之事，确然无经。但《左传》记十八年间事，只有这么一二条与经无关，若说《左传》原本是与《春秋》不相干的独立著作，恐怕是难以服人的。

再以定、哀二公之传文为例。定公初年连续几年载有王室乱事："五年春，王人杀子朝于楚"、六年"夏……周儋翩率王子朝之徒，因郑人将以作乱于周……"、"七年春二月，周儋翩入于仪栗以叛……夏四月，单武公、刘桓公败尹氏于穷谷……"、"八年春……二月己丑，单子伐谷城，刘子伐仪栗……以定王室"，这些表面上看都是无经之传，其实是昭公二十二年经"王室乱"、"刘子、单子以王猛居于皇"，昭公二十三年经"尹氏立王子朝"，昭公二十六年经"尹氏、召伯、毛伯以王子朝奔楚"等数条经文之余传。盖传于昭公二十二年及以后的数年中详述了王子朝叛乱及失败的全过程，定公五年及以后数传，则叙王子朝被杀及其余党覆灭之事，虽然看似无经，实际上是与前面那些传文相连属的，因此也应视为有经之传。定公、哀公（截止到十四年）一共二十九年，除了极少数的例外，传文都是与解经相关的。如果真有所谓《左传》原本，而这书又本与《春秋》毫不相干，那么经传记事为什么会如此契合？

我的看法是：今本《左传》不是由某一个人（不管他是刘歆还是先秦时人）将早先已有的一部现成著作（《左传》原本）改编而成的，而是由左氏（我们姑且这样来称呼《左传》的编著者）本着解经的目的，杂取各国的各类史料，同时加进了一些自己解经的话编撰而成的。也就是说，《左传》是一次完成的。这里所谓"一次完成",主要是指《左传》作为一部完整的解经著作,其排纂史料与撰写解经语是同时进行的,并非如时贤所说,先有一部"记事的《左传》",后来才出现"解经的《左传》"。当然,这种一次完成说并不排除今本《左传》有后人附益的成分(如"其处者为刘氏"之类即甚可疑),只是此种附益属于《左传》成书以后的个别现象,不能将后人某些文字的增窜与《左传》的编撰混为一谈。

三、左氏处理史料的方式

既然《左传》是一次完成的,既然"述史"与"解经"同出一手,那么那些解经的话为什么会有那样明显的硬加进去的痕迹呢?我想,这恐怕主要与左氏处理史料的方式有关。

左氏在编撰《左传》时,面对着的是各国的各类史册以及其他各种类型的历史资料,左氏一般是片断地摘取这些现成的材料,然后把它们按时间顺序编排连缀起来。左氏自己,可能做了一些文字上的加工,但没有进行多少创作。也就是说,《左传》主要是"编"出来的,而不是"作"出来的。

细绎《左传》传文,我们可以发现不少左氏直接采用历史资料原文的痕迹。定公元年传云:

> 齐高张后,不从诸侯。晋女叔宽曰:"周苌弘、齐高张皆将不免。苌叔违天,高子违人。天之所坏,不可支也。众之所为,不可奸也。"

按所谓"齐高张后",是指此年晋率诸侯为天子修筑成周之城,而齐国的高张姗姗来迟,没有随诸侯一起筑城之事。传引女叔宽的话,是一个预言,说苌弘、高张都将没有好结果。关于高张的"违人",是有事实为据的,就是前面说的"齐高张后,不从诸侯";但苌弘的"违天",在前此的传文里却没有任何交代。杜注说"天既厌周德,苌弘欲迁都以延其祚,故曰违天"云云,传中不见。但苌弘违天的事实,在原始资料中应当是有的,只不过左氏没有选用。而左氏选用的女叔宽的那段话,本来是针对苌弘、高张这两个人的事迹说的。今既未采苌弘违天的事实,又原封不动地搬用了女叔宽的话,自然显得苌弘之事没有着落了。这段文章若是左氏自撰,当不会出现这样的漏洞。

类似的情况还有。昭公十一年传云:

> 楚子城陈、蔡、不羹。……王曰:"国有大城,何如?"(申无宇)对曰:"郑京、栎实杀曼伯,宋萧、亳实杀子游,齐渠丘实杀无知,卫蒲、戚实出献公。若由是观之,则害于国。末大必折,尾大不掉,君所知也。"

按申无宇之意，是说"国有大城"往往会危害国君。他一连举了四项事例，后三项于《左传》中都有明文，唯头一项"郑京、栎实杀曼伯"，在前此的传文中没有明确的记载。就连曼伯究竟是公子忽，还是檀伯、子仪，都不好确定。尤其是郑国的京邑究与"杀曼伯"有何关系，更是无从考索。所以出现这种情况，当是由于左氏所采申无宇对楚王的那段话系原始资料之原文，左氏原样照搬，未顾及这里的概述与前文对各国史实的叙述是否完全一致。

又宣公九年传云："楚子为厉之役故伐郑。"十一年传又云："厉之役，郑伯逃归。自是楚未得志焉。"这次"厉之役"成了楚人屡次伐郑的口实，后来竟至逼得郑伯"肉袒牵羊以逆"，表示彻底屈服。但有关"厉之役"的情况，前此的传文竟没有做任何交代。杜预说"盖在六年"，但宣六年传只云"楚人伐郑，取成而还"，并未明说此即"厉之役"，杜预之说不过是揣度之辞。这当是由于左氏节录材料所致。他在作宣九、宣十一两传时节录的材料中有"厉之役"这一提法，却忽略了在前面的传文中并不曾对"厉之役"做过明确的记述，因此显得前后有失照应了。倘传文都是左氏自作，这一类的问题本是很容易避免的。

僖公二十七年传云：

> 晋侯始入而教其民，二年欲用之。子犯曰："民未知义，未安其居。"于是乎出定襄王。……将用之，子犯曰："民未知信，未宣其用。"于是乎伐原以示之信。……公曰："可矣乎？"子犯曰："民未知礼，未生其共。"于是乎大蒐以示之礼，作执秩以正其官，民听不惑而后用之。出谷戍，释宋围，一战而霸，文之教也。

按本年传叙因楚人围宋、宋向晋告急、晋为救宋而"蒐于被庐、作三军、谋元帅"之事。上述那段传文，就是缀于此事之后的，其为左氏所引旧籍原文，更为明显。这段文字无疑是对晋文公所以能够称霸所做的一个小结。其中定襄王、伐原示信、大蒐示礼，固为已经发生的事实；然"出谷戍，释宋围，一战而霸"，是下一年的事，此时还没有发生。原作者写这段话，本是为宣扬"文之教"的威力的，故从文公之始入直写到"一战而霸"；左氏移过来颂扬晋国此次的"大蒐"，于是就不免将下一年才发生的城濮大战的结果提前写在这里了。

左氏编撰《左传》的材料来源，前人及今人都曾做过探讨。在今日看来，大体上仍不出唐人啖助所说的那个范围，即：各国史记（不同类型、不同体裁的史书），子产、晏子等各国卿佐的家传以及卜书、梦书、杂占书、纵横家、小说、讽谏等。①《左传》全书记事的体例、详略乃至语言的风格等是并不统一的。这正是由于左氏往往是于他所能接触到的材料来源中摘取现成的片断，连缀成文，而并不是进行整体创作的缘故。《左传》的作意是解经的，因此左氏免不了要加进一些解经的话。但记事部分既然多是采取的现成材料，故解经语往往就会显得与记事文字不相协调，给人以割断文气、强行嵌入的感觉。像前面提到过的隐公元年"郑伯克段于鄢"一节，中间插入了"书曰……难之也"一段话，致使"首尾横决，文理难通"。诚如皮锡瑞所说，倘删去那段解经语，则文章上下"一气相承矣"。这正是因为"郑伯克段于鄢"本来就是一段现成的材料，去掉了解经语，恢复了其本来面貌，自然文气贯通了。

四、《左传》的传经方法

为了回答《左传》中为什么会有这么多看上去与解经并不相干的"无经之传"的问题，还须对《左传》的传经方法做一番考察。

左氏解经，主要的不是要告诉人们经中都有哪些"义"，而是要告诉人们经中所记述的那些事究竟都是一些怎样的事，经中所涉及的那些人究竟都是一些怎样的人，一句话，要告诉人们经所记述的那个时代的历史。左氏当然也有一些解释经义的话，书与不书，怎样书，这显然是受了《春秋》其他家派的影响；但从主要方面来看，左氏是着眼于孟子所说的那前两个层面，即《春秋》的"事"与"文"的。

对于《春秋》中那提纲式的记事，左氏往往要引用其他历史资料加以详细的说明。例如经只有"郑伯克段于鄢"六个字，《左传》则从郑庄公之出生说起，讲了他不被母亲喜爱的缘由，讲了母亲的偏心和弟弟共叔段的跋扈，接着讲了庄公如何平息共叔段之叛并与母亲决裂，最后又讲了庄公母子如何和好如初。尽管这段文字最初很可能是以郑庄公与其母之关系为中心内容的，但它完全可以说明经文那六个字的前因后果、经过情形，故被左氏用来做了《春秋》隐公元年的传。有了这个传，经文那六个字简直就成了一段故事的标题了。

又如宣公二年《春秋》经文有"赵盾弑其君夷皋"。《左传》从"晋灵公不君"说起，讲了灵公的残暴，讲了赵盾如何进谏，如何谏而无效，灵公又如何派人暗杀赵盾而没有成功，又讲了赵穿如何杀了灵公，大史又如何将责任归在赵盾身上。这样，经文"赵盾弑其君夷皋"这七个字的原委就交代得很清楚

---

① 陆淳《春秋集传纂例》卷一，《丛书集成》本。

了。

以上二例都是人们非常熟悉的传文，也是《左传》传事解经的最典型的方式。其实，《左传》的"传事"，除了这类交代来龙去脉、详述经过情形的模式之外，还有各种不同的情况，并不是所有的传都是将经文具体化，都是从过程上来讲解经文的。有些传只是在某些点上与经文有关联。例如隐公八年经云：

冬十有二月，无骇卒。

传云：

无骇卒。羽父请谥与族。公问族于众仲。众仲对曰："天子建德，因生以赐姓，胙之土而命之氏。诸侯以字为谥，因以为族。官有世功，则有官族。邑亦如之。"公命以字为展氏。

按此传并不对经所记"无骇卒"之事本身做什么解释，而是就与"无骇卒"有关联的一点（大夫卒后氏族之命名）作传，引众仲的一段言论作为传文。

宣公三年经云：

楚子伐陆浑之戎。

传云：

楚子伐陆浑之戎，遂至于雒，观兵于周疆。定王使王孙满劳楚子。楚子问鼎之大小轻重焉。对曰："在德不在鼎。……周德虽衰，天命未改，鼎之轻重，未可问也。"

按此传解经"楚子伐陆浑之戎"，对楚人战事丝毫不曾提及，却重点记录了楚子问鼎周疆、王孙满的一段非常精彩的答话。盖当时史料中必有王孙满答问鼎的记录，左氏知其为楚伐陆浑时事，遂引来作为"伐陆浑"经文之传，这完全是因为这段答话与"楚子伐陆浑之戎"在时间上有关联。

文公七年经云：

狄侵我西鄙。

传云：

狄侵我西鄙，公使告于晋。赵宣子使因贾季问酆舒，且让之。酆舒问于贾季曰："赵衰、赵盾孰贤？"对曰："赵衰，冬日之日也；赵盾，夏日之日也。"

按此传与经本事亦有些关联，其关联即在传事系由经事引发而来，但传意并不主在解说经事，而是另有一中心，这中心就是时人对赵衰、赵盾的评价。只因这评价是由"狄侵我西鄙"一事引发而来，左氏遂将此事系于经文"狄侵我西鄙"之下，作为解经之传。此例特别清楚地表明《左传》的传文非左氏自撰，而是采掇现成资料而成；若是自撰，左氏何必于解经文"狄侵我西鄙"时写这种事呢？

襄公十五年经云：

> 宋公使向戌来聘。

传云：

> 宋可戌来聘，且寻盟。见孟献子，尤其室，曰："子有令闻，而美其室，非所望也！"对曰："我在晋，吾兄为之；毁之重劳，且不敢闻。"

按此传与经亦仅有些关联，绝非解释"向戌来聘"之本事。类此者尚有襄二十四年"叔孙豹如晋"、襄二十九年"吴子使札来聘"、僖三十一年"狄围卫，卫迁于帝丘"等传。

左氏传经的时候，可能搜集了大量的各类历史资料，但也并不是每一条经文都能找到足以述其原委、穷其究竟的材料的，于是左氏便将与经文哪怕是稍许有些关联的材料拿来，系于该条经文之下，权作解经之传。上述这一类的传文就是这样形成的（当然还有一些经文连这样稍有关联的材料都找不到，只好付诸阙如，于是而有了相当数量的无传之经）。

这种作传的方法，自与前面所述"郑伯克段于鄢"等传不同。由于是"关联传事"，传与经之联系便显得不那么紧密，因此这种传每每被人认做无经之传，当做《左传》不传《春秋》的证据。但如果我们考虑到《左传》乃是一次成书，在此之前并不曾有一部独立的《左传》原本，考虑到左氏传经是采取现成的各类历史资料而并非进行创作，那么除了把这些都看成解经之传实在别无其他的选择。

左氏传经所采资料有的属于纪事本末体，所记之事往往历经几年或者十几年。左氏为了适应《春秋》编年体的需要，便把原材料拆开，分隶于各年之内。这样一来，从总体来看，这段资料固然是解经的，但其分隶于各年的传文便每每不能完全与经文相合了。这样就造成了一些"无经之传"。例如庄公二十六年传云：

> 秋，虢人侵晋。冬，虢人又侵晋。

庄公二十七年传云：

> 晋侯将伐虢，士蒍曰："不可。虢公骄……无众而后伐之，欲御我，谁与？……虢弗畜也，亟战，将饥。"

庄公三十二年传云：

> 秋七月，有神降于莘。……史嚚曰："虢其亡乎！吾闻之，国将兴，

听于民；将亡，听于神。……虢多凉德，其何土之能得！"

闵公二年传云：

虢公败犬戎于渭汭。舟之侨曰："无德而禄，殃也。殃将至矣。"

僖公二年传云：

晋荀息请以屈产之乘与垂棘之璧，假道于虞以伐虢。……夏，晋里克、荀息帅师会虞师伐虢，灭下阳。

僖公五年传云：

晋侯复假道于虞以伐虢。……晋灭虢，虢公丑奔京师。

按上述六年的传文所述之事历经十四年，应该是出自同一资料的。左氏将此一整段材料拆开，分隶于各年之中。此事是用来解经文"虞师、晋师灭下阳"（僖二）和"晋人执虞公"（僖五）的，但传文既分隶于各年，有些传文就不一定有相应的经了。于是庄二十六、庄二十七、庄三十二、闵二遂成了无经之传。其实这些无经之传也是左氏解经所必需的。

杜预在谈到左氏传经的方法时说：

左丘明受经于仲尼，以为经者不刊之书也，故传或先经以始事，或后经以终义，或依经以辨理，或错经以合异，随义而发。①

按杜预将左氏作传的方法归纳为四条，即先经、后经、依经、错经。后两条经传较为密合，可以姑置不论；前两条则往往造成经传分离，使人误认为一些传是"无经之传"。据孔颖达的疏解，所谓"先经以始事"，就是"先经为文以始后经之事"，也就是说，为了给一条经文作传，有时须在此条经文之前将与此经所记之事有关的情节预作一些交代，否则为此经文所作之传便不易说得明白。例如隐公元年经不书"公即位"，左氏就在解释这种"不书"之前先述一番宋仲子嫁鲁惠公、为夫人、生桓公之事，《左传》开篇的这一段传文就是专门为"元年春王正月"六个字所作的传。又如隐公四年经有"卫州吁弑其君完"之文，而隐公三年传却先有"卫庄公娶于齐东宫得臣之妹"一段记载。此段传文叙述了卫庄公数娶而后得子（完）之事，又交代了公子州吁的身世及石碏谏宠州吁的经过。就隐公三年来讲，这都是无经之传；但这些传文对于解释隐公四年的经文"卫州吁弑其君完"及"卫人杀州吁于濮"来说又都是很必要的，因此无宁看做是隐四经文的传。这就是"先经为文以始后经之事"。《左传》中此类情形非常之多，许多所谓无经之传都可以由此得到解释。当然，那

---

① 杜预《春秋经传集解序》，中华书局影印《十三经注疏》本，第1705页。

些"先经始事"之传并不都如隐三、隐四这样紧密相接,有的先经之传先于经文几年甚至十几年,更容易使人误认为是无经之传。如隐公三年传文云:

> 郑武公、庄公为平王卿士,王贰于虢。郑伯怨王,王曰:"无之。"故周、郑交质。……王崩,周人将畀虢公政……周、郑交恶。

隐公六年传云:

> 郑伯如周,始朝桓王也,王不礼焉。周桓公言于王曰:"我周之东迁,晋、郑焉依。善郑以劝来者,犹惧不蔇,况不礼焉。郑不来矣!"

按这两条传文在本年都是无经之传,但实际上它们都是为解释桓公五年经文"蔡人、卫人、陈人从王伐郑"做准备的。桓公五年的传文详述了王、郑交战的经过及郑人"射王中肩"的事实,而隐三与隐六之传则是交代此役的远因。因此,隐三、隐六二传也应看做是解桓五经文的传。

杜预所说的"后经以终义",按孔颖达的解释,就是"后经为文以终前经之义"。也就是说,一条经文记某件事情,当年的传文尽管对此做了详细的解释,但此事未必就在当年完全终止,它可能延续到下一年或后几年,它也可能连锁地又生出许多其他的事情,它还可能在以后的若干年中仍然发生某种影响。左氏对这些"后事"及影响也都是要加以记述的,表面上看起来这都是无经之传,其实记述这些事情都是为了解前文之经,是为了使"前经之义"得到更完整、更充分的显现。这样的传我们不妨称之为前经之传的"余传"。毫无疑问,这种余传也应该属于有经之传。此类例子我们在前面曾提到过的定公五至八年传文中已经见到。又如《左传》庄公十六年"郑伯治与于雍纠之乱者",此事不见于经;但桓公十五年传记"雍纠之乱"事却是专为解释经文"郑伯突出奔蔡"的。十九年后(即庄公十六年)郑伯惩治参与杀害雍纠的人,显然是对前经的后事做一交代。这样的传,无论如何是不能视为无经之传的。

五、《春秋》学中的一个家派

《左传》的出现,标志着《春秋》学中主要以史实解经这样一个家派的形成。这一派对于《春秋经》讲习与传播的重要意义,前人看得十分清楚。汉人桓谭说:"《左氏》经之与传,犹衣之表里,相待而成。经而无传,使圣人闭门思之,十年不能知也。"宋人胡宁说:"左氏释经虽简,而博通诸史,叙事尤详,能令百世之下,具见本末,其有功于《春秋》为多。"叶适说:"《公》、

《谷》末世口说流传之学，空张虚义。自有《左氏》，始有本末，而简书具存，大义有归矣。故读《春秋》者，不可舍《左氏》，二百五十余年，明若画一。舍而他求，多见其好异也。"家铉翁说："昔者夫子因鲁史而修《春秋》，其始，《春秋》、鲁史并传于世，学者观乎鲁史，可以得圣人作经之意。其后鲁史散佚不传，左氏采撷一时之事，以为之传，将使后人因传而求经也。……经著其略，传纪其详；经举其初，传述其终。虽未能尽得圣人褒贬之意，而《春秋》二百四十二年之行事，恃之以传，何可废也！吁，使左氏不为此书，后之人何所考据以知当时事乎？不知当时事，何以知圣人意乎？"明人罗钦顺说："《春秋》事迹莫详于《左传》。左氏于圣人笔削意义虽无甚发明，然后之学《春秋》者，得其事迹为据，而圣经意义所在因可测识，其功亦不少矣。"这些议论，对《左传》以史实解经给予了恰当的评价。但关于《左传》所阐发的《春秋》经义及其自身所表达的思想，昔人受时代的局限，訾议甚多。宋人吕大圭的意见颇具代表性，他说："《左氏》虽曰备事，而其间有不得其事之实。观其每述一事，必究其事之所由，深于情伪，熟于世故，往往论其成败而不论其是非，习于时世之所趋，而不明乎大义之所在。言周郑交质，而曰信不由中，质无益也；论宋宣公立穆公，而曰可谓知人矣；鬻拳强谏楚子，临之以兵，而谓鬻拳为爱君；赵盾亡不越竟，反不讨贼，而曰惜也，越竟乃免。此皆其不明理之故。"①吕氏并非站在今文家的立场上批评古文，他对三传都有指摘（对《公羊》的批评似乎更为严厉）。他所不满于《左传》的那几条，正是旧时学者通常指责《左传》经义不够纯粹的地方，看来主要集中在君臣关系方面。《左传》的"凡例"中还有这么一条："凡弑君称君，君无道也；称臣，臣之罪也"②，也最遭人非议。其实这完全是因为《左传》与后世学者的时代不同，所持的道德标准有异。在左氏的时代，君臣的关系还没有那么绝对，对诸如"弑君"之类的事件，社会还容许做一些客观的分析，不像后世君主高度专制，"弑君"被视为绝对的罪恶。因此，后人根据《左传》所阐发经义之所谓不够纯正而怀疑《左传》在《春秋》学史上的地位，是不足深辩的。

---

① 以上所引桓、胡、叶、家、罗、吕诸氏之说俱见《经义考》卷一百六十九。
② 《左传》宣公四年。

第五节 《公羊传》的出现与《春秋》公羊学

一、从"口说"到"著于竹帛"

解释《春秋》的另一部重要的著作就是《公羊传》。

《汉书·艺文志》著录有"《公羊传》十一卷",据班固自注,作者是"公羊子,齐人",颜师古注云:"名高。"又《汉志》云:"及末世口说流行,故有《公羊》、《谷梁》、《邹》、《夹》之传。"按这里所谓"末世",盖指战国之世,是则上述四传在战国时均已流行。关于《公羊传》的传授,《公羊解诂》徐彦疏引戴宏曰:"子夏传与公羊高,高传与其子平,平传与其子地,地传与其子敢,敢传与其子寿。至汉景帝时,寿乃共弟子齐人胡母子都著于竹帛。"戴宏是汉人,所述当能代表汉人的意见。根据这一说法,《公羊传》虽说是在汉景帝时才写成定本,但可谓渊源有自,可以追溯到孔子的弟子子夏。不过这一传授系统并不可靠,民初有学者曾提出怀疑。① 因为子夏小孔子四十四岁,曾为魏文侯(前445—前396年在位)师,距汉景帝将近三百年,而从子夏到公羊寿仅传了五世,这中间很可能有缺环。《四库提要》云:"今观传中有'子沈子曰'、'子司马子曰'、'子女子曰'、'子北宫子曰',又有'高子曰'、'鲁子曰',盖皆传授之经师,不尽出于公羊子。"按这沈子、司马子等人,我们虽然无法排定其次序,要之在《公羊》的传授史上都曾占有一席之地,其中或有居于子夏与公羊高之间的人物,也未可知。大概在公羊高以前,多是师徒相授。从公羊高到公羊寿,则为父子相传,汉人言之凿凿,也许不至于有什么大错。至汉景帝时始"著于竹帛",知在此之前一定是在师徒父子之间口耳相传。或许是由于已在公羊家族中传了五世,前此的授受源流已渐模糊,于是就使用了"公羊传"这样一个名称吧。从公羊寿上溯五世,知公羊高当是战国中晚期人。若公羊高还有所师承(不必是子夏),那么可以认为,《公羊传》至迟在战国中期已经出现了。

《公羊传》是解释《春秋经》的"传",对此古今从无异辞。对《春秋》经文,《公羊传》虽不是每句必释,但对许多经文都还是有说解的,而且《公羊传》中绝没有"无经之传",这点是与《左传》不同的。《公羊》的解经,采取的是一种设问答的形式,对所释经文逐字逐词地提出问题,然后给予回答。解

---

① 参见崔适《春秋复始》卷一,民国七年北京大学出版部排印本。

经涉及的面很广泛，释人、释物、释天、释地、释制度、释语词、释书法，当然更释经义。举例来说，《春秋》隐三年经云："尹氏卒。"传云："尹氏者何？天子之大夫也。"这是释人。文十三年经云："世室屋坏。"传云："世室者何？鲁公之庙也。"这是释物。文十四年经云："有星孛入于北斗。"传云："孛者何？彗星也。"这是释天。隐五年经云："公观鱼于棠。"传云："棠者何？济上之邑也。"这是释地。文二年经云："八月丁卯，大事于大庙，跻僖公。"传云："大事者何？大祫也。大祫者何？合祭也。其合祭奈何？毁庙之主陈于大祖，未毁庙之主皆升合食于大祖，五年而再殷祭。"这是释制度。隐元年经云："三月，公及邾娄仪父盟于眛。"传云："及者何？与也。会、及、暨，皆与也。"这是释语词。僖十六年经云："霣石于宋五。"传云："曷为先言霣而后言石？霣石，记闻，闻其磌然，视之则石，察之则五。"这是释书法。

　　这种设问答的方法，《公羊传》使用非常纯熟，解释一句经文，往往连续发问，层层深入。桓六年经云："蔡人杀陈佗。"《公羊传》就此作了一连串的问答："陈佗者何？陈君也。陈君则曷为谓之陈佗？绝也。曷为绝之？贱也。其贱奈何？外淫也。恶乎淫？淫于蔡，蔡人杀之。"又如桓五年经云："天王使仍叔之子来聘。"《公羊传》云："仍叔之子者何？天子之大夫也。其称仍叔之子何？讥。何讥尔？讥父老子代从政也。"通过连续的发问，引出了所要阐发的经义。

　　与《左传》主要是从史实方面解经不同，《公羊传》的解经，主要是着眼于《春秋经》中的"义"。有些表面上看似乎是释语词，实际上也是释"义"。例如隐元年经云："郑伯克段于鄢。"《公羊传》云："克之者何？杀之也。杀之则曷为谓之克？大郑伯之恶也。""克"的意思是"杀"，这里所以用"克"不用"杀"，是要突出郑伯的"恶"。又如桓九年经云："纪季姜归于京师。"《公羊传》云："京师者何？天子之居也。京者何？大也。师者何？众也。天子之居必以众大之辞言之。"这里表面上是解释"京"、"师"这两个字的字义，实际上阐发的是尊王的思想。在公羊家看来，《春秋》的"义"大量的是通过"书法"来表达的，也就是说，《春秋》书什么，不书什么，怎样书，这里面都有作者的深意在，都蕴含着作者的褒贬进退，蕴含着作者的思想。例如对《春秋》的第一条经文"春王正月"，公羊家就解释说："元年者何？君之始年也。春者何？岁之始也。王者孰谓？谓文王也。曷为先言王而后言正月？王正月也。何言乎王正月？大一统也。公何以不言即位？成公意也。"这段话通过对经文的逐字剖析，阐发了公羊家"大一统"的思想，同时讨论了这句经文所以不书"公即位"这三个字的原因,表明了作者对鲁隐公同情、赞许的态度。公羊家在解说经文的时候,虽然还没有明确地提出"义例"这样的概念,但实际上已经在用"例"作为尺度来对经文的记事进行衡量了。那么什么是"例"呢?"例"其实就是一些记事的规则,同一类的事,用相同的手法记下来,这就构成了"例"。宋儒胡安国说:"《春秋》之文,有事同而辞同者,后人因谓之例;有事同而辞异,则其例变矣。"① 这就是所谓正例与变例。例如经文记事的"日"与"不日"(是否记载事件发生的日期)、"地"与"不地"(是否记载事件发生的地点)、人物称名还是称字等等,这些在公羊家看来都是有规矩可以遵循的,按照这些"例"来记事(正例),可以表达作者的某种意思;违背这些"例"来记事(变例),则可以表达作者另外的意思。隐公三年经云:"癸未,葬宋缪公。"《公羊传》曰:"葬者曷为或日或不日?不及时而日,渴葬也;不及时而不日,慢葬也;过时而日,隐之也;过时而不日,谓之不能葬也;当时而不日,正也;当时而日,危不得葬也。"这些就是所谓"正例"。隐公十年《春秋经》云:"六月壬戌,公败宋师于菅。辛未,取郜。辛巳,取防。"《公羊传》云:"取邑不日,此何以日?一月而再取也。何言乎一月而再取?甚之也。内大恶讳,此其言甚之何?《春秋》录内而略外:于外大恶书,小恶不书;于内大恶讳,小恶书。"这里的"取邑不日",就应视为《春秋》记事之"例",而隐十年的这段经文,显然是违反了"例"的,公羊家就着意从这一"变例"里发掘经义,说明经之所以这样记事所要表达的意思究竟是什么。类似"取邑不日"这样的例在《公羊传》里尚有很多,例如:闵二年经云:"秋八月辛丑,公薨。"《公羊传》云:"公薨何以不地?隐之也。何隐尔?弑也。"这是说"公薨"照"例"是应该记载地点的,这里没有记载地点,是因为要为鲁国隐讳的缘故。宣九年经云:"辛酉,晋侯黑臀卒于扈。"《公羊传》云:"扈者何?晋之邑也。诸侯卒其封内不地,此何以地?卒于会,故地也。"诸侯死在了他自己的封地之内,照"例"是不应该记载"卒地"的,这条经文记载了卒地扈,那是有特殊的原因的。公羊家认为《春秋》记事的措辞当中,隐含着圣人的褒贬予夺,最著名的当数所谓七等进退之说。庄公十年《公羊传》曰:"州不若国,国不若氏,氏不若人,人不若名,名不若字,字不若子。"这里的州、国、氏、人、名、字、子,是指《春秋》记事时对诸侯的称谓,"不若"云者,指的是尊礼的程度,言"荆"(州名)就比言"楚"(国名)显得轻贱,言楚就不如言

---

① 胡安国《春秋传》卷首,《四部丛刊续编》本。

潞氏、甲氏（均为氏名）尊贵，以此类推，可以看出《春秋》对所言诸侯的态度。隐元年经云："三月，公及邾娄仪父盟于眛。"《公羊传》云："仪父者何？邾娄之君也。何以名？字也。曷为称字？褒之也。曷为褒之？为其与公盟也。"这就是所谓称字为褒（名不若字）之例。桓十一年经云："九月，宋人执郑祭仲。"《公羊传》云："祭仲者何？郑相也。何以不名？贤也。何贤乎祭仲？以为知权也。"祭仲名"足"，"仲"是他的字。因为有称字为褒之例，故《公羊传》认为《春秋》对祭仲是持肯定态度的，而这种肯定的根据，则是祭仲的"知权（权变）"，而"知权"正是《公羊》所要阐发的"义"。在公羊家看来，《春秋》的"例"实在是很多，这些例其实也就是"书法"，像"外逆女不书"、"外大夫不卒"、"外取邑不书"、"邑不言围"、"常事不书"、"外灾不书"、"《春秋》敌者言战"等等，书与不书以及怎样书，就构成了种种的"例"，而《春秋》的"义"往往就存在于对这些"书法"与"例"的遵循与违背之中。

二、《春秋》的公羊之义

《公羊传》究竟阐发了《春秋》中的哪些经义？这是一个不容易一下子回答的问题。历代《春秋》学者对《春秋》经义的研究和发挥，应该看做是一个过程。每一代学者都是在吸收前辈思想资料的基础上，根据他自己所处时代的需要，提出他自己对《春秋》经义的开掘和理解。例如何休，无疑是一位重要的《公羊》学者，他的《公羊解诂》对我们阅读《公羊传》有重要的指导意义；但我们不能完全依据他的著作来了解《公羊传》的本义，因为《公羊传》毕竟只是《春秋》学发展中的一个阶段而已，而何休的《解诂》则是《春秋》学在此后发展的又一个阶段。因此，我们在今天来谈论《公羊传》中的经义，只能严格地依据《公羊传》的本文，看一看在《公羊传》的时代公羊家们是怎样解释《春秋》之义的。

（一）尊王。

这是贯穿《公羊传》全书的一条最重要的经义。尊王就是尊奉周王、周天子，视周天子为天下土地、人民的最高所有者。尽管春秋晚期以来，天子早已式微，其实际地位只相当于一个小诸侯，《公羊传》在解说《春秋》的时候，还是处处把天子与诸侯严格地区分开来，处处突出天子的至高无上的地位，突出天子与诸侯之间的君臣名分。《公羊》书中尊王之义随处可见，姑举几例如下：

僖公八年经云："春王正月，公会王人、齐侯、宋公、卫侯、许男、曹伯、陈世子款、郑世子华盟于洮。"《公羊传》云："王人者何？微者也。曷为序乎诸侯之上？先王命也。"按"王人"只是周王的一个大夫，其地位远在齐侯、宋公等人之下，但《春秋》记事为什么把"王人"排在了齐侯等人之上呢？《公羊》认为这里面是有深意的，其意就在于"先王命"，即把天子之命看得高于一切。

成公元年经云："王师败绩于贸戎。"《公羊传》解释说："孰败之？盖晋败之，或曰贸戎败之。然则曷为不言晋败之？王者无敌，莫敢当也。"明明是周王被人打败，《春秋》却不记战胜者是谁。在《公羊》看来，这是因为《春秋》维护王者的尊严，王者本应当无敌，也就是说没有人敢于与之成为敌体力量的。

隐公元年经云："祭伯来。"《公羊传》云："祭伯者何？天子之大夫也。何以不称使？奔也。奔则曷为不言奔？王者无外，言奔则有外之辞也。"按《公羊》认为这条经文所说的"祭伯来"，实际上是祭伯由周出奔到了鲁国，那么出奔为什么不言"奔"呢？这是因为"王者无外"，也就是说周王是天下土地的所有者，王臣到哪里去都不能算是"出外"，故而祭伯虽"奔"，《春秋》却不使用"奔"这个字眼。

桓公元年经云："郑伯以璧假许田。"《公羊》解释说："其言以璧假之何？易之也。易之则其言假之何？为恭也。曷为为恭？有天子存，则诸侯不得专地也。"《公羊》认为，郑伯事实上是在没有得到天子的允许的情况下，用"璧"来交换许田，《春秋》之所以将交换说成是"以璧假"，那是为了表示对天子的恭敬，因为只要有天子在，诸侯本来是不应该"专地"的。

僖公元年经云："齐师、宋师、曹师次于聂北，救邢。"《公羊传》说："曷为先言次而后言救？君也。君则其称师何？不与诸侯专封也。……诸侯之义，不得专封也。"齐、宋、曹等国统兵的人都是君主，为什么不称齐君、宋君、曹君，而称为齐师、宋师、曹师呢？原来此次行动没有得到周王的批准，而《春秋》是不赞成"诸侯专封"的，因此不称"君"以示贬。

宣公十一年经云："楚人杀陈夏征舒。"《公羊传》云："此楚子也，其称人何？贬。曷为贬？不与外讨也。……诸侯之义，不得专讨也。"这里的称"人"也是示贬，盖因楚君杀夏征舒没有征得天子的同意，虽然夏征舒罪有应得，《春秋》还是表示了不赞成"诸侯专讨"这样一种态度。

桓公十六年经云："卫侯朔出奔齐。"《公羊传》云："卫侯朔，何以名？绝。曷为绝之？得罪于天子也。"传以为《春秋》记卫侯之出奔书了他的"名"，是表示对卫侯朔的摈绝。卫侯朔得罪于天子，是应该遭到摈绝的。

此外，前面提到过的僖公二十八年经"天王狩于河阳"，《公羊》认为是"不与再致天子也"（即不赞成诸侯召天子来参加盟会），尊王之义最为明显。又如前述《公羊》对经文中"京师"的解释，也体现了强烈的尊王意识。

（二）大一统。

此义与上述尊王之义并行不悖，可以看做是自尊王之义衍生而来。"大"在这里是一个动词，有拥护、主张、表彰、张大、尊大等义，在《公羊传》中"大"字的这种用法甚多，总之表示的是对某种事物的肯定态度。"大一统"就是对"一统"的肯定与张扬。那么什么是"一统"呢？后世公羊家如董仲舒、何休者流，对"一统"都做过解说，如董仲舒说："《春秋》大一统者，天地之常经，古今之通谊也。今师异道，人异论，百家殊方，指意不同，是以上亡以持一统；法制数变，下不知所守。臣愚以为诸不在六艺之科、孔子之术者，皆绝其道，勿使并进。邪辟之说灭息，然后统纪可一而法度可明，民知所从矣。"① 这是从反面说明了什么是一统。董仲舒又说："何以谓之王正月？曰：王者必受命而后王。王者必改正朔、易服色、制礼乐，一统于天下，所以明易姓非继人，通以己受之于天也。"② 是则一统的王朝必有统一的正朔、服色及礼乐。何休说："统者，始也。总系之辞。天王者始受命改制，布政施教于天下，自公侯至于庶人，自山川至于草木昆虫，莫不一一系于正月，故云政教之始。"这就说得有点玄，但大意还是可以明白的。何休又说："政莫大于正始……诸侯不上奉王之政则不得即位，故先言正月而后言即位；政不由王出则不得为政，故先言王而后言正月也。"董、何之说虽都有所发挥，但他们对"一统"的基本理解还是大致不错的。从《公羊传》本身来看，一统就是指政令、思想、制度的高度统一。大一统是战国时代的思想，其渊源可以追溯到孔子的"礼乐征伐自天子出"，不过孔子当时追求的还只是上下有序的以"礼"治国，尚谈不到真正的一统。孟子和荀子对一统则已有非常明确的表述了。梁襄王问孟子："天下恶乎定？"孟子对曰："定于一。""孰能一之？""不嗜杀人者能一之。"③ 看来"一统"已被孟子看成是解决战国社会动乱问题的唯一途径。荀子说能够"法先王，统礼义，一制度，以浅持博，以古持今，以一持万"的是"大儒"，"用大儒，则百里之地久而后三年，天下为一，诸侯为臣"。④ 又曰：

---

① 《汉书·董仲舒传》。
② 《春秋繁露·三代改制质文》，《四部丛刊》本。
③ 《孟子·梁惠王上》。
④ 《荀子·儒效》。本书征引《荀子》，用梁启雄《荀子简释》本，中华书局1983年新1版。

"君者，国之隆也……隆一而治，二而乱。自古及今，未有二隆争重而能长久者。"① 这都是很明显的"一统"思想。

大一统之义在《春秋》中并没有很明确的表述，但《公羊传》认为此义蕴含于《春秋》的第一条经文"元年春，王正月"之中。公羊家着意发掘经文文字的象征意义，以此来阐发经义。《公羊传》对这条经文的解释，我们在前面曾经引述，传文是要说明为什么在一个国君新即位之时总要先标举"王正月"。在这里，王是正统王朝的代称，它象征着周天子；而正月这一个历法概念，则是政令、制度的象征。"王者孰谓？谓文王也。曷为先言王而后言正月？王正月也。何言乎王正月？大一统也。"诸侯国君在国内必须遵用周王所颁历法，而不能够自行其是，这就是《春秋》通过这条经文向人们传达的要张大一统的信息。当然，这只是公羊家一家之言，《春秋》这条记载究竟有没有这样的意思，那另当别论。

（三）尊君抑臣。

此义与尊王之义在本质上是相同的，只是运用的层次有异。尊王是就天下而言的，"普天之下，莫非王土；率土之滨，莫非王臣"，天子高于任何一个诸侯；但就诸侯国这一个层次来讲，《公羊》则强调尊君，强调君尊臣卑，强调君主的不可侵犯。宣公元年经云："三月，遂以夫人妇姜至自齐。"此条记公子遂至齐为鲁君迎娶新妇后回到了鲁国。《公羊传》云："夫人何以不称姜氏？贬。曷为贬？讥丧娶也。丧娶者公也，则曷为贬夫人？内无贬于公之道也。内无贬于公之道，则曷为贬夫人？夫人与公一体也。"《公羊》是说，《春秋》本来是要贬鲁君的，但因本国君主是不可直接贬斥的，只好贬他的夫人。这是《公羊》尊君的显例。臣对于君来说，是卑者与尊者的关系。庄公九年经云："夏，公伐齐，纳纠。"按纠是指公子纠（《左传》经文作"子纠"），《公羊》认为经文所以不书"公子"而仅书一"纠"字，乃是因为"君前臣名"，古人贱者才称名，臣在君前的地位可以想见了。臣子对于国君，只有服从，不能违抗。国君所做有不妥之处，可以谏诤，"三谏不从"，可以弃君而去，《公羊》认为这样才"得君臣之义"②，而弑君、出君那是绝对应当谴责的。《公羊传》维护国君的尊严，常从经文中国君与大夫（哪怕是异国的大夫）是否处于敌体位置等处着眼。僖公二十八年经云："夏四月己巳，晋侯、齐师、宋师、秦师

---

① 《荀子·致士》。
② 《公羊传》庄公二十四年。

及楚人战于城濮，楚师败绩。"这是有关城濮之战的记载。《公羊》认为经称"楚人"是一种贬辞，是贬楚军的统帅得臣。为什么要贬得臣呢？因为得臣虽贵为楚国的令尹，毕竟只是大夫；以大夫而与晋国的君主对抗，这是应该受到谴责的："曷为贬？大夫不敌君也"。庄公二十二年经云："秋七月丙申，及齐高傒盟于防。"据《公羊传》说，高傒是齐国的大夫，此次与高傒会盟的，正是鲁国的国君。"公则曷为不言公？讳与大夫盟"。国君与大夫尊卑不同，本不应有会盟之事的，此事发生在鲁国国君身上，故《春秋》为之"讳"。

（四）讨伐"乱臣贼子"。

孟子说"孔子作《春秋》而乱臣贼子惧"，把讨伐乱臣贼子看做是《春秋》的最重要的功能。此义在《公羊传》中随处可见。隐公十一年经云："冬，十有一月，壬辰，公薨。"这是记鲁隐公之卒，但事实上鲁隐公是被人杀死的。《公羊传》云："何以不书葬？隐之也。何隐尔？弑也。弑则何以不书葬？《春秋》，君弑，贼不讨，不书葬，以为无臣子也。子沈子曰：君弑，臣不讨贼，非臣也；不复仇，非子也。"又宣公十一年经云："冬十月，楚人杀陈夏征舒。"《公羊传》曰："此楚子也。其称人何？贬。曷为贬？不与外讨也。不与外讨者，因其讨乎外而不与也。虽内讨亦不与也。曷为不与？实与而文不与。文曷为不与？诸侯之义，不得专讨也。诸侯之义不得专讨，则其曰实与之何？上无天子，下无方伯，天下诸侯有为无道者，臣弑君，子弑父，力能讨之则讨之可也。"据《公羊》所说，杀夏征舒的是楚子，称人是贬辞。因为诸侯照理说是不该专讨的，所以要贬他。但对楚子的行为"实与而文不与"。就是说在字面上不能赞成这种专讨的行为，但从现实情况出发，还是应该给予肯定的。因为"专讨"固然不对，但在"上无天子，下无方伯"的情况下，"专讨"犹愈于"不讨"，也就是说，讨伐乱臣贼子之义，要远远高出于诸侯不得专讨之义。

（五）维护等级秩序。

《公羊》对破坏等级秩序的行为一概持讥贬的态度。隐公五年经云："初献六羽。"《公羊传》曰："六羽者何？舞也。初献六羽，何以书？讥。何讥尔？讥始僭诸公也。六羽之为僭奈何？天子八佾，诸公六，诸侯四。……僭诸公犹可言也，僭天子不可言也。"按六羽即六佾之舞。《公羊》认为天子、诸公、诸侯的乐舞有严格的等级，上下不可错乱僭越。鲁君是侯爵，只能用四佾，而今"初献六羽"，明显是僭越，因此《公羊》以为《春秋》在这里是"讥"。但僭越也有程度的不同，天子至尊，以诸侯而僭天子，罪过更大："僭诸公犹可言也，僭天子不可言也"。僖公三十一年经云："夏四月，四卜郊，不从，乃免牲，犹三望。"《公羊传》云："郊何以卜？卜郊非礼也。卜郊何以非礼？鲁郊非礼也。鲁郊何以非礼？天子祭天，诸侯祭土。天子有方望之事，无所不通；诸侯，山川有不在其封内者，则不祭也。"按祭祀的对象，天子与诸侯有严格的区别。郊是祭天，乃天子之事，鲁君卜郊，就有僭越之嫌，故《公羊》以为"非礼"。除了讥贬僭越之外，《公羊》还特别着意于《春秋》记事的用字，认为等级不同，事虽同而用字应当有异，例如隐公三年《公羊传》云："天子曰崩，诸侯曰薨，大夫曰卒，士曰不禄"，十一年传云："诸侯来曰朝，大夫来曰聘"等等。

（六）讥世卿。

隐公三年经云："尹氏卒。"《公羊传》曰："尹氏者何？天子之大夫也。其称尹氏何？贬。曷为贬？讥世卿。世卿非礼也。"又桓公五年经云："天王使仍叔之子来聘。"《公羊传》曰："仍叔之子者何？天子之大夫也。其称仍叔之子何？讥。何讥尔？讥父老子代从政也。"按父老子代从政，就是所谓"世卿"。世卿乃是贵族政治时代的通例，本没有什么奇怪之处。但《公羊》却据其自身时代的"礼"来判定世卿之"非礼"。盖战国时代，贵族政治已趋瓦解，任贤使能渐成潮流，"世卿"自然会被视为不合理的事物。《公羊》的这一义明显地带有时代的印记。

（七）大复仇。

庄公四年经云："纪侯大去其国。"此是记齐灭纪国之事，《公羊》借此大加发挥，以宣扬其九世复仇之义。传云："大去者何？灭也。孰灭之？齐灭之。曷为不言齐灭之？为襄公讳也。《春秋》为贤者讳，何贤乎襄公？复仇也。何仇尔？远祖也。哀公亨乎周，纪侯谮之。以襄公之为于此焉者，事祖祢之心尽矣。……远祖者，几世乎？九世矣。九世犹可以复仇乎？虽百世可也。家亦可乎？曰：不可。国何以可？国君一体也。先君之耻，犹今君之耻也。今君之耻，犹先君之耻也。"按《公羊》此义历来学者反对者颇多，即董仲舒亦不采其说，清儒更有据事实、周制、经文痛驳之者。① 但我们在这里说的是《公羊传》所发挥的《春秋》之义，至于这"义"正确与否，是否合乎情理，那完全是另外一个问题。

（八）贬斥夷狄。

这也是《公羊传》中重要的一义。春秋时代，华夏与夷狄的矛盾和冲突日

---

① 参见傅隶朴《春秋三传比义》，中国友谊出版公司1984年版，上册，第217页。

趋激烈，中原的华夏文化受到了周边少数族的威胁，所谓"南夷与北狄交，中国不绝若线"①，说的就是这种局面。孔子就主张"攘夷"，他对春秋时以"尊王攘夷"为号召的管仲等人给予了充分的肯定。《公羊传》是继承了这一思想的。公羊家站在中原国家的立场上，对当时的所谓"夷狄"抱着蔑视与排斥的态度。庄公三十年经云："齐人伐山戎。"《公羊传》以为这里的"齐人"是指齐桓公，而经文用一"伐"字，体现了《春秋》对山戎的轻蔑："此盖战也，何以不言战？《春秋》敌者言战。桓公之与戎狄，驱之尔。"公羊家在解经时，掌握着一种"内外有别"的原则，最能体现其对"夷狄"的贬斥态度。《公羊》认为《春秋》对当时存在的各国有"内"、"外"的区分，一般而言，《春秋》亲内而疏外，重内而轻外，尊内而卑外。那么怎样区分内外呢？"《春秋》内其国而外诸夏，内诸夏而外夷狄"②。就中原诸国来讲，以鲁国为内而以其他各国为外；但就整个天下来讲，则以诸夏各国为内，而以"夷狄"为外了。凡是经文中同时出现"中国"与"夷狄"，《公羊传》一般总是站在"中国"一边。隐公七年经云"戎伐凡伯于楚丘以归"，实际上是"执"凡伯了，但为什么言"伐"不言"执"呢？《公羊》解释说："不与夷狄之执中国也。"僖公二十一年《春秋》记"执宋公"，执者实际上是楚子，但经不书"楚子"，《公羊传》也说是"不与夷狄之执中国也"。哀公十三年经云："公会晋侯及吴子于黄池。"据《公羊传》说，此会实际上是吴国主盟的，"吴主会则曷为先言晋侯？不与夷狄之主中国也"。但是在个别情况下，《公羊传》也与夷狄而不与中国，宣公十二年经云："晋荀林父帅师及楚子战于邲，晋师败绩。"在这里晋大夫荀林父与楚国之君同时出现在一条经文之中，《公羊传》的议论就从这里入手："大夫不敌君，此其称名氏以敌楚子何？不与晋而与楚子为礼也。"那么为什么"不与晋而与楚子为礼"呢？此下《公羊》有一大段记事："庄王伐郑，胜乎皇门，放乎路衢。郑伯肉袒，左执茅旌，右执鸾刀，以逆庄王曰：'寡人无良边垂之臣，以干天祸。是以使君王沛焉辱到敝邑，君如矜此丧人，锡之不毛之地，使帅一二耋老而绥焉，请唯君王之命。'庄王曰：'君之不令臣，交易为言，是以使寡人得见君之玉面，而微至乎此。'庄王亲自手旌，左右㧖军退舍七里。将军子重谏曰：'南郢之与郑，相去数千里，诸大夫死者数人，厮役扈养死者数百人，今君胜郑而不有，无乃失民臣之力乎？'庄王曰：'古者杅不穿，皮不蠹，则不

---

① 《公羊传》僖公四年。
② 《公羊传》成公十五年。

出于四方。是以君子笃于礼而薄于利,要其人而不要其土。告从不赦,不详。吾以不详道民,灾及吾身,何日之有?'既则晋师之救郑者至,曰:'请战。'庄王许诺。将军子重谏曰:'晋大国也,王师淹病矣,君请勿许也。'庄王曰:'弱者吾威之,强者吾辟之,是以使寡人无以立乎天下。'令之还师而逆晋寇,庄王鼓之,晋师大败。晋众之走者,舟中之指可掬矣。庄王曰:'嘻,吾两君不相好,百姓何罪?'令之还师而佚晋寇。"从这段记事可以看出,楚庄王战胜郑国而不有其土,"笃于礼而薄于利",行事以仁德为先,因此《公羊》就认为《春秋》是"不与晋而与楚为礼也"。看来在《公羊》那里,夷夏之分也不是绝对的,"夷狄"而行仁义,也可以被当做"中国"对待;反过来呢,"中国"若放弃了礼义,也是要被视为"夷狄"的。

(九)大居正。

《公羊传》中大居正之义仅一见。隐公三年传云:"君子大居正。"在这里"居正"一语是有特定含义的,不是指一般的遵循正道,而是指在继承问题上要谨遵正轨。隐公三年经云:"癸未,葬宋缪公。"这条经文记载了葬宋缪公的具体日期,《公羊》就在这上面大做文章。"葬者曷为或日或不日?不及时而日,渴葬也;不及时而不日,慢葬也;过时而日,隐之也;过时而不日,谓之不能葬也;当时而不日,正也;当时而日,危不得葬也"。宋缪公之葬是属于"当时而日"的,那么"危"在哪里呢?《公羊传》接着有一大段关于宋国君位继承的记事。原来宋宣公在临死前感到自己的兄弟(缪公)要贤于自己的儿子与夷,于是传位于缪公。缪公感念兄长传贤之义,打定主意死后再传位于侄儿与夷,于是将自己的儿子冯与勃驱逐出宋国。缪公死后,公子冯回国发动内乱,杀与夷自立为君。《公羊》将宋国内乱的责任归咎于宣公,"宋之祸,宣公为之也",《公羊》以为,尽管宋宣公的动机并不坏,但他在继承问题上没有遵循传统的传子正轨,从而引发了宋国的内乱。《公羊》的结论是:"故君子大居正。"

(十)表彰信义。

对于儒家所提出的诸种道德规范,《公羊传》一般都是给予肯定的,其中对"信义"的表彰,显得特别突出。庄公十三年经云:"冬,公会齐侯盟于柯。"《公羊传》云:"何以不日?易也。其易奈何?桓之盟不日,其会不致,信之也。"按《公羊》解此经是从"不日"入手的,这里的"齐侯"是齐桓公。传意是说鲁庄公与齐桓公在柯地会盟,《春秋》之所以不记日期,是因为这种会盟"简易"的缘故。为什么说"简易"呢?原来齐桓公极讲诚信,与他的会盟,是不必书"日"的。《公羊传》接着记柯之盟的详细经过(此事独见于

《公羊》,《左传》、《国语》都不载）云:"庄公将会乎桓,曹子进曰:'君之意何如?'庄公曰:'寡人之生则不若死矣。'曹子曰:'然则君请当其君,臣请当其臣。'庄公曰诺。于是会乎桓。庄公升坛,曹子手剑而从之。管子进曰:'君何求乎?'曹子曰:'城坏压竟,君不图与?'管子曰:'然则君将何求?'曹子曰:'愿请汶阳之田。'管子顾曰:'君许诺。'桓公曰诺。曹子请盟,桓公下与之盟。已盟,曹子摽剑而去之。"从这一过程看,曹子手剑升坛,以武力胁迫,应当算是"要盟",《公羊传》云:"要盟可犯,而桓公不欺;曹子可仇,而桓公不怨。桓公之信,著乎天下,自柯之盟始焉。"其对齐桓公的褒奖、肯定,是落在了"信义"上的。僖公十年经云:"晋里克弑其君卓子,及其大夫荀息。"对于经文中这个"及"字的使用,《公羊传》认为是表彰荀息的"贤","何贤乎荀息?荀息可谓不食其言矣。其不食其言奈何?奚齐、卓子者,骊姬之子也,荀息傅焉。骊姬者,国色也,献公爱之甚,欲立其子,于是杀世子申生。申生者,里克傅之。献公病将死,谓荀息曰:'士何如则可谓之信矣?'荀息对曰:'使死者反生,生者不愧乎其言,则可谓信矣。'献公死,奚齐立。里克谓荀息曰:'君杀正而立不正,废长而立幼,如之何?愿与子虑之。'荀息曰:'君尝讯臣矣,臣对曰:使死者反生,生者不愧乎其言,则可谓信矣。'里克知其不可与谋,退弑奚齐。荀息立卓子,里克杀卓子。荀息死之。荀息可谓不食其言矣"。荀息效忠于晋献公,为实现献公的遗愿不顾一切,最后以身殉主。但《公羊传》在这里突出的是他的"信"。

（十一）善"知权"。

桓公十一年经云:"九月,宋人执郑祭仲。"《公羊》认为经于祭仲称字而不称名,是对祭仲的褒奖:"祭仲者何?郑相也。何以不名?贤也。何贤乎祭仲?以为知权也。"至于祭仲的行权,是指他废立国君之事。原来公子忽与公子突都是郑庄公的公子,庄公死后,祭仲立忽为君,是为昭公。但公子突的母家在宋国,因此他得到了宋人的支持。有一次祭仲因事路过宋国,"宋人执之,谓之曰:'为我出忽而立突。'祭仲不从其言,则君必死,国必亡;从其言,则君可以生易死,国可以存易亡。少辽缓之,则突可故出,而忽可故反,是不可得,则病,然后有郑国"。祭仲在宋人重压之下,为避免君死国亡,采取了灵活的对策,按照宋人的要求,赶走了昭公,立公子突为君。《公羊传》对他的这一行为,给予了充分的肯定:"古人之有权者,祭仲之权是也。权者何?权者,反于经然后有善者也。权之所设,舍死亡无所设。行权有道,自贬损以行权,不害人以行权。杀人以自生,亡人以自存,君子不为也。"看来《公羊》

所赞成的"行权",并不是一般意义的随机应变,也不是可以任意为之。"权"是与"经"相反的,但它在更高的目的上又是与"经"一致的,这就是所谓"反于经然后有善者"。不是什么时候都可以行权,一定是在紧急危难的生死关头,这就是所谓"权之所设,舍死亡无所设"①。行权还有一些必须遵循的原则,不能够以伤害别人为代价,这就是所谓"行权有道,自贬损以行权,不害人以行权。杀人以自生,亡人以自存,君子不为也"。

(十二)讥"变古"。

宣公十五年经云"初税亩",《公羊》以为"讥","讥始履亩而税也"。盖《公羊》主张什一之税,"古者什一而藉","什一者,天下之中正也"。《公羊》显然认为"履亩而税"破坏了"什一而藉",故以为讥。这一年《春秋》又云:"冬,蝝生。"按"蝝"是蝗虫之幼者,《春秋》书此,盖为记灾。《公羊》却把此事与"初税亩"联系起来,说"上变古易常,应是而有天灾",其反对"变古"的思想表达得非常明确了。

《公羊》的"义"还有很多,司马迁说:"《春秋》文成数万,其指数千。"②他这里所说的"春秋",实际就是指《公羊传》③,"指"通"旨","旨"就是"义",《公羊》的义竟有数千之多!当然这只是汉儒主要是董仲舒的说法,那数以千计的"旨"中,恐怕有相当一部分属于汉儒的发挥,但《公羊传》本身的义确很不少应当也是事实。以上所列举的《公羊传》十二义,只能算是其中的荦荦大者。

《公羊传》就是这样主要以问答的形式解说经义的。《公羊》也有一些记事,数量不多,全书大约有六十余处,都是为了解释经义的需要而记的。《公羊》的记事,大部分与《左传》是同源的,但由于长期以来口耳相授,记事内容难免有走样失真的地方,因此人们历来对《公羊》的记事不大重视。《春秋》这部经典,它本身原来就是一种史册,而对《春秋》的研究,不必说以传事为主的《左传》了,就是专门传义的《公羊》,也没有摆脱对历史记载的依赖。不过《公羊》的依赖史记,仅只是为经义提供一个具体的附着物,故其发挥的思想,未必与历史上的人物、事件等完全吻合。孔子曰:"我欲载之空言,不

---

① 有的现代学者对这句话的理解可能存在偏差,例如蒋庆《公羊学引论》(辽宁教育出版社 1995 年版)第 236 页云:"所谓'权之所设,舍死亡无所设',是指在杀身成仁舍生取义的生死重大关头只能成仁取义而不能行权以苟存。"这恐怕就有违《公羊》的原意了。

② 《史记·太史公自序》。裴骃《史记集解》以为太史公此辞是述董仲舒之言。

③ 金德建《太史公所见书考》,上海人民出版社 1963 年版,第 114 页。

如见之于行事之深切著明也。"① 清儒说这叫做"借事明义":"如鲁隐非真能让国也,而《春秋》借鲁隐之事,以明让国之义。祭仲非真能知权也,而《春秋》借祭仲之事,以明知权之义。齐襄非真能复仇也,而《春秋》借齐襄之事,以明复仇之义。宋襄非真能仁义行师也,而《春秋》借宋襄之事,以明仁义行师之义。所谓见之行事,深切著明。孔子之意,盖是如此。故其所托之义,与其本事不必尽合。孔子特欲借之以明其作《春秋》之义,使后之读《春秋》者,晓然知其大义所存,较之徒托空言而未能征实者,不益深切而著明乎?"② 这算是把"借事明义"讲明白了。但说到底,这借者、明者还都只是"公羊";至于孔子是不是真如《公羊》所说那样借事明义,由于他老人家没有留下讲章,今日已无从知道了。但载之空言,不如见之行事,也许确实是孔子作《春秋》(或者修《春秋》,或者讲《春秋》)时的一个重要思路。

第六节　《谷梁传》与《春秋》谷梁学

一、《谷梁》与《公羊》的先后次序

《谷梁传》也是解释《春秋》的一部重要著作。

《谷梁传》解经的方式,与《公羊传》颇为相似,也是采用设问答的体裁,而且所发挥的经义与《公羊》也颇多相同,当然也自有相异之处。《谷梁传》的写定,也如《公羊传》一样,大约是在汉代。《汉书·艺文志》在"《谷梁传》"条下自注云:"谷梁子,鲁人。"至于这位"谷梁子"的名字,古人颇有异说。桓谭《新论》以为名赤,应劭《风俗通》同之。阮孝绪《七录》则以为名俶,字元始,杨士勋疏同之。王充《论衡》则以为名寘。③ 颜师古又以为名喜。从名、字的相应来看,当以阮说为是。④ 这"谷梁"与"公羊"都应该是复姓。但这两个复姓在先秦的典籍中非常罕见,自古便有人表示怀疑。宋人罗璧在所著《识遗》中说:"公羊、谷梁自高、赤作传外,更不见有此姓,万见春谓皆姜字切韵脚,疑为姜姓假托。"按"公"、"羊"二字相切,正是"姜"字;而"公"与"谷"双声,"羊"与"梁"叠韵,故"谷"、"梁"二字相切

---

① 《史记·太史公自序》引。
② 皮锡瑞《经学通论》卷四,中华书局1954年版,第21页。
③ 《论衡·案书篇》,《四部丛刊》本。
④ 谷梁子之名俶、名赤、名寘,很可能只是古音的通假,因为俶、赤俱为昌纽,韵部也相接近;寘字章纽,与昌纽仅为清浊之分。

也是"姜"字。这就是古人所谓慢声与急声的区别,慢声就是一字读为二字,急声就是二字读为一字。这种情况在先秦不乏其例,如"邾娄"之为"邹","句渎"之为"谷",急读则为"邹"、"谷",慢读则为"邾娄"、"句渎"。① 公羊、谷梁分别都切同一个姜字,这确实是一个发人深思的现象。宋人林黄中曾疑公羊、谷梁"只是一人"②,近人蔡元培也有此疑。③ 此说虽不无道理,但对于研究先秦的《春秋》学并无决定的意义。因为即便公、谷出于同一位姜姓的先师,丝毫也不妨碍后来形成为两个家派。在汉人眼里,《公羊》属齐学,《谷梁》属鲁学,其间的分别已至为明显。重要的是辨清公、谷两家在经义上的异同。这位谷梁子的时代,也是异说纷纭。杨士勋云:谷梁子"受经于子夏,为经作传,故曰《谷梁传》。传孙卿,孙卿传鲁人申公……"。这个传授系统与前述《公羊》有同样的问题,从子夏到谷梁子再到孙卿(即荀卿),跨度太大,因此子夏与谷梁子之间,或者谷梁子与荀卿之间,必定有缺环。桓谭以为谷梁子生于"《左氏》传世后百余年",那应该是战国的末叶。应劭则说谷梁赤是"子夏门人"④。糜信又以为谷梁子是秦孝公同时人,此说似乎有一些根据,宋人王应麟说:"今按传载尸子之语,尸佼与商鞅同时,故以谷梁子为秦孝公时人,然不可考。"⑤ 总之,综合汉唐诸儒的各种说法,这位谷梁先师当是战国时人。《四库提要》以为《谷梁传》与《公羊传》一样,都是传其学者所作,不一定是谷梁赤或公羊高所自作,此说亦不无道理。盖《公》、《谷》二传在初都是在师徒父子间口耳相传,并没有固定的文本,很容易吸收不同时期传习者的各种经说,因此,作为《春秋》的一部"传",它的形成可能是一个较长的过程,而不一定是某一个人在短期内撰述完成的。直到汉代"著于竹帛",写成定本,这才题以先师之名,称为"谷梁传"或者"公羊传"。那么,是否可以说《谷梁传》或者《公羊传》是汉代的作品呢?不能这样说。因为"传"的写定是一回事,"传"的产生与流传则是另一回事。《谷梁》与《公羊》作为《春秋》的传,早在战国中后期已经形成了。因此,即使我们不能准确地说出它们的作者,但把它们归入先秦《春秋》学的文献中那是毫无问题的。

至于《谷梁》与《公羊》孰先孰后,古来颇多异辞。郑玄《起废疾》曰:

---

① 顾炎武《音论》卷下,《音学五书》,光绪十一年刻本。
② 见《朱子语类》卷八十三,中华书局1986年版,第2153页。
③ 参见蒋伯潜《十三经概论》,上海古籍出版社1983年版,第430页。
④ 《经典释文·序录》引《风俗通》。
⑤ 王应麟《困学纪闻》卷七,《四部丛刊三编》本。

"孔子虽有圣德，不敢显然改先王之法以教授于世，若其所欲改，其阴书于纬藏之，以传后王。《谷梁》四时田者，近孔子故也。《公羊》正当六国之亡，谶纬见读，而传为三时田。作传有先后，虽异，不足以断《谷梁》也。"① 照郑玄此说，《公羊》之出似在《谷梁》之后。但后世学者大多不赞成郑玄之说。陆德明《经典释文·序录》云："公羊高受之于子夏，谷梁赤②乃后代传闻。"明确主张《公羊》在先。宋人刘敞著有《春秋权衡》，从《谷梁传》文中搜寻出数例《公羊》在先的证据。庄公二年经云："夏，公子庆父帅师伐于馀丘。"《公羊传》的解释说："于馀丘者何？邾娄之邑也。曷为不系乎邾娄？国之也。曷为国之？君存焉尔。"《公羊》认为《春秋》书"伐"照例在邑名之上标明国名，此经单言邑不言国，是把馀丘邑视为国；为什么视为国呢？"君存焉尔"，即邾国之君现正在馀丘邑中。《谷梁传》云："国而曰伐于馀丘，邾之邑也。其曰伐何也？公子贵矣，师重矣，而敌人之邑，公子病矣。病公子，所以讥乎公也。其一曰：君在而重之也。"按《谷梁》的解释明显不同于《公羊》，《谷梁》认为经书邑不书国是对公子庆父及鲁君的"讥"。但在阐发了此义之后，《谷梁传》又引另一说，这另一说的"君在而重之也"，显系《公羊》"君存焉尔"的变文。这是《公羊》先于《谷梁》的显证。又隐公二年经云"无骇帅师入极"，八年经云"无骇卒"，对于无骇的称名不称氏，《公羊》明确地以为"贬"，《谷梁》则说："无侅（《谷梁》骇作侅）之名未有闻焉。或曰隐不爵大夫也，或说曰故贬之也。"所谓"未有闻焉"，是说关于无骇的称名不称氏，谷梁先师未加解说；至于两引或曰，其中的后者显然是《公羊》之义。刘敞据此认为《谷梁》晚于《公羊》，曾"晚见《公羊》之说而附益之"③，大致是不错的。清人陈澧在肯定了刘敞的论证之后，又做了若干补充，他说：

  澧按更有可证者。文十二年"子叔姬卒"，《公羊》云："此未适人，何以卒？许嫁矣。"《谷梁》云："其曰子叔姬，贵也，公之母姊妹也。其一传曰：许嫁以卒之也。"此所谓其一传，明是《公羊传》矣。宣十五年"初税亩。冬，蝝生"，《谷梁》云："蝝非灾也。其曰蝝，非税亩之灾也。"此《谷梁》驳《公羊》之说也。《公羊》以为宣公税亩，应是而有天灾。《谷梁》以为不然，故曰"非灾也"，驳其以为天灾也；又云"其曰蝝，非

---

① 郑玄《起废疾》（辑佚本），《丛书集成》本。
② 谷梁赤，宋本《释文》"赤"字作"亦"。
③ 刘敞《春秋权衡》卷十四，《四库全书》本。

税亩之灾也",驳其以为应税亩而有此灾。其在《公羊》之后,更无疑矣。①

按刘敞、陈澧所论是可信的,我还可以再补充两条证据。隐公十一年经云"公薨",《公羊传》在议论了"君弑不讨贼所以不书葬"的道理之后说:"隐何以无正月?隐将让乎桓,故不有其正月也。"这是总论隐公在位的十一年间,《春秋》记事都不书"正月",《公羊》认为是为了表达隐公准备让位于桓公的决心,"不有其正月",即不把自己摆在正式国君的位置上。《谷梁传》对这条经文的解释与《公羊》大体相同,只是关于不书正月,与《公羊》小异:"隐十年无正,隐不自正也。元年有正,所以正隐也。"原来《公羊》所说"隐无正月",并不准确,实际上隐公元年有"正月",只是二年至十一年没有"正月"。《谷梁》显然是对《公羊》之说做了一些修正,"隐十年无正,隐不自正也",与《公羊》同义;"元年有正,所以正隐也",这是为隐公说话,认为隐公继承君位本是正当的。比较二传的措辞,足见《谷梁》的产生是在《公羊》之后的。又僖公三十一年经云:"夏四月,四卜郊,不从,乃免牲,犹三望。"所谓"卜郊",是指鲁人在行"郊"礼之前预卜吉凶,"不从"即卜兆不吉,经四卜均不吉,于是放弃了行郊礼,遂将准备作牺牲用的牛放归,这就是"免牲"。《公羊》说此经云:"曷为或言三卜,或言四卜?三卜,礼也;四卜,非礼也。……卜郊非礼也。卜郊何以非礼?鲁郊非礼也。鲁郊何以非礼?天子祭天,诸侯祭土,天子有方望之事,无所不通;诸侯,山川有不在其封内者,则不祭也。曷为或言免牲,或言免牛?免牲礼也,免牛非礼也。……"按《公羊》设问"曷为或言三卜或言四卜",是联系襄公七年经文"三卜郊,不从,乃免牲"而言的;设问"曷为或言免牲或言免牛",是联系成公七年经文"鼷鼠食郊牛角,改卜牛,鼷鼠又食其角,乃免牛"而言的。此种联系,并非解说僖公三十一年经文所必需,而应视为《公羊》一种个性化的解释。该年《谷梁传》云:"夏四月,不时也。四卜,非礼也。免牲者,为之缁衣熏裳,有司玄端,奉送至于南郊,免牛亦然。"《谷梁》只说"四卜"之非礼,并不联系襄七之"三卜";同时备述免牲的仪式,并说"免牛亦然",显然是不同意《公羊》"免牲礼也,免牛非礼也"之说,发论有很强的针对性。由此可证《谷梁》的先师应当是知道《公羊传》在这里有"免牛"云云的传义的。这样看来,《公羊》在先,《谷梁》在后,这个次序应该是不错的。

---

① 陈澧《东塾读书记》卷十,《皇清经解》本。

二、《谷梁》所发挥经义的特点

《谷梁》所发挥的经义，有许多与《公羊》相同或者相似，但也有其自身的特点。比较突出的，可以列举三项：

(一) 尊王、尊周、尊君思想较《公羊》更为强烈，有主张绝对君权之倾向。

隐公三年经云"天王崩"，《公羊传》云："何以不书葬？天子记崩不记葬，必其时也。诸侯记卒记葬，有天子存，不得必其时也。曷为或言崩，或言薨？天子曰崩，诸侯曰薨，大夫曰卒，士曰不禄。"《谷梁》进一步在"崩"字上做文章，曰："高曰崩，厚曰崩，尊曰崩。天子之崩以尊也。其崩之何也？以其在民上，故崩之。其不名何也？大上故不名也。"天子为"大上"，有至高无上之义。庄公十六年经记齐侯、宋公等"同盟于幽"，《公羊传》曰："同盟者何？同欲也。"《谷梁传》曰："同者，有同也，同尊周也。"《公羊》只是说"同盟"有共同的目的，《谷梁》则明确地说这目的就是"尊周"。隐公七年经云："冬，天王使凡伯来聘，戎伐凡伯于楚丘以归。"这里的"戎"，《左传》、《公羊》均以为是戎狄，《公羊》据此而发"不与夷狄执中国"之义；《谷梁》却说："戎者，卫也。戎卫者，为其伐天子之使，贬而戎之也。楚丘，卫之邑也。以归，犹愈乎执也。"《谷梁》不明史实，不明地理，错把戎地之楚丘当成卫之楚丘，另当别论；以卫伐天子之使即把卫贬黜为夷狄，足见其尊王立场之鲜明。僖公八年经列参与会盟的王人、齐侯、宋公、卫侯、许男、曹伯、陈世子款等，《公羊传》云："王人者何？微者也。曷为序乎诸侯之上？先王命也。"这固然已是尊王了，《谷梁》则更有甚者："王人之先诸侯，何也？贵王命也。朝服虽敝，必加于上；弁冕虽旧，必加于首；周室虽衰，必先诸侯。"早有学者指出，《谷梁》此义与汉初黄生之论相合。① 据《史记·儒林列传》，汉景帝时，辕固生与黄生辩论汤武革命问题于皇帝之前，黄生曰："汤武非受命，乃弑也。"辕固生曰："不然。夫桀纣虐乱，天下之心皆归汤武，汤武与天下之心而诛桀纣，桀纣之民不为之使而归汤武，汤武不得已而立，非受命为何？"黄生曰："冠虽敝，必加于首；履虽新，必关于足。何者？上下之分也。今桀纣虽失道，然君上也；汤武虽圣，臣下也。夫主有失行，臣下不能正言匡过以尊天子，反因过而诛之，代立践南面，非弑而何也？"按辕、黄二氏的争论，实际上是古代政

---

① 参见本田成之《春秋谷梁传考》，载于《先秦经籍考》上册，上海文艺出版社1990年影印本，第317页。

治伦理中一个很不易解开的死结,问题的答案往往是随着实际政治的需要变化着的。辕固生的意见,可以说是传统儒家(从孔子到孟子)理论的代表。黄生据说是喜好黄老之术,而他对君臣关系的看法,则明显地受到了法家君主极端神圣思想的影响。黄生应该不是一个《谷梁》学者,但他的冠履之喻无疑是与《谷梁传》义完全一致的。由此可见,《谷梁传》的尊王、尊君确已超乎一般儒者的主张,颇为接近法家对君主的看法,而有趋于极端的倾向。

(二)保民的意识非常强烈。

保民无疑是儒家的思想,在《公羊传》中这种思想也有,但不是很突出,在《谷梁传》中就不同了,"保民"是《谷梁传》反复强调的一个重要的"义"。隐公七年经云:"夏,城中丘。"《左传》以为经所以有此记载是"书不时",即批评筑城误农时;《公羊》以为"以重书",即以动用民力为重大之事;《谷梁》则对筑城之事一概反对:"城为保民为之也。民众城小则益城,益城无极。凡城之志,皆讥也。"《谷梁》之意,城本为保民而设,如果因"民众城小"就筑城,那将筑了又筑,永无极限。保民在德,不在筑城。且筑城耗费民力,故经文中凡记载"城"的,都有讥贬之义。庄公二十九年经云"春,新延厩",《左传》也是以为"书不时",《公羊》以为是讥"凶年不修",《谷梁》乃发议论曰:"古之君人者,必时视民之所勤:民勤于力,则功筑罕;民勤于财,则贡赋少;民勤于食,则百事废矣。冬筑微,春新延厩,以其用民力为已悉矣。"《谷梁》对"新延厩"亦持否定态度,因为前一年冬天已有"筑微"之役,今春又"新延厩",实在是用民力过甚了。庄公三十一年经于春、夏、秋三言"筑台",《公羊》虽以为讥,但多以筑台的位置为说,不得要领。《谷梁》则讥以"罢(疲也)民":"不正罢民三时。虞山林薮泽之利,且财尽则怨,力尽则怼,君子危之,故谨而志之也"。保民之意至为明显。僖公二年至三年,经于冬十月、春正月、夏四月三言"不雨",《公羊》统以为"记异也";《谷梁》则曰:"不雨者,勤雨也。一时言不雨者,闵雨也。闵雨者,有志乎民者也。"按所谓勤雨,是指盼雨之心切,闵雨则是以不雨为忧。《谷梁》以为经所以屡书"不雨",乃是表明对民生的忧虑,这在有志保民者来说是很自然的事。经于该年六月书"雨",《谷梁》又说:"雨云者,喜雨也。喜雨者,有志乎民者也。"对于经中有关"雨"或"不雨"的记载,《谷梁》都是这样从民生的角度加以解释的。

(三)褒贬予夺有其独特的标准——"正"、"义"与"道"。

《谷梁传》在评价《春秋》中的记事时,最常用的标准是"正",凡加以肯定的，就称"正也"，反之则称"非正也"，这很像《左传》中用来作价值判断的"礼"。但"正"比"礼"似乎适应的范围更广一些，其作为判断的尺度也显得层次更高。《谷梁》中也有"礼也"、"非礼也"之类的断语，一般说来，"礼"可以包容于"正"之中，而"正"却难于完全包容在"礼"之内。在某些场合，"正"字也可用"义"或"道"字来代替。例如隐公元年经云"春王正月"，《谷梁传》曰：

> 虽无事，必举正月，谨始也。公何以不言即位？成公志也。焉成之？言君之不取为公也。君之不取为公何也？将以让桓也。让桓正乎？曰：不正。《春秋》成人之美，不成人之恶，隐不正而成之何也？将以恶桓也。其恶桓何也？隐将让而桓弑之，则桓恶矣。桓弑而隐让，则隐善矣。善则其不正焉，何也？《春秋》贵义而不贵惠，信道而不信邪。孝子扬父之美，不扬父之恶。先君之欲与桓，非正也，邪也。虽然，既胜其邪心以与隐矣，己探先君之邪志而遂以与桓，则是成父之恶也。兄弟，天伦也。为子受之父，为诸侯受之君。已废天伦而忘君父，以行小惠，曰小道也。若隐者，可谓轻千乘之国，蹈道则未也。

按《春秋》经文中没有"公即位"几个字，此种"不书"，似乎正是经义之所在。《公羊传》认为这是孔子的笔削，表明隐公不想居于君位，而想把君位让与兄弟桓公，为什么要让给桓公呢？因为桓公之母比隐公之母要"贵"，根据"子以母贵"的原则，桓公是应该继承君位的。《谷梁》的意见与《公羊》不同。《谷梁》在这里对隐公是持批评态度的，它的评判标准就是正与不正：《谷梁》首先肯定隐公能让位是美德，所谓"轻千乘之国"，一般人很难做到的，但这只是"行小惠"，是"小道"，虽"美"却"不正"。"让桓正乎？曰：不正"。因为隐公之父虽然最初有废长立幼之意（这本来就是"邪心"），但最终还是把君位传给了隐公（"既胜其邪心以与隐矣"），而且也得到了天子的批准，这已是"为子受之父，为诸侯受之君"了。如果再自行让给桓公，那就是"忘君父以行小惠"。可见绝对地服从君父之命才是"正"，这是比"让国"之类的"小道"更高的"道"，也即大的原则。"《春秋》贵义而不贵惠，信道而不信邪"。显然，这里的"义"和"道"都是"正"的另一种表现形式。

《谷梁传》用"正"作标准之例甚多。隐公十一年经云"滕侯、薛侯来朝"，《谷梁》云："天子无事，诸侯相朝，正也。"隐公五年经云"公观鱼于棠"，《谷梁》云："鱼，卑者之事也，公观之，非正也。"隐公九年经云"天王使南季来聘"，《谷梁》云："聘诸侯，非正也。"除了这种"正也"、"非正也"

的评价之外,《谷梁》对"正"的使用颇具多样性:如襄公元年"不与鱼石正也",襄公八年"见鲁之失正也",襄公十六年"正在大夫也"。有时"正"还作动词使用,特别是在表示否定意见时甚为常见,例如庄公二十四年经云"公如齐逆女",《谷梁》云:"此其志何也?不正其亲迎于齐也。"昭公十二年经云"晋伐鲜虞",《谷梁》云:"其曰晋,狄之也。其狄之何也?不正其与夷狄交伐中国。""正"作为行事的标准、原则,有时也是相对的,此即所谓"变之正"。襄公二十九年经云:"仲孙羯会晋荀盈、齐高止、宋华定、卫世叔仪、郑公孙段、曹人、莒人、滕人、薛人、小邾人城杞。"《谷梁传》云:"古者天子封诸侯,其地足以容其民,其民足以满城以自守也。杞危而不能自守,故诸侯之大夫相帅以城之,此变之正也。"按本来诸侯的大夫没有天子之命是不该自行相帅"城杞"的;但在春秋乱世,天子衰微,早已丧失了控制诸侯的能力,此时各诸侯国相帅为小国筑城,总还是值得肯定之事。这种在变局中的新的行事原则,就是所谓"变之正"。

"正"或"义"、"道"在《谷梁传》里似乎是最高的原则,是超越于道德之上的。僖公二年经云:"城楚丘。"《谷梁》解释说:

> 楚丘者何?卫邑也。国而曰城,此邑也,其曰城,何也?封卫也。则其不言城卫何也?卫未迁也。其不言卫之迁焉,何也?不与齐侯专封也。其言城之者,专辞也。故非天子,不得专封诸侯。诸侯不得专封诸侯,虽通其仁,以义而不与也。故曰:仁不胜道。

按卫国为狄人所灭,由于有齐桓公之助,得以复封于楚丘,齐桓公用诸侯之力为卫筑城,这本来是存亡继绝的好事,但《谷梁》对齐桓公却持批评的态度:"不与齐侯专封也"。为什么呢?因为"非天子,不得专封诸侯",这是比存亡继绝更大的原则。所以即使齐侯的存亡继绝确出于仁爱之心,也不能赞成为仁爱而超越礼法,这就叫做"虽通其仁,以义而不与也",也就是所谓"仁不胜道"。

三、《谷梁传》的"日月时例"

以上我们看到了《谷梁传》所发挥的经义的一些特点。在发挥经义的方法上,《谷梁传》比《公羊传》更注重运用"日月时例",这也构成了《谷梁传》解经的一个特色。所谓"日月时例",是指《春秋》记事有的要详记事情发生的具体日期(日),有的只记月份(月),有的则只记季节(时),而据说这些记法都有其特别的意义。在前面第五节里已经提到了《公羊传》是如何依据经文的"日"与"不日"来解经的，在《谷梁传》里，这种手法运用得更加频繁。仅以隐公至桓公这二十九年来看，《谷梁传》运用"日月时例"来解经的就有二十二处，其中《公羊》也用"日月时例"来解释的仅有五处；而在这二十二处之外，《公羊》绝无一处运用"日月时例"者。这一现象已很可以说明《公》、《谷》之运用"日月时例"的情形了。另外，《公》、《谷》用"日月时例"所发挥的"义"也有差异。先看《公羊》。隐公元年经云"公子益师卒"，《公羊传》云："何以不日？远也。所见异辞，所闻异辞，所传闻异辞。"经所以不书日，乃是由于时代久远。隐公三年经云"癸未，葬宋缪公"，《公羊》的传文在第五节中已经引述，大意是说此处的"书日"，是为了表明"危不得葬"。隐公八年经云："三月，郑伯使宛来归邴。庚寅，我入邴。"《公羊传》云："其日何？难也。"同年经又云："夏六月己亥，蔡侯考父卒。八月，葬蔡宣公。"《公羊传》曰："卒何以日而葬不日？卒赴而葬不告。"原来书日与不书日，全看当事国是否赴告。隐公十年经云"六月……辛未取郜，辛巳取防"，《公羊传》云："取邑不日，此何以日？一月而再取也。"① 经之所以有此变例，只是为了突出"一月而再取"。从上述隐、桓二公二十九年间《公羊》之五例来看，《公羊》用"日月时例"解经很少涉及褒贬，而《谷梁》则不同。例如隐公元年经云"三月，公及邾仪父盟于昧"，对于经文中没有"书日"，《谷梁》解释说："不日，其盟渝也。"意思是此盟约后来没有被遵守，不书日是一种批评。对该年经文的"公子益师卒"，《谷梁》的解释是："日卒，正也；不日卒，恶也。"隐公十年经云"冬十月壬午，齐人、郑人入郕"，《谷梁传》云："日入，恶入者也。"诸如此类的例子尚有许多，在在表明《谷梁》在运用"日月时例"的时候加入了不少主观的善恶评价，于是所谓"日月时例"就成了褒贬进退的工具。

《谷梁》之大讲日月时例，历来颇为人所诟病，因为确实有许多牵强甚至自相抵牾之处，对此古今许多学者都曾给予批评。唐人啖助曰："《公》、《谷》多以日月为例，或以书日为美，或以为恶。夫美恶在于事迹，见其文足以知其褒贬，日月之例，复何为哉！假如书曰春正月叛逆，与言甲子之日叛逆，又何差异

---

① 此下的《公羊传》文云："何言乎一月而再取？甚之也。内大恶讳，此其言甚之何？《春秋》录内而略外：于外大恶书，小恶不书；于内大恶讳，小恶书。"从整个传文来看，《春秋》书日（用日月例）只为表明"一月而再取"的事实，书日本身并无贬意；而《春秋》的贬意是通过"言一月而再取"表达出来的。

乎？故知皆穿凿妄说也。"① 此数语对于批驳以"日月时例"论褒贬，甚为有力。

以"例"说《春秋》到底是否合理，或者说《春秋》到底有没有"例"，这是一个自古颇多争议的问题。宋人崔子方云：

> 《春秋》之法，以为天下有中外，侯国有大小，位有尊卑，情有疏戚，不可得而齐也。是故详中夏而略外域，详大国而略小国，详内而略外，详君而略臣，此《春秋》之义，而日月之例所从生也。著日以为详，著时以为略，又以详略之中而著月焉，此例之常也。然而事固有轻重矣，安可不详所重而略所轻乎？其概所重者日，其次者月，又其次者时，此亦易明尔。然而以事之轻重错于大小尊卑疏戚之间，又有变例以为言者，此日月之例至于参差不齐而后世之论所以不能合也。②

以今日之观点看来，《春秋》既本为记事之史书，当其记事之时，遵循一定之规则，也是情理中事，但这应当目为"史例"，而不应当是"经例"。宋人林之奇（字少颖）有说云：

> 或曰：经之书月书日，岂都无意乎？曰：此史例也，非经意也。何以言之？夫史以编年为书，故必书日月以次事之先后。若事无巨细，概书月书日，则事紊而无条矣，势必先为之法。何等事则时而已，何等事则月之，何等事则月而又日，所以分事之轻重缓急也。故事之缓者则书时或月，事之急者则书日焉。所谓缓者何？人事则朝聘、会遇、侵地、伐国、逆女、乞师，灾异则螟、水旱、无冰、星孛之类，皆非一日之事，故或时或月焉。所谓急者何？祭祀、盟战、外诸侯内大夫卒，灾异日食、地震、星陨、火灾之类，皆一日之事，故日之也。间有当日而不日者，史阙文也。③

按林氏之说的基本点，是把《春秋》看做是史文，实际上是与孟子"其文则史"相一致的。既是史文，则《春秋》中的书日、书月、书时，只与记事的需要及可能相关。有些事情本非一日之事，自然不可能书日，只能书月或书时；有些事情虽然应当书日，但记事者限于条件，不能确知其详，自然也难于书日。这种相对较为冷静与客观的看法，比起《谷梁》乃至《公羊》之说来，应该说是一种进步。但在先秦、秦汉时期，像《谷梁》、《公羊》那样的说经方法则是当时的主流。

---

① 陆淳《春秋集传纂例》卷九，《丛书集成》本。
② 崔子方《春秋本例序》，《四库全书》本。
③ 引自《经义考》卷一百八十三。

郑玄在比较三传时说："《左氏》善于礼，《公羊》善于谶，《谷梁》善于经。"① 按《左氏》之善于礼，应当是指《左传》中记载朝聘、会盟、祭祀、田猎之事甚多，从中可见古礼之遗；《公羊》之善于谶，当是指汉代《公羊》学者谶纬化之说经倾向；而《谷梁》之善于经，据唐人杨士勋说，"谓大夫日卒、讳莫如深（庄三十二、成九）之类是也"，即以"例"说经，特别是日月时例之类。郑玄的这种看法，可能是汉代学者的通识。汉人把传自先秦的儒学分为两大支派，即齐学与鲁学，两派说经的风格有所不同。近人马宗霍氏说："大抵齐学尚恢奇，鲁学多迂谨；齐学喜言天人之理，鲁学颇守典章之遗。"② 此说大致得之。《汉书·儒林传》云："宣帝即位，闻卫太子好《谷梁春秋》，以问丞相韦贤、长信少府夏侯胜及侍中乐陵侯史高，皆鲁人也，言谷梁子本鲁学，公羊氏乃齐学也，宜兴《谷梁》。"可见汉人是把《谷梁》归为鲁学一派的。《谷梁》说经，往往拘执一义，不问具体史实，亦不通时势之变，单从《春秋》的文字上寻求"义例"，为了证成一义，不惜逞臆穿凿，全不顾其所谓例之是否能够通贯全经。例如隐公四年经云："戊申，卫祝吁弑其君完。"《谷梁传》云："大夫弑其君以国氏者，嫌也，弑而代之也。"《谷梁》在这里创为一例，即在弑君者的名字（祝吁）前冠以国名（卫），即以"国"为氏的，表示弑君者的目的是取国君而代之。《谷梁》的这一解释是荒谬的，因为《春秋》中凡书弑者皆外国之事（鲁国讳国恶，弑君是不书的），若不冠国名于人名之上，怎能知其为哪国之事？故如宋督、齐无知、宋万、晋里克、楚商臣、晋赵盾、郑归生、许止诸人，凡以弑书者，无不冠其国名，此乃写史记事之所当然，本没有什么义的。③ 而且弑君者中虽然有如祝吁（《左传》作州吁）、无知（庄八）等确是弑君而自立的，但也有如宋国的督（桓二）、万（庄十二）等弑君并非为取而代之，而《春秋》记他们的弑君也是以国为氏的。这说明《谷梁》所创的"例"并不是真正的例。隐公五年经云"夏四月，葬卫桓公"，《谷梁》就此经文中的记"月"起例云："月葬，故也。"按这个卫桓公，就是被祝吁杀死的那个卫君，《谷梁》之意是说，凡经记诸侯之葬书月者，都是有特殊变故的（如被弑）。这是《谷梁》典型的日月时例，但这一"例"并不具有普遍性，《春秋》记诸侯之葬书月者甚多，例如隐公八年八月葬蔡宣公、桓公十年夏五月葬曹桓公、十一年秋七月葬郑庄公、十三年三月葬卫宣公、庄公二年春王二

---

① 郑玄《六艺论》，见《春秋谷梁传集解》范序之杨士勋疏。
② 马宗霍《中国经学史》，商务印书馆 1937 年版，第 46 页。
③ 参见傅隶朴《春秋三传比义》，中国友谊出版公司 1984 年版，上册，第 47 页。

月葬陈庄公等等,都非被弑,也没有什么特殊的变故,可见"月葬故也"只适用于个别情况,根本算不上是"例"。成公十二年经云:"秋,晋人败狄于交刚",《谷梁》云:"中国与夷狄不言战,皆曰败之。夷狄不日。"《谷梁》在这里用了两个"例",一个是说中国与夷狄之间发生战争,经只言"败之"而不书"战",这固然极鲜明地体现了《谷梁》尊华夏、攘夷狄的立场,但却无法讲通全经,因为楚国就是被《谷梁》目为夷狄者,但经记城濮、邲、鄢陵三战都书"战"。而且反过来,两个华夏国家交战不书"战"而仅书"败之"者亦不乏其例。另一个"夷狄不日"属"日月时例",是说经记与夷狄的战事照例是不书日的。但反例也同样存在,文公十一年经云:"冬十月甲午,叔孙得臣败狄于鹹。"同样是"败狄",却是书日的。《谷梁传》中,类似这样说例的漏洞所在多有。这也难为了《谷梁》学者,因为所谓经本来是一种史册,要说其本身具备一些史例,还是符合实际的;可是硬要从中挖掘其本身并不存在的那种体现经义的"经例",那就太困难了。难怪《谷梁》说例总是左支右绌,瞻其前不能顾其后。前人评价《谷梁》,或以为失之"迂"①,或以为失之"凿"②,大概说的就是这个意思。《谷梁》所阐发的经义,不如《公羊》的多且重要,但在唐宋学者中却颇多好评。陆淳以为《公》、《左》"断义皆不如《谷梁》之精"。孙觉说:"以三家之说校其当否,《谷梁》最为精深。"晁公武说:"三传之学,《谷梁》所得为多。"这些虽不免一偏之见,但多少也有一定的理由,正如晁说之所云:"《谷梁》晚出于汉,因得监省《左氏》、《公羊》之违畔而正之,其精深远大者,真得子夏之所传与?"③ 正因为《谷梁》晚于《左传》和《公羊》,所以它能够纠正一些《左》、《公》的缺失,在某些局部上显得比《左传》和《公羊》更为平正和精当。

第七节 《春秋》三传之同源异流

《春秋》三传的产生,标志着先秦《春秋》学发生了分化。

《左传》与《公羊》、《谷梁》解经的方式是很不相同的。《左传》着重解说《春秋经》中所记的或与《春秋》经文相关的历史事实,但也并不是就没有一点义。考察《左传》中的义,会发现有一部分是与《公》、《谷》相同或者十分

---

① 崔子方《春秋经解自序》,《四库全书》本。
② 胡安国《春秋传》卷首,《四部丛刊续编》本。
③《经义考》卷一百七十引。

相似的。例如：

桓公三年《春秋经》云："九月，齐侯送姜氏于讙。"

《左传》云："非礼也。凡公女嫁于敌国，姊妹则上卿送之，以礼于先君；公子则下卿送之。于大国，虽公子，亦上卿送之。于天子则诸卿皆行。公不自送。"

按这条经文里提到的姜氏是齐侯之女，嫁与鲁桓公为妻（此姜氏即后来与齐襄公通奸并使鲁桓公遭柱死者）。《左传》认为《春秋》所以有这样的记载，其意在于批评齐侯的"非礼"，因为根据"礼"，诸侯的姊妹或者女儿出嫁，诸侯是不应亲自送行的。这就是左氏所阐发的这条经文中所蕴含的"义"。《公羊》与《谷梁》对这条经文的解释与左氏几乎完全相同。类似这样的例子，还有如桓公十五年经云"天王使家父来求车"，文公九年经云"毛伯来求金"，三传一致认为经文有讥刺之义，因为天子"求车"、"求金"都是"非礼"的；庄公二十三年经云"秋，丹桓宫楹"，二十四年经云"春王三月，刻桓宫桷"，三传皆以为"非礼也"；文公二年经云"丁丑，作僖公主"，三传都认为《春秋》记载此事是讥文公之非礼，其非礼在于"不时"，也就是过于迟缓了。

僖公十九年《春秋经》云："梁亡。"

《左传》云："不书其主，自取之也。"

《公羊》云："其言梁亡何？自亡也。其自亡奈何？鱼烂而亡也。"

《谷梁》云："自亡也。"

按三传所述《春秋》经义是相同的，三传都指出，经文之所以只用"梁亡"二字，而不采取"某某灭梁"的句式，是要表明梁之灭亡完全是咎由自取，"梁亡"二字当中蕴含着《春秋》作者对梁国君主的批评。

僖公二年《春秋经》云："虞师、晋师灭下阳。"

《左传》云："先书虞，贿故也。"

《公羊》云："虞，微国也，曷为序乎大国之上？使虞首恶也。曷为使虞首恶？虞受赂，假灭国者道，以取亡焉。"

《谷梁》云："其先晋何也？为主乎灭夏阳也。"

按三传均记载了"晋假道于虞以灭虢"这样一段史事之经过，对《春秋经》记载中把"虞师"放在了"晋师"前面这一现象做出了解释。三传都认为先写虞师后写晋师是因为虞君贪图晋国的贿赂"假道"给晋，是下阳（即夏阳）被灭的主因，而《春秋》这样的记载，正是对虞君给予了谴责。

襄公十九年《春秋经》云："晋士匄帅师侵齐，至谷，闻齐侯卒，乃还。"

　　《左传》云："闻丧而还，礼也。"

　　《公羊》云："还者何？善辞也。何善尔？大其不伐丧也。"

　　《谷梁》云："不伐丧，善之也。"

按三传都认为《春秋》之所以要记载此事，是要表明对晋卿士匄的褒奖，"闻丧而还"、"不伐丧"是合乎"礼"的要求的举动。显然，三传是把此点作为《春秋》的"义"的。

　　宣公十五年《春秋经》云："初税亩。"

　　《左传》云："初税亩，非礼也。谷出不过藉，以丰财也。"

　　《公羊》云："初税亩何以书？讥。何讥尔？讥始履亩而税也。何讥乎始履亩而税？古者什一而藉。……什一者，天下之中正也。"

　　《谷梁》云："古者什一，藉而不税。初税亩，非正也。"

按"初税亩"是《春秋经》中少数几条非常重要的有关当时社会经济生活的记载。对这条经文的理解，三传表现出了惊人的一致。三传都认为，《春秋》所以要记上这一笔，是因为《春秋》作者对此事持强烈的批评态度。《左传》的记载比较简单，但也非常明确地表达了国家对谷物的征求不能超过"藉"这样一个意思，其言外之意，是说"税亩"是超过"藉"了。《公羊》则更为清晰地说明了"藉"的征求比率是"什一"，而"履亩而税"则超过了"什一"，因此是该受到讥贬的。《谷梁》也认为古者"藉而不税"，改为"税亩"是"非正"的。对《春秋经》上这寥寥三个字，三传不约而同地做了大体相同的发挥。

　　昭公五年《春秋经》云："夏，莒牟夷以牟娄及防兹来奔。"

　　《左传》云："牟夷非卿而书，尊地也。"

　　《公羊》云："莒牟夷者何？莒大夫也。莒无大夫，此何以书？重地也。"

　　《谷梁》云："莒无大夫，其曰牟夷何也？以其地来也。以地来则何以书也？重地也。"

按莒国的大夫牟夷叛逃来鲁，并带来了牟娄与防兹二邑。三传在解释《春秋》为什么要记载此事时，一致认为"重地也"（也就是尊地）。因此，"重地"（或曰尊地）应该就是《春秋》记载此事的"义"。

　　以上所举诸条材料，都是三传阐发《春秋》经义基本相同之例。此外还有一些经文，三传的基本态度是一样的，或者都认为是"非礼"，或者都认为是"讥"，或者都认为是"讳"，但这"非礼"、"讥"、"讳"的内容三传却有不同，有时甚至差异很大。例如庄公二十九年《春秋经》云："春，新延厩"，三传虽

都以经书此事为"讥",说法却不尽相同:

《左传》云:"春,新作延厩,书不时也。凡马,日中而出,日中而入。"

《公羊》云:"新延厩者何?修旧也。修旧不书,此何以书?讥。何讥尔?凶年不修。"

《谷梁》云:"延厩者,法厩也。其言新,有故也。有故则何为书也?古之君人者,必时视民之所勤。民勤于力,则功筑罕;民勤于财,则贡赋少;民勤于食,则百事废矣。冬筑微,春新延厩,以其用民力为已悉矣。"

按对于《春秋经》中的这条记载,三传的基本态度是一样的,都认为是有讥贬之意。但所讥究竟是什么,三传则有所区别。《左传》以为是讥"不时",即建马厩的季节不对(《左传》以经"新延厩"之"新"为"新建",与《公》、《谷》之以"新"为"修缮"之义不同);《公羊》则以为翻修延厩不应当在"凶年"进行(《春秋》上一年有"大无麦禾"的记载);而《谷梁》则认为去年冬天已"筑微"("微"是地名,《左传》作"郿"),今春又修缮延厩,使用民力未免过度。可见三传虽然都知道这里的经义在于"讥贬",但所"讥"的内容却已发生歧异了。又如成公六年《春秋经》云:"二月辛巳,立武宫",《左传》与《公羊》都认为"非礼也"。《左传》是这样解释"非礼"的:"听于人以救其难,不可以立武。立武由己,非由人也。"盖前此鲁国借助晋国之力,取得了针对齐国的鞌之战的胜利,从而纾解了齐国对鲁国的军事压力。鲁人颇以战胜齐国自豪,因此"立武宫",也就是要建一座炫耀鲁国武力的建筑物。左氏所谓"非礼",是讥鲁人无自知之明,贪别人之功以为己功。而《公羊》所谓"武宫",则是指鲁国先君武公之庙,《公羊》认为建这个武公之庙是不合礼的。显然,两家的"武宫"可谓风马牛不相及,但认为《春秋》这条记载是讥鲁人非礼这一点却是完全一致的。

还有一种情况,即三传对经文的释义不一样,但其释义的切入点(《春秋》的经文一般都是很简短的,三传在释义的时候,有时是要从经文的某一点入手的,这一点我们不妨称之为释义的切入点)却是相同的。例如隐公七年《春秋经》云:"滕侯卒",三传都从《春秋》没有记载滕侯之名入手,《左传》认为滕侯所以"不书名",是因为滕非鲁之同盟国的缘故;《公羊》则认为滕是小国,小国之君是不必书名的;《谷梁》则说滕用狄人之俗,滕君本来就没有名的。尽管解释不一样,三传都认为这条经文的"义"确实是在不书滕君之名这一点上。又如襄公元年经云:"仲孙蔑会晋栾黡、宋华元、卫宁殖、曹人、莒人、邾人、滕人、薛人,围宋彭城",这是一条关于鲁大夫仲孙蔑参加以晋为首的诸侯联军围攻彭城的记载。彭城原属宋国，此前已被楚人夺去，交给了宋国叛逃到楚的大夫鱼石等人驻守。《春秋》记此事在"彭城"之前加了一个"宋"字，三传都认为这就是经义之所在。但《左传》认为这个"宋"字是孔子后加上去的，是为了表明这次战役是为宋国讨伐叛臣，同时也表明不承认鱼石等"叛臣"占据彭城的权利。而《公羊》则以为在"彭城"之前加上这个"宋"字，表明《春秋》反对诸侯"专封"的态度；《谷梁》的意思接近《左传》，以为加"宋"字是表示不赞成鱼石的叛国行为。类似这样三传切入点相同的例子还有不少：隐公元年经云"公子益师卒"，三传都以为"不书日"为经义所在；隐公十一年经云"公薨"，三传的解释都从"不书葬"上入手；桓公七年经云"谷伯绥来朝，邓侯吾离来朝"，三传都解释了这两个国君为什么都称"名"；庄公元年经云"夫人孙于齐"，三传都认为在这里"不称姜氏"是有深义的；僖公三十一年经云"夏四月，四卜郊，不从，乃免牲，犹三望"，三传释义的重点都在"四卜郊"上；宣公四年经云"春王正月，公及齐侯平莒及郯，莒人不肯，公伐莒取向"，三传释经的着眼点都在"取向"二字上。诸如此类的例子都表明，《春秋经》中有相当一部分经文，究竟哪里是其经义之所在，三传的看法是一致的。

  以上这些例证说明了什么问题呢？三传阐发经义相同，或者三传对《春秋》所记的一些史实基本态度一致，或者虽然释义各不相同，但三传解经的切入点都一样。这些现象提示我们，三传应该是同源的，也就是说，在三传之前，孔子在以《春秋》为教本进行教学的时候，对《春秋》已有了自己的一套阐释系统，已形成了某些固定的说法（即所谓经义），这些说解为众弟子所祖述，成为先秦《春秋》学中的主干内容。

  但自孔子死后，弟子各据所闻传述经典，对经典的解释难免产生歧义。再以后世代师弟相传，每一代的传述都有可能与师说产生偏离，也都有可能加进经师自己的一些理解，因此，同样一部经典，对它的解说就有可能形成不同的派别。就拿《春秋》学来说，我们可以根据不同学派对《春秋》解释的共同点来部分地复原原始《春秋》学的面貌，当然也可以根据三传说解的不同来考察《春秋》学分化的轨迹。就以前面所举三传切入点相同诸例来看，隐公元年三传都认为"不书日"为经义所在，这说明最早讲《春秋》的人在"不书日"这一点上是要有一些议论的。《左传》说是"公不与小敛，故不书日"，意即鲁君没有参加公子益师的"小敛"之礼，因而《春秋》在记载的时候不能写日期，似乎是从礼制上来解释的。《公羊》则说："何以不书日？远也。"意思是说益师之卒距孔子修《春秋》时已年代久远，传闻异辞，孔子已不知其详了。《谷梁》以为"大夫日卒，正也；不日卒，恶也"，这似乎就关系到褒贬了，公子益师是个"恶"人，故《春秋》不书日以示贬。三传之中，可能有一家讲得符合《春秋》初始之义，其他二家虽然知道此处有义，但已不知此义究竟是什么了，只好按照自己的理解瞎说，于是造出了新的"义"。当然也有可能三家都说错了。凡是切入点相同、三传解释不同的，或者三传基本态度相同而具体说法有异的，我们都可以作这样的理解。

三传解经都是要依据史实的，有时所据史实不同，也会使三传的说解产生歧异。当时除了《春秋》这种纲要式的编年史书之外，各国恐怕都还存在着不同体裁的记事具体、详赡的各类史册，这些史册广为解释《春秋》的学者所取材。我曾对《公羊》与《左传》在记事方面的异同做过考察，证明了《公羊》的记事不是袭自《左传》的，但如果说《公羊》的始祖与《左传》的编著者所依据的是大体相同的一些历史资料，应该是合乎事实的。① 这里说是"大体相同"，就是不排除还有相异的成分。有证据表明，三传在有些地方所依据的史实是不一样的。例如隐公元年"郑伯克段于鄢"，据《左传》，那个"段"后来出奔"共"了，《公羊》则说："克之者何？杀之也。"《谷梁》也说："甚郑伯之处心积虑成于杀也。"是则《公》、《谷》所依据的史料中，确是记载着"段"被郑伯杀掉。又如庄公二十七年经云："秋，公子友如陈，葬原仲"，《左传》说原仲是公子友的旧交，原仲死了，公子友到陈国去参加他的葬礼，而这样做是"非礼"的。因为按照礼，"卿非君命不出竟"。《公羊》则认为公子友此次赴陈，名为参加葬礼，实际上是为了"辟内难"而逃到了陈国，而《春秋》所以有这样的记载，乃是体谅公子友私自出境事出有因，而为他讳出奔的。由于所据的史实不同，对经义的解释自然也就有异了。

《春秋》学自形成以来，可能是由于没有及时形成文本的缘故，经义在师弟传授中有遗忘和失落的现象。例如《韩非子·内储说上》所引孔子答鲁哀公问，对僖公三十三年《春秋经》所记的"冬十二月陨霜不杀菽"（今本《春秋》"菽"作"草"），孔子曾做了"天失道，草木犹犯干之，而况于人君乎"的发挥，而今日我们看到的三传，对这条经文都没有做类似孔子那样的讲解，可能是三传对此经义都已不甚了了了。又如《韩非子·外储说右上》云：

子夏曰："《春秋》之记臣杀君、子杀父者，以十数矣。皆非一日之积

---

① 参见赵伯雄《公羊左传记事异同考》，《人文杂志》1991年第6期。

也，有渐而以至矣。凡奸者，行久而成积，积成而力多，力多而能杀，故明主蚤绝之。"① 今田常之为乱，有渐见矣，而君不诛，晏子不使其君禁侵陵之臣，而使其主行惠，故简公受其祸。故子夏曰："善持势者蚤绝奸之萌。"

按子夏所述的《春秋》经义，是说弑君、弑父之事都不是一朝一夕之故，而是非分无法之事长期积累的结果。子夏是孔门高第，他对《春秋》的传承是起了重要作用的，然而他的这一重要经义，在三传中却都找不到踪影，应该说三传都将这一经义失落了。

解经时所据史实的失落，也会影响及于经义。比较而言，三传之中，《左传》以传事为主，其所据史实很早就形诸简册；《公》、《谷》以传义为主，其传文中记事的内容甚少，其所依据的史实，可能更多地存在于该学派师弟的口耳相传之中，故失落、遗忘的可能性更大。这种对史实的失落和遗忘，就导致了对经文的逞臆的解释，这也是造成经义歧异的一个原因。例如隐公二年经文之"纪子帛莒子盟于密"，《左传》只说了三个字："鲁故也"，联系本年其他几段传文来看，《左传》显然认为子帛即纪国的大夫裂繻，裂繻到鲁国为纪君迎娶新娘，看到鲁与莒有怨，故盟莒以调解之。②《左传》这样的解释应该是有史实依据的。《公羊传》可能已经失掉了相关的史料依据，对子帛（按《公羊》经文"帛"作"伯"，当是字之通假）其人究竟是谁懵然无知，故《公羊传》的解说是："纪子伯者何？无闻焉尔。"不知为不知，还算是矜慎。《谷梁》同样没有史料依据，却逞臆解说，把"伯"说成是动词："或曰：纪子伯莒子而与之盟；或曰年同爵同，故纪子以伯先也。"前"或"是说纪子盟莒子的时候以莒子为先；后"或"是说纪子自为先，总之是把"伯"理解为"长"或者"先"这类的意思。这样的解说，未免离题万里了。但在家派之中，几传之后，便也成为了一种"义"。又如闵公元年经文云："冬，齐仲孙来。"《左传》曰："冬，齐仲孙湫来省难。书曰'仲孙'，亦嘉之也。仲孙归曰：'不去庆父，鲁难未已。'公曰：'若之何而去之？'对曰：'难不已，将自毙，君其待之。'公曰：'鲁可取乎？'对曰：'不可。犹秉周礼。……'"按左氏在为这条经文作传的时候，一定是有《春秋》以外的其他史料（很可能是齐国的史册）作依据的，看他详细地记述仲孙与齐君的对话可知。而公羊家显然缺乏这一项史料依

---

① 有的标点本认为子夏的话截止在"有渐而以至矣"，今细按前后文意，引号似以画在"故明主蚤绝之"处为宜。

② 杜预认为这里的"子帛"是本年前面传文提到的纪大夫裂繻之字，这个解释很正确，清人毛奇龄在《春秋简书刊误》中有非常充分的论证。

据，他们不知道"齐仲孙"究竟是齐国的什么人，于是乎想当然地认为"齐仲孙"就是原来鲁国的那个公子庆父，他之所以被称为"齐仲孙"，是由于他逃到了齐国的缘故。《公羊传》同时引本派先师"子女子"的话说："以春秋为《春秋》，齐无仲孙，其诸吾仲孙与！"完全是一种猜测。这种猜测固定下来，遂成为《公羊》的"义"。

先秦时期《春秋》学虽然已经产生了分化，但各家派之间似乎还没有很严格的界限，学者对于各派的经义，也往往取兼收并蓄的态度。在下一节中，我们将看到，周末大儒荀卿的《春秋》学，就是兼采三传的。至于《春秋》学家派分明，学者都严格地以家法传授，那已是汉代的事情了。

第八节 孟、荀《春秋》学之比较

战国时期的大儒孟子与荀子，在先秦《春秋》学的发展与传承方面，都曾起过无可替代的重要作用。

一、孟子论《春秋》之作意

孟子名轲，邹（邹字也作驺）国人。邹是战国时的一个小国。其前身是春秋时的邾国，与鲁国是近邻。孟子的生年，史书上没有准确的记载，昔人多有考证，一般认为他生于公元前四世纪的八十年代或七十年代。传说孟子享高寿，活了八十四岁。孟子对孔子极端推崇，以为"自有生民以来未有孔子也"[1]。他不无遗憾地说："予未得为孔子徒也，予私淑诸人也。"[2] 据司马迁说，孟子"受业子思之门人"[3]，则他当为子思的再传弟子。孟子自称："由孔子而来至于今，百有余岁，去圣人之世若此其未远也，近圣人之居若此其甚也"[4]，不管是从时间还是空间来看，与孔子的关系都非常密切。因此，孟子在儒学方面得到了孔门的真传，应该是容易理解的。

《孟子》一书，议论纵横恣肆，其引用儒家经典，以《尚书》与《诗经》居多，对《春秋》的文本乃至经义，不曾引用片言只字。但这并不等于说孟子

---

[1]《孟子·公孙丑上》。
[2]《孟子·离娄下》。
[3]《史记·孟子荀卿列传》。
[4]《孟子·尽心下》。

对《春秋》缺乏研究,恰恰相反,孟子对孔子作《春秋》的基本思想有着非常深刻的理解,并且提出了自己的一套理论,而他的理论正为后来儒者所普遍接受。

孟子在回答弟子"为什么好辩"这个问题时这样说:

> 予岂好辩哉?予不得已也。天下之生久矣,一治一乱。当尧之时,水逆行,泛滥于中国,蛇龙居之,民无所定;下者为巢,上者为营窟。《书》曰:"洚水警余。"洚水者,洪水也。使禹治之。禹掘地而注之海,驱蛇龙而放之菹;水由地中行,江、淮、河、汉是也。险阻既远,鸟兽之害人者消,然后人得平土而居之。
>
> 尧舜既没,圣人之道衰,暴君代作,坏宫室以为污池,民无所安息;弃田以为园囿,使民不得衣食。邪说暴行又作,园囿、污池、沛泽多而禽兽至。及纣之身,天下又大乱。周公相武王诛纣,伐奄三年讨其君,驱飞廉于海隅而戮之,灭国者五十,驱虎、豹、犀、象而远之,天下大悦。《书》曰:"丕显哉,文王谟!丕承者,武王烈!佑启我后人,咸以正无缺。"
>
> 世衰道微,邪说暴行有作,臣弑其君者有之,子弑其父者有之。孔子惧,作《春秋》。《春秋》,天子之事也。是故孔子曰:"知我者其惟《春秋》乎!罪我者其惟《春秋》乎!"
>
> 圣王不作,诸侯放恣,处士横议,杨朱、墨翟之言盈天下。天下之言不归杨,则归墨。杨氏为我,是无君也;墨氏兼爱,是无父也。无父无君,是禽兽也。……杨墨之道不息,孔子之道不著,是邪说诬民,充塞仁义也。仁义充塞,则率兽食人,人将相食。吾为此惧,闲先圣之道,距杨墨,放淫辞,邪说者不得作。作于其心,害于其事;作于其事,害于其政。圣人复起,不易吾言矣。
>
> 昔者禹抑洪水而天下平,周公兼夷狄、驱猛兽而百姓宁,孔子成《春秋》而乱臣贼子惧。《诗》云:"戎狄是膺,荆舒是惩,则莫我敢承。"无父无君,是周公所膺也。我亦欲正人心,息邪说,距诐行,放淫辞,以承三圣者,岂好辩哉?予不得已也。①

在这里所以要不厌其烦地征引孟子大段的议论,是为了能使读者对孟子的《春秋》学有一个完整、准确的认识。在孟子看来,孔子之作《春秋》,是可以与禹治洪水、周公驱"夷狄"相提并论的行为,孟子自身的排拒杨、墨,也与上述"三圣"的业绩有同样的价值。孟子无疑是个历史循环论者,他认为一治一

---

① 《孟子·滕文公下》。

乱，乃是天下之常规；但由治而乱的原因，却并不是固定不变的。尧舜的时候，致乱的因素是洪水，于是有禹出来，平治水土，恢复了天下的安宁。尧舜以后，致乱的因素是暴君，由暴君引起"邪说暴行又作"，继而又招致夷狄的侵扰，于是有周公的"相武王伐纣"及伐奄驱夷狄。到了周的末世，致乱的因素是乱臣贼子，但此时已没有强有力的圣王，于是孔子站了出来，企图用修《春秋》的方法来拨乱反正。孔子认为政治秩序最为重要，既然当局已无力匡正，那么作为社会灵魂的负载者的士人自有救世的责任，这就是为什么孔子要说"知我者其惟《春秋》乎"。但修史以讨伐乱臣贼子，这本是天子之事，虽说当时王室衰微，已无力整顿纪纲，但孔子以一大夫之身，行此天子之事，毕竟有僭越之嫌，所以孔子要说"罪我者其惟《春秋》乎"。孟子的这段议论，对《春秋》的作意做了最明确的表述，《春秋》是救世之书，是孔子针对乱臣贼子横行无忌的局面力图拨乱反正之书。但在孟子那里，孔子只是"圣人"，不是"圣王"，完全没有后来的所谓"素王"的观念。而且，从孟子把自己的排拒杨、墨与孔子的作《春秋》等量齐观来看，那时也根本没有"以《春秋》当新王"之类的观念，如同后世公羊学者所宣扬的那样。孟子以世道人心的拯救者自居，他过分看重了自己道德说教的作用，以为用"正人心，息邪说，距诐行，放淫辞"的行动，就可以使乱世复归于治，这就使他必然夸大孔子作《春秋》的作用，夸大孔子道义上的褒贬予夺在社会生活中所能产生的实际效果。从表面上看，"昔者禹抑洪水而天下平，周公兼夷狄、驱猛兽而百姓宁，孔子成《春秋》而乱臣贼子惧"，似乎《春秋》也具有新一代王朝的地位，其实这只是强调"三圣"都有拨乱之功，从而突出孟子"承三圣"的业绩，与所谓"三统"是毫不相干的。

《春秋》既是孔子的救世之作，则它应是儒家所谓"王道"不行之后的产物。在孟子看来，周公的时代王道盛行，《诗经》是体现王道的经典，孔子是周公之后的圣人，孔子的《春秋》自应出现在《诗经》之后。因此孟子说：

> 王者之迹熄而《诗》亡，《诗》亡然后《春秋》作。晋之《乘》，楚之《梼杌》，鲁之《春秋》，一也：其事则齐桓、晋文，其文则史。孔子曰："其义则丘窃取之矣。"①

按孟子此说实际上是在给《春秋》定位，他把《春秋》看做是与《诗经》相连续的、同为体现王道的经典。有王者存在的时候有《诗》，无王者存在的时候

---

① 《孟子·离娄下》。

则有《春秋》。对这种"圣王不作"时代的经典,孟子又从三个层面进行了剖析。首先是从内容上看,《春秋》所记载的是齐桓、晋文之事。这当然是一种借代,借齐桓、晋文来指称大国争霸时代的事情。孟子非常卑视春秋这一时代,他认为这是一个王道衰歇、道德沦丧的时代,所谓"五霸者,三王之罪人也"①。孟子在回答齐宣王问"齐桓、晋文之事"时说:"仲尼之徒无道桓、文之事者。"② 这不是很矛盾吗?一方面说《春秋》"其事则齐桓、晋文",一方面又说"仲尼之徒无道桓、文之事者",不道桓、文之事,又该怎么去研究《春秋》呢?这也许可以算是《孟子》书中的一个悖论。不过我们可以这样来理解:"其事则齐桓、晋文",是《春秋》所固有的,孔子面对这样一个时代,也只有对这个时代发生的种种事件做出褒贬予夺的价值判断,才能够阐发他自己的政治理想;而"无道桓、文之事"云云,不过是表明儒者对违反王道的所谓霸道的一种否定的态度。其次是从《春秋》的文本上看,"其文则史",《春秋》原本是鲁国的史书,是与晋《乘》、楚《梼杌》同一类型的文献。承认不承认《春秋》本是史文,是旧时今、古文经学家争论的焦点。今文家强调《春秋》是孔子的"制作",字字句句都含有孔子的深义在;古文家则说是"经承旧史","仲尼因鲁史策书成文,考其真伪,而志其典礼,上以遵周公之遗制,下以明将来之法"③。看起来在有关《春秋》文本性质这一问题上,古文家的意见似乎更接近于孟子的原意。孟子剖析《春秋》的第三个层面,是《春秋》的所谓"义"。在孟子看来,《春秋》是有"义"的,而且这"义"完全属于孔子。孔子自称"窃取之",自然是谦辞;孟子所谓"孔子作《春秋》"的"作"字,是针对着《春秋》的"义"而言的。《孟子·离娄下》的这一段议论,集中反映了孟子对孔子《春秋》学的看法,他的观点,为后世不同家派的《春秋》学者所继承;特别是他对《春秋》作用的总体评价,奠定了《春秋》作为儒家经典的地位。

二、荀子的《春秋》观及荀子与三传的关系

在战国时期,与孟子双峰并峙的另一位大儒是荀子。

---

① 《孟子·告子下》。
② 《孟子·梁惠王上》。
③ 杜预《春秋经传集解序》。

荀子名况，字卿（或说"卿"非字，乃"时人相尊而号为卿也"①）。汉人为避宣帝讳（询），亦称之为"孙卿"。荀子是战国时代赵国人。他在五十来岁时始游学于齐国，此时他已是一位学问渊博的儒者，很受齐人的尊重。在齐国的稷下学宫中，荀子曾"三为祭酒"。后因遭人谗嫉，离开了齐国，来到了楚国，春申君任命他为兰陵令。春申君死后，荀子不再做官，就定居在兰陵，直到他死去。他的生卒年不可考，一般认为他大约生存于公元前313年至公元前238年之间，可见是一位战国末期的人物，故他的弟子辈活到秦汉时期的也不乏其人。

荀子与孟子虽同为儒者，思想却颇有异同。例如孟子言性善，荀子言性恶；孟子法先王，荀子法后王；孟子主张行仁政，荀子主张礼法兼治等等。在对《春秋》的看法上，荀、孟之间是大同而小异。

《荀子》一书谈到《春秋》的地方虽然不很多，也还多少可以找到一些这方面的材料。

> 学恶乎始？恶乎终？曰：其数则始乎诵经，终乎读礼；其义则始乎为士，终乎为圣人。真积力久则入，学至乎没而后止也。故学数有终，若其义则不可须臾舍也。为之人也，舍之禽兽也。故《书》者，政事之纪也；《诗》者，中声之所止也；礼者，法之大分、类之纲纪也。故学至乎礼而止矣。夫是之谓道德之极。《礼》之敬文也，《乐》之中和也，《诗》、《书》之博也，《春秋》之微也，在天地之间者毕矣。②

按这一段是讲儒者为学的全过程。始于"诵经"，终于"读礼"。荀子的学说中"礼学"是其骨干，无怪乎他认为"学至乎礼而止"。至于"诵经"的内容，显然包括《诗》、《书》和《春秋》。而不管是"诵经"还是"读礼"，重要的是掌握"其义"，"为之人也，舍之禽兽也"，几部经书的"义"是造就完整人格的必要条件，遵守此"义"与否，是人与禽兽的分水岭。这种提法与孟子稍有不同。孟子说："王者之迹熄而《诗》亡，《诗》亡然后《春秋》作"，他把《春秋》看做是王道衰歇、霸道兴起的时代的产物，是圣人用来对付乱世的武器，因此他强调"孔子作《春秋》而乱臣贼子惧"，突出的是《春秋》讨伐乱臣贼子的功能。当然，这种讨伐的手段主要靠褒贬，靠所谓口诛笔伐。而荀子似乎没有很强调《春秋》的这一功能，至少在《荀子》书中很难找到这方面的材

---

① 《史记·孟子荀卿列传》司马贞《索隐》。
② 《荀子·劝学》。

料。荀子更看重《春秋》所蕴含的深层的精义（当然包括讨伐乱臣贼子，但绝不止于讨伐乱臣贼子）。"《诗》、《书》之博也，《春秋》之微也"，《诗》、《书》的特点在于"博"，《春秋》的特点在于"微"。

关于《春秋》的"微"，《荀子·儒效》篇中也曾道及：

> 圣人也者，道之管也。天下之道管是矣，百王之道一是矣，故《诗》、《书》、《礼》、《乐》之①归是矣。《诗》言是其志也，《书》言是其事也，《礼》言是其行也，《乐》言是其和也，《春秋》言是其微也。

按这段话是说圣人是道的中枢，而《诗》、《书》、《礼》、《乐》、《春秋》五者则是圣人的"圣性"在几个方面的表现：《诗》体现的是圣人的"志"，《书》记载的是圣人的"事"，《礼》规范了圣人的"行"，《乐》反映的是圣人的"和"（中和之德），而《春秋》则集中表现了圣人的"微"。什么是"微"？《说文》："微，隐行也。"这是"微"的基本义。荀子论舜之治天下，说"养一之微，荣矣而未知"②。杨注"微"字云："微，精妙也。"这是"微"字的引申义。（或曰微借为"散"字，《说文》：散，眇也。段玉裁说："凡古言散眇者，即今之微妙字。"）《荀子》引《道经》曰："人心之危，道心之微。"这里的微，也是指道心的精妙之处。微是隐而不显，然在幽隐之中却含有精义。杨倞注"《春秋》之微也"云："微谓褒贬沮劝。"大约是指《春秋》在遣词造句之中暗寓有对政治上是非善恶的肯定或者批判。看来这是儒家表达思想的一种重要方式。班固在《汉书·艺文志》中所说的"昔仲尼没而微言绝，七十子丧而大义乖"，其中"微言"二字应该就是从荀子"《春秋》之微也"这一类意思中衍生出来的。

对《春秋》的文本，孟、荀的观点似乎也有差别。荀子似乎并不认为《春秋》是史文，如同孟子所说的那样。前引《劝学》、《儒效》那两段话里，《书》是与"事"、"政事"对应着的，因此《书》应当属于"史"的范畴；而《春秋》只是与"微"对应，用今人的话讲，《春秋》应当属于政治哲学。在这一点上，荀子对《春秋》的定性似乎更抓住了它的本质。对作为《春秋》主要内容的"齐桓、晋文之事"，荀子的看法与孟子十分接近，《荀子·仲尼》云：

> 仲尼之门，五尺之竖子言羞称乎五伯，是何也？曰：然，彼诚可羞称也。齐桓，五伯之盛者也……彼非本政教也，非致隆高也，非綦文理也，

---

① 据清儒刘台拱说，"之"字下当有"道"字。见梁启雄《荀子简释》，中华书局1983年版，第89页。

② 《荀子·解蔽》。

非服人之心也，乡方略，审劳佚，畜积，修斗，而能颠倒其敌者也。诈心以胜矣，彼以让饰争，依乎仁而蹈利者也，小人之杰也，彼固曷足称乎大君子之门哉！

荀子对以齐桓为首的五霸评价很低，认为他们"非本政教也，非致隆高也，非綦文理也，非服人之心也"，是"依乎仁而蹈利者也，小人之杰也"，因而为"仲尼之门"所羞称。由于荀子更强调《春秋》的"微"，而漠视《春秋》的"事"，因而"羞称五霸"云云与"其事则齐桓、晋文"之间的矛盾显得不那么突出。

荀子对《春秋》的看法有如上述，那么荀子与《春秋》的三传又有怎样的关系呢？

《左传正义》引刘向《别录》云："左丘明授曾申，申授吴起，起授其子期，期授楚人铎椒。铎椒作抄撮八卷，授虞卿。虞卿作抄撮九卷，授荀卿。荀卿授张苍。"① 论者大多据此说汉代的《左传》学是传自荀子的。近人钱穆反对此说，他考证出虞卿的年辈要晚于荀卿，不会有虞卿著书以授荀卿的事。② 按钱氏的考证是可信的。荀子虽不一定是《左传》的嫡派传人，但他一定是钻研过《左传》的，《荀子》一书中所用《左传》之义很不少，例如《致士》篇有云：

赏不欲僭，刑不欲滥。赏僭则利及小人，刑滥则害及君子。若不幸而过，宁僭无滥。与其害善，不若利淫。

按这段话亦见于《左传》襄公二十六年，文字小异：

善为国者，赏不僭而刑不滥。赏僭则惧及淫人，刑滥则惧及善人。若不幸而过，宁僭无滥。与其失善，宁其利淫。

《左传》两言"惧及"，当是"怕牵涉到"的意思。到了荀子那里，则把这"牵涉到"的意思具体化、明确化："赏僭"会给小人带来"利"，"刑滥"会给君子带来"害"。这是荀子采自《左传》的显证。

又如《荀子·君子》云：

天子无妻，告人无匹也。四海之内无客礼，告无适也。

近人刘师培以为荀子多采《左传》之说，此即一例。③"妻"有"齐"义，有匹敌的意思。许慎《五经异义》引左氏说："天子至尊无敌，故无亲迎之礼。"因

---

① 《左传正义》卷一，中华书局影印《十三经注疏》本。
② 钱穆《先秦诸子系年考辨》卷四《虞卿著书考》，中华书局1985年版，第449页。
③ 参见刘师培《荀子斠补》卷三，《刘申叔先生遗书》本。

此荀子"天子无妻"之说是合乎《左传》之义的。"告无适"的"适"字训"往","四海之内无客礼，告无适"，是说普天之下，莫非王土，天子到哪一国去，也不是做客，也不能称做往。成公十二年《春秋经》云："周公出奔晋。"《左传》解释说："书曰'周公出奔晋'，凡自周无出，周公自出故也。"按理说自周到别国去是不应该称"出"的，这里所以说"周公出奔晋"，只是表明周公是自己出逃的。从这里也可以看到《荀子》与《左传》之义相合之处。

《荀子》之中虽有与《左传》之义相合之处，但也有不少地方与《左传》明显不合。从这个角度看，也很难说荀子是《左传》的传人。例如对齐桓公的评价，《荀子·仲尼》称他"外事则诈邾袭莒，并国三十五，其事行也若是其险污淫汰也"，而《左传》对齐桓公在当时诸侯国际中的作用多所肯定，称赞他"救患、分灾、讨罪，礼也"，承认他"以礼与信属（会合也）诸侯"，而所谓诈邾袭莒，均不见载于《左传》。又如对子产的评价，荀子与《左传》也有很大差别。《荀子·王制》云："子产取民者也，未及为政也。管仲为政者也，未及修礼也。"按所谓"取民"，可能是指有限度地、按合理的标准向人民征收赋税，即所谓"取我田畴而伍之"①，是有别于"聚敛"的（因为荀子在此下接着说："故修礼者王，为政者强，取民者安，聚敛者亡"）。荀子认为子产虽然做到了取民有道，却"未及为政"。但《左传》的说法则不同。襄公二十九年《左传》：吴季札聘郑，见子产，曰："……政必及子。子为政，慎之以礼。"襄公三十年云："子产为政，有事伯石。"可见《左传》是承认子产曾经"为政"的。《荀子·大略》又云："子产惠人也，不如管仲；管仲之为人，力功不力义，力知不力仁，野人也，不可以为天子大夫。"管仲不"力仁""力义"，子产更等而下之。但《左传》引孔子曰："以是观之，人谓子产不仁，吾不信也。"可见荀子对子产的评价，是明显悖于《左传》传义的。再如对于"妖"的看法，荀子与《左传》亦甚为相左。《左传》庄公十四年："妖由人兴也，人无衅焉，妖不自作。人弃常则妖兴。"宣公十五年："民反德为乱，乱则妖灾生。"左氏把"妖"之生归结为人的行为的"弃常"、"反德"，把"妖灾"与人的恶行联系在一起，这在当时已经是较为进步的观点了，但左氏毕竟还不能否认"妖"的存在。荀子则更进了一步。《荀子·天论》云："物之已至者，人祅（同妖）则可畏也：楛耕伤稼，耘耨失薉，政险失民，田薉稼恶，籴贵民饥，道路有死人，夫是之谓人祅。政令不明，举错不时，本事不理，夫是之谓人

---

① 《左传》襄公三十年。

袄。礼义不修，内外无别，男女淫乱，父子相疑，上下乖离，寇难并至，夫是之谓人袄。"在荀子看来，所谓妖就是人的恶行本身，除此并没有什么游离于人类社会之外的妖怪存在。这种看法显然与《左传》的传义有相当的距离。此外，《荀子》一书中讲到春秋史事，与《左传》所记不同者还有不少，这些都应该看做是荀子不完全遵用《左传》的显证。如果说左氏是战国时代《春秋》学诸多家派中的一支的话，荀子的《春秋》学显然不应该是属于这一家派的。

那么荀子是《公羊》学家吗？

《荀子》一书中确有《公羊》之义。《大略篇》云："《春秋》贤穆公，以为能变也。"这是以肯定的语气来引证《春秋》的，而所谓"《春秋》贤穆公"，不见于《左传》，亦不见于《谷梁传》，唯文公十二年《公羊传》曰："秦伯使遂来聘。遂者何？秦大夫也。秦无大夫，此何以书？贤穆公也。何贤乎穆公？以为能变也。"《公羊传》认为《春秋》所以记载"秦伯使遂来聘"，是对秦穆公的褒扬。这当然是《公羊》一家之言，然此义确乎被荀子继承下来了。又如《大略篇》云："故《春秋》善胥命，而《诗》非屡盟，其心一也。"按"《春秋》善胥命"，指桓公三年《春秋经》云"齐侯、卫侯胥命于蒲"。这是说齐、卫两国的国君在蒲地会见，由于双方都讲诚信，所以只是达成了一些口头的协定，并未进行歃血诅盟。《公羊传》认为《春秋经》所以将此事记作"胥命于蒲"，是含有深义的，是对齐、卫双方讲诚信的肯定。荀子说"《春秋》善胥命"，正是接受了《公羊传》的这种观点。① 此外，《荀子·王制篇》说"（齐）桓公劫于鲁庄"，此事也只有《公羊传》上有记载，这正好说明荀子是采用了《公羊》之义的。

不只是《公羊》，荀子的《春秋》学也兼采《谷梁》之义。② 《荀子·礼论》云："故王者天太祖，诸侯不敢坏，大夫士有常宗，所以别贵始。贵始，得（德）之本也。……故有天下者事七世，有一国者事五世，有五乘之地者事三世，有三乘之地者事二世，持手而食者不得立宗庙。所以别积厚者流泽广，积薄者流泽狭也。"这段话的意思可能即来自《谷梁传》。僖公十五年《谷梁传》云："己卯晦，震夷伯之庙。晦，冥也。震，雷也。夷伯，鲁大夫也。因此以见天子至于士皆有庙。天子七庙，诸侯五，大夫三，士二。故德厚者流光，德薄者流卑。是以贵始，德之本也。"按《谷梁》这段传文，是为解释经文"己

---

① 参见汪中《荀卿子通论》，载《述学》之"补遗"，《四部丛刊》本。
② 参见钱大昕《潜研堂文集》卷三十九《惠先生栋传》所述惠栋之说。

卯晦，震夷伯之庙"而发的，《公羊》、《左传》都没有从庙制方面发挥，只有《谷梁传》做了这样的解释。又如《荀子·大略》云："诰誓不及五帝，盟诅不及三王，交质子不及五伯。"此语亦本诸《谷梁》。隐公八年《谷梁传》云："诰誓不及五帝，盟诅不及三王，交质子不及二伯。"按《谷梁》的这段传文，是为解释经文"宋公、齐侯、卫侯盟于瓦屋"而发的。荀子必熟于《谷梁》经说，才会在自己的著作中直接采用《谷梁传》的成文。

从上述可知，荀子的《春秋》学，是兼采三传的。从汉人所述《春秋》学统来看，《左传》的传授与荀子有关，而《公》、《谷》二传都传自子夏。荀子的学术渊源，今已不得详知，汪中推测说："《史记》载孟子受业于子思之门人，于荀卿则未详焉。今考其书，始于《劝学》，终于《尧问》，篇次实仿《论语》。《六艺论》云：'《论语》，子夏、仲弓合撰。'《风俗通》云：'谷梁为子夏门人。'而《非相》、《非十二子》、《儒效》三篇每以仲尼、子弓并称，子弓之为仲弓，犹子路之为季路，知荀卿之学，实出于子夏、仲弓也。"① 汪氏说荀子之学出于仲弓是可信的，但说亦出于子夏，似有可商。《荀子·非十二子》有云："正其衣冠，齐其颜色，嗛然而终日不言，是子夏氏之贱儒也。"虽说这可能只是针对子夏的门人及后学而言的，但既称"子夏氏之贱儒"，他自己当然是排除在外的，因此荀子之学不大可能属于子夏一系。杨士勋《谷梁疏》称谷梁子"受经于子夏，为经作传，传孙卿，孙卿传鲁人申公"云云，自是无根之谈。但这并不妨碍荀子对《公》、《谷》二传的吸取。看来在荀子的时代，传经尚不如汉世那样注重家法，一代儒宗如荀子，研究、说解《春秋》一经，也还是兼取各传的。虽然荀子对《春秋经》的理解似乎更接近于《公羊》，我们还是无法把他的《春秋》学归在任何一个家派之内。

---

① 汪中《荀卿子通论》。

第二章 两汉《春秋》学（上）

第一节 《春秋》学成为显学

西汉学者贾谊在总结秦朝短祚的教训时说："仁义不施，而攻守之势异也。"① 这是当时人们的通识。秦自孝公变法以来，国势逐渐强盛，秦始皇奋六世之余烈，扫平六国，统一天下，建立起历史上从未有过的中央集权大帝国，其功业不可谓不伟大。但秦人始终没有解决政治统治的理论基础问题，他们把法家思想作为政策的出发点，推行各种"刻而少恩"的法律政令，因而很快地就使统治阶级自己站在了民众的极端对立面，他们的垮台也就计日而待了。在秦朝统治的十几年当中，儒学遭受了沉重的打击。秦始皇推行文化专制主义和愚民政策，几乎禁止了一切学术活动。私人讲学明令取缔，"若欲有学法令，以吏为师"。对于儒学，手段尤其严厉："有敢偶语《诗》、《书》者弃市"。② 在这期间，许多儒生被杀死，大量儒家典籍被焚毁。战国以来诸子百家竞相讲学论道的风气不复存在。

这样的统治不可能维持长久。秦的暴政理所当然地招来了人民的反对。就连历来主张温柔敦厚的儒者，这时也抱着礼器投奔陈胜的起义大军了。与秦始皇的愿望完全相反，秦朝成了中国历史上最短命的朝代之一。这真是历史的幸运。假如秦的统治照这样再维持个五六十年，包括儒学在内的先秦文化传统就将大部灭绝。然而历史毕竟抛弃了摧残文化的暴君，汉王朝建立了。

以刘邦为首的汉统治者看到了秦人的失误，他们转而寻求一种温和的政治理论，但最初他们并不看好儒家，刘邦对儒生的戏侮和轻蔑是人所熟知的。当然，刘邦鄙视儒生，也自有其理由。当时天下大乱，群雄逐鹿中原，军事活动压倒了一切。孔子曰："俎豆之事，则尝闻之矣；军旅之事，未之学也。"③ 试

---

① 贾谊《过秦论》，见《史记·秦始皇本纪》。
②《史记·秦始皇本纪》。
③《论语·卫灵公》。

想,这样的学派,怎么能引起一位惯于南征北战、争城略地的英雄人物的兴趣呢?但汉统一中国之后,情形就不同了。儒生陆贾时时在高祖面前讲说《诗》、《书》,高祖骂之曰:"乃公居马上而得之,安事《诗》、《书》!"陆贾反驳说:"居马上得之,宁可以马上治之乎?且汤武逆取而以顺守之,文武并用,长久之术也。……乡使秦已并天下,行仁义,法先圣,陛下安得而有之?"① 这是典型的儒者议论,高祖虽觉逆耳,但也只能承认这是真理。儒士叔孙通说:"儒者难与进取,可与守成。"② 此语道出了儒学的作用。汉初的统治者虽然更喜欢黄老之道,但黄老之道只能在凋敝残破的汉初社会发生一定的解疲纾困的复苏作用,却很难适应维持庞大帝国长治久安的需要。经过了几十年的休养生息,国力逐渐恢复,统治者终于把目光又转向了儒家。汉武帝是一个好儒的君主,他的好儒,不应该看做是个人的行为,而是反映了汉统治阶级对一种能够维护他们长远统治利益的意识形态的需要。从此,儒学以及以儒学为业的知识分子的命运发生了根本的变化。

汉初的儒者分为两种类型。一种类型可以叔孙通及其弟子们为代表。叔孙通本是秦朝的博士,以善于随机应变、迎合人主著称。楚汉之际,他先归项楚,后降刘邦。史载"叔孙通儒服,汉王憎之。乃变其服,服短衣,楚制,汉王喜"。他的学术渊源不可考,追随他的儒生弟子有百余人之多,可见他在当时是一位很有影响的儒者。叔孙通很善于观察形势,他敏锐地发现汉初统治者有制定礼仪的迫切需要,于是"征鲁诸生三十余人",加上他的弟子百余人,充分发挥儒者的长处,"颇采古礼与秦仪",为汉皇帝制定朝仪。他们的工作很得刘邦的赏识,刘邦看到群臣按照叔孙通等人所制朝仪"振恐肃敬"地伏拜时,不无得意地说:"吾乃今日知为皇帝之贵也。"这次制礼,可以算是儒者在新兴的汉王朝初试锋芒,结果是大获成功。叔孙通被任命为太常,他的那些儒生弟子,"高帝悉以为郎"。诸生高兴地说:"叔孙生诚圣人也,知当世之要务。"③ 像叔孙通这样的儒者,能够主动地去适应统治者的需要,用自己的所学为统治集团服务,并根据不同的情况对本派的学说、理论进行必要的修正或者改变,这样的儒者就很容易受到最高统治者的重视和任用。另一种类型的儒者,可以不赞成叔孙通制礼的"鲁两生"为代表:"于是叔孙通使征鲁诸生三十余人。鲁有两生不肯行,曰:'公所事者且十主,皆面谀以得亲贵。今天下

---

① 《史记·郦生陆贾列传》。
②③ 《史记·刘敬叔孙通列传》。

初定，死者未葬，伤者未起，又欲起礼乐。礼乐所由起，积德百年而后可兴也。吾不忍为公所为。公所为不合古，吾不行。公往矣，无污我！'叔孙通笑曰：'若真鄙儒也，不知时变。'"① 这被叔孙通称为"鄙儒"的鲁两生，显然属于保守性极强的正统儒者，他们固守着儒家传统的经说和道德，不肯随时代的迁移而做丝毫的变通。这样的人在当时邹鲁一带，为数可能还不少。刘邦灭项羽，"举兵围鲁，鲁中诸儒尚讲诵习礼乐，弦歌之音不绝"②。这些自外于火热的政治斗争与军事斗争的儒者，虽然不免显得有些迂，但儒家经典与经说的薪火相传，恐怕主要还是靠他们。当然，儒学要想真正成为统治阶级的意识形态，成为制定政策的理论基础，是要随着时代的发展有一些变化的。在这方面，前一类型的儒者，发挥着重要的作用。至于儒家典籍的保存，原始经说的传授，则后一类型的儒者功不可没。

　　汉初诸帝对儒者都不甚重用。叔孙通和他的弟子们虽然制礼有功，挤进了朝官之列，也都没有被委以重任。据司马迁说，"于是喟然叹兴于学。然尚有干戈，平定四海，亦未暇遑庠序之事也。孝惠、吕后时，公卿皆武力有功之臣。孝文时颇征用，然孝文帝本好刑名之言。及至孝景，不任儒者，而窦太后又好黄老之术，故诸博士具官待问，未有进者"③。这种局面在汉武帝亲政以后有了改变。

　　公元前141年，汉武帝登基，这一年他十六岁。次年十月，武帝"诏丞相、御史、列侯、中二千石、二千石、诸侯相举贤良方正直言极谏之士"。这是最高统治者在全国范围内罗致政治人材的举动，但荐举上来的人流品很杂，丞相卫绾奏称："所举贤良，或治申、商、韩非、苏秦、张仪之言，乱国政，请皆罢。"武帝表示同意。④ 此事反映出景、武之际，士人所持学术还是很杂的，武帝对此已经有所抉择。他尽罢贤良，表明他对除儒家以外的其他学派都抱一种排斥的态度。这种情况的出现，是不能单用武帝个人的好恶来解释的，这里包含有某种历史的必然性。汉武帝时期，汉王朝已经以前所未有的姿态出现在世界上了。它是空前统一的，也是空前强盛的，同时，它也是相对安定的。显然，治理这样一个统一的强大国家，单纯依靠主张"无为"的黄老思想是远远不够了。这时候，儒家在"守成"方面开始显现出它的强大的生命力。儒家维护统治阶级尊卑上下秩序的礼法思想，调整阶级关系的仁政思想，为统

---

① 《史记·刘敬叔孙通列传》。
②③ 《史记·儒林列传》。
④ 《汉书·武帝纪》。

治权力的合理性做辩护的天命思想，都是封建统治阶级手中有力的武器。比较战国以来各家各派的学说，如果从维护封建统治阶级的长远利益这个角度来看，是没有哪一派比儒家更为得力的了。因此，儒学受到汉武帝的青睐，并非偶然。儒学在汉初七十年后上升于独尊的地位，应该说是一个必然的历史过程。汉武帝的出现，推动了这一历史过程的完成。但汉武帝初期排斥其他学派，尚只能对法术、刑名、纵横等学说下手，对黄老之术还是动不得的。因为窦太后（武帝的祖母）还活着，此人极喜黄老学说，对儒家深怀偏见，而且在政治上还有相当的势力。武帝初即位，任用外戚魏其侯窦婴、武安侯田蚡为丞相、太尉。当时武帝接近的大臣多儒者，因此与喜好黄老之言的窦太后发生了激烈的冲突，据《史记》记载：

> 魏其、武安俱好儒术，推毂赵绾为御史大夫、王臧为郎中令。……太后好黄老之言，而魏其、武安、赵绾、王臧等务隆推儒术，贬道家言，是以窦太后滋不说魏其等。及建元二年，御史大夫赵绾请无奏事东宫。窦太后大怒，乃罢逐赵绾、王臧等，而免丞相、太尉。①

又据《汉书》：

> （建元）二年冬十月，御史大夫赵绾坐请毋奏事太皇太后，及郎中令王臧皆下狱，自杀。丞相婴、太尉蚡免。②

颜师古注引应劭曰："礼，妇人不豫政事。时帝已自躬省万机。王臧儒者，欲立明堂辟雍。太后素好黄老术，非薄五经，因欲绝奏事太后。太后怒，故杀之。"这是武帝在尊崇儒术的过程中遭受的一次挫折。建元六年（前135），窦太后死去。从此，汉武帝没有了政治上的掣肘力量，可以放手按照他自己的意志行事了。

汉武帝任用以"好儒术"著称的田蚡为丞相。"及窦太后崩，武安侯田蚡为丞相，绌黄老、刑名、百家之言，延文学儒者数百人，而公孙弘以《春秋》白衣为天子三公，封以平津侯。天下之学士靡然乡风矣"③。这个公孙弘，在汉代经学史上是一位标志性的人物，他是汉代以经学入为天子三公的第一人，此后学者通经入仕就是很常见的现象了。公孙弘是齐菑川国薛县人，出身寒微。他年轻时曾为薛县的狱吏，后因罪免职。因为贫穷，曾经"牧豕海上"。他从

---

① 《史记·魏其武安侯列传》。
② 《汉书·武帝纪》。
③ 《史记·儒林列传》。

学甚晚,"年四十余,乃学《春秋》杂说"①。大约是学有所成,很被国人推重。汉武帝即位后,招贤良文学之士,公孙弘被征为博士。此后虽有坎坷,总的来说仕途还很顺利,最终成为汉朝的丞相。公孙弘属于叔孙通那一类的儒者。他很善于做官,"每朝会议,开陈其端,令人主自择,不肯面折庭争。于是天子察其行敦厚,辩论有余,习文法吏事,而又缘饰以儒术,上大说之。二岁中,至左内史。弘奏事,有不可,不庭辩之。尝与主爵都尉汲黯请间,汲黯先发之,弘推其后,天子常说,所言皆听,以此日益亲贵。尝与公卿约议,至上前,皆倍其约以顺上旨。汲黯庭诘弘曰:'齐人多诈而无情实,始与臣等建此议,今皆倍之,不忠。'上问弘,弘谢曰:'夫知臣者以臣为忠,不知臣者以臣为不忠。'上然弘言。左右幸臣每毁弘,上益厚遇之"②。公孙弘的为人虽颇受人訾议,但他在位期间实行的一些政策,影响却至为深远。他曾根据儒家的理论向汉武帝建兴学之议:

> 闻三代之道,乡里有教,夏曰校,殷曰序,周曰庠。其劝善也,显之朝廷;其惩恶也,加之刑罚。故教化之行也,建首善自京师始,由内及外。今陛下昭至德,开大明,配天地,本人伦,劝学修礼,崇化厉贤,以风四方,太平之原也。
>
> 古者政教未洽,不备其礼,请因旧官而兴焉。为博士官置弟子五十人,复其身。太常择民年十八已上,仪状端正者,补博士弟子。郡国县道邑有好文学,敬长上,肃政教,顺乡里,出入不悖所闻者,令相长丞上属所二千石,二千石谨察可者,当与计偕,诣太常,得受业如弟子。一岁皆辄试,能通一艺以上,补文学掌故缺;其高弟可以为郎中者,太常籍奏。即有秀才异等,辄以名闻。其不事学若下材及不能通一艺,辄罢之,而请诸不称者罚。臣谨案诏书律令下者,明天人分际,通古今之义,文章尔雅,训辞深厚,恩施甚美。小吏浅闻,不能究宣,无以明布谕下。治礼次治掌故,以文学礼义为官,迁留滞。请选择其秩比二百石以上,及吏百石通一艺以上,补左右内史、大行卒史;比百石已下,补郡太守卒史:皆各二人,边郡一人。先用诵多者,若不足,乃择掌故补中二千石属,文学掌故补郡属,备员。请著功令。佗如律令。③

汉武帝采纳了这一建议。按此议的精髓在通经可以做官。此前经典的传授与研

---

① 《汉书·公孙弘传》。
② 《史记·平津侯主父列传》。
③ 《史记·儒林列传》。

习，只是个人的行为，学者固然渴望入仕，但经学与政治并没有必然的联系。现在由政府设立官学，博士弟子通一艺即可授官，这对整个社会学术趋向的引导作用是不能低估的。虽然表面上看只涉及较为低级的官吏，但风气既开，对高级官吏的任命也受此影响，史称"自此以来，则公卿大夫士吏彬彬多文学之士矣"①。

与公孙弘同时得到汉武帝拔擢的还有董仲舒。董仲舒，广川（今河北景县）人。他大约生于汉高帝、惠帝之际（公元前195?），卒于武帝元鼎、元封之间（公元前110?），曾享高寿。景帝时，董仲舒已是朝廷的博士。在武帝举行的举贤良对策中，董仲舒的对策极受汉武帝的重视。董仲舒在对策中提出了著名的"独尊儒术"的主张：

《春秋》大一统者，天地之常经，古今之通谊也。今师异道，人异论，百家殊方，指意不同，是以上亡以持一统；法制数变，下不知所守。臣愚以为诸不在六艺之科、孔子之术者，皆绝其道，勿使并进。邪辟之说灭息，然后统纪可一，而法度可明，民知所从矣。②

这一主张被汉武帝接受了。从此，儒学上升于统治的地位，诸子百家之说则遭到了"抑黜"。至于这一"尊"一"黜"，究竟采取什么方法，从董氏上述对策中可以窥知一二。董氏说对于非儒术（即"诸不在六艺之科、孔子之术者"）要"皆绝其道，勿使并进"，这"道"实际上就是"仕进"之道，绝了非儒者的仕进之路，那么还有谁去钻研那百家之学呢？相反，通经可以致显，利禄之途向儒者敞开，儒学自然会受到士人的尊奉了。因此，在建议"抑黜百家"的同时，董仲舒还建议"立太学"、"州郡举茂才孝廉"，他说：

养士之大者，莫大乎太学。太学者，贤士之所关也，教化之本原也。今以一郡一国之众，对亡应书者，是王道往往而绝也。臣愿陛下兴太学，置明师，以养天下之士，数考问以尽其材，则英俊宜可得矣。③

按此议与前述公孙弘之议有异曲同工之妙，都是把士人通经做官的道路明朗化。由于利禄的吸引，由于学校制度的确立，汉代学术发展的走向就被固定了，经学成了被整个社会认可的、正统的官方意识形态。

公孙弘也好，董仲舒也好，他们都是以《春秋》名家的学者，这是一个很值得注意的现象。为什么汉武帝在倡导尊儒时倚仗的主要是《春秋》学者呢？

---

① 《史记·儒林列传》。
②③ 《汉书·董仲舒传》。

为什么在汉代经学中《春秋》学的地位显得特别突出呢？比起其他儒家经典，《春秋》一经好像更受汉统治者的重视，这是为什么呢？要回答这些问题，可以从两个方面进行分析。

第一，从经典本身来看。《春秋》"其文则史"，由于本是史文，所记载的多是军国大事，其中的"义"也多是根据这些政事阐发而来，故《春秋》较之其他经典，如《易》、《诗》、《礼》等，更贴近政治，对政治行为有更为直接的指导意义。汉的统治者尊儒，实际上是在寻求一种更有助于治国平天下的政治哲学，《春秋》以其强烈的政治指导性自然会受到统治者的重视和欢迎。

第二，从学者对经典的发挥即所谓经义来看。汉初的《春秋》学，以公羊学派为主流。公羊学的经义，有很多与汉统治者的需要正相契合，例如维护中央集权的"大一统"之义，维护王权、抗御少数族侵扰的"尊王攘夷"之义，维护统治秩序的诛讨乱臣贼子之义等等，都能够用来解决现实政治问题。加上汉初的公羊学者董仲舒等人又对《春秋》学做了一番符合时代潮流的改造，加进了大量天人感应、灾异祥瑞之类的内容，这就使得《春秋》学更合其思想有神秘主义倾向的汉武帝的口味。因此，《春秋》学（这里主要指《春秋》公羊学）在西汉成为儒学中的显学，也就是情理中事了。

第二节　汉代《春秋》经传的社会政治功能

从刘邦建立汉朝到汉武帝即位这六七十年中，儒学的作用逐渐为统治者所认识，儒家经典的学习与传授逐渐恢复并得到发展。汉武帝罢黜百家，独尊儒术，儒学终于定于一尊，此后三百多年，终两汉之世，经学在社会政治层面的正统权威地位从来没有动摇过。国家以经学取士，官吏循经义治国，君臣议政，多援引经典为据。应该说，儒家经典在汉代社会政治生活中确实发挥了多方面的指导作用，成了统治阶级的政治哲学。在这一点上，《春秋》一经表现得更为突出。儒家的几部经典，由于在内容和性质方面存在的固有的差异（例如《易》本卜筮之书，《诗》本为诗歌总集，《书》本为档案汇编之类），故在实际社会政治生活中发挥的作用是并不完全一样的。古人早有见于此，《礼记·经解》曰："入其国，其教可知也。其为人也，温柔敦厚，《诗》教也；疏通知远，《书》教也；广博易良，《乐》教也；絜静精微，《易》教也；恭俭庄敬，《礼》教也；属辞比事，《春秋》教也。"这是从对人的影响教育的角度来区分不同经典的特点的。《史记·滑稽列传》引孔子曰："六艺于治一也：《礼》

以节人,《乐》以发和,《书》以道事,《诗》以达意,《易》以神化,《春秋》以(道)义。"这实际上也是在讲各种儒家经典的功用不尽相同。笼统地说,六经都是统治阶级治国的宝典,都可以算是理论武器,这是它们的共性;但六经又有各自的特性。在今人看来,《易》有预测的功能,《尚书》有提供历史知识的功能,《礼》有规范人的行为的功能,《诗经》有教化的功能,这些都是很好理解的;那么《春秋》呢?《春秋》在汉代社会政治生活中究竟发挥着怎样的作用呢?

孟子在谈到《春秋》的作用时说:"世衰道微,邪说暴行有作,臣弑其君者有之,子弑其父者有之。孔子惧,作《春秋》。""孔子成《春秋》而乱臣贼子惧。"[1] 似乎《春秋》有讨伐乱臣贼子的功能。司马迁在《太史公自序》里也说:"夫《春秋》上明三王之道,下辨人事之纪,别嫌疑,明是非,定犹豫,善善恶恶,贤贤贱不肖,存亡国,继绝世,补敝起废,王道之大者也。"这些话对后人的影响很大。历代的《春秋》学者,总是强调《春秋》的"正名分"、"寓褒贬",强调《春秋》对乱臣贼子的笔伐,好像这就是《春秋》的主要功能了。但是"正名分"、"寓褒贬"等等其实只是一种概括的提法,《春秋》作为一种经典,在社会政治生活中究竟发生着怎样的实际作用,人们利用《春秋》到底能干些什么事情,单是一句"使乱臣贼子惧"是说明不了的。而且,对于今日的学者来说,研究《春秋》经义的思想内涵及其对社会生活的影响固然重要,而探求历代的统治阶级如何最大限度地利用儒家经典,来达到维护他们的统治的目的,同样具有重要的意义。而这一工作,应该是经学史研究的一项主要任务。

旧时个别有识见的学者,例如清末皮锡瑞,曾经指出汉人"以《禹贡》治河,以《洪范》察变,以《春秋》决狱,以三百五篇当谏书",算是接触到了这一问题。但他的出发点,是在表彰汉人的学以致用,所谓"治一经得一经之益"[2],并无全面考察某一经典的实际用途之意。现代的研究者,在作经学史的题目时,已经注意到了检讨经学的发展与当时社会政治的关系,已经注意到了研究封建统治阶级如何"利用以孔子为代表的儒家思想进行文化教育和思想上统治",研究"中国历代封建统治阶级内部不同阶层和集团,以经学为形式,

---

[1]《孟子·滕文公下》。
[2] 皮锡瑞《经学历史》,中华书局1959年版,第90页。

展开思想斗争和政治斗争的历史"。① 本节拟在前人研究的基础上,对《春秋》学与社会政治的实际关系做更为具体深入的探讨。

汉武帝时期的经学,是以《春秋》学为主体的;而这时候的《春秋》学,实际上就是以董仲舒为代表的《公羊》学。《公羊》学之上升为显学中的显学,固然有最高统治者的喜好这样一些偶然的因素,但也有必然的因素,那就是《公羊》学的理论非常适合当时封建统治的需要。西汉学者、官员所引据的《春秋》经义,其实大多都是《公羊》之义。《谷梁》学有许多主张与《公羊》相同,在汉世也很受欢迎,不过一直处于附庸的地位,始终没有蔚为大国。东汉以后,《左传》大行于世,一时学者众多。但《公羊》学并没有衰歇,当时学者往往兼习三传,这就给《春秋》学在政治上发生影响提供了更多的可能性。在汉代,离开了三传,《春秋》的功用就无从谈起。

一、以《春秋》说灾异

在儒家诸种经典中,可以用来说"灾异"的内容不少,例如《诗经》中的"百川沸腾,山冢崒崩"②,《尚书》中的"越有雊雉"③ 等等,但记载灾异最大量的还要数《春秋》经传。我们读两汉的史籍,会有一个强烈的印象,就是当时儒者、大臣,在议论国政、上书朝廷的时候,往往会引证《春秋》中的灾异,来对当权者进行劝谏,有时还要结合现实发生的灾异现象,来说明实际政治中存在的问题和弊端,这就是我们所说的以《春秋》说灾异。尽管这种事情历代都有,但在汉代显得特别突出,甚至可以视为汉代政治的一大特点。

汉儒"以《春秋》说灾异"的开风气者,应该说是董仲舒。汉武帝在策问群儒的时候,兴趣特别集中在天人关系方面,他认为"善言天者必有征于人,善言古者必有验于今",他"上嘉唐虞,下悼桀纣",他想搞清的是"天人之应","三代受命,其符安在?灾异之变,何缘而起"?而董仲舒的对策,也正是针对着这一点,充分利用《春秋》大量记载灾异这一特点,使《春秋》对当时的政治更具有指导意义。他说:

> 臣闻天者群物之祖也,故遍覆包函而无所殊,建日月风雨以和之,经

---

① 周予同《经·经学·经学史》,载《周予同经学史论著选集》,上海人民出版社1983年版,第659页。
② 《诗经·小雅·十月之交》。
③ 《尚书·高宗肜日》。

阴阳寒暑以成之。故圣人法天而立道，亦溥爱而亡私，布德施仁以厚之，设谊立礼以导之。春者天之所以生也，仁者君之所以爱也；夏者天之所以长也，德者君之所以养也；霜者天之所以杀也，刑者君之所以罚也。繇此言之，天人之征，古今之道也。孔子作《春秋》，上揆之天道，下质诸人情，参之于古，考之于今。故《春秋》之所讥，灾害之所加也；《春秋》之所恶，怪异之所施也。书邦家之过，兼灾异之变，以此见人之所为，其美恶之极，乃与天地流通而往来相应，此亦言天之一端也。①

董仲舒的这段话可以看做是汉人以《春秋》说灾异的总纲。因为天是万物之祖，无所不包，故圣人"法天立道"，天之所为与圣人之所为完全一致，天之好恶爱憎也就是圣人的好恶爱憎。孔子之作《春秋》，就是要把天道与人事联系起来。所以天所降之灾害，也就是《春秋》之所讥；天所生之怪异，也就是《春秋》之所恶。董仲舒又说："国家将有失道之败，而天乃先出灾害以谴告之；不知自省，又出怪异以警惧之；尚不知变，而伤败乃至。"这样一来，《春秋》所记载的灾异，也就完全变成了天对人事的示警和谴责。

董仲舒的这套理论得到了汉武帝的赏识，于是《春秋》中所记的灾异也就开始有了政治的意义。因为任何时代灾异现象总是难免会出现的，把对《春秋》灾异的解释推广到实际生活中，《春秋》经传在政治实践中的作用就显现出来了。

董仲舒后来被汉武帝任命为江都相，使他可以在有限的范围内实现他的政治理想了："仲舒治国，以《春秋》灾异之变推阴阳所以错行，故求雨，闭诸阳，纵诸阴，其止雨反是。行之一国，未尝不得所欲"。剔除其中的迷信因素，可以看出在董仲舒的政治实践中，以《春秋》说灾异确实是一种重要的手段。不过，使用这种手段有时候也要冒一些风险："先是，辽东高庙、长陵高园殿灾，仲舒居家推说其意，草稿未上。主父偃候仲舒，私见，嫉之，窃其书而奏焉。上召视诸儒，仲舒弟子吕步舒不知其师书，以为大愚。于是下仲舒吏，当死，诏赦之。仲舒遂不敢复言灾异"②。尽管如此，这种以《春秋》说灾异的手段还是流行了开来，在政治斗争中屡被运用。

宣帝年间，外戚霍氏专权，名儒萧望之感到这是对皇权的威胁，试图以说灾异劝说皇帝削弱霍氏的势力：

地节三年夏，京师雨雹，望之因是上疏……以为"《春秋》昭公三年

————————
①② 《汉书·董仲舒传》。

> 大雨雹，是时季氏专权，卒逐昭公。乡使鲁君察于天变，宜亡此害。今陛下以圣德居位，思政求贤，尧舜之用心也。然而善祥未臻，阴阳不和，是大臣任政、一姓擅势之所致也。……唯明主躬万机，选同姓，举贤材，以为腹心，与参政谋……则庶事理，公道立，奸邪塞，私权废矣"。①

按萧望之把当时的"雨雹"与《春秋》所记的"大雨雹"联系在一起，以春秋时的季氏专权比拟当时的霍氏专权，给时君以十分明确的警示。不过他在这里引用的《春秋》之义，实际上是萧望之自己赋予《春秋》的义，因为三传在对昭公三年"大雨雹"的解释中都不曾提及季氏的专权。

元帝时又有宦官石显专权，以治《易》闻名的京房在一次与皇帝的谈话中，巧妙地利用了《春秋》的灾异进行劝谏：

> 房因免冠顿首，曰："《春秋》纪二百四十二年灾异，以视万世之君。今陛下即位已来，日月失明，星辰逆行，山崩泉涌，地震石陨，夏霜冬雷，春凋秋荣，陨霜不杀，水旱螟虫，民人饥疫，盗贼不禁，刑人满市，《春秋》所记灾异尽备。陛下视今为治邪，乱邪？"上曰："亦极乱耳，尚何道？"房曰："今所任用者谁与？"……房指谓石显，上亦知之。②

尽管京房最终还是为石显所害，但他这种以《春秋》灾异讽喻人主的做法，在当时还是很有代表性的。

汉成帝以荒淫好色著称，杜钦思有以匡正，于是借发生日食、地震的机会上书曰：

> 臣闻日蚀地震，阳微阴盛也。臣者，君之阴也；子者，父之阴也；妻者，夫之阴也；夷狄者，中国之阴也。《春秋》日蚀三十六，地震五，或夷狄侵中国，或政权在臣下，或妇乘夫，或臣子背君父，事虽不同，其类一也。臣窃观人事以考变异……殆为后宫。何以言之？日以戊申蚀，时加未。戊未，土也。土者，中宫之部也。其夜地震未央宫殿中，此必嫡妾将有争宠相害而为患者，唯陛下深戒之。③

按单纯以灾异来规谏，可能还是缺乏说服力的；如果先把《春秋》中的灾异与这些灾异所反映的社会政治问题归纳起来，再与现实的灾异及问题对照，那效果就不一样了。特别是在儒家的经典已被"独尊"的时代更是如此。

东汉以来，以《春秋》说灾异之风未敛，仍然是臣子谏诤的重要手段。章

---

① 《汉书·萧望之传》。
② 《汉书·京房传》。
③ 《汉书·杜周传》。

帝时的名臣杨终以通晓《春秋》见称,他就借说《春秋》灾异劝说最高统治者减省刑罚,使远徙边域的臣民得返故里:

> 建初元年,大旱谷贵,终以为广陵、楚、淮阳、济南之狱,徙者万数,又远屯绝域,吏民怨旷,乃上疏曰:"……臣窃按《春秋》水旱之变,皆应暴急,惠不下流。自永平以来,仍连大狱,有司穷考,转相牵引,掠考冤滥,家属徙边。加以北征匈奴,西开三十六国,频年服役,转输烦费。……民怀土思,怨结边域。……愁困之民,足以感动天地,移变阴阳矣。陛下留念省察,以济元元。"①

灵帝时"欲铸铜人,而国用不足,乃诏调民田,亩敛十钱"。而当时"水旱伤稼,百姓贫苦"。于是陆康上疏谏曰:

> 臣闻先王治世,贵在爱民。……末世衰主,穷奢极侈,造作无端,兴制非一,劳割自下,以从苟欲,故黎民吁嗟,阴阳感动。陛下圣德承天,当隆盛化,而卒被诏书,亩敛田钱,铸作铜人,伏读悯怅,悼心失图。夫十一而税,周谓之彻。彻者通也,言其法度可通万世而行也。故鲁宣税亩,而螟灾自生;哀公增赋,而孔子非之。岂有聚夺民物,以营无用之铜人,捐舍圣戒,自蹈亡王之法哉!②

按陆康此疏,就是利用了《春秋》灾异。鲁宣公十五年鲁国实行"初税亩",这一年《春秋经》上记载着"螟生",当是指有虫灾。《公羊》解释说:"上变古易常,应是而有天灾",也就是说,这次虫灾是上天对鲁君变更祖制(三传都认为"初税亩"是加重民众负担的新政)的儆戒。

汉代《春秋》经传为什么会有这种可以用来陈说灾异、为当权者提供儆戒的功能呢?这既有经典本身方面的原因,也有汉代儒学发展以及汉代社会政治方面的原因。从经典本身来说,《春秋》经传确实记载了大量的所谓"灾异",如日食、星陨如雨、有蜮、梁山崩壅河三日不流、地震、夏大雨水、冬大雨雪、大水、大旱、陨石于宋五、陨霜不杀草、正月不雨至于秋七月、昼晦、彗星见于东方、有星孛于大辰、鹳鹆来巢等等,这些记载给了解说《春秋》的人以很大的发挥的余地。不过《春秋》记载灾异,并不像汉儒所说的那样,都有儆戒的意义。从三传的解说来看,先秦《春秋》学对灾异的看法总的来说还是相当素朴的。《左传》丝毫没有上天示儆的意思,《左传》的作者甚至对灾异与

---

① 《后汉书·杨终传》。
② 《后汉书·陆康传》。

现实政治相关这一点公然表示怀疑,他借子产(昭公十八年)、叔兴(僖公十六年)、士弱(襄公九年)等人之口,表达了"天道远"、"人道迩",二者并不相干这样一种意见。《公羊传》对绝大多数灾异也只是说"记灾也"、"记异也",并不认为《春秋》记载灾异就是对现实政治有所"讥"、有所"贬"。当然也有例外,如《公羊传》对宣公十五年"螽生"的说解,认为"上变古易常,应是而有天灾",就是典型的上天示儆论,但这样的例子很少。前引《韩非子·内储说上》"鲁哀公问于仲尼"条,孔子对"《春秋》之记"中"冬十二月陨霜,不杀菽"的发挥,也只是用"天失道,草木犹犯干之"作比,说明人君如果"失道",后果将更加严重,并没有把灾异说成是上天对时君的儆戒。儒学的发展,使这种情况有了改变。战国时代,儒学出现了一种与阴阳家合流的倾向,特别是当时的"齐学",神秘主义的倾向更为明显,而《春秋》公羊学就属于"齐学"的范畴。汉代公羊学盛行,由于最高统治者的提倡,儒者对《春秋经》中的神秘主义因素进行了深入的开掘,《春秋》中所记载的"灾异"自然成为关注的焦点。于是我们看到,在《公羊传》中还只是"记灾也"、"记异也"的灾异,到了汉儒的口中,就变成了上天的儆戒了。因此我们可以说,把灾异的出现与现实政治联系起来,类似"国家将有失道之败,而天乃先出灾害以谴告之;不知自省,又出怪异以警惧之"[①] 这样的议论,即使不能算做是汉儒的发明,至少也是至汉代方始流行的一种观念。在这样的背景下,说灾异自然就成为《春秋》学与政治的一个绝佳的结合点。

  汉代《春秋》经传所以具有这种陈说灾异、为统治者提供儆戒的功能,也与汉代社会政治的发展有关。或者可以说,汉代的社会政治有这种需要。中国古代的专制主义集权政治,是在战国时代出现的,秦始皇把这种专制政治推向了极端。秦朝虽然短命,但其影响却相当深远。汉朝建立以后,虽然在统治政策上有重大调整,但其基本的社会政治形态与秦朝并无二致。专制主义皇权仍然强大,而且有愈益强化的趋势。这对统治者来讲,并不完全是好事。绝对的权力缺乏制约,往往会把国家引上覆灭之路,秦朝的短祚就是殷鉴。汉初以来,统治阶级中的有识之士都十分重视秦亡的教训,都在试图探索一条既可保证皇权不受侵犯、又可以适时地对皇权进行一定程度的制约的政治道路。作为社会的主流意识形态,经学自然也要为这种政治需要服务。既然从体制上很难对皇权加以限制,那么利用神权来制约皇权,就显得十分必要了。这里所谓神

[①] 董仲舒语,见《汉书·董仲舒传》。

权，其实就是"天"的意志。皇帝是"天子"，他是代"天"来子养万民的，天无时无刻不在监督着人世间的政治，一旦发现有"失道"之处，天就要显现出"灾异"来，用以"谴告"和"警惧"人主，使有所悔悟，使有所更张。而人主出于对天命的畏惧，也往往会认真地考虑臣子根据灾异所做的谏诤。这样，以"灾异"的形式表现出来的"天"的意志，也就成了对绝对皇权的一种限制因素。汉代的儒者正是适应当时社会的这种政治需要，利用儒术独尊的机会，对《春秋》经传中有关灾异的内容加以改造，说成是"《春秋》纪二百四十二年灾异，以视万世之君"，似乎孔子当年修《春秋》，记下了这些灾异，原本就是为了给后世君主提供儆戒，这就与孔子作《春秋》是为汉世立法的说法相一致了。

以《春秋》说灾异作为一种政治斗争的手段，在汉代神学迷信甚嚣尘上的社会背景下固然显得十分有效，但毕竟有其局限性，因为对灾异解释的随意性实在是太大了，而且由于没有验证的可能，其可信度也会逐渐衰减。有时儒者根据《春秋》陈说灾异，由于超过了最高统治者可以接受的限度，还会导致非常残酷的结局。前面已经提到，董仲舒就险些为此送命，而董氏的弟子眭孟，就真的付出了血的代价。史载昭帝元凤三年正月，泰山"有大石自立"，又上林苑中已经断枯倒地的大柳树"亦自立生"，而且有虫食树叶成文字，曰"公孙病已立"。这无疑属于怪异的现象。于是眭孟"推《春秋》之意，以为石柳皆阴类，下民之象，泰山者岱宗之岳，王者易姓告代之处。今大石自立，僵柳复起，非人力所为，此当有从匹夫为天子者"。但如果这样，当今的皇帝该怎么办呢？于是眭孟进一步建议说："先师董仲舒有言：虽有继体守文之君，不害圣人之受命。汉家尧后，有传国之运。汉帝宜谁差天下，求索贤人，禅以帝位，而退自封百里，如殷周二王后，以承顺天命。"这是公开让汉皇帝退位，把江山社稷让给别人，真无异于与虎谋皮。其结果自然可想而知：眭孟以"妖言惑众，大逆不道"罪"伏诛"。① 此事容有后人附会的成分，但眭孟以说灾异触怒了最高统治者而被杀，应该是事实。值得注意的是，眭孟说灾异也并非信口妄说，而是"推《春秋》之意"，足见其确有所遵循；只是他把《春秋》的这一功能发挥得过了头，超过了统治者所能接受的限度，以致引来了杀身之祸。

---

① 《汉书·眭弘传》。

二、以《春秋》之义为政治原则

虽然《春秋》原本是鲁国的国史,但先秦的《春秋》学从一开始就与史学无关。孔子及其弟子解说《春秋》,都不是在讲历史,而是在讲政治。《春秋》学者口中的《春秋》之义,实际上多是一些政治原则。司马迁说过,"为人君父而不通《春秋》之义者,必蒙首恶之名;为人臣子而不通《春秋》之义者,必陷篡弑之诛,死罪之名"①。这也是强调《春秋》所体现的政治原则应当为君主与臣子所共同遵守。汉代君臣议政,往往要引《春秋》之义作为依据,就是在利用《春秋》提供政治行为准则这样一种社会功能。

统观两汉的历史记载,政治家们作为政治行为准则而提到的"《春秋》之义"甚多,姑举其要者如下:

1. 臣闻《春秋》正即位,大一统而慎始也。(《汉书·路温舒传》)
2. 《春秋》之义,用贵治贱,不以卑临尊。(《汉书·朱博传》)
3. 《春秋》之义,奸以事君,常刑不舍。(同上)
4. 《春秋》之义,王人微者序乎诸侯之上,尊王命也。(《汉书·翟方进传》)
5. 《春秋》之义,尊上公谓之宰,海内无不统焉。(同上)
6. 《春秋》之义,诸侯不得专地,所以壹统尊法制也。(《汉书·匡衡传》)
7. 《春秋》之义,以贵理贱。(《后汉书·章帝纪》)
8. 《春秋》之义,君亲毋将,将而诛焉。(《汉书·王莽传》)
9. 《春秋》先内后外……明政化之本,由近及远。(《后汉书·钟离意传》)
10. 《春秋》之义,国君死社稷,忠臣死君命。(《后汉书·袁绍传》)
11. 《春秋》之义,不以家事废王事。(《后汉书·丁鸿传》)
12. 世卿持权,《春秋》以戒。(《后汉书·乐恢传》)
13. 《春秋》之义,许夷狄者不壹而足。(《汉书·陈汤传》)
14. 《春秋》之义,王者不理夷狄。(《后汉书·乐恢传》注引《东观记》)
15. 《春秋》之义,大能变改。(《汉书·宣元六王传》)

---

① 《史记·太史公自序》。

16. 《春秋》之义，大夫出疆，有可以安社稷，存万民，颛之可也。（《汉书·终军传》）

17. 量力度德，《春秋》之义。（《后汉书·崔骃传》）

18. 臣闻《春秋》诛恶及本，本诛则恶消。（《后汉书·儒林传》）

以上所列举的是见于《汉书》、《后汉书》等史籍的所谓"《春秋》之义"，这些都是当时君臣在议政中作为某种政治原则提出来的。其中例1至例12，都是有关维护统治秩序的原则，包括尊王、大一统、忠君、集权等内容，可以看出，汉人在用"《春秋》之义"来指导政治行为的时候，这些内容特别为他们所关注。例13、例14涉及"华夷"关系。例15至例18为处理政事的一般准则。这些《春秋》之义大多出自《公羊》学，也有一部分（例3、例10、例17等）出自《左传》，个别的（例5）出自《谷梁传》。

汉人引《春秋》之义作为政治行为的准则，除了上面所列举的那种直接引述经义的方式之外，还有一种方式，就是引证《春秋》中的记事，作为现实行事的参照，也可以使人从中获取政治行为应当遵守的原则。据《汉书·隽不疑传》记载：

> 始元五年，有一男子乘黄犊车，建黄旐，衣黄襜褕，著黄冒，诣北阙，自谓卫太子。公车以闻，诏使公卿将军中二千石杂识视。长安中吏民聚观者数万人。右将军勒兵阙下，以备非常。丞相御史中二千石至者并莫敢发言。京兆尹不疑后到，叱从吏收缚。或曰："是非未可知，且安之。"不疑曰："诸君何患于卫太子！昔蒯聩违命出奔，辄距而不纳，《春秋》是之。卫太子得罪先帝，亡不即死，今来自诣，此罪人也。"遂送诏狱。天子与大将军霍光闻而嘉之，曰："公卿大臣当用经术明于大谊。"繇是名声重于朝廷，在位者皆自以不及也。

按此事在当时属于一突发的政治事件，如何应对，众人皆心存疑虑。隽不疑由于明于《春秋》，所以能当机立断，做出反应。而他所依据的，正是《春秋》中所记卫君辄拒纳蒯聩之例。据哀公三年《公羊传》，蒯聩本为卫灵公的太子，因得罪于灵公出奔。灵公死后，蒯聩之子辄立为卫君。后来蒯聩企图返国，遭到了辄的抵拒。卫国的这件事例颇与汉武帝因巫蛊事废黜卫太子一案相似，故隽不疑取来作行为的参照，实际上也就是从《春秋》所记的这件事中吸取如何处理此类事件的原则。这是很典型的把经术运用于实际政治中的事例，无怪乎隽不疑得到了统治集团从上到下一致的赞誉。

像这样利用《春秋》经传的例子还有很多。太初四年，汉军在打败了大宛后,"威震外国",汉武帝想乘势进攻匈奴。为了表明此次用武的合理性,武帝下诏曰:"高皇帝遗朕平城之忧,高后时单于书绝悖逆。昔齐襄公复九世之仇,《春秋》大之。"① 在这里汉武帝把对匈奴用兵说成是复仇,而以齐襄公复仇之事作为参照。按《公羊传》庄公四年云:"何贤乎襄公?复仇也。……九世犹可以复仇乎?虽百世可也。"汉武帝显然是用《公羊》之义作为自己行动的准则,但他没有直说《春秋》之义是什么什么,而是引证《春秋》经传中的记事作为榜样,这种记事也完全可以起到行为准则的作用。

东汉王符著《潜夫论》,讥评时政,探讨治术,是标准的政治论文。他在谈到统治者的浮侈之风时说:"昔晋灵公多赋以雕墙,《春秋》以为不君;华元、乐举厚葬文公,君子以为不臣。"② 这是从《左传》的反面事例中总结"不君"与"不臣"的标准,是用《春秋》经传来指导政治行为的典型例证。

东汉永宁年间,朝廷有内宠之患。安帝的乳母王圣仗着她与皇帝的特殊关系,骄恣放纵,其女伯荣也出入禁省,请托纳贿。当时的名儒司徒杨震上疏极谏,指出皇帝不应纵容乳母为非作歹。他在疏中引《春秋》之事云:"昔郑严公(按即郑庄公)从母氏之欲,恣骄弟之情,几至危国,然后加讨,《春秋》贬之,以为失教。"③ 此事在《左传》中记载甚详,左氏认为讥贬郑伯"失教",乃是《春秋》的经义。杨震上疏引郑庄公事迹,固然有以史为鉴之意,也是从反面揭示出统治者行事的一种规范。这与前述直陈"《春秋》之义"以进谏者有异曲同工之妙。

桓帝延熹年间,宦官专权坏政。大宦官中常侍侯览之弟任益州刺史,贪赃枉法,被太尉杨秉参劾,畏罪自杀。杨秉认为侯览之弟既已获罪,侯览"必有自疑之意",因此"不宜复见亲近",应速加屏斥,"投畀豺虎"。他在上疏中援引《春秋》之事云:"昔懿公刑邴歜之父,夺阎职之妻,而使二人参乘,卒有竹中之难。《春秋》书之,以为至戒。"④ 此事见于《左传》文公十八年,邴歜与阎职是齐懿公的两个近臣,因与懿公有私仇,二人合谋杀懿公于竹林之中,这就是所谓"竹中之难"。杨秉引此事进谏,实际上也是从《春秋》经传中归纳出一种用人的原则。

不管是直接标举"《春秋》之义",还是引《春秋》史事作为行为的参照,实质是一样的,都是企图从《春秋》经传中寻求政治行为的规范和准则。在儒

---

① 《汉书·匈奴传》。
② 《后汉书·王符传》。
③④ 《后汉书·杨震传》。

学已经独尊的汉代，这是很容易理解的，为统治阶级所认可的意识形态，当然要为统治者提供治国安邦的理论基础和策略手段。汉人大量地利用《春秋》之义来指导政治行为，说明了《春秋》学特别是《春秋》公羊学确实能够适应汉代统治者的需要，但这并不是说所有的《春秋》之义都为统治者所欢迎。实际上汉人在利用《春秋》方面是很有选择性的，这从前揭两《汉书》所载征引《春秋》诸例中看得很清楚。有些明显不适应汉代政治需要的经义，则不为人们所征引，即使征引，也可能遭到其他人的反驳。据《汉书·终军传》记载，元鼎年间，博士徐偃出使考察风俗，假传王命，"使胶东、鲁国鼓铸盐铁"。回朝以后，向皇帝作了报告，迁为太常丞。御史大夫张汤"劾偃矫制大害，法至死"。徐偃在辩解的时候，"以为《春秋》之义，大夫出疆，有可以安社稷、存万民，颛之可也"①。张汤虽然坚持要法办徐偃，却无法反驳徐偃所引用的《春秋》经义，于是汉武帝以此事询问终军。终军是赞成张汤的意见的，他驳诘徐偃说：

> 古者诸侯国异俗分，百里不通，时有聘会之事，安危之势，呼吸成变，故有不受辞造命颛己之宜。今天下为一，万里同风，故《春秋》"王者无外"。偃巡封域之中，称以出疆，何也？

按终军的反驳很有力量，他强调的是汉代天下一统，与春秋时列国并存的形势不同，因此徐偃所据的那一条《春秋》经义并不能适用于徐偃之所为。值得注意的是，终军在反驳徐偃的时候，同样依据的是《春秋》经义，这经义就是"王者无外"，《公羊传》中四申其说，② 可见是一条很重要的"义"。在君主专制进一步强化的汉代，"王者无外"之类的经义当然要比"大夫得专"之类的经义更受统治者的欢迎。徐偃是在"封域之中"，自然不会允许他矫制擅权；即使是出使域外，擅权之举也是不合时宜的。据《汉书·冯奉世传》记载，冯奉世出使西域，擅自作主，进击莎车，平定叛乱，立下大功。汉宣帝对此本来是很满意的，打算封冯奉世为侯，但大臣们的意见并不一致：

> 丞相、将军皆曰："《春秋》之义，大夫出疆，有可以安国家，则颛之可也。奉世功效尤著，宜加爵土之赏。"少府萧望之独以奉世奉使有指，而擅矫制违命，发诸国兵，虽有功效，不可以为后法。即封奉世，开后奉使者利，以奉世为比，争逐发兵，要功万里之外，为国家生事于夷狄，渐

---

① 此义见《公羊传》庄公十九年。
② 参见《公羊传》隐公元年、桓公八年、僖公二十四年、成公十二年。

不可长。奉世不宜受封。

按此例与前引《终军传》之例很相似，实际上都是对《春秋》经义的质疑。冯奉世矫制擅权，立有大功，朝臣们据《春秋》之义为之请封，甚至皇帝也认为他有功应当受封，但名儒萧望之独持异议，他指出冯奉世虽然立功，但他矫制擅权，"不可以为后法"，也就是说，《春秋》有关大夫出疆遇有对国家有利之事即可专擅为之的经义并不适用于君主高度专制的当代。比较而言，萧望之的意见对于维护统治阶级的根本利益显得更为得力，因此最终被汉宣帝所接受。

这两件事例表明，汉人在用《春秋》经传指导政治行为的时候，是有选择性的，某些由于时代变迁而显得不合时宜的经义，往往会被忽略或受到修正；而那些符合现实政治需要的经义，则会特别被强调。同时，也有一些所谓"经义"实际上是汉代才有的东西，是汉人利用《春秋》经传的权威，把当世流行的一些观念、原则加到了《春秋》经传之中。例如东汉元和二年皇帝诏改律令，规定以后不在十一月、十二月"报囚"，诏书谈到此举的根据时说："《春秋》于春每月书'王'者，重三正、慎三微也。……朕咨访儒雅，稽之典籍，以为王者生杀，宜顺时气。"① 按三正是指三种历法，或云夏、殷、周，或云天、地、人。至于三微，李贤注引纬书云："三微者，三正之始，万物皆微，物色不同，故王者取法焉。"注又云："必以三微之月为正者，当尔之时，物皆尚微，王者受命，当扶微理弱，奉成之义也。"《春秋》于春每月书"王"（实际上并非如此，"王"字或书或不书），《左传》的解释是"王周"，即明确此处所用为周历；《公羊》则说这个"王"是指周文王，均没有"重三正、慎三微"之意。且将"三正"与"三微"对举，又与阴阳学说结合，完全是汉人的观念，因此，元和二年诏书中所引《春秋》经义，其实是汉人赋予《春秋》的"义"。看来经义也是发展变化着的，不断地有所增益，不断地被改造，这样才能适应现实社会政治的需要。否则我们就无法理解两千年来，在变动不居的社会政治背景下，经学何以能始终占据主流意识形态的地位，何以总是能为不同时代的统治阶级提供为他们所需要的理论武器。

三、以《春秋》议礼

有关先秦的礼制，儒家经典当中是有专书的，因此议礼并不完全依赖《春秋》经传。但《春秋》经传中确实涉及了相当多的礼制问题，如祭祀、建嗣、

---

① 《后汉书·章帝纪》。

继承、婚嫁、丧礼、军礼、朝聘、盟会等等，范围相当广泛。即以《春秋》开卷第一条而论，"元年春王正月"，没有书"公即位"几个字，《左传》的解释是"摄也"，也就是说隐公只是"摄位"，并没有正式举行登基大典，故没有告庙而书于史册。《公羊》则说隐公虽年长而地位实卑，虽然即位做了国君，却心存让桓之意，故经不书"即位"以"成公意"。类似这样的内容在《春秋》经传中很多，这些都涉及礼制问题。由于《春秋》本身的记事据说又都有褒贬的寓意，故《春秋》经传中涉及的礼制问题，其是非正误一般也都可以很清楚地看出来，《左传》中更有许多"礼也"、"非礼也"之类的评价。这些无疑都为议礼的人提供了依据。

汉代从一开始就有议礼的需要。汉朝建立的初期，高祖在欢宴群臣的时候，功臣们大呼小叫，争功斗气，使高祖深感建立礼制的必要。于是有叔孙通及其弟子们的定礼仪。但由于春秋战国以来礼制的崩坏，加以汉初儒学不甚发达，故叔孙通等所定之礼仪，"大抵皆袭秦故"。据司马迁说，秦的礼仪强调"尊君抑臣"，并不完全合乎"圣制"。① 班彪也说："汉承亡秦绝学之后，祖宗之制因时施宜。"② 汉武帝定儒学于一尊，貌似处处遵循经典，其实也很懂得礼制须因时而变，不可一味泥古，他曾下诏曰："盖受命而王，各有所由兴，殊路而同归，谓因民而作，追俗为制也。议者咸称太古，百姓何望？汉亦一家之事，典法不传，谓子孙何？"③ 因此汉代虽然很重视礼制，但它的礼制，有很多都是根据现实的社会政治情况"增益减损"而成的。

随着儒学势力的扩展，人们议礼更多地引据儒家经典了，《诗经》、《尚书》、《仪礼》、《礼记》自然多所征引，据《春秋》经传以议礼者也明显增多。《汉书》与《后汉书》中反映汉人据《春秋》经传议礼的材料很多，归纳起来看，这些议礼大多涉及政治、人伦，例如关于大臣是否行三年之丧，东汉安帝时颇有争议，陈忠上疏说："夫父母于子，同气异息，一体而分，三年乃免于怀抱。先圣缘人情而著其节，制服二十五月，是以《春秋》臣有大丧，君三年不呼其门。"④ 此系据《春秋》论证三年之丧的合理，但陈忠的意见并未被采纳。桓帝延熹年间，荀爽又上疏议论，仍然是以《春秋》为辞："古者大丧三

---

①③《史记·礼书》。
②《汉书·韦贤传赞》。
④《后汉书·陈忠传》。

年不呼其门,所以崇国厚俗笃化之道也。"① 所据经义相同。又如君主的立嗣,也以《春秋》经义为指导:东汉桓帝死后,外戚窦武拥立灵帝,卢植认为立所当立,他揭出立君的根据说:"寻《春秋》之义,王后无嗣,择立亲长,年均以德,德均则决之卜筮。"② 这段原载于《左传》的话成了选择新皇帝的原则。有些经义,被人征引的频度颇高,例如"《春秋》之义,母以子贵"③,就分别见引于《汉书》之《哀帝纪》、《外戚传》,《后汉书》之《皇后纪》、《梁统传》、《郅恽传》,大多用来尊奉母氏及母氏之亲属。看来这是广为人所接受的经义。庙制和祀典也是汉人议礼的重点。元帝时,儒臣贡禹根据《春秋》经传中"天子七庙"之说,建毁庙之议,得到了天子的赞同。此后又诏议罢郡国庙,丞相韦玄成等七十人上书赞成,其理由就是"《春秋》之义,父不祭于支庶之宅,君不祭于臣仆之家,王不祭于下土诸侯"④。按"父不祭于支庶之宅",遵循的是先秦宗法制原则,维护的是大宗宗子的利益;而"君不祭于臣仆之家"和"王不祭于下土诸侯",则是维护君主与天子的尊严与权利。这里表面上只是议"庙制",实际上是根据《春秋》经义对汉礼进行修正,以适应君主集权不断强化的要求。在祀典方面,东汉殇帝以百天之婴儿即位,数月而亡,继之为帝的是安帝。安帝与殇帝为兄弟行,且年长于殇帝,故安帝死后,汉室祭祀,先安而后殇。这种祀典实际上破坏了传统的君主统治秩序,违反了君臣关系原则,因此质帝时对此作了纠正,当时的诏书说:"孝殇皇帝虽不永休祚,而即位逾年,君臣礼成。孝安皇帝承袭统业,而前世遂令恭陵(安帝)在康陵(殇帝)之上,先后相逾,失其次序,非所以奉宗庙之重,垂无穷之制。"诏书接着引《春秋》经义为据:"昔定公追正顺祀,《春秋》善之。"⑤ 按此义出自定公八年"从祀先公",三传均以为"从祀"就是"顺祀",《谷梁传》更明确地说:"贵复正也。"盖鲁闵公即位二年而亡,继他而立的是僖公。僖公是闵公的庶兄,曾为闵公之臣,按理说位次当在闵公之下,但僖公死后,其子文公却将僖公的神主置于闵公之上,这就是《春秋》所讥的"逆祀"。定公纠正了这一违反礼制的祀典,故《春秋》"善之"。质帝纠正殇、安之失序,其实质是强调不以"亲亲"妨害"尊尊",这也是一条《春秋》之义,汉人多有此种认识。据《后

---

① 《后汉书·荀爽传》。
② 《后汉书·卢植传》。
③ 《公羊传》隐公元年:"子以母贵,母以子贵。"
④ 《汉书·韦贤传》。
⑤ 《后汉书·质帝纪》。

汉书·宋意传》记载,"肃宗性宽仁,而亲亲之恩笃",对待两位叔父及诸昆弟"礼敬过度",允许他们"留京师,不遣就国"。宋意认为"人臣有节,不宜逾礼过恩",于是上疏力谏,其中有云:"《春秋》之义,诸父昆弟无所不臣,所以尊尊卑卑,强干弱枝者也。陛下德业隆盛,当为万世典法,不宜以私恩损上下之序,失君臣之正。"这里对《春秋》之义的理解和运用,是与前揭对于祀典的纠正完全一致的。

从上引诸例可以看出,《春秋》经传在汉代确有一种议礼的功能,汉人通过议礼,更突显出《春秋》经传对政治及社会风习的指导作用,达到了维护、优化统治秩序的目的。

四、以《春秋》决狱

据经师的说法,《春秋》中有褒贬,有予夺,这些褒贬予夺的标准和原则就是《春秋》的"义"。把这种标准和原则运用于实际案件的审判之中,就叫做"以《春秋》决狱"。以《春秋》决狱是《春秋》经传在汉代颇具特色的一项功能,其首倡者也是董仲舒。

董仲舒在《春秋繁露》中曾专门谈到"听狱":

> 《春秋》之听狱也,必本其事而原其志。志邪者不待成,首恶者罪特重,本直者其论轻。[①]

这是说听狱要从两方面入手:一是考察犯罪事实(本其事),一是考察思想动机(原其志)。在此基础上他提出了三条原则:所谓"志邪者不待成",是说有邪恶心思的人不待其形成犯罪事实,就可以定罪;所谓"本直"是指虽然犯罪,却有相当的理由,这种理由从根本上说又是合乎"义"的,这种情况定罪就要从轻;至于"首恶者罪特重",其义至为显明,不必多说。《繁露》又云:

> 是故逢丑父当斩,而辕涛涂不宜执;鲁季子追庆父,而吴季子释阖庐:此四者罪同异论,其本殊也。俱欺三军,或死或不死;俱弑君,或诛或不诛。听讼折狱,可无审邪?[②]

这里举出了《春秋》中的四件案例,加以比较。据《公羊传》,逢丑父是齐臣,在齐、晋两国的鞌之战中,担任齐顷公的"车右"。齐军战败,丑父因面貌与顷公相似,于是假扮齐君,欺骗晋军,使齐君得以逃脱。后来逢丑父被晋军逮

[①][②]《春秋繁露·精华》。

捕，晋军的统帅郤克认为他"欺三军"，依法当"斩"，于是将丑父斩杀。① 辕涛涂是陈国的大夫，齐桓公征楚获胜之后，回师途中要经过陈国，辕涛涂怕齐军会给陈国带来祸害，便欺骗齐军，向齐桓公进言，说不如乘势往征东夷（这样就可以不从陈国经过了）。桓公中计，挥师东征，结果因道路泥泞，齐军"大陷于沛泽之中"，桓公怒而"执涛涂"。② 这两例中，逢丑父与辕涛涂都犯有"欺三军"罪，但《繁露》依《公羊》为说，认为对此二人不当同罚，逢丑父该杀，辕涛涂则"不宜执"。这是因为"其本"不同。辕涛涂所以不让齐军经过陈国，乃是因为齐军"不正"，不像是仁者之师，会给小国带来祸害，辕涛涂这样做是有他的道理的。这就叫做"俱欺三军，或死或不死"。同是弑君，判罪也不同。庆父是鲁国的公子，他为篡权而杀害了国君闵公，后来逃到了莒国，执政季子追讨他至莒，最终也不肯宽恕他。③ 阖庐是吴国的公子，他设计刺杀了吴王僚，让国君位于公子季札，季札不受，阖庐自己做了国君。④ 庆父与阖庐同犯有"弑君"之罪，而《繁露》认为一个该诛，一个则可以不诛。原因就在于庆父早有篡位之心；而阖庐所"弑"的王僚，原本就不该做国君的，而且阖庐得手之后，还曾首先将王位让与季札。这种同罪异罚的现象，是《春秋》折狱的特征，其根源就在于《春秋》的"原志"、"审本"。

《繁露》中的这部分内容应该看做是董仲舒"以《春秋》决狱"主张的理论演示，同时，他可能也将此种理论贯彻到了当时的司法实践之中。《汉书·艺文志》著录有《公羊董仲舒决狱》十六篇，应该是董氏治狱的案例。《后汉书·应劭传》云："故胶西相董仲舒老病致仕，朝廷每有政议，数遣廷尉张汤亲至陋巷，问其得失。于是作《春秋决狱》二百三十二事，动以经对，言之详矣。"这里的二百三十二事，大约就是《汉志》十六篇的内容。无论是《公羊董仲舒决狱》还是《春秋决狱》，今俱已不传，无由备知其详；但唐宋类书、政书中都保留有董仲舒断案的吉光片羽，我们或可借此略知当时究竟是怎样"以《春秋》决狱"的。《通典》卷六十九载：

  东晋成帝咸和五年，散骑侍郎贺峤妻于氏上表云："……董仲舒一代纯儒，汉朝每有疑议，未尝不遣使者访问，以片言而折衷焉。时有疑狱曰：甲无子，拾道旁弃儿乙养之以为子。及乙长，有罪杀人，以状语甲，

---

① 《公羊传》成公二年。按《左传》亦载此事，结局是逢丑父被赦免，与《公羊》异。
② 《公羊传》僖公四年。按《左传》亦载此事，与《公羊》小异。
③ 《公羊传》僖公元年。
④ 《公羊传》襄公二十九年。

> 甲藏匿乙，甲当何论？仲舒断曰：甲无子，振活养乙，虽非所生，谁与易之？《诗》云：螟蛉有子，蜾蠃负之。《春秋》之义，父为子隐。甲宜匿乙。诏不当坐。"

《太平御览》卷六百四十载董仲舒决狱曰：

> 甲父乙与丙争言相斗，丙以佩刀刺乙，甲即以杖击丙，误伤乙，甲当何论？或曰：殴父也，当枭首。议曰：臣愚以父子至亲也，闻其斗莫不有怵怅之心，扶伏而救之，非所以欲诟父也。《春秋》之义，许止父病，进药于其父而卒。君子原心，赦而不诛。甲非律所谓殴父也，不当坐。

这两例都是刑事案例，董仲舒引《春秋》经义以决之。前一例根据"父为子隐"的原则，判定藏匿犯法义子之行为为无罪；后一例则根据"原心"的原则，认为甲并无伤父之心，其行为属于误伤，不能按"殴父"定罪。后一例中所提到的"许止进药"，乃是《春秋》中一桩公案。昭公十九年经云："许世子止弑其君买。"据《公羊传》说，许悼公是在服了其子止所进药之后死去的，因此经称许止"弑君"；但许止并非想毒杀悼公，只是所进之药不相宜，故这种"弑君"还是可赦的。《春秋》紧接着记载了"冬，葬许悼公"。按照《公羊》家的说法，贼未讨而书"葬"，这本身就表示《春秋》对止的宽恕。此事被董仲舒引用，意在强调考察犯罪者的动机。我们可以看到，根据《春秋》褒贬予夺的原则，对案情进行分析评判，再辅以《春秋》中的案例，就是所谓"以《春秋》决狱"的基本方法。

随着儒学地位的上升，引《春秋》经义以断案折狱逐渐成为风气。《汉书·张汤传》云：

> 是时上方乡文学，汤决大狱，欲傅古义，乃请博士弟子治《尚书》、《春秋》，补廷尉史，平亭疑法。

《汉书·张敞传》云：

> 敞为人敏疾，赏罚分明，见恶辄取，时时越法纵舍，有足大者。其治京兆，略循赵广汉之迹。方略耳目，发伏禁奸，不如广汉；然敞本治《春秋》，以经术自辅，其政颇杂儒雅，往往表贤显善，不醇用诛罚，以此能自全，竟免于刑戮。

《汉书·翟方进传》云：

> 方进知能有余，兼通文法吏事，以儒雅缘饬法律，号为通明相。

又据《汉书·于定国传》，于氏父子俱以明习狱事闻名，于定国在升任廷尉之后，还要"迎师学《春秋》，身执经，北面备弟子礼"。值得注意的是，当时不是没有法律,但在法律之外,尚有经典。对经典的理解和运用,往往能够决定案件的性质和量刑,有时会获得超越法律的结果。史载哀帝时薛况伤人一案,就颇为典型。薛宣在汉成帝时官为丞相,后因事被罢官。哀帝初年,博士申咸揭发薛宣不孝。当时司隶出缺,薛宣之子薛况恐申咸出任司隶,对他的父亲更加不利,就派刺客在宫门外将申咸砍伤,"断鼻唇,身八创",使他不能再继续做官。此事"下有司"后,对薛况的处理有两种不同的意见,有趣的是两派都以《春秋》经义为据,相互辩难。一派认为薛况使人于宫阙附近,"要遮创戮近臣于大道人众中",属于"大不敬",主张将薛况"弃市"。因为根据"《春秋》之义,意恶功遂,不免于诛"就是说,如果主观动机不善,即使办事有功也要加诛。薛况因惧申咸出任司隶而伤人,"欲以鬲塞聪明,杜绝论议之端",正属于"意恶",诛杀薛况,于律令于情理都是合适的。而另一派则主张对薛况"爵减完为城旦",因为"《春秋》之义,原心定罪",推原薛况的本意,不过是因父亲遭人诽谤而欲行报复,"无它大恶",若因此而判死刑,未免不合"法意"。两派争论的结果,薛况"竟减罪一等,徙敦煌"①。由这个例子可以看出当时的人们在定罪量刑过程中都是以《春秋》的经义作为准绳的。

东汉时期仍然是这样。和帝时,何敞迁为汝南太守,"敞疾文俗吏以苛刻求当时名誉,故在职以宽和为政"。及举冤狱,以《春秋》义断之。是以郡中无怨声,百姓化其恩礼"②。张逵等宦官搞阴谋活动被诛,顺帝欲穷治党羽,外戚梁商进言:"《春秋》之义,功在元帅,罪止首恶。故赏不僭溢,刑不淫滥。"劝顺帝不要搞扩大化,免得伤害无辜。《春秋》之义在这里被用来阻遏牵引株连的祸水。③ 霍谞为他蒙冤被逮的舅父申诉上书,其辞曰:"谞闻《春秋》之义,原情定过,赦事诛意。故许止虽弑君而不罪,赵盾以纵贼而见书。此仲尼所以垂王法,汉世所宜遵前修也。"④ 安帝初年,清河相叔孙光因犯贪赃罪被罚,"遂增锢二世,衅及其子"。此后居延都尉范邠也犯了贪赃罪,有诏下三公、廷尉议。司徒、司空、廷尉等人都认为应当比照叔孙光之例,太尉刘恺独持异议,他说:"《春秋》之义,善善及子孙,恶恶止其身,所以进人于善也。《尚书》曰:'上刑挟轻,下刑挟重。'如今使臧吏禁锢子孙,以轻从重,惧及

---

① 《汉书·薛宣传》。
② 《后汉书·何敞传》。
③ 《后汉书·梁统传》。
④ 《后汉书·霍谞传》。

善人，非先王详刑之意也。"结果皇帝采纳了他的意见。① 有时在司法实践中，遇到权势与法律的矛盾，儒者亦能揭橥《春秋》之义，与权势抗衡。例如明帝时的大儒樊儵就曾据经义面折皇帝：

> 其后广陵王荆有罪，帝以至亲悼伤之，诏儵与羽林监南阳任隗杂理其狱。事竟，奏请诛荆。引见宣明殿，帝怒曰："诸卿以我弟故，欲诛之，即我子，卿等敢尔邪！"儵仰而对曰："天下高帝天下，非陛下之天下也。《春秋》之义，君亲无将，将而诛焉。是以周公诛弟，季友鸩兄，经传大之。"②

按樊儵所据之《春秋》经义，是说君主的亲属不能有弑逆之意，有即当诛之（"将"谓将行弑逆之事）。此义出自《公羊传》，汉人引用者甚多，往往用于对谋反罪的判决。樊儵用这条经义作根据，竟使皇帝也无话可说。由于以《春秋》决狱的盛行，与此相关的著作在东汉也有出现。前引《应劭传》应劭在提到董仲舒作《春秋决狱》之后说："窃不自揆，贪少云补，辄撰具《律本章句》、《尚书旧事》……及《春秋断狱》凡二百五十篇。"其中的《春秋断狱》，应该就是应劭亲鞠案例的结集。

然而《春秋》经义毕竟代替不了法律，个别的经义还与法律有严重的冲突，当时已有明达之士清楚地认识到这一点。《后汉书·张敏传》云：

> 建初中，有人侮辱人父者，而其子杀之，肃宗贳其死刑而降宥之，自后因以为比。是时（按指和帝时）遂定其议，以为《轻侮法》。（张）敏驳议曰："夫轻侮之法，先帝一切之恩，不有成科班之律令也。夫死生之决，宜从上下，犹天之四时，有生有杀。若开相容恕，著为定法者，则是故设奸萌，生长罪隙。孔子曰：民可使由之，不可使知之。《春秋》之义，子不报仇，非子也。而法令不为之减者，以相杀之路不可开故也。今托义者得减，妄杀者有差，使执宪之吏得设巧诈，非所以导在丑不争之义。"

按子为父报仇而杀人，在《春秋》认为是天经地义之事，却为法令所不容。肃宗皇帝宽宥为父报仇而杀人者，自是遵循经义，但只可偶一为之，倘著为律令，就是开相杀之路，使污吏得以逞其奸。张敏的这一看法，是相当清醒而且明智的，应该看做是对"以《春秋》决狱"行为可能出现的偏差的预设之防。

---

① 《后汉书·刘般传》。
② 《后汉书·樊宏传》。

以上我们对《春秋》经传在汉代的主要功能做了一番考察。昔人往往标举孟子所说的"孔子成《春秋》而乱臣贼子惧",把《春秋》的作用估计得很高。其实这只是一句空话,《春秋》真的对"乱臣贼子"有这样大的震慑作用吗?很令人怀疑。不过平心而论,汉人确实没有把儒家经典当成空洞的理论,而是力图付诸实践。前人往往津津乐道的"以《春秋》决狱",就是一种实践。其实岂止决狱,《春秋》经传在汉代的社会政治生活中的实际用途是多方面的,说灾异、指导政治行为、议礼、决狱,是其荦荦大者。这些无疑都是《春秋》学的组成部分。周予同先生说:"《春秋》本是一部很平常的历史……但《春秋》所以影响到中国的政治、法律以及其他社会思想这样地久且大,那完全因为后人研究《春秋》、利用《春秋》而形成《春秋》学的关系。"① 研究一个时代的《春秋》学,如果仅仅局限在清理这个时期的学者所贡献的那些理论著述,那是远远不够的,我们还应该了解统治阶级是怎样利用那被奉为经典的《春秋》来为巩固自己的统治服务的。《春秋》经传在汉代的这些功能,到了后世,有些延续着,有些就消失了。至于为什么有些延续,有些消失,这就是又一个饶有趣味的课题了。

第三节 一代《公羊》大师——董仲舒

一、董仲舒其人及其著作

西汉学者当中,对当时以及后世影响最大的《公羊》经师是董仲舒。《史记·儒林列传》云:"汉兴至于五世之间,唯董仲舒名为明于《春秋》,其传公羊氏也。"在司马迁看来,自汉初至武帝时,真正通晓《公羊春秋》的,董仲舒一人而已。西汉末大学者刘向说:"董仲舒有王佐之材,虽伊、吕亡以加,管、晏之属,伯者之佐,殆不及也。"他的儿子刘歆虽然不同意"管晏弗及、伊吕不加"的话,也承认"仲舒遭汉承秦灭学之后,六经离析,下帷发愤,潜心大业,令后学者有所统壹,为群儒首"②。在两汉《春秋》学的发展当中,董仲舒确实是一个关键性的人物。

董仲舒,汉广川(今河北省景县)人。他的生卒年代都已不能确指,但史

---

① 周予同《〈春秋〉与〈春秋〉学》,载《周予同经学史论著选集》,上海人民出版社1983年版,第498页。
② 《汉书·董仲舒传》。

书上记载的他的主要活动都在武帝时期。据今人的研究，他大约卒于武帝元封年间，《汉书·匈奴传赞》又称他"亲见四世之事"，那么他很可能生于汉高祖刘邦时期。①他少年时即研治《春秋》，那时正当汉初，儒学还远没有受到当权者的重视。景帝时董仲舒被擢为博士。武帝即位后，董仲舒以贤良对策，受到了武帝的赏识，他的罢黜百家、独尊儒术、立学校之官、郡举秀才孝廉等建议被采纳，在中国历史上发生了深刻的影响。但董仲舒一直没有做什么大官，他曾两次做王国相，政绩相当不错。他为人廉直，多次上书谏诤，但后来还是害怕日久获罪，辞职回家了。据说董仲舒回乡以后，朝廷如有大议，武帝还"使使者及廷尉张汤就其家而问之"，可见他在当时是如何受人尊重。董仲舒的经学，在西汉可以说是开一代风气的，这当然首先与他所处的时代有关。本章第一节曾简述过汉兴七十余年里儒学复兴的历史过程。到了汉武帝的时候，儒学的独尊，已经成为迫切的时代需要了。董仲舒适逢其会。因此可以说，是时代造就了董仲舒这样一个大思想家。同时我们也必须看到，董仲舒对儒学的研究很有他自身的特点。一方面，他忠实地继承了传统儒学的基本精神，并做了更为明晰的阐释和发挥；另一方面，他也对传统儒学进行了某种符合时代风尚的改造，他把战国末叶以来流行的阴阳五行学说与传统儒学糅合在一起，促使经学走上了神学化的道路。

董仲舒的经学实际上主要是《春秋》学。他是属于公羊学派的。他的师承今已不可考，据《史记·儒林列传》，汉兴以来，"言《春秋》于齐鲁自胡毋生，于赵自董仲舒"，则董、胡算是汉代公羊学的两个源头。董、胡之间究竟有怎样的区别，现在也很难说清。东汉《公羊》大师何休曾自称其所著《公羊解诂》是"略依胡毋生条例"；何氏虽然没有提到董仲舒，但从《解诂》的内容看，与董氏之说亦颇多一致之处。故董、胡之间可能没有太大的区别。在这里我们首先要考察一下董仲舒是怎样研究《春秋》公羊学的，他有哪些发挥，哪些创造，哪些贡献，他又是怎样利用公羊学来为当时的政治服务的。

董仲舒的著作很多。据《汉书》本传："仲舒所著，皆明经术之意，及上疏条教，凡百二十三篇。而说《春秋》事得失，《闻举》、《玉杯》、《蕃露》、《清明》、《竹林》之属，复数十篇，十余万言，皆传于后世。"从传文的语气来看，《闻举》、《玉杯》等数十篇说《春秋》事得失的著作，是不在"百二十三篇"之内的。但《汉书·艺文志》著录有"《董仲舒》百二十三篇"，《闻举》

---

① 参见周桂钿《董学探微》第一章，北京师范大学出版社1989年版。

等数十篇则失载。又《汉志》春秋类尚著录有"《公羊董仲舒治狱》十六篇"。董仲舒的这些著作，班固撰《汉书》时固然均亲眼得见，但经东汉魏晋南北朝，篇章的散佚恐不在少数。《隋书·经籍志》经部春秋类始著录有《春秋繁露》（自注：汉胶西相董仲舒撰）十七卷、《春秋决事》（自注：董仲舒撰）十卷，又在集部著录有《汉胶西相董仲舒集》一卷（自注：梁二卷）。从书名来看，《隋志》中的《春秋决事》大约相当于《汉志》的《公羊董仲舒治狱》，但《春秋繁露》则不敢遽断其为《汉志》的《董仲舒》百二十三篇，或者即本传所谓"说《春秋》事得失"的《闻举》等数十篇。从今本《繁露》来看，这是由八十几篇单篇文章组成的一个集子，内容相当驳杂，其中有些篇名如"玉杯"、"竹林"确与《汉书》本传的记载相合。但"繁露"这个书名，实即本传中所提到的一个篇名（古"繁"与"蕃"通），不知是怎样成为书名的，此点曾引起某些古代学者的怀疑。但多数学者都还相信《春秋繁露》基本上是董仲舒的著作。《四库提要》云："其书发挥《春秋》之旨，多主公羊，而往往及阴阳五行。考仲舒本传，《蕃露》、《玉杯》、《竹林》皆所著书名（雄按应为篇名，本传并未确指为书名），而今本《玉杯》、《竹林》乃在此书之中，故《崇文总目》颇疑之，而程大昌攻之尤力。今观其文，虽未必全出仲舒，然中多根极理要之言，非后人所能依托也。"这应该说是较为恰当的评价。这样看来，《春秋繁露》有可能是在东汉董仲舒的著作逐渐散佚以后，由魏晋或稍后的人将董著的零篇收集起来而成的，其中包括了说《春秋》得失的《玉杯》、《竹林》等篇什，当然也不能排除有《汉志》的"《董仲舒》百二十三篇"若干内容在内。梁时的《董集》二卷，很可能是"《董仲舒》百二十三篇"零篇残卷的汇集。

今日所见的董仲舒著作，主要就是这部《春秋繁露》，此外还有保存在《汉书》本传中的"天人三策"，以及散见于《汉书·食货志》、《五行志》、《匈奴传》等志传中的某些议论。

《春秋繁露》凡十七卷，共八十二篇，其中阙文三篇，实仅七十九篇。清人已经指出："《春秋繁露》虽颇本《春秋》以立论，而无关经义者多，实《尚书大传》、《诗外传》之类。"[①] 因此，该书并不是一部专门研究《春秋》的著作。但其中确有二三十篇与《春秋》学有关，特别是《楚庄王》、《玉杯》、《竹林》、《玉英》、《精华》、《王道》、《正贯》、《十指》、《二端》、《俞序》、《三代改制质文》、《仁义法》、《必仁且知》、《奉本》等十几篇，可以说是董氏《春秋》

[①] 《四库全书总目》。

学的集中体现。清儒皮锡瑞说："汉人之解说《春秋》者，无有古于是书，而广大精微，比伏生《大传》、《韩诗外传》尤为切要。"[1] 因此，我们要想搞清董仲舒的《春秋》公羊学说，就不能不对《春秋繁露》进行一番剖析和研究。

二、董仲舒有关《春秋》的新理论

西汉是经学极盛的时代。西汉的经学又以董仲舒的《春秋》学为主体。时代在发展，一种学说要能够获得统治者的欢迎，它必须随时代的前进有所变化，要不断地去与时代的政治需要相适应。这时就须有大学者、大思想家出现，对传统的学说进行修正和改造，加进去一些新的理论和新的思想。对于传统的《春秋》学来说，董仲舒就是这样一位大学者、大思想家。

(一) 以《春秋》当新王。

司马迁在《太史公自序》里谈到孔子为什么要作《春秋》时，有这样的话：

> 余闻董生曰：周道衰废，孔子为鲁司寇，诸侯害之，大夫壅之。孔子知言之不用、道之不行也，是非二百四十二年之中，以为天下仪表，贬天子，退诸侯，讨大夫，以达王事而已矣。子曰："我欲载之空言，不如见之于行事之深切著明也。"夫《春秋》，上明三王之道，下辨人事之纪，别嫌疑，明是非，定犹豫，善善恶恶，贤贤贱不肖，存亡国，继绝世，补敝起废，王道之大者也。

既是"闻董生曰"，那么这话自可代表董仲舒的认识。《春秋繁露·俞序》曰：

> 仲尼之作《春秋》也，上探正天端王公之位，万民之所欲（本或作始），下明得失，起贤才以待后圣。故引史记理往事，正是非。见王公史记十二公之间，皆衰世之事，故门人惑。孔子曰："吾因其行事，而加乎王心焉。"以为见之空言，不如行事博深切明。

按这话有些地方不易讲通，当是由于传写讹误的缘故，但大旨却还能看得出来。在董仲舒看来，《春秋》是孔子的一种制作，是一种怀有大目的的制作。"正王公之位、万民之所始"，可以理解为确定某种统治秩序；"理往事、正是非"，则可以理解为提供判断是非的标准，也就是确立行为的规范。但《春秋》从鲁隐公到哀公，这十二公之世，都是所谓"衰世"，"衰世之事"能有什么示范作用呢？孔子的学生表示不理解。孔子则认为用十二公之事只是一种手段。

---

[1] 皮锡瑞《经学通论》卷四，第5页。

孔子既非天子也非诸侯，他要整顿统治秩序不能依靠权力，只能"引史记"，"因其行事而加乎王心"，也就是用一种"明王致治之心"去检讨历史上的往事，这样来"别嫌疑，明是非，定犹豫，善善恶恶，贤贤贱不肖"。这种做法，就是所谓"垂空文以断礼义，当一王之法"①。这就是说，《春秋》并不是单纯的史事记录，而是孔子所作的一部治国大纲。对于统治者，它是绝对必要的："故卫子夏言：有国家者，不可不学《春秋》。不学《春秋》，则无以见前后旁侧之危，则不知国之大柄、君之重任也"。按照《春秋》的大纲大法行事，就可以实现圣王的事业："苟能述《春秋》之法，致行其道，岂徒除祸哉，乃尧舜之德也"。因此，"《春秋》之道，大得之则以王，小得之则以霸"②。

正是基于对《春秋》的此种认识，于是有董仲舒"以《春秋》当新王"③的说法。在董仲舒看来，孔子生活的时代，虽还存在着周天子，但孔子出于拨乱反正的目的，拟出了一套完整的治国大纲；为了使这大纲更加"深切著明"，孔子就把"春秋"虚拟为代周而立的一个新的朝代，然后以这"新王"为依托，发挥他的种种政治见解。应该说，董氏的这种提法是继承了孟子"《春秋》，天子之事"的思路的。但孟子恐怕还只是认为孔子在为周天子设计统治秩序，未必像董仲舒走得这样远，竟想象出一个"新朝"来。"《春秋》当新王"是不是董仲舒的发明，现在还不敢遽断，看来这种观念在汉代比较流行。《淮南子·氾论训》云："周室废，礼义坏，而《春秋》作。"又云："殷变夏，周变殷，《春秋》变周。"《说苑·君道》云："孔子曰：夏道不亡，商德不作；商德不亡，周德不作；周德不亡，《春秋》不作。"④ 这都是把《春秋》看做是继周而起的"新王"的。在《春秋繁露》中，这种思想有非常鲜明的表述：

> 孔子立新王之道，明其贵志以反和（利？），见其好诚而灭伪，其有继周之弊，故若此也。⑤

> 《春秋》作新王之事，变周之制，当正黑统。而殷、周为王者之后。绌夏，改号禹谓之帝，录其后以小国。故曰：绌夏存周，以《春秋》当新王。⑥

在这里，董仲舒把"《春秋》继周"纳入了当时流行的"三统说"理论。至于

---

① 《史记·太史公自序》。
② 《春秋繁露·俞序》。
③⑥ 《春秋繁露·三代改制质文》。
④ 刘向《说苑》，《四部丛刊》本。
⑤ 《春秋繁露·玉杯》。

什么是"三统说",顾颉刚先生曾有一段很好的说明:

> 创三统说的,他把朝代的递嬗归之于三个统的循环。这三个统的名字是黑统、白统、赤统。得到哪一个统而为天子的,那时的礼乐制度就照着哪一个统的定制去办理。他把本代和前二代列为"三王"(即本届的三统),三王之前的五代列为"五帝",五帝之前的一代列为"九皇",一共是九代。所以三王、五帝、九皇,都不是固定的名称,而是推移的名称,好像亲属之有高祖、曾祖和曾孙、玄孙一样。①

按根据三统说,夏、商、周三代分别得黑、白、赤三统。现在《春秋》既作了新王,自然应该是"变周之制""正黑统"。这样一来,周便成了"王者之后",再加上在周之前的商,就组成了新一届的"三王"。上届三王之一的夏,就得改号称"帝",进入"五帝"的行列,"录其后以小国",这就是所谓"绌夏"(对于二王之后,是要封以大国的,并且"使服其服,行其礼乐,称客而朝",故夏之由王而帝称为"绌")。而原来五帝中最早的一位则要绌而为"九皇"了。杨向奎先生曾说这是一种"新鬼大而故鬼小"的历史观②,甚是。

孔子既以《春秋》当新王,则必得于《春秋》诸国之中,寻找一个"王"的实体,然后才可以因事立义,这就是"王鲁"的由来。《三代改制质文》云:"故《春秋》应天作新王之事,时正黑统,王鲁,尚黑,绌夏,亲周,故宋。"按周被作为新王的鲁所继承,故云"亲周";商则又隔着一代,本应称为"故商"或者"故殷",只缘春秋时的宋国是殷人的后代,因此也称"故宋"。

《春秋》记鲁国十二公之事,起于隐公、桓公,终于定公、哀公,现在既然"王鲁",则这十二公也就被赋予了新的意义:

> 今《春秋》缘鲁以言王义,杀隐、桓以为远祖,宗定、哀以为考妣,至尊且高,至显且明。③

康有为解释说:"缘鲁以言王义,孔子之意,专明王者之义,不过缘托于鲁以立文字。即如隐、桓,不过托为王者之远祖,定、哀为王者之考妣,齐、宋但为大国之譬,邾娄、滕、薛亦不过为小国先朝之影。所谓'其义则丘取之'也。"④ 原来这都是一种假托。《春秋》既被设计成一个新朝,则隐、桓、定、哀就都有了朝代统系上的意义,正像殷、周的王者也都有他们的远祖、有他们

---

① 《古史辨》第五册,上海古籍出版社1982年版,第442页。
② 杨向奎《绎史斋学术文集》,上海人民出版社1983年版,第111页。
③ 《春秋繁露·奉本》。
④ 康有为《春秋董氏学》,中华书局1990年版,第115页。

的祖考一样,这样做不过是为了"明王者之义"。

(二)《春秋》分十二世以为三等。

董仲舒基于解说《春秋》"书法"的需要,把鲁国的十二公划分为三个阶段,从中可以很明显地看出董仲舒对《公羊传》的发展。《公羊传》哀公十四年云:

> 《春秋》何以始乎隐?祖之所逮闻也。所见异辞,所闻异辞,所传闻异辞。

这里的所见、所闻、所传闻,都是以孔子为主体,是说《春秋》十二公事,有的为孔子所亲见,有的为孔子所得闻,有的则是孔子得之传闻。推测《公羊》的本意,大约是说隐公时事为孔子之祖父所得闻,孔子得之于其祖(对孔子来说是传闻),故《春秋》始于隐公。因为材料来源不同,故记载的用语有差异(异辞)。《公羊传》的这个"三阶段说"到了董仲舒那里得到了进一步的发挥:

> 《春秋》分十二世以为三等:有见、有闻、有传闻。有见三世,有闻四世,有传闻五世。故哀、定、昭,君子之所见也。襄、成、宣、文,君子之所闻也。僖、闵、庄、桓、隐,君子之所传闻也。所见六十一年,所闻八十五年,所传闻九十六年。①

这里董仲舒把《春秋》三阶段分别指实,甚至年代都划分得十分精确,这是对《公羊传》的一个发展,但绝没有后来何休所说的什么"据乱、升平、太平"的三世说。董氏的用意,似乎与《公羊传》相同,都是为了说明《春秋》前后记载用语不一致的原因:

> 于所见微其辞,于所闻痛其祸,于传闻杀其恩,与情俱也。是故逐季氏而言"又雩",微其辞也。子赤杀弗忍书日,痛其祸也。子般杀而书"乙未",杀其恩也。屈伸之志、详略之文皆应之。②

这是说根据世次的远近、亲情的厚薄改变用语。"所见世"是孔子生活的时代,对于同时的当权人物,自然应有所规避,这一方面是"为尊者讳",同时也是为了全身远害。因此这一阶段多"微辞"。昭公二十五年经云"又雩"(雩,祭也),《公羊传》曰:"又雩者,非雩也,聚众以逐季氏也。"这就是因为事涉当代要人而隐讳其辞。文公十八年子赤被杀,经只书"子卒",至于为什么不书日期,《公羊传》解释说:"不忍言也。"这大约是因为亲情较近的缘故。而庄公三十二年子般卒,经则明书"乙未",据说是因为亲情已经很薄了,也就不

---

①②《春秋繁露·楚庄王》。

存在"不忍言"的问题了,这就是所谓"杀其恩"。用这一套来解释《春秋》的"书法"差异是否都能说得通,那是另一个问题;对此做出解释,则确实是董仲舒"三阶段说"的主要功能。

(三)《春秋》变周之制。

"变周之制"就是"改制",这是董仲舒《春秋》学中的重要理论。董仲舒既然认为《春秋》是孔子的大制作,又认为孔子以《春秋》当新王,于是,"改制"的问题就发生了。"《春秋》作新王之事,变周之制"①。在《繁露》中,董仲舒对改制有十分充分的论述。那么,究竟什么是"改制"呢?

> 王者必改制。……今所谓新王必改制者,非改其道,非变其理。受命于天,易姓更王,非继前王而王也;若一因前制,修故业而无有所改,是与继前王而王者无以别。受命之君,天之所大显也。事父者承意,事君者仪志,事天亦然。今天大显己,物袭所代而率与同,则不显不明,非天志。故必徙居处、更称号、改正朔、易服色者,无他焉,不敢不顺天志而明自显也。若夫大纲、人伦、道理、政治、教化、习俗、文义尽如故,亦何改哉!故王者有改制之名,无易道之实。②

原来董仲舒的所谓改制,只是改变居处、称号、正朔、服色这些属于外部形式的东西,用来表示一代新受命王出现了,他直接受命于天,而非旧有王朝的延续。这样的改制,实际上是为"新王"的合法性做进一步的论证。至于那些带有根本性的东西——大纲、人伦、道理、政治、教化、习俗、文义是不必改也不可改的,这些就是所谓"道"。"道者,所由适于治之路也","天不变,道亦不变"。③ 这样看来,董仲舒《春秋》学中的"改制",与其说是一个理论问题,还不如说是当时的一种政治需要。汉兴以来,在制度、礼仪、历法等许多方面都基本上承袭了秦代之旧,文、景诸帝,崇尚无为,都没有做什么大的更张。汉武帝的时候,早已渡过了休养生息的恢复时期,国力已经空前强盛,封禅、改正朔、易服色等种种改制的举措都已酝酿了许久,就等着有一位贪功好名、喜欢夸饰的君主来实行了。汉武帝正是这样一位君主。因此,当时改制的呼声甚嚣尘上,武帝至以"改制"策问群儒。在这种情况下,董仲舒把改制之说糅进了《春秋》理论,不过是为了使他的《春秋》学更能适应人主的需要而已。

---

① 《春秋繁露·三代改制质文》。
② 《春秋繁露·楚庄王》。
③ 《汉书·董仲舒传》。

三、董仲舒的《春秋》大义及其阐扬大义的方法

在《春秋繁露》的部分篇章里，董仲舒结合经文对他所认为的《春秋》中蕴含的"大义"做了深入的挖掘并加以阐发，这些东西就构成了董氏《春秋》学的主要内容。这里我仅就董氏最主要的几点大义略做探讨，特别要看一看董氏究竟是怎样从《春秋》经文中剔发出这些"大义"来的。

（一）仁。

在董仲舒看来，这是《春秋》的头等大义。"《春秋》之道，大得之则以王，小得之则以霸。……霸王之道，皆本于仁。"① 因为董仲舒把《春秋》看做是"治人"之书，所以他就要寻求"治人"的根本精神与原则，其结论就是这个"仁"字。对于"仁"这个概念，董仲舒基本上是按照孔子"仁者爱人"的定义以及孟子"仁政"的思路来理解的。"仁者，爱人之名也。"② "何谓仁？仁者憯怛爱人，谨翕不争。好恶敦伦，无伤恶之心，无隐忌之志，无嫉妒之气，无感愁之欲，无险诐之事，无辟违之行。故其心舒，其志平，其气和，其欲节，其事易，其行道。故能平易和理而无争也。如此者谓之仁。"③ 具体到政治上，就是德政与爱民。董仲舒《举贤良对策》云：

> 臣谨按《春秋》之文，求王道之端，得之于正。正次王，王次春。春者，天之所为也；正者，王之所为也。其意曰：上承天之所为，而下以正其所为，正王道之端云尔。然则王者欲有所为，宜求其端于天。天道之大者在阴阳。阳为德，阴为刑；刑主杀而德主生。是故阳常居大夏，而以生育养长为事；阴常居大冬，而积于空虚不用之处。以此见天之任德不任刑也。④

这是在阐发《春秋》经文中"春王正月"所蕴含着的大义：王者的作为要顺承天意，而天意是任德不任刑的，因此王者也必须推行德政。这种说教并不新鲜，重要的是这个大义是从《春秋》的经文中挖掘出来的。《繁露》中也有类似的说法："《春秋》之序辞也，置王于'春'、'正'之间，非曰上奉天施而下正人，然后可以为王也云尔。"⑤ "天，仁也。天覆育万物，既化而生之，又养

---

① 《春秋繁露·俞序》。
② 《春秋繁露·仁义法》。
③ 《春秋繁露·必仁且知》。
④ 《汉书·董仲舒传》。
⑤ 《春秋繁露·竹林》。

而成之。……察于天之意，无穷极之仁也。""天之任阳不任阴、好德不好刑如是。故阳出而前，阴出而后，尊德而卑刑之心见矣。"①

行德政自然要爱民。董仲舒认为，《春秋》对于"苦民"、"害民"的举动都是持批评态度的，尤其是对于战争，都要给予谴责：

> 《春秋》之法，凶年不修旧，意在无苦民尔。苦民尚恶之，况伤民乎？伤民尚痛之，况杀民乎？故曰凶年修旧则讥，造邑则讳。是害民之小者，恶之小也。害民之大者，恶之大也。今战伐之于民，其为害几何？考意而观指，则《春秋》之所恶者：不任德而任力，驱民而残贼之。其所好者：设而勿用，仁义以服之也。《诗》云："弛其文德，洽此四国。"此《春秋》之所善也。夫德不足以亲近，而文不足以来远，而断断以战伐为之者，此固《春秋》之所甚疾已。皆非义也。②

这是说《春秋》的"爱民"之义，是通过对所记事件的褒贬体现出来的。"凶年修旧则讥，造邑则讳"，是说《春秋》对这种事情采取的是讥刺与隐讳的态度，当然更不用说对"杀民"的战争了。《春秋》究竟有没有这个意思另当别论；而董仲舒指出《春秋》遣词造句的讥贬之意，归纳出《春秋》对某类事件或褒或贬的一般规律，这正是我们所说的董氏《春秋》学的重要内容。

（二）奉天法古。

董仲舒说："《春秋》之道，奉天而法古。"③ 这里指出了政治行为的两大取向。"奉天"就是顺承天意，按天的意志办事。"《春秋》之法，以人随君，以君随天。""故屈民而伸君，屈君而伸天，《春秋》之大义也。"④ 这一原则的论证，正像我们在前面所看到的那样，是从分析《春秋》经文的字序入手的。"春王正月"本是《春秋》记事的恒辞，但在董仲舒看来，这几个字的次序也大有深意。"春者天之所为也"，故春在这里代表天；"正（月）"属历法问题，历法例当由王颁行，故"正"在这里可代表王的统治行为。把"王"字放在"春"、"正"之间，是表明"上奉天施而下正人，然后可以为王"的意思。这种猜谜射覆般的论证乃是公羊学者特有的发挥经义的方法。再看"法古"。董仲舒说："虽有巧手，弗修规矩，不能正方员；虽有察耳，不吹六律，不能定五音；虽有知心，不觉先王，不能平天下。然则先王之遗道，亦天下之规矩六

---

① 《春秋繁露·王道通三》。
② 《春秋繁露·竹林》。
③ 《春秋繁露·楚庄王》。
④ 《春秋繁露·玉杯》。

律已。"① 可见所谓法古就是效法先王之道。那么这个大义是怎样从经文中看出来的呢？"《春秋》之于世事也，善复古，讥易常，欲其法先王也。"② 比较明显的例子，是宣公十五年《春秋经》记载"初税亩"，同时又记载了"蝝生"（蝝是蝗之幼者）。《公羊传》认为所以记载"初税亩"，是因为有所"讥"。为什么讥呢？因为"税亩"违反了"古者什一而藉"的传统做法。当年鲁国又发生了虫灾（蝝生），把这两件事联系在一起，《公羊传》就说是"上变古易常，应是而有天灾"。故董仲舒在其《对策》中总结说："《春秋》变古则讥之。"在他看来，《春秋》是以同时记载"初税亩"和"蝝生"这样两件事来表明对"变古"行为的讥贬的。

（三）大一统。

"大一统"是《公羊传》的主张。隐公元年《春秋经》云："元年春，王正月。"《公羊传》曰："王者孰谓？谓文王也。曷为先言王而后言正月？王正月也。何言乎王正月？大一统也。"这是说所以要在"正月"前加一个"王"字，是为了表示奉行周王正朔，崇尚天下一统。对于战国儒者来讲，"一统"只不过是个理想；但到汉武帝时，天下一统早已成为了现实。因此，作为汉代官方意识形态的经学，肯定是要维护一统、宣传一统的。董仲舒的《春秋》学就是这样。在《春秋繁露》中，董仲舒主要是从"尊王"的角度对《公羊》大一统的精神做了发挥。

天下一统要统一于天子。因此，大一统必尊王。尊王则是通过贬抑诸侯实现的。"《春秋》立义，天子祭天地，诸侯祭社稷，诸山川不在封内不祭。有天子在，诸侯不得专地，不（得）专封，不得专执天子之大夫，不得舞天子之乐，不得致天子之赋，不得适天子之贵。"③ 这些原则是通过《春秋》的褒贬体现出来的："楚庄王杀陈夏征舒，《春秋》贬其文，不予专讨也。"④ 此事在《春秋》（宣十一）里记作"楚人杀陈夏征舒"，而没有提到庄王，《公羊》及董氏都认为这样的写法是一种贬辞。按夏征舒是陈国的大夫，他因个人的私怨杀掉了陈国的国君，在当时被人目为"弑君之贼"。楚庄王是一位贤明的君主，他率领诸侯入陈杀夏，是为讨伐夏征舒的弑君之罪的，这在当时人看来是伸张正义。"庄王之行贤而征舒之罪重"，《春秋》为什么还要贬呢？因为楚庄王此举没有通过周天子，属于诸侯专擅行为。此外，齐桓公的"专地而封"（不通过

---

①②④《春秋繁露·楚庄王》。
③《春秋繁露·王道》。

周天子而封小国)、晋文公的"致王而朝"(践土之盟召周王前来),董仲舒认为《春秋》都通过特定的"书法"给予了贬斥,这样,《春秋》尊王的大义就凸现出来了。

(四)贵元。

"元"字在《春秋》里用于纪年,每一个君主的第一年都称为元年,自古如此。《公羊传》曰:"元年者何?君之始年也。"似乎也并无什么深意。但董仲舒却在这个字上大做文章。

"《春秋》变一谓之元,元犹原也,其义以随天地终始也。"① 看来董氏是以"始"来解释"元"的。但他并不局限于字义的训释,而是深入挖掘《春秋》使用这一个字的政治意义:"元者,辞之所谓大也。"② "(《春秋》)谓一元者,大始也。"③ "谓一为元者,视(示)大始而欲正本也。"大始(大是动词)、正本,这就是《春秋》贵"元"的意义所在:"《春秋》何贵乎元而言之?元者,始也,言本正也。"④

董仲舒有时候是从本体论上来谈论"元"的,例如他说"元为万物之本"⑤,但他更主要的是利用《春秋》中的"元"来讲政治。他说:

  《春秋》之道,以元之深正天之端,以天之端正王之政,以王之政正诸侯之即位,以诸侯之即位正竟内之治。五者俱正而化大行。⑥

这段话是用来解释《春秋》中"元年春王正月公即位"这一句话的。我们可以看到,这里的"元"已经不单是表示"一"了,而是代表着宇宙的本原、天地的开始。所谓"天之端"指四季的开始即"春"。既然"以元之深正天之端",所以要先说"元年"次说"春"。王是要服从天的,故"王"字要放在"春"字之下。"王者人之始也。王正则元气和顺,风雨时,景星见,黄龙下"⑦,因此"以天之端正王之政"无疑是"大始"、"正本"的主要内容。诸侯是要服从天子的,要奉行王的正朔,故先写"正月"后写"公即位"。即位是国君统治的开始,也是必须重视的,故书"公即位"也体现了"大始"、"正本"的精神。这里的"元年"、"春"、"王"、"正月"、"公即位",后来被何休归纳为"五始",成了《春秋》中的重要义例。请看,《春秋》中这样简单的一句话,

---

①⑤《春秋繁露·重政》。
②《汉书·董仲舒传》。
③《春秋繁露·玉英》。
④⑦《春秋繁露·王道》。
⑥《春秋繁露·二端》。

竟被董仲舒发挥成了一幅天人秩序图，一幅王化大行图。他的贵元思想，实际上就是政治上的谨始、重本。

以上列举的是董仲舒所着重阐扬的几点《春秋》大义，从中不难看出董仲舒挖掘《春秋》中这些大义（或者说赋予《春秋》以大义）的手法。在《春秋繁露》中所发挥的这类"大义"还有很多，像什么正名分、攘夷狄、尊君卑臣、存亡继绝、贵信贱诈、处变知权等等。董氏主要是通过分析经文的字序，分析经所记事的相互关系以及分析经文遣词造句的规律来阐发经中的"大义"的。这些大义如果没有董氏的解说，单从经文的字面上是无论如何也无法领悟的。因此，了解董氏解说经文的方法，无疑是了解董氏《春秋》学的关键。

四、董仲舒对《春秋》学的神学化改造

董仲舒的《春秋》学，除了有对传统儒家思想的继承以外，还夹杂有大量神学迷信内容，这显然是董仲舒把阴阳五行学说与儒家经典的研究结合在一起的结果。

阴阳的观念，可能起源很早（尽管最初不一定使用"阴"、"阳"这两个字眼），当是先民对客观世界观察、概括的结果。阴与阳的既对立、又统一，作为一种思维方式，影响及于中国古代社会生活的各个方面。五行是水、火、木、金、土的总称，最初是指构成世间万物的五种元素，后来逐渐抽象化，变成了一种诠释体系，似乎世间万事万物都可以纳入这五行分类之中。把阴阳观念和五行学说结合在一起，大约是战国时代的事情。战国的学者试图用这种学说来解释宇宙、自然、社会，以及各种事物之间的关系，包括占卜吉凶、预测未来，解释当时难以理解的各种自然现象，这样就难免使这种学说走向牵强、离奇、神秘、荒诞。

战国时代，阴阳五行家是与儒、墨、法、道等诸家并列的百家中的一家，这从《史记》中之司马谈《论六家要旨》可以看得很清楚。这时候阴阳家的代表人物是邹衍。这是一个想象力丰富、议论闳肆的人物。虽然他的作品今日已无从考见，但从古书中有关他的一些零星材料来看，他试图用阴阳五行学说来解释天地的生成、人类历史的演变，"乃深观阴阳消息而作怪迂之变"，"称引天地剖判以来，五德转移，治各有宜，而符应若兹"，至有"谈天衍"之诮[1]。

---

[1] 《史记·孟子荀卿列传》。

因为好谈機祥，好谈灾异符瑞，"舍人事而任鬼神"①，故邹衍的学说不免流于神仙数术。邹衍是齐人，他的学说在齐地十分盛行。此时，一部分儒家学者可能也深受阴阳五行学说的影响，使儒学出现与阴阳五行学说合流的趋势。《礼记·中庸》属于思孟学派的著作，其中有这样的话：

> 至诚之道可以前知。国家将兴，必有祯祥；国家将亡，必有妖孽。见乎蓍龟，动乎四体。祸福将至，善，必先知之；不善，必先知之。故至诚如神。

这些话可以看做是汉儒说灾异、谈符瑞的滥觞。荀子批评子思、孟轲，说他们"案往旧造说，谓之五行，甚僻违而无类，幽隐而无说，闭约而无解"②，说一些人"不遂大道而营于巫祝，信機祥"，是所谓"鄙儒"③。这里的"五行"应即邹衍之流的五行学说，只是邹衍晚于孟子，受到邹衍影响的，当然不会是思、孟本人，应该是说他们的后学。

汉代经学的发展，自始就有一种神秘主义的倾向。董仲舒的公羊学属于齐学的系统，这种倾向就更为严重。而当时的汉武帝又是一个神学趣味十分浓厚的君主，他大力地提倡公羊学说，这就更促使董仲舒对《春秋》学进行神学化的改造。这种改造大致可分为两端：一是把阴阳五行学说引入《春秋》经义的阐释，一是以《春秋》说灾异。只要看一看《春秋繁露》一书中如下这些篇目，就不难了解阴阳五行学说在董氏学术中的地位：

《五行对》第三十八　《五行之义》第四十二　《阳尊阴卑》第四十三
《王道通三》第四十四　《天辨在人》第四十六　《阴阳位》第四十七
《阴阳终始》第四十八　《阴阳义》第四十九　《阴阳出入》第五十
《天道无二》第五十一　《同类相动》第五十七　《五行相生》第五十八
《五行相胜》第五十九　《五行顺逆》第六十　《治水五行》第六十一
《治乱五行》第六十二　《五行变救》第六十三　《五行五事》第六十四
《天地之行》第七十八　《如天之为》第八十　《天地阴阳》第八十一

按《春秋繁露》全书七十九篇，此类带有神学意味的篇目竟占了四分之一还要

---

① 《汉书·艺文志》。
② 《荀子·非十二子》。
③ 《史记·孟子荀卿列传》。

多①，儒学面目的改变可见一斑。

董仲舒在研治《春秋》的时候，有意识地要建立起一个天人关系的对应系统，来为他的政治说教寻求神学上的依据，在这一方面，阴阳五行学说足资利用。董仲舒把天地万物与人说成都是统一的，"天人一也"②，统一的落脚点就是"阴阳"。例如他要论证君臣、父子、夫妇的伦常关系，就把这些关系统统纳入了阴阳系统。他说：

> 凡物必有合。……阴者阳之合，妻者夫之合，子者父之合，臣者君之合。物莫无合。而合各有阴阳。阳兼于阴，阴兼于阳。夫兼于妻，妻兼于夫。父兼于子，子兼于父。君兼于臣，臣兼于君。君臣、父子、夫妇之义，皆取诸阴阳之道。

他所以要指出这些对矛盾，关键是要说明下面的命题：

> 君为阳，臣为阴。父为阳，子为阴。夫为阳，妻为阴。③

这里阴阳的对立并非平等的对立，而是有一个总的原则，即阳尊而阴卑，"诸在上者皆为其下阳，诸在下者皆为其上阴"④，"阳贵而阴贱，天之制也"⑤，于是君臣、父子、夫妇之间的主从关系便得到了证明。如果阴阳之间发生了某种不和谐，董仲舒主张要视是阴胜阳还是阳胜阴来做不同的处理。《春秋》桓公五年记有"大雩"，《公羊传》说是"旱祭"，即遇旱而祷；庄公二十五年："秋，大水，鼓，用牲于社、于门。"董仲舒对此二事之差别做了辨析：

> 大雩者何？旱祭也。难者曰："大旱，雩祭而请雨；大水，鸣鼓而攻社。天地之所为，阴阳之所起也。或请焉或怒焉者何？"曰：大旱者，阳灭阴也。阳灭阴者，尊压卑也，固其义也。虽大甚，拜请之而已，敢有加也？大水者，阴灭阳也。阴灭阳者，卑胜尊也。日食亦然。皆下犯上，以贱伤贵者，逆节也。故鸣鼓而攻之，朱丝而胁之，为其不义也。⑥

按大旱与大水同是由于阴阳不调所致，但一则是阳灭阴，一则是阴灭阳，处理方法也就不同。阳灭阴属于尊胜卑，是合乎"义"的，只是未免太甚了，故"拜请之而已"；而阴灭阳则属于卑胜尊，是犯上，是逆节，是"不义"的，故

---

① 参见梁启超《阴阳五行说之来历》，《古史辨》第五册，上海古籍出版社1982年版，第359页。雄按梁氏说此类篇目"殆占全书之半"，与实际不符，恐怕是未及细检原书之故。
② 《春秋繁露·阴阳义》。
③ 《春秋繁露·基义》。
④ 《春秋繁露·阳尊阴卑》。
⑤ 《春秋繁露·天辨在人》。
⑥ 《春秋繁露·精华》。

"鸣鼓而攻"之。这表面上看是在解释两种宗教仪式的不同，实际上把处理君臣、父子、夫妇之间关系的原则都揭示出来了。

除了以阴阳论证三纲之外，董氏在天人关系方面走得更远。他的基本论点就是"天人合一"，也称"天人相与"，"天人相通"。为了证明这一点，他硬是牵强附会地把天与人对应起来，似乎天有什么，人就相应地也有什么。例如天有春夏秋冬，人就有喜怒哀乐，甚至人的身体构造机能，也无一不与天地相副：

> 身犹天也，数与之相参，故命与之相连也。天以终岁之数成人之身，故小节三百六十六，副日数也。大节十二分，副月数也。内有五脏，副五行数也。外有四肢，副四时数也。乍视乍瞑，副昼夜也。乍刚乍柔，副冬夏也。乍哀乍乐，副阴阳也。心有计虑，副度数也。行有伦理，副天地也。①

在今人看来，这一套理论实在是荒诞无稽；但在董仲舒当日，却完全是认真的论证。天与人既有如此紧密的同一关系，这就为人之法天，特别是王者之法天，提供了充分的理由：

> 唯人道为可以参天。天常以爱利为意，以养长为事……王者亦常以爱利天下为意，以安乐一世为事。
>
> 四时之行，父子之道也。天地之志，君臣之义也。阴阳之理，圣人之法也。②
>
> 是故人主近天之所近，远天之所远，大天之所大，小天之所小。是故天数右阳而不右阴，务德而不务利。刑之不可任以成世也，犹阴之不可任以成岁也。③
>
> 人主以好恶喜怒变习俗，而天以暖清寒暑化草木。喜怒时而当则岁美，不时而妄则岁恶。天地人主一也。④
>
> 与天同者大治，与天异者大乱。故为人主之道，莫明于在身之与天同者而用之。使喜怒必当义而出，如寒暑之必当其时乃发也；使德之厚于刑也，如阳之多于阴也。⑤

这种天人合一的理论，就其肯定方面言之，是要求王者事事"法天"，按"天

---

① 《春秋繁露·人副天数》。
②④ 《春秋繁露·王道通三》。
③ 《春秋繁露·阳尊阴卑》。
⑤ 《春秋繁露·阴阳义》。

道"行事;就其否定方面言之,则是所谓"天谴",即天以灾异表示其对王者恶政劣行的谴责。

董仲舒在对策中说:

> 臣谨案《春秋》之中,视前世已行之事,以观天人相与之际,甚可畏也。国家将有失道之败,而天乃先出灾害以谴告之;不知自省,又出怪异以警惧之;尚不知变,而伤败乃至。以此见天心之仁爱人君而欲止其乱也。

这是董仲舒对灾异的基本看法。《春秋》二百四十二年之中,所记灾异是很多的,日食、星陨、山崩、地震,不一而足。董仲舒说:"天地之物有不常之变者,谓之异,小者谓之灾。灾常先至而异乃随之。"灾异都是所谓"悖乱之征"。对待灾异的正确态度,应该是"畏而不恶":"故见天意者之于灾异也,畏之而不恶也;以为天欲振吾过,救吾失,故以此报我也。"所以出现了灾异,正是天关怀、眷顾的表现,是天的惩戒;对被惩戒者来说,这应是一种幸事:"《春秋》之法,上变古易常,应是而有天灾者,谓幸国。"倒是长时间里没有出现灾异,反而令人担心:"楚庄王以天不见灾,地不见孽,则祷之于山川曰:'天其将亡予邪?不说吾过,极吾罪也。'以此观之,天灾之应过而至也,异之显明可畏也,此乃天之所欲救也,《春秋》之所独幸也,庄王所以祷而请也。"①至于灾异所以有种种不同的形式,董仲舒则以五行不相和谐解之。例如"火干木,蛰虫蚤出,蚿雷早行";"金干木,有兵";"金干火,草木夷";"木干金,则地动;金干土,则五谷伤,有殃";"火干土,则大旱";"火干水,则星坠"②云云,都是以某行"干"(犯也)某行来解释灾异的。发生了这种现象,是可以补救的:"五行变至,当救之以德,施之天下,则咎除"。例如"火有变,冬温夏寒。此王者不明,善者不赏,恶者不出,不肖在位,贤者伏匿,则寒暑失序,而民疾疫。救之者,举贤良,赏有功,封有德"。又如"土有变,大风至,五谷伤。此不信仁贤,不敬父兄,淫佚无度,宫室多营。救之者,省宫室,去雕文,举孝弟,恤黎元"③。这就很自然地把灾异与实际政治联系到一起了。董仲舒《春秋》学中说灾异的方法很快在西汉政坛流行开来。于是,作为西汉官方政治学说的公羊学中,说灾异就成了一个不可或缺的重要内容。

---

① 《春秋繁露·必仁且知》。
② 《春秋繁露·治乱五行》。
③ 《春秋繁露·五行变救》。

五、有关《春秋》书法的董氏义例

所谓《春秋》的书法，是指孔子在修《春秋》的时候所作的"笔"、"削"，也就是指孔子在遣词造句、书与不书或怎样书中所表达的褒贬予夺。例如在记事上"或日或不日，四时或具或不具，或州或国或氏或人或名或字或子"① 之类，据说其中都含有深意在，都值得挖掘、研究。《公羊传》的主要内容，就是对这种"书法"的阐发。

但《公羊传》的解经其实还只能算是粗线条的，还有大量的问题没有解决，这就给后来研究《春秋》的经师们留下了许多疑窦，当然也给他们留下了推阐、发挥的充分余地。例如前面提到过的楚庄王杀夏征舒一事，《春秋》称"楚人"而不称"楚子"，《公羊传》说这是贬辞，因为楚王"专讨"，是该贬的；但楚灵王杀齐庆封，同样是"专讨"，《春秋》却称"楚子"，这是怎么回事呢？对于类似这样的问题，董仲舒都要给予解释，因而创下了若干所谓"义例"。

（一）"《春秋》常于其嫌得者见其不得"②。

按"得"者得理之谓，即有道理，合乎正义。"嫌得"就是貌似得理，容易使人误认为得理。上述楚庄王那个例子，董仲舒解释说："庄王之行贤，而征舒之罪重。以贤君讨重罪，其于人心善。若不贬，孰知其非正经。"这是说为什么贬庄王不贬灵王呢？因为庄王比灵王要贤，他所做的事（杀夏征舒）更貌似正义，所以要特别指出其行为的错误之处（专讨）。连他做了错事都要受贬，那些比他还不如的人就更不必说了。"是故齐桓不予专地而封，晋文不予致王而朝，楚庄弗予专杀而讨"。专拣那些公认的"贤君"来贬，这就叫做"于其嫌得者见其不得"。

（二）"《春秋》之用辞，已明者去之，未明者著之"③。

这也是在解释《春秋》不贬楚灵王杀齐庆封一事时所表明的义例。同样是"专杀"，对楚庄王贬而对楚灵王不贬，除了因为庄王是贤君之外，在仲舒看来，还因为此义已明于庄王之事，在灵王那件事上就不必再加贬辞了。这就叫做"已明者去之，未明者著之"。

---

① 皮锡瑞《经学通论》卷四，第76页。
②③《春秋繁露·楚庄王》。

（三）"《春秋》之论事莫重于志"①。

文公二年《春秋》云："冬，公子遂如齐纳币。"《公羊传》认为"纳币"一般不书，这里所以书，是《春秋》讥文公"丧取（娶）"。但文公娶妇实在四年夏，早已过了"三年之丧"的期限，为什么说"丧取"呢？原来"取必纳币，纳币之月在丧分，故谓之丧取"。娶妇之前要行纳币之礼，而纳币正在服丧期内，此时必有娶妇的心思（"志"），而《春秋》论事是"重志"的，虽然事情还没有做，但已有了那个心思，就与已经做了的同样看待。这种义例，把褒贬的对象由人的行为扩大到了人的思想，可以说是开了后世诛心、诛意的先河。

（四）"《春秋》无通辞"②。

按所谓"通辞"，指普遍适用、一成不变之辞。通辞或称"达辞"③，意思是一样的。为什么说"无通辞"呢？因为具体情况往往复杂多变。例如在一般情况下，《春秋》是"不予夷狄而予中国为礼"的，即在"夷狄"与"中国"之间，《春秋》总是倾向"中国"、维护"中国"的，贬斥夷狄是《春秋》的所谓"常辞"（一般情况下之辞）。但也有例外。如宣公十二年《春秋》记邲之战："晋荀林父帅师及楚子战于邲，晋师败绩。"《公羊传》认为《春秋》的书法表明"不与晋而与楚子为礼"。这是怎么回事呢？董仲舒解释说："《春秋》无通辞，从变而移。今晋变而为夷狄，楚变而为君子，故移其辞以从其事。"原来虽然《春秋》一般来说是抑夷狄而扬中国的，但有时也有变。如果"中国"不守礼义，则变而为"夷狄"；"夷狄"守礼义，则变而为"君子"，用辞也就变化了。可见《春秋》"夷狄""中国"之分，并不总是从种族着眼的，因此也就没有固定不变的用辞。据董仲舒说，像这样根据不同情况而变换其辞的做法在《春秋》中甚常见，他说："《春秋》之道，固有常有变。变用于变，常用于常，各止其科，非相妨也。""《春秋》有经礼，有变礼。……明乎经变之事，然后知轻重之分，可与适权矣。"④ 按董氏的这一义例显然是针对《春秋》记事用语不统一而设的。《春秋》用辞既有常有变，则经师自可对抵牾矛盾之处巧为弥缝，这对于建立起《春秋》的理论体系是非常必要的。

---

① 《春秋繁露·玉杯》。
② 《春秋繁露·竹林》。
③ 《春秋繁露·精华》。
④ 《春秋繁露·玉英》。

(五)"辞不能及,皆在于指"①。

这话的意思是说,事物是复杂的,有时单凭"善"或"不善"、"义"或"不义"这一类简单的判断,不能把"义"说清楚。这时候就要从《春秋》的主要精神方面去把握,不能死抠《春秋》的字眼。这就叫做"见其指者不任其辞"。例如《春秋》对当时战争的态度,总的来说是"恶之"的;但从书法上来看,"《春秋》之书战伐也,有恶有善也。恶诈击而善偏战(按所谓偏战,是指两军对垒,各据一面,不相诈),耻伐丧而荣复仇"。这是否与《春秋》恶战的主旨相矛盾呢?在这种时候,就要着重去掌握《春秋》的"指",而不要被其表面的"辞"所困扰。原来《春秋》的褒贬,有时是相对的,是比较而言的。犹如"诸夏"之属内还是属外:相对于鲁来说,诸夏就算是"外";而相对于夷狄来说,诸夏又成了"内"。同样,《春秋》所善的"偏战","比之诈战谓之义,比之不战则谓之不义"。"故盟不如不盟,然而有所谓善盟;战不如不战,然而有所谓善战。不义之中有义,义之中有不义。辞不能及,皆在于指"。

(六)"诡其实以有避"②。

据《公羊传》说,《春秋》记事要"为尊者讳、为亲者讳、为贤者讳",这样在用辞上便不能不做些手脚,或者要改变一下事实,或者要变换一下名目。董仲舒将这种情况叫做"诡其实"或者"诡其辞"。例如晋文公召周王于践土,《春秋》就"诡其实"记做"天王狩于河阳",这是为尊者讳。又如隐公八年《春秋》云"公及莒人盟于包来",仲舒说这是"诡莒子号谓之人,避隐公也",意思是说,这里是为了给隐公隐讳,才将莒子改称为"莒人"的(与公盟的其实是莒子)。再如闵公元年《春秋》云"齐仲孙来",据仲舒说,这个"齐仲孙"其实就是庆父,由于为闵公(尊者)、季子(贤者)讳才把"庆父"改写为"齐仲孙"的。这就叫做"《春秋》之书事,时诡其实以有避也。其书人,时易其名以有讳也"③。用这种"诡辞避讳"的理论,可以把《春秋》中许多书法问题解释得圆通周至。至于这种解释是否都符合《春秋》作者的本意,那就是另外一个问题了。

以上我们列举了董仲舒说明《春秋》书法的几种义例。应该指出,这远远不是其全部。董仲舒企图建立起一个完整的学说体系,他要使《春秋经》的"一字褒贬"在这个体系中都能够得到合理的解释。当然,在我们今天看来,

---

① ②《春秋繁露·竹林》。
③《春秋繁露·玉英》。

他的某些解释明显地是强词夺理、生拉硬扯,但这并不重要;重要的是我们可以从中看到汉代儒生研究《春秋》的方法。事实上,汉以后历代的经学家对《春秋》的研究,基本上都是沿着这个路子前进的。而且再深一步来说,可以认为,以董仲舒为代表的汉儒对《春秋》经义的解说,对后世中国人的思想方法也是发生了不容忽视的影响的。

第四节 司马迁的《春秋》观

自从公孙弘以通晓《春秋》位至丞相之后,天下读书人靡然乡风,通经可以致显,这成了一条利禄之途。因此,一时间学习、研究儒家经典,蔚为风气。当时学习《春秋》的士人更多,由于最高统治者推崇《公羊》经义,所以士人多以研究、发挥《公羊》经义为急务。就在这纷纷攘攘的环境之中,有一位伟大的学者,也在潜心钻研《春秋》,但他完全不被利禄所左右,而是怀抱着一种强烈的历史责任感,以继承孔子的精神、续写孔子的《春秋》为己任,这个人就是司马迁。

司马迁作为一个史学家,是为人们所熟知的。但在汉代,史学还没有完全从经学中分离出来,史学研究还是作为经学的附庸存在的,这从班固所撰《汉志》中《史记》附于儒家"春秋类"可以看出来。即以史学家个人的主观意识而论,也与经师没有明显的区别。例如作为经师的董仲舒,他所关注的是"善言天者必有征于人,善言古者必有验于今",而司马迁也是以"究天人之际,通古今之变,成一家之言"作为撰写《史记》的最高理想。因此,史学在那个时候还只是经学的一个侧翼。司马迁的史学实践自然也应该看做是当时经学研究特别是《春秋》学研究的一部分了。

司马迁的思想倾向,昔人看法不一。在班固看来,司马迁算不上是一位醇儒。他批评说:"其是非颇缪于圣人。论大道则先黄老而后六经,序游侠则退处士而进奸雄,述货殖则崇势利而羞贱贫。"① 按这三条皆非虚言,都有事实为证。特别是第一点,"先黄老而后六经",从《太史公自序》之"论六家要旨"中看得很清楚。但这篇《论六家要旨》,是司马谈的著作,应该主要看做是司马谈的思想。钱钟书先生说:"迁录谈之论入自序,别具首尾,界画井然,初非如水乳之难分而有待于鹅王也。乃历年无几,论者已混父子而等同之,嫁谈

---

① 《汉书·司马迁传》。

之言于迁，且从而督过焉。"① 钱钟书先生并引陈祖范《陈司业文集》卷一《史述》曰："班氏谓子长'先黄老而后六经'，此司马谈《论六家要旨》则然，子长则否。观其自序，隐然父子之间，学术分途。帝纪赞首推《尚书》，列传开端云'载籍极博，犹考信于六艺'，可谓之'后六经'乎？若果'先黄老'，不应列老子于申、韩，而进孔子为世家；称老子不过'古之隐者'，而称孔子为'至圣'，至今用为庙号。"② 因此可以说，司马迁的基本思想倾向是儒家的，尽管他对某些具体问题的认识可能与传统儒家不同（其实号称醇儒的董仲舒等人又何尝没有夹杂了许多别家思想），但尊孔子、尊六经这一点是毫无疑义的。

司马迁说："余读孔氏书，想见其为人。适鲁，观仲尼庙堂车服礼器，诸生以时习礼其家，余祗回留之不能去云。天下君王至于贤人众矣，当时则荣，没则已焉。孔子布衣，传十余世，学者宗之。自天子王侯，中国言六艺者折中于夫子，可谓至圣矣。"③ 一方面表明了司马迁对孔子的景仰之情，一方面也强调了孔子确是六经经义的祖师。而这后一点则是西汉儒者的共识。

关于《春秋》一经的成立，司马迁完全接受了孟子的遗说，他写道：

子曰："弗乎弗乎，君子病没世而名不称焉。吾道不行矣，吾何以自见于后世哉！"乃因史记作《春秋》，上至隐公，下讫哀公十四年，十二公。据鲁，亲周，故殷，运之三代。约其文辞而指博。故吴楚之君自称王，而《春秋》贬之曰"子"；践土之会实召周天子，而《春秋》讳之曰"天王狩于河阳"：推此类以绳当世。贬损之义，后有王者举而开之，《春秋》之义行，则天下乱臣贼子惧焉。④

孔子生活在新旧制度转型期的春秋末叶，他本来抱着匡世济民的政治理想，但他游历多年，干七十余君，不能用，无从施展他的政治抱负。孔子慨然于"吾道不行"，只好将自己的政治理想形诸文字，以俟将来有王者出而采撷："周室既衰，诸侯恣行。仲尼悼礼废乐崩，追修经术，以达王道。匡乱世反之于正，见其文辞，为天下制仪法，垂六艺之统纪于后世"⑤。这就是司马迁所述的孔子作《春秋》之意。

那么孔子是根据什么来作《春秋》的呢？司马迁对此有明确的说明。上引《孔子世家》称孔子"因史记作《春秋》"，又《三代世表序》云："孔子因史文

---

① 钱钟书《管锥编》第一册，中华书局1979年版，第392页。
② 《管锥编》第一册，第249页。
③④ 《史记·孔子世家》。
⑤ 《史记·太史公自序》。

次《春秋》，纪元年，正时日月。"《十二诸侯年表序》云："孔子明王道，干七十余君，莫能用，故西观周室，论史记旧闻，兴于鲁而次《春秋》，上记隐，下至哀之获麟，约其辞文，去其烦重，以制义法，王道备，人事浃。"是知孔子是以各国旧有的历史记载为基本材料来作《春秋》的，其具体的作法则是"约其辞文，去其烦重，以制义法"，也就是删汰大量的具体事实，用简约的文辞，表达深刻的褒贬，这就是所谓"义法"。不管孔子是否真的这样来作《春秋》，至少在司马迁看来孔子确是这样作的。《春秋》的传授，最初是口耳相传的："七十子之徒口受其传指，为有所刺讥褒讳挹损之文辞不可以书见也"。孔子所以要对学生进行口授，似乎有其不可明言的苦衷，大概是《春秋》的褒贬讥刺涉及了当时各国的统治者，因此不敢见之于文字，只好在讲课中口授了。但这样一来难免引起经义的混乱，于是"鲁君子左丘明惧弟子人人异端，各安其意，失其真，故因孔子史记具论其语，成《左氏春秋》"[1]。在这里司马迁交代了《左氏春秋》即后来所谓"左传"的来历，其中特别重要的是"因孔子史记具论其语"一句，也就是说《左氏春秋》的编撰是依赖于孔子用以作《春秋》的那些历史资料的，孔子从这些材料中提炼出一部深有义法的《春秋》，而后左丘明又据这些材料编成了一部足以说明《春秋》文义（"具论其语"）的《左氏春秋》。在司马迁看来，孔子所作《春秋》与《左氏春秋》是一而二、二而一的东西，这一点在《史记》中表现得非常清楚。《史记》中多次提到《春秋》，有好多处实际上是指《左传》的，例如《吴世家》："余读《春秋》古文，乃知中国之虞，与荆蛮、句吴兄弟也。"王国维指出："此即据《左氏传》宫之奇所云'太伯虞仲，太王之昭'者以为说。"[2] 按宫之奇的话，出自《左传》僖公五年，则司马迁所谓《春秋》古文，显然是指《左传》。又如《历书》："周襄王二十六年，闰三月，而《春秋》非之。先王之正时也，履端于始，举正于中，归邪于终。履端于始，序则不愆；举正于中，民则不惑；归邪于终，事则不悖。"金德建先生指出："《历书》里这一条所称述《春秋》的文句，并不见于现在的《春秋经》，而见于《左传》鲁文公元年所说：'于是闰三月，非礼也。先王之正时也，履端于始，举正于中，归余于终。履端于始，序则不愆；举正于中，民则不惑；归余于终，事则不悖。'语句完全相符。这也可见司马

---

[1]《史记·十二诸侯年表序》。
[2] 王国维《史记所谓古文说》，《观堂集林》卷七，中华书局 1959 年版。

迁所称的《春秋》，实际上的确是指着《左传》而说。"① 《十二诸侯年表序》云：

> 鲁君子左丘明……成《左氏春秋》。铎椒为楚威王傅，为王不能尽观《春秋》，采取成败，卒四十章，为《铎氏微》。赵孝成王时，其相虞卿上采《春秋》，下观近势，亦著八篇，为《虞氏春秋》。吕不韦者，秦庄襄王相，亦上观尚古，删拾《春秋》，集六国时事，以为八览、六论、十二纪，为《吕氏春秋》。及如荀卿、孟子、公孙固、韩非之徒，各往往捃摭《春秋》之文以著书，不可胜纪。汉相张苍历谱五德，上大夫董仲舒推《春秋》义，颇著文焉。

据金德建先生的研究，这里面提到的铎、虞、吕、荀、韩等人所采取、删拾的"春秋"，都是指《左传》而言的。按金说是完全正确的。司马迁对《春秋》经、传不作区别，是因为在他看来，经、传是一个整体，孔子所作固然只是后来称为"经"的那一部分，但"传"（即《左氏春秋》）本来就是当时人为惧失孔子之"真"而作的，而且所据正是孔子所掌握的那些史记材料，因而《左氏春秋》毋宁视为《春秋》的补充部分。

而且不特此也。除《左氏春秋》外，当时所存其他对《春秋》进行解释的著作，例如《公羊传》，也是被司马迁看做与《春秋》一体的。《宋世家》："太史公曰：……《春秋》讥宋之乱自宣公废太子而立弟，国以不宁者十世。襄公之时，修行仁义，欲为盟主。……襄公既败于泓，而君子或以为多，伤中国阙礼义，褒之也，宋襄之有礼让也。"按《春秋》讥宋宣褒宋襄，仅见于《公羊传》，隐公三年云："故君子大居正，宋之祸，宣公为之也。"僖公二十二年云："故君子大其不鼓不成列。临大事而不忘大礼，有君而无臣。以为虽文王之战，亦不过此也。"由此可见司马迁也是把《公羊传》径称为《春秋》的。② 但三传的解释往往并不一致，甚至有相矛盾的地方，这些司马迁都没有论及。或许是由于经学的发展此时尚不够成熟，或许是由于司马迁毕竟不是一个专门的经学家，总之经师们所说的一切究竟是不是孔子作《春秋》的本意，这在司马迁那里还没有成为一个问题。

司马迁对孔子的《春秋》是推崇备至的，他说："桀纣失其道而汤武作，周失其道而《春秋》作，秦失其政而陈涉发迹，诸侯作难。"《春秋》不过是一

---

① 金德建《司马迁所称春秋系指左传考》，《司马迁所见书考》，上海人民出版社1963年版，第106页。

② 参见金德建《司马迁所称春秋亦指公羊传考》，《司马迁所见书考》，第112页。

部书，但司马迁却把它与汤武、陈涉及秦楚之际的诸侯相提并论，同样看做是对于失道政治的一种否定力量，这就把《春秋》的政治功能强调到了无以复加的高度了。在回答壶遂"昔孔子何为而作《春秋》"的问题时，司马迁说：

> 余闻董生曰：周道衰废，孔子为鲁司寇，诸侯害之，大夫壅之。孔子知言之不用、道之不行也，是非二百四十二年之中，以为天下仪表，贬天子，退诸侯，讨大夫，以达王事而已矣。子曰："我欲载之空言，不如见之于行事之深切著明也。"夫《春秋》，上明三王之道，下辨人事之纪，别嫌疑，明是非，定犹豫，善善恶恶，贤贤贱不肖，存亡国，继绝世，补敝起废，王道之大者也。①

司马迁的这套思想，显然是从董仲舒那里来的。在他们看来，《春秋》是没有王者之位的孔子宣传、推行所谓王道的最主要的手段。孔子对二百四十二年历史中的人物的活动进行评价，指出哪些合乎王道，哪些不合乎王道。孔子不愿意空发议论，所以他要选择对历史事实进行褒贬评价的方式来表达自己的思想。《春秋》既是对以往历史的清算，也是为后来的统治者预备的理论武器，这就是所谓"垂空文以断礼义，当一王之法"。一旦有强有力的统治者遵行《春秋》的说教，那么"王道"就要大行于天下了。

因此，与儒家的其他几部经典相比，《春秋》似乎更加贴近统治阶级的政治生活。司马迁说：

> 《易》著天地阴阳四时五行，故长于变；《礼》经纪人伦，故长于行；《书》记先王之事，故长于政；《诗》记山川溪谷禽兽草木牝牡雌雄，故长于风；《乐》乐所以立，故长于和；《春秋》辩是非，故长于治人。是故《礼》以节人，《乐》以发和，《书》以道事，《诗》以达意，《易》以道化，《春秋》以道义。拨乱世反之正，莫近于《春秋》。②

六经之中，唯《春秋》与《书》跟政治直接相关。但《书》主要是先王政治文件的汇编（"《书》记先王之事"的"事"当是从广义上说的，非指与"言"相对意义上的"事"），还不像《春秋》那样能直接地为巩固统治秩序服务。所以说《春秋》"长于治人"，所以说"拨乱世反之正，莫近于《春秋》"。

对统治阶级来说，《春秋》一经关系着政权的生死存亡。司马迁说：

> 《春秋》之中，弑君三十六，亡国五十二，诸侯奔走不得保其社稷者不可胜数。察其所以，皆失其本已。故《易》曰"失之毫厘，差以千里"，

---

①②《史记·太史公自序》。

故曰"臣弒君，子弒父，非一旦一夕之故也，其渐久矣"。故有国者不可以不知《春秋》，前有谗而弗见，后有贼而不知。为人臣者不可以不知《春秋》，守经事而不知其宜，遭变事而不知其权。为人君父而不通于《春秋》之义者，必蒙首恶之名。为人臣子而不通于《春秋》之义者，必陷篡弒之诛，死罪之名。①

这就把君臣上下"通《春秋》之义"的必要性说得十分严重了。

《春秋》之所以具有这样的政治功能，是由于《春秋》记录了二百四十二年中统治者们政治行为的始末，它本身就是一部政治史。前面说过，司马迁是把《春秋》经传视为一体的，在他看来，一部《春秋》，有"史"又有"义"。史是《春秋》的躯壳，义是《春秋》的精神。学者们学习、研究《春秋》，往往各有所侧重。司马迁说："儒者断其义；驰说者骋其辞，不务综其终始；历人取其年月；数家隆于神运；谱谍独记世谥，其辞略，欲一观诸要难。"按此数语出自《十二诸侯年表序》末的"太史公曰"，这里"断其义"、"骋其辞"、"取其年月"的"其"字，实是指代《春秋》（孔子所作《春秋》与左丘明所作《左氏春秋》）而言。所谓"儒者断其义"，即序中所说的"上大夫董仲舒推《春秋》义，颇著文焉"；所谓"驰说者骋其辞"，即序中所说的虞卿采《春秋》成《虞氏春秋》、吕不韦为《吕氏春秋》以及荀、孟、公孙固、韩非诸人捃摭《春秋》之文以著书，由于他们采取《春秋》主要为了论说，故"不务综其终始"；所谓"历人取其年月"，当即序中所说的"汉相张苍历谱五德"；所谓"数家隆于神运"（《集解》引徐广曰：运一作通），当即汲冢书中《师春》那一类的著作。在司马迁看来，《春秋》就是这样一部有着如此丰富内容的、以史的形式出现的大著作，正如他所说"万物之散聚皆在《春秋》"。

司马迁景仰孔子的为人，推崇《春秋》的制作，同时，他也慨然承担起了继写《春秋》的重任。司马迁的父亲是汉朝的太史，他在临终前嘱其子继续完成他所没有完成的论著，言语之间已经透露出希望其子能继承孔子修《春秋》的传统。司马迁记述其父遗嘱云：

> 余死，汝必为太史；为太史，无忘吾所欲论著矣。且夫孝始于事亲，中于事君，终于立身。扬名于后世，以显父母，此孝之大者。夫天下称诵周公，言其能论歌文武之德，宣周邵之风，达太王、王季之思虑，爰及公刘，以尊后稷也。幽厉之后，王道缺，礼乐衰，孔子修旧起废，论《诗》

---

① 《史记·太史公自序》。

《书》,作《春秋》,则学者至今则之。自获麟以来四百有余岁,而诸侯相兼,史记放绝。今汉兴,海内一统,明主贤君忠臣死义之士,余为太史而弗论载,废天下之史文,余甚惧焉,汝其念哉!①

在这里,司马谈还只是希望其子做一个良史,把汉代"明主贤君忠臣死义之士"的事迹记载下来。司马迁却似乎有着更大的抱负,他说:

先人(指司马谈)有言:"自周公卒五百岁而有孔子。孔子卒后至于今五百岁,有能绍明世,正《易传》,继《春秋》,本《诗》《书》《礼》《乐》之际?"意在斯乎!意在斯乎!小子何敢让焉。②

这就很有点以继承《春秋》为职志的意味了。当然,司马迁还不敢明确地将自己的《史记》与《春秋》相提并论,这与其说是自谦,还不如说主要是出于政治上的顾忌。他在自序中引壶遂的话设问云:"孔子之时,上无明君,下不得任用,故作《春秋》,垂空文以断礼义,当一王之法。今夫子上遇明天子,下得守职,万事既具,咸各序其宜,夫子所论欲以何明?"有这样一问,难怪司马迁赶紧声明,自己所著不过是记载"明圣盛德",记述"功臣世家贤大夫之业","而君比之于《春秋》,谬矣"。尽管司马迁踌躇满志,在封建皇权的淫威面前,他也只好自我贬抑,稍敛其效法孔子、继写《春秋》的心迹而已。

第五节 西汉《春秋》学的传授

一、《春秋》公羊学的传授

汉代经师的《春秋》学,主要是公羊学。从《史记》与《汉书》的记载来看,其传授最早可以追溯到胡母(字又作毋)生与董仲舒。《史记·儒林列传》云:"及今上即位,赵绾、王臧之属明儒学,而上亦乡之……自是之后……言《春秋》于齐鲁自胡母生,于赵自董仲舒。"《汉书·儒林传》的记载与此微异:"汉兴……言《春秋》于齐则胡母生,于赵则董仲舒。"一个说"于齐鲁",一个则单说"于齐",差别虽小,却很重要。这是因为汉初的儒学,分为齐学、鲁学两大支派,齐学把儒学与阴阳五行学说结合在一起,而鲁学则继承了先秦儒学中重人事、重礼乐制度的传统。马宗霍氏说:"大抵齐学尚恢奇,鲁学多

---

① ② 《史记·太史公自序》。

迁谨；齐学喜言天人之理，鲁学颇守典章之遗。"① 两者泾渭分明，本不相混。此种事实，汉人不容不知。汉宣帝时并不以《春秋》名家的韦贤、夏侯胜、史高等人就曾明确说过"谷梁子本鲁学，公羊氏乃齐学"②。因此照理说胡母生是不应该兼授齐鲁的。班固的修正不为无见。或者《史记》原本就作"于齐"，后来在传写过程中衍一"鲁"字也未可知。

胡母生，字子都，齐人。他专治《公羊春秋》，是汉景帝时的博士。汉人戴宏叙《公羊》传授，列举从公羊高至公羊寿诸人，并说："至汉景帝时，寿乃〔与〕其弟子齐人胡母子都著于竹帛"③，可知胡母生是最早将《公羊传》写成定本的人之一。因此，他自然应当算是汉代公羊学的始祖。至于他的弟子，《汉书·儒林传》有如下记载：

> 胡母生字子都，齐人也。治《公羊春秋》，为景帝博士。与董仲舒同业，仲舒著书称其德。年老，归教于齐，齐之言《春秋》者宗事之，公孙弘亦颇受焉。而董生为江都相，自有传。弟子遂之者，兰陵褚大，东平嬴公，广川段仲，温吕步舒。大至梁相，步舒丞相长史，唯嬴公守学不失师法，为昭帝谏大夫，授东海孟卿、鲁眭孟。

按班固这一段记载意思不是很明确，单从叙事文字来看，褚大、嬴公、段仲、吕步舒等人可以理解为胡母生的弟子，这些弟子中只有嬴公"守学不失师法"，于是嬴公似乎就成了胡母生的嫡传。《后汉书》的作者范晔正是这样理解的，《后汉书·儒林传》云："《前书》胡母子都传《公羊春秋》，授东平嬴公，嬴公授东海孟卿，孟卿授鲁人眭孟。"但《史记·儒林列传》有云："仲舒弟子遂者：兰陵褚大，广川殷忠④，温吕步舒"，《汉书》"弟子遂之者"云云又是紧随"董生为江都相，自有传"一句之后的，因此，把上述《汉书》那段话中的褚大等人理解为董仲舒的弟子也许更合理一些。《公羊传序》疏引郑玄《六艺论》，正以董仲舒《春秋》学一传为嬴公。《史记》所记董仲舒弟子中无嬴公，当是漏记，班固为之补足了。嬴公弟子眭孟称董仲舒为"先师"⑤，亦可为这种理解添一佐证。

---

① 马宗霍《中国经学史》，商务印书馆 1937 年版，第 46 页。
② 《汉书·儒林传》。
③ 何休《公羊解诂序》徐彦疏引。原文疑阙"与"字，试为补足之。
④ 殷忠与段仲当是一人，《史记集解》引徐广曰："殷，一作'段'，又作'瑕'也。"殷、段殆字形相近致误；忠、仲音同，盖传写之讹也。
⑤ 《汉书·眭弘传》。

明确知为胡母生弟子的，只有一公孙弘。公孙弘在西汉《春秋》学的传授中也是一个重要的人物。他的重要，并不在于他的《春秋》学本身，而在于他的经历以及他对《春秋》学研究的影响。公孙弘是西汉经生中官做得最大的一个人，也是因通晓《春秋》学而位至宰相的第一人，对当时经学研究的风气自然不能不发生影响。史称"公孙弘以《春秋》白衣为天子三公，封以平津侯，天下之学士靡然乡风矣"①，就是讲的这种事实。当然，公孙弘的平步青云，并不仅仅凭借他在《春秋》学上的造诣，也与他的善于揣摩皇帝心理有关。"公孙弘治《春秋》不如董仲舒，而弘希世用事，位至公卿。董仲舒以弘为从谀"②。故他常为正派的儒生所不齿。与他同时被征的辕固生就曾正告他："公孙子，务正学以言，无曲学以阿世！"③但公孙弘以研治《春秋》而做大官，对一般人来说确实是颇具吸引力的。

由于公孙弘本人是治《公羊春秋》的，因此他的得势对西汉公羊学的兴盛也起了一定的作用。武帝时，其初能与董仲舒分庭抗礼的还有一个瑕丘江公，他是治《谷梁春秋》的。"仲舒通五经，能持论，善属文，江公呐于口，上使与仲舒议，不如仲舒。而丞相公孙弘本为公羊学，比辑其议，卒用董生。于是上因尊公羊家，诏太子受《公羊春秋》，由是《公羊》大兴"④。可见公孙弘在其间是起了关键的作用的。

汉代公羊学的另一位大师，就是董仲舒。史称他"少治《春秋》"，则当在惠帝或高后时。其时汉室方兴，尚未除挟书之律，儒学也还处于被压抑的地位。此时《公羊传》尚未形诸简册，他所学的《春秋》，一定是有老师口授的，但他的师友渊源，今已不可考了。到汉景帝时，他已是汉廷的博士，说明此时当已学成，卓然自成一家了。他钻研学问，专心致志，致有"三年不窥园"的传说。董仲舒与胡母生同治《春秋》，同为汉景帝的博士，但他们学术上的交流往还史无明文，《汉书·儒林传》只是称胡母生"与董仲舒同业，仲舒著书称其德"，看来并没有那种同行相嫉的毛病。二人的《春秋》学，可能也多相通之处。

董仲舒的弟子很多，史称他"下帷讲诵，弟子传以久次相授业，或莫见其面"⑤。颜师古注云："言新学者但就其旧弟子受业，不必亲见仲舒。"他的学生做官的不少，"弟子通者，至于命大夫；为郎、谒者、掌故者以百数"。学生中

---

① ② ③ 《史记·儒林列传》。
④ 《汉书·儒林传》。
⑤ 《汉书·董仲舒传》。

比较出名的有吾丘寿王，字子赣，赵人。年轻时以善"格五"（一种棋类）被召，后"诏使从中大夫董仲舒受《春秋》，高材通明"①。此外弟子中如褚大、殷忠（段仲）、吕步舒，都被称为"遂者"，即所谓"名位成达者"（颜师古语）。那位吕步舒，官至长史，"持节使决淮南狱，于诸侯擅专断，不报，以《春秋》之义正之，天子皆以为是"。不过吕步舒对以《春秋》说灾异可能学得不大好，对董仲舒所著《灾异之记》竟懵然无知：

> 是时辽东高庙灾，主父偃疾之（指董仲舒），取其书奏之天子。天子召诸生示其书，有刺讥。董仲舒弟子吕步舒不知其师书，以为下愚。于是下董仲舒吏，当死，诏赦之。于是董仲舒竟不敢复言灾异。②

学生因不了解老师的著作差点儿要了老师的命，真也称得起是学林的一则笑料了。

董仲舒的弟子当中，最得真传的可能就是那位嬴公了。嬴公的事迹，今已不大可考，只知他曾做昭帝的谏大夫，在学术上"守学不失师法"。嬴公的重要弟子有两个，一个是孟卿，一个是眭弘。此外还有一位贡禹，史称他"事嬴公，成于眭孟"③，大约是在嬴公死后，又以眭弘为师，故亦可目为眭弘的弟子。

孟卿是东海兰陵人，史称他"善为《礼》、《春秋》，授后苍、疏广。世所传《后氏礼》、《疏氏春秋》，皆出孟卿"④。疏广曾为宣帝时的太子太傅，是汉代的名臣。既称"疏氏春秋"，则疏广在《春秋》学领域里自当别有一番建树，足以自成一家了。但《疏氏春秋》既出自孟卿，自然应属董仲舒一系。孟卿有子名孟喜，对自己儿子的学经，孟卿别有一种考虑："孟卿以《礼》经多，《春秋》烦杂，乃使喜从田王孙受《易》"。这"《春秋》烦杂"一语，颇道出了当时董氏公羊学的弊端。

眭弘，字孟，鲁人。史称他"少时好侠，斗鸡走马，长乃变节，从嬴公受《春秋》。以明经为议郎，至符节令"⑤。他的最主要的事迹，就是说灾异。本章第二节曾提到过眭弘因说灾异而被杀之事。眭弘的说灾异，颇为与众不同，面对泰山"大石自立"、上林苑"僵柳复起"的现象，他竟根据《春秋》经义，推出"当有从匹夫为天子者"这样惊人的论断。并且引"先师"董仲舒的话，

---

① 《汉书·吾丘寿王传》。
② 《史记·儒林列传》。
③④ 《汉书·儒林传》。
⑤ 《汉书·眭弘传》。

劝汉帝"求索贤人，禅以帝位"，"以承顺天命"。一个微不足道的小臣，在国家并无重大内忧外患的情况下，竟敢于让皇帝选择贤人让出天下，此举在今日看来，真是非狂即愚，实在难以理解；但在眭弘当日，也许正是由于坚信先师的学说，才不惜以生命去殉他自己的真理吧！

眭弘有两个最得意的弟子，一个是严彭祖，一个是颜安乐。"孟（即眭弘）弟子百余人，唯彭祖、安乐为明，质问疑谊，各持所见。孟曰：'《春秋》之意，在二子矣！'孟死，彭祖、安乐各专门教授，由是《公羊春秋》有颜、严之学"①。按颜、严二人本皆源于眭孟，眭孟又属董仲舒的嫡传，至此董学遂一分为二。

严彭祖字公子②，东海下邳人。宣帝时为博士。做过河南、东郡太守，官至太子太傅。史称他"廉直不事权贵"。有人劝说他："天时不胜人事，君不修小礼曲意，亡贵人左右之助，经谊虽高，不至宰相。愿少自勉强！"彭祖回答说："凡通经术，固当修行先王之道，何可委曲从俗，苟求富贵乎！"③严氏的著作，《汉书·艺文志》没有著录，但当时已有成书，据清儒王先谦说，汉时有"冯君"者为严氏之书作八万言之"章句"。④《隋书·经籍志》中有"严彭祖撰《春秋公羊传》十二卷"。近人刘师培指出，严彭祖不仅是公羊大师，同时也兼治《左传》，《左传正义》引沈氏说《严氏春秋》引《观周篇》云："孔子将修《春秋》，与左丘明乘如周，观书于周史，归而修《春秋》，丘明为之传，共为表里。"又《隋书·经籍志》著录有严彭祖《春秋左氏图》十卷，《唐志》作七卷，这都是严氏兼治《左传》之证。⑤严氏的弟子，主要有琅邪王中，王中为元帝少府，其家后世传《严氏春秋》。王中授同郡之公孙文、东门云。东门云为荆州刺史；公孙文官为太傅，弟子甚众。

颜安乐字公孙，鲁国薛人，是眭孟姊之子。安乐"家贫，为学精力，官至齐郡太守丞，后为仇家所杀"⑥。《汉书·艺文志》有"《公羊颜氏记》十一篇"，当是安乐说经之作。颜氏公羊学后来又分门派，一派为安乐弟子泠丰⑦（字次君，淮阳人），淄川太守；一派为安乐另一弟子任公（淄川人），官为少

---

① ③ ⑥ 《汉书·儒林传》。
② 严彭祖本姓庄，"严"为史家避汉明帝讳所追改，见钱大昕《十驾斋养新录》卷十二，上海书店复印商务印书馆 1937 年版。
④ 王先谦《汉书补注》卷八十八，中华书局 1983 年影印本。
⑤ 刘师培《左氏学行于西汉考》，《左庵集》卷二，民国刊本。
⑦ 毕沅《传经表》（《丛书集成》本）云："《六艺论》'泠'作'阴'，诸书皆本之，未知谁误。"

府:"由是颜家有泠、任之学"。此外还有两派,即管氏、冥氏,所谓"颜氏复有管、冥之学"。管即管路,他本是疏广的学生;冥指冥都,他本是堂谿惠的弟子(堂谿惠师从贡禹,也是董仲舒一系)。管、冥后来都投到了颜安乐门下。《公羊》颜氏学一分为四,各派之间的区别今日已很难考知。但此种分派,可能与董学之分为严、颜不同,与《春秋》学之分为公、谷更不可同日而语。盖泠、任、管、冥虽各自立异,但其间的差别可能较小,在时人看来,它们都还是《公羊》颜氏学,终汉之世,朝廷立学,也只是严、颜分立,说明颜门四派尚没有发展到须分立博士传授的地步。颜氏《春秋》在西汉晚期甚盛,弟子多高官。管路授孙宝,孙宝平帝时官至大司农。泠丰授马宫①、左咸。马宫哀帝时为大司徒,平帝时为太师;左咸平帝时为大鸿胪,"徒众尤盛"。

二、《春秋》谷梁学的授受源流

《汉书·儒林传》以申公为汉代传授《谷梁春秋》之祖。申公,名培,鲁人。他曾与楚元王交(刘邦少弟)同学,年辈盖亦相当,曾经历过秦始皇的焚书。② 武帝初年,他被召至朝廷,时已八十余岁,知他应生于公元前225年前后。汉初治谷梁学的还有早于他的,例如陆贾,曾是刘邦的谋臣,自当年长于申公。在陆贾所撰《新语》中,有几处明确地引《谷梁》为说,知陆贾确曾研治《谷梁》。但陆贾的主要身份是政客而非学者,也不见有授徒讲学的记载,且《新语》一书不仅引《谷梁》,尚有多处据《公羊》为说,知陆贾并非专守一家。故若论汉代谷梁学的传授,还是应当从申公说起。

申公以《诗》和《春秋》教授。他的《诗》学,得之于荀卿的弟子浮丘伯。他的《春秋》学得之于谁,史无明文。不过他所治为《谷梁春秋》,这一点是毫无疑问的。申公晚年以《诗》、《春秋》教授,最重要的弟子是瑕丘江公,史称"瑕丘江公尽能传之,徒众最盛"③。

申公之后,《谷梁》的大师就是这位瑕丘江公。"武帝时,江公与董仲舒并",由于江公"呐于口",在皇帝面前与董仲舒辩论,江公明显处于劣势,再加上丞相公孙弘偏好《公羊》,影响及于皇帝,"由是《公羊》大兴"。这是

---

① 此据《汉书·儒林传》。《汉书·马宫传》云:"(宫)治《春秋》严氏。"与《儒林传》异,"严氏"恐系"颜氏"之误。
② 《汉书·楚元王传》:"楚元王交,字游,高祖同父(按《史记》作"母")少弟也。好书,多材艺。少时尝与鲁穆生、白生、申公俱受《诗》于浮丘伯。伯者,孙卿门人也。及秦焚书,各别去。"
③ 《汉书·儒林传》。

《公》、《谷》的第一次较量，《公羊》占了上风。但《谷梁》学并未因此消亡。"太子既通，复私问《谷梁》而善之"。太子虽然喜欢，但后来因巫蛊事自杀，终于没有做成皇帝，也就不能给《谷梁》学以扶持。此后研习者殊少，只有荣广、皓星公二人从江公学习。荣广"高材捷敏，与《公羊》大师眭孟等论，数困之，故好学者颇复受《谷梁》"①。这是《谷梁》学者不甘心于寂寞，向《公羊》学者进行的抗争。《谷梁》的理论优势略显，但势力仍远不及《公羊》。荣广的主要弟子为蔡千秋、周庆、丁姓。汉宣帝时，《谷梁》学获得了较大的发展。宣帝即位后，曾向韦贤、夏侯胜、史高等大臣问及《公》、《谷》问题，韦贤等人都是鲁人，就说"谷梁子本鲁学，公羊氏乃齐学也，宜兴《谷梁》"。当时蔡千秋为郎，也被召见，"与《公羊》家并说，上善《谷梁》说"。于是"擢千秋为谏大夫给事中"。但这时学《谷梁》的人仍很少，宣帝"愍其学且绝"，"选郎十人从受"。后来蔡千秋病死，征江公之孙为博士，这是汉代立《谷梁》博士之始。江博士又死，复征周庆、丁姓"待诏保宫，使卒授十人"。自元康中（约前63年）始讲，至甘露元年（前53年），经过十余年的讲授，这十人"皆明习"。于是"乃召五经名儒太子太傅萧望之等大议殿中，平《公羊》、《谷梁》同异，各以经处是非"。这就是宣帝时有名的石渠阁会议②。按此次会议据《汉书·宣帝纪》当在甘露三年，石渠阁乃宫中藏书之所。《宣帝纪》云："诏诸儒讲五经同异，太子太傅萧望之等平奏其议，上亲称制临决焉。"这是最高统治者亲自组织的有关经义的大辩论，其中关于《春秋》经义的争辩似乎特别引人注目。既称"上亲称制临决"，则皇帝的意志及好恶会起决定性的作用。这对于《谷梁春秋》来讲，无疑是一次绝好的机会。"时《公羊》博士严彭祖、侍郎申辄、伊推、宋显，《谷梁》议郎尹更始、待诏刘向、周庆、丁姓并论，《公羊》家多不见从，愿请内侍郎许广，使者亦并内《谷梁》家中郎王亥，各五人，议三十余事。望之等十一人各以经谊对，多从《谷梁》。由是《谷梁》之学大盛"③。起先辩论双方各四人。《公羊》家不占优势，要求增加一位许广；为了公平起见，《谷梁》家也被允许增加一位王亥。辩论的结果，仍然是《谷

---

① ③《汉书·儒林传》。
② 刘汝霖《汉晋学术编年》卷二："按后人多以平《公》、《谷》异同及石渠议经之事混为一谈，殊误。因平《公》、《谷》乃甘露元年之事，议五经同异乃甘露三年之事，《汉书》记载甚明。盖宣帝因平《公》、《谷》之异同，始引起平诸经异同之兴趣，遂有石渠大会之招集，虽有因果之关系，实非一时之事。故《汉书·儒林传》公羊家诸人之传，皆无论石渠之文，以元年殿中议讫，此事不复与会也。"录此以资参考。

梁》占优。《谷梁》学从此势力大增。可惜的是辩论的内容今已无可考，特别是那"三十余事"，一点线索也没有传下来，否则真是研究《春秋》学与实际政治之关系的绝好材料。经过这一场《公》、《谷》大战，《谷梁》占了上风，在官方学术中争得了一席之地。周庆、丁姓都被征为博士。从此《公》、《谷》同立于学官。

后来《谷梁》在传授中又分出不同的支派。丁姓授楚人申章昌，申章昌"为博士，至长沙太傅，徒众尤盛"，此为一派。尹更始是蔡千秋的学生，本以《谷梁》名家，后又"受《左氏传》，取其变理合者以为章句"，此又为一派。尹更始授其子尹咸，又授翟方进、房凤。尹咸官至大司农，翟方进官至丞相，都是汉室的重臣。房凤与刘歆同时，曾参与校书，并与刘歆一起"共移书责让太常博士"，大约对《左传》有更深的研究，房氏也算是《谷梁》学的一派。此外瑕丘江公的孙子江博士授胡常，胡氏也是一派。故班固云"由是《谷梁春秋》有尹、胡、申章、房氏之学"。

三、《左传》在西汉的传授

汉代《左传》的传授，最早可以追溯到张苍。张苍在秦时曾为柱下御史，"主柱下方书"①。颜师古说所谓"柱下"指"居殿柱之下"，"方书"应当是指"四方文书"，则张苍的职务当属于皇帝的秘书之类。萧何任相国时，因为张苍"明习天下图书计籍，又善用算律历，故令苍以列侯居相府，领主郡国上计者"。至汉文帝时，张苍升任为丞相。

张苍以善"律历"著名。史称"苍本好书，无所不观，无所不通，而尤善律历"。"汉家言律历者，本之张苍"。② 至于张苍与《左传》的关系，除《汉书·儒林传》中说"汉兴，北平侯张苍及梁太傅贾谊、京兆尹张敞、太中大夫刘公子皆修《春秋左氏传》"外，《史》、《汉》都没有其他明确的记载。东汉许慎在《说文解字序》中说："北平侯张苍献《春秋左氏传》。"这是说西汉时《左传》行世，最早当从张苍献书开始。张苍本为秦朝的御史，接触过各种图书，私藏有《左传》是完全可能的。而且他的献书，还不一定是在惠帝除挟书律之后。刘师培说："苍当高帝之世，已为御史大夫，以大臣献书，不必限于

---

① 《汉书·张苍传》。
② 《史记·张丞相列传》。

书禁之开否也。观《新语》进于高帝时，此其征矣。"① 至于张苍的师承，《左传正义》引刘向《别录》云："荀卿授张苍。"《经典释文·序录》亦称"（荀）况传武威张苍"。张苍卒于景帝五年（前152年），史称他享年"百余岁"，知当生于公元前252年前后，得亲炙于荀子，并非没有可能。

西汉治《左传》的第二个人是贾谊。在《史记》、《汉书》的贾谊传中都没有提到他的《左传》学。据《经典释文·序录》，贾谊的《左传》学是师承张苍的。又据《梁书》武帝答刘之遴诏"张苍之传左氏，贾谊之袭荀卿"②，知贾谊的《左传》学也是荀卿一系的。然《经典释文·序录》所说张苍授贾谊，未必得其实。因为张苍明确主张汉为水德，"推五德之运，以为汉当水德之时，上黑如故"③；而贾谊则以为汉当土德，曾上书请"易服色制度"，"色上黄，数用五"。④ 倘张苍与贾谊真有师生之谊，似乎主张不应如此相左。班固曾说："初，《左氏传》多古字古言，学者传训故而已。"⑤ 贾谊治《左传》的重点可能也是这样。《汉书·儒林传》云："谊为《左氏传》训故，授赵人贯公。"知贾谊曾为《左传》作注，并曾授徒。传所谓"为左氏传训故"，后人一般都不把"左氏传训故"理解为一个书名，《汉书·艺文志》也未著录贾谊有关《左传》的著作，故究竟是否成书未敢遽断。至于他所传"赵人贯公"，只知他曾为河间献王博士。这位河间献王名德，出自景帝，史称他"修学好古，实事求是"⑥。他曾广泛征集图书，"从民得善书，必为好写与之，留其真，加金帛赐以招之。由是四方道术之人不远千里，或有先祖旧书，多奉以奏献王者。故得书多，与汉朝等"⑦。据说他所得书"皆古文先秦旧书，《周官》、《尚书》、《礼》、《礼记》、《孟子》、《老子》之属，皆经传说记，七十子之徒所论"。这当中没有提到《左传》，当然不能因此就说他所收的书中肯定没有《左传》。他曾"立《毛氏诗》、《左氏春秋》博士"，至少说明在他的王国里《左传》并非稀见之书。在汉朝统治者当中，河间献王是稍早于武帝的一个极爱好儒学的人物，他"修礼乐，被服儒术，造次必于儒者"。不过他统治的范围很有限，不能像武帝那样造成全国的影响，而只能在他的王国内加以提倡。"赵人贯公"在河

---

① 刘师培《左氏学行于西汉考》，《左庵集》卷二。
② 《梁书·刘之遴传》。
③ 《史记·张丞相列传》。
④ 《汉书·贾谊传》。
⑤ 《汉书·楚元王传》。
⑥⑦ 《汉书·景十三王传》。

间献王那里任博士，可能就是"《左氏春秋》博士"。

关于贾谊之传贯公，唐人陆德明还有不同的说法。《经典释文·序录》云："谊传至其孙嘉，嘉传赵人贯公。"是则贾谊与贯公之间尚隔有贾氏之子及孙。《史记·贾生列传》云："及孝文崩，孝武皇帝立，举贾生之孙二人至郡守，而贾嘉最好学，世其家。"知贾嘉也应是贾谊《左传》学的传人。贯公受之于贾嘉而非直接受业于贾谊，此亦不无可能。

《左传》虽经贾谊的"训故"，但在西汉王朝中终没有成为显学，只是在民间私相授受而已。河间献王虽立《左传》博士，也仅限于山东一隅。贯公授其子贯长卿，长卿授张禹。张禹与萧望之同时为御史，曾多次向萧望之称说《左传》，萧望之很感兴趣，并屡次向皇帝上书讲论，但终于没有引起皇帝的重视。张禹授尹更始，更始传子尹咸及翟方进、胡常，他们都是标准的《谷梁》学者，对《左传》仅仅是兼修而已。胡常授贾护，尹咸与翟方进授刘歆。贾、刘二人在《左传》传授中所起的作用十分重要，故《汉书·儒林传》说"由是言《左氏》者本之贾护、刘歆"。贾护授陈钦，陈钦与刘歆同时而学术有异，他以《左传》授王莽，自名为"陈氏春秋"①。刘歆是西汉末的大学者，也是从舆论上帮助王莽篡汉的"国师"。关于他与《左传》的关系，下文还将有详述。西汉传《左传》的人，还有一位张敞。《经典释文·序录》言贯长卿"传京兆尹张敞及侍御史张禹"。《汉书·张敞传》称敞"本治《春秋》，以经术自辅，其政颇杂儒雅"，所治当即《左氏春秋》。张敞传与其子张吉。又张敞之外孙杜邺从张吉受业，《汉书·杜邺传》云："邺少孤，其母张敞女，邺壮，从敞子吉学问，得其家书。"是杜邺尽得张敞之学。后来张吉之子张竦又以杜邺为师，学而有成，也是一位重要的《左传》学者。但杜邺虽通《左传》，实亦兼习《公羊》。《杜邺传》载杜邺上书，中有"《春秋》不书纪侯之母，阴义杀也"，即用隐公二年《公羊》之义；又杜邺之劝王音，有"昔秦伯有千乘之国而不能容其母弟"等语，就是用昭公元年《公羊传》的原文。② 这说明那个时代的《春秋》学者，往往是并不专主一传的。

---

① 《后汉书·陈元传》注。
② 刘师培在《左氏学行于西汉考》中说："自敞以下，大抵以《左氏》通《公羊》。"所举例证，除《杜邺传》之两例外，还有所谓"如敞传所载论伯姬事"，殆指《汉书·张敞传》所载敞谏书中引礼之"下堂则从傅母"云云。刘氏文见《左盦集》卷二。

第三章 两汉《春秋》学（下）

第一节 经今古文学的分立与斗争

一、今古文学的分化

在西汉王朝的绝大部分时间里，经学的传授虽然也分出许多的家派，例如《易》有施、孟、梁丘，《春秋》有严、颜等等，但并没有整体上的今古文的纷争，当时立于学官的每一种经典实际上都是"今文"的。

所谓今文，是指汉代通行的简化文字——隶书。秦朝虽然短祚，却是一个文字变化异常剧烈的时代。秦以前战国文字很不统一，但都属于篆书的一系。秦"同文字"，统一于小篆，而实际上隶书却盛行开来。此后战国文字渐渐为一般人所不识。扬雄说"秦划灭古文"，许慎说"古文由秦绝"，都是指出了这种文字的变革。[①] 汉初儒者的传经，多是使用汉人用隶书写定的本子，这种本子就被称为今文经，以区别于用战国文字书写的古本——古文经。汉初田何所传的《易》，伏生所传的《书》，齐、鲁、韩三家《诗》，高堂生所传的《礼》，都是这种今文经。《春秋经》的《公羊传》与《谷梁传》，都是在汉代始写成定本的，当然更属于今文了。这些经典后来都被陆续立于学官，学者"通一艺"就可以做官，"一艺"指的就是一种今文经典。

除这些今文经典之外，汉代还存在着一种古文经典。实际上在汉初除挟书律后，民间献到官府的图书中就有不少是"古文"的，如前所述的河间献王搜集上来的书"皆古文先秦旧书"。但这种战国文字，自秦以来，已不通行，认识这种字的人越来越少了，就是被称为秦篆的《苍颉篇》，能读的人也已很少，《汉书·艺文志》云："《苍颉》多古字，俗师失其读。宣帝时征齐人能正读者，张敞从受之"，可见认识古字已非易事。正是因为有这种文字上的障碍，所以古文经典的传授受到了很大影响。不过，尽管如此，还是有少数学者浸淫于

[①] 参见金德建《经今古文字考》，齐鲁书社1986年版，第4页。

此，使古文的传授不绝如线。例如司马迁"年十岁则诵古文"①，曾向当时的古文大师孔安国"问故"②，他所作的《史记》曾大量地从古文经典中取材；又如张苍、贾谊，都曾学习、研究过《左传》，而《左传》最初都是"古字古言"③的。但对古文经典的研究、传授，在西汉主要是在民间进行的。

西汉的古文经典，还有一个来源，就是得自孔宅壁藏。《汉书·艺文志》云："武帝末，鲁共王坏孔子宅，欲以广其宫，而得古文《尚书》及《礼记》、《论语》、《孝经》凡数十篇，皆古字也。……孔安国者，孔子后也，悉得其书，以考二十九篇，得多十六篇，安国献之，遭巫蛊事，未列于学官。"《史记》也说"孔氏有古文《尚书》，而安国以今文读之，因以起其家逸书④，得十余篇。盖《尚书》滋多于是矣"⑤。在此之前，《尚书》主要是伏生所传的今文经，壁藏古文发现以后，《尚书》经文才增加了十几篇。但壁藏古文中似乎是没有《春秋》经传的，刘歆《移太常博士书》云："及鲁恭王坏孔子宅，欲以为宫，而得古文于坏壁之中，逸《礼》有三十九，《书》十六篇。天汉之后，孔安国献之，遭巫蛊仓卒之难，未及施行。及《春秋》左氏丘明所修，皆古文旧书，多者二十余通，藏于秘府，伏而未发。"⑥ 看来出自壁藏的以及民间流传的古文经典都被收入了国家图书馆（秘府），没有广泛地传播。这是西汉哀、平以前的情形。

古文经典与今文经典相比究竟有什么不同？当然，书写的文字分今古，这只是表面的区别；就内容而言，各经的情形不完全一样，不能一概而论。《易经》的今文经，似乎有一些脱简，"刘向以中古文《易经》校施、孟、梁丘经，或脱去'无咎'、'悔亡'，唯费氏经与古文同"⑦。《尚书》则主要是篇目不一样，得之孔壁的古文《尚书》，比今文《尚书》多出十六篇。《仪礼》也存在篇目问题。《诗经》的今古文本，似乎主要是文字的差异。《周礼》则完全是古文，根本没有与之对应的今文本。至于《春秋》经传，经的差别主要在于截止的年代不同，今文经止于哀公十四年，古文经则多出两年，至哀公十六年"夏四月己丑孔丘卒"止。传的差别就更大了，《左传》记事延续到哀公二十七年，

---

① 《史记·太史公自序》。
② 《汉书·儒林传》。
③ 《汉书·楚元王传》。
④ 此处或以"因以起其家"为句，"逸书"二字连下读，亦通。
⑤ 《史记·儒林列传》。
⑥ 《汉书·楚元王传》。
⑦ 《汉书·艺文志》。

《公》、《谷》则到哀公十四年为止；在发挥经义方面，我们在前面比较过《公羊传》与《左传》说经的不同，可以看出今古文在《春秋》学上的差异有多么大。

汉成帝时，刘向受命校"中五经秘书"。刘向死后，其子刘歆继承父业，于哀帝时校书中秘。刘歆的学术，与刘向应该是有渊源关系的。但在《春秋》学上，父子却是分道扬镳。《汉书·楚元王传》云："歆及向始皆治《易》，宣帝时，诏向受《谷梁春秋》，十余年，大明习。及歆校秘书，见古文《春秋左氏传》，歆大好之。时丞相史尹咸以能治《左氏》，与歆共校经传。歆略从咸及丞相翟方进受，质问大义。初，《左氏传》多古字古言，学者传训故而已。及歆治《左氏》，引传文以解经，转相发明，由是章句义理备焉。……歆以为左丘明好恶与圣人同，亲见夫子，而公羊、谷梁在七十子后，传闻之与亲见之，其详略不同。歆数以难向。向不能非间也，然犹自持其《谷梁》义。"

刘歆生活的时代，是西汉王朝的末世。曾经盛极一时的今文经学这时似已走进了死胡同，其弊端日益显露出来，最主要的毛病是繁琐饾饤。班固评论说："古之学者耕且养，三年而通一艺，存其大体，玩经文而已。是故用日少而畜德多，三十而五经立也。后世经传既已乖离，博学者又不思多闻阙疑之义，而务碎义逃难，便辞巧说，破坏形体；说五字之文，至于二三万言。后进弥以驰逐，故幼童而守一艺，白首而后能言；安其所习，毁所不见，终以自蔽。此学者之大患也。"①

由于今文经学本身有这样的痼疾，它也就无法阻止自己的对立物逐渐成长，一种与今文经学学风迥然不同的经学派别出现了，这就是古文经学。前面说过，古文经典从来没有立于学官，这当然影响了一般士人对它的兴趣，因此也就只能长期在少数好古之士中私相传授。刘歆是一个对古文经典兴趣极浓的人，他在受到了皇帝的宠信之后，企图大大提高古文经典的地位："及歆亲近，欲建立《左氏春秋》及《毛诗》、逸《礼》、古文《尚书》皆列于学官"②。皇帝对此并没有很明确的意见，只是让刘歆与博士们辩论。博士们的态度是消极的："哀帝令歆与五经博士讲论其义，诸博士或不肯置对"。这就引起了刘歆"移书太常博士"，对博士们的做法痛加指责。他首先指出汉兴以来，儒学复兴，然而"书缺简脱"，经典的原貌已很难复睹；接着又谈到了孔壁中发现的

---

① 《汉书·艺文志》。
② 《汉书·楚元王传》。

古文,"逸《礼》有三十九,《书》十六篇",再加上民间的《左氏春秋》,都"臧于秘府,伏而未发",这些本来都可以用来"考学官所传",补正缺失,但一直"抑而未施";然后对博士们提出指责道:

> 往者缀学之士不思废绝之阙,苟因陋就寡,分文析字,烦言碎辞,学者罢老且不能究其一艺。信口说而背传记,是末师而非往古,至于国家将有大事,若立辟雍、封禅、巡狩之仪,则幽冥而莫知其原。犹欲保残守缺,挟恐见破之私意,而无从善服义之公心,或怀妒嫉,不考情实,雷同相从,随声是非,抑此三学(按指古文《尚书》、逸《礼》、《左传》),以《尚书》为备,谓《左氏》为不传《春秋》,岂不哀哉!今圣上……下明诏,试《左氏》可立不,遣近臣奉指衔命,将以辅弱扶微,与二三君子比意同力,冀得废遗。今则不然,深闭固距,而不肯试,猥以不诵绝之,欲以杜塞余道,绝灭微学。夫可与乐成,难与虑始,此乃众庶之所为耳,非所望士君子也。且此数家之事,皆先帝所亲论,今上所考视,其古文旧书,皆有征验,外内相应,岂苟而已哉!夫礼失求之于野,古文不犹愈于野乎?往者博士《书》有欧阳,《春秋》公羊,《易》则施、孟,然孝宣皇帝犹复广立谷梁《春秋》,梁丘《易》,大小夏侯《尚书》,义虽相反,犹并置之。何则?与其过而废之也,宁过而立之。传曰:"文武之道未坠于地,在人。贤者志其大者,不贤者志其小者。"今此数家之言,所以兼包大小之义,岂可偏绝哉!若必专己守残,党同门,妒道真,违明诏,失圣意,以陷于文吏之议,甚为二三君子不取也。

刘歆这一顿骂,真可谓痛快淋漓。这一段奇文,生动地描绘出了当时政坛以及学坛上的暮气、自私、保守与顽固。以宣帝时的并蓄兼包,比照哀帝时的党同伐异,对新学派之"深闭固距",适足以见西汉王朝确已步入了衰亡的末世。当时执政大臣都是些抱残守缺者流,刘歆的意见终未被采纳。尽管如此,古文经学派的大旗却从此张起,成了与今文经学相抗衡的力量。

平帝时,古文经典《左氏春秋》、《毛诗》、《逸礼》、《古文尚书》终于被立于学官,这也可以说是古文经学派取得的一次胜利。不过这次胜利是与王莽篡汉密不可分的。原来,平帝即位时仅是个九岁的孩子,王莽以大司马辅政,朝廷大权统归于莽。王莽以汉代的周公自居,行事处处模仿周公。对于据说是周公所作、作为周公治天下之大经大法的《周礼》,自然备加推崇,而《周礼》正是属于古文经典的。同时,王莽非常看重刘歆,命他"典儒林史卜之官",

篡位后又以刘歆为"国师"①,刘歆所提倡的古文经典于此时立于学官,也就是很自然的事了。

二、统一经义的努力——白虎观会议

王莽篡汉和绿林、赤眉的大起义,使西汉的统治集团土崩瓦解,经学上的派别之争自然也随之烟消云散。经过了短期的剧烈震荡之后,东汉王朝建立,社会又趋于稳定,新的统治秩序逐渐形成了。东汉的统治者,特别是光武、明、章诸帝,对经学都极端地重视,在利用经术巩固政权方面,较之西汉前期的统治者,似乎有着更多的自觉。"及光武中兴,爱好经术,未及下车,而先访儒雅,采求阙文,补缀漏逸"②。因此,在动乱中暂时中断了的学统,很快又都恢复了起来:"先是,四方学士多怀协图书,遁逃林薮。自是莫不抱负坟策,云会京师。范升、陈元、郑兴、杜林、卫宏、刘昆、桓荣之徒,继踵而集。于是立五经博士,各以家法教授。《易》有施、孟、梁丘、京氏,《尚书》欧阳、大小夏侯,《诗》齐、鲁、韩,《礼》大小戴,《春秋》严、颜,凡十四博士,太常差次总领焉"③。值得注意的是,这时所建十四博士,全部都是今文经学,基本上是继承了西汉昭、宣以来的学统。为什么这时古文经典都没有被立于学官呢?这显然与当时的政治有关。前面说过,平帝时立古文博士,是与王莽的篡汉相联系的,而刘秀的政权,自称是汉室的延续,是以拨乱反正自命的,当然不会去立那王莽曾经鼓吹过的经典。因此,东汉初年的十四博士,没有一个是古文学派的。

东汉章帝建初四年(79),朝廷召集诸儒于白虎观,讨论五经经义,这就是有名的白虎观会议。这次会议为当时经学的各种派别、各种经说提供了相互辩难、交锋的机会,解决了经学学派越分越多、经说日渐歧异、使人莫知所从的问题,统治阶级的意识形态因此在一个时期内获得了一定程度的统一。

最早提出召开此种会议的应该是杨终。杨终字子山,蜀郡成都人。早年为郡小吏,后至京师受业,习《春秋》。章帝时拜校书郎。建初初年,杨终上书云:

> 宣帝博征群儒,论定五经于石渠阁。方今天下少事,学者得成其业,

---

① 《汉书·楚元王传》。
②③ 《后汉书·儒林传》。

而章句之徒，破坏大体。宜如石渠故事，永为后世则。①

按此议的关键，在指出"章句之徒，破坏大体"。所谓"破坏大体"，当是指经说的繁碎影响了对经典主旨的把握。章句越讲越多，家派也就随之越分越细，这一方面令学者无所适从，同时也极易令人生厌。这可能是当时经学所面临的最大问题。杨终的建议被章帝采纳。建初四年十一月，章帝下诏曰：

> 盖三代导人，教学为本。汉承暴秦，褒显儒术，建立五经，为置博士。其后学者精进，虽曰承师，亦别名家。孝宣皇帝以为去圣久远，学不厌博，故遂立大、小夏侯《尚书》，后又立京氏《易》。至建武中，复置颜氏、严氏《春秋》，大、小戴《礼》博士。此皆所以扶进微学，尊广道艺也。中元元年诏书，五经章句烦多，议欲减省。至永平元年，长水校尉儵奏言，先帝大业，当以时施行。欲使诸儒共正经义，颇令学者得以自助。孔子曰："学之不讲，是吾忧也。"又曰："博学而笃志，切问而近思，仁在其中矣。"於戏，其勉之哉！②

按章帝此诏，说明了白虎观会议召开的必要性。原来汉置五经博士之后，"其后学者精进，虽曰承师，亦别名家"，学派的分化已越演越烈。到光武帝时建十四博士，是由于考虑到了要"扶进微学，尊广道艺"，但当时问题已经暴露得很明显了。所以光武帝在晚年（中元元年）曾下诏书，"五经章句烦多，议欲减省"，只是并未施行。两年之后的永平元年（58），樊儵曾上书，敦促减省章句，但一拖又是二十年。如今到了必须对五经经义进行整理、统一的时候了。白虎观会议就是在这种情况下召开的："于是下太常，将、大夫、博士、议郎、郎官及诸生、诸儒会白虎观，讲议五经同异，使五官中郎将魏应承制问，侍中淳于恭奏，帝亲称制临决，如孝宣甘露石渠故事"。③

白虎观是宫殿之名，位于北宫，亦称"白虎殿"。"白虎"本是门名，于门立观，因以名焉。④ 参加此次会议的，如上所述，自官员以至于诸生、诸儒，人数当不在少；但史书上有明确记载的，除皇帝之外，只有鲁恭、魏应、丁鸿、刘羡、楼望、成封、桓郁、贾逵、李育、淳于恭、杨终、班固等十数人。⑤ 这些人大多是当时很有名望的儒者，贾逵、李育、班固等自不必说，如鲁恭，

---

① 《后汉书·杨终传》。
②③ 《后汉书·章帝纪》。
④ 《后汉书·丁鸿传》注。
⑤ 参见《后汉书》之《鲁恭传》、《儒林传》、《章帝纪》、《贾逵传》、《杨终传》、《孝明八王传》、《丁鸿传》、《班彪传》。

"特以经明得召,与其议";又如杨终,当时正坐事入狱,贾逵等人保举他"深晓《春秋》,学多异闻",于是"即日赦出,乃得与于白虎观焉"。会议的开法,是先有专人提出问题,交由诸儒辩论,然后上奏皇帝,由皇帝决定去取。提问题的人是魏应,"时会京师诸儒于白虎观,讲论五经同异,使应专掌难问"①。魏应的提问又称"承制问",当是以皇帝的名义提出问题。诸儒的辩论可能是相当激烈的,例如李育与贾逵,一个执《公羊》义,一个是《左传》学家,史称"(李)育以《公羊》义难贾逵,往返皆有理证,最为通儒"②。又如丁鸿,字孝公,也是一个善辩的学者,"鸿以才高,论难最明,诸儒称之,帝数嗟美焉。时人叹曰:'殿中无双丁孝公。'"③ 这次会议可能是由于讨论的问题太多,历时甚久,史称"建初中,大会诸儒于白虎观,考详同异,连月乃罢"④。会议的结果,是统一了五经经义,对许多问题都有了标准的解答。由于皇帝"亲称制临决",这些解答就有了绝对的权威性。会后章帝命班固将这些已被核准的经义撰集在一起,形成了一部在经学史上发生过重要影响的著作——《白虎通》。

《白虎通》又名《白虎通义》⑤,又名《白虎通德论》⑥,但晋、宋迄唐诸史志传及他书所引,俱作《白虎通》。此书《隋书·经籍志》及《旧唐书·经籍志》、《新唐书·艺文志》均著录为六卷,而《崇文总目》、《郡斋读书志》、《直斋书录解题》则作十卷,知此书篇卷的分合曾有过变化。又《崇文总目》说全书四十篇,而今本四十三篇,知今本又非宋代之旧。今本篇数虽多于旧,实际上也不是一个完整的本子,也有大量的阙文,清人做过补辑的工作。今本虽非全帙,还是可以大体上看出《白虎通》的原貌的。此书以内容分篇,全书分为爵、号、谥、五祀、社稷、礼乐、封公侯、京师、五行、三军、诛伐、谏诤、乡射、致仕、辟雍、灾变、耕桑、封禅、巡狩、考黜、王者不臣、蓍龟、圣人、八风、商贾、瑞贽、三正、三教、三纲六纪、情性、寿命、宗族、姓名、天地、日月、四时、衣裳、五刑、五经、嫁娶、绋冕、丧服、崩薨共四十三篇,可以看出涉及当时的政治、经济、宗教、文化以及社会生活的各个方面。每一篇中又分若干子目,每一子目都是当时讨论的一个问题。例如《诛伐篇》

---

①②④《后汉书·儒林传》。
③《后汉书·丁鸿传》。
⑤《后汉书·儒林传》云:"建初中,大会诸儒于白虎观,考详同异,连月乃罢。肃宗亲临称制,如石渠故事,顾命史臣,著为通义。""通义"之名殆由此而来。
⑥《后汉书·班彪传》云:"天子会诸儒讲论五经,作《白虎通德论》,令(班)固撰集其事。"

就分为九个子目，分别是"诛不避亲"、"不伐丧"、"讨贼之义"、"诛大罪"、"父杀子"、"诛佞人"、"复仇"、"总论诛讨征伐之义"、"冬至休兵"。在每一个子目下，都是先提出问题，然后据经义给予解释，例如"诛不避亲"："诛不避亲戚何？所以尊君卑臣，强干弱枝，明善善恶恶之义也。《春秋传》曰：'季子煞其母兄，何善尔？诛不避母兄，君臣之义也。'"这里提出的是一个对统治者来说很敏感的问题，是"亲亲"重要，还是"尊尊"重要？可以设想，在白虎观会议之前，关于"诛不避亲"可能会有一些不同的看法，但经过讲论且由皇帝"称制临决"，有了统一的意见，《公羊传》强调的"尊君卑臣"的"君臣之义"得到了确认。又如"复仇"条："子得为父报仇者，臣子于君父，其义一也。忠臣孝子所以不能已，以恩义不可夺也。故曰：父之仇不与共天，兄弟之仇不与共国，朋友之仇不与同朝，族人之仇不共邻。故《春秋传》曰：'子不复仇非子。'《檀弓》记子夏问曰：'居兄弟之仇如之何？'曰：'仕不与同国。衔君命遇之不斗。'父母以义见煞，子不复仇者，为往来不止也。《春秋传》曰：'父不受诛，子复仇可也。'"按这些都是封建社会处理复仇事件的基本原则，通过辩论写进了《白虎通》，也就是给了这些经义以法定的地位。《白虎通》的内容如此广泛，可以看出五经的经义是怎样深刻地影响着当时的政治行为与社会生活。

参加白虎观会议的有今文学者，也有古文学者，今古文两派要在会上交锋，那是毫无疑义的。主持会议的章帝颇喜《古文尚书》和《左传》，那么古文学派会不会因此占些便宜呢？就《春秋》学来说，《左传》之义会不会压倒《公羊》之义呢？从实际情形来看，并不是这样。今所见《白虎通》中，凡涉及《春秋》之处，几乎都用《公羊》之义，也有的地方间采《谷梁》之说，但绝无用《左传》之义者。这说明当时朝廷上下，还是主要认同《公羊》学说，《左传》学派的影响尚弱。即使皇帝个人偏好，也还无法一下子扭转多数人的传统意识。

三、东汉今古文势力的消长

经学的发展，有其自身的规律，并不完全以朝廷的政令为转移。今文经学由于其固有的弊病，已逐渐走入了死胡同，而古文经学则呈方兴未艾之势。白虎观会议之后，古文经典的地位有明显上升的趋势。建初八年，章帝下诏，"令群儒选高材生，受学《左氏》、《谷梁春秋》、《古文尚书》、《毛诗》，以扶微学,广异义焉"①,"由是四经遂行于世"②。东汉前期的大儒,固然有些是今文的大师,但还是以属于古文学派者居多。前引《后汉书·儒林传》所提到的范升等七人,是东汉前期最有影响的儒者,我们不妨看一看这些人的家派渊源:

范升,字辩卿,代郡人。九岁通《论语》、《孝经》,及长,习《梁丘易》、《老子》。建武二年,被征为博士。③ 他曾激烈地反对立古文《费氏易》、《左氏春秋》博士。

陈元,字长孙,苍梧广信人。他的父亲陈钦,"习《左氏春秋》,事黎阳贾护,与刘歆同时而别自名家"。据说陈钦曾以《左氏》授王莽,自名为《陈氏春秋》,以与刘歆的学统相区别。陈元"少传父业,为之训诂,锐精覃思,至不与乡里通"④。陈元力主立《左传》于学官,曾与范升激烈辩论,是一位标准的古文学者。

郑兴,字少赣,河南开封人。早年曾学《公羊春秋》。"晚善《左氏传》,遂积精深思,通达其旨,同学者皆师之"。王莽天凤年间,郑兴带领门人"从刘歆讲正大义",刘歆很赏识他,"使撰条例、章句、传诂,及校《三统历》"。这是一位由今文转变而来的古文学者,在《左传》与《周礼》上造诣颇深,"世言《左氏》者多祖于兴"⑤。他儿子郑众也是一位古文大家。

杜林,字伯山,扶风茂陵人。史称他"少好学沈深,家既多书,又外氏张竦父子喜文采,林从竦受学,博洽多闻,时称通儒"。按张竦乃张敞之孙,而张敞则是西汉研究、传授《左传》的重要人物。杜林对古文经典爱好弥深,他曾经得到过一卷漆书《古文尚书》,"常宝爱之,虽遭难困,握持不离身"。他对向他学习的卫宏、徐巡等人说:"古文虽不合时务,然愿诸生无悔所学。"简直有一种不计功利的为学术而学术的精神了。汉光武帝对他非常重视,"光武闻林已还三辅,乃征拜侍御史,引见,问以经书故旧及西州事,甚悦之,赐车马衣被"⑥。累迁至大司空。

卫宏,字敬仲,东海人。"少与河南郑兴俱好古学"。曾从谢曼卿学《毛诗》,又从杜林学《古文尚书》。⑦

---

① 《后汉书·章帝纪》。
② 《后汉书·贾逵传》。
③ 《后汉书·范升传》。
④ 《后汉书·陈元传》及注。
⑤ 《后汉书·郑兴传》。
⑥ 《后汉书·杜林传》。
⑦ 《后汉书·儒林传》。

刘昆，字桓公，陈留东昏人。平帝时，曾从戴宾受《施氏易》。他对《仪礼》也很有研究。他的学生很多，据说在王莽时代，"教授弟子恒五百余人"，而且经常"多聚徒众，私行大礼"，差点因此被王莽治罪。光武帝曾任命他做地方官，"时县连年火灾，昆辄向火叩头，多能降雨止风"①。其行事很有点像董仲舒。

桓荣，字春卿，沛郡龙亢人。少从博士朱普学《欧阳尚书》。他六十多岁时，才被光武帝征召，做太子的老师，甚得光武帝的信任。"每朝会，辄令荣于公卿前敷奏经书，帝称善"②，大有相见恨晚之概。后来《欧阳尚书》博士出缺，拜桓荣为博士。桓荣由于做过太子的老师，明帝即位后，更见尊崇。他享寿甚高，是东汉诸儒中最为尊贵显赫的人物。

上述诸名儒中，范升、刘昆、桓荣属于今文学派，陈元、郑兴、杜林、卫宏则是古文学者。还有一位桓谭，也是一位古文大家，史称"建武初，（陈）元与桓谭、杜林、郑兴俱为学者所宗"③。可见在东汉的前期，古文经学派的势力已很不小，足以与今文学派相抗衡，因此，两派的冲突斗争，也就势所难免。斗争的焦点，当然首先还是集中在了立古文经典于学官这一问题上。

建武初年，尚书令韩歆上疏，欲为《费氏易》、《左氏春秋》立博士。光武帝命群臣讨论此事。《后汉书·范升传》记此事云："四年正月，朝公卿、大夫、博士，见于云台。帝曰：'范博士可前平说。'升起对曰：'《左氏》不祖孔子，而出于丘明，师徒相传，又无其人，且非先帝所存，无因得立。'遂与韩歆及太中大夫许淑等互相辩难，日中乃罢。"范升的论点，一是《左传》非孔子所传，二是西汉诸帝都没有立《左传》，基本上是延续了当年刘歆论敌所主张的那一套。韩歆、许淑的答辩，史籍失载，但从"日中乃罢"来看，争论是相当激烈的。事后范升又上一疏云：

> 臣闻主不稽古，无以承天；臣不述旧，无以奉君。陛下愍学微缺，劳心经艺，情存博闻，故异端竞进。近有司请置《京氏易》博士，群下执事，莫能据正。《京氏》既立，《费氏》怨望，《左氏春秋》复以比类，亦希置立。《京》、《费》已行，次复《高氏》，《春秋》之家，又有《驺》、《夹》。如令《左氏》、《费氏》得置博士，《高氏》、《驺》、《夹》，五经奇异，并复求立，各有所执，乖戾分争。从之则失道，不从则失人，将恐陛

---

① 《后汉书·儒林传》。
② 《后汉书·桓荣传》。
③ 《后汉书·陈元传》。

> 下必有猒倦之听。孔子曰："博学约之，弗叛矣夫。"夫学而不约，必叛道也。颜渊曰："博我以文，约我以礼。"孔子可谓知教，颜渊可谓善学矣。《老子》曰："学道日损。"损犹约也。又曰："绝学无忧。"绝末学也。今《费》、《左》二学，无有本师，而多反异，先帝前世，有疑于此，故《京氏》虽立，辄复见废。疑道不可由，疑事不可行。《诗》、《书》之作，其来已久。孔子尚周流游观，至于知命，自卫反鲁，乃正《雅》、《颂》。今陛下草创天下，纪纲未定，虽设学官，无有弟子，《诗》、《书》不讲，礼乐不修，奏立《左》、《费》，非政急务。孔子曰："攻乎异端，斯害也已。"传曰："闻疑传疑，闻信传信，而尧舜之道存。"愿陛下疑先帝之所疑，信先帝之所信，以示反本，明不专己。天下之事所以异者，以不一本也。《易》曰："天下之动，贞夫一也。"又曰："正其本，万事理。"五经之本自孔子始，谨奏《左氏》之失凡十四事。

从范升此疏可以看出，东汉初年经学是极不统一的，家派纷杂，异说迭起。《易》除施、孟、梁丘、京氏之外，尚有费氏、高氏；《春秋》除严、颜之外，尚有左氏、驺氏、夹氏。其他各经典亦可想而知。范升此疏，表达了他对经学异说纷呈、经义不统一的现象所感到的忧虑。在他看来，立于学官的家派越多，则经义越难统一。经义歧出会使人无所适从，以至于"叛道"。故欲维护天下的一统，就必须坚持万事的"一本"，具体到意识形态上，就是要尽量减少经义的分歧。当然，作为今文学家，他激烈地反对立古文经典于学官，也许还有那种既得利益者的考虑，但他所陈理由，对维护皇权的统一来讲，不能说没有几分道理。范升此疏直把《左传》说成是"异端"，是可疑的"末学"，必欲摒弃之而后安。他所条奏的"《左氏》之失十四事"，今日已不知其详，但从下面将要引证的陈元的奏疏来看，似乎都不是什么带根本性的大问题。当时反对范升的人又提出太史公曾多处引用《左传》，于是范升"又上太史公违戾五经，谬孔子言，及《左氏春秋》不可录三十一事"，这样就又牵涉到了对司马迁的评价。于是光武帝再次把这个问题交给博士讨论。陈元于此时诣阙上疏，疏云：

> 陛下……知丘明至贤，亲受孔子，而《公羊》、《谷梁》传闻于后世，故诏立《左氏》，博询可否，示不专己，尽之群下也。今论者沈溺所习，玩守旧闻，固执虚言传受之辞，以非亲见实事之道。《左氏》孤学少与，遂为异家之所覆冒。夫至音不合众听，故伯牙绝弦；至宝不同众好，故卞和泣血。仲尼盛德，而不容于世，况于竹帛余文，其为雷同者所排，固其

宜也。……

臣元窃见博士范升等所议奏《左氏春秋》不可立，及太史公违戾凡四十五事。案升等所言，前后相违，皆断截小文，媟嫚微辞，以年数小差，掇为巨谬，遗脱纤微，指为大尤，抉瑕擿衅，掩其弘美，所谓"小辩破言，小言破道"者也。升等又曰："先帝不以《左氏》为经，故不置博士，后主所宜因袭。"臣愚以为若先帝所行而后主必行者，则盘庚不当迁于殷，周公不当营洛邑，陛下不当都山东也。往者，孝武皇帝好《公羊》，卫太子好《谷梁》，有诏诏太子受《公羊》，不得受《谷梁》。孝宣皇帝在人间时，闻卫太子好《谷梁》，于是独学之。及即位，为石渠论而《谷梁氏》兴，至今与《公羊》并存。此先帝后帝各有所立，不必其相因也。孔子曰：纯俭，吾从众；至于拜下，则违之。夫明者独见，不惑于朱紫；听者独闻，不谬于清浊。故离朱不为巧眩移目，师旷不为新声易耳。方今干戈少弭，戎事略戢，留思圣艺，眷顾儒雅，采孔子拜下之义，卒渊圣独见之旨，分明白黑，建立《左氏》，解释先圣之积结，洮汰学者之累惑，使基业垂于万世，后进无复狐疑，则天下幸甚。①

按陈元这一疏，先是为《左传》辨诬，指出范升等人夸大其辞，把《左传》的"小差"说成"巨谬"，犯了只见树木不见森林之忌；然后笔锋一转，抓住先帝后帝不必相因大做文章。他特别提到汉宣帝立《谷梁》一事，这是说明先帝后帝各有所立的最有力的论据。范升也不让步，这样往复辩难，疏凡十余上。辩论的结果，光武帝最终决定立《左氏》学，由太常选任博士。太常推荐了四个人选，以陈元为第一。但"帝以元新忿争，乃用其次司隶从事李封"。

此次今古两派的斗争，《左传》虽因皇帝的支持，终于被立于学官，但由于反对派的势力过大，并没有维持多久。"于是诸儒以《左氏》之立，论议諠哗，自公卿以下数廷争之。会封病卒，《左氏》复废"②。《左传》立而复废的过程表明，在东汉前期的当权派中，今文学派还占着支配的地位，即使是皇帝，也不能不照顾到这种舆情。这种局面当然与古文学说本身的特点有关。杜林是古文大家，他就深知古文"不合时务"。这一特点，也可以从几位著名的古文家反对图谶，因而得不到皇帝的重用反映出来。

刘秀在争夺天下的过程中充分地利用了当时社会上风行的图谶迷信，因而他对图谶有着特殊的感情。建武以来，国家大事，往往决之于谶。例如根据谶

---

①② 《后汉书·陈元传》。

文任孙咸为大司马①、拜王梁为大司空②，据图谶建明堂辟雍③，据《河图会昌符》而行封禅礼④等等。在这种氛围之中，一般学者大多投主所好，阿附以取容，故"自中兴之后，儒者争学图纬，兼复附以訞言"⑤。但是比较起来，经古文派谈谶纬要比经今文派少得多，而且有些古文大家是坚决反对谶纬的。例如桓谭，差点因此丢了性命：

> 是时帝方信谶，多以决定嫌疑。……谭复上疏曰："……凡人情忽于见事而贵于异闻，观先王之所记述，咸以仁义正道为本，非有奇怪虚诞之事。盖天道性命，圣人所难言也。自子贡以下，不得而闻，况后世浅儒，能通之乎！今诸巧慧小才伎数之人，增益图书，矫称谶记，以欺惑贪邪，诖误人主，焉可不抑远之哉！臣谭伏闻陛下穷折方士黄白之术，甚为明矣；而乃欲听纳谶记，又何误也！其事虽有时合，譬犹卜数只偶之类。陛下宜垂明听，发圣意，屏群小之曲说，述五经之正义，略雷同之俗语，详通人之雅谋。……"帝省奏，愈不悦。其后有诏会议灵台所处，帝谓谭曰："吾欲以谶决之，何如？"谭默然良久，曰："臣不读谶。"帝问其故，谭复极言谶之非经。帝大怒曰："桓谭非圣无法，将下斩之。"谭叩头流血，良久乃得解。⑥

还有那位郑兴，也是一位反谶的人物：

> 帝尝问兴郊祀事，曰："吾欲以谶断之，何如？"兴对曰："臣不为谶。"帝怒曰："卿之不为谶，非之邪？"兴惶恐曰："臣于书有所未学，而无所非也。"帝意乃解。兴数言政事，依经守义，文章温雅，然以不善谶故不能任。⑦

郑兴的不为谶，显然影响了他的仕途。建武时期古文家很少做高官，大约与他们不善投皇帝所好有关。这当然也会影响到他们所立经典的命运。贾逵曾说："至光武皇帝，奋独见之明，兴立《左氏》、《谷梁》，会二家先师不晓图谶，故令中道而废。"⑧ 算是道出了《左传》立而复废的真正原因。

---

① 《后汉书·景丹传》。
② 《后汉书·王梁传》。
③ 《后汉书·张纯传》。
④ 《后汉书·祭祀志》。
⑤ 《后汉书·张衡传》。
⑥ 《后汉书·桓谭传》。
⑦ 《后汉书·郑兴传》。
⑧ 《后汉书·贾逵传》。

《左传》此次立于学官虽然短暂，其影响却不容低估，此后古文学派逐渐兴盛了起来。明帝也是一位重视经学出了名的君主。据说他"十岁能通《春秋》，光武奇之"，后来又"师事博士桓荣，学通《尚书》"①。他即位以后，对儒学更加大力提倡，而且身体力行，又是演礼，又是讲经。"飨射礼毕，帝正坐自讲，诸儒执经问难于前，冠带缙绅之人，圜桥门而观听者盖亿万计"②。真可谓盛况空前。明帝受他的老师的影响，在经学上应该属于今文学派，但他对古文经典，实是取一种包容的态度。贾逵在永平年间曾上书"言《左氏》与图谶合者"，明帝表示乐于了解，并命贾逵将他对《左传》的"传诂"写下来，藏于秘府。③

继明帝而立的章帝（肃宗），对古文经典的兴趣特别浓厚。"肃宗立，降意儒术，特好《古文尚书》、《左氏传》"④，以《左传》名家的贾逵自然特别受到了善待。"建初元年，诏逵入讲北宫白虎观、南宫云台。帝善逵说，使发出《左氏传》大义长于二传者"⑤。贾逵抓住这个极好的机会，把《左传》与《公羊》的优劣做了一个对比。他认为《左传》之义有十之七八同于《公羊》，那不同的部分，则是《左》优而《公》劣。疏云：

> 臣谨擿出《左氏》三十事尤著明者，斯皆君臣之正义，父子之纪纲。其余同《公羊》者什有七八，或文简小异，无害大体。至如祭仲、纪季、伍子胥、叔术之属，《左氏》义深于君父，《公羊》多任于权变，其相殊绝，固以甚远，而冤抑积久，莫肯分明。

按贾氏所揭三十事，没有全部保留下来，不过从他提到的那四件事里，我们或可明了其大概。

其一是有关祭仲的事迹。据《左传》桓公十一年，祭仲是郑庄公的宠臣。庄公死，祭仲立庄公子昭公。庄公的另一个儿子突（后为厉公）为宋女所生，故宋人"诱祭仲而执之，曰：'不立突，将死。'亦执厉公而求赂焉"。在这种情况下，祭仲遂"与宋人盟，以厉公归而立之"。而该年《公羊传》云："祭仲者何？郑相也。何以不名？贤也。何贤乎祭仲？以为知权也。……宋人执之，谓之曰：'为我出忽（昭公）而立突。'祭仲不从其言，则君必死，国必亡；从其言，则君可以生易死，国可以存易亡。……古人之有权者，祭仲之权是也。"

其二是有关纪季的事迹。据《左传》庄公三、四年，先是纪侯之弟纪季以

---

① 《后汉书·明帝纪》。
② 《后汉书·儒林传》。
③④⑤ 《后汉书·贾逵传》。

纪的领邑酅投靠齐国，使纪国分而为二；后来"纪侯不能下齐，以与纪季"，就是说纪侯干脆把整个纪国给了纪季，自己远走他乡，因此《春秋经》有"纪侯大去其国"之文。《左传》说纪侯此举是"违齐难"，即"避齐难"之意。而据《公羊传》，当年齐哀公被周王所烹，是由于纪侯之谮，故齐、纪之间有世仇，而纪季之投齐，乃是服罪的举动："纪季者何？纪侯之弟也。何以不名？贤也。何贤乎纪季？服罪也。其服罪何？鲁子曰：请后五庙以存姑姊妹。"《公羊》对纪季是持肯定态度的。

其三是有关伍子胥的事迹。据《左传》，伍子胥的父亲伍奢被楚王杀害，子胥奔吴，后来终于借吴兵入楚，报了父仇。而《公羊传》定公四年云："父受诛，子复仇，推刃之道也。"

其四贾逵虽提到叔术，实际上是有关黑肱的事迹。昭公三十一年《春秋经》云："冬，黑肱以滥来奔。"黑肱是邾国的大夫，所谓"以滥来奔"，是说以滥邑叛逃来鲁。《左传》记此事云："冬，邾黑肱以滥来奔。贱而书名，重地故也。"又引君子曰："名之不可不慎也如是，夫有所有名而不如其已。以地叛，虽贱，必书地，以名其人，终为不义，弗可灭已。是故君子动则思礼，行则思义，不为利回，不为义疚。或求名而不得，或欲盖而名章，惩不义也。齐豹为卫司寇，守嗣大夫，作而不义，其书为'盗'。邾庶其、莒牟夷、邾黑肱以土地出，求食而已，不求其名，贱而必书。此二物者，所以惩肆而去贪也。若艰难其身，以险危大人，而有名章彻，攻难之士将奔走之。若窃邑叛君以徼大利而无名，贪冒之民将置力焉。是以《春秋》书齐豹曰'盗'，三叛人名，以惩不义。"而《公羊传》云："文何以无邾娄？通滥也。曷为通滥？贤者子孙宜有地也。贤者孰谓？谓叔术也。何贤乎叔术？让国也。"按所谓"通滥"，是说把滥邑看成是国，与国地位相等。叔术是黑肱的先人，在《公羊》看来，叔术因曾有让国之贤，他的子孙本是应该享有自己的领地的。黑肱拥有滥邑，即相当于有国；既不必强调"滥"属于邾娄，则"黑肱"之前也就不必加"邾娄"二字了。这就是所谓"通滥"的意义。这里《公羊》显然并不以黑肱的"以滥来奔"为非（大概《公羊》以为滥是属于黑肱的，黑肱自己本有权支配）。

以上四事被贾逵利用来扬《左》抑《公》。在他看来，在这四件事上，"《左传》义深于君父，《公羊》多任于权变"。其实对上述四例，应当分别观之。第一例祭仲迫于外国的压力易君，《公羊》固然对祭仲的行"权"表示赞许，但《左传》也只是客观记事，并没有对祭仲表示明确的谴责，而因此说

《左传》"义深于君父"，实在勉强。第二例《公羊》以纪季为贤固然有点不"深于君父"，可《左传》也没有对纪季加以谴责，故以此扬《左》也嫌无据。难怪后儒批评贾逵，说他"以己所附益之义为《左氏》义，以难《公羊》，上欺其君，而下欺后世"[1]。伍子胥复仇一事，《左传》在记述过程中，或许还多少流露出一点赞赏的意思，但《公羊》何尝不以伍子胥为是呢？《公羊传》原文说："父不受诛，子复仇可也；父受诛，子复仇，推刃之道也。"所谓"受诛"，是指有罪当诛，《公羊》正是认为子胥之父属于"不受诛"，子胥复仇是"可也"的，而贾逵却把此事说成是《公羊》"不深于父"之例，很明显地是只取《公羊》"父受诛，子复仇，推刃之道也"这后半句，且把《公羊》的原意也歪曲了。倒是第四件事说得还有些道理，对黑肱那类带着土地叛逃别国的人，《左传》确实表示了强烈的谴责，在这一点上说《左传》"义深于君父"，那左氏是当之无愧的。

由此可以看出，东汉的古文家，为了给古文经典争地位，有时竟也不顾事实，无中生有，甚至灭裂文字，断章取义，这样的论辩，一点也没有实事求是的严肃态度，因此也就毫无学术性之可言了。

不仅如此。古文家还暗中接过了今文家的若干提法，他们也尊孔子为素王，也称孔子作《春秋》是"立素王之法"[2]，甚至不惜与当时流行的谶纬合流。永平中，贾逵就上书言"《左氏》与图谶合者"。建初元年，在给章帝的奏疏中，再一次提到："又五经家皆无以证图谶明刘氏为尧后者，而《左氏》独有明文。"这个"明文"，指的就是文公十三年"其处者为刘氏"那句话。按"汉为尧后"可能是西汉一些今文学家的主张，在初也许并没有得到一般学者的认同。司马迁尚不了解这一主张，或者虽然了解，却因没有见到史料依据而不予采用，在他所撰《高祖本纪》中只字不曾提及。只是在《汉书·眭弘传》里，记眭弘给昭帝上书，中有"汉家尧后，有传国之运"等语。眭弘是董仲舒的再传弟子，不能排除这些话出自董仲舒，但在《公羊传》及《春秋繁露》中都没有这些话的痕迹。然而在《左传》中，却有这样的记载：

> 晋人患秦之用士会也……乃使魏寿馀伪以魏叛者，以诱士会。执其孥于晋，使夜逸。请自归于秦，秦伯许之。履士会之足于朝。秦伯师于河西，魏人在东，寿馀曰："请东人之能与夫二三有司言者，吾与之先。"使

---

[1] 皮锡瑞《经学通论》卷四，第39页。
[2] 孔颖达《左传序》疏引贾逵《春秋序》。

士会。士会辞，曰："晋人，虎狼也。若背其言，臣死，妻子为戮，无益于君，不可悔也。"秦伯曰："若背其言，所不归尔帑者，有如河！"乃行。……魏人噪而还。秦人归其帑。其处者为刘氏。①

按士会本为晋国的大夫，因故逃到秦国，后来晋人又设计赚他归晋，秦伯也履行诺言送回了他的妻子家人，另有一部分家人留在了秦国，这部分人就改氏名为刘氏。《左传》的这段记述交代了刘氏的来历。士会是范氏之祖，在《左传》的另两处地方，明确记载着范氏的祖先是尧②，刘氏既与范氏同宗，则刘氏自然也是尧后。这里最关键的是上引《左传》文中"其处者为刘氏"那句话。自古以来就有学者怀疑这句话是否为《左传》所原有，孔颖达称隋代大儒刘炫认为"处秦为刘"一句"非丘明之笔"，孔氏自己也很怀疑，他说："士会之帑在秦不显，于会之身复无所辟，《传》说'处秦为刘氏'，未知何意言此。讨寻上下，其文不类，深疑此句或非本旨。盖以为汉室初兴，捐弃古学，《左氏》不显于世，先儒无以自申。刘氏从秦徙魏，其源本出刘累，插注此辞，将以媚于世。"③ 孔氏之意，《左传》中"其处者为刘氏"那句话，有明显的插入的痕迹，可能是西汉的《左传》学者插注于此，用来讨好当权的皇室的，即所谓"藉此以求道通"④。平情而论，孔氏之说不无道理，《左传》中窜入"其处者为刘氏"一语，正是汉儒以经学媚世的典型例证。不过现代学者也有反对孔说的，例如杨伯峻先生在《春秋左传注》中列举六证，指孔氏之说为不可信。⑤ 但仔细分析起来，杨氏所举六证，只能证"其处者为刘氏"一语非东汉儒者所加，却难证其非出西汉儒者之手。总之，《左传》中的这一句话是很令人生疑的，但在东汉，确是古文家表章《左传》、希宠媚世的重要本钱。

贾逵又说："五经家皆言颛顼代黄帝，而尧不得为火德。《左氏》以为少昊代黄帝，即图谶所谓帝宣也。"⑥ 按从西汉末至东汉初，汉得火德乃是当时流行的说法。如果照"五经家"所言，颛顼代黄帝而立，那么按照五德终始的理论，尧所得为木德，这样就与"汉为尧后"严重不合。然而在《左传》中有

---

① 《左传》文公十三年。
② 《左传》襄公二十四年、昭公二十八年。
③ 《左传》文公十三年孔疏，中华书局影印本《十三经注疏》下册，第1852页。
④ 关于"汉为尧后"，参见顾颉刚《五德终始说下的政治和历史》第十二节《汉为尧后说》，载《古史辨》，上海古籍出版社1982年版，第五册，第500页。
⑤ 杨伯峻《春秋左传注》，中华书局1981年版，第2册，第597页。
⑥ 《后汉书·贾逵传》。

"黄帝氏以云纪，少昊氏以鸟纪"之说，这实际上是说代黄帝者为少昊①，如此排下去尧就为火德，恰与图谶所言汉为尧后完全相合了。这些都是《左传》最能博得汉朝皇帝欢心的地方，而以前的古文家在争立学官的时候，竟没有给予充分的注意。如今贾逵大力阐扬，表明东汉古文家对《左传》的研究，已经不限于文字名物的训诂考证，而是重在给《左传》注入它本来没有或很少的"义"，使《左传》更有能力与《公羊》抗衡。而且为了迎合人主的口味，简直到了不择手段的地步。

贾逵的上书果然奏效，"书奏，帝嘉之，赐布五百匹，衣一袭，令逵自选《公羊》严、颜诸生高才者二十人，教以《左氏》，与简纸经传各一通"②。这无疑削弱了《公羊》派的力量，壮大了古文家的队伍。此后，贾逵又为章帝讲《古文尚书》、《毛诗》、《周官》。建初八年，章帝下诏曰："五经剖判，去圣弥远，章句遗辞，乖疑难正。恐先师微言将遂废绝，非所以重稽古，求道真也。其令群儒选高才生，受学《左氏》、《谷梁春秋》、《古文尚书》、《毛诗》，以扶微学，广异义焉。"③ 史称"由是四经遂行于世。皆拜逵所选弟子及门生为千乘王国郎，朝夕受业黄门署，学者皆欣欣羡慕焉"④。这是古文学派在东汉取得的决定性的胜利。此后古文的势力日益扩大，就《春秋》一经而言，研习《左传》的学者越来越多，朝廷论政，引用《左传》者更为常见；而今文派的《公羊》，虽然仍有人学习，其势力已是大不如前了。

四、今文学派与古文学派之比较

刘师培在谈到汉代古今文之兴衰时说：

> 东汉之后，凡两汉博士之家法，悉湮没不传，其传者转在古文，其故何哉？盖博士之学，利禄之学也，上者奉之以进身，下者持之以糊口，与后世科举之学略同。故治其学者，只期利禄之及身，如桓荣夸稽古之荣是也，岂果有发明经义之心哉！通经致用，不过自欺之词，故其学愈趋而愈陋。若古文之学，兴于举世不为之日，治其学者，不以显晦易其心，故研精殚思，实事求是，其故一。且汉代说经之儒，心之所希，不过以得立学官而止。今文之书，既立博士，治其学者，一若所求已获，遂生自懈之

---

① 参见《后汉书·贾逵传》李贤注，《左传》"以云纪"、"以鸟纪"云者见昭公十七年。
②④《后汉书·贾逵传》。
③《后汉书·章帝纪》。

心，故传者愈多，精者愈鲜；若古文之学，自西汉至东汉，争立博士，未克施行，或甫立而旋废，治其学者，希其得立于学官，而争竞之心以起，故其说愈降而愈精，其故二。有此二故，由是而古文之学昌，由是而今文之学衰。①

按刘氏之说有很浓烈的家派色彩，显然是有意识地抑今而扬古，但他确实也说到了今文学派的病根。今文学自西汉以来就立于学官，东汉的博士在相当长的时间里也都是今文，这样的学派自然易于产生骄惰与暮气。加以最高统治集团的日趋腐败，官学的衰落自不可避免。《后汉书·儒林传》云："自安帝览政，薄于艺文，博士倚席不讲，朋徒相视怠散，学舍颓敝，鞠为园蔬，牧儿荛竖，至于薪刈其下。"这是东汉中期的情形。灵帝时，太学生虽增至三万人，"然章句渐疏，而多以浮华相尚，儒者之风盖衰矣"。今文学派的这种状态，注定了其衰败的命运。而反观古文学派，长期以来，为立于学官而努力，由于有一种"争竞之心"，故其学说得以日益精进。不过若说今文学是利禄之学，学者只图利禄，并无发明经义之真心，而古文学与利禄无关，学者但知实事求是，恐怕也非的论。古文虽非官学，但在东汉时期，朝廷也很重视。光武帝就好古学，他所亲近的功臣，如寇恂、冯异等，皆通《左传》；②建武时曾立《左传》博士，而卫宏等更以通古文经典被帝征为议郎。③明帝时贾逵为古文作注，帝"重其书，写藏秘馆"。章帝亦甚喜古文学，尤好《古文尚书》、《左氏传》，他曾让贾逵自选《公羊》严、颜两派诸生高才者二十人，教以《左氏》。④建初八年，又诏诸儒各选高才生，受《左氏》等古文经典。安帝也重古文，延光二年，"诏选三署郎及吏人能通《古文尚书》、《毛诗》、《谷梁春秋》各一人"⑤。东汉之世，古文学者以通经入仕者不乏其人，朝廷议政，引用古文经义者亦所在多有。因此，士人研习古文经典，纵有少数确实抱有纯学术之求真求是精神，"不以显晦易其心"，从多数人看来，恐怕也还是难脱其功利之目的。在这一点上，今、古两派并无质的不同。

从经说的繁简来看，今、古两派最初确有差异。西汉后期，经说的繁复已成为经学发展中的一大痼疾，秦近君（当即《汉书·儒林传》之秦延君）说

---

① 刘师培《汉代古文学辩诬》，《左庵外集》卷四，《刘申叔遗书》本。
② 《后汉书·寇恂传》、《后汉书·冯异传》。
③ 《后汉书·儒林传》。
④ 《后汉书·贾逵传》。
⑤ 《后汉书·安帝纪》。

《尧典》，篇目两字之说至十余万言，但说"曰若稽古"四字即用三万言，① 这是人们熟知的史实。又据《汉书·儒林传》，这个秦延君名恭，是小夏侯《尚书》学者张山拊的弟子，小夏侯即夏侯建，他的"章句"即以繁杂著称，被人批评为"章句小儒，破碎大道"，而秦恭又在此基础上"增师法至百万言"，可见其繁碎到了何种程度。王充《论衡》称王莽之时，省五经章句，皆为二十万，博士弟子郭路，夜定旧说，死于烛下。② 知西汉末年，各经经说，无不繁者，这些当然都是今文经。无怪乎刘歆责让太常博士，说"缀学之士，不思废绝之阙，苟因陋就简，分文析字，烦言碎辞，学者罢老，且不能究其一艺"。东汉初年的古文大家，一般都反对繁复，例如班固、桓谭、王充等人，都是鄙夷章句之学的。一些今文学者，包括最高统治集团的一些人，也看到了今文经学繁琐的弊病，屡兴减省经说之议。《后汉书·章帝纪》所载诏引光武帝中元元年诏书，说"五经章句烦多，议欲减省"。光武帝还曾召《严氏春秋》学者钟兴，"诏令定《春秋》章句，去其复重，以授皇太子"③。樊儵是《公羊》严氏学者，惩于经说繁复，乃"删定《公羊严氏春秋》章句，世号'樊侯学'"④。他的弟子张霸，"以樊儵删《严氏春秋》犹多繁辞，乃减定为二十万言，更名'张氏学'"⑤。两次删减尚余二十万言，原来章句之繁可以想见。《公羊》学者杨终，认为"章句之徒，破坏大体"，乃"著《春秋外传》十二篇，改定章句十五万言"⑥。不仅是《春秋》经传，其他如《尚书》、《诗经》等今文学派的学者，也都有删减章句之举。但终东汉之世，经说繁复苛碎的问题并没有解决，而且始则但"传训诂而已"的古文学者，也逐渐染上了烦碎之病，即如一代儒宗的郑玄，糅和今古，遍注群经，著书百余万言，犹难免灭裂繁杂之讥，当时的风气可以概见。徐干《中论》云："凡学者大义为先，物名为后，大义举而物名从之。然鄙儒之博学也，务于物名，详于器械，矜于诂训，摘其章句，而不能统其大义之所极，以获先王之心。此无异乎女史诵诗、内竖传令也。故使学者劳思虑而不知道，费日月而无成功。故君子必择师焉。"⑦ 徐氏此说，深中东汉古文家之弊。盖繁复苛碎，乃有汉一代学风，今、古两派，虽解经的路数

---

① 《汉书·艺文志》注引桓谭《新论》。
② 《论衡·效力篇》。
③ 《后汉书·儒林传》。
④ 《后汉书·樊宏传》。
⑤ 《后汉书·张霸传》。
⑥ 《后汉书·杨终传》。
⑦ 徐干《中论·治学》，《四部丛刊》本。

容有不同，受此学风的影响却是一样的。

至于谶纬化的倾向，今古两派也是始分而终合。谶纬起于哀、平，前人多曾道及；东汉初期的一些古文学者，对谶纬多持鄙夷、排斥的态度。但经学的发展，每每要适应政治的需要。由于东汉统治集团迷信谶纬，且谶纬已渗入于实际政治之中，故某些古文学家也就对自己的立场做了一些调整，于说经之中也杂以谶纬，从而为古文经学争地位，贾逵就是突出的代表。到了东汉末年，古文大家郑玄遍注群经，也不免杂引谶纬。因此，是否利用谶纬，也很难成为区分今古的标志。

但今文与古文之间的区别毕竟还是很明显的，两派关注的问题不同。就《春秋》学来说，今文家更着重探求"微言大义"，而古文家则比较注重史实，注重文字训诂以及对典章名物的征实考据。本章后几节将述及一些重要的《春秋》学者，这种区别将会看得更加清楚。

第二节 《春秋》研究的畸变——春秋纬

一、谶纬盛行于东汉

西汉的经学研究，自武帝以后，加速走上了神秘主义的道路。董仲舒的公羊学，可以称得起是当时经学研究倾向的一个突出代表。讲天人，说灾异，将阴阳五行学说与传统儒学置于一炉而冶之，一时蔚为风气。发展到西汉的末年，形成了更为荒诞无稽的谶纬神学，孔子成了半神半人式的通天教主，经学家成了预言家，儒学的面貌被极大地改变了。

今天我们回过头从整体上来考察中国古代社会经学的发展，就会很清楚地看到，汉代经学的谶纬化，在整个经学发展史上只是一个短暂的现象，也可以说是经学发展途中的一段畸变。此中的原因也好理解：像谶纬迷信这一类的东西，它纵使能够盛行于一个错乱了的时代，终不能长久地获得人们的信仰，日久必遭人们的厌弃。东汉统治者利用谶纬得了天下，此种骗术也只可偶一为之，用多了会不灵的。加以魏晋以来，政权更迭，往往都借助于图谶，统治者对于图谶，真是又爱又惧，一旦上台之后，因怕别人也依样画葫芦，觊觎他的宝座，于是就对图谶严加禁毁。因此，魏晋以后，谶纬渐趋寂寞，至隋竟被完全灭绝了。但在东汉，由于皇帝的喜好，谶纬毕竟曾经盛行一时，在历史上留下了深深的痕迹。

汉代的纬书共有七类，即易纬、书纬、诗纬、礼纬、乐纬、春秋纬、孝经纬，所谓"七经纬"者是。① 可见"春秋纬"只是其中之一。各类纬书所包括的书目数量不一，据《后汉书》注及宋儒王应麟考证，② 易纬等各类一般有书在四五种之间，而"春秋纬"独多，有十三种。所有这些纬书，不见著录于《汉书·艺文志》，知西汉时这些纬书都还没有形成，起码没有盛行。《四库提要》论纬书的起源说：

> 考刘向《七略》，不著纬书；然民间私相传习，则自秦以来有之。非惟卢生所上，见《史记·秦本纪》；即吕不韦《十二月纪》称某令失则某灾至，伏生《洪范五行传》称某事失则某征见，皆谶纬之说也。《汉书·儒林传》称孟喜得"《易》家候阴阳灾变书"，尤其明证。

四库馆臣从书的内容上着眼，指出《洪范五行传》等都与纬书同其类型，这是很对的。这些书（甚至包括董仲舒的某些著作）都可以看做是纬书的滥觞。但托名作于孔子、明确被称做"纬"（与"经"相对）的纬书之出现，可能是西汉末哀、平之间的事情。东汉学者荀悦说："世称纬书仲尼之作也，臣悦叔父故司空爽辨之，盖发其伪也。有起于中兴之前，终、张之徒之作乎！"③ 孔颖达也说："纬候之书，不知谁作；通人讨核，谓伪起哀、平。"④ 这都表明纬书的兴起是在西汉之末。当时这些纬书都是假托孔子所作的，《隋志》云：

> 说者又云，孔子既叙六经，以明天人之道，知后世不能稽同其意，故别立纬及谶，以遗来世。其书出于前汉，有《河图》九篇，《洛书》六篇，云自黄帝至周文王所受本文。又别有三十篇，云自初起至于孔子，九圣之所增演，以广其意。又有七经纬三十六篇，并云孔子所作，并前合为八十一篇。

《隋志》据"说者"为言，意谓传说如此，其实是并不相信纬书系孔子所作的。故在其后又说："然其文辞浅俗，颠倒舛谬，不类圣人之旨。"大概除了纬书最兴盛的一个短时期以外，历代稍有头脑的儒者，恐怕很少有人相信纬书真的是孔子所作，尽管他们对谶纬的态度会有种种不同。

纬书在东汉是确曾很流行了一阵子的。《隋志》云："王莽好符命，光武以图谶兴，（纬书）遂盛行于世。汉时，又诏东平王苍正五经章句，皆命从谶。俗儒趋时，益为其学，篇卷第目，转加增广。言五经者，皆凭谶为说。"可见

---

① 《后汉书·方术传·樊英》注。
② 参见王应麟《困学纪闻》卷八，《四部丛刊三编》本。
③ 荀悦《申鉴·俗嫌》，《四部丛刊》本。
④ 《尚书·洪范》孔颖达疏。

在东汉,以谶纬说经,成为一种风气。① 清儒阮元在《七纬序》中集汉人碑碣中研习纬书的材料云:"姚浚尤明图纬祕奥,姜肱兼明星纬,郭泰探综图纬,李休又精群纬,袁良亲执经纬,杨震明河洛纬度,祝睦该洞七典,唐扶综纬河洛,刘熊敦五经之纬图,杨著穷七道之奥,曹全甄极谶纬,蔡湛少耽七典,武梁兼通河洛,张表该览群纬,丁鲂兼究祕纬,李翊通经综纬"②,这些材料表明东汉谶纬之学流行甚广,对当时经学的影响确实很大。

"谶纬"二字虽然自古连言,但历代学者多有为之分别辨析者。《四库提要》云:

> 案儒者多称谶纬,其实谶自谶,纬自纬,非一类也。谶者,诡为隐语,预决吉凶,《史记·秦本纪》称卢生奏录图书之语,是其始也。纬者,经之支流,衍及旁义,《史记·自序》引《易》"失之毫厘,差以千里",《汉书·盖宽饶传》引《易》"五帝官天下,三王家天下",注者均以为《易纬》之文是也。盖秦汉以来,去圣日远,儒者推阐论说,各自成书,与经原不相比附。如伏生《尚书大传》,董仲舒《春秋》阴阳,核其文体,即是纬书;特以显有主名,故不能托诸孔子。其他私相撰述,渐杂以术数之言,既不知作者为谁,因附会以神其说。迨弥传弥失,又益以妖妄之词,遂与谶合而为一。然班固称"圣人作经,贤者纬之",杨侃称"纬书之类,谓之祕经;图谶之类,谓之内学;河洛之书,谓之灵篇"。胡应麟亦谓谶纬二书,虽相表里,而实不同。则纬与谶别,前人固已分析之;后人连类而讥,非其实也。③

这里把谶、纬的分别、源流讲得相当清楚。按谶、纬的最初形态,可能确有较大的区别,谶只是指一些简短的谜语式的预言,纬则可以说是解经的著作。不过纬书的内容,既"渐杂以术数之言",又"益以妖妄之词",则其性质就与谶十分相近了。从今日我们所见的纬书辑本来看,纬书中充斥着占星象、说灾异的内容,有的文字本身就是谶言,真正解经的话却寥寥无几。这样看来,后人将谶、纬"连类而讥",虽"非其实",却也不能不说是良有以也。

---

① 据侯外庐说,《白虎通》百分之九十的内容出自谶纬,见氏所著《中国思想通史》第二卷,人民出版社1957年版,第229页。
② 阮元《七纬序》,参见《周予同经学史论著选集》,上海人民出版社1983年版,第56页。
③ 《四库全书总目》卷六"易类六"之后按。

二、春秋纬的内容与分类

据《后汉书·樊英传》注，东汉时有关《春秋》的纬书，共有十三部，其目为：《演孔图》、《元命包》、《文耀钩》、《运斗枢》、《感精符》、《合诚图》、《考异邮》、《保乾图》、《汉含孳》、《佑助期》、《握诚图》、《潜潭巴》、《说题辞》。又据侯康《补三国艺文志》，东汉还有一部《命历序》，也属于春秋纬，这样一共是十四部。① 到隋唐之际，这些书大都亡佚了。《隋书·经籍志》称："至宋大明中，始禁图谶。梁天监已后又重其制。"按此说不够准确，实际上曹魏时就已明令"科禁内学"②，晋武帝司马炎也曾"禁星气谶纬之学"③，以后南朝诸帝，迭加禁毁。北魏孝文帝于太和九年（485）颁布诏书："图谶之兴，起于三季。既非经国之典，徒为妖邪所凭。自今图谶、祕纬及名为《孔子闭房记》者，一皆焚之，留者以大辟论！"④ 到了隋代，谶纬更遭禁绝："及高祖受禅，禁之逾切。炀帝即位，乃发使四出，搜天下书籍与谶纬相涉者，皆焚之，为吏所纠者至死。自是无复其学，祕府之内，亦多散亡。"⑤ 经过这么几次打击，纬书几乎灭绝。《隋书·经籍志》上著录的《春秋》纬书，只有一部《春秋灾异》十五卷，《志》云："汉末，郎中郗萌集图纬谶杂占为五十篇，谓之《春秋灾异》。"梁时尚存的《春秋纬》三十卷（宋均注）、《春秋内事》四卷、《春秋包命》二卷、《春秋祕事》十一卷等诸种纬书，在唐初均已亡佚。宋人王应麟说，宋时就只有《易》纬存在了。⑥ 到了清代，辑佚之风大盛，才使我们有可能略窥东汉《春秋》纬书的概貌。

清人马国翰的《玉函山房辑佚书》中有前述十三种《春秋》纬书的全部辑本。从这些辑本来看，东汉《春秋》纬书的内容大体上可以分为四类：

第一类，说星象，说灾异。这部分可以说是纬书中的最主要的内容，在几乎每一种春秋纬中都有，而且所占的比重都相当的大。纬书的说星象，一般都是指出天象变化对于地上事物有什么影响，例如"荧惑入南斗，先潦后大旱"（《元命包》）、"辰星小而色黄，地大动"（《文耀钩》）等等，更多的则是把天象

---

① 参见钟肇鹏《谶纬论略》，辽宁教育出版社1991年版，第60页。
② 《三国志·魏书·常林传》注引鱼豢《魏略》。
③ 《晋书·武帝纪》。
④ 《魏书·高祖纪上》。
⑤ 《隋书·经籍志》。
⑥ 《困学纪闻》卷八。

变化与地上的人事联系起来，例如"岁星守须女，丝麻大贵；岁星之娄，牛马大贱"（《握诚图》）、"五星聚于一宿，天下兵起"（《考异邮》）、"丙申日蚀，诸侯相攻"（《潜潭巴》）、"流星入牵牛，当有邻国使者来，不出百八十日"（《文耀钩》）、"老人星见则主安，不见则兵起"（《文耀钩》）等等。这些都是根据天象预测人事，也可以算是一种预言，与谶语是十分相近的。此外，对于灾异的解说，与此也很相类，例如"宫殿中有牛悲鸣，政教衰，诸侯并"（《潜潭巴》）、"国大旱，冤狱结"（《考异邮》）、"强臣擅命，夷狄内侮，后妃专恣，刑杀无辜，则天雨雹"（《考异邮》）、"人主以不孝仁之名侵犯大道，则豕生鹿"（《运斗枢》）等等。这些对星象与灾异的说解可以说与《春秋》经文不发生任何关系，却大量地充斥于春秋纬之中。

　　第二类，对《春秋》的解释与发挥。这部分内容在春秋纬中不算很多，却很重要，因为春秋纬之与《春秋》发生联系，主要就在这部分内容上。纵观这十三种《春秋》纬书对《春秋》的解释，集中在四个方面。一是解释《春秋》经文中所记载的灾异。例如"僖公即位，陨霜不杀草，臣威强也。李梅冬实，李大树，比草为贵，是君不能伐也。定公即位，陨霜不杀菽，菽者稼，最强，季氏之萌"①，"僖公九（按当作二十九）年秋、昭三年冬，并大雨雹。时僖公专乐齐女绮画珠玑之好，掩月光，阴精凝为灾异。昭公事晋，阴精用密，故灾"②。这是分别对僖、昭、定三公时所发生的灾异的解释。又如"鲁室履亩而税，贪恣太过，则螽生"（《汉含孳》），则是对《春秋》宣公十五年"初税亩"并"螽生"的说明。二是对《春秋》中一些文字的解释。例如"元宜谓一"、"元者端也"（《元命包》），"王者往也，神所向往，人所乐归"（《文耀钩》），又如解"公侯伯子男"云："公之为言平也，公平正直。侯者候也，候王顺逆。伯之为言白也，明白于德也。子者奉恩宣德。男者任功立业。皆奉王者之政教礼法经理一国，修身絜行矣。"（《元命包》）这算不上是真正的训诂，却颇有助于解说所谓"经义"，也是今人研究思想史的很好的资料。三是对《春秋》中所谓义理的解释。这部分内容不很多，且大多不出公羊之义的范围。考察这部分内容，可以明显地看出《春秋》纬书确是公羊学派的衍生物。例如"昭、定、哀为所见之世，文、宣、成、襄为所闻之世，隐、桓、庄、闵、僖为所传闻之世"（《演孔图》），见之于董仲舒的《春秋繁露》；"抑楚言荆，不使夷狄主

---

　　① 按今本《春秋》"陨霜不杀草，李梅实"为僖公三十三年冬十二月经文，故"僖公"可能是"文公"之误；"定公即位，陨霜不杀菽"，今本《春秋》作"陨霜杀菽"。
　　②《太平御览》卷八百七十八引《考异邮》。

中国"(《运斗枢》)、"王不上奉天文以立号,则道术无原,故先陈春后言王;天不深正其元则不能成其化,故先起元然后陈春矣"(《元命包》)云云,也都是《公羊》反复申明的大义。此外纬书中还有"三科九旨"、"五始"、"七等"诸概念,都是公羊家为解经而创设归纳的。纬书有关《春秋》经义的说解,对东汉《公羊》学者的影响很不小。后来何休对纬书中的这部分内容加以总结、发挥,写进了他的《春秋》学著作当中。

除了上述三个方面之外,纬书对《春秋》的解释,还集中体现在神化孔子、宣扬孔子为汉制法上面。西汉公羊学虽然也讲孔子为汉制法,但还仅限于把孔子奉为素王来崇拜;在《春秋》纬书里,孔子则具备了当时人们观念中王者所应具备的感生神话及天授符瑞。《演孔图》中说:"孔子母征在游于大冢之陂,睡梦黑帝使请己,己往,梦交,语曰:'汝乳必于空桑之中。'觉则若感,生丘于空桑之中。"这样的神话本来是只有受命的帝王才能有的,现在孔子也有了。孔子既为黑帝之子,也就有了做王的资格。在春秋纬里,孔子不仅有了神的血统,其面目也变得怪异起来:"孔子长十尺,大九围,坐如蹲龙,立如牵牛,就之如昂,望之如斗","孔子之胸有文曰'制作定世符运'"(《演孔图》),于是孔子成了一个半神半人的人物。这样一位孔子,他所作的《春秋》,就绝不会是一般学者的著述,必含有天授的成分,于是便有了孔子为汉人制法之说:"圣人不空生,必有所制以显天心。丘为木铎,制天下法"(《演孔图》)。"麟出周亡,故立《春秋》制,素王授当兴也"。谁是"当兴"呢?纬书认为是汉朝。孔子为春秋时人,而能为汉制法,则孔子必有预知未来的能力,纬书对此津津乐道:"孔子谓子夏曰:得麟之月,天当有血书鲁端门"(《说题辞》)。"得麟之后,天下血书鲁端门曰:趋作法,孔圣没,周姬亡,彗东出,秦政起,胡破术,书纪散,孔不绝。子夏明日往视之,血书飞为赤乌,化为白书,署曰'演孔图',中有作图制法之状"(《演孔图》)。这就把孔子描绘成了一个预言家。孔子还曾预言秦始皇的灭儒与死亡,他说将有一个名"政"的人,"颠倒吾衣裳,坐吾曲床,滥长九州灭六王,至于沙丘亡"(《演孔图》)。孔子对未来之事既知道得如此详细,他为汉朝制法,也就不奇怪了。这种神化孔子的做法,把《公羊》学的"孔子素王"说、"《春秋》当一王之法"说朝着荒谬的方向又推进了一步。就《公羊》学派的神学化倾向来看,这一步也是合乎逻辑的结果。同时,神化孔子,也还有着家派的功利目的。纬书中公然编造了孔子这样的话:"传我书者,公羊高也。"(《说题辞》)其为《公羊》学派张目的意图至为明显。

第三类，谶语。春秋纬里有一些话，既与《春秋》毫不相干，也不属于什么星象灾异，干脆就是谶语。例如"卯金刀，名为刘，中国东南出荆州；赤帝后，次代周"（《演孔图》）、"汉以许昌失天下"（《佑助期》）等等，都是地道的谶言。还有前面提到过的孔子所说的什么"颠倒吾衣裳，坐吾曲床"之类，也都是谶言。

第四类，其他神话、鬼话。除了上述三类内容之外，春秋纬中还有许多形形色色的神话与鬼话。什么"夏白帝之子，殷黑帝之子，周苍帝之子"呀，什么"伏羲、女娲、神农为三皇"呀，什么"神农三辰而能言，七朝而齿具，三岁而知稼穑般戏之事"呀，不一而足。

以上我们对春秋纬的内容做了一番考察。可以看出，春秋纬中充斥着大量属于阴阳五行、占星术数、神怪妖异的内容，这些东西构成了纬书的主体。有学者指出，《春秋》纬书主要来源于董仲舒的思想和论著，是对《春秋繁露》等著作中神学化内容的利用和发展，大致是不错的。① 春秋纬中虽然也有一些解释《春秋经》的内容（"纬"本来就是相对于"经"而言的，有辅翼经典的意思），但论述的重点也在于解释《春秋经》中的一些"灾异"，在于对《春秋》的主旨和作意做神学化的歪曲。因此，历代学者往往把纬书与当时流行的图谶等量齐观，合称之为"谶纬"，不是没有道理的。

这种极端神学化的《春秋》研究不是《春秋》学的主流。因为《春秋》在儒家的经典当中，本来是与实际政治生活最为贴近的，《春秋》的功能特点就在于"长于治人"，颇有点政治教科书的味道。而极端的神学化并不利于发挥《春秋》的政治功能，减弱甚至掩盖了《春秋》中本来所包含的有关政治伦理、政治秩序的说教，这是不符合统治阶级的实际需要的。另外，极端的神学化也与孔子"不语怪力乱神"的传统思想相悖。因此，谶纬化的《春秋》研究只能盛行于一时，无法具有持久的生命力。就在东汉当时，也没有被所有的儒者所接受，一部分有头脑的经师也是耻言谶纬的。我说《春秋》纬书只是《春秋》学发展途中的一个畸变，道理就在于此。

第三节 "订其真伪，辨其实虚"的王充

王充是中国古代杰出的唯物主义思想家。严格地说起来，王充在东汉并不

---

① 参见钟肇鹏《谶纬论略》，第126页。

以《春秋》名家，甚至不以经学有名于世。但在经学占有支配地位的社会中，任何一个有成就的学者，恐怕都很难完全摆脱经学的影响，很难做到绝口不谈经学。他们往往于不经意间，就已涉足了经学的领域，而有的人，尽管不是专门的经师，由于其思想的深刻及观察的敏锐，往往也能够提出一些精警的看法，而为一般经师所不及，王充就是这样。

王充，字仲任。他生于东汉建武三年（27），大约卒于和帝永元十四年（102）。他在青年时期曾做过地方官的属吏，以意见不合离去。后来到京师，入太学读书，师事班彪。他是一个很有才气的人，不满足于经生之业，"好博览而不守章句，家贫无书，常游洛阳市肆，阅所读书，一见辄能诵忆，遂博通众流百家之言"①。晚年曾到扬州做治中，不久即罢官家居，此后即专心从事于著述。

王充的著作很多，但传至今日者只有一部《论衡》。《论衡》八十五篇（今存八十四篇），二十余万字。这是一部在当时人看来颇为另类的著作。《论衡》中有《问孔篇》、《刺孟篇》，往往被正统的儒者视为离经叛道，但今人读之，却很难不为其大胆尖锐的议论与客观深入的观察所折服。王充生活的时代，正值谶纬盛行，迷信之风甚嚣尘上，王充是当时少数保持着清醒的头脑、能够独立思考、并做出反潮流举动的人。《论衡》一书，始作于王充三十几岁时，直到王充的晚年才最终完成，可以看做是王充一生精力之所萃。他自述此书的作意云："伤伪书俗文多不实诚，故为《论衡》之书"②。王充在书中，对当时学者中普遍存在的荒诞和虚妄之说，进行了猛烈的攻击，自然也包括了对经学的"订其真伪，辨其实虚"③。这种辨伪求实的工作，首先体现在对谶纬的批判上。汉代儒者多神化孔子，"以为（孔子）前知千岁，后知万世，有独见之明，独听之聪，事来则名，不学自知，不问自晓"，在当时流行的纬书、谶言中，孔子被描绘成具有神异的功能。例如称"孔子将死，遗谶书，曰：'不知何一男子，自谓秦始皇，上我之堂，踞我之床，颠倒我衣裳，至沙丘而亡。'……又曰：'董仲舒乱我书。'……又书曰：'亡秦者，胡也'"④。对于这些奇谈怪论，王充一言以蔽之曰："此皆虚也。"他进一步分析这些所谓谶言的形成过程说：

---

① 《后汉书·王充传》。
② 《论衡·自纪篇》。本节所引《论衡》，用中华书局1990年点校黄晖撰《论衡校释》本（附刘盼遂集解）。
③ 《论衡·对作篇》。
④ 《论衡·实知篇》。

> 案神怪之言，皆在谶记，所表皆效《图》、《书》。"亡秦者胡"，《河图》之文也。孔子条畅增益，以表神怪；或后人诈记，以明效验。高皇帝封吴王，送之，拊其背曰："汉后五十年，东南有反者，岂汝邪？"到景帝时，濞与七国通谋反汉。建此言者，或时观气见象，处其有反，不知主名；高祖见濞之勇，则谓之是。原此以论，孔子见始皇、仲舒（据黄晖注，"见"犹"知"也），或时但言"将有观我之宅"、"乱我之书"者，后人见始皇入其宅，仲舒读其书，则增益其辞，著其主名。如孔子神而空见始皇、仲舒，则其自为殷后子氏之世，亦当默而知之，无为吹律以自定也。孔子不吹律，不能立其姓；及其见始皇、睹仲舒（据黄晖校，"睹"字疑衍），亦复以吹律之类矣。案始皇本事，始皇不至鲁，安得上孔子之堂，踞孔子之床，颠倒孔子之衣裳乎？①

按所谓"孔子吹律"，是指汉人传说，孔子不自知其族之所自出，于是吹律定声，以别其姓。② 足见孔子并非"前知千岁，后知万世"之人，谶记中的那些说法，不过是后人"增益其辞"，或者是"诈记以明效验"，完全是无稽之谈。

在《论衡》中，有不少地方谈到了《春秋》以及三传，从中可以看出王充抑虚崇实的《春秋》观。

一般认为，王充是宗古文经学的，三传之中，他比较倾向于《左传》，他说："公羊高、谷梁寘、胡母氏皆传《春秋》，各门异户，独《左氏传》为近得实。"③ 在这里，王充提出了一个判别的标准，即是否"得实"。王充认为，《左传》出自孔子壁中，是所谓"壁中书"，此说虽得不到其他文献证据的支持，但确是王充立论的基础。《左传》既是孔子旧宅的壁中之书，自然较《公》、《谷》之类"得其实"，他说：

> 《春秋左氏传》者，盖出孔子壁中。孝武皇帝时，鲁共王坏孔子教授堂以为宫，得佚《春秋》三十篇，《左氏传》也。……《礼记》造于孔子之堂，太史公汉之通人也，左氏之言与二书合，公羊高、谷梁寘、胡母氏不相合。又诸家去孔子远，远不如近，闻不如见。刘子政玩弄《左氏》，童仆妻子皆呻吟之。光武皇帝之时，陈元、范叔（按当作"升"）上书连属，条事是非，《左氏》遂立。范叔寻因罪罢。元、叔天下极才，讲论是

---

① 《论衡·实知篇》。
② 《白虎通·姓名》。
③ 《论衡·案书篇》。

非，有余力矣。陈元言讷，范叔章诎，《左氏》得实，明矣。①

按陈、范之争，史有明据，陈元"言讷"而终于胜出，足见"《左氏》得实"。同时，王充认为《国语》是"《左氏》之外传"，"《左氏》传经，辞语尚略，故复选录《国语》之辞以实"。他的结论是："然则《左氏》、《国语》，世儒之实书也。"②

但王充对《左传》也并不十分满意，特别是对《左传》大量记载虚妄、荒诞之事，王氏多所抨击。他指责《左传》"言多怪，颇与孔子不语怪力相违返（据刘盼遂校，此字当作反）"③。王充的《论衡》本来就是针对社会上普遍存在的迷信与虚妄而作的，故王充在书中批评左氏之多言"怪力乱神"，并不奇怪。但他作为古文学者，对今文之说也能注意吸取，其标准依然是看是否"得实"。例如《春秋》庄公七年记云："夏四月辛卯，夜中，恒星不见，星霣如雨"，对这"星霣如雨"，《公》、《左》的解释不同。王充批评《左传》曰：

> 《春秋左氏传》："四月辛卯，夜中，恒星不见，夜明也；星霣如雨，与雨俱也。"其言夜明，故不见，与《易》之言"日中见斗"相依类也。……夫辛卯之夜明，故星不见；明则不雨之验也，雨气阴暗，安得明？明则无雨，安得"与雨俱"？夫如是，言"与雨俱"者，非实。④

而对《公羊》之说，王充则表示赞同，他说：

> 《公羊传》曰："如雨"者何？非雨也。非雨则曷为谓之"如雨"？不修《春秋》曰："雨星，不及地尺而复。"君子修之曰："星霣如雨。""不修春秋"者，未修《春秋》时鲁史记……"君子"者，谓孔子也。孔子修之曰："星霣如雨"，如雨者，如雨状也。……孔子正言也……孔子言"如雨"，得其实矣。⑤

按王充认为《公羊》对"星霣如雨"的解释更符合实际，故取《公羊》之说。可以看出，王充对《春秋》三传，并不迷信某一家，只要他认为"得实"，便取以为据，反之则加以驳难。当然，汉代经学的神秘主义、谶纬化，在公羊学上表现得更为突出，因此王充对公羊学的批判就显得更多、更为集中。例如对公羊家"《春秋》十二公法十二月"之说，王充就大加挞伐。所谓十二公法十

---

① 《论衡·案书篇》。据刘盼遂校，"陈元言讷"之"讷"当为"纳"字之误，甚是。见《论衡校释》卷二十九，中华书局点校本，第1164页。
②③ 《论衡·案书篇》。
④ 《论衡·说日篇》。
⑤ 《论衡·艺增篇》。

二月,是今文家以天人相应之理论解说经典的典型表现。今文家不仅对经典的内容做神秘主义的改造,就是在经典的篇数上,他们也要大做文章。他们把伏生所传今文《尚书》二十八篇,说成是与天上的二十八宿有关;后来加《泰誓》成二十九篇,则说是北斗加上四方之七宿(二十八宿),这样凑足二十九之数,于是《尚书》的篇数就有了特定的意义,成了"法天象"的结果了。《春秋》之十二公,在他们看来也非偶然。一年之中有十二个月,《春秋》之所以安排了十二公,乃是"法十二月"的,因此也是"法天"的结果。这样的解释,把儒家的经典纳入了"天人合一"的轨范,使儒家的经典更具神性了。王充对此则深恶痛绝,他驳之曰:

> 《春秋》十二公,犹《尚书》之百篇,百篇无所法,十二公安得法?说《春秋》者曰:"二百四十二年,人道浃,王道备,善善恶恶,拨乱世,反诸正,莫近于《春秋》。"若此者,人道、王道适具足也。三军六师万二千人,足以陵敌伐寇,横行天下,令行禁止,未必有所法也。孔子作《春秋》,纪鲁十二公,犹三军之有六师也;士众万二千,犹年有二百四十二也。六师万二千人,足以成军;十二公二百四十二年,足以立义。说事者好神道恢义……是故经传篇数,皆有所法。考实根本,论其文义,与彼贤者作书,无以异也。故圣人作经,贤者作书,义穷礼竟,文辞备足,则为篇矣。其立篇也,种类相从,科条相附。殊种异类,论说不同,更别为篇。意异则文殊,事改则篇更,据事意作,安得法象之义乎?①

按王充认为《尚书》本为百篇,后遭秦火,以致残缺不全。伏生所传二十八篇,及其后成为二十九篇,都带有很大的偶然性,与什么天上的星宿全然无关。《春秋》十二公也是如此。《尚书》的百篇既无所法,那么《春秋》的十二公又怎么会是"法天"呢?《春秋》所以有十二公者,不过是记事述意的需要("据事意作");就好像三军之有六师,取其足够作战而已。

对《春秋》之首尾共计二百四十二年,今文家以及春秋纬也都有一些离奇古怪的提法。除了董仲舒在《春秋繁露》里所说的有见、有闻、有传闻的三世说之外,另有一种以上寿、中寿、下寿为说的三世说:"或说《春秋》二百四十二年者,上寿九十,中寿八十,下寿七十,孔子据中寿三世而作,三八二十四,故二百四十年也"。然而同样是今文家,又用"人道浃、王道备"云云来解释这"二百四十二年"。王充敏锐地看到了其中的矛盾,他力攻"三世说"

---

① 《论衡·正说篇》。

云：

> 夫据三世，则"浃备"之说非；言"浃备"之说为是，则据三世之论误。二者相伐，而立其义，圣人之意何定哉？①

按今文家或用"人道浃、王道备"云云来解释《春秋》之所以纪二百四十二年之事，或用"三世说"来为"二百四十二年"寻找理由，这二者是相冲突的。如果说记了二百四十二年之事恰恰达到了"人道浃、王道备"的目的，那么"三世"云云就是一种误说；如果说二百四十二年刚好够了"三世"，那"人道浃、王道备"之说就没有了依据。同时，王充认为，今文家"十二公"之说也是与三世说矛盾的：

> 实孔子纪十二公者，以为十二公事，适足以见王义邪？据三世，三世（据孙诒让说，此"三世"疑当作"三八"）之数，适得十二公而足也？如据十二公，则二百四十二年不为三世见也；如据三世，取三八之数，二百四十年而已，何必取"二"？②

按王充之意，孔子所以纪十二公，只不过是因为十二公事"适足以见王义"，这十二公的积年，加起来是二百四十二年，因此《春秋》也就记了这二百四十二年之事，此中并无深义。如果照今文家所谓"中寿"三世说，三八应是二百四十年，怎么会是现在所见到的"二百四十二年"呢？经王充这样的驳难，《春秋》所记鲁君人数、首尾记事年数，就都没有什么神秘性可言了，他的结论是：

> 夫《春秋》之有年也，犹《尚书》之有章，章以首义，年以纪事。谓《春秋》之年有据，是谓《尚书》之章亦有据也。③

按"章以首义"，是说按"义"来分章。《尚书》也好，《春秋》也好，其分章、分年，都是说理、记事的需要，根本不必用什么天象、人寿去比附。

对《公羊》、《谷梁》解说经义时所惯用的"日月时例"，王充也给予了猛烈抨击，他说：

> 史官记事，若今时县官之书矣，其年月尚大难失，日者微小易忘也。盖纪以善恶为实，不以日月为意。若夫《公羊》、《谷梁》之传，日月不具，辄为意使。失平常之事，有怪异之说，径直之文，有曲折之义，非孔子之心。④

正因为王充持这样的看法，故他对桓公十七年《春秋》记载日食仅书"冬十月

---

①②③④《论衡·正说篇》。

朔日有食之"而没有"书日",自然就完全赞同《左传》的解释,以为这是"官失之也",而任何试图从"不书日"中探求经义的做法都变得毫无意义了。

王充虽然对今文家的说法多所批判,但他的《春秋》观,实际上受今文家的影响也很深。例如关于《春秋》的作意,王充就深信公羊家"为汉制法"之说:

> 《春秋》为汉制法,《论衡》为汉平说①。

不过王充似乎并不是说孔子有"为汉制法"的主观意愿,而是强调孔子作《春秋》在客观上成了汉人制法的依据。针对当时某些人重"法令"不重经典的倾向,② 王充批评说:

> 夫五经亦汉家之所立,儒生善政,大义皆出其中。董仲舒表《春秋》之义,稽合于律,无乖异者。然则《春秋》汉之经,孔子制作,垂遗于汉。论者徒尊法家,不高《春秋》,是闇蔽也。《春秋》五经,义相关穿,既是《春秋》,不大五经,是不通也。③

王充不仅力持孔子为汉制法之说,同时也接受了"孔子素王"之说。他说:

> 孔子得史记以作《春秋》,及其立义创意,褒贬赏诛,不复因史记者,眇(黄晖校:"眇"读"妙")思自出于胸中也。……孔子作《春秋》,以示王意。然则孔子之《春秋》,素王之业也;诸子之传书,素相之事也。观《春秋》以见王意,读诸子以睹相指。④

按孔子素王之说,最早见于董仲舒的对策,⑤ 此后纬书中多有此义。王充无疑也接受了这一提法,且将孔子弟子及后学称为"素相",于是《春秋》经传,既有"素王之业",又有"素相之事",这样就将孟子所谓"《春秋》天子之事也"发挥到极致了。

---

① 《论衡·须颂篇》。
② 《论衡·程材篇》:"论者以儒生不晓簿书,置之于下第。……文吏治事,必问法家。县官事务,莫大法令。必以吏职程高,是则法令之家,宜最为上。或曰:'固然。法令,汉家之经,吏议决焉。事定于法,诚为明矣。'"
③ 《论衡·程材篇》。
④ 《论衡·超奇篇》。
⑤ 《汉书·董仲舒传》载董仲舒对策云:"孔子作《春秋》,先正王而系万事,见素王之文焉。"又《汉书·梅福传》颜师古注云:"《谷梁传》曰'孔子素王'。"然今本《谷梁传》无此语。

第四节 何休《公羊解诂》中的《春秋》义法

在东汉研究《春秋》经传的学者当中，何休是一个特别值得注意的人物。公羊学经过董仲舒的阐发，在西汉经过了它的极盛期，东汉章帝以后，逐渐走上了下坡路。研究《左传》的古文学派势力越来越大，而《公羊传》则渐被冷落。何休是汉代公羊学派的殿军人物，他生当东汉的末年，眼见《公》、《左》势力的消长，痛切地感到了公羊派经师说经的弱点，发愤为《公羊传》作一部新注，希图以此来挽回公羊学派的颓势，于是就有了《公羊何氏解诂》的问世。这部书从总体上来看，是西汉《春秋》学的发展，可以看做是《春秋》公羊学研究的一座里程碑；但它并没有能够改变公羊学说的历史命运，因此，事实上它就成为汉代《春秋》公羊学说的一部总结性的著作了。

何休，字邵公，任城樊人。他生于顺帝永建四年（129），卒于灵帝光和五年（182）。何休在当时算是一位极为渊博的学者，史称他"质朴讷口，而雅有心思，精研六经，世儒无及者"①。同时，他"进退必以礼"，看来是一位恭谨的儒者。何休曾经受陈蕃之辟，参与政事。后来党锢事起，他也遭到禁锢，于是他便专心著述。党禁解除后，他又"拜议郎，屡陈忠言"。再迁至谏议大夫。何休关于《春秋》学的著作，除《解诂》之外，见于《隋书·经籍志》的，还有《春秋公羊谥例》一卷（据徐彦疏，此书亦名《文谥例》）、《春秋公羊墨守》十四卷、《春秋左氏膏肓》十卷、《春秋谷梁废疾》三卷、《春秋汉议》二卷，这些书今日均已无存，清人有辑本。还有《春秋公羊传条例》一卷，梁时尚存，隋唐之际就已亡佚了。今日所见，唯有《春秋公羊解诂》。据说他作此书，"覃思不窥门，十有七年"，可见在这部书中倾注了多大的心力。他"又以《春秋》驳汉事六百余条，妙得《公羊》本意"②。这应该说是试图用公羊学说指导汉代的实际政治，正体现了清儒所谓汉人"治一经得一经之益"③ 的精神。可惜这"驳汉事"的具体内容都已失传，使我们无从知道当年这位经学大师是怎样"理论联系实际"的了。

汉代的《春秋》公羊学传授分为严、颜二家。何休的学术属于哪一家，史无明文。他曾"与其师博士羊弼，追述李育意以难二传，作《公羊墨守》、《左

---

① ② 《后汉书·儒林传》。
③ 皮锡瑞语，见氏所著《经学历史》，第 90 页。

氏膏肓》、《谷梁废疾》"①，知何休的学术与李育是相近的。王国维曾据《汉石经》做过研究，证明何休作《解诂》所用的《春秋公羊传》，实兼用严、颜二家之本。他认为这种情况与郑康成注《礼经》、《论语》体例略同，"知后汉之季，虽今文学家亦尚兼综，而先汉专己守残之风一变，家法亦不可问矣"②。不过郑玄解经杂糅今古，似乎走得更远一些；而何休虽然也崇尚"兼综"，却始终坚守今文家的壁垒，对古文家的进攻，表现出强烈的敌忾。同时，对于一般今文家的肤浅琐碎、曲解经义，亦深致憾焉。在《公羊解诂序》中，何休指出：

> 传《春秋》者非一。本据乱而作，其中多非常异义、可怪之论。说者疑惑，至有倍经任意、反传违戾者。其势虽问，不得不广，是以讲诵师言，至于百万，犹有不解，时加让嘲辞。援引他经，失其句读，以无为有，甚可闵笑者，不可胜记也。是以治古学、贵文章者，谓之俗儒。至使贾逵缘隙奋笔，以为《公羊》可夺、《左氏》可兴。恨先师观听不决，多随二创。③

这段话经过徐彦的疏解，意思还是比较明白的。这里所谓"传《春秋》者"，是指自子夏、公羊高以至胡、董等历代先儒；或以为"非一"指孔子以后传《春秋》者分为五家，亦未尝不可。"本据乱而作"则是说孔子当年是"据乱世之史而为《春秋》"的。"说者"在这里是指胡、董以下严彭祖、颜安乐等汉代经师。由于孔子所作《春秋》本来就有许多地方异于常人之所见，不好理解，故严、颜之徒往往产生曲解，背离经传本意。而且由于生徒的问难（"虽"当是"唯"字之讹），为了证成己说，不得不东拉西扯，繁文碎辞，动辄上百万言，甚至"援引他经，失其句读，以无为有，甚可闵笑"。看来何休对以前的经说是很不满意的，他认为正是今文家说经的这些弊病使古文家贾逵等人有空子可钻。因此他决心作一部新的注——这就是《公羊何氏解诂》。

何休的《解诂》在《春秋》的所谓"大义"方面并没有什么新的发挥，这部书重点在于解释《公羊春秋》的"义例"。据何氏自己说，"往者略依胡毋生条例，多得其正。故遂隐括，使就绳墨焉"。是何氏在作《解诂》之前，就曾依据胡毋生的"条例"对《公羊春秋》做过研究，而且自认为多得其正。于是归纳整理这些条例，用之于经说之中，使公羊派的经说归于正路，仿佛使木材

---

① 《后汉书·儒林传》。
② 王国维《书春秋公羊传解诂后》，《观堂集林》卷四。
③ 何休此序见中华书局影印《十三经注疏》本。"让嘲"原作"酿嘲"，据阮元校改。

就于绳墨一般。可见何休的《解诂》是属于胡毋生一系的。对西汉另一位《公羊》大师董仲舒，何氏只字不曾提及。但从《解诂》的内容来看，与《春秋繁露》颇多一致之处，而且董、胡二位曾经"同业"，可能原本也没有什么大的分歧，因此也未尝不可以说《解诂》继承了董氏《春秋》学的统绪。比起前辈经师来，何氏的《解诂》显得体系更加完整，"义例"更加精严、更加条理化。在《文谥例》中，何休归纳了公羊家把握《春秋》内容、理解《春秋》义法①的诸种名目：五始、三科、九旨、七等、六辅、二类等等。这些带有数目字的名词是公羊家所特有的，可以看做是整部《解诂》的提纲。

（一）五始。

何休说："五始者，'元年、春、王、正月、公即位'是也。"②《春秋》何以在桓、文、宣、成、襄、昭、哀诸公第一年都有这样一条完全相同的记载的呢？公羊家认为这样写是含有深意的。但《公羊传》不过是说："元年者何？君之始年也。春者何？岁之始也。王者孰谓？谓文王也。曷为先言王而后言正月？王正月也。何言乎王正月？大一统也。"何休的注解则把这一段意思深化了，他说元是天地之始；春是四时之始；王指文王，乃周受命之始；正月表示政教之始；公即位表示一国之始。加起来恰是五始，而这五始正表示着某种天经地义的统治秩序：

> 政莫大于正始。故《春秋》以元之气正天之端，以天之端正王之政，以王之政正诸侯之即位，以诸侯之即位正竟内之治。诸侯不上奉王之政则不得即位，故先言正月而后言即位。政不由王出则不得为政，故先言王而后言正月也。王者不承天以制号令则无法，故先言春而后言王。天不深正其元则不能成其化，故先言元而后言春。五者同日并见，相须成体，乃天人之大本、万物之所系，不可不察也。③

按这段话中的前几句几乎与《春秋繁露·二端》全同，后面则是进一步的说明，表达的是何休的天人观与政治观，与董仲舒的学说有着明显的继承关系。

（二）三科九旨。

何休在《文谥例》中说："三科九旨者，新周、故宋、以《春秋》当新王，此一科三旨也。所见异辞、所闻异辞、所传闻异辞，二科六旨也。又内其国而

---

① 司马迁在《史记·十二诸侯年表序》中说："（孔子）论史记旧闻，兴于鲁而次《春秋》，上记隐，下至哀之获麟，约其辞文，去其烦重，以制义法，王道备，人事浃。"所称"义法"，殆指《春秋》所特有的义例、法则。

② 《公羊传》疏引《文谥例》。

③ 《公羊传》隐公元年何注。

外诸夏、内诸夏而外夷狄,是三科九旨也。"按何氏的说法,九旨分别包含于三科之中,每一科有三旨,合起来便是九旨。徐彦疏云:"何氏之意,以为三科、九旨正是一物。若总言之,谓之三科。科者,段也。若析而言之,谓之九旨。旨者,意也。言三个科段之内,有此九种之意。"① 按何氏的第一科即"新周、故宋、以《春秋》当新王",完全是从董仲舒那里来的(《史记》、《春秋繁露》均作"亲周",此作"新周",殆字形相近致讹),并没有什么自己的创造;不过何氏用来解释《春秋》的"书法",却是在《繁露》中不曾见到的。例如《春秋经》庄公二十七年"杞伯来朝",《公羊传》于此无说;何休则解释说:"杞,夏后。不称公者,《春秋》黜杞新周而故宋,以《春秋》当新王。"又如《春秋经》宣公十六年"成周宣谢灾",《公羊传》云:"外灾不书。此何以书?新周也。"何氏《解诂》云:"新周,故分别,有灾不与宋同也。孔子以《春秋》当新王,上黜杞,下新周而故宋。"

何休的第二"科"就是公羊家的"三世说"。他是把《公羊》所谓"所见世、所闻世、所传闻世"算做第二科的三旨的。我在前面曾经说过,《公羊》的三世说本是为了解决《春秋》记载上的"异辞"问题的,《春秋繁露》则以孔子为主体,指实所见世为昭、定、哀,所闻世为文、宣、成、襄,所传闻世为隐、桓、庄、闵、僖。到了何休那里,"三世说"又有了发展,不仅有孔子得之于所见、所闻、所传闻的区别,而且成了历史发展的三个阶段。何休说:

> 于所传闻之世,见治起于衰乱之中,用心尚麁粗,故内其国而外诸夏,先详内而后治外,录大略小,内小恶书、外小恶不书,大国有大夫、小国略称人,内离会书、外离会不书是也。于所闻之世,见治升平,内诸夏而外夷狄,书外离会,小国有大夫……至所见之世,著治太平,夷狄进至于爵,天下远近大小若一,用心尤深而详,故崇仁义,讥二名……

按在这里何休把隐、桓、庄、闵、僖五代定为衰乱之世,把文、宣、成、襄四代定为升平之世,把昭、定、哀三代定为太平之世。由于"王治"的程度、范围不同,书法也就有异。例如在衰乱之世,"内"仅指鲁国,连诸夏都算是"外",遑论夷狄;可是到了太平世,夷狄也可以进至于爵了。于是,整个《春秋》,就成了一部由衰乱进到太平的历史。这样说来,何休的三世说是不是一种是今非古的发展史观呢?如果用三世说观察整个社会历史,确实可以说三世

---

① 对"三科九旨"可能还有其他的解释,徐彦疏引宋氏注《春秋说》云:"三科者,一曰张三世,二曰存三统,三曰异外内,是三科也。九旨者,一曰时,二曰月,三曰日,四曰王,五曰天王,六曰天子,七曰讥,八曰贬,九曰绝。时与日、月,详略之旨也。王与天王、天子,是录远近亲疏之旨也。讥与贬、绝,则轻重之旨也。"

理论有着历史进化论的性质；但具体到春秋时代，却是无法用三世说来描述的，而何休在这里也并非在说历史。因为历史的真实情况恰与何休所描绘的发展路径相反，从隐桓到定哀，正是鲁国不断衰败的过程，哪里谈得到什么升平、太平！何休的真意不在于要说明历史曾经是怎样的，而在于要说明王者应当是怎样的。他的三世说，只是借历史来表达政治理想，所谓"我欲载之空言，不如见之于行事之深切著明也"。正如清儒皮锡瑞所说，"止是借当时之事做一样子，其事之合与不合、备与不备，本所不计"①。西汉公羊家"以《春秋》当新王"，"缘鲁以言王义"，都是把鲁作为一种政治模型，何休则是要使这一模型更具体化，试图用这一模型来体现拨乱世而反诸正、由诸侯割据而天下一统的全过程。然而何休生活的时代，正是东汉王朝由盛而衰、由统一走向分裂的转折时期，他的这一套政治模型与时代的发展趋势距离太远，自然不会受到世人的重视，最终只能流于空想。

何休的第三"科"是"内其国而外诸夏，内诸夏而外夷狄"。这里的"其国"（鲁国）、"诸夏"、"夷狄"构成了"三旨"。此科三旨的意义在于说明在不同的历史阶段，"王化"推行的范围有所不同，"内""外"的界限、夷狄的地位也就不同。这个意思也是完全从《春秋繁露》那里承袭来的。

何休的"三科九旨"颇遭后人的訾议，特别是其中的黜杞、新周、故宋、王鲁以及衰乱、升平、太平的三世说，常被人目为他自己所说的那种"非常异义可怪之论"。这种种"怪论"虽然大多于《公羊传》中并无明文，但其基本思路在《春秋繁露》中却都可以找到。盖西汉时期，董仲舒发其端，今文经师历代相承，到何休始给予总结发挥。原来不大鲜明的思想此时变得明晰起来，例如"《春秋》王鲁"云云，何氏《解诂》中就有七八处对此做了说明。因此，何氏《解诂》事实上成了两汉公羊学的一部总结性的著作。

（三）七等。

据何休自己解释："七等者，州、国、氏、人、名、字、子是也。"这是从《公羊传》文中归纳出来的"书法"。《春秋经》庄公十年有"荆败蔡师于莘"一条，为什么这里单用一个"荆"字，《公羊传》解释说："荆，州名也。州不若国，国不若氏，氏不若人，人不若名，名不若字，字不若子。"所谓"不若"，是指《春秋》作者对所记人物的评价及尊重的程度都较低，《公羊》认为，称爵（子）最尊，称字次之，称名又次之，称州最贱。这当然也是一种褒贬。从州到子，恰是"七等"。何休说："因周本有夺爵称国、氏、人、名、字之

---

① 皮锡瑞《经学通论》卷四，第21页。

科，故加'州'文备七等以进退之。"他认为《公羊传》在称爵（子）以及称国、氏、人、名、字之外又增加了一类称"州"，是为了"备七等"。这样的解释显然是受了当时纬书的影响。据纬书的说法，北斗七星是主赏罚的。《春秋》的褒贬，实际上也是一种赏罚。《说题辞》云："北斗七星有政，《春秋》亦以七等宣化。"《运斗枢》云："《春秋》设七等之文以贬绝录行，应斗屈伸。"① 何休把纬书的说法引入他的《解诂》之中，遂使他所总结的《公羊》"义例"也蒙上了神秘色彩。

（四）六辅。

何氏《文谥例》云："六辅者，公辅天子，卿辅公，大夫辅卿，士辅大夫，京师辅君，诸夏辅京师是也。"按何氏此说，表达的是一种尊王的思想，一种维护等级秩序的思想，这确实是公羊家主旨；但作为一种解经的义例，这"六辅"究竟能够说明《春秋》的哪些"书法"，何休在《解诂》中并没有给予很明白的解说。当然，尊王的意思随处可见，但似乎都还不足以作为"六辅"这一义例的实际运用，对此我们只好阙疑了。

（五）二类。

何休说："二类者，人事与灾异是也。"② 在这里，《春秋》中的"灾异"被提到了与人事并列的地位。何休继承了西汉今文家说灾异的传统，同时又受东汉谶纬迷信的影响，故而他对《春秋》灾异给予了特别的关注。何休说灾异有一个最大的特点，就是他对每一项灾异都要推寻其致变之由，说明灾异究竟是应在哪一桩人事上。例如《春秋经》僖公五年"九月戊申朔，日有食之"，何休注云："此象齐桓德衰。是后楚遂背叛，狄伐晋灭温，晋里克比弑二君。"文公二年经"自十有二月不雨至于秋七月"，何休注云："此禄去公室、政在公子遂之所致也。"又如庄公十七年经"冬多麋"，何休注云："麋之为言，犹迷也。象鲁为郑瞻所迷惑也。言'多'者，以多为异也。"像这一类的注解，在《解诂》里俯拾即是。《春秋》一书确实记载了不少"灾异"，但只是单纯的记载而已。《公羊传》对灾异的说解，一般也相当地审慎，往往只是说"记异也"、"记灾也"、"不时也"、"以重书也"云云，极少直接指出致异、致灾之由。而何休的《解诂》，则几乎无一例灾异不与人事对号，这当然就会显得牵强和诞妄。虽说这是时代的思潮使然，但终不免因此遭后人的诟病。

以上我们分别考察了何休的五始、三科、九旨、七等、六辅、二类诸项义

---

① 此处《说题辞》与《运斗枢》文均为《公羊传》庄公十年何休注所引。
② 《公羊传》徐彦疏引《文谥例》。

例。以"例"说《春秋》,自西汉时已然。胡母生有"条例",已如前述;董仲舒说"《春秋》无达辞","达辞"实即"达例"。①汉人既以为《春秋》是孔子所作,遣词造句之中都蕴含着褒贬,那么说解《春秋》要有"例"那就是当然的。至于什么是"例",我在第一章里说过,"例"就是一些记事的规则,同一类的事,用相同的手法记下来,就形成了"例"。不过那是从记事的角度说的。如果从解经这个角度说,"例"其实就是对解经语的归纳。某种解释具有一定的普遍性,就成了"例"。例如传称"弑君不复见",就是一条"例",意思是说《春秋》记载了某人"弑君",此人就不会再出现在以下的经文中,以此来表达对"乱臣贼子"的谴责贬斥。又如"称人有贬意",也是对解经语的归纳,这是说《春秋》记事中使用的齐人、楚人、曹人等等称谓,公羊家一般认为都是含有贬意的。何休的《公羊解诂》,就在这些"例"上大做文章。他一方面总结、继承了传统公羊学派的种种义例,同时也自创了一批新例,使得一部《公羊传》显得更加体系完整,条理细密。所有这些义例,何休可能都写在了他的《文谥例》里,可惜此书已经失传。他的《解诂》,只是这些义例的实际运用。清人刘逢禄曾经作过一部《公羊何氏释例》,根据《解诂》又把何氏的义例一一剔发出来,对于人们把握《解诂》的内容很有帮助。

在何休义例中占有很重要地位的是所谓"时月日例"。在何休看来,《春秋》记事或缀以时(春夏秋冬四时)、或缀以月、或缀以日,都是有一定规矩的,这里体现着《春秋》作者对所记之事的态度。一般说来,大事、重要的事记载偏详,故缀以日;小事、非重要的事记载偏略,故只缀以时。例如"弑例日"、"失礼鬼神例日"、"君大夫盟例日",是说遇有弑君、祭祀失礼、国君与大夫盟誓这类的事件,记载时都要写明"日";而"大夫相杀例时"、"筑例时"、"来盟例时"等等,则是说遇有大夫相杀、筑城、外国来参与盟会等事件,记载时只须写明"时"。有时同一类的事情,由于性质有异,"例"亦有异。如记载战争,一般"例时",但"偏战"则"例日","诈战"则"例月";又如"弑例日",但"夷狄子弑父忍言其日","中国子弑父不忍言其日"。这些据说都能反映出作《春秋》者对所记事件的态度。

在何休《解诂》中,上述这样的例多至不胜枚举,而且分别非常细密,似乎在《春秋》的字里行间,充满了寓意和褒贬,使人不胜其烦。但事实上《春秋》中不符合这些例的地方甚多,同样的记载如果都用统一的"例"去解释,

---

① 董说见《春秋繁露·精华》。皮锡瑞正是将"达辞"理解为"达例",见《经学通论》卷四,第53页。

往往会有方枘圆凿之感，于是就又有了许许多多的所谓变例，《解诂》的很大一部分篇幅都是用来解释这些"变例"的。这样一来，何休的例是否真的能够成为"例"，便更加使人怀疑了。因此古来就有不少学者指出何休义例的繁碎、牵强与穿凿。清儒陈澧批评何氏《解诂》云：

> 何休以"时"、"月"、"日"为褒贬，遂强坐人罪。如宣十六年"秋，郯伯姬来归"，何注云："弃归，例有罪时，无罪月。"徐疏云："有罪时者，此文书秋是也。无罪月者，即成五年'春王正月杞叔姬来归'之属是也。"此但以不书月强坐以有罪，而又不能言其何罪。又如成十五年"夏六月宋公固卒"，何注云："不日者，多取三国媵，非礼，故略之。"此以不书日而求其罪不可得，但有三国媵之事，遂以坐之耳。①

按陈氏的指摘，还仅限于"强坐人罪"这一点。其实何注说日、月、时，牵强难通之处触目皆是，有的到了十分荒唐的地步。桓公十七年《春秋经》有"五月丙午，及齐师战于奚"一条，在"五月"之前，没有"夏"字；而据《谷梁》，这个"夏"字是有的，在《公羊》不过是脱文。何休则对这一点做出了如下的解释："夏者，阳也。月者，阴也。去'夏'者，明夫人不系于公也。"原来何休认为鲁、齐奚之战的缘起，是由于鲁桓夫人与齐君通奸；故对此次战事的记载，要表达出对夫人的贬斥。夏为阳，阳象征君主；月为阴，阴象征夫人。只记"五月"而去"夏"字，表明了"夫人不系于公"。试看这样牵强迂曲的注解，如何能令学者心服！无怪乎前人多讥何注"多生支节"、"苛碎不经"了。②

除了义例上的毛病之外，何注还有一点备受人攻击，就是它的广引谶纬。哀公十四年"西狩获麟"，何氏注云：

> 夫子素案图录，知庶姓刘季当代周，见薪采者获麟，知为其出。何者？麟者木精，薪采者庶人燃火之意，此赤帝将代周居其位，故麟为薪采者所执。西狩获之者，从东方王于西也。东卯，西金象也，言获者，兵戈文也。言汉姓卯金刀以兵得天下。

按这样的解释，《春秋》的经文简直成了谜语，"西狩获麟"一语，前三个字扣一个"刘"字，麟为木精，隐指得木德的周，"获麟"就是代周而立，是则孔子当年，早已预知刘氏将代周有天下了。这一套显然出自谶纬。此外下文注中

---

① 陈澧《东塾读书记》，《皇清经解续编》卷九百五十四，上海书店影印本。
② 《经义考》卷一百七十二引家铉翁曰："何休《公羊传》外多生支节，失《公羊》之本旨。"又，卢文弨：《书公羊注疏后》，《抱经堂文集》卷八，中华书局1990年版，第115页。

还有什么"得麟之后，天下血书鲁端门"云云，明引《演孔图》。陈澧所著《东塾读书记》中也曾列举了何注中十二处用纬书之文。前面说过，《解诂》中说《春秋》灾异，其诞妄无稽远远超过了《公羊传》本文，这也是受谶纬杂说的影响。何休生当谶纬盛行的东汉，不能摆脱时代思潮的裹挟，这并不奇怪；只是这样一部注解，无法给《公羊》带来新的生命，反而加重了其神学迷信色彩，眼看着曾经风光一时的《春秋》公羊学，只能随着谶纬神学的没落而渐成为"绝学"，对此何休无论如何难辞其咎。宋人每称何休为《公羊》的罪人，虽然有些过分，仔细想来，却也是不无道理的。

第五节　宗主《左传》、兼采《公》《谷》的郑玄

东汉时期，《春秋》学是主要沿着两条路径发展的。今文家笃守着西汉胡、董的公羊学说，虽有严、颜二家的分化，总的来说都是走的阐发《春秋》微言大义的路子。何休的《解诂》可以说是东汉公羊学派的总代表。古文家则崇奉一部《左传》，重在以史实说经，虽然也讲义理（例如说什么"《左传》义深于君父"之类），但总比公羊学派实在得多。至于今古文两派发展的趋势，我们在前已做过描述，总的看来今文学派渐趋神学化，渐与谶纬合流，因此也就逐渐失去了人们的信仰；而古文学派在东汉则呈上升的态势。到了东汉的晚期，出现了一位超级的巨儒，他顺应经学发展的大趋势，打破今古文严格的家派界限，杂糅今古，遍注群经，使东汉经学呈现出一片统一的局面。这个人就是郑玄。

郑玄，字康成，北海高密（今山东高密西）人。他生于汉顺帝永建二年（127），卒于献帝建安五年（200），享年七十四岁。郑玄生活的时代，正是汉王朝逐渐衰败、走向解体的时期。在政治上，他没有多大的作为，早年曾做过乡里的小吏（乡啬夫），受到了太守杜密的赏识。但他是个喜欢钻研学问的人，不喜为吏，不久就开始了游学的生涯。中年以后，大约是受到了杜密的牵连，遭到朝廷的禁锢，一下子就是十四年。这期间他更是潜心学术，杜门不出。灵帝末年，党禁解除，这时郑玄已五十多岁了。此后他曾多次被何进、董卓等人推荐、征辟，但都没有应召。他得到的最大的官爵是大司农，故后人也有称他为郑司农的。

郑玄的学术，可谓博大精深。他早年曾"造太学受业，师事京兆第五元先，始通《京氏易》、《公羊春秋》、《三统历》、《九章算术》"。后来"又从东郡

张恭祖受《周官》、《礼记》、《左氏春秋》、《韩诗》、《古文尚书》"。他的进步非常迅速，不久就感到老师的缺乏了："以山东无足问者，乃西入关，因涿郡卢植，事扶风马融"①。

马融是东汉的古文大师，号称"才高博洽，为世通儒"②。郑玄在他的门下苦学了三年。"融门徒四百余人，升堂进者五十余生。融素骄贵，玄在门下，三年不得见，乃使高业弟子传授于玄。玄日夜寻诵，未尝怠倦。会融集诸生考论图纬，闻玄善算，乃召见于楼上，玄因从质诸疑义，问毕辞归。融喟然谓门人曰：'郑生今去，吾道东矣。'"可见郑玄是得了马融的真传的。

郑玄的经学，基本上是古文家的路数，以训诂名物为主要的内容。他除了注释《毛诗》、《周易》、《尚书》、《周礼》、《仪礼》、《礼记》、《论语》等书之外，对于《春秋》，也有深入的研究。不过，他可能不曾为《春秋》经传写过任何一部完整的注。《世说新语·文学》云：

> 郑玄欲注《春秋传》，尚未成时，行与服子慎遇宿客舍，先未相识。服在外车上与人说己注《传》意。玄听之良久，多与己同。玄就车与语曰："吾久欲注，尚未了。听君向言，多与吾同。今当尽以所注与君。"遂为服氏注。

按此说清代学者多以为可信。看来郑玄确曾打算作《左传注》，而且也已作了一部分，但后来把所作都给了服虔。因此服虔的《左传注》中是包含有一部分郑玄的成果的。

但学者间对郑玄的《左传注》最终是否曾经成书，也有一些不同的议论。清人曾朴说："《世说·文学篇》称郑君欲注《春秋》未成，尽以与服虔，为服氏注，则似郑君就此辍业。而《通典》四十七裴子余议引'定公元年立炀宫，郑玄注：炀公（曾文误作宫），伯禽之子，季氏祷而立其宫'云云。不知裴氏何所见而云然？岂郑君虽与服氏，仍自卒业耶？"③这是因为看到了《通典》中明言"郑玄注"，因而怀疑确有一部郑玄的《左传注》在。那么实际情况究竟是怎样的呢？

汉魏之际的学者宋均在所撰《春秋纬演孔图注》中说："康成注《三礼》、《诗》、《易》、《尚书》、《论语》，其《春秋》、《孝经》则有评论。"④ 按宋均是郑

---

① 《后汉书·郑玄传》。本节以下凡引郑氏本传，不再出注。
② 《后汉书·马融传》。
③ 曾朴《补后汉书艺文志并考》卷十附《存疑外篇》，《二十五史补编》本。
④ 《孝经序》邢昺疏引。

玄的亲传弟子，这从他所撰《诗纬序》中称"我先师北海郑司农"可知；若郑玄真有《左传注》成书，宋均不容不知。而且《隋书·经籍志》、《旧唐书·经籍志》、《新唐书·艺文志》等都不见著录，因此郑玄的《左传注》很可能并未成书。至于唐人的经疏如孔颖达《左传疏》、贾公彦《仪礼疏》以及《通典》之类的书里所引郑玄解释《左传》的话，则应如清代学者臧琳所指出，"均非《春秋注》，大抵非《针膏肓》即《郑志》答弟子问也"①。不过，《通典》中有两条材料，由于明言"郑注"而殊堪注意。一条为《通典·吉礼禘下》记宋太常丞朱膺之议，中有"《春秋》闵公二年，吉禘于庄公，郑注云：'闵公心惧于难'"等语；另一条就是前面提到过的《通典》四十七裴子余议引郑注。今考前一条的材料来源今日尚存，乃是《宋书·礼志》，但原文并不作"郑注云"，而作"郑玄云"，故不能作为郑玄曾注《左传》的证据。这样，这后一条便成了孤证，很难说明什么问题。清代学者袁钧说这是"'注'、'志'音近而讹"，裴氏所引其实是"郑志"，②这种可能性不能排除。而且既然《宋书》的"郑玄云"在《通典》中可以误抄作"郑注云"，则《通典》四十七所书之"郑注"也未必就完全准确。总之从目前所掌握的材料来看，郑玄的《左传注》不曾成书的可能性更大一些。

现代学者中也有人主张郑玄最终是完成了一部《左传注》的，例如王利器先生说：

> 《仪礼·少牢馈食礼》郑玄注："拒读为介距之距。"疏引《左氏传》昭公二十五年云："季、郈之鸡斗，季氏介其鸡。"服氏云："捣芥子，播其鸡羽。"郑氏云："介，甲，为鸡着甲。"又云："郈氏为之金距。"注："金距，以金踏距。"《仪礼疏》既服、郑并举，而介距之说，《仪礼注》又与《左传注》从同，则康成《左传注》虽与服子慎，仍自卒业，六朝、唐人犹及见之，故得以服、郑并举，或直引郑玄《左传注》也。③

按此说粗看起来甚辩，其实证据有误。考《左传》昭公二十五年孔疏云："郑众云：'介，甲也，为鸡着甲。'"知《仪礼》贾疏之所谓郑氏，实指郑众而非郑玄。盖郑玄赞同郑众之说，因据其义以改读《仪礼》，本无关乎郑玄之《左传注》的。

郑玄的《左传注》虽然没有完成，但他有关《春秋》研究的著作却有多

---

① 臧琳《经义杂记》"郑氏五经"条，《皇清经解》卷二百零一。
② 袁钧辑《郑氏佚书·郑志》，光绪十四年浙江书局刊本。
③ 王利器《郑康成年谱》，齐鲁书社1983年版，第240页。

种。其中最著名的是《针膏肓》、《发墨守》、《起废疾》。《后汉书·郑玄传》云：

> 时任城何休好公羊学，遂著《公羊墨守》、《左氏膏肓》、《谷梁废疾》。玄乃发"墨守"，针"膏肓"，起"废疾"。休见而叹曰："康成入吾室，操吾矛以伐我乎！"

按何氏三书，今已不传，但从书名来看，当是墨守《公羊》经义，以攻击《左传》、《谷梁》之非。郑玄则针锋相对，指摘《公羊》的失误，维护《左》、《谷》的经说。何休既有"入室操矛"之叹，可知郑玄对于三家的研究一定都十分地深入，见解一定十分地精辟。三书之外，郑玄还有《六艺论》、《驳五经异义》，里面都涉及了《春秋》的经义。又有《郑志》："门人相与撰玄答诸弟子问五经，依《论语》作《郑志》八篇"。这是郑玄与弟子答问的记录，其中的《春秋志》，是专谈《春秋》问题的。郑玄的这些著作今日都已亡佚，不过清人做过很好的辑佚工作，依据这些辑本，我们多少还可以对郑玄的《春秋》学有一个粗略的了解。

一般认为郑玄的学术是杂糅今古的，因而他的《春秋》学也是兼取《左》、《公》、《谷》三家。在郑玄看来，《春秋》三传各有所长。《谷梁序疏》引《六艺论》云："《左氏》善于礼，《公羊》善于谶，《谷梁》善于经。"一下子就抓住了三传的特点。所谓"《谷梁》善于经"，除了如唐人杨士勋所说，《谷梁》善于以"例"说经之外，大约还指《谷梁》解经较《公羊》为平正，没有那么多"非常异义可怪之论"吧。但是如果说郑玄于三家兼收并采，无所轻轩，恐怕也非的论。事实上郑氏虽然兼通今古文，却是有所宗主的。清儒陈澧曰："《六艺论》云：'注《诗》宗毛为主，毛义若隐略，则更表明；如有不同，即下己意，使可识别也。'此郑君注经之法，不独《诗笺》为然。……然则郑君注《周礼》、《仪礼》、《论语》、《尚书》皆与笺《诗》之法无异，有宗主亦有不同，此郑氏家法也。"郑氏的这一"家法"体现在《春秋》学上，则为"郑君宗《左传》而兼用《公羊》、《谷梁》，亦如宗《毛诗》而兼用齐、鲁、韩耳，岂得谓之杂用乎"？[1]

郑玄之于《春秋》，是偏重于从"史"这个角度着眼的，他说："《春秋》者，国史所记人君动作之事。左史所记为《春秋》，右史所记为《尚书》。"[2] 这

---

[1] 陈澧《东塾读书记》卷十五。
[2] 《公羊传序》徐彦疏引《六艺论》。

也是古文学派的经典提法。在古文家看来,《春秋》本来是史官的记录,孔子就是根据这些已有的史记,"因兴以立功,就败以成罚,假日月以定历数,藉朝聘以正礼乐"①。就是说根据史实进行褒贬,借用史记中所记载的种种朝聘、会盟、祭祀、田猎的事实来端正周代的礼乐制度。但孔子的这些思想,在当时只是"口授弟子",并没有形成文字;孔子死后,要想理解、传播孔子的思想,就非了解孔子曾经利用来行褒贬、正礼乐的那些史实不可。这就是古文家尊奉《左传》的理由。郑玄所谓"左氏善于礼",正是从这个意义上肯定《左传》的价值的。而且,郑玄本身就是个礼学家,他当然理解班固所说《春秋》"正礼乐"的功能,因此他以"善于礼"的《左传》为宗主,也就是很自然的了。

郑玄在与何休进行的论战中也时常从历史事实出发,指出《公羊》经说中违反史实的地方,从而加强《左传》的地位。例如《公羊》桓公十一年传云:"古者郑国处于留。先郑伯有善于邻公者,通乎夫人以取其国,而迁郑焉,而野留。庄公死,已葬,祭仲将往省于留,涂出于宋,宋人执之。"郑玄《发墨守》云:

> 郑始封君曰桓公者,周宣王之母弟,国在宗周畿内,今京兆郑县是也。桓公生武公,武公生庄公,迁居东周畿内,国在虢、邻之间,今河南新郑是也。武公生庄公,因其国焉。留乃在陈、宋之东,郑受封至此适三世,安得"古者郑国处于留"、"祭仲将往省留"之事乎?②

何休的意见不知究竟怎样,但既云"墨守",当是坚持《公羊》的说法。郑玄在这里则指出了《公羊》所述史实之不可靠,以此来动摇人们对《公羊》的信仰。又如《左传》庄公六年记载,楚文王伐申时路过邓国,邓国的骓甥、聃甥、养甥三人认为楚文王对邓是个威胁,劝说邓侯杀了他。邓侯不从,后来终于被楚文王灭亡。何休就此事攻击《左传》曰:"楚、邓强弱相悬,若从三甥之言,楚子虽死,邓灭曾不旋踵。若刳腹去疾、炊炭止沸。左氏为短。"③ 郑玄则抓住他对史事的疏误,进行反击:"楚之强盛从灭邓以后,于时楚未为强,何得云强弱相悬?"同时指出,何休所攻击的,只是《左传》所记当时人的一些议论:"三甥既有此语,左氏因史记之文录其实事,非君子之论,何以非之?"④是不应算在左氏的账上的。再如《左传》成公十八年记载了晋悼公的种种善政,并说这些是悼公"所以复霸"的原因。何休则以"霸不过五"为由来

---

① 《汉书·艺文志》。
② 《周礼·大司徒》贾公彦疏引。
③④ 《左传》庄公六年孔疏引。

反对称悼公为"霸"。郑玄反驳说：

> 天子衰，诸侯兴，故曰霸。夏有昆吾，商有豕韦、大彭，周有齐桓、晋文，此最强者也。故书传通谓彼五人为五霸耳。但霸是强国为之，天子既衰，诸侯无主，若有强者，即营霸业，其数无定限也。而何休以"霸不过五"，不许悼公为霸，以乡曲之学足以忿人。传称文、襄之霸，襄承文后，绍继其业，以后渐弱，至悼乃强，故云复霸。①

这也是从历史事实出发，驳斥何休对《左传》的攻击。

当然，郑玄与何休的争论，在今人看来，有很多是无谓的，属于纯粹经学上的家派之争；要分辨其中的是非，既不可能，也无必要。但上述诸例确实反映了郑玄对《春秋》经传的研究，侧重点时常在史实方面，较少空谈"经义"，表现了古文家求实的精神。

郑玄的《春秋》学，虽然总的说来是以《左传》为宗主，但也兼采今文家的优长，可以说开始打破了家派的藩篱。这是郑玄不同于一般汉代经师的地方，也是他卓越的地方。郑玄对《公羊》经说的采择，散见于他所著《驳五经异义》一书中。《五经异义》本为东汉大儒许慎所著，该书将今文、古文两派在每一个具体问题上的不同说法分别列出，《公羊》、《左传》的歧异也尽在其中。郑玄的《驳五经异义》则是对这些异说判别优劣是非，表明取舍。此书《隋书·经籍志》著录为十卷，唐以后亡佚了。清人有辑本，所存恐怕不及原书十分之一。从这个辑本来看，郑玄固然在不少地方依从《左传》，但也吸收了某些在他看来《公羊》义长的东西。例如《五经异义》列举《公》《左》不同云："《公羊》说诸侯不纯臣；《左氏》说：诸侯者，天子蕃卫，纯臣。"郑玄就赞成今文说："宾者，敌主人之称；而《礼》：诸侯见天子称之曰宾，不纯臣诸侯之明文矣。"② 这是根据周礼判定《公羊》的说法是对的。又如关于"天子是否亲迎"，《五经异义》云："《春秋公羊》说自天子至庶人娶皆当亲迎；《左氏》说天子至尊无敌，故无亲迎之礼。"郑玄则根据《诗·大明》的记述，以《公羊》说为是："太姒之家在洽之阳，在渭之涘，文王亲迎于渭，即天子亲迎明矣。天子虽至尊，其于后犹夫妇也；夫妇判合，礼同一体，所谓无敌，岂施于此哉！"③ 再如关于周代诸侯的数目，《五经异义》云："《公羊》说殷三千诸侯，周千八百诸侯；古《春秋左氏传》说'禹会诸侯于涂山，执玉帛者万

---

① 《左传》成公十八年孔疏引。
② 《诗经·臣工》孔疏引。
③ 《礼记·哀公问》孔疏、《诗经·大明》孔疏引。

国'。"郑玄则曰:"诸侯多少,异世不同。万国者,谓唐虞之制也。武王伐纣,三分有二,八百诸侯,则殷末诸侯千二百也。至周公制礼之后,准王制千七百七十三国,而言周千八百者,举其全数。"① 这里显然是吸取了《公羊》的成说,以补《左传》之不足。

除了兼采三传之外,郑玄的《春秋》学也参用谶纬,这一点如何休一样,也颇遭后人的訾议。梁人许懋云:"郑玄有参、柴之风,不能推寻正经,专信纬候之书。"② 唐人孔颖达也认为"郑玄笃信谶纬"③。宋人王应麟云:"郑康成释经,以纬书乱之。"④ 但清儒陈澧为之辨诬,引郑玄《戒子书》中"博稽六艺,粗览传记,时睹祕书纬术之奥"数语,然后评论道:"六艺则曰'博稽',传记则曰'粗览',祕纬则曰'时睹',三者轻重判然。其注经有取纬书者,取其可信者耳。……郑君注经不信纬说者多矣,后儒疏陋未考耳。"⑤ 尽管如此,郑玄习谶纬、用谶纬总是事实,而且他还曾为数部纬书作注,这更为人所熟知。郑玄生活在那样一个谶纬盛行的时代,很难摆脱风气的影响;他又是一个喜综括、善网罗的人,自然会涉足谶纬的领域,这本是无庸讳言的。

清儒皮锡瑞称,"经学至郑君一变"⑥。的确,郑玄是经学发展历史中一位划时代的人物。他的学术的特点,就在于打破西汉以来经学家法的界限,有所宗主,也有所兼综,改变了汉儒拘墟胶固、抱残守阙的陋习。范晔评论说:"自秦焚六经,圣文埃灭。汉兴,诸儒颇修艺文;及东京,学者亦各名家。而守文之徒,滞固所禀,异端纷纭,互相诡激,遂令经有数家、家有数说,章句多者或乃百余万言,学徒劳而少功,后生疑而莫正。郑玄括囊大典,网罗众家,删裁繁诬,刊改漏失,自是学者略知所归。"正因为这样,郑玄在当时的威望极高,至有"经神"之号⑦。各地的学者不远千里,赢粮而至,生徒多至数千人,可谓盛极一时。不过,郑学盛行的另一面,自然是前此经学家派的消亡。皮锡瑞说:"学者苦其时家法繁杂,见郑君闳通博大,无所不包,众论翕然归之,不复舍此趋彼。于是郑《易注》行,而施、孟、梁丘、京之《易》不行矣;郑《书注》行,而欧阳、大小夏侯之《书》不行矣;郑《诗笺》行,而

---

① 《礼记·王制》孔疏引。
② 《梁书·许懋传》。
③ 《尚书·舜典》孔疏。
④ 王应麟《困学纪闻》卷四。
⑤ 陈澧《东塾读书记》卷十五。
⑥ 皮锡瑞《经学历史》,中华书局1959年版,第149页。
⑦ 晋王嘉《拾遗记·前汉下》:"京师谓康成为经神。"《四库全书》本。

鲁、齐、韩之《诗》不行矣；郑《礼注》行，而大小戴之《礼》不行矣；郑《论语注》行，而齐、鲁《论语》不行矣。"① 至于在《春秋》学方面，郑玄虽然没有一部完整的注行世，但他有关《春秋》研究的论著在当时也极有影响，特别是《针膏肓》、《发墨守》、《起废疾》三书，对本已呈颓势的公羊学派打击甚重。史称郑玄对何休的论战"义据通深，由是古学遂明"。此后学者言《春秋》，大多一本郑玄的精神，以《左传》为宗主了。

第六节　《春秋》《左传》的贾注与服注

东汉古文经学昌明，研究《春秋左氏传》的人很多，这方面的著作也不少。其中以贾逵和服虔的注最为有名。《隋书·经籍志》云："诸儒传《左氏》者甚众……其后贾逵、服虔并为训解，至魏遂行于世。"所以前人多以贾、服并称。

一、贾逵对《春秋》经义的阐发

贾逵是东汉前期人，其父贾徽曾从刘歆受《左传》，故贾逵的《左传》学应属刘歆嫡派。贾逵有关《春秋》学的著作，据《隋书·经籍志》记载，大约有如下数种：《春秋左氏长经》二十卷（原注：汉侍中贾逵章句），《春秋左氏解诂》三十卷，《春秋训释》一卷，《春秋左氏经传朱墨列》一卷，《春秋三家经本训诂》十二卷。这些书今日均已不存，清人有辑本。从这些辑本来看，贾逵是既注《春秋》又注《左传》的。不过，在当时，他的《春秋》注与《左传》注很可能是各自为书的，加之他的著作又较多，我们今天已经很难确定辑本中的哪一条注文是出自哪一部书的了。服虔的情况也是这样。所以我们只好笼统地称之为贾注或者服注。

贾注有对文字的训诂，有对人物、地理、典章制度等等的诠释，但更值得注意的是他对《春秋》经义的阐释与发挥。《左传》主要是以叙事的方式来解经的，但也有一些专门解释经义或"书法"的话。不过这些解经语往往失于肤浅，或者语焉不详，贾逵就特别注意对这些解经语所表达的"义"做进一步的补充和发挥。例如隐公元年《春秋》经文有"公及邾仪父盟于蔑"，据《左传》，这位"邾仪父"是邾国之君，只因尚未得到"王命"，所以没有称他的

---

① 皮锡瑞《经学历史》，中华书局1959年版，第149页。

爵，而经在记此事时用了他的字（仪父），乃是"贵之也"。至于为什么"贵之"，《左传》没有说。贾注云："仪父嘉隐公有至孝谦让之义，而与结好，故贵而字之，善其慕贤说让。"① 这显然是对《左传》之义的补充和发挥。

《左传》解经，时或出现一些文字上的差异，对同一类的事物，有时用字不同，贾逵都试图给予解释。例如对《春秋》于隐、庄、闵、僖四公之元年没有书"公即位"这一现象，《左传》分别解释说："不书即位，摄也"（隐元），"不称即位，文姜出故也"（庄元），"不书即位，乱故也"（闵元），"不称即位，公出故也"（僖元）。其中两言"不书"，两言"不称"。这是为什么呢？贾逵解释说："恩深不忍，则传言'不称'；恩浅可忍，则传言'不书'。"这是从即位之君与被继承者的关系来立论的。看来贾逵是要使《左传》的解经尽量圆通，减少《左传》自身的差异与抵牾之处。《春秋经》闵公二年有"夫人姜氏孙于邾"，庄公元年有"夫人孙于齐"，这两个"夫人"，前者是指哀姜，后者指文姜，都因罪而出亡。《左传》在解释庄公元年的经文时说："不称姜氏，绝不为亲。礼也"，但对闵公二年的"孙于邾"，却没有解释这里为什么"称姜氏"。贾注为之弥缝曰："文姜杀夫罪重，故去'姜氏'；哀姜杀子罪轻，故不去'姜氏'。"

贾逵不满足于《左传》的以史事解经，往往要深入挖掘经文中的"义"，尽管这些"义"左氏丝毫不曾道及。例如僖公二十八年经云"楚杀其大夫得臣"，《左传》只是详述此事之经过，并未涉及义例。贾注云："不书族，陋也。"这是就经文中没有书得臣的"族"来发义，指出经之所以要这样书是为了表明楚国礼俗之"陋"。又如僖公二年经云："秋九月，齐侯、宋公、江人、黄人盟于贯。"《左传》只是简略地记其事云："秋，盟于贯，服江、黄也"，于"江人"、"黄人"无说。贾注云："江、黄称人，刺不度德善邻，恃齐背楚，终为楚所灭。"原来经书"江人"、"黄人"，竟有讥刺之义，这是从《左传》单纯的记事中绝对看不出来的。哀公十四年经云"西狩获麟"，左氏也是仅记其事，贾注云："周在西，明夫子道系周。"着眼于一个"西"字，未免求之过深了。

《左传》为解经而作，这是古文家坚定不移的主张。但《左传》的某些记事，却与《春秋经》有细微的差别，这是怎么回事呢？贾逵试图予以解释。昭公八年《春秋经》云"蒐于红"，而《左传》却说"大蒐于红"，《春秋》为什

---

① 本条及下引各条贾注、服注均见李贻德《春秋左传贾服注辑述》（《皇清经解续编》本），余不另出注。

么没有那个"大"字呢？贾逵解释说："蒐于红，不言大者，公失大权，在三家也。"原来《春秋》少写那一个字，也是有微意的。这样的解释是否能餍读者之心，那是另外的问题；至少我们可以从中看到，古文学者是怎样依据《左传》所记述的史实，来赋予《春秋》以新的"义"的。又如庄公二十九年经云"新延厩"，而传作"新作延厩"，贾注云："言新有故木，言作有新木。延厩不书'作'，所用之木非公命也。"意谓从事实上看当从《左传》有"作"字，但言作必用"新木"，而此次动用"新木"，并未得到国君的认可，《春秋》不赞成这种无视"君命"的行为，故不书"新作延厩"，而只书"新延厩"。贾逵就是这样通过探索经、传用字的不同，来发掘《春秋》深层之义的（此例中的义当是尊君抑臣）。

《左传》虽为解经之传，但并非每一条经文都有传文与之对应。对那些"无传之经"，贾逵也要阐发其经义，以补《左传》之不足。例如桓公三年《春秋经》云"有年"，《左传》无说，贾逵发义曰："桓恶而有年丰，异之也。言有，非其所宜有也。"意谓经书"有年"，实际上是记异，因为以桓公之恶，是不应该有丰年的。这种经义，可以说是与《左传》不相干的。又如定公三年经云："春王正月，公如晋，至河乃复"，这是典型的无传之经，三传对此均无说。贾注云："刺缓朝，见辞失所不讳，罪己。"在贾逵看来，此条经文义在讥刺鲁君朝见盟主之缓（即位三年始朝晋，故曰缓），朝晋而被晋所拒绝，本当讳书，然而不讳者，意在彰明鲁君之罪。这样的经义，就完全是贾氏之义了。

至于所谓"无经之传"，贾氏多以"不告"或"讳书"解之。例如襄公元年传称"晋韩厥、荀偃帅诸侯之师伐郑，入其郛"，而经只言"伐郑"，"入其郛"属于无经之传，贾注云："郑不复告，故不书。"又成公二年传云"取龙"，而经只云"齐侯伐我北鄙"，不言龙邑被齐人夺去之事。贾逵解释说："杀卢蒲就魁，不与齐盟，以亡其邑，故讳不书耳。"原来鲁丧龙邑是一种耻辱，《春秋》为之隐讳不书。

贾逵以《左传》名家，但他对《公羊》和《谷梁》也多有吸取，并非绝对排斥。文公五年经云"王使荣叔归含且赗"，《左传》于此经无说，贾注云："含、赗当异人，今一人兼两使，故书，且以讥之。"按《公羊》此年之传文云："其言归含且赗何？兼之也。兼之，非礼也。"《谷梁》云："含，一事也；赗，一事也。兼归之，非正也。"贾注取于《公》、《谷》，至为明显。又昭公九年经云"陈灾"（《公》、《谷》"灾"作"火"），《左传》只是记事，并未说明经书这两个字有何微旨。《公羊传》云："陈已灭矣，其言陈火何？存陈也。"《谷梁传》云:"国曰灾,邑曰火。火不志,此何以志?闵陈而存之也。"贾注盖刺取《公》、《谷》之义,云:"愍陈,不与楚,故存陈而书之,言陈尚为国也。"由此可见,贾逵的《春秋》学,虽以古文为主,对今文实亦有所兼综,这恐怕是时代的风气使然。东汉的今古文,本不是那么壁垒森严的。

二、服虔的《春秋左氏传解谊》

服虔字子慎,灵帝中平末年曾拜九江太守,与郑玄为同时代人。史称服虔"少以清苦建志,入太学受业。有雅才,善著文论,作《春秋左氏传解》(按《隋志》作《春秋左氏传解谊》)"①。服虔的师承,史无明文;但从本章第五节所引"郑玄客舍遇服虔"那一条材料来看,服虔的《左传》学可能与郑玄十分接近,而郑玄又曾师事马融。马融对贾逵的注是很推崇的,《后汉书·马融传》云:融"尝欲训《左氏春秋》,及见贾逵、郑众注,乃曰:'贾君精而不博,郑君博而不精。既精既博,吾何加焉。'但著《三传异同说》"。马融的《左传》学可能是把贾逵的"精"与郑众的"博"结合起来了。服虔的《左传注》当属于马融这一系,对于贾注,应当是有继承,又有拓展(当然也会有所修正)。前人以贾、服并称,不为无据;但服注后出转精,应当是更胜贾注一筹的。

又据《隋志》,除这部《春秋左氏传解谊》外,服虔尚有《春秋左氏膏肓释痾》十卷、《春秋成长说》九卷、《春秋塞难》三卷。此外《隋志》还著录有《服氏注春秋左传》十卷(原注:残缺),知前面几部唐初都还完整。自孔颖达作《五经正义》专取杜注之后,服虔的几部著作遂渐散亡。直至清代,汉学复兴,学者不满于杜预的《集解》,纷纷起而钩稽汉人的古注,于是有种种服注的辑本问世。服注亦如贾注,也是经传兼注的,这里主要谈一谈服虔的《左传》注。

清人所辑服注约有八百余条,就服氏《解谊》来说恐怕是百不存一。从这八百余条来看,服注涉及的范围十分广泛。除了一般的对难字字义的诠释以外,举凡天文、地理、人物、职官、祭祀、卜筮、礼仪、器物,乃至远古历史、民间方言,几乎是无所不释。例如《左传》昭公四年"古者日在北陆而藏冰",服注云:"陆,道也。北陆言在,谓十二月,日在危一度。"这是释天文。《左传》僖公二十五年"次于阳樊",服注云:"阳樊,周地。阳,邑名也。樊仲山之所居,故曰阳樊也。"这是释地理。桓公十八年"逆郑子于陈",服注

---

① 《后汉书·儒林传》。

云："郑子，昭公弟子仪也。"这是释人物。成公十八年"荀宾为右，司士属焉"，服注云："司士，主右之官。"这是释职官。桓公五年"大雩"，服注云："大雩，夏祭天名。雩，远也，远为百谷求膏雨也。"这是释祭祀。成公十六年"其卦遇《复》䷗"，服注云："复，反也。阴盛于上，阳动于下，以喻小人作乱于上，圣人兴道于下，万物复萌，制度复理，故曰复也。"这是释卜筮。僖公二十三年"策名委质"，服注云："古者始仕，必先书其名于策，委死之质于君，然后为臣，示必死节于其君也。"这是释礼仪。宣公四年"以贯笠毂"，服注云："笠毂，毂之盖如笠，所以蔽毂上以御矢也。一曰车毂上铁也。或曰兵车旁幔轮谓之笠毂。"这是释器物。襄公九年"相土因之"，服注云："相土，契之孙；因之者，代阏伯之后居商丘，汤以为号。"这是释远古历史。襄公十二年"吴子寿梦"，服注云："寿梦，发声。吴蛮夷，言多发声，数语共成一言。寿梦，一言也。经言'乘'，传言'寿梦'，欲使学者知之也。"这是释民间方言。诸如此类，其例不胜枚举。我们从中不难看出服注的诠释范围。

《左传》文字简古，汉人读之，已有相当的困难。服虔的注力求使传义明白晓畅，因此除做字词训释以外，他还注意了以下几个方面的工作：

1. 结合释词进行串讲。此法即汉儒所谓章句之学。服氏精熟于此道，每于诠释字词的同时，串讲传文大意。例如《左传》襄公十四年"王室之不怀（按今本作"坏"），繄伯舅是赖"，服注云："怀，柔也。繄，蒙也。赖，恃也。王室之不怀柔诸侯，恃蒙齐桓之匡正也。"又如昭公三年"以备内官，焜燿寡人之望"，服注云："焜，明也；燿，照也。言得备妃嫔之列，照明己之意望也。"

2. 以汉时事物、俗语解传文。例如《左传》僖公二十八年"楚子伏己而盬其脑"，服注云："如俗语相骂云'嚃汝脑矣'。"又如昭公三年"民人痛疾而或燠休之"，服注云："燠休，痛其痛而念之。若今时小儿痛，父母以口就之曰'燠休'，代其痛也。"再如桓公二年传有"大路"，服氏注之云："大路，总名也，如今驾驷高车矣。尊卑者皆乘之。"

3. 为使传文意思更明朗，做一些补充事实式的注释。例如昭公四年"王曰：吾用齐桓"，服注云："召陵之役，齐桓退舍以礼。楚灵王今感其意，是以用之。"又如襄公二十三年孔子评论臧孙，有"作不顺而施不恕"的话，服氏注云："不顺谓阿季氏废长立少也，不恕谓恶孟氏之立庶也。"这是以传文中其他地方所记的事实来解释的。此外传中一些被隐略的事实，服氏也一一为之点明。如昭公五年"羊舌四族",服氏注云:"伯华、叔向、叔鱼、季夙。"襄公十一年"八年之中九合诸侯",服氏则列举历年来会诸侯之事实以明之。

4. 将传文中隐喻之语表而出之。如襄公二十四年"部娄无松柏",服注云:"喻小国无贤材知勇之人与大国等也。"又如哀公十一年"鸟则择木,木岂能择鸟",服注云:"鸟喻己,木喻所之之国。"

从今日所见服注的辑本来看,服注的重点虽然在于训诂字词、疏通文句,但也并非绝口不谈义理。服注的义理大多是通过下述三种方式表达出来的:

(一)解释经义。

在古文家看来,《左传》本来就是解释《春秋经》的。但《左传》的解经,往往只是详述经所提到的事实,较少明确指出经的"书法"。服注则根据《左传》记述的事实,指出经的褒贬用意所在。例如襄公二十六年经云:"宋公杀其世子痤。"此事的详细经过,《左传》上有记载,但至于为什么要这样来写,则没有说明。服注云:"经书宋公杀其世子痤,平公用伊戾之谮,听夫人、左师之言,世子无罪而死,故称'宋公杀',罪之也。"原来经所以要称"宋公杀",是要指出此事的过错在宋公。严格说起来,服氏的这种注解,应该属于所谓"经注",因此在服氏《左传注》的辑本中此类例极罕见。比较常见的解释经义的例子是解释那种所谓"无经之传"。《左传》中的"无经之传"很多,在服氏看来,经之所以不书,自有其深义在,故解释无经之传,也应算是解释"经义"——经所以不书之义。服注解释无经之传较为常见的义例为"讳书"。如文公十一年经云:"狄侵齐",而传云:"鄋瞒侵齐,遂伐我。"为什么经文中不书"伐我"二字呢?服氏解释说:"伐我不书,讳之。"原来服氏认为这是鲁国史官有意为本国隐讳的。再如襄公十年经云:"楚公子贞、郑公孙辄帅师伐宋。"传在记述了楚郑伐宋之役后又记云:"秋七月,楚子囊、郑子耳侵我西鄙。"此事不见于经。服氏解释说:"不书,讳。从晋不能服郑,旋复为楚、郑所伐,耻而讳之也。"这个意思从《左传》中是无论如何也看不出来的,可以说完全是服氏自己的义理。除了因讳国耻而不书外,服氏也揭示了其他一些"不书"的道理,但大多无关宏旨。例如襄公三十年传云:"宋大灾。宋伯姬卒,待姆也。"这就是那个有名的因为笃守"保母不在,妇人宵不下堂"的古训而被活活烧死的可悲故事。此事经仅记为"宋灾,宋伯姬卒","灾"前头没有"大"字。服氏解释说:"不书'大',非灾火及人,伯姬坐而待之耳。"这算是什么"书法"呢？这样来弥缝经传之间的细微差别，未免让人觉得有些滑稽。

（二）发挥传义。

《左传》中也有一些解经的话，讲解经的"书法"，同时还有些《左传》编者对传中人物行为所做的评价，什么"礼也"、"非礼也"之类。这些都可以说是"传义"。这些"传义"虽可表明《左传》编者的态度，但往往语焉不详。例如鲁桓公的夫人出奔齐，经于庄公元年记云："夫人孙于齐。"《左传》解释说："不称姜氏，绝不为亲，礼也。"在这里，传义以"不称姜氏"为礼，是十分明确的，但为什么合于礼，则没有说明。于是服注进一步发挥说："夫人有与杀桓公之罪，绝不为亲，得尊父之义，善庄公思大义绝有罪，故曰礼也。"这既是对传义的发挥，同时也表明了作注者本人的好恶褒贬。又如桓公七年经云："谷伯绥来朝。邓侯吾离来朝。"对于为什么要将这二位来朝者的名字写出，《左传》解释说："名，贱之也。"传义贱谷、邓是明确的，但为什么"贱之"，没有说。服注发挥道："谷、邓密迩于楚，不亲仁善邻以自固，卒为楚所灭，无同好之救，桓又有弑贤兄之恶，故贱而名之。"

（三）在个别场合，服注也对传义加以批评或者修正。

例如文公十五年经云："宋司马华孙来盟。"传云："宋华耦来盟，其官皆从之。书曰'宋司马华孙'，贵之也。"服注提出异议："华耦为卿，侈而不度。以君命修好结盟，举其官属从之，空官废职。鲁人不知其非，反尊贵之。"又如《左传》襄公二十七年记载了鲁国的叔孙豹参加弭兵盟会的事情："季武子使谓叔孙以公命曰：'视邾、滕。'既而齐人请邾，宋人请滕，皆不与盟。叔孙曰：'邾、滕，人之私也；我，列国也，何故视之？宋、卫，吾匹也。'乃盟。故不书其族（经只称'豹'不称'叔孙豹'），言违命也。"服注对传义加以修正云："叔孙欲尊鲁国，不为人私，既以违命见贬，其于尊国之义得之。"这类对于传义的批评和修正，就更应该看做是服注本身的"义理"了。

服注自问世以后，曾经风行一时。魏王肃也曾注《左传》，然其影响终不曾超过服注。晋时杜预撰《春秋经传集解》，在当时的《左传》学界可谓又张巨帜，起初似乎仅得与服注平分秋色。南北分立以后，河洛以北研习《左传》的人皆主服注，南方学者则大多宗杜预注了。服、杜两派也曾有过交锋，例如崔灵恩曾著书"申服以难杜"，虞僧诞又"申杜难服以答灵恩"[①]，只是这相互辩难的详情今日已无从稽考了。至隋唐时，杜注大行于世，服注遂渐散亡。

---

① 《南史·儒林传》。

第七节 东汉的《春秋》学者及其学术之传承

一、《春秋》学者及其授受源流

东汉经学最盛，治《春秋》的学者众多，而且很多学者都是兼通数经的。这里主要介绍那些以《春秋》学名家者。有些著名的经师，在前面各节里已经提及，这里也就不再重复。从文献中，我们可以看出某些学者间的传授统绪，但也有相当多的学者，其授受的源流是很难考清的。以下分三传叙述。

（一）治《左传》的学者。

西汉末年，传《左传》的学者主要有两家：贾护与刘歆。东汉之初，传贾护之学的是陈元。陈元授马严。马严字威卿，其父马余，是东汉名臣马援之兄。马余于王莽时曾为杨州牧。马严曾任陈留太守，后征拜太中大夫，迁将作大匠。①

传刘歆之学的学者甚多，主要有郑兴、贾徽、孔奋、桓谭。郑兴本来是一位公羊学者，后因喜《左氏传》，"遂积精深思，通达其旨，同学者皆师之"。他最初学《左传》的老师是博士金子严，天凤中，始"将门人从刘歆讲正大义"，很快就成了刘歆的高足。②贾徽是贾逵之父，"从刘歆受《左氏春秋》，兼习《国语》、《周官》，又受《古文尚书》于涂恽，学《毛诗》于谢曼卿，作《左氏条例》二十一篇"③。

孔奋字君鱼，扶风茂陵人。他的曾祖孔霸，元帝时为侍中。"奋少从刘歆受《春秋左氏传》，歆称之，谓门人曰：'吾已从君鱼受道矣。'"意谓孔奋的学问已超过了自己。孔奋的兄弟孔奇及儿子孔嘉，都钻研《左传》，并有撰述："奇博通经典，作《春秋左氏删》。奋晚有子嘉，官至城门校尉，作《左氏说》云"④。

桓谭字君山，沛国相人。这是一个很有音乐才能的儒者，"好音律，善鼓琴"。他"博学多通，遍习五经，皆诂训大义，不为章句。能文章，尤好古学，数从刘歆、扬雄辩析疑异"。据此可以认为在"古学"方面他是与刘歆、扬雄

---

① 《后汉书·马援传》。
② 《后汉书·郑兴传》及注引《东观汉记》。
③ 《后汉书·贾逵传》。
④ 《后汉书·孔奋传》。

一系的。但桓谭的性格异于流俗，这可能影响了他的仕途："性嗜倡乐，简易不修威仪，而憙非毁俗儒，由是多见排抵"。由于他不学谶，不信谶，并且不善于迎合人主，险些被世祖杀头，前文曾经提及。桓谭的著作很多，主要的是一部《新论》，"初，谭著书言当世行事二十九篇，号曰《新论》，上书献之，世祖善焉"①。原书已佚，今有清人辑本。

对东汉《左传》学者影响最大的有两个人，一个是郑兴，一个是贾逵。郑、贾的事迹前面均已述及，这里只是要强调这两个人在东汉《春秋》学史上的地位。范晔指出："（郑）兴好古学，尤明《左氏》、《周官》，长于历数，自杜林、桓谭、卫宏之属，莫不斟酌焉。世言《左氏》者多祖于兴，而贾逵自传其父业，故有郑、贾之学。"②按郑、贾俱出于刘歆，在东汉初可能已有所分化。郑不言谶，而贾引《左传》以明汉为尧后，此盖其分歧之大者。此外，郑、贾解说《左传》的风格可能也有所不同。但总的来看，这郑、贾两家之学就是东汉《左传》学的主流。范晔著论曰："郑、贾之学，行乎数百年中，遂为诸儒宗，亦徒有以焉尔。桓谭以不善谶流亡，郑兴以逊辞仅免，贾逵能附会文致，最差贵显。世主以此论学，悲矣哉！"范氏之意，是说郑、贾之学能够在数百年间为儒者所宗，不是没有缘由的，但虽为儒宗而不为皇帝所重，也是徒然。最高统治者只看重谶而不重经，是很可悲的事情。

郑兴授《左传》于其子郑众。"众字仲师。年十二，从父受《左氏春秋》，精力于学，明《三统历》，作《春秋难记条例》，兼通《易》、《诗》，知名于世"③。永平初年，以明经给事中，曾持节使匈奴，不辱使命。后迁至大司农。郑众曾作《左传》注，又曾受诏作《春秋删》十九篇。郑众之子郑安世，亦传家学。

贾逵的弟子有崔瑗。崔瑗字子玉，其父是崔骃，史称骃"年十三能通《诗》、《易》、《春秋》，博学有伟才，尽通古今训诂百家之言，善属文"。崔瑗"早孤，锐志好学，尽能传其父业。年十八，至京师，从侍中贾逵质正大义，逵善待之，瑗因留游学，遂明天官、历数、《京房易传》、六日七分。诸儒宗之。与扶风马融、南阳张衡特相友好"④。

东汉的《左传》学者还有很多，只是由于史料缺乏，无法判断他们究竟是贾逵一派还是郑众一派。比较重要的有如下诸人：

---

① 《后汉书·桓谭传》。
②③ 《后汉书·郑兴传》。
④ 《后汉书·崔骃传》。

延笃，字叔坚，南阳犨人。年轻时从颍川唐溪典受《左氏传》，深受唐溪典的赏识。"笃欲写《左氏传》，无纸，唐溪典以废笺记与之。笃以笺记纸不可写传，乃借本讽之，粮尽辞归。典曰：'卿欲写传，何故辞归？'笃曰：'已讽之矣。'典闻之叹曰：'嗟乎延生！虽复端木闻一知二，未足为喻。若使尼父更起于洙、泗，君当编名七十，与游、夏争匹也。'"① 按这段材料可以帮助我们了解汉代《左传》传授的大致情形。看来从师学习《左传》，主要的就是掌握《左传》的正文，一般的办法是抄写传文。延笃可能是因为贫穷，无钱买纸，故唐溪典给他废纸，让他抄写。但延笃却认为废纸不可以用来写传，于是找旁人"借本讽之"，也就是借书来背诵。大约延笃的记忆力着实惊人，而且用功又非常勤苦，所以很快就把《左传》背下来了（《后汉书》本传说他"旬日能讽之"），于是他也就辞师还乡了。这一方面说明掌握了《左传》传文就算是学有所成，同时也说明当时老师的讲解，似乎也仅限于口耳相传，并没有形诸文字的东西。延笃后来又从马融受业，"博通经传及百家之言，能著文章，有名京师"。延笃的《左传》学，可能对后来的服虔还发生过影响："笃论解经传，多所驳正，后儒服虔等以为折中"。

颍容，字子严，陈国长平人。他生活于东汉的晚期，史称"博学多通，善《春秋左氏》，师事太尉杨赐"②。杨赐与其祖杨震、其父杨秉都是汉室的重臣，再加上其子杨彪亦为太尉，正所谓"四世三公"的大族。这样的大族，在东汉往往也都是以经学传家，杨震就以《欧阳尚书》名家，致有"关西孔子"之誉。杨秉少传父业，同时又"兼明《京氏易》，博通书传"。从他为官时所上奏疏来看，他对《春秋》及《左传》都有精深的研究。杨赐也是"少传家学，笃志博闻"，以精通《尚书》而被选为灵帝的老师。③《后汉书》本传记载他关于灾异的言论，既引《左传》，又广引《春秋》谶纬。颍容既师从杨赐，其《左传》学固不能不受其影响，惟颍容之学术，今日已难知其详。初平年间，颍容避乱荆州，聚徒千余人。据本传，颍容著有《春秋左氏条例》五万余言。又据《隋书·经籍志》，尚有"《春秋释例》十卷，汉公车征士颍容撰"，不知二者是否一书。

谢该，字文仪，南阳章陵人。谢该亦生当东汉晚期，史称他"善明《春秋左氏》，为世名儒，门徒数百千人"。在当时应该是一个很有影响的人物。他的

---

① 《后汉书·延笃传》注引《先贤行状》。
② 《后汉书·儒林传》。
③ 杨震、杨秉、杨赐的事迹俱见《后汉书·杨震传》。

学生著名者为乐详,"建安中,河东人乐详条《左氏》疑滞数十事以问,该皆为通解之,名为《谢氏释》,行于世"①。

乐详,字文载。乐详的事迹见于《魏略》:"少好学,闻谢该善《左氏传》,乃从南阳步涉诣许,从该问[疑]难诸要。今《左氏[乐氏]问》七十二事,详所撰也。杜畿为太守,署详文学祭酒。黄初中,征拜博士。[时有博士]十余人,学多偏[狭],又不熟悉,唯详五业并授。其或质难不解,详无愠色,以杖画地,牵譬引类,至忘寝食也"②。

刘陶,一名伟,字子奇,颍川颍阴人。桓、灵之际的儒者。刘陶明习《尚书》、《春秋》,为之训诂。他是一位今古文兼综的学者,曾"推三家《尚书》及古文,是正文字七百余事,名曰《中文尚书》"③。灵帝时,刘陶官拜侍御史。张角起事之前,刘陶已看出了张角对于汉王朝的威胁,上书言事,但没有得到最高统治者的重视。灵帝只是看重他的学问,命他"次第《春秋》条例"。后来他又上书力陈宦官害政,最终被宦官害死。他一生著书数十万言。

士燮,字威彦,苍梧广信人。他的祖先本是鲁国汶阳人,王莽之乱时,避地交州。士燮年轻时曾游学京师,师事刘陶,治《左氏春秋》。东汉末年天下大乱时,他据守交趾,收容了数百避难的中原士人。由于交趾地处偏远,相对安定,他得以钻研学术,"耽玩《春秋》,为之注解"。当时有人向尚书令荀彧推荐他,称他"既学问优博,又达于从政……官事小阕,辄玩习书传,《春秋左氏传》尤简练精微"。并说:"吾数以咨问传中诸疑,皆有师说,意思甚密。又《尚书》兼通古今,大义详备。闻京师古今之学,是非忿争,今欲条《左氏》、《尚书》长义上之。"④ 据此可知在汉末三国之时,京师的今古学之争仍很激烈。《隋书·经籍志》有"《春秋经》十一卷,吴卫将军士燮注",应该就是"耽玩《春秋》,为之注解"的成果了。

卢植,字子干,涿郡涿人。他年轻时师事马融,与郑玄是同门之友。卢植也如郑玄,本身是一位古文学者,同时也兼通今文之学。他心志高远,虽学问专精,但不守章句。熹平年间,始立太学石经,以正五经文字。卢植于此时上书,为古文经典争地位,其辞曰:"臣少从通儒故南郡太守马融受古学,颇知今之《礼记》特多回冗。臣前以《周礼》诸经,发起粃谬,敢率愚浅,为之解

---

① 《后汉书·儒林传》。
② 《后汉书·儒林传》注引。
③ 《后汉书·刘陶传》。
④ 《三国志·士燮传》。

诂，而家乏，无力供缮上。……古文科斗，近于为实，而厌抑流俗，降在小学。中兴以来，通儒达士班固、贾逵、郑兴父子，并敦悦之。今《毛诗》、《左氏》、《周礼》各有传记，其与《春秋》共相表里，宜置博士，为立学官，以助后来，以广圣意。"[1] 董卓乱时，会百官于朝堂，欲议废立。众人噤若寒蝉，惟卢植公然抗议。董卓怒欲杀之，但终因卢植是海内大儒，士人之望，未敢加害于他。

（二）治《公羊传》的学者。

东汉初年置十四博士，其中《公羊》有严、颜二家。但纵观东汉一代，治《公羊》者，还是以严氏一派为多。

甄宇，字长文，北海安丘人。史称甄宇"习《严氏春秋》，教授常数百人"[2]。建武年间，甄宇被征拜为博士，应当就是《严氏春秋》的博士。甄宇传业于其子甄普。甄普又传业于其子甄承。史称"承尤笃学，未尝视家事，讲授常数百人"。由于甄承是三世传业，声望甚隆，当时的儒者莫不归服。其子孙仍传学不绝。甄氏一家，可以说是东汉以经学传家的一个典型。

程曾，字秀升，豫章南昌人。"受业长安，习《严氏春秋》，积十余年，还家讲授"。他的学生很多，"会稽顾奉等数百人常居门下"[3]。程曾著书百余篇，都是通论五经的，没有《春秋》学方面的专门著述。又撰《孟子章句》。

丁恭，字子然，山阳东缗人。习《严氏春秋》，是东汉初期的大儒。史称丁恭"学义精明，教授常数百人，州郡请召不应"。建武初年，为谏议大夫、博士，封关内侯。他门下著录的学生数千人，有不远千里来者。比较著名的学生有楼望、承宫、樊鯈、钟兴等人。建武二十年，"拜侍中祭酒、骑都尉，与侍中刘昆俱在光武左右，每事咨访焉"[4]。

楼望，字次子，陈留雍丘人。少习《严氏春秋》。官至大司农。楼望弟子众多，著录者九千余人，"教授不倦，世称儒宗"[5]。

承宫，字少子，琅邪姑暮人。出身贫寒，少孤，为人牧豕。他的乡里有儒者徐子盛，以《春秋经》教授，学生有数百人。承宫每经过徐宅，常伫立听讲，产生了浓厚的兴趣。据说他因此耽误了放猪，险些遭到猪主人的鞭打，幸有徐子盛的学生们出面禁止。承宫为了能够听讲，遂留在了徐府。他一边为学

---

[1]《后汉书·卢植传》。
[2]《后汉书·儒林传》。以下述甄氏事均出自此传。
[3][4][5]《后汉书·儒林传》。

生们拾柴、执杂役，一边勤学不倦。几年之后，"经典既明，乃归家教授"①。承宫成为丁恭的学生，应当是后来的事情。永平中，承宫拜博士，迁左中郎将。

钟兴，字次文，汝南汝阳人。史称钟兴"少从少府丁恭受《严氏春秋》。恭荐兴学行高明，光武召见，问以经义，应对甚明。帝善之，拜郎中，稍迁左中郎将"。钟兴的主要事迹，是以《春秋》教授太子、宗室及诸侯王："诏令定《春秋》章句，去其复重，以授皇太子。又使宗室诸侯从兴受章句"。钟兴因此而被封关内侯，但他自以为无功，不敢受爵。光武帝曰："生教训太子及诸王侯，非大功邪？"钟兴归功于他的老师丁恭，"于是复封恭，而兴遂固辞不受爵"②。

樊鯈，字长鱼，南阳湖阳人。他的家是当地的望族，他的父亲又是光武帝之舅，因此在建武时期，樊氏备受荣宠，"一宗五侯"。樊鯈本人虽贵为外戚，言行却甚为谨约。他喜好儒学，从丁恭受《严氏春秋》。永平元年，樊鯈拜长水校尉，与公卿杂定郊祠礼仪，"以谶记正五经异说"。当时周泽、承宫并为海内大儒，樊鯈"皆以为师友而致之于朝"。樊鯈最突出的事迹，是在一次审讯罪案当中，坚持奏请要诛杀有罪的明帝母弟广陵王刘荆。明帝十分恼怒，说："诸卿以我弟故，欲诛之；即我子，卿等敢尔邪！"樊鯈仰而对曰："天下高帝天下，非陛下之天下也。《春秋》之义，'君亲无将，将而诛焉'。是以周公诛弟，季友鸩兄，经传大之。臣等以荆属托母弟，陛下留圣心，加恻隐，故敢请耳。如令陛下子，臣等专诛而已。"③ 这是典型的儒者作为与言论。樊鯈大约是看到了《春秋》经说的繁复之弊，曾经做过简化工作，删定《公羊严氏春秋》章句，他的经说当时被称为"樊侯学"。他教授的门徒前后有三千余人，弟子李修、夏勤皆位至三公。

张霸，字伯饶，蜀郡成都人。这是一个早慧的人，据说他"七岁通《春秋》，复欲进余经，父母曰'汝小未能也'，霸曰'我饶为之'，故字曰'饶'焉"④。尽管如此，以情理度之，所谓"通《春秋》"云者，这个"通"恐怕也只是读通《春秋》的文字而已，以七岁的幼儿而明《春秋》大义，殆无可能。因此长大以后，张霸又拜樊鯈为师，专治《严氏春秋》，并进而博览五经，终

---

① 《后汉书·承宫传》。
② 《后汉书·儒林传》。
③ 《后汉书·樊宏传》。
④ 《后汉书·张霸传》。本节述张霸事迹均本此传。

于成了一位大儒。诸生孙林、刘固、段著等仰慕他的声名，各自在他的居处附近买宅，以便从他学习。张霸在永元年间官为会稽太守，在郡中推行儒教，据说"郡中争厉志节，习经者以千数，道路但闻诵声"。张霸感到樊儵删定的《严氏春秋》章句仍不免繁琐，于是又加删减，定为二十万言，更名为"张氏学"。

张楷，字公超，他是张霸的中子。史称张楷"通《严氏春秋》、《古文尚书》，门徒常百人。宾客慕之，自父党夙儒，偕造门焉。车马填街，徒从无所止，黄门及贵戚之家，皆起舍巷次，以候过客往来之利"①。但张楷却是个不喜荣利之人，频繁地迁徙躲避。"家贫无以为业，常乘驴车至县卖药，足给食者，辄还乡里"。看来这是一个隐居的儒者。不过张楷并非醇儒，他还喜好"道术"，据说"能作五里雾"，后来竟因此被牵连入狱。在狱中二年，张楷"恒讽诵经籍，作《尚书》注"云。

周泽，字稚都，北海安丘人。"少习《公羊严氏春秋》，隐居教授，门徒常数百人"。他为官清正，敢于直言谏诤。后来官拜太常，掌管宗庙祭祀。"常卧疾斋宫，其妻哀泽老病，窥问所苦。泽大怒，以妻干犯斋禁，遂收送诏狱谢罪"。大约是此举过于刻板，不近人情了，人多疑其矫情诈伪，时人为之语曰："生世不谐，作太常妻，一岁三百六十日，三百五十九日斋。"②

上述诸人均为《春秋》严氏学者。治《颜氏春秋》且以此名家的学者不多，比较重要的是张玄。张玄字君夏，河内河阳人。建武初年举明经，为县丞。张玄虽以治《颜氏春秋》起家，但他并不专治颜氏，而是兼通数家家法。据说他"清净无欲，专心经书，方其讲问，乃不食终日。及有难者，辄为张数家之说，令择从所安"。由于他博采众家，解释起经义来自然显得游刃有余，因此颇为人所敬服，门下著录的弟子达千余人。当时的大儒徐业听说张玄只是个诸生，约他相见，"与语，大惊曰：'今日相遭，真解矇矣！'遂请上堂，难问极日"③。后来朝廷里《颜氏》博士出现空缺，张玄"试策第一"，于是拜为博士。但不久就有诸生上言，说张玄家法不纯，讲解《春秋》兼用《严氏》、《冥氏》，不宜充任《颜氏》博士。光武帝亦觉得有理，让张玄暂且离任，不久张玄就死去了。

由于文献记载的阙略，有些东汉的《公羊》学者，尽管是很有影响的人

---

① 《后汉书·张霸传》。
②③ 《后汉书·儒林传》。

物，却无法知其所治为《严氏》抑或《颜氏》，例如李育就是这样。李育字元春，扶风漆人，东汉明、章之际的著名学者。他早年研习《公羊春秋》，以专精而又渊博知名太学，班固对他十分敬重。州郡征召，李育都以病辞，居家教授，门徒数百人。李育是个今文学家，但他颇涉猎于古文学，曾经研读过《左传》，"虽乐文采，然谓不得圣人深意"。对建武年间陈元、范升之间的今古文争论，李育亦深致不满，认为那时的今文家"多引图谶，不据理体"，于是作《难左氏义》四十一事。章帝初年，李育拜博士。他参与了白虎观论五经的盛事。在那次会议上，李育"以《公羊》义难贾逵，往返皆有理证，最为通儒"①。

东汉公羊家治《严氏》者多，治《颜氏》者少，这种情况在汉碑中也有反映。从宋人洪适所著《隶释》及《隶续》来看，二书著录东汉碑铭不少，其中有若干通记载着墓主的学术渊源，例如《孔宙碑》称宙"少习家训，治《严氏春秋》"，《冯绲碑》称绲"少耽学问，习父业，治《春秋》严、《韩诗》仓氏"，《祝睦碑》称睦"修《韩诗》、《严氏春秋》"，《樊敏碑》称敏"总角好学，治《春秋》严氏"，而治《颜氏》者只有一通，即《鲁峻碑》称峻"治《鲁诗》，兼通《颜氏春秋》"云云②。这种比例与《后汉书》中反映的情况是相合的。附带提一下，《隶续》著录有《严䜣碑》，称严䜣"治《严氏春秋》冯氏章句"③，这里的"冯氏章句"应当是《春秋》严氏这一家的进一步的分化，犹如前面提到的"樊侯学"、"张氏学"之类。但这个冯氏究竟是谁，却不可考。洪适说："两汉传《春秋》严氏学无姓冯者，盖史之阙文也。"杜佑《通典》引《公羊说》有"昔受训云冯君八万言章句"云云④，知"冯氏章句"是比"张氏学"还要简化的一种说解。

（三）治《谷梁传》的学者。

东汉《谷梁》学的传授系统不是很清楚。首先应当一提的是两汉之交的学者侯霸。侯霸字君房，河南密人，成帝时官为太子舍人。他"师事九江太守房元，治《谷梁春秋》，为元都讲"。建武四年，光武帝征霸，拜尚书令。"时无故典，朝廷又少旧臣，霸明习故事，收录遗文，条奏前世善政法度有益于时

---

① 《后汉书·儒林传》。
② 所引诸碑铭分别见《隶释》卷七《泰山都尉孔宙碑》、《车骑将军冯绲碑》、《山阳太守祝睦后碑》，卷十一《巴郡太守樊敏碑》，卷九《司隶校尉鲁峻碑》。
③ 《隶续》卷三《严䜣碑》。
④ 《通典》卷四十八。

者，皆施行之。每春下宽大之诏，奉四时之令，皆霸所建也"①。但关于他的《谷梁》学，史籍中却无明文。

贾逵也应算是《谷梁》学者。史称贾逵"虽为古学，兼通五家《谷梁》之说"②。据李贤等注："五家谓尹更始、刘向、周庆、丁姓、王彦等，皆为《谷梁》，见《前书》也。"按这里的尹、刘、周、丁四人，俱见于《汉书·儒林传》，唯王彦于史无征。不过《汉书·儒林传》记甘露元年《公羊》、《谷梁》那场大辩论，参加者尚有一位"《谷梁》家中郎王亥"，王彦殆即王亥之讹。是则贾逵所通的《谷梁》五家，都是宣、元之际的学者。至于贾逵是否传授《谷梁》，那就不大清楚了。

二、师法与家法

汉人治经，很重视师法。师法亦称家法，这是一个概念，只是因为时代不同，说法有异。《汉书》中都称"师法"，绝无称"家法"的；而在《后汉书》中，则用"家法"的地方大大增多，"师法"反倒比较少见。皮锡瑞氏有见于此，故把师法、家法强为分别，他说：

> 前汉重师法，后汉重家法。先有师法，而后能成一家之言。师法者，溯其原；家法者，衍其流也。师法、家法所以分者，如《易》有施、孟、梁丘之学，是师法；施家有张、彭之学，孟有翟、孟、白之学，梁丘有士孙、邓、衡之学，是家法。家法从师法分出，而施、孟、梁丘之师法又从田王孙一师分出者也。③

按此说是把师法与家法看做是学派之不同层次的分支，师法要高于家法，更接近于原始经说；家法则是在师法之下的分支。但我们看《后汉书·儒林传》，说光武帝于东汉初年兴儒，"于是立五经博士，各以家法教授：《易》有施、孟、梁丘、京氏，《尚书》欧阳、大小夏侯，《诗》齐、鲁、韩，《礼》大小戴，《春秋》严、颜，凡十四博士，太常差次总领焉"。《易》之施、孟、梁丘、京氏，以及《尚书》之欧阳、大小夏侯等等，分明是被说成"家法"的。又如《后汉书·徐防传》载防上疏云："臣闻《诗》《书》《礼》《乐》，定自孔子；发明章句，始于子夏。其后诸家分析，各有异说。汉承乱秦，经典废绝，本文略

---

① 《后汉书·侯霸传》。
② 《后汉书·贾逵传》。
③ 皮锡瑞《经学历史》，第136页。

存，或无章句。收拾缺遗，建立明经，博征儒术，开置太学。孔圣既远，微旨将绝，故立博士十有四家，设甲乙之科。……伏见太学试博士弟子，皆以意说，不修家法。……今不依章句，妄生穿凿，以遵师为非义，意说为得理，轻侮道术，寖以成俗。"推求此疏之意，所谓"不修家法"，显然是指不遵所立"博士十有四家"之师说，因此施、孟、梁丘之流也是被说成是家法的。这样看来，师法、家法二者，其实并无甚不同，只不过是称谓的习惯有异罢了。

那么究竟什么是师法（或家法）呢？综合文献材料来看，所谓师法，其实就是在学问传授过程中老师的意见、讲解、说法。遵循老师之说的，就叫做"有师法"、"守师法"，反之则称之为"无师法"、"不修家法"等等。经典的师法、家法，有些可能是由老师口头传授，例如东汉名儒鲁丕上疏论经学传授云："法异者，各令自说师法，博观其义"①；有些则恐怕已经形成了文本，例如《后汉书·宦者传》记载，元初四年，安帝"以经传之文多不正定，乃选通儒谒者刘珍及博士良史诣东观，各雠校家法，令（蔡）伦监典其事"，"家法"而可以"雠校"，则其已写成定本可知。又秦延君"增师法至百万言"②，则师法之文字多少原有定数可知。东汉杨统作《家法章句》③，顾名思义，这应该是对"家法"进行串讲，则这"家法"显然已经成书。这些都可证师法或家法已经形成了文本。

师法并非只限于经学，各种学问似乎都有师法。例如《汉书·翼奉传》称翼奉好律历阴阳之占，元帝问以"来者以善日邪时，孰与邪日善时"，翼奉对曰："师法用辰不用日。"是阴阳占卜之学而有师法也。又如《后汉书·律历志中》载，光和二年，王汉上《月食注》，"以己巳为元"。灵帝命刘洪考校，说："审己巳元密近，有师法，洪便从汉受；不能，对。"是则历法之学亦有师法。东汉学者蔡邕曰："言天体者有三家：一曰《周髀》，二曰《宣夜》，三曰《浑天》。《宣夜》之学绝，无师法。"④ 是则天算之学亦言师法。又据《三国志·吴志·孙登传》记载，孙权"欲登读《汉书》，习知近代之事，以张昭有师法，重烦劳之"云云，是知史学亦有师法也。但汉世既特重经学，故经学讲师法就显得格外突出。鲁丕上疏曰："臣闻说经者，传先师之言，非从己出，不得相让；相让则道不明，若规矩权衡之不可枉也。"这种观念在汉世深入人心，故

---

① 《后汉书·鲁恭传》。
② 《汉书·儒林传》。
③ 《后汉书·杨厚传》。
④ 《后汉书·张衡传》注引《汉名臣奏》。

"有师法"、"不失师法"、"学通师法"、"以家法教授"等语往往是对经师、学者最高的褒辞。相反，"不守师法"云云则被认为是迹近离经叛道，是一种性质很严重的贬语。西汉孟喜从田王孙受《易》，当博士出缺时，众人荐喜，但汉武帝"闻喜改师法，遂不用喜"①。西汉末刘歆的政敌攻击刘歆，罪名就是"颠倒五经，毁师法"②。东汉徐防上疏指摘时弊，亦以博士弟子"不修家法"为辞。这些都表明，汉人治经重视家法，确是不争的事实。

然而事物的发展，往往并不完全符合人们的意愿。汉人治经虽重师法，但经学的传授，却不可能完全依照旧有的师法进行。子之于父，徒之于师，由于时世的变迁，资质、悟性等各方面条件的差异，学术的传承，必然会各有侧重，对经义的理解，也必然会产生歧异，因此新的家派总是不断出现，新的家法也就不断形成。即以《春秋》学而论，《公羊》、《谷梁》、《左氏》，这已经是《春秋》学的分化了，而《公羊》之中，西汉时又分为严、颜二家。这二家之分，自然是对《公羊》师法的变乱。颜氏公羊学后来又分出泠氏之学、任氏之学，以及管氏之学、冥氏之学，一分为四。到了东汉，《严氏春秋》也有分化，诸如"樊侯学"、"张氏学"、"冯氏章句"等，都是《严氏春秋》的支派。《谷梁》亦有分派，如班固所说"《谷梁春秋》有尹、胡、申章、房氏之学"。《左传》在东汉有"郑、贾之学"，也是分成了两派。到了东汉末年，郑玄"括囊大典，网罗众家"，更形成了所谓"郑氏家法"③。

三、东汉学者崇尚兼综的风气

东汉的经学虽然存在着今古文的界画和壁垒，但实际上在一些学者中间，流行着一种崇尚兼综的风气。今文学者往往涉猎古文经典，古文学者亦常常兼习今文。例如贾逵，本身是个古文大家，但他"虽为古学，兼通五家《谷梁》之说"，而且"以《大夏侯尚书》教授"④。郑兴"少学《公羊春秋》，晚善《左氏传》"⑤，成为东汉《左传》学之祖。桓谭"博学多通，遍习五经……尤好古学"⑥，"尤好"云者，知所治非独古学，一定是今古兼习的。马融亦"博通经

---

① 《汉书·儒林传》。
② 《汉书·王莽传》。
③ 《后汉书·郑玄传》。
④ 《后汉书·贾逵传》。
⑤ 《后汉书·郑兴传》。
⑥ 《后汉书·桓谭传》。

籍",兼习今古,曾著《三传异同说》,① 表明他对今古文都很有研究。他的学生卢植,也是"能通古今学"②。张楷通《严氏春秋》,又通《古文尚书》。③ 尹敏"初习《欧阳尚书》,后受古文,兼善《毛诗》、《谷梁》、《左氏春秋》"④。张驯"能诵《春秋左氏传》,以《大夏侯尚书》教授"⑤。刘祐"学《严氏春秋》、《小戴礼》、《古文尚书》"⑤。这样的事例甚多。至于经典的实际运用,往往更是左右采掇,无分今古。此种兼综的风气,到东汉末年有了进一步的发展,郑玄杂糅今古,网罗众家,应该算是这种兼综的典型了。

---

① 《后汉书·马融传》。
② 《后汉书·卢植传》。
③ 《后汉书·张霸传》。
④⑤《后汉书·儒林传》。
⑤ 《后汉书·党锢传》注引谢承《后汉书》。

第四章 魏晋南北朝时期的《春秋》学

第一节 魏晋经学地位的衰落

东汉后期，社会发生了剧烈的动荡。统治阶级内部的激烈争斗使本已腐败的政权更加衰朽，知识阶层遭到的打击和迫害非常严重。震撼全国的农民大起义以及随之而来的军阀战争，破坏了封建社会的正常的统治秩序，社会的价值观念、意识形态也发生了深刻的变化。如果说郑玄是东汉经学发展的一座里程碑的话，那么他也是东汉经学的殿军人物。郑玄以后，经学明显地走向衰落。曹魏代汉，尽管表面上依然尊孔子、立太学，但实际上统治阶级成员中已很少有通经向学之士了，一般士人研读经典的兴趣也大为降低，士风世俗为之一变。魏明帝太和四年诏称："世之质文，随教而变。兵乱以来，经学废绝，后生进趣，不由典谟。岂训导未洽，将进用者不以德显乎？"① 鱼豢《魏略序》描述当时经学衰落的状况云：

> 从初平之元至建安之末，天下分崩，人怀苟且，纲纪既衰，儒道尤甚。至黄初元年之后，新主乃复始扫除太学之灰炭，补旧石碑之缺坏，备博士之员录，依汉甲乙以考课。申告州郡，有欲学者，皆遣诣太学。太学始开，有弟子数百人。至太和、青龙中，中外多事，人怀避就。虽性非解学，多求诣太学。太学诸生有千数，而诸博士率皆粗疏，无以教弟子。弟子本亦避役，竟无能习学，冬来春去，岁岁如是。又虽有精者，而台阁举格太高，加不念统其大义，而问字指墨法点注之间，百人同试，度者未十。是以志学之士，遂复陵迟，而末求浮虚者各竞逐也。正始中，有诏议圜丘，普延学士。是时郎官及司徒领吏二万余人，虽复分布，见在京师者尚且万人，而应书与议者略无几人。又是时朝堂公卿以下四百余人，其能操笔者未有十人，多皆相从饱食而退。嗟夫！学业沉陨，乃至于此！②

---

① 《三国志·魏书·明帝纪》。
② 《三国志·王朗传》注引。

这条材料清楚地反映了魏世经学衰落的情形。自何晏、王弼倡导谈玄，很快蔚为风气，使儒学更趋不振，直至东晋、宋、齐，这种局面也没有什么大的变化。《南史·儒林传》云：

> 洎魏正始以后，更尚玄虚，公卿士庶，罕通经业。时荀顗、挚虞之徒，虽议创制，未有能易俗移风者也。自是中原横溃，衣冠道尽。逮江左草创，日不暇给，以迄宋齐，国学时或开置，而劝课未博，建之不能十年，盖取文具而已。是时乡里莫或开馆，公卿罕通经术。朝廷大儒，独学而弗肯养众；后生孤陋，拥经而无所讲习。大道之郁也久矣乎！

按玄学之兴，始于正始，此后在士人中间，玄风日炽，儒学日衰，这种情况不能不影响及于政治，而《晋书》的作者更把此种儒玄的消长看做是西晋国家败亡的主因：

> 有晋始自中朝，迄于江左，莫不崇饰华竞，祖述虚玄，摈阙里之典经，习正始之余论，指礼法为流俗，目纵诞以清高，遂使宪章弛废，名教颓毁，五胡乘间而竞逐，二京继踵而沦胥。运极道消，可为长叹息者矣。①

这是魏晋以来的总的文化氛围。"五胡"的侵入与西晋的灭亡，都是在这样的文化背景下发生的事情。

与汉代相比，魏晋儒学的地位为什么会有这样大的落差呢？时代风尚的变化固然是不容忽视的主因，政治上仕进途径及用人标准的改变，也不能不说是一个重要的因素。汉代通经致用，精研经典是入仕的主要一途；随着东汉末年王朝的解体，这种制度也被破坏了。曹魏推行九品官人之法，其精神已与汉时鼓励治经不同；且日久产生流弊，成为一种专门在世家大族中选拔官吏的制度。马端临说：

> 自魏晋以来，始以九品中正为取人之法，而九品所取，大概多以世家为主，所谓"上品无寒门，下品无世族"。故自魏晋以来，仕者多世家。逮南北分裂，凡三百年，而用人之法，多取之世族。如南之王、谢，北之崔、卢，虽朝代推移，鼎迁物改，犹卬然以门地自负，上之人亦缘其门地而用之。……其时仕者，或从辟召，或举孝廉，虽与两汉无异，而所谓从辟召举孝廉之人，则皆贵胄也。②

按马氏所论，颇与当时情形相合。且其时不唯制度有变，用人的标准也大异于

---

① 《晋书·儒林传》。
② 马端临《文献通考》卷三十四《选举七》，中华书局1986年影印本。

前。曹操曾三下求贤之令，公然主张"唯才是举"，广求"被褐怀玉"之士、"盗嫂受金"而有才智之人，甚至起用"不仁不孝而有治国用兵之术"者，这对西汉以来经学优长者即可授官任职的传统无疑是一种巨大的冲击。①

魏晋以来，经学从总体上来讲，是大大地衰落了，经学在社会生活中的地位，与汉代相比，几不可同日而语。就经学本身来看，其不同学派的势力消长，也有着显著的变化。质言之，今文经学大多丧失了官学的地位，取而代之的则是古文经典。王国维曾详论这一变化过程曰：

> 汉世所立十四博士，皆今文学也。古文诸经，终汉之世，未得立学官。……古文学之立于学官，盖在黄初之际。自董卓之乱，京洛为墟，献帝托命曹氏，未遑庠序之事。博士失其官守，垂三十年。今文学日微，而民间古文之学乃日兴月盛。逮魏初复立太学博士，已无复昔人，其所以传授课试者，亦绝非曩时之学。盖不必有废置明文，而汉家四百年学官今文之统，已为古文家取而代之矣。②

接着王氏夷考魏晋时的十九博士，说："此十九博士中，惟《礼记》、《公》、《谷》三家为今学，余皆古学。于是西京施、孟、梁丘、京氏之《易》，欧阳、大小夏侯之《书》，齐、鲁、韩之《诗》，庆氏、大戴之《礼》，严氏之《春秋》，皆废于此数十年之间，不待永嘉之乱而其亡可决矣。"他考证魏世立于学官的诸经说：

> 《魏志·文帝纪》言黄初五年夏四月立太学，制五经课试之法，置《春秋谷梁》博士。似魏初博士之数，与后汉略同，但增置《春秋谷梁》一家。然考其实际，则魏学官所立诸经，乃与后汉绝异。《齐王芳纪》：正始六年十二月辛亥，诏故司徒王朗所作《易传》，令学者得以课试。《王肃传》：肃为《尚书》、《诗》、《论语》、《三礼》、《左氏》解，及撰定父朗所作《易传》，皆立于学官。又《高贵乡公纪》，载其幸太学之问，所问之《易》，则郑玄注也；所讲之《书》，则马融、郑玄、王肃之注也；所讲之《礼》，则《小戴记》，盖亦郑玄、王肃注也。是魏时学官所立诸经，已为贾、马、郑、王之学，其时博士可考者，亦多古文家，且或为郑氏弟子也。③

---

① 参见韩国磐《魏晋南北朝史纲》，人民出版社1983年版，第36页。
② 王国维《汉魏博士考》，《观堂集林》卷四。
③ 王国维《魏石经考三》，《观堂集林》卷二十。

按王氏认为"学术变迁之在上者,莫剧于三国之际"①,这是非常正确的。从东汉末到魏晋之际,是经学由盛而衰的大转折期,也是今古文学地位的大翻盘期。此后今文学日渐衰歇,朝廷所遵、士人所习的儒家经典,大多都是古文经典了。

第二节 魏晋的《春秋》学者与《春秋》经义

一、向郑学挑战的王肃

汉末以来,经学是郑玄一家之学的天下。由于郑玄兼综今古,遍注群经,学问渊深广博,而且弟子众多,几遍天下,因此被人称为"经神",王粲谈到郑康成,称"伊洛已东,淮汉之北,一人而已"②。可见郑玄是如何被人推崇。在当时,郑学是最有势力的显学。三国时期,也有学者对郑学表示不满,对郑玄的经注有所驳正,例如吴国的虞翻,就对郑玄的《易注》多所批评,说郑注"未得其门,难以示世";又"奏郑玄解《尚书》违失事目",凡四事;并称"玄所注五经,违义尤甚者百六十七事,不可不正"③。但由于虞翻的影响毕竟有限,他的驳正纵有合理之处,也丝毫未能动摇郑学的地位。

当时敢于并且有能力公然向郑学挑战的,当推王肃。王肃字子雍,是汉魏之际的名臣兼名儒王朗之子。王朗师事杨赐,杨赐世传《欧阳尚书》。"朗著《易》、《春秋》、《孝经》、《周官》传,奏议论记,咸传于世"④。王肃本人也是个官僚兼学者。从家学渊源来看,他似乎是个今文学者;但他又"善贾、马之学"⑤,像个古文学家。王肃与郑玄一样,也是属于兼综今古的一派,但他却很不喜欢郑学("不好郑氏"),对郑玄注释过的经典重加注解,试图取郑学而代之。旧时学者一般认为,郑玄混淆今古家法;但王肃反对郑玄,绝不是站在辨清今古家法的立场上,而是以今文说反对郑玄的古文说,以古文说反对郑玄的今文说,可以说是完全出自个人的好恶。⑥ 王肃在曹魏时很有权势,他的女儿嫁给了司马昭,篡魏的司马炎就是他的外孙,因此在魏晋之际有不少学者宗主

---

① 王国维《汉魏博士考》,《观堂集林》卷四。
② 《旧唐书·元行冲传》。
③ 《三国志·吴书·虞翻传》注引《虞翻别传》。
④ 《三国志·魏书·王朗传》。
⑤ 《三国志·魏书·王肃传》。
⑥ 参见皮锡瑞《经学历史》,第 155 页。

"王学"。史载高贵乡公在太学与诸儒讲论经义，帝问以郑玄与王肃对《尚书》"曰若稽古"一语的解释何者为是，尽管皇帝偏向于郑说，博士庾峻仍然对以"肃义为长"。王肃所注的《尚书》、《诗》、《论语》、《三礼》、《左传》，以及他所编定的其父所著《易传》，特别受到官方的推崇，"皆列于学官"。

　　王学与郑学对经典的训释多有不同，尤其是在古代郊庙典礼方面，王、郑的说解歧异很大。为了争胜于郑玄，王肃撰《圣证论》，托言孔子之说，以攻驳郑玄。王学的挑战引起了郑门弟子的反击，唐人元行冲所撰《释疑》云："子雍规玄数十百件，守郑学者，时有中郎马昭，上书以为肃缪。"① 又有王基，"散骑常侍王肃著诸经传解及论定朝仪，改易郑玄旧说，而基据持玄义，常与抗衡"②。又有郑玄之门人孙炎，字叔然，人称"东州大儒"，"肃集《圣证论》以讥短玄，叔然驳而释之，及作《周易》、《春秋例》，《毛诗》、《礼记》、《春秋三传》、《国语》、《尔雅》诸注，又注书十余篇"③。王学的拥护者亦不甘寂寞，孔晁、孙毓等申王驳郑，一时间王、郑是非之争成了经学上的一个热门话题。王肃所注《左传》在魏晋之际颇为盛行。此书三十卷，《隋书·经籍志》尚有著录，可知是唐以后才亡佚的。今所见王注的辑本，只有大约四五十条，已很难窥其全豹了。昔人对王肃的学术似乎有些偏见，例如清儒皮锡瑞说："两汉经学极盛，而前汉末出一刘歆，后汉末生一王肃，为经学之大蠹。……二人党附篡逆，何足以知圣经！"④ 如果说皮氏之说还只是基于道德义愤的话，那么另一位清代学者臧琳则直探王氏的本心：

　　　　王肃注书，只嫉郑君之贤而欲出其上，遂逞其庸妄之见以颠倒六经，肃之罪甚于始皇。而晋唐以来，儒者罕觉其谬，遂至转相授受，多为小人所欺。⑤

按臧氏的议论，主要是就《尚书》、《毛诗》、《礼记》三书的王肃注而发的，若是用来说王肃的《左传》注，似乎有欠公道。从今日仅存的几十条注文来看，《左传》王注应该是一部很有价值的著作。这几十条王注的半数以上都被后来杜预的《春秋经传集解》所吸取，可见这不是一部庸妄之作。⑥ 而且说王肃故

---

① 《旧唐书·元行冲传》。
② 《三国志·魏书·王基传》。
③ 《三国志·魏书·王肃传》。
④ 皮锡瑞《经学历史》，第159页。
⑤ 臧琳《经义杂记》之《皇矣篇考正》，《皇清经解》卷二百零四。
⑥ 参见简博贤《今存三国两晋经学遗籍考》，台湾三民书局1986年版，第163页。

意处处与郑玄为难，恐怕也不是事实。例如隐公元年"都城过百雉"，对"雉"字的注解，王肃就与郑玄从同①；僖公十五年之"箕子"，服虔、杜预以为是"纣之庶兄"，而郑玄、王肃则都认为是"纣之诸父"②。就是与郑玄立异之处，其中也不乏值得重视的意见。例如对于昭公十三年的"郑伯男也，而使从公侯之贡"一句，郑玄解释说："男谓子男也。周之旧俗，虽为侯伯，皆食子男之地"，这是说郑虽为伯爵，封地却只相当于男；而王肃则说："郑伯爵而连男言之，犹言曰公侯足句，辞也"，这是说"伯男"连言，就好像"公侯"连言一样，不过是一种笼统的提法。王肃此说，似乎较郑说更为合理一些，因此为杜预所采用。

二、《魏略》中所见之《春秋》学者

魏晋之世，经学虽衰，研习者仍不乏其人，而且古文学者与今文学者之间仍不免时有冲突。例如严干与钟繇之争就很典型。严干，字公仲，冯翊人。官至魏五官中郎将。早年好击剑任侠，后折节读书，在公羊学上很有造诣。钟繇，字元常，颍川长社人，曹魏的名臣，曾官为司隶，是严干的上级。《魏略》记载了严干与钟繇关于《春秋》学的一段争论：

> （严干）特善《春秋公羊》。司隶钟繇不好《公羊》而好《左氏》，谓《左氏》为太官，而谓《公羊》为卖饼家，故数与干共辨析长短。繇为人机捷，善持论，而干讷口，临时屈无以应。繇谓干曰："公羊高竟为左丘明服矣。"干曰："直故吏为明使君服耳，公羊未肯也。"③

按这是学术史上的一个著名的典故，"太官"与"卖饼家"之喻，很能代表当时一些人对《左传》与《公羊传》的看法。所谓"太官"，是掌宫廷膳食之官。《左传》辞义赡富，文采华美，可资取材借鉴之处甚多，故钟繇有"太官"之喻；反观《公羊》，文字贫乏，又无文采，而且地位式微，少人光顾，故比之于"卖饼家"。小本买卖的"卖饼家"与服务于皇帝的"太官"固不可同日而语，这就反映了在当时一部分人心目中，《左传》与《公羊传》地位变化已很悬殊。试想在西汉盛时，有谁能够说公羊学者是"卖饼家"呢？

此外以《春秋》名家者尚有多人。《魏略》以董遇、贾洪、邯郸淳、薛夏、

---

① ②《左传》孔疏。
③《三国志·裴潜传》注引《魏略》。

隗禧、苏林、乐详等七人为一代"儒宗"①，这其中就有多位在《春秋》学上很有建树。

董遇，字季直。他生当汉末，在献帝时做过官，入魏后曾官为侍中、大司农，是当时一位很有影响的大儒。史称他"历注经传，颇传于世"②。"又善《左氏传》，更为作朱墨别异"③，即用红、黑两色抄写或标记《左传》，这大约是一种新的治经方法。《隋书·经籍志》著录有董遇所撰《春秋左氏传章句》三十卷，当是串讲《左传》的著作。董遇的书虽流传至于隋唐，但他的学术传者盖希，所谓"朱墨别异"也失其传。《魏略》云：

> 人有从学者，遇不肯教，而云"必当先读百遍"。言"读书百遍而义自见"。从学者云："苦渴无日。"遇言"当以三余"。或问"三余"之意，遇言"冬者岁之余，夜者日之余，阴雨者时之余也"。由是诸生少从遇学，无传其朱墨者。

按"读书百遍"云云也许确是董氏治《左传》的心得，而且其利用"三余"的苦读精神着实令人钦佩；但此法恐怕并非人人都能接受，且以此法教学生，实无异于不教，宜乎董遇的学生甚少，而其"朱墨别异"也竟失传，这是很令人遗憾的事。

贾洪，字叔业，京兆新丰人。"好学有才，而特精于《春秋左传》"。看来也是以《左传》名家，但他似乎没有什么著作传世。

乐详，字文载。《魏略》云：

> （乐详）少好学，建安初，详闻公车司马令南郡谢该善《左氏传》，乃从南阳步涉诣许，从该问疑难诸要，今《左氏乐氏问七十二事》，详所撰也。所问既了而归乡里，时杜畿为太守，亦甚好学，署详文学祭酒，使教后进，于是河东学业大兴。至黄初中，征拜博士。于时太学初立，有博士十余人，学多偏狭，又不熟悉，略不亲教，备员而已。惟详五业并授，其或难解，质而不解，详无愠色，以杖画地，牵譬引类，至忘寝食，以是独擅名于远近。④

从这段记述中不唯可以知道乐详的学术渊源，亦可想见魏世博士的状况。乐详享寿甚高，他非但以《左传》名家，而且影响及于一方。当然，乐详的升迁，

---

① 《三国志·王朗传》注引《魏略》。
② 《三国志·王肃传》。
③ 《三国志·王肃传》注引《魏略》。
④ 《三国志·杜畿传》注引《魏略》。

端赖于杜畿的拔擢。《魏略》的作者鱼豢是魏晋间人，据他说，"至今河东特多儒者，则畿之由矣"。

邯郸淳、薛夏、苏林三人，史传中不见有精研《春秋》的记载。

隗禧，字子牙，京兆人。甚好学，早年避乱荆州，"不以荒扰，担负经书，每以采稆余日，则诵习之"。黄初年间，隗禧出任谯王的郎中。"王宿闻其儒者，常虚心从学。禧亦敬恭以授王，由是大得赐遗"[①]。鱼豢曾亲受业于隗禧，他记述说：

> （隗禧）年八十余，以老处家，就之学者甚多。禧既明经，又善星官，常仰瞻天文，叹息谓鱼豢曰："天下兵戈尚犹未息，如之何？"豢又常从问《左氏传》，禧答曰："欲知幽微莫若《易》，人伦之纪莫若《礼》，多识山川草木之名莫若《诗》，《左氏》直相斫书耳，不足精意也。"

按所谓"相斫书"，一般理解为"相砍杀之书"，谓书中多记战争之事。自汉以来，今文学家虽不断地排斥《左传》，指摘《左传》记事的疏漏和义理的不纯，但是像这样一针见血地指出《左传》所记多为列强争霸的事实，从而将《左传》完全骂倒，隗禧还是第一人。隗禧解经，是今古文并重的，"豢因从问《诗》，禧说齐、韩、鲁、毛四家义，不复执文，有如讽诵"，因此他不是站在今文家的立场上骂《左传》，而是对《左传》的内容确有深刻的了解，确信《左传》只是记载了春秋时期天下纷争、上陵下替的史实。同时，隗禧可能也是有感而发，因不满于战乱不已的现实而迁怒于《左传》吧。

三、晋世的《春秋》学者

晋世研究《春秋》的学者，主要有杜预、范宁、王接、氾毓、刘兆、范隆、董景道、刘寔、徐邈、虞溥、干宝等人。杜预撰有《春秋经传集解》，范宁撰有《春秋谷梁传集解》，在历史上都曾产生过重大影响，以下还要辟专节论述。其中的王接，很值得注意。《晋书·王接传》云：

> 王接字祖游，河东猗氏人。……父蔚，世修儒史之学。……接学虽博通，特精《礼》、《传》。常谓《左氏》辞义赡富，自是一家书，不主为经发。《公羊》附经立传，经所不书，传不妄起，于文为俭，通经为长。任城何休训释甚详，而黜周王鲁，大体乖硋，且志通《公羊》而往往还为《公羊》疾病。接乃更注《公羊春秋》，多有新义。

[①]《三国志·王肃传》注引《魏略》。

按从传文看王接是一位《公羊》学者，他对《左传》的看法（"自是一家书，不主为经发"）与西汉今文家"《左氏》不传《春秋》"的提法一脉相承，这种看法对后世学者的影响非常之大。他赞赏《公羊传》的解经，肯定何休注的价值，但对何休的某些"非常异义可怪之论"则很不满意。于是他另外作了一部《公羊》的注。他的儿子王愆期，"流寓江南，缘父本意，更注《公羊》"。但这父子二人的《公羊》注都没有传下来，在当时恐怕也没有产生太大的影响。不过可以看出，《公羊》学派在晋代也还曾奋力挣扎，试图通过修正何休的某些谬说来一新自己的形象。

其他晋世《春秋》学者，大多秉承东汉学风之绪余，以《左传》为主，兼通三传。据《晋书·儒林传》记载：

> 刘兆，字延世，济南东平人。……兆博学洽闻，温笃善诱，从受业者数千人。武帝时五辟公府，三征博士，皆不就。安贫乐道，潜心著述，不出门庭数十年。以《春秋》一经而三家殊涂，诸儒是非之议纷然，互为仇敌，乃思三家之异，合而通之。《周礼》有调人之官，作《春秋调人》七万余言，皆论其首尾，使大义无乖，时有不合者，举其长短以通之。又为《春秋左氏》解，名曰《全综》，《公羊》、《谷梁》解诂皆纳经传中，朱书以别之。
>
> 氾毓，字稚春，济北卢人也。奕世儒素，敦睦九族，客居青州，逮毓七世。……于时青土隐逸之士刘兆、徐苗等皆务教授，惟毓不蓄门人，清净自守。……合三传为之解注，撰《春秋释疑》、《肉刑论》，凡所述造七万余言。
>
> 范隆，字玄嵩，雁门人。……博通经籍，无所不览，著《春秋三传》，撰《三礼吉凶宗纪》，甚有条义。
>
> 董景道，字文博，弘农人也。……明《春秋三传》、《京氏易》、《马氏尚书》、《韩诗》，皆精究大义。

又据《晋书·刘寔传》记载：

> 刘寔，字子真。……自少及老，笃学不倦，虽居职务，卷弗离手。尤精三传，辨正《公羊》，以为卫辄不应辞以王父命，祭仲失为臣之节，举此二端以明臣子之体，遂行于世。又撰《春秋条例》二十卷。

按刘寔还著有《春秋公羊达义》三卷。① 从以上这些材料里，不难看出晋世学

---

① 《隋书·经籍志》。

者研究《春秋》经传的大致取向。此外东晋时尚有徐邈,与范宁交好,"所注《谷梁传》,见重于时"①,似乎是一位《谷梁》学者。但徐邈又"撰正五经音训,学者宗之",《隋书·经籍志》著录有徐邈所著《春秋左氏传音》三卷,则他也是兼治《左传》的。又有干宝,这是一位著名史家,本传称他"为《春秋左氏义外传》",《隋志》作"《春秋左氏函传义》十五卷"。干宝还著有《春秋序论》二卷。

四、晋人口中的《春秋》经义

魏晋时期,君主宣谕,臣子进谏,朝廷之上,议礼议政,也还多引《春秋》之义作为立论的根据。仅就《晋书》所载来看,其中明言"《春秋》之义"、"《春秋》之典"、"《春秋》善之"等语的材料,据粗略的统计,约有四十余条。这里的"春秋",有的是指《公羊》,有的则是指《左传》。若是做些数量上的分析,那么其中用《左传》之义的,大约占十之六七,而用《公羊》之义的,则有十之三四。这个比例表明,就《春秋》学来说,《左传》一派已经占了明显的优势,但《公羊》学派也还没有完全消亡,《公羊》的经义也还不断地被人提起。至于晋人引用《春秋》经义的实际情形,我们不妨分别看几个例子:

惠帝惩罚司马繇的诏书云:"《春秋》之典,大义灭亲"②,这显然是指《左传》隐公四年石碏杀子的故事;石苞临终前遗嘱薄葬,有"华元厚葬,《春秋》以为不臣"③语,这里的"春秋",实指成公二年《左传》;蔡谟与庾冰书,为刁协申冤,提到"《春秋》之义,以功补过"④,用的是《左传》僖公三十三年秦穆公"不以一眚掩大德"之义;而元帝时孔愉上书所说的"《春秋》,日有蚀之,天子伐鼓于社"⑤,用的则是文公十五年《左传》的原文。凡此种种,都是晋人将《左传》传文当做《春秋》经义来遵奉的例子。

至于用《公羊》经义之例,如温峤所说"《春秋》大居正,崇王父之命"⑥、

---

① 《晋书·儒林传》。
② 《晋书·齐献王攸传》。
③ 《晋书·石苞传》。
④ 《晋书·刁协传》。
⑤ 《晋书·礼志上》。
⑥ 《晋书·温峤传》。

江统《徙戎论》① 所说"《春秋》之义，内诸夏而外夷狄"，都至为明显。此外如司马颙上书所说的"《春秋》之义，君亲无将"②，则是用的《公羊》庄公三十二年传文。

晋人治《春秋》兼通三传的特点，在运用经义的时候也体现出来了。例如上面提到的江统所作《徙戎论》，先举出《公羊》之义"内诸夏而外夷狄"，然后又论述排斥"夷狄"的道理，归结于"故曰天子有道，守在四夷"。而这"天子有道，守在四夷"，就是变用《左传》昭公二十三年的传文。这里显然是把今古文中相通之义综合在了一起，用来论证自己的观点。由于《公羊传》重在说义，记事往往阙如，也有人把《公羊》之"义"与《左传》中相应的记事放在一起来使用，这也是一种兼采今古的方法。例如凉王李玄盛向晋室所上的表中就曾提到："臣以为荆楚替贡，齐桓兴召陵之师；诸侯不恭，晋文起城濮之役。……九域赖其弘猷，《春秋》恕其专命。"③ 这里所谓"《春秋》恕其专命"，是指《公羊传》对齐桓、晋文在"上无天子，下无方伯"的情况下，自称霸主、专制诸侯的行为所抱的宽容态度，也就是《公羊传》所说的"实与而文不与"，这是《公羊》的"义"；而"齐桓兴召陵之师，晋文起城濮之役"，则是采用了《左传》的记事。把这两者结合在一起，《春秋》的"经义"就显得更加清晰、实在了。

从上面所说的晋人对《春秋》经义的利用可以看出，此时经学虽然趋于衰落，但《春秋》三传在当时的政治生活中仍然保留着相当的影响力。就三传来说，《左传》的地位明显地提高，逐渐成了《春秋》学的主流。这时出了一位大学者，把《左传》的研究推到了一个新的高度，对后世产生了巨大的影响。这个人就是杜预。

第三节　杜预与《春秋经传集解》

一、杜预的生平与著作

自东汉以来，给《左传》作注的颇不乏其人，前面提到过的贾逵、服虔、王肃，是其中荦荦著者。杜预的《左传》注相对后起，但自问世以后，很快便

---

① 《全晋文》卷一百零六。
② 《晋书·河间王颙传》。
③ 《晋书·凉武昭王李玄盛传》。

风行一时，先是在南方，习《左传》者咸尊杜注；继而随着隋唐的统一，孔颖达取杜注作《五经正义》，杜注遂取得了正统的地位。当然，杜注的风行也有其负面的影响，这就是前此诸多古注皆因此而逐渐亡佚了。

杜预，字元凯。他的祖父杜畿，曾任曹魏的尚书仆射。父亲杜恕，曾任幽州刺史。到了杜预这一代，已经在晋朝做高官了。杜预娶晋文帝妹高陆公主，因此他同时也是晋皇室的姻戚。他曾任河南尹，后拜镇南大将军、都督荆州诸军事。杜预是一个文人，同时也有武功，他曾力主伐吴，并为此做了周密的谋划。太康元年（280）正月，他与王濬率兵大举伐吴，终于灭吴，实现了晋世的统一。因此，杜预对于晋室来说是个有大功的人物，同时也是最高统治集团中的一员。

杜预的《左传》注全名为《春秋经传集解》，据《晋书》本传，此书是写于平吴之后：

> 既立功之后，从容无事，乃耽思经籍，为《春秋左氏经传集解》。又参考众家谱第，谓之《释例》。又作《盟会图》、《春秋长历》，备成一家之学，比老乃成。

今按杜预之卒在太康五年十二月，距平吴仅有五年半的时间。也就是说，杜预的《春秋左传注》、《春秋释例》以及《盟会图》、《春秋长历》等等，都是在这五年中完成的。但是杜预在《春秋经传集解》后序中又说：

> 太康元年三月，吴寇始平。余自江陵还襄阳，解甲休兵，乃申抒旧意，修成《春秋释例》及《经传集解》，始讫，会汲郡汲县有发其界内旧冢者，大得古书。

按汲县发掘旧冢大得古书，在太康二年（281），据杜预的说法，撰成《释例》与《集解》既与发掘汲冢事相接，那么这两部书的完成当在平吴后的一两年之内。在这样短的期间完成如此大量的学术工作，时间未免过于促迫。其实，杜预的著述，恐怕不自平吴始。杜预自称有"《左传》癖"，可见他有着浓厚的学术兴趣。他的著述，既然说是"申抒旧意"，则恐怕早就有所准备，早就积累了一些资料或者心得。正因为这样，故而他晚年成书较易。至于这部《春秋经传集解》的作意，杜氏自己在序文中有所交代，他说：

> 古今言《左氏春秋》者多矣，今其遗文可见者十数家。大体转相祖述，进不成为错综经文以尽其变，退不守丘明之传。于丘明之传有所不通，皆没而不说，而更肤引《公羊》、《谷梁》，适足自乱。预今所以为异，专修丘明之传以释经。经之条贯，必出于传；传之义例，总归诸凡。推变

例以正褒贬，简二传而去异端，盖丘明之志也。其有疑错，则备论而阙
　　之，以俟后贤。

看来杜氏不满意于前人对《左传》的注解，更反对杂引《公》、《谷》以解经，他主张坚守《左传》的营垒，用《左传》去释经。至于用传文解释不了的地方，则宁肯阙疑以待。

　　杜预的注本名为《春秋经传集解》，这个"集解"，与稍早时何晏的《论语集解》名同而实不同。何晏的《集解》确乎是集孔、包、马、郑诸家之解，且各标举其姓名；而杜预对前贤的工作，则基本上持一种批评的态度，他说：

　　然刘子骏创通大义，贾景伯父子、许惠卿皆先儒之美者也，末有颖子
　　严者，虽浅近亦复名家。故特举刘、贾、许、颖之违，以见同异。①

这里看不见对前贤的吸取，有的只是标举诸家之违失。至于"集解"二字，杜预说：

　　分经之年，与传之年相附，比其义类，各随而解之，名曰"经传集
　　解"。

按汉魏时期经、传都是各自单行的，自杜预始把经、传合在了一起。陆德明《经典释文》云："旧夫子之经与丘明之传各卷，杜氏合而释之，故曰'经传集解'。"如此看来，杜预的"集解"似乎是"集经传而解之"的意思。

　　尽管杜预没有提到他吸收了哪些前人的成果，但据我的研究，杜注绝非空无依傍；不仅不是空无依傍，而且可以说是对旧注大量加以采择，特别是对字词的训诂、名物制度的诠释，有相当一部分是承袭前人的旧说的。例如对服虔注，杜预就多有承袭。今日所见服注只有清人的辑本，虽说是百不存一，也还可以与杜注做个比较。李贻德所辑服注有八百余条，其中一百八十多条没有相对应的杜注，这一部分自然无从比较；剩下的六百多条服注中，竟有将近六成与杜注基本相同，而且其中有相当一部分是一字不差地被杜氏采用的。如果我们考虑到今日所见服注有很多是从孔颖达《正义》中辑出的，而孔氏作《正义》时引用服注往往是因服、杜义异而提出来比较的，则杜预作《集解》时吸收服注的比例可能会更高。另外如前所述，在今日仅存的几十条王肃的《左传注》中，有半数以上都被杜预的《集解》所吸取。可见杜预的《集解》虽然没有明说，实际上也确是集众家之解的产物，这恐怕也是他能在短期内迅速成书

---

① 杜预《春秋经传集解序》，《十三经注疏》本。本节以下所引杜预之说，凡同此注者，不另出注。

的一个重要原因。不过,杜氏也正缘此而颇招后人的攘善之讥。①

二、"经承旧史,史承赴告"的思想

然而杜预在《春秋左传》的研究史上,实有其特殊的重要地位,这是因为他毕竟还有许多创造性的贡献。像把经与传合编在一起("分经之年与传之年相附"),成为今天我们所看到的这个样子,就是杜预的一大创造。此外较为突出的还有两点:一是"经承旧史、史承赴告"的思想,一是有关《春秋》的"例"的理论。

杜预对《春秋》的总的看法,是认为《春秋》基本上是鲁史旧文。他说:

> 《春秋》者,鲁史记之名也。记事者以事系日,以日系月,以月系时,以时系年。所以纪远近、别同异也。……《周礼》有史官,掌邦国四方之事,达四方之志。诸侯亦各有国史。大事书之于策,小事简牍而已。孟子曰:楚谓之梼杌,晋谓之乘,而鲁谓之春秋,其实一也。

这是根据孟子的说法,强调《春秋》本是鲁史。但在杜预看来,鲁史与其他诸侯的史记有所不同,因为鲁是周公的封国,鲁史保留了大量的周公遗制:

> 韩宣子适鲁,见《易象》与《鲁春秋》,曰:"周礼尽在鲁矣。吾乃今知周公之德与周之所以王。"韩子所见,盖周之旧典礼经也。

周公既是周代典制的制订者(旧说如此),那么《鲁春秋》中所反映的当然也就是周公的思想和意志。但随着时代的推移,《鲁春秋》也不那么合乎规范了,于是有孔子"修《春秋》"之举:

> 周德既衰,官失其守,上之人不能使《春秋》昭明,赴告策书,诸所记注,多违旧章。仲尼因鲁史策书成文,考其真伪,而志其典礼。上以遵周公之遗制,下以明将来之法。其教之所存,文之所害,则刊而正之,以示劝戒,其余则皆即用旧史。史有文质,辞有详略,不必改也。故传曰"其善志",又曰"非圣人孰能修之"。盖周公之志,仲尼从而明之。

看来孔子所做的工作,主要有这么两点:一是"因鲁史策书成文,考其真伪,而志其典礼";一是"其教之所存,文之所害,则刊而正之,以示劝戒"。所谓"刊而正之",就是改变史策原文的记事方法,使之合乎通则,也就是合于"例"。除此之外,"其余则皆即用旧史",也就是大量照搬鲁史旧文。这些鲁史旧文,显然不出于一手,但只要不与名教、大义冲突,就不加改动,"史有文

---

① 参见钱大昕《左氏传古注辑存序》,《潜研堂文集》卷二十四,上海古籍出版社1989年版。

质，辞有详略，不必改也"。这就是杜预的"经承旧史"说。至于史记的材料来源，鲁史官自记本国之事，自不必说；其他各国的史事，本着"告则书"的原则，得之于别国的情况通报。别国虽有大事，若不"赴告"，鲁史也不书之于《春秋》；怎样赴告的，鲁史便怎样书写，所谓"国史皆承告据实而书"①是也。杜预撰写《集解》，就是以这"经承旧史、史承赴告"为基本立足点的。从这一点出发去注解《春秋》，很可以避免牵强附会的毛病。

杜注中常见"阙文"字样，盖杜预以此来解释《春秋》中的一些"不书"。既然是"经承旧史"，史册难免有脱误，阙文也就难免。例如桓公四年《春秋经》只记有春、夏之事，对秋、冬只字未提，杜预《集解》云："今不书秋、冬首月，史阙文。"又如桓公六年《左传》记有鲁大夫为齐人得罪郑大夫之事，《春秋》对此没有记载，杜预就注云："经不书，盖史阙文。"僖公二十八年《春秋》"壬申，公朝于王所"，没有标明月份，杜预注云："有日而无月，史阙文。"这样的解释，比起今文家一味地务作深求来，自然要平实可信得多。

对于《春秋》中记载同一类事情有时用语的不够一致，杜预的解释也较为合理。桓公十三年经云："及齐侯、宋公、卫侯、燕人战。齐师、宋师、卫师、燕师败绩"，杜预注云："或称人，或称师，史异辞也。"杜预之所以有此注，是因为《春秋》书"败绩"者凡十六例，多数情况都是称"某师败绩"，而庄公二十八年则称"卫人败绩"，杜预认为这里并无深意，只不过是史官变换了一下词汇。正如孔疏所说："此败称师而彼败称人，是史异辞也。史非一人，立辞自异，非褒贬之例也。"又如同样是记录陨石，庄公七年经云："星陨如雨"，僖公十六年经云："陨石于宋五"，杜预注云："庄七年星陨如雨，见星之陨而队于四远若山若水，不见在地之验；此则见在地之验，而不见始陨之星。史各据事而书。"

《春秋》记事如与《左传》不同，杜预每以"从赴"解之。例如里克杀公子卓，据《左传》在僖公九年十一月，而《春秋》则记于十年春，杜预解释说："弑卓在前年而以今春书者，从赴也。"又僖公二十八年"晋人执卫侯"一事，《左传》书于"鲁公朝王"事之前，而《春秋》则排在"朝王"之后，杜预注云："执卫侯，经在朝王下，传在上者，告执晚。"原来鲁史官接到卫侯被执的通报较晚，故而将此事排在了后面。又成公六年《左传》记晋、卫、郑、伊洛之戎、陆浑蛮氏联合侵宋，而《春秋》唯书"卫孙良夫帅师侵宋"，杜预

---

① 杜预《春秋经传集解后序》，《十三经注疏》本。

解释说："经惟书卫孙良夫，独卫告也。"既然其他各国都没有"来告"，鲁国的史官自然也就"不书"了。

《春秋》记事总要标明时间，但时（指四时）、月、日的书法很不划一，有时是时、月、日俱全，有时则仅有其一或其二。《公羊》、《谷梁》都在这上面大做文章，有所谓"日月时例"，而且还分"正例"和"变例"，似乎那书法上的每一微小差别都有深意在。杜预基于"经承旧史、史承赴告"的认识，坚决反对有关日月时例的种种说法。他说：

> 凡日月者，所以纪远近、明先后，盖记事之常，录各随事，而存其日月，不有阙也。国史集而书于策，则简其精粗，合其同异，率意以约文。案《春秋》朝聘、侵伐、执杀大夫、土功之属，或时或月，皆不书日；要盟、战败、崩薨、卒葬之属，亦不皆同，然已颇多书日。自文公已上，书日者二百四十九；宣公已下，亦俱六公，书日者四百三十二。计年数略同，而日数加倍，此则久远遗落，不与近同也。承他国之告，既有详略，且鲁国故典，亦又参差。去其日月，则或害事之先后；备其日月，则古史有所不载。故《春秋》皆不以日月为例。①

杜预发现宣公以下书日者较前明显增多，他是用年代久远、史册有所脱漏来解释的。另外史官既承他国之告，各国记事之法又很难划一，反映在《春秋》上自然是"不以日月为例"了。

对于今文家的一字褒贬之说，杜预事实上是持否定态度的。这很自然，既然《春秋经》基本上是鲁史旧文，本成于众手，遣词用语有某些差异是再自然不过的事。而且年代久远，史文阙佚，硬要说哪怕是一字之差都义含褒贬，是难以自圆其说的。但"一字褒贬"之说颇能抬高《春秋经》的地位，杜预也不便公然地否定；他虽表面上承认经有"一字褒贬"，却主张根据《左传》来判断经义。他说：

> 《春秋》虽以一字为褒贬，然皆须数句以成言。非如八卦之爻，可错综为六十四也。固当依传以为断。

按卦由六爻组成，只要其中一爻有变，就会出现一个新卦，由此可以变换出六十四卦来。《春秋》可不是这样。一字有变，还"须数句以成言"。这实际上是反对"一字褒贬"说的。所谓"依传以为断"，是说经文如有变化，要看《左传》上怎么解释。只有《左传》上出现了专门解经的话，那经文的变化才有褒

---

① 杜预《春秋释例》卷一"大夫卒例"，《丛书集成》本，第26页。

贬之义可言。而《左传》中的这些解经语，都被杜预说成是"例"。

三、杜预关于"例"的理论

以"例"说《春秋》，本来是今文家的传统，在论何休的那一节里，我曾对公羊家的"例"做过详细的说明。《春秋》文字奇简，又据说寓有褒贬，有不少"微言大义"，如果记事没有"例"，那真是不可想象的。《左传》既是释经之书，自然也要在"例"上有所发明，非如此不能餍读者之心，不能塞谤者之口。于是杜预就结合《左传》的传文，对《春秋》的"例"做了一番归纳整理，提出了他自己关于《春秋》之"例"的理论。

按照杜预的说法，《春秋》的"例"是由周公制定的："其发凡以言例，皆经国之常例，周公之垂法，史书之旧章"。孔子则是根据周公之例对鲁史做了一番整理："仲尼从而修之，以成一经之通体，其微显（疑当作显微）阐幽，裁成义类者，皆据旧例而发义，指行事以正褒贬"。在这一点上，杜预与前此的今文家有着显著的不同。今文家尊孔子，以为《春秋》完全是孔子的制作，反映的当然也就完全是孔子的思想；杜预亦尊孔子，但在孔子之上又多出了一位周公。这反映了古文学派更加注重为儒家思想寻求历史渊源。

杜预对他所认定的阐发经义的《左传》评价甚高。他说：

> 左丘明受经于仲尼。……身为国史，躬览载籍，必广记而备言之，其文缓，其旨远，将令学者原始要终，寻其枝叶，究其所穷，优而柔之，使自求之，餍而饫之，使自趋之，若江海之浸，膏泽之润，涣然冰释，怡然理顺，然后为得也。

按"其文缓"是说《左传》记事详备，文字繁富；"其旨远"是说传文含义幽深。《左传》之所以如此，是要让读者自己涵泳体会，浸润而有得。在杜预看来，这正是《左传》的妙处。但也正因为这样，造成了有的时候《左传》记事与《春秋》不大吻合。二书记事的起讫对不上榫，此其一；无经之传与无传之经大量存在，此其二；记同一件事，《左传》与《春秋》的遣词用语多有不同，此其三。这些很容易被攻击《左传》的人用来作为论证《左传》不传《春秋》的口实。杜预为了捍卫《左传》作为《春秋》之"传"的地位，苦心制造了这样一套理论，他说：

> 左丘明……以为经者不刊之书也，故传或先经以始事，或后经以终义，或依经以辨理，或错经以合异，随义而发。其例之所重，旧史遗文，略不尽举，非圣人所修之要故也。

因为经是"不刊之书",所以传文的先后、详略都不会影响经义的完整,故而左氏作传的自由度还是很大的。所谓"先经以始事",据孔颖达的疏解,就是"先经为文以始后经之事"。传本是解经的,但有些传文却写在了相对应的经文的前面,例如《左传》开篇先述一番宋仲子嫁鲁惠公、为夫人、生桓公之事,为的是解释经文只书"元年春王正月"而不书"公即位"的原因。又如隐公四年经有"卫州吁弑其君完"之文,而隐公三年传却先有"卫庄公娶于齐东宫得臣之妹"一段记载。此段传文叙述了卫庄公数娶而后得子(完)之事,又交代了公子州吁的身世及石碏谏宠州吁的经过。这些传文对于解释隐公四年的经文"卫州吁弑其君完"及"卫人杀州吁于濮"来说是很必要的。这就是"先经为文以始后经之事"。所谓"后经以终义",按孔颖达的解释,就是"后经为文以终前经之义"。也就是说,一条经文所记的某件事情,可能会延续到下一年或后几年,故在此后若干年的《左传》传文可能还会与此相关。我们在第一章曾称这种传文为"余传"。例如《左传》庄公十六年"郑伯治与于雍纠之乱者",就是十九年前(桓公十五年)经文"郑伯突出奔蔡"的余传。郑伯惩治参与杀害雍纠的人,显然是对前经的后事做一交代。这就是"后经为文以终前经之义"。所谓"依经以辨理",当是指经记有其事,传文说明所以这样记的道理。所谓"错经以合异",则是指经传用语不同这样一种情况,例如经用"侵",传用"伐",或者传用"侵",经用"伐"之类,这叫做"文虽异而理则合"。所谓"其例之所重,旧史遗文,略不尽举",是解释所以会有"无传之经";至于大量的"无经之传",则前面提到的"将令学者原始要终,寻其枝叶,究其所穷"云云已足以说明了。杜预此说,形成了一套完整的理论,使当时的《左传》学者更平添了几分自信,比起西汉末刘歆一味地骂今文家抱残守缺、妒嫉雷同来,自然是圆熟得多了。

在杜预看来,左氏解释《春秋》,大体上是采取三种方式,一为"正例",二为"变例",三为"非例"。《左传》中常见"凡诸侯同盟,于是称名"之类带有"凡"字的句子,这种句子表达的就是《春秋》"正例"。这样的句子在《左传》中共有五十句,故亦称"五十凡"。杜预注云:"此言凡例,乃周公所制礼经也。"① 又据前所说"其发凡以言例,皆经国之常制,周公之垂法,史书之旧章",则这"五十凡"应当是周公的定例。孔子修《春秋》,一方面是继承了周公之志,同时也做出了自己的贡献,《左传》中"不书"、"故书"等解经语,

---

① 《左传》隐公七年杜注。

就是孔子确定的变例:"其微显阐幽,裁成义类者,皆据旧例而发义,指行事以正褒贬,诸称书、不书、先书、故书、不言、不称、书曰之类,皆所以起新旧,发大义,谓之变例"。这是说孔子是利用这些变例来表达他的褒贬的。正例和变例在《左传》中都是很明显的,都有固定的表达方式,一望可知。除此之外,就没有例可言了:"其经无义例,因行事而言,则传直言其归趣而已,非例也"。这是说《左传》的绝大多数传文都只是备述事情始末,经既无例,传也自然不是阐发义例。因此有些在《公》、《谷》中被称为"例"的东西,杜氏认为并不是"例"。例如诸侯称"人",《公羊》认为经有贬意,构成了一"例",可是杜预却说:"通校《春秋》,自宣公五年以下,百数十年,诸侯之咎甚多,而皆无贬称人者,益明此盖当时告命记注之异,非仲尼所以为例故也。"①

照杜预的说法,《春秋》固然有例,但其例是有限的,仅局限于《左传》中明文表达的正例与变例,其他则仅仅是记事,没有什么例好言了。比起今文家的说经,这样言例要朴实可信得多,这恐怕也是杜注容易被人接受的一个原因吧。

至于《春秋》中的正例和变例,共有五种表达方式,也就是说,《春秋》的"书法"(某种写法表达一种什么意思)可以有五种不同的情形,杜预称之为"为例之情有五"。这五种情形杜预曾分述如下:

一曰微而显。文见于此,而起义在彼。"称族尊君命,舍族尊夫人"、"梁亡"、"城缘陵"之类是也。

二曰志而晦。约言示制,推以知例。"参会不地"、"与谋曰及"之类是也。

三曰婉而成章。曲从义训,以示大顺。诸所讳辟、"璧假许田"之类是也。

四曰尽而不污。直书其事,具文见意。"丹楹刻桷"、"天王求车"、"齐侯献捷"之类是也。

五曰惩恶而劝善。求名而亡,欲盖而章。书齐豹"盗"、三叛人名之类是也。

对于今日的读者来说,杜预所举的这些例子不免过于生疏,因此似乎还有必要稍加解释。第一项"微而显",是说《春秋》对记事文字稍加变化,隐约

---

① 《春秋释例》卷一"会盟朝聘例",《丛书集成》本,第10页。

表达出"义"来。例如成公十四年《春秋经》曰："秋，叔孙侨如如齐逆女。九月，侨如以夫人姜氏至自齐。"经记此事两提侨如，但一处提到了侨如的氏"叔孙"（这叫"称族"），另一处则没有提（此即"舍族"）。《左传》解释说："称族，尊君命也。""舍族，尊夫人也。"这就是一种示例，在《春秋》中其他地方如果再看到类似的记法，都可以照这样来理解。又如僖公十九年《春秋经》曰："梁亡。"此事在《左传》中有记载，可知灭梁的是秦国。但经不说"秦灭梁"，却说"梁亡"，《左传》解释说："不书其主，自取之也。"原来《春秋》贬斥梁主，认为他是自取灭亡。像这样的表达褒贬，不经指出，读者是很难自己从经文中体会出来的。这就叫做"微而显"——辞微而义显的意思。

第二项"志而晦"，是说《春秋》有时用极少量文字（即所谓"约言"）的变化，表达某种确定的事实，这已形成了一种规制。例如对于盟会的记载，《左传》就归纳出这样一种"例"来：只有两国相会，则记作"盟于×地"；若是三国以上盟会，"自参（同'三'）以上，则往称地，来称会"①，即鲁君出国盟会记地名，别国来盟则只书"会"，不记地点，这就叫做"参会不地"。又如宣公七年《春秋经》曰："公会齐侯伐莱"，至于为什么这里用"会"字不用"及"字，《左传》解释说："凡师出，与谋曰'及'，不与谋曰'会'。"原来如果事先相与合谋，共同出兵，则记事用"及"字；若只是被迫出兵，随同前往，则记事用"会"字。杜预把《左传》中的这一类的例称为"志而晦"（"志"指记事，"晦"有隐晦、深奥义）。

第三项"婉而成章"，是说《春秋》记事有时为了照顾天子及鲁君的脸面，要屈曲地表达，要有所避讳。替君主掩恶扬善，本来就是做臣子的义务，因此说这是"示大顺"。《春秋》中避讳之处不止一端，例如"天王狩于河阳"之类，都是不惜改写事实的。又如隐、桓之际郑国用祊田另加"璧"交换鲁国的许田，这在当时有违礼法，算是一种"恶行"，因为未经天子允许，诸侯之间是不准私自交换土地的。《春秋》为了替鲁君也替天子讳，将此事记作"郑伯以璧假（借）许田"，一场土地的交换表面上看来就变成租借了。

第四项"尽而不污"，也是一种"例"的类型。"污"殆"纡"字之讹。纡，曲也。这种例就是直书其事，读者从这事中自可看出是非褒贬。例如庄公二十三年《春秋经》云："丹桓宫楹"，次年经云："刻桓宫桷"，就是直书其事。《左传》评论说："皆非礼也。"显而易见，《春秋》是将非礼的事照直记录

---

① 《左传》桓公二年。

下来了。又如桓公十五年《春秋》曰："天王使家父来求车"，庄公三十一年《春秋》曰："齐侯来献戎捷"，《左传》也都认为"非礼"。《春秋》于此二年也都是直书其事的。

第五项"惩恶而劝善"，是说对恶人恶事，贬抑不遗余力；对善人善事，则劝赏唯恐不周。例如昭公二十年《春秋经》云："盗杀卫侯之兄絷。"据《左传》，杀絷的本是卫国之卿齐豹，齐豹杀絷，本是要博个不畏强御之名的，可是《春秋》偏偏仅记作"盗杀絷"，这就叫做"求名而亡"。又如邾庶其、莒牟夷、邾黑肱都是带着土地叛逃鲁国的，《春秋》一律记载了他们的名字，这就是所谓"三叛人名"（"名"是动词，记名之谓也），《春秋》是有意要留下他们的恶名的。

杜预所述这"为例之情有五"，其实完全是借用《左传》当中的话，《左传》成公十四年引"君子曰"："《春秋》之称，微而显，志而晦，婉而成章，尽而不污，惩恶而劝善。非圣人，谁能修之？"这是《左传》的编撰者对《春秋》的赞美。所谓"《春秋》之称"，是指《春秋》的遣词造句；"微而显"云云，是说《春秋》的遣词造句有这五种微妙的特征和作用。某种遣词造句的方式表达某种特定的含义，这正是所谓"例"的意义所在，于是杜预就用这五句原本是赞美《春秋》的话，概括了《春秋》的全部义例。《春秋》是否真的有这种种义例，例如"与谋曰及"等等是否适用于《春秋》全经，那是另外一个问题；至少在杜预的《春秋》学理论里，对"例"是这样进行归纳的。我们可以看到，杜预并非不言例，只是他认为《春秋》中的例不过上述五种，除此之外，便都是史策旧文，无例可言了。

四、《集解》"强经以就传"的倾向

杜预自称有《左传》癖，从《集解》来看此言不虚。《左传》与《春秋》，不管是记事，还是用语，本多有不一致之处，杜预在作注的时候，往往倾向于相信《左传》，宁肯说经有误，也不肯说传有误。因此，旧时学者多有指责他"强经以就传"的。[①] 在我们今日看来，杜预的笃信《左传》，主要表现在两个方面：一是遇有经、传不一致之处，总是疑经而不疑传；二是对《左传》编者的思想观点极尽阐发之能事。

杜注中明确表示疑经的地方很不少，主要是怀疑《春秋》文字上有缺误以

---

① 参见《四库全书总目》之"春秋左传正义"条。

及记事时间上有差错。例如庄公六年经云:"齐人来归卫俘",此事在传文中作"齐人来归卫宝",杜注就"疑经误"。又如昭公八年《左传》云"大蒐于红",而《春秋》作"蒐于红",于是杜注云:"不言大者,经文阙也。"襄公三年《春秋》云:"六月……戊寅,叔孙豹及诸侯之大夫及陈袁侨盟",杜注:"据《传》,盟在秋,《长历》推戊寅,七月十三日,经误。"昭公二十二年《左传》云:"十一月乙酉,王子猛卒",而经云"十月",杜注:"乙酉在十一月,经书十月,误。"像这样的例子是很多的。

  杜预过信《左传》的另一个表现,就是对《左传》编者的思想、观点,不加分析,一概尽力地阐发、维护,也不管与《春秋》的记事是否冲突。例如《左传》宣公四年有这样一条义例:"凡弑君,称君,君无道也;称臣,臣之罪也。"杜预云:"称君者,惟书君名,而称国、称人以弑,言众之所共绝也;称臣者,谓书弑者主名,以垂来世,终为不义而不可赦也。"① 这是说如果《春秋》仅记作"某(国名)弑其君某(人名)"或"某(国名)人弑其君某(人名)",那表明这国君无道,被众人所抛弃;如果写出了弑君者之名,那么就说明这弑君者有罪,罪不容诛。在封建社会里,弑君是一个非常敏感的问题。主张君主专制,便不能容忍任何弑君的行为;如君而可弑,君主的绝对权威便无从谈起。《左传》的作者显然并不一般地谴责弑君,他将相当一部分弑君事件的责任推到了恶君那里,这无异于主张在一定条件下弑君合理。在君主专制高度发展的时代,这种主张很容易被人说成是非圣无法,大逆不道。但杜预为了维护《左传》,对这条"例"仍然做了委婉的解释,尽管显得躲躲闪闪,含糊其辞:

  天生民而树之君,使司牧之,群物所以系命也。故戴之如天地,亲之如父母,仰之如日月,事之如神明。其或受雪霜之严,雷电之威,则奉身归命,有死无贰。故《传》曰:"君,天也,天可逃乎!"此人臣所执之常也。然本无父子自然之恩,未有家人习玩之爱,高下之隔悬殊,壅塞之否万端,是以居上者降心以察下,表诚以感之,然后能相亲也。若亢高自肆,群下绝望,情义圮隔,是谓路人,非君臣也。人心苟离,则位号虽存,无以自固。②

按杜预首先指出了在正常情况下人臣应该奉君主为天,天命不可逃,君命不可违。但君臣之间非如父子,没有天然的亲密情感,如果君主自肆无道,人臣绝

---

①②《春秋释例》卷三"书弑例",《丛书集成》本。

望，君臣情义就会断绝，君臣也就成了路人，"弑君"自所难免。在这种情况下，与其指责人臣的"弑君"，不如指责君主的"无道"，因为这样的弑君毕竟是君主自己招来的。这应该说是很大胆的言论了。但杜预接着笔锋一转，又说：

> 然君虽不君，臣不可以不臣。故宋昭之恶，罪及国人，晋荀林父讨宋，曰："何故弑君"，犹立文公而还，深见贬削。诸怀贼乱以为心者，固不容于诛也。若郑之归生，齐之陈乞，楚之公子比，虽本无其心，《春秋》之义，亦同大罪，是以君子慎所以立也。①

按宋昭公被弑，在鲁文公十六年，《春秋》记云"宋人弑其君杵臼"，杜注以为"称君，君无道也"。但次年晋人等以弑君伐宋，杜又注云："昭公虽以无道见弑，而文公犹宜以弑君受讨……明君虽不君，臣不可以不臣，所以督大教。"可见他在这个问题上的游移与首鼠。

《左传》中有关弑君的这一条义例，实际上与《春秋经》的记载很有一些矛盾，例如宣公二年经云"赵盾弑其君夷皋"，按照"称臣，臣之罪也"的义例，《春秋》是谴责赵盾的；但此事在《左传》中有详细的记载，传文明言"晋灵公不君"，而且传文也明显地表现出了同情赵盾的立场。

《左传》对弑君行为所抱的这种分析的态度，对某些情况下弑君行为的容忍，与《春秋》的立场是否一致？这是很令人怀疑的。杜预也看到了经、传在这上面有时可能有矛盾，但他总是曲为弥缝，总是固守着《左传》的原则，对《春秋》做出这样那样的解释。例如晋灵公被弑一事，《左传》明言"晋灵公不君"，并且详细记述了他的种种暴行，按说《春秋》应该记作"晋人弑其君夷皋"（书君之名，且称人以弑）才对；可《春秋》上分明写着"晋赵盾弑其君夷皋"，于例显然不合。杜预只好说："灵公不君而称臣以弑者，以示良史之法，深责执政之臣。"杜氏之意，《春秋》本来是不应提赵盾之名的，但为了表彰"良史"的书法，并责备执政的失职，所以才这样写的。又如郑灵公的被弑，《春秋》宣公四年记云："郑公子归生弑其君夷。"但据《左传》记载，弑君的首恶实是公子宋，归生起初是反对弑君的，只是后来惧怕祸及自身，才勉强参与的，若按《左传》所揭义例，《春秋》应大书"公子宋弑君"才对。《左传》对《春秋》只书归生的解释是"权不足也"，于是杜预也就跟着敷衍了几句："子家（归生）权不足以御乱，惧谮而从弑君，故书以首恶。"这样的注虽

---

① 《春秋释例》卷三"书弑例"，《丛书集成》本。

说比不注也强不了多少，但他迁经以就传的意图却是十分明显的。

五、杜注与服注的势力消长

杜预的《集解》成书以后，很快在士人中流行开来。东晋元帝时，《左传》的杜注与服虔注同立于学官。① 据《隋书·经籍志》记载："晋时，杜预又为《经传集解》。《谷梁》范宁注，《公羊》何休注，《左氏》服虔、杜预注，俱立国学。然《公羊》、《谷梁》但试读文，而不能通其义。后学三传通讲，而《左氏》唯传服义。"这后一句《隋志》所说并不确切，"唯传服义"的仅是北朝的大部分地区，而在南方，从东晋到南朝，杜注大有压倒服注之势。《南史·儒林传》云：

> 崔灵恩，清河东武城人也。少笃学，遍习五经，尤精《三礼》、《三传》。仕魏为太常博士。天监十三年归梁。……灵恩聚徒讲授，听者常数百人。……灵恩先习《左传》服解，不为江东所行，乃改说杜义。每文句常申服以难杜，遂著《左氏条义》以明之。时助教虞僧诞又精杜学，因作《申杜难服》以答灵恩，世并传焉。僧诞会稽余姚人，以《左氏》教授，听者亦数百人。该通义例，当世莫及。

按崔灵恩始仕魏而后归梁，他本是讲服氏义的，但到了南方后发觉他所习的服氏之义"不为江东所行"，于是改说杜义。可见此时杜注在南方已大为盛行，为多数人所喜闻，崔灵恩的改宗，正是迎合此种时尚。但他骨子里仍然宗服，因此常常"申服以难杜"。这就引起了宗杜学的虞僧诞的反驳。值得注意的是，这两人的论辩当世并传，可见服注也还有相当的势力。又据《南史·儒林传》载，王元规也曾对杜注做过进一步的解释、发挥，为杜注压倒服注推波助澜：

> 王元规，字正范，太原晋阳人也。……后主在东宫，引为学士，就受《礼记》、《左传》、《丧服》等义。……自梁代诸儒相传为《左氏》学者，皆以贾逵、服虔之义难驳杜预，凡一百八十条。元规引证通析，无复疑滞。

按从这条材料可以看出，直至梁代，尚不断有人以贾、服义攻驳杜预。经过王元规的"引证通析"，已使杜注"无复疑滞"了。当时在北方河洛地区，《左传》服注尚普遍为儒者所宗，而在南方，杜注则已占压倒的优势了。

杜注为什么能够风行一时，且逐渐压倒了贾、服等古注呢？有人认为这是因为杜预在晋世官位甚隆，又是司马懿的女婿，他的学术的传播得力于他的政

---

① 《晋书·荀崧传》。

治势力。此说固然有一定的道理，但还不够全面。杜氏的《集解》成于他的晚年，书成不久，杜预就死去了，要说《集解》的风行全靠作者的官势，恐怕难以服人。平情而论，杜注自有其超越前人的地方。杜盛服衰，恐怕主要还是本身条件使然，杜注也许更适合当时人的需要及口味。这里至少有三点值得提出来讨论。

（1）杜注广泛吸收了前辈学者的优长，虽不免攘善之讥，但毕竟完成了一部在当时确是"集众美于一身"的著作。这样的著作当然会为人们所欢迎。

（2）杜预坚持"经承旧史，史承赴告"的观点，把《春秋》与《左传》作为古代史策来解释，这显然最接近于《春秋》、《左传》本来的性质，因此他的注释每每显得最为合理，容易被人接受。例如对《春秋》阙文的解释，对日月时书法抵牾的解释，对经传异文的解释，都能讲得合情合理，比起先儒牵强附会的说解来，自然更能餍读者之心。再有，魏晋南北朝时期是史学繁荣发展的时期，此时社会的历史意识高扬，史家辈出，史著层出不穷。在这样的时代，杜预揭示出《春秋》、《左传》之本来的史书性质，自然易于得到士人的认同。

（3）杜注所以能够压倒服注，还有一个重要的原因，就是杜注的简约战胜了服注的繁芜。《北史·儒林传》云："大抵南北所为章句，好尚互有不同。……南人约简，得其英华；北学深芜，穷其枝叶。"比较起来，服注就属于深芜繁琐的一类，而杜注则称得上"约简"。今日我们所见之服注，乃是从古人注疏及类书中辑出，多为断简残章、片鳞只爪，即便如此，倘取服注若干条与杜注相互比照，还是不难发现杜、服之间简约与繁芜的差别。例如《左传》宣公二年记载宋大夫华元由于其御者羊斟暗中使坏，在战斗中被郑军俘虏，后被赎归，"见叔牂曰：'子之马然也。'"服氏注这句话时，并引贾逵、郑众及"又一说"，用了二百余字，最终也没有断以己意；而杜注则云："叔牂，羊斟也。卑贱者得先归，华元见而慰之。"不管其释义是否准确，文字确实简明可喜。又如隐公五年"昭文章"，服注引《周礼·大司马》职文："中秋教治兵，辨旗物之用：王载大常，诸侯载旂，军吏载旗，师都载旜，乡遂载物，郊野载旐，百官载旟，各书其事与其号焉"；而杜注仅说："车服旌旗。"二者风格迥乎不同。

杜注的约简，尚不仅限于文字，在对《春秋》义例的解说上表现也十分突出。以例说经，肇端于今文学家，《左传》学者为了证明传是解经的，便也采用此法。但"例"如讲得过多过细，一方面必显牵强，同时也会生繁琐之弊。我们在前面已经对杜注的"释例"做了说明，可以看出杜预的"例"是相当简明的，基本上限制在了《左传》解经语的范围之内。讲"例"而又不使之泛滥无边,这也是杜注的高明之处。自汉代以来,经师们的说解多以烦琐相尚,汉末诸儒如郑玄、服虔等也仍然未能免乎此,所谓"北学深芜",当主要是指汉学传统而言。但魏晋以后,风气大变,学者崇尚清谈,喜言玄理。影响及于经学,简明说经自然受到人们的欢迎。杜注之能够得势,自有其深刻的社会心理根源。

唐宋以来,学者对杜预的《集解》,可以说是有褒有贬。孔颖达取杜注作《五经正义》,对杜注备加推崇,他说:

> 晋世杜元凯又为《左氏集解》,专取丘明之传以释孔氏之经,所谓子应乎母,以胶投漆,虽欲勿合,其可离乎!今校先儒优劣,杜为甲矣。①

宋人黄泽说:

> 元凯专修丘明之传以释经,此于《春秋》最为有功。

叶适也说:

> 杜氏于《左传》用力深久,能使后世浅俗野诞之说十去七八,始学者由此而进,所造益深,则于《春秋》大义差不远矣。②

陈振孙以杜预为"左氏功臣"。郑樵更把杜预注《左传》与颜师古注《汉书》相提并论,对杜预的训解大加赞扬:

> 杜预解《左氏》、颜师古解《汉书》,所以得忠臣之名者,以其尽之矣。《左氏》未经杜氏之前凡几家,一经杜氏之后,后人不能措一辞。《汉书》未经颜氏之前凡几家,一经颜氏之后,后人不能易其说。纵有措辞易说之者,如朝月晓星,不能有其明也。如此之人方可以解经。③

像这样的褒扬,直把杜注推为解经的极致,这在杜氏自己,恐怕也是不敢担承的。

对杜氏《集解》的批评,主要集中在三个方面:

一曰曲从《左传》,违背经旨,从而导致违礼伤教。这主要是从卫道的立场出发,指摘杜注思想内容上与礼教背离之处。例如杜预对弑君之例的发挥(宣公四年)、对短丧之义的提倡(隐公元年),都很遭人訾议。再加上杜预曾支持司马氏篡魏,在有些人看来,杜预本人就属于《春秋》所笔伐的"乱臣贼子",他的思想,当然有许多是离经叛道的;清人焦循甚至说杜预之所以作

---

① 孔颖达《春秋正义序》,《十三经注疏》本。
② 黄泽、叶适之说见《经义考》卷一百七十三。
③ 陈振孙、郑樵之说见《文献通考》卷一百八十二《经籍九》。

《集解》，就是要"将有以为（司马）昭饰，且有以为懿、师饰，即用以为己饰"①。然而平心而论，说杜预"强经就传"、"弃经信传"那是有的，但杜预的思想、观点完全没有脱离开《左传》，他只是对《左传》的"义理"进行诠释和发挥。因此，即使有"违礼伤教"之处，那也首先是《左传》"违礼伤教"，是不能都算在杜预头上的。

二曰隐没前贤，迹近攘善。这一点我们在前面已经说过了。杜注中吸取前人成果之处甚多，但从不标举前贤姓名，昔人对此颇有微辞。特别是清人，对杜预的"攘善之病"更为不满。

三曰疏于训诂，好逞臆说。这样的批评也主要来自清人。清代的学术超迈前古，学者多做窄而深的研究，因此能发现杜注中的许多纰漏。像宋代的郑樵，还特别推许杜氏"精于地理"，到了清人那里，杜注中的地理错误便被一一指摘出来了。② 清儒陈寿祺甚至说："杜预注《左氏传》，排弃先儒，奋笔私创，其善者多出贾、服，而深没本来；其谬者每出师心，而恒乖经意。览其全篇，曾无援据经典，征信六艺。"③ 这样的评论也未免过苛了。

总的来看，杜预的《集解》虽说也有一些毛病和缺陷，但毕竟是《春秋》、《左传》研究史上的一部划时代的重要著作。杜预去汉代不远，他所能参考的书籍今日多已不存，而且在他之前的多种《春秋》经传注本都早已亡佚，这就使他的这部《集解》更显得珍贵了。四库馆臣认为"《春秋》以《左传》为根本，《左传》以杜解为门径"④，此说确是的评。

第四节 范宁与《春秋谷梁传集解》

一、范宁对三传的批评

在《春秋》三传当中，《谷梁传》的命运最为不济。西汉是《公羊》学的天下。东汉以后，《左传》逐渐被人重视，成了《春秋》学的主体，学者竞相钻研、解释，《左传》学遂蔚为大国。唯有这《谷梁传》，虽说是代有经师传授，却始终是不绝如缕，从来没有成为"显学"。

---

① 焦循《左传补疏序》，《皇清经解》本。
② 钱大昕《左氏传古注辑存序》，《潜研堂文集》卷二十四。
③ 陈寿祺《答高雨农舍人书》，《左海文集》，《皇清经解》卷一千二百五十四。
④ 《四库全书总目》"春秋释例"条。

其实如果单从解经这个角度来说，《谷梁传》并不很差。不唯不差，它甚至比《公羊传》要平实、可信得多。郑玄说"《谷梁》善于经"，应该说是很中肯綮的。汉代有些大学者是充分认识到了《谷梁传》的价值的。比如刘向，钻研《谷梁传》十余年，甚有心得。他的儿子刘歆是治《左传》的，父子俩在这上面并不同道。有时候发生争论，刘歆虽然振振有辞，刘向却仍然"自持其《谷梁》义"。但与《公羊传》相比，《谷梁传》显然不如《公羊传》更符合当时时代的需要，也不如《公羊传》能适应当时的社会心理，因此它注定只能作《公羊传》的附庸。此外，《谷梁传》的不行时，恐怕也与它缺乏像董仲舒那样的大儒对之进行解释、发挥有关。直至魏晋之际，《谷梁传》都还没有那种名震一时的经师所撰的注本。晋元帝时，"置《周易》王氏、《尚书》郑氏、《古文尚书》孔氏、《毛诗》郑氏、《周官》《礼记》郑氏、《春秋左传》杜氏服氏、《论语》《孝经》郑氏博士各一人，凡九人，其《仪礼》、《公羊》、《谷梁》及郑《易》皆省不置"①。荀崧以为不妥，上疏力争，请增设郑氏《易》、《仪礼》、《公羊》、《谷梁》四博士，称《谷梁传》"其书文清义约，诸所发明，或是《左氏》、《公羊》所不载，亦足有所订正。是以三传并行于先代，通才未能孤废"。他认为"三传虽同曰《春秋》，而发端异趣"，"义则战争之场，辞亦剑戟之锋，于理不可得共"。因此主张"与其过废，宁与过立"，"博士宜各置一人，以博其学"。荀崧之议颇得时人的附和，晋元帝也基本赞同，认为荀崧所说"皆经国之务，为政所由"，但唯独对《谷梁》表示了不满，下诏曰："《谷梁》肤浅，不足置博士，余如奏。"②从当时设置博士的情况来看，元帝所说的"《谷梁》肤浅"，应该是指《谷梁》注本的肤浅。这与范宁《谷梁集解序》中所说的"释《谷梁传》者虽近十家，皆肤浅末学，不经师匠"也正相合。

范宁，字武子。他是东晋一位颇为正统的儒者。对于当时玄风日炽、儒学渐衰的现实，他表示了强烈的不满，痛责何晏、王弼二人"罪深于桀纣"。他在地方官的任内兴建学校，收养生徒，史称"自中兴已来，崇学敦教，未有如宁者也"③。范宁也像多数晋世儒者一样，兼通《春秋》三传，但他却不以《左传》为主，而是以治《谷梁》为主，这在当时是不多见的。他由于看到《谷梁传》没有好的注本，"遂沉思积年，为之集解。其义精审，为世所重"，堪称是一位《谷梁》专家。但他对于三传，实抱一种客观的批评态度，肯定三传的优

---

① ② 《晋书·荀崧传》。
③ 《晋书·范汪传》。

点，同时也指出三传各自的毛病。在《春秋谷梁传集解序》中，范宁评论三传曰：

> 《左氏》艳而富，其失也巫；《谷梁》清而婉，其失也短；《公羊》辩而裁，其失也俗。①

按所谓"艳而富"，当是指《左传》的文辞，叙事具体生动，富于文采，此《左传》之所长；"巫"字通"诬"，当是指《左传》多叙怪、力、乱、神之事，此其所短。《谷梁》的"清而婉"，当是指文字简洁清雅，意思婉约通畅；作为缺点的"短"，是指说经过于简略，有许多应该加以阐释的地方竟付阙如。《公羊》的"辩而裁"，当是指《公羊》说经雄辩而有裁断；至于这个"俗"字，大约是指什么三科九旨、三统、三世之类的说法过于迎合时俗了吧。总之在范宁看来，三传各有其所长，但也都有缺点，他并不因为自己专攻《谷梁》就把《谷梁》说得十分完美。《经义考》引宋人黄震曰："杜预注《左氏》独主《左氏》，何休注《公羊》独主《公羊》，惟范宁不私于《谷梁》，而公言三家之失。"这种超然的态度在当时也是不多见的。

范宁是一位标准的儒者。对于孔子所作的《春秋》，他备极推崇，无限崇拜：

> 一字之褒，宠逾华衮之赠；片言之贬，辱过市朝之挞。德之所助，虽贱必申；义之所抑，虽贵必屈。故附势匿非者无所逃其罪，潜德独运者无所隐其名。信不易之宏轨、百王之通典也。……成天下之事业，定天下之邪正，莫善于《春秋》。

但《春秋》的真义究竟是什么，范宁认为还须深入推求。三传之分为三，这本身就是"九流分而微言隐，异端作而大义乖"的表现。因此，对于三传的传义，就必须有所选择。他说：

> 凡传以通经为主，经以必当为理。夫至当无二，而三传殊说。庸得不弃其所滞，择善而从乎？

如果站在儒家礼教的立场上进行冷静的分析，就会发现三传的"义"都有不那么纯正的地方，都有"伤教害义、不可强通"之处：

> 《左氏》以鬻拳兵谏为爱君，文公纳币为用礼；《谷梁》以卫辄拒父为尊祖，不纳子纠为内恶；《公羊》以祭仲废君为行权，妾母称夫人为合正。以兵谏为爱君，是人主可得而胁也。以纳币为用礼，是居丧可得而婚也。

---

① 范宁《春秋谷梁传集解序》，《十三经注疏》本。本节下引此序，不再出注。

> 以拒父为尊祖,是为子可得而叛也。以不纳子纠为内恶,是仇雠可得而容也。以废君为行权,是神器可得而窥也。以妾母为夫人,是嫡庶可得而齐也。

在范宁看来,这些都是所谓"伤教害义"的地方。范宁的批评,反映了此时的儒者,在《春秋》学经历了数百年专门传授之后,已经意识到了对三传有从总体上进行全面检讨的必要。他们不再只从家派的利益出发,而是以儒家的伦理道德为判断的唯一标准,找出三传中不符合统治阶级政治需要的东西,力图造成一种对封建政权不会有任何危害的、纯而又纯的意识形态。为了达到这个目的,有时甚至完全脱离三传都是必要的:

> 既不俱当,则固容俱失。若至言幽绝,择善靡从,庸得不并舍以求宗,据理以通经乎?

按范氏之意,三传有可能都没有说对,那么在这种情况下,就只好"并舍以求宗"、"据理(而不是据传)而通经"了。范宁的主张,可以说开了以后唐宋儒者舍传求经的先河。不过范宁在当时并没有像杜预那样显赫的地位和名声,他所专攻的《谷梁传》也是不大被人重视的"绝学",因此他的话在当时似乎没有产生太大的影响。倒是他的《春秋谷梁传集解》受到人们的交口称赞,成为晋时《谷梁传》的一个最好的注本。

这部《春秋谷梁传集解》其实也不完全是范宁一个人的著作,其中也包含有他的父亲、兄弟、儿子以及同时代其他学者的成果,可称得上是名副其实的"集解"。范宁《集解序》云:

> 升平之末,岁次大梁,先君北蕃回轸,顿驾于吴,乃帅门生故吏、我兄弟子侄,研讲六籍,次及三传。《左氏》则有服、杜之注,《公羊》则有何、严之训。释《谷梁传》者虽近十家,皆肤浅末学,不经师匠,辞理典据既无可观,又引《左氏》、《公羊》以解此传,文义违反,斯害也已。于是乃商略名例,敷陈疑滞,博示诸儒同异之说。昊天不吊,大山其颓,匍匐墓次,死亡无日。日月逾迈,跂及视息。乃与二三学士及诸子弟各记所识,并言其意。业未及终,严霜夏坠。从弟凋落,二子泯没。天实丧予,何痛如之!今撰诸子之言,各记其姓名,名曰"春秋谷梁传集解"。

按"升平"是东晋穆帝的年号,"岁次大梁"是指公元361年。这里的"先君"是说范宁之父范汪。当时范汪因事免官,回到故里,率门生故吏及众子孙研讨经籍,始有撰《谷梁》新注之意。大约在八九年之后,范汪去世。范宁于居丧期间,"与二三学士及诸子弟"继续从事于斯。但未及成书,"从弟凋落,二子泯没"。可以想见，这部卷帙并非很重的书中，蕴含着作者几多哀伤与痛苦！今日所见的《谷梁集解》中多引"邵曰"、"泰曰"、"雍曰"、"凯曰"，其中"邵"即范宁的从弟，"泰"为范宁长子，"雍"、"凯"则是那早亡的二子。所谓"释《谷梁》者虽近十家"，据杨士勋疏，"魏晋已来注《谷梁》者，有尹更始、唐固、糜信、孔演、江熙、程阐、徐仙民、徐乾、刘瑶、胡讷之"。其中尹更始为西汉人，与刘向同时，似不应列在"魏晋已来"学者之中。徐仙民即徐邈，仙民是其字。刘瑶，据清儒的研究，实即《晋书》中有传的刘兆，曾著《春秋调人》，又为《春秋》三家之解诂，名曰"全综"。① 另外《集解》中还引有徐邈、江熙、徐乾、郑嗣的话，这四人当与范宁同时，是不是序中提到的"二三学士"，则不得而知。清儒马国翰以为二徐、江熙等都不应在范宁所讥"近十家"之列，今人简博贤赞成之，② 亦未可遽断其是非。徐邈、徐乾也撰有《谷梁》注，《隋志》有著录；《晋书》范宁本传在述宁著《集解》"为世所重"之后，紧接着写道："既而徐邈复为之注，世亦称之"。但从《集解》多引二徐之说来看，徐邈、徐乾的注本似乎都在范宁《集解》之前。此外，书中也多引郑玄、何休、杜预诸人之说。可见，范宁的《集解》确乎是"集众家之解"，在当时是研究《谷梁》的一部集大成的著作。

二、范氏《集解》的注释特点及其思想倾向

《谷梁传》的解经，是以发挥经义为主；范宁的《谷梁注》，也是重点在于解释经义。一方面使《谷梁》的传义更加明白显豁；一方面对《谷梁传》没有涉及、没有解释到的地方加以说明，可以看做是对《谷梁》解经的补充。因此，从全书来看，文字训诂的内容很少，而讲"书法"（即《春秋》为什么要这样记）的地方很多。同时，对人名、地名之类的注释也比较多。例如隐公元年经云"秋七月，天王使宰咺来归惠公仲子之赗"，范宁并不像杜预那样讲解什么叫做"赗"，而是着重注释"惠公仲子"这几个字，为什么记妇人之事要把"姓"和"字"配在一起，为什么本该称谥而这里不称谥，为什么本该只记季节而这里却把月份也记下来了，等等。这些都属于"书法"问题，其实也就是《春秋》的"经义"。

《谷梁》解经也非常重视"例"，这一点与《公羊》很相似。范宁的《集

---

① 参见姚振宗《隋书经籍志考证》之"《春秋谷梁传》张、程、孙、刘四家集解"条。
② 马国翰《玉函山房辑佚书序》。参见简博贤《今存三国两晋经学遗籍考》第495、513页。

解》,在解说"例"上用了大量的笔墨。范宁《集解序》云:"于是乃商略名例,敷陈疑滞,博示诸儒同异之说",可知他们在撰《集解》时对"名例"是很看重的。范宁还曾撰有《春秋谷梁传例》一卷,《隋志》有著录,今本《集解》中引《传例》之处甚多。范宁讲得最多的,应当说是"日月时例"。关于"日月时例",本书第一章中曾经做过分析;用"日月时例"来阐发经义,是《谷梁传》的一大特色。在范宁看来,《春秋》的这些"例"本身就表明了所记事情的性质以及重要程度,同时大量的"变例"也反映出《春秋》对具体事件的褒贬态度。因此,他对这些"例"的解释是非常详密的。有的地方,《谷梁》对书日、书月、书时虽有说明,但语焉不详;《集解》就做进一步的剔发,力求告诉人们这种书法究竟有怎样的道理。例如隐公元年《谷梁传》云:"公子益师卒。大夫日卒,正也;不日卒,恶也。"这是说大夫去世"书日"是常规。为什么呢?范宁解释说:"君之卿佐,是谓股肱;股肱或亏,何痛如之?故录其卒日以纪恩。"至于不书日的,那是由于该大夫行为不正,遭人厌恶,"罪,故略之"。对《谷梁传》完全没有讲到的地方,范宁的《集解》有时也要给以必要的说明。例如隐公元年经云"夏五月,郑伯克段于鄢",这里为什么"书月",《谷梁传》没有解释。范宁注云:"段有徒众,攻之为害必深,故谨而月之。"原来按"例"此事是不应当书月的,这里所以书"月",表达了作者对此事所持的反对态度。

除了这种对于经例以及变例的揭示以外,范宁的《集解》还特别重视《春秋》中所蕴含的褒贬。有些所谓"褒贬",在《谷梁传》里并没有明说,而在范宁的《集解》中却被挖掘出来了。因此,经过范宁的注解,《春秋谷梁传》的一字褒贬的内容更加丰富了,因而奖善惩恶的功能也就得到了加强。例如桓公五年《春秋经》云"城祝丘",《谷梁》对此没有任何解释,而范注则云:"讥公不修德政,恃城以安民",这显然是范注增加进去的褒贬。又如庄公二十八年经云:"春王三月甲寅,齐人伐卫,卫人及齐人战,卫人败绩。"伐卫的其实是齐桓公,这里为什么称"齐人"呢?《谷梁传》只是说"微之也"。范注进一步解释说:"齐桓始受方伯之任,未能信著邻国,致有侵伐之事,贬师称人以微之也。"这样的注解,是"一字褒贬"理论的典型运用,它使《春秋》学中所包含的伦常思想变得更加明晰了。

注解经传,同时也利用经传来发挥自己的政治思想,这是自汉以来《春秋》学者的一贯做法,范宁也不例外。从《谷梁集解》当中,完全可以清楚地看到范宁的思想倾向和政治主张。

范宁在《集解》中对《春秋》"尊王"的思想做了淋漓尽致的发挥。对于《春秋》记事于每一年之首书"春王正月",范宁解释说:"凡年首,月承于时,时承于年,文体相接。《春秋》因书王以配之,所以见王者上奉时承天,而下统正万国之义。"似乎《春秋》将"王"置于"春"下"月"上,就是要表明王是"承天治四方"的。不过《春秋》十二公中也有例外,桓公十八年中就有十四年没有书这个"王"字,《谷梁传》认为这是对桓公的贬斥,因为桓公"弟弑兄,臣弑君",是一个眼里没有王法的恶君,故而"桓无王"。范宁也说:"唯桓有月无王,以见不奉王法尔。"至于桓公元年书"王",范宁则从"王治诸侯"这个角度给予解释:"诸侯无专立之道,必受国于王,若桓初立,便以见治,故详其即位之始以明王者之义。"桓公十八年(末年)也书"春王正月",范宁注云:"此年书王,以王法终治桓之事。"表明了对鲁桓公最终应受王法制裁的坚定信念。隐公七年经云:"戎伐凡伯于楚丘以归。"凡伯是天子的大夫,《左传》、《公羊》都以"戎"为戎狄,唯独《谷梁》认为这里的"戎"是指卫国。之所以称卫为戎,是"为其伐天子之使贬而戎之也"。范宁于是借题发挥说:

> 夫天子之使过诸侯,诸侯当候在疆场,膳宰致饩,司里授馆,犹惧不敬。今乃执天子之使,无礼莫大焉。昭十二年"晋伐鲜虞",传:"曰晋,狄之也"。今不曰"卫伐凡伯",乃变卫为戎者,伐中国之罪轻,故称国以狄晋;执天子之使罪重,故变卫以戎之。以一人当一国,讳"执"言"以归",皆尊尊之正义,《春秋》之微旨。

因为凡伯是天子的大夫,故他一个人可以相当于一个国;冒犯了天子之使,罪过深重,是要被贬为夷狄的。《春秋》中的"戎"是否真的是指卫国,另当别论;要之范宁通过作注,明确地表达了他的"天子之尊,不可侵犯"的思想。

尊王是相对于诸侯来说的,诸侯是天子的臣子,故诸侯对王有所不敬,就要遭到贬斥。但在诸侯国内,诸侯又是大夫的君主。一旦涉及这一层面,范宁的注解就又明确地表现出尊君抑臣的倾向。

襄公二十三年经云:"叔孙豹帅师救晋,次于雍渝。"此事《公羊》无褒贬;《左传》以为"礼也",表现出赞成的态度;《谷梁》却莫名其妙地说"言救后次,非救也"。范宁就此发挥道:"恶其不遂君命而专止次,故先通君命而后言次,尊君抑臣之义。"按照范宁的说法,"救晋"是鲁君之命,叔孙豹对君命阳奉阴违,擅自将军队停驻,因此《春秋》的记法要"先救后次",把君命放在前头,表达尊君抑臣之义。其实这"义"显然是属于范宁的。卫国的元咺与国君争讼,后来被杀,范宁注云:"卫侯虽有不德,臣无讼君之道,元咺之罪亦已重矣。"① 臣子不能跟君主打官司;不用说打官司,即使对君主持批评的态度也是不允许的:"臣无贬君之义。"② 对于"叛臣",范注更是要给以贬斥。宋国的鱼石叛宋,占据了彭城,但《春秋》记事仍书"宋彭城",于是范宁就此解释说:"彭城已属鱼石,今犹系宋者,崇君抑叛臣也。"③ 至于对《春秋》中常见的弑君现象,范注的态度更是鲜明:"弑之贼,天下所当同诛"④,"有弑君之罪者,则举国之人皆欲杀之"⑤,"礼,君父之仇不与共戴天"⑥。陈国的夏征舒弑君,楚国去讨伐他,《春秋》记曰:"楚人杀陈夏征舒。"之所以不称"楚子"而称"楚人",范宁认为是"弑君之贼,若曰人人所得杀也"⑦。

《谷梁》对待弑君的态度,与《左传》颇有一些相同,就是在谴责弑君行为的同时,也谴责君主的无道。成公十八年经云:"晋弑其君州蒲。"《谷梁传》曰:"称国以弑其君,君恶甚矣。"意思是说,《春秋经》记载弑君时如果所述行为的主体是"国"(只写一个国名,如晋、楚、郑之类),那么就意味着这被"弑"的国君是一个很坏的君主。这是《谷梁》的一条重要的"例"。范宁将这一条采入他的《谷梁传例》,同时对这一意思又有所拓展。文公十六年经云:"宋人弑其君杵臼。"《谷梁》对此无说,范宁注引"泰"(范宁之子)曰:"《传》称:'人者,众辞。'⑧ 众之所同,则君过可知。"这是说,根据《谷梁》的说法,经称"(某国)人"往往是表示众人;众人一起弑其君,那么这君主的过错就可想而知了。这样的注解,似乎已经把弑君的责任算在被弑的君主头上了。于是我们看到了与前所述范注之尊君抑臣近乎矛盾的现象。在范宁的《集解》中,既谴责弑君的行为,有时又谴责被弑的君主,那么这两者究竟怎样协调起来呢?范宁没有说。这是儒家理论中的一个老问题。当年就有人质问过孟子,商汤、周武都是圣人,但汤伐桀,武王伐纣,这不是以臣弑君吗?这个问题的确很难回答。孟子也只好说武王伐纣是"诛一夫",不能算弑君。其实,在儒家看来,不能弑君也不是绝对的,一旦君主为恶太甚,成了"一夫"

---

① 《谷梁传》僖公三十年范注。
② 《谷梁传》僖公八年范注。
③ 《谷梁传》襄公元年范注。
④ 《谷梁传》隐公三年范注。
⑤ 《谷梁传》隐公四年范注。
⑥ 《谷梁传》桓公十八年范注。
⑦ 《谷梁传》宣公十一年范注。
⑧ 《谷梁传》庄公十七年云:"春,齐人执郑詹。人者,众辞也。"

（失去了民众的支持而孤立），他的被"弑"也便是合理的了。不过，这话往往不便说得过于明确，免得被弑君者据为口实。范宁虽然在这上头并没有过多的发挥，但从他所说的"众之所同，君过可知"来看，这个思想他无疑也是赞成的。

三、范注对《公》、《左》的吸取

范宁在《集解序》中虽然对以前的注家"引《左氏》、《公羊》以解此传"的做法表示不满，但他自己的注解事实上也没有能够摆脱《公》、《左》特别是《左传》的影响。例如隐公元年"郑伯克段于鄢"，《谷梁传》曰："然则为郑伯者宜奈何？缓追逸贼，亲亲之道也。"范宁注云："君亲无将，将而必诛焉。此盖臣子之道，所犯在己，故可以申兄弟之恩。"这里的"君亲无将，将而必诛"，乃是《公羊传》的传文，范宁引来为《谷梁》作注。又如僖公十六年《春秋》记了两件异事："陨石于宋五"和"六鹢退飞过宋都"，《谷梁传》着重解说为什么前后两句一个把数词放在了末尾，一个把数词放在了开头。范宁进一步注解说："陨石，记闻也，闻其磌然，视之则石，察之则五"；"六鹢退飞，记见也，视之则六，察之则鹢，徐而察之则退飞。"这几句注文竟全用《公羊》的传文。范宁用《左传》的地方，大多是参照《左传》的记事来解释《谷梁》传文。例如闵公二年《谷梁传》云："郑弃其师，恶其长也。兼不反其众，则是弃其师也。"若单看这几句，读者很难明白是怎么回事，范宁则利用《左传》中的记事材料，作注解道："长谓高克也。高克好利不顾其君，文公恶而远之，不能使高克将兵御狄于竟。陈其师旅，翱翔河上，久而不召，众将离散。"至于对杜预注的采用，那就更多了。例如解释"元年春王正月"，就引杜预《左传注》"体元居正"之说；注解"日食"则用杜预"日行迟，月行疾"之说；谈到"书法"，也引杜预"大夫书卒不书葬"之说。如此等等，不一而足。这些都反映了当时《左传》以及杜预注在《春秋》研究中的巨大影响，同时也是郑玄以来博收兼采学风的延续。清人章梫评论说："范氏奋于晋代，而为《集解》……其意欲成《谷梁》家学矣。然范氏之学，私淑康成，不能为劭公之墨守，故即其讥十家者，《集解》中自蹈其弊仍不少也。"[①] 就是指他对《公》、《左》的吸收。不过，这是站在经学家派立场上提出的批评。如果换一个角度，从博采众长以求真义这个方面来说，范宁的做法未始不值得提倡。特别是他本

[①] 章梫《谷梁注引二传汇证跋》，《一山文存》卷六，民国七年刻本。

人作为一位《谷梁》学者，却能不囿于家派，清醒地看到《谷梁》的不足，表现出一种难能的"自觉"。在他为《谷梁》所作的注中，有时就公然揭出《谷梁》传义失当之处。例如僖公元年经记"公子友帅师败莒师于丽，获莒挐"，《谷梁传》云："内不言获，此其言获，何也？恶公子之给。给者奈何？公子友谓莒挐曰：'吾二人不相说，士卒何罪？'屏左右而相搏，公子友处下，左右曰：'孟劳！'孟劳者，鲁之宝刀也。公子友以杀之。然则何以恶乎给也？曰：弃师之道也。"范宁对此传就颇不以为然，他引江熙之议曰："经书'败莒师'，而传云二人相搏，则师不战，何以得败？理自不通也。夫王赫斯怒，贵在爰整。子所慎三，战居其一。季友令德之人，岂当舍三军之整，佻身独斗，潜刃相害，以决胜负者哉！虽千载之事难明，然风味之所期，古犹今也。此又事之不然，传或失之。"其驳传之意显然。《经义考》引王晳曰："其专穷师学以自成一家者，则何氏、杜氏、范氏而已。何氏则诪张謷说，杜氏则胶固传文，其稍自觉悟者，惟范氏尔。"家铉翁也说："若范宁治《谷梁》，能知《谷梁》之非，视（何）休为长。"王应麟的评价则是："盖杜预屈经以申传，何休引纬以汩经，惟宁之学最善。"这很可以代表后世经学家对传世三传古注的一般看法。

第五节　南学与北学的分立

一、南朝经学概况

南北朝时期，南方与北方长期分治，在意识形态领域也表现出了明显的差异，于是有南学与北学的分立。南方自东晋以后，宋、齐、梁、陈四朝递嬗，梁朝以外，其他各朝经学都不大被人看重，只有梁武帝雅好儒术，提倡经学，建立学校，设置博士，经学一时称盛。前引《南史·儒林传》有"国学时或开置，而劝课未博，建之不能十年，盖取文具而已。是时乡里莫或开馆，公卿罕通经术。朝廷大儒，独学而弗肯养众；后生孤陋，拥经而无所讲习"等语，这说的是东晋到宋、齐之间的情况。梁武帝的时候，局面有所改观，《南史·儒林传》又云：

> 至梁武创业，深愍其弊。天监四年，乃诏开五馆，建立国学，总以五经教授，置五经博士各一人。于是以平原明山宾、吴郡陆琏、吴兴沈峻、建平严植之、会稽贺瑒补博士，各主一馆。馆有数百生，给其饩廪，其射策通明经者，即除为吏，于是怀经负笈者云会矣。又选学生遣就会稽云门山，受业于庐江何胤，分遣博士、祭酒，到州郡立学。七年，又诏皇太

子、宗室、王侯始就学受业，武帝亲屈舆驾，释奠于先师先圣，申之以谦语，劳之以束帛，济济焉，洋洋焉，大道之行也如是。

按梁武帝时，由于统治者的提倡，儒学有所复兴，主要表现在从中央到地方学校的设立。通经可以入仕，士人自然会趋之若鹜。梁武帝的统治维持了四十多年，尽管武帝晚年好佛，沉迷于佛典之中，但他在位的四十年，毕竟是南朝经学最为昌盛的时期。此后的陈朝，经学更进一步转衰了，《南史·儒林传》云：

及陈武创业，时经丧乱，衣冠殄瘁，寇贼未宁，敦奖之方，所未遑也。天嘉以后，稍置学官，虽博延生徒，成业盖寡。

陈朝的国土促狭，政治腐败，战乱频仍，儒学更无发展之可言。

二、北魏鲜卑统治者的崇儒

与宋、齐、梁、陈对峙的北朝，则是另一番景象。北魏政权是由鲜卑拓跋部建立的。晋室南迁以后，北方陷入了长期战乱之中，几个少数民族曾经分别在中原建立政权。其中除了氐人的前秦曾经取得过短期的统一外，都没有能够在整个北中国站稳脚跟。公元四世纪末叶，鲜卑拓跋部崛起，他们在中原建立了政权，并且逐渐统一了北方。北魏对中原的统治，维持了将近一个半世纪，成了中国历史上第一个比较长时期地、比较稳定地统治中原的少数民族政权。

在太祖拓跋珪以前，鲜卑人主要还过着氏族制的逐水草而居的游牧生活。[①]这样一个民族，在它进入中原之后，其统治者，很快便发现提倡儒学的重要性，越来越自觉地拿起儒学这个武器来维护自己的统治了。道武帝拓跋珪是北魏的第一个皇帝。他特别重视吸收儒者参加政权。当时一些著名的儒者，例如燕凤、许谦、张衮、崔宏等人，都甚为道武所礼重。其中特别是崔宏，在北魏建国初期，"议国号"、"草创制度"，俨然是王朝规模的总设计师。道武本人也经常向崔宏请教"古今旧事、王者制度、治世之则。玄伯（即崔宏）陈古人制作之体，及明君贤臣，往代废兴之由，甚合上意"[②]。另一位儒者李先曾与道武有过这样一段对话："太祖问先曰：'天下何书最善，可以益人神智？'先对曰：'唯有经书。三皇五帝治化之典，可以补王者神智。'"[③] 这里的"益人神智"，

[①] 李亚农《周族的氏族制与拓跋族的前封建制》，《李亚农史论集》上册，上海人民出版社 1962 年版，第 306 页。

[②]《魏书·崔玄伯传》。

[③]《魏书·李先传》。

显然是指增加统治者的政治智慧。李先明确指出，只有经书具备这样的功能，这个意见也为道武帝所接受。道武帝在建国之初，已经学会利用儒家的思想来维护自己的统治了。天兴三年（400），道武下诏曰：

> 世俗谓汉高起于布衣而有天下，此未达其故也。夫刘承尧统，旷世继德，有蛇龙之征，致云彩之应，五纬上聚，天人俱协，明革命之主，大运所钟，不可以非望求也。……《春秋》之义，大一统之美，吴、楚僭号，久加诛绝。君子贱其伪名，比之尘垢。自非继圣载德，天人合会，帝王之业，夫岂虚应。历观古今，不义而求非望者，徒丧其保家之道，而伏刀锯之诛。①

这里强调《春秋》大一统之义，贬斥吴、楚之类的僭伪，警告民众不要存非分之想。这道诏书当然不必出自道武之手，但说它反映了道武此时的思想，应该是没有问题的。

儒家的经典在战乱中散失严重，道武帝也曾下令做过一些收集和整理工作。②《魏书·李先传》云：

> （太祖）又问（李先）曰："天下书籍，凡有几何？朕欲集之，如何可备？"对曰："伏羲创制，帝王相承，以至于今，世传国记天文祕纬，不可计数。陛下诚欲集之，严制天下诸州郡县搜索备送，主之所好，集亦不难。"太祖于是班制天下，经籍稍集。

针对当时经书文字纷歧的状况，道武于天兴四年（401）冬，"集博士、儒生，比众经文字，义类相从，凡四万余字，号曰《众文经》"③。

继道武而立的是明元帝（太宗）。这个时期的战争仍然很频繁，还是崇尚武力的时代。但某些有见识的儒臣，向明元帝提出了忠告，劝他要文武并重。老臣张衮临终前上书，明确提出了"揖让与干戈并陈，文德与武功俱运"④的原则。此时虽无法把崇儒摆到高于一切的位置，但至少已把"崇儒"与"尚武"等量齐观了。从太宗及其后历代皇帝的表现来看，他们对这一原则是有着相当的理解的。

太武帝（世祖）是北魏历史上的一位雄主，就是他于在位期间统一了北部中国。这位南征北战的马上皇帝，对于儒学也曾给予了相当的重视。太武帝即位的第三年（始光三年），"起太学于城东，祀孔子，以颜渊配"。太平真君五

---

① ② ③《魏书·太祖纪》。
④《魏书·张衮传》。

年（444）颁诏，强制贵族子弟要入太学读书。① 太武帝虽以武功著称于世，但也非常懂得文人儒者的重要。他所重用的儒臣极尽一时之选。前期主要是崔浩。他对人夸赞崔浩说："才略之美，当今无比。朕行止必问，成败决焉，若合符契。"② 崔浩被诛后，太武倚重李孝伯。孝伯也是一位儒者，其父李曾，以教授《郑氏礼》、《左氏春秋》为业。史载"自崔浩诛后，军国之谋，咸出孝伯"③。此外得太武重用的还有高允、卢玄、李灵等人。这些儒者的被征，自然要在当时的士人中引起反响。"于是人多砥尚，儒林转兴"④。

到了孝文帝的时候，北魏统治者的崇儒达到了一个新的高度。此时的北魏政权，早已在中原地区站稳了脚跟，鲜卑统治者对于如何治理汉族民众已经积累了一定的经验，加上孝文帝本人又深慕汉人的文化，对儒学有着比他的几位前辈更为深入的理解，因此，孝文帝对儒学的推崇也就更为有力。史称孝文帝"雅好读书，手不释卷，五经之义，览之便讲"⑤，"高祖钦明稽古，笃好坟典，坐舆据鞍，不忘讲道"⑥。太和十九年（495）四月，孝文帝巡视河南、山东等地，"庚申，行幸鲁城，亲祠孔子庙。辛酉，诏拜孔氏四人、颜氏二人为官。诏兖州刺史举部内士人才堪军国及守宰治行，具以名闻。……又诏选诸孔宗子一人，封崇圣侯，邑一百户，以奉孔子之祀。又诏兖州为孔子起园柏，修饰坟垄，更建碑铭，褒扬圣德"⑦。这个时期的儒臣，受到孝文赏识与重用的特别多，史称"刘芳、李彪诸人以经书进，崔光、邢峦之徒以文史达。其余涉猎典章，关历词翰，莫不縻以好爵，动贻赏眷。于是斯文郁然，比隆周汉"⑧。这样一批儒者，围绕在孝文帝身旁，对于北魏政权的崇儒，自然会起到推波助澜的作用。

三、南北学风的差异

由于南北的分裂与隔绝，南北学风的不同渐趋明显。《北史·儒林传》云：

大抵南北所为章句，好尚互有不同。江左，《周易》则王辅嗣，《尚书》则孔安国，《左传》则杜元凯。河洛，《左传》则服子慎，《尚书》、

---

① 《魏书·世祖纪》。
② 《魏书·崔浩传》。
③ 《魏书·李孝伯传》。
④⑥⑧ 《魏书·儒林传》。
⑤ 《魏书·高祖纪》。
⑦ 《魏书·高祖纪》。

《周易》则郑康成。《诗》则并主于毛公，《礼》则同遵于郑氏。南人约简，得其英华；北学深芜，穷其枝叶。考其终始，要其会归，其立身成名，殊方同致矣。

按这里是说南北治经所宗的注本。《诗》、《礼》二经南北基本一致，都是宗毛传和郑注；而《周易》、《尚书》、《左传》则差异明显。看来北方基本上是宗郑学，《诗》、《礼》、《书》、《易》都用郑注，《左传》用服注，服与郑是十分接近的。而南方则王弼、伪孔、杜预为人所宗。这种差异，其实也只是大致如此，实际上并非截然划一。以《周易》而论，南方虽盛行王注，也并不绝对排斥郑学。萧齐学者陆澄主张郑、王并立，他致书王俭说："元嘉建学之始，（郑）玄、（王）弼两立。逮颜延之为祭酒，黜郑置王，意在贵玄，事成败儒。今若不大弘儒风，则无所立学；众经皆儒，惟《易》独玄，玄不可弃，儒不可缺。谓宜并存，所以合无体之义。"王俭赞同其说，答书曰："《易》体微远，实贯群籍，施、孟异闻，周、韩殊旨。岂可专据小王，便为该备？依旧存郑，高同来说。"于是王、郑皆置博士。下及梁、陈，郑、王二注，犹并列于国学。① 就《春秋》学而言，南朝学者虽以宗杜为主，但也不乏治服氏之学者。史称"自梁代诸儒相传为《左氏》学者，皆以贾逵、服虔之义难驳杜预，凡一百八十条"，后来经过王元规"引证通析"，才使杜注"无复疑滞"。② 北方学者虽然大体上宗服，也有一些学杜的。《北史·儒林传》云："晋世，杜预注《左氏》。预玄孙坦，坦弟骥，于宋朝并为青州刺史，传其家业，故齐地多习之。"这是说北方的局部地区，杜注也曾盛行。《北史·儒林传》又云："（张）吾贵兼读杜、服，隐括两家，异同悉举。""又有姚文安、秦道静，初亦学服氏，后兼更讲杜元凯所注。"可见当时的北方学者，也有兼通服、杜的。服、杜的斗争，也就在所难免："姚文安难服虔《左传解》七十七条，名曰《驳妄》；（李）崇祖申明服氏，名曰《释谬》。"③ 在南朝，服、杜的交锋是以杜盛服衰告终的；而在北朝，在一个相当长的时间里，杜注没有能够取代服注。北人对服虔、郑玄的崇拜是根深蒂固的，所谓"欲父康成，兄子慎"，"宁道孔圣误，讳闻郑、服非"。④ 当然，南北的这种差异，与南人、北人的习性亦不无关系。清儒皮锡瑞说："由于北人俗尚朴纯，未染清言之风、浮华之习，故能专宗郑、服，不

---

① 《南齐书·陆澄传》。
② 《南史·儒林传》。
③ 《北史·儒林传》。
④ 《旧唐书·元行冲传》引王劭《史论》。

为伪孔、王、杜所惑。"①《世说新语》记支道林对南人、北人的评论说："北人看书，如显处视月；南人学问，如牖中窥日。"此语甚为形象，刘孝标注云："学广则难周，难周则识暗，故如显处视月；学寡则易核，易核则智明，故如牖中窥日也。"余嘉锡先生进一步解释说："此言北人博而不精，南人精而不博。"② 由于北人尚"渊综广博"，故比较接近汉儒繁琐说经的一路，颜之推引邺下谚所谓"博士买驴，书券三纸，未有驴字"③，正是北人繁琐的写照。

四、北朝的《春秋》学者

北朝影响最大的一位《春秋》学者，是魏末的大儒徐遵明。在徐遵明之前，比较重要的学者，有刘献之、刘兰、张吾贵等人。刘献之，博陵饶阳人，在当时声望甚隆，"魏承丧乱之后，五经大义，虽有师说，而海内诸生，多有疑滞，咸决于献之。六艺之文，虽不悉注，然所标宗旨，颇异旧义"。刘献之与张吾贵齐名，"海内皆曰儒宗"。二人弟子的数量相差悬殊，但学术的声誉恰成反比："吾贵每一讲唱，门徒千数，其行业可称者寡。献之著录，数百而已，皆经通之士。于是有识者辨其优劣"。刘献之的专长是《春秋》与《毛诗》。他解《左传》，特重其中的"例"，"每讲《左氏》，尽隐公八年便止，云：'义例已了，不复须解。'由是弟子不能究竟其说"④。

刘兰，武邑人。家贫，三十余岁方始读书，且耕且学。"三年之后，便白其兄：'兰欲讲书。'其兄笑而听之。为立黉舍，聚徒二百。兰读《左氏》，五日一遍，兼通五经"⑤。刘兰的经学以《左传》为主："先是张吾贵以聪辨过人，其所解说，不本先儒之旨。唯兰推经、传之由，本注者之意，参以纬候及先儒旧事，甚为精悉。自后经义审博，皆由于兰。兰又明阴阳，博物多识，为儒者所宗"。刘兰的学术在当时影响很大，"兰学徒前后数千，成业者众"。但刘兰门户之见甚深，坚执《左传》之义，"而排毁《公羊》，又非董仲舒，由是见讥于世"⑥。这反映出在南北朝时期，虽然《左传》与《公羊》、《谷梁》的势力已甚相悬殊，几不可同日而语，但在一般学者中间，博采兼收仍被视为正途，过分偏执的抱残守缺，终不为多数学者所认同。

---

① 皮锡瑞《经学历史》，第182页。
② 余嘉锡《世说新语笺疏》，中华书局1983年版，第217页。
③ 《颜氏家训·勉学》，天津古籍出版社1995年版，第72页。
④⑤⑥ 《魏书·儒林传》。

张吾贵,字吴子,中山人。此人极聪敏,但学问的根底并不深厚。"吾贵先未多学,乃从郦诠受《礼》,牛天佑受《易》。诠、佑粗为开发,而吾贵览读一遍,便即别构户牖,世人竞归之"。他的《左传》学,似得之于刘兰:"曾在夏学,聚徒千数,而不讲《传》。生徒窃云:'张生之于《左氏》,似不能说。'吾贵闻之,谓其徒曰:'我今夏讲暂罢,后当说《传》,君等来日,皆当持本。'生徒怪之而已。吾贵谓刘兰云:'君曾读《左氏》,为我一说。'兰遂为讲。三旬之中,吾贵兼读杜、服,隐括两家,异同悉举。诸生后集,便为讲之,义例无穷,皆多新异,兰乃伏听。学者以此益奇之。"[1] 以"三旬"的时间,研读了服、杜两家之注,而且能"异同悉举",其才力心智,确乎不可小觑。然而这样的人每每虚夸诈巧,华而不实,自也是不争的事实。史称吾贵"辩能饰非,好为诡说,由是业不久传"。

《北史·儒林传》云:

> 河北诸儒能通《春秋》者,并服子慎所注,亦出徐生之门。张买奴、马敬德、邢峙、张思伯、张奉礼、张彤、刘昼、鲍长宣、王元则并得服氏之精微。又有卫觊、陈达、潘叔虔,虽不传徐氏之门,亦为通解。又有姚文安、秦道静,初亦学服氏,后兼更讲杜元凯所注。

这里提到的"徐生",是指魏末的大儒徐遵明。遵明字子判,华阴人。他早年师从王聪,学习《毛诗》、《尚书》、《礼记》,进步很快。不久就辞别王聪,往游燕赵,师事张吾贵。其时张吾贵门徒甚众,遵明在他的门下苦心钻研了数月,感觉不惬于心,于是改事孙买德。一年后又欲弃买德而去,人有责其用心不专者,遵明乃自指其心曰:"吾今知真师所在矣,正在于此。"此后他便潜心自修,苦读了六年,终于成为一代儒宗。徐遵明开门纳徒,讲学二十年,在当时及唐代的学界影响很大,甚至其讲学的方式也为人所模仿:"每临讲坐,先持经执疏,然后敷讲。学徒至今,浸以成俗"。他在《春秋》学上的成就,主要是弘扬《左传》的服氏之义。据说他在成名以后,"又知阳平馆陶赵世业家有《服氏春秋》,是晋世永嘉旧写。遵明乃往读之,复经数载。因手撰《春秋义章》为三十卷"[2]。

徐遵明的弟子或再传弟子中,比较重要的有李业兴、李铉、马敬德等。

李业兴,上党长子人。其家世以儒为业。业兴从徐遵明学《春秋》,当时

---

[1] 《魏书·儒林传》。
[2] 《北史·儒林传》。

徐遵明的名声尚不甚大,并不被人看重,有人戏称之为"羌博士"。据史书记载,徐遵明的成名,与李业兴尚有些关系:"时有渔阳鲜于灵馥亦聚徒教授,而遵明声誉未高,著录尚寡。业兴乃诣灵馥黉舍,类受业者。灵馥乃谓曰:'李生久逐羌博士,何所得也?'业兴默尔不言。及灵馥说《左传》,业兴问其大义数条,灵馥不能对。于是振衣而起曰:'羌弟子正如此耳!'遂便径还。自此灵馥生徒倾学而就遵明。遵明学徒大盛,业兴之为也"。李业兴解经,好引纬书,这在当时北朝学者中颇具代表性。天平四年,业兴曾出使南梁,在梁武帝萧衍面前与梁之散骑常侍朱异讨论经义。在谈到明堂之制上圆下方时李业兴与朱异有一段争论:"业兴曰:'我昨见明堂四柱方屋,都无五九之室……明堂上圆下方……今二上不圆,何也?'异曰:'圆方之说,经典无文,何怪于方?'业兴曰:'圆方之言,出处甚明,卿自不见。见卿录梁主《孝经义》,亦云上圆下方,卿言岂非自相矛盾?'异曰:'若然,圆方竟出何经?'业兴曰:'出《孝经援神契》。'异曰:'纬候之书,何用信也?'业兴曰:'卿若不信,《灵威仰》、《叶光纪》之类经典亦无出者,卿复信不?'异不答"①。按当时南朝学者,对纬候之书多持轻蔑态度,而北方由于郑玄的"汉学"还占着统治地位,故尚多有借纬书以说经义者。

李铉,字宝鼎,渤海南皮人。"年十六,从浮阳李周仁受《毛诗》、《尚书》,章武刘子猛受《礼记》,常山房虬受《周官》、《仪礼》,渔阳鲜于灵馥受《左氏春秋》"。后来"以乡里无可师者",遂拜在了徐遵明的门下,"居徐门下五年,常称高第"。撰定《孝经》、《论语》、《毛诗》、《三礼》义疏及《三传异同》、《周易义例》,合三十余卷。②

马敬德,河间人。"少好儒术,负笈随大儒徐遵明学《诗》、《礼》,略通大义而不能精"。此后他便"留意于《春秋左氏》,沉思研求,昼夜不倦,解义为诸儒所称。教授于燕、赵间,生徒随之者众"。北齐天统(565—569)初年,除国子博士,担任后主的老师。"后主既不好学,敬德侍讲甚疏,时时以《春秋》入授"③。

张思伯,河间乐城人。史称思伯"善说《左氏传》,为马敬德之次。撰《刊例》十卷,行于时"④。

---

① 《魏书·儒林传》。
②③④ 《北齐书·儒林传》。

张雕①，中山北平人。此人"雅好古学，精力绝人，负箧从师，不远千里"。张雕也是以《春秋》学见长，不过他的特点是三传兼习："遍通五经，尤明三传，弟子远方就业者以百数，诸儒服其强辩"。北齐武成帝时，马敬德去世，张雕"乃入授经书。帝甚重之，以为侍读，与张景仁并被尊礼，同入华光殿，共读《春秋》"②。

乐逊，字遵贤，河东猗氏人。早年随徐遵明学《孝经》、《丧服》、《论语》、《诗》、《书》、《礼》、《易》、《左氏春秋》。魏废帝二年（553），宇文泰召乐逊教授诸子。"在馆六年，与诸儒分授经业，逊讲《孝经》、《论语》、《毛诗》及服虔所注《春秋左氏传》"。此后乐逊曾历任北周的高官。他的著作很多，有《孝经》、《论语》、《毛诗》、《左氏春秋》序论十余篇。"又著《春秋序义》，通贾、服说，发杜氏违，辞理并可观"③。

熊安生，字植之，长乐阜城人。他是西魏至北周时期的一位很重要的儒者。"初从陈达受《三传》，又从房虬受《周礼》，并通大义。后事徐遵明，服膺历年"。此后他还曾受《礼》于李铉，"遂博通五经，然专以《三礼》教授。弟子自远方至者，千余人。乃讨论图纬，捃摭异闻，先儒所未悟者，皆发明之"，成为一代儒宗。他的门人中间，"当时受其业擅名于后"者，有马光、张黑奴、窦士荣、孔笼、刘焯、刘炫等。不过熊安生性善谄媚，著述虽丰，人品却不为人所重。④

五、南朝的《春秋》学者

南朝的《春秋》学者当中，比较重要的有严植之、刘之遴、崔灵恩、沈文阿、王元规、张冲、谢庄等。

严植之，字孝源，建平秭归人。"少善《庄》、《老》，能玄言，精解《丧服》、《孝经》、《论语》。及长，遍习郑氏《礼》、《周易》、《毛诗》、《左氏春秋》"。仕齐、梁二朝，梁时兼五经博士。其时五经各开馆教授，植之"每当登

---

① 中华书局本《北齐书》卷四十四校记云："张雕，《北史》卷八一作'张彫武'，序作'张彫'；本书卷八《后主纪》（补）武平四年十月作'张彫虎'，《通志》卷一六《齐本纪》作'张雕虎'。钱氏《考异》卷三十一、卷四十都有说。其人本名雕虎（彫通用），本书和《北史》避唐讳或去'虎'字，或改'虎'作'武'。其作'彫虎'者后人所改。"

② 《北齐书·儒林传》。

③ 《周书·儒林传》。

④ 《周书·儒林传》、《北史·儒林传》。

讲，五馆生毕至，听者千余人"①。

刘之遴，字思贞，南阳涅阳人。仕于南梁。梁武帝萧衍爱好儒术，当时《周易》、《尚书》、《礼记》、《毛诗》都已有了武帝所作的义疏，只有《左传》尚阙。于是"之遴乃著《春秋大意》十科，《左氏》十科，《三传同异》十科，合三十事上之"②。这些著作今已无传，只知萧衍阅后，"大悦"，诏答之曰："省所撰《春秋》义，比事论书，辞微旨远。编年之教，言阐义繁。丘明传洙泗之风，公羊宗西河之学，铎椒之解不追，瑕丘之说无取。继踵胡母，仲舒云盛；因循谷梁，千秋最笃。张苍之传《左氏》，贾谊之袭荀卿，源本分镳，指归殊致，详略纷然，其来旧矣。昔在弱年，久经研味；一从遗置，迄将五纪。兼晚秋晷促，机事罕暇，夜分求衣，未遑披括。须待夏景，试欲推寻，若温故可求，别酬所问也。"③按梁武帝的这一段答书，先是肯定了刘之遴的《春秋》学著作，接着简述《春秋》学的源流，然后是说他自己在《春秋》学上的缺欠。所谓"编年之教"，即指《春秋》学而言。可以看出，梁武帝对三传是并不偏取的，但他也承认三传说解的分歧由来已久。我们还可以看到，梁武帝虽然好儒，但他对《春秋》一经，却用力甚少，除年轻时做过一些研究之外，"一从遗置，迄将五纪"，一放就是六十年！

崔灵恩，清河东武城人。"遍通五经，尤精《三礼》、《三传》"。灵恩先仕于北魏，为太常博士，天监十三年（514）归梁。梁武帝看重其儒术，屡有升擢，兼任国子博士。"灵恩聚徒讲授，听者常数百人。性拙朴无风采，及解经析理，甚有精致。京师旧儒咸称重之，助教孔佥尤好其学"。由于崔灵恩由北入南，因此在他身上就体现出了南学与北学的歧异："灵恩先习《左传》服解，不为江东所行，及改说杜义，每文句常申服以难杜，遂著《左氏条义》以明之。时有助教虞僧诞又精杜学，因作《申杜难服》以答灵恩，世并行焉"④。按崔灵恩为迎合江南的风习，不得不改说杜义，但他骨子里仍旧是宗服的，故在讲学中间常自觉不自觉地"申服以难杜"。崔、虞的辩难，实应看做是服学与杜学的冲突。崔灵恩的《春秋》学著作，据《梁书》本传记载，尚有《左氏经传义》二十二卷，《左氏条例》十卷，《公羊谷梁文句义》十卷。但据《隋书·经籍志》，崔灵恩的著作有《春秋经传解》六卷，《春秋申先儒传论》（《唐志》"论"作"例"）十卷，《春秋左氏传立义》十卷，《春秋序》一卷。那位虞僧诞

---

① 《南史·儒林传》。
②③ 《南史·刘之遴传》。
④ 《梁书·儒林传》。

的著作《隋志》无载，想是唐初已经失传了。僧诞会稽余姚人，"以《左氏》教授，听者亦数百人。其该通义例，当时莫及"①。

沈文阿，字国卫，吴兴武康人。其父沈峻博通五经，尤长《三礼》，仕梁为五经博士。文阿"少习父业，研精章句"，"又博采先儒异同，自为义疏。治《三礼》、《三传》"，"尤明《左氏传》"②。入陈为国子博士。文阿著作甚多，《隋志》著录有《春秋左氏经传义略》（《释文》"义略"作"义疏"）二十五卷。

王元规，字正范，太原晋阳人。少时师从沈文阿受业，"十八，通《春秋左氏》、《孝经》、《论语》、《丧服》。梁中大通元年（529），诏策《春秋》，举高第，时名儒咸称赏之"。他的《左传》学，可能是较为纯粹的杜学："自梁代诸儒相传为《左氏》学者，皆以贾逵、服虔之义难驳杜预，凡一百八十条。元规引证通析，无复疑滞。"③ 据《经典释文·序录》，其师沈文阿"撰《春秋义疏》阙下帙，王元规续成之"。今《隋志》有"王元规《续沈文阿春秋左氏传义略》十卷"。王元规有关《春秋》学的其他著作，据本传记载，尚有《春秋发题辞》及《义记》十一卷、《续经典大义》十四卷、《左传音》三卷，《隋志》均无载。

张冲，字叔玄，吴郡人。仕陈，为左中郎将，非其所好。"乃覃思经典，撰《春秋义略》，异于杜氏七十余事"④。

谢庄，字希逸，陈郡阳夏人。仕刘宋。谢庄对《春秋》的研究与众不同，他着眼于《左传》中的地理，绘制了春秋时期的地理图："分《左氏》经传，随国立篇，制木方丈，图山川土地，各有分理。离之则州别郡殊，合之则宇内为一"⑤。

第六节　义疏的出现

南北朝时期，在经学的阐释性著作中，出现了一种新的体裁，这就是"义疏"。

"义疏"之体，是汉代经注、经说的发展，同时也显然受到了佛家讲经的影响。汉代的经师盛行讲学，不管是一师主讲，弟子伏听，还是师弟之间相互辩难，一般都有记录，这些记录往往经整理即成为著作。自佛教传入东土以

---

① 《梁书·儒林传》。
② 《梁书·儒林传》、《陈书·儒林传》。
③ 《陈书·儒林传》。
④ 《北史·儒林传》。
⑤ 《宋书·谢庄传》。

来，佛家讲经说法之风更盛，其内容，其风格，其仪式，均对儒家之讲经产生了很大的影响。"义疏"之体，最早是出现在佛家之中的；南北朝时，儒家也有了"义疏"，今人牟润孙先生曾著文论之颇详。① "疏"字据《说文》其义为"通"，"义疏"似乎可以理解为对经义的疏通。但《广雅》云："注、纪、疏、记、学、刊、志，识也"，则"疏"又有"记"义。② 段玉裁说"'疏'之引申为疏阔、分疏、疏记。"③ 是则"记"为"疏"的引申义。从南北朝时学者对"义疏"一词的使用来看，"义疏"之"疏"，似乎以"记"义为主，某经之义疏，当即记所讲某经（应当也包括传注）之义。④ 最初可能是经师讲论经义的记录，后来也有的经师预撰义疏，以备讲论之用。牟润孙先生说：

> 撰疏一事，非仅为诂经之书创辟新体例，即在我国学术史上思想史上亦为大事因缘，影响极为深远。至于其中关键所系，厥为儒家讲经之采用释氏仪式一端。僧徒之义疏或为讲之纪录，或为预撰之讲义，儒生既采彼教之仪式，因亦仿之有纪录有讲义，乃制而为疏。讲经其因，义疏则其果也。⑤

这种义疏的体裁，南朝诸儒用得很多。即以《周易》而论，仅《隋志》著录，就有宋明帝集群臣讲《周易义疏》、齐永明国学讲《周易讲疏》、梁武帝撰《周易讲疏》、梁褚仲都撰《周易讲疏》、梁萧子政撰《周易义疏》、《周易系辞义疏》、陈张讥撰《周易讲疏》、陈周弘正撰《周易义疏》等十余种。北朝诸儒讲解经义，也必有义疏。《北史·儒林传》（《魏书》同此）云："徐遵明……教授门徒，每临讲坐，先持经执疏，然后敷讲。学徒至今，浸以成俗。"这里经与疏分持，疏显然是预撰的讲义。诸儒学有所成，往往亦自撰义疏："诸儒如权会、李铉、刁柔、熊安生、刘轨思、马敬德之徒，多自出义疏"⑥。

"疏"之为体，最初既是讲经的记录，后来又发展为预撰之讲义，那么"疏"与"注"究竟有何区别呢？从本质上讲，疏与注既同为经典的阐释性著作，其间并无质的区别。但疏既为南北朝时期的产物，其时所谓经注，多为汉、魏、晋人的作品，由于时代、学风的差异，疏与注亦自有其不同之处。

汤用彤先生说："注疏之作，繁简不同，宗趣各别。约略言之：（一）则随

---

① 参见牟润孙《论儒释两家之讲经与义疏》，《注史斋丛稿》，中华书局1987年版。
② 王念孙《广雅疏证》卷二下。
③ 段玉裁《说文解字注》。
④ 牟润孙《论儒释两家之讲经与义疏》，《注史斋丛稿》，第242页。
⑤ 牟润孙《论儒释两家之讲经与义疏》，《注史斋丛稿》，第240页。
⑥ 《北史·儒林传》。

文释义，谓之曰注，此即普通之所谓章句。……（二）则明经大义，不必逐句释文。"① 按汤氏此言，是就佛家之注疏而言的，且这里合注、疏而一之，不作区别，对于我们辨明注、疏之差异，并无多大的帮助。

论者或以为注与疏为层次不同之注解，注为解经而作，疏则是对注的阐释与发挥，这种认识虽有道理，但并不十分准确。马宗霍氏论义疏之形成曰：

> 盖汉人治经，以本经为主，所为传注，皆以解经。至魏晋以来，则多以经注为主，其所申驳，皆以明注。即有自为家者，或集前人之注，少所折衷；或隐前人之注，迹同攘善。其不依旧注者，则又立意与前人为异者也。至南北朝，则所执者更不能出汉魏晋诸家之外，但守一家之注而诠解之，或旁引诸说而证明之，名为经学，实即注学。于是传注之体日微，义疏之体日起矣。②

按这里把义疏之学称为"注学"而非"经学"，是十分精当的意见。南北朝时的经学家派，如前所述，确是往往以注家来划分的。即以《春秋》学而论，南学之宗杜，北学之宗服，俱是固守一家之注；当时人宗主作注的经师，有时甚至超过了对经典本身的信仰。但若说"疏"单为阐释、发挥"注"而作，则又不尽然。今日所能见到的南北朝时的义疏，大约只有两部，一为皇侃的《论语集解义疏》，一为徐彦的《公羊传疏》。今姑以皇侃的《义疏》为例，看一看"疏"与"注"之关系。

皇侃在《论语义疏叙》中说："魏末，吏部尚书南阳何晏字平叔，因《鲁论》集季长等七家，又采《古论》孔注，又自下己意，即世所重者。今日所讲，即是《鲁论》，为张侯所学、何晏所集者也。……（列举卫瓘等十三家）右十三家，为江熙字大和所集。侃今之讲，先通何集，若江集中诸人有可采者，亦附而申之；其又别有通儒解释于何集无好者，亦引取为说，以示广闻也。"可见皇侃作疏，确是以何晏的《论语集解》为主，但他在何集之外还广泛吸取了江熙所集十三家及其他"通儒"的意见。

所谓以何晏的《论语集解》为主，是说义疏的解经，主要是立足于《集解》所引诸家注的基础之上，对注文所涉及的内容再详加解说、补充、阐释、发挥。例如《论语·为政》"为政以德"章，《集解》引郑玄注云："德者无为，譬犹北辰之不移而众星共之也。"《义疏》则详细解说这个譬喻的意义，从天文

---

① 汤用彤《汉魏两晋南北朝佛教史》第十五章，中华书局1983年版。
② 马宗霍《中国经学史》，商务印书馆1937年版，第85页。

上解释"北辰"是什么星，众星包括哪些星等等。又如《子路篇》"何如斯可谓之士矣"章，"硁硁然小人哉"一语，《集解》引郑注云："硁硁者，小人之貌也。"《义疏》则补充说："硁硁，坚正难移之貌也。小人为恶，坚执难化。"但从总体来说，《义疏》并不是单为解释注文而作的，《义疏》的着眼点首先还是在经文上。《论语》各章开头，《义疏》往往是先论一章要旨。例如《学而篇》"导千乘之国"章，疏云："此章明为诸侯治大国法也。"《为政篇》"君子不器"章，疏云："此章明君子之人不系守一业也。""学而不思"章疏云："此章教学法也。"这样的例子不胜枚举。这些总提章旨的疏文都与注文无关。又《义疏》之于经文，可以说是每句必释，并不管有没有注文。例如《八佾篇》之"居上不宽"章，《里仁篇》之"士志于道"章，《集解》均不着一字，而疏则各用了一百余字，详加解说，足见《义疏》解说的着眼点主要还是放在了经文上的。

《义疏》虽然在多数情况下是在《集解》基础上的加详、阐释与发挥，但也有一些地方与《集解》所引各条注文均不同。遍检皇侃全书，就会发现疏文与注文不同甚至抵牾之处所在多有。如《雍也篇》之"贤哉回也"章，《集解》引孔安国曰："箪，笥也。"而《义疏》云："箪，竹筥之属也，用贮饭。"按"笥"为竹编的箱箧之属，《义疏》显然是对孔注有所纠正。又如《宪问篇》："蘧伯玉使人于孔子，孔子与之坐而问焉，曰：'夫子何为？'对曰：'夫子欲寡其过而未能也。'"《集解》云："言夫子欲寡其过而未能无过也。"而《义疏》则解释为"欲自寡少于过失而未能寡于过也"，变《集解》之"未能无过"为"未能寡于过"，应该说是更为准确了。如果说上引诸例疏与注的差异还不算大的话，那么以下二例似可证明义疏有时与注相距甚远。《里仁篇》云："子曰：君子之于天下也，无适也，无莫也。义之与比。"《集解》云："言君子之于天下，无适无莫，无所贪慕也。"《义疏》则引范宁曰："适、莫，犹厚薄也。"是对适、莫二字的解释，疏与注大异。又如《子罕篇》孔子所说的毋意、毋必、毋固、毋我，《义疏》与《集解》的解说也大相径庭。[①] 这些现象表明，南北朝时期的义疏，虽多以一部经注为主，但对注文并不完全盲从，义疏对注的补充、修正乃至完全违背之处并不少见。

义疏在文体上的特点，据现代学者研究，主要有二："一为其书之分章段，

[①] 皇侃《论语义疏》卷五，《知不足斋丛书》本。

二为其书中之有问答"①。所谓"分章段",是指义疏在解经时对经文做结构上的分析,分章、分节、分段来讲解,这是以往经注中所没有的。"分章段"可以清楚地看出作疏者从整体上来讲解经文与把握经义的用心。义疏的另一个特点是多用问答之体。不过,这一点在皇侃的《论语义疏》中表现并不突出,此书中虽有问答,但用得比较少。有的义疏使用问答之体至为支离繁碎,有着很明显的讲经记录的痕迹。这在徐彦所著《公羊义疏》中表现比较明显,下一节还将谈到。

义疏之体,在南北朝时颇为盛行。据《隋书·经籍志》记载,其时《周易》、《尚书》、《毛诗》、《三礼》、《孝经》、《论语》诸经均有义疏多种,尤以《周易》疏数量最多,这大约与当时的谈玄之风有关。而《春秋》的义疏相对较少,计有《春秋左氏传述义》四十卷,刘炫撰;《春秋五十凡义疏》二卷,不著撰人;《春秋序义疏》一卷,亦不著撰人。这后二书显然与那种通释经传全文的义疏有别。又有《春秋公羊疏》十二卷,亦不著撰人,不知是否即为徐彦疏。

第七节 徐彦与他的《公羊传疏》

一、徐彦应是一位北朝的学者

今日所见徐彦的《公羊传疏》,是《十三经注疏》中唯一一部作者时代目前尚不能完全确定的"疏"。此书在较早的目录书中不见著录。《隋书·经籍志》有"《春秋公羊疏》十二卷",不著撰人,从卷数来看,不像是徐彦所著的这一部。新旧《唐书》的《艺文志》、《经籍志》均没有著录。郑樵《通志·艺文略》有"《春秋公羊疏》三十卷",亦不著撰人。《文献通考·经籍考》著录"《春秋公羊疏》三十卷",引《崇文总目》曰:"不著撰人名氏。援证浅局,出于近世。或云徐彦撰。皇朝邢昺等奉诏是正,始令太学传授,以备《春秋》三家之旨。"这是目前所见有关徐彦撰疏的最早的记载。细玩《崇文总目》文意,盖谓宋初《春秋》三家疏并不齐备,《公羊》疏阙如,直至邢昺整理徐彦疏并令在太学传授之后,《春秋》之三家疏始备。且北宋时人对此疏的撰者已不知其详,所谓徐彦撰,只是"或云"而已。《崇文总目》的作者显然对此书不大看重,称它"援证浅局",大约是说对经义、传义不能做深入的阐发,故而断

---

① 牟润孙《论儒释两家之讲经与义疏》,《注史斋丛稿》,第294页。

其必"出于近世",也就是说是晚唐以来的作品。陈振孙引董逌《广川藏书志》云:"世传徐彦撰,不知何据。然亦不能知其定出何代,意其在贞元、长庆后也。"①《四库提要》顺着这一思路说:"考疏中'邲之战'一条,犹及见孙炎《尔雅注》完本,知在宋以前。又'葬桓王'一条,全袭用杨士勋《谷梁传疏》,知在贞观以后。中多自设问答,文繁语复,与丘光庭《兼明书》相近,亦唐末之文体。董逌所云不为无理。故今从逌之说,定为唐人焉。"

但清代学者对徐彦是唐人之说颇多异议。严可均《书公羊疏后》云:"所引书百三十许种,最晚者郭璞、庾蔚之,余皆先秦汉魏。开卷疏'司空掾'云:'若今三府掾是也',齐、梁、陈、隋、唐无此官制,惟北齐有之,则此疏北齐人撰也。"②严氏之说影响很大,王鸣盛更进一步,直指徐彦为《北史》之徐遵明。阮元称王鸣盛之说"不为无见",且指出徐疏"其文章似六朝人,不似唐人所为者"③。姚振宗亦赞成王说。④ 今人潘重规对这一问题做过深入研究,在所撰《春秋公羊疏作者考》⑤ 中,举六证证明"是疏作者不独非唐人,且亦非齐、梁经师所作,而当出于北朝钜儒之手"。按潘氏所论是很有说服力的,这里姑引述他的若干论述,来看一看《公羊》徐疏究竟应属于什么时代。

(一)从徐疏的引书情况来看。

如严可均氏所说,徐疏引书一百多种,其中最晚的是刘宋庾蔚之《礼记略解》。据潘氏统计,徐疏引书之已亡佚者有《孝经》郑玄注、郑称注,《孝经钩命决》,《孝经援神契》,《论语》郑注,《尔雅》之李巡注、孙氏注、樊光注、舍人注,《尔雅音义》,《周易》郑玄注,《易说》,《尚书》郑玄注,《书传略说注》,《书传》,《韩诗传》,《礼说》宋氏注,《礼纬含文嘉》,《礼说稽命征》,《中霤礼》,《汉礼》,庾蔚之《礼记略解》,《乐说》,《乐说》注,《春秋说题辞》,《演孔图》,《感精符》,《考异邮》,《春秋说》宋氏注,《元命包》宋氏注,《我应瑞》,《文耀钩》,《运斗枢》,《公羊》颜安乐注、严彭祖注、闵因序、戴宏序,戴宏《解疑论》,贾逵《长义》,郑众《长义》,服虔《成长义》,《春秋》贾服注,贾逵《三家经本训诂》,郑玄《发墨守》,何氏《膏肓》,何氏《文谥例》,何氏《长历》,《世本》,《揆命篇》,《六艺论》,《五经异义》,《异义》郑

---

① 陈振孙《直斋书录解题》卷三,上海古籍出版社1987年版,第54页。
② 严可均《铁桥漫稿》卷八,光绪十一年刻本。
③ 阮元《春秋公羊传注疏校勘记序》,《十三经注疏》本。
④ 姚振宗《隋书经籍志考证》卷六,《二十五史补编》本。
⑤ 潘重规《春秋公羊疏作者考》,《志林》,1940年第1号。以下引潘氏之说均见此文。

驳，《郑志》，《八代记》，《草木志》，《关中记》，《辨名记》，《苍颉篇》，《堪舆》，《星经》，《凶仪》，《汉律》等数十种。其中如《孝经》郑称注、《公羊》戴宏序、闵因序、戴宏《解疑论》、《八代记》、《草木志》、《辨名记》、《揆命篇》等（雄按此外尚有《书传略说注》、《公羊》颜安乐注、贾逵《长义》、郑众《长义》、何氏《长历》等）均不著录于隋唐诸志。虽不能因此就断定这些书隋唐时已佚，但说这些书中至少有一部分隋唐时已佚，当无大过。例如《公羊》之分为严、颜二家，是十分重要的学派分化现象，《隋志》类序尚有明文；颜安乐注不见于《隋志》及新旧《唐志》，绝不能以偶然疏漏解之，必是当时已佚。徐疏既引用了不少隋唐时已佚之书，则疏作者非唐人可知。

（二）与《经典释文》进行比较。

这种比较又分为三个方面：

一是注音方法。《释文》注音，以用反切为主，间亦有用直音者。反观徐疏中，注音三十余事，其用反切、直音者仅八事，余皆沿用汉儒读若譬况之法。有些《释文》已注音之字，徐疏仍以"读若"明之。例如隐公十一年传之"僵"，《释文》注音作"居良反"，而疏云："读如齐人强之强，非强弱之强"；庄公十二年何注有"礼乐"、"乐骄乐"等，《释文》出"骄乐"云"音洛，下宴乐同"，而疏云："乐皆是发心之乐，唯有'礼'下一'乐'是礼乐之乐耳"；定公元年何注有"以草衣城"，《释文》注"衣"云"于既反"，而疏云"衣读如衣轻裘之衣"。这样的例子还有不少。潘氏推论说："观其作音之朴拙，犹是汉人遗法。安有唐人为疏，当《释文》、《切韵》大行之后，其所作音乃不近本《释文》，旁采韵书，而反曲为譬况，不惜辞费，何许子之不惮烦乎？此亦足明作疏之人远在隋唐以前矣。"

二是比较徐疏与《释文》对三家经文异同的校列。徐疏与《释文》都很注重三家经之异文，据潘氏统计，《公羊释文》所举者凡一百五十四条，徐疏所举者凡五十五条。其中《释文》与疏全同者十六条，《释文》未举而疏举出者二十一条，疏未列举而《释文》举出者一百二十条，《释文》、疏均举而有异者十八条。这种情况表明，《释文》作者陆德明与疏作者本互不相谋。假如疏作者为唐人，则断无不见《释文》之理。因此，疏作者在陆德明之前的可能性更大一些。而且从《释文》与疏同举而有异的那十八条来看，可知徐疏博征古本，考正经文，多有陆氏所不能详者。潘氏于是问道："夫以陈、隋大儒所不得详，而谓唐世经生能为之乎？"

三是比较徐疏与《释文》所据旧本的多寡。徐疏引诸本校勘经传及何注者共有九十余事,《释文》所引者凡一百三十事,相重者只有一条,余皆互异。又《释文》所引这一百余事中,只有一条称"旧本",余皆称"一本作某"、"本或作某";而徐疏所引除或本外,称诸旧本者二十条,称诸古本者八条,称"今定本"者五条,称"正本"者十五条,足见所据古本之多,远出《释文》之上。有时徐疏据古本、旧本纠正"俗本"之失,所纠恰是陆氏所据之本,可见"疏文所据之本较之《释文》多得其正"①。倘徐疏的时代在《释文》之后,是不应出现这样的情况的。

(三) 从徐疏所引群经注之纯为北朝经学风尚来看。

南北朝时期,经学风尚南北不同,这在《北史·儒林传》及《隋书·经籍志》中有很明确的表述。大致言之,《周易》,南方宗王弼,北方宗郑玄;《尚书》,南方宗伪孔安国,北方亦宗郑玄;《左传》,南方宗杜预,北方宗服虔;《孝经》,梁代孔安国与郑玄并宗,而周、齐郑学独立;《论语》,梁、陈以何晏为主,周、齐以郑玄为宗。今考徐疏所引群经,《周易》、《尚书》全用郑玄注;《左传》唯庄二、襄元、定九三引杜氏,余皆引贾、服注;《孝经》则引郑玄注,间及郑称;《论语》则纯引郑玄注。从徐疏所引群经注的情形来看,徐疏显然属于北学一流,与《经典释文》以及唐初孔颖达等之《周易》宗王弼、《尚书》宗伪孔、《左氏》宗杜预、《论语》以何晏为主之南学风尚有显著不同。这也从一个侧面昭示了徐疏很可能是北朝儒者的作品。

上述潘氏对徐疏的考证应该说非常地深入,所得结论是可信的。不过潘氏又进而推断此疏的作者为北魏之高允,是则未必然。其实,此疏的时代既已探明,其作者究竟为谁,已不是最重要的了,在掌握更可信的证据之前,此事不妨阙疑不论。

二、徐彦对《春秋》公羊学的基本认识

在《公羊疏》的卷首,于"春秋公羊经传解诂隐公第一"的篇题之下,徐彦以自设问答的形式撰数千字的长篇疏文,用以解答一些公羊学的根本问题。这些问题大多是何休作注时不曾明确谈到的,例如《春秋》一经究竟作于何时,孔子作《春秋》时根据的是哪些材料,"春秋"这一名目究竟意义何在,孔子为什么要作《春秋》,怎见得孔子在为汉人制法,《春秋》"黜周王鲁"是怎么回事,《春秋》何以始于隐公,何休的"三世"说为什么与颜安乐有所不

---

① 阮元《公羊正义校勘记》"襄公七年"条。

同，《春秋》的"三科九旨"、"五始"、"六辅"、"二类"、"七等"、"七缺"是怎么回事等等。

  对于上述这些问题，徐彦都是站在《公羊传》的立场上，以春秋纬中的有关论述为主要依据，力图做出明确的解答。例如关于孔子作《春秋》的年代，徐彦据纬书力主"哀公十四年获麟之后，得端门之命，乃作《春秋》"；关于孔子作《春秋》的材料来源，徐彦则据《感精符》、《考异邮》、《说题辞》认为"得百二十国宝书"；关于为汉人制法，亦引纬书为说。但有时何休之说与纬书矛盾，徐彦亦尽力维护何氏之说。例如《孝经援神契》说"《春秋》三世以九九八十一为限"，而何休的"三世"，却是以昭、定、哀为"所见之世"（共61年），文、宣、成、襄为"所闻之世"（共85年），隐、桓、庄、闵、僖为"所传闻之世"（共96年），有两世突破了"八十一"之限。徐彦在论证了何氏对所见、所闻、所传闻的理解之后，自设问答云："问曰：《孝经说》文实有九九八十一为限之言，《公羊》信纬，可得不从乎？答曰：《援神契》者，自是《孝经纬》横说义之言，更作一理，非是正解《春秋》之物，故何氏自依《春秋说》为正解明矣。"至于《公羊》说《春秋》的种种名目如三科九旨等等，徐彦都给予了简要的说明，虽说这些在何休的《文谥例》里都有明文，但由于何氏之书已佚，《公羊》家的这些理论，端赖徐彦的《公羊疏》才得以流传至今。

  关于三科九旨，当时还有另外的说法，徐彦亦为之介绍，意在两存，俾人有所选择：

    问曰：案宋氏之注《春秋说》："三科者，一曰张三世，二曰存三统，三曰异外内，是三科也。九旨者，一曰时，二曰月，三曰日，四曰王，五曰天王，六曰天子，七曰讥，八曰贬，九曰绝。时与日、月，详略之旨也；王与天王、天子，是录远近亲疏之旨也；讥与贬、绝，则轻重之旨也。"如是，三科九旨，聊不相干，何故然乎？答曰：《春秋》之内，具斯二种理，故宋氏又有此说，贤者择之。

关于"五始"等概念，徐彦亦引《文谥例》为说：

    问曰：……然则三科九旨之义，已蒙前说；未审五始、六辅、二类、七等之义如何？答曰：案《文谥例》下文云：五始者，元年、春、王、正月、公即位是也。七等者，州、国、氏、人、名、字、子是也。六辅者，公辅天子，卿辅公，大夫辅卿，士辅大夫，京师辅君，诸夏辅京师是也。二类者，人事与灾异是也。

还有一个概念"七缺"，可能不在《文谥例》之中，故徐彦单提出来为之解释：

    问曰：《春秋说》云："《春秋》书有七缺。"七缺之义如何？答曰：七缺者，惠公妃匹不正，隐、桓之祸生，是为夫之道缺也；文姜淫而害夫，为妇之道缺也；大夫无罪而致戮，为君之道缺也；臣而害上，为臣之道缺也；僖五年"晋侯杀其世子申生"，襄二十六年"宋公杀其世子痤"，残虐枉杀其子，是为父之道缺也；文元年"楚世子商臣弑其君髡"，襄三十年"蔡世子般弑其君固"，是为子之道缺也；桓八年"正月己卯烝"，桓十四年八月"乙亥尝"，僖三十一年"夏四月，四卜郊不从，乃免牲，犹三望"，郊祀不修，周公之礼缺，是为七缺也矣。

总之是对《春秋》中所反映的君臣父子夫妇伦常礼数的缺失所做的归纳。至于公羊学为什么特别强调从三科九旨到二类、七缺等种种名目，徐彦引《文谥例》说是要"以矫枉拨乱，为受命品道之端，正德之纪也"，这就涉及孔子作《春秋》的使命了：拨乱反正，为受命之君建立一套伦常纲纪。

三、徐彦疏的内容及疏释范围

徐彦所作之疏，并不仅仅是针对何休注的，其对象也包括《公羊传》。通观徐氏全书，其疏解的主要内容，大致包括以下几个方面：

(一) 解释传文发问的理由及根据。

《公羊传》之解经，完全是用自设问答之体，全传自始至终，不断有自设的问题提出来。徐疏则往往要为这些问题的提出寻求根据，指出所以要这样问难的理由。例如隐公元年经"春王正月"，《公羊传》就连续提出了"元年者何"、"春者何"、"王者孰谓"、"曷为先言王而后言正月"等一连串问题。徐疏解"元年者何"云："凡诸侯不得称元年，今隐公爵犹自称侯，而反称元年，故执不知问。"解"春者何"云："春夏秋冬皆是四时之名，而夏秋冬三时，常不得配王言之，唯有'春'字常在'王'上，故怪而问之。"又如该年经文"冬十有二月，祭伯来"，传发问云"祭伯者何"，徐疏为之解云："欲言王臣，不言王使；欲言诸侯，复不言朝；欲言失地之君，复不言奔。故执不知问。"

(二) 为何注中的论断寻求根据。

例如对上文提到的"祭伯来"，《公羊传》认为是"奔也"，何休注云："奔者，走也。以不称使而无事，知其奔。"何休在这里固然也提出了他判断祭伯此来是"奔"的理由——"不称使而无事"，但没有更详细的说明。徐彦疏云："下三年'武氏子来求赙'，文九年'毛伯来求金'，是无使文而有事也。上文'秋七月天王使宰咺'，文元年'天王使叔服'之徒，皆是有使有事也。今此无使复无事，故知其正是奔也。"徐疏往往就是这样通贯《公羊》全书，寻求可以进行类比的例句来为何注增添佐证。何注由于简略，其论断有时不免启人疑窦，徐疏每以自设问答之体为之辩难。仍以上述"祭伯来"为例。《公羊传》既认为是"奔"，又发问云："奔则曷为不言奔？"传自答云："王者无外，言奔，则有外之辞也。"何休对此注云："言奔则与外大夫来奔同文，故去奔，明王者以天下为家，无绝义。"但这一解释实不足以服人，因为《春秋经》中王人言奔者所在多有，于是徐氏疏解云："问曰：若王者以天下为家，无绝义，故不言奔，何故襄三十年夏'王子瑕奔晋'，昭二十六年冬'尹氏、召伯、毛伯以王子朝奔楚'，成十二年春'周公出奔晋'，皆言奔乎？答曰：《春秋》进退无义，若来奔鲁者，见王者以天下为家，无绝义，故不言奔矣。若奔别国，即见《春秋》黜周，与外诸侯同例，故言奔矣。既以鲁为王而不专黜周者，若专黜周，则非逊顺之义故也。"

（三）揭示何注引文的出处。

何休作注，采撷文献资料甚多，或直引原文，或概述大义，但大多不言出处，而且往往与自撰的注文混而为一。徐疏细加辨别，一一为之指明，故疏中常见"《春秋说》文"、"《王制》文"、"《礼纬含文嘉》文"、"皆《感精符》文"、"皆《艺文志》文"、"此注皆《尔雅·释天》文"等语，都是揭示何注的出处。须要注意的是，徐疏这些"某某文"者，有些确乎是某某书的原文，但也有一些与某某书的原文并不一定完全相符。例如文公八年经"宋司城来奔"，何休注云："宋变司空为司城者，辟先君武公名也。"徐疏解何注此语云："桓六年《左氏传》文。"然夷考《左传》桓公六年，其文仅作"宋以武公废司空"，杜注也只是说"武公名司空，废为司城"，故何注虽取自《左传》，然文字上的差异其实是很不小的。

（四）徐疏对何注的解释、说明与阐发。

何注有不易理解之处，徐疏为之解释。如桓公五年何注有云"礼，七十悬舆①致仕"，徐疏解云："案《春秋说》文。谓之悬舆者，《淮南子》曰：'日至于悲谷，是谓哺时；至于渊隅，是谓高舂；至于连石，是谓下舂；至于悲泉，爰止其女，爰息其马，是谓悬舆。'旧说云日在悬舆，一日之暮；人年七十，亦一世之暮，而致其政事于君，故曰悬舆致仕也。亦有作'车'字者。"有时何注文字过简，意思表达得不甚明白，徐疏即为之做进一步的说明与阐发。如隐公三年《公羊传》认为如果经书"某月某日朔，日有食之"，那就意味着"食正朔也"，何注云："此象君行外强内虚，是故日月之行无迟疾，食不失正朔也。"那么什么是"外强内虚"？徐疏解释说："外强者，谓外有威严，其民

---

① 今所见《十三经注疏》本何注"悬舆"作"悬车"，据疏文，徐氏所用本"车"作"舆"。

臣望而畏之。内虚者，虚心以受物，正得为君之道。故食不失正朔也。《祭义》云'虚中以治之'，郑注云'虚中，言不兼念余事'是也。"再以"祭伯来"为例。传云："祭伯者何？天子之大夫也。"何注："以无所系言来也。"对这七个字，徐疏补充说明云："外诸侯臣来聘，宜系国称使，即文四年秋'卫侯使宁俞来聘'之属是也。若直来亦有所系，如闵元年冬'齐仲孙来'之属是。若外诸侯之臣来奔，当系国言来奔，即文十四年秋'宋子哀来奔'、襄二十八年冬'齐庆封来奔'之属是也。今无所系，直言来，故知宜是天子之大夫也。"又如庄公八年经云"甲午祠兵"，《公羊传》云："祠兵者何？出曰祠兵……"何注云："礼，兵不徒使，故将出兵，必祠于近郊，陈兵习战，杀牲飨士卒。"徐彦疏为之阐发云："何氏之意，以为祠兵有二义也：一则祠其兵器，二则杀牲享士卒，故曰祠兵矣。"再如隐公十一年《公羊传》云："《春秋》，君弑贼不讨，不书葬，以为无臣子也。"何休释曰："道《春秋》通例，与文、武异。"为什么《春秋》通例与文王、武王时不同呢？徐彦进一步发挥道："言文、武之时，周之盛德，既无诸侯相犯，宁有臣子弑君父者？是以古典无责臣子讨贼之义。《春秋》据乱而作，时则有之，因设其法，故言与文、武异。"

（五）注重对《春秋》义例的解说。

何休的《公羊解诂》，在《春秋》的"义例"上大做文章，使整个《公羊传》显得更加体系完整，条理细密。徐彦的疏，也很注意对"义例"以及"变例"的解说，但他除了做一些归纳、举证的工作外，实在是鲜有发明。隐公二年经有"春，公会戎于潜"，何休指出其例云："朝聘会盟，例皆时。"徐彦为之疏云："朝书时者，即文十五年'夏，曹伯来朝'，昭十七年'春，小邾娄子来朝'之类是也。其聘书时者，即文四年'秋……卫侯使宁俞来聘'，文六年'夏，季孙行父如陈'之属是也。其会书时者，即庄十三年'春，齐侯、宋人'以下'会于北杏'，十四年'冬，单伯会齐侯、宋公'以下'于鄄'之属是也。盟书时者，即庄十三年'冬，公会齐侯盟于柯'之属是也。其有书日月者，皆别著义，即不信者日，小信者月之属是也。"按徐疏为何注所说之例一一举证，并无发明，末句所云"其有书日月者，皆别著义"，是指那些不符合此例的记载，都自有其特定的"义"，这些就构成了所谓"变例"。

对《春秋》中的"变例"，何休注中一般都有说明，如隐公七年经云"春，王三月，叔姬归于纪"，何休注云："叔姬者，伯姬之媵也。……媵贱书者，后为嫡，终有贤行。"《春秋》记载了"媵"的事迹，这本身是与"例"相违的，但这另有意义，这意义就在于此叔姬后来成为了"嫡"，且有贤行。徐彦疏解之曰："《春秋》之内，例不书媵，以其贱故。今此书者，以其后为嫡，终有贤行也。知后为嫡者，正以庄二十九年冬十二月'纪叔姬卒'，三十年'八月癸亥，葬纪叔姬'，卒、葬皆书，为嫡明矣。"徐疏只是为何注之所谓"后为嫡"做了一些补充，余皆敷衍何注成说。徐疏之说"例"，率皆此类。

有时徐疏也对何休在书中不同的地方所述义例做一些归纳与总结的工作，这对于全面掌握何注还是很有帮助的。例如隐公四年经有"莒人伐杞，取牟娄"的记载，《公羊传》云："外取邑不书，此何以书？疾始取邑也。"何休注云："传不托始（按"托始"指《公羊传》明确假定某事为《春秋》中此类事之始）者，前此有灭，不嫌无取邑，当托始明，故省文也。"这是解释传为什么不托始于"莒人取牟娄"。徐疏作出归纳云："凡不托始之义有四：一则见其经而不托始，即上二年彼注云'据战伐不言托始'、'纳币不托始'之类是也；二则其大恶不可托始，即五年'初献六羽'之下，传云'始僭诸公昉于此乎？前此矣。前此，则曷为始于此？僭诸公犹可言，僭天子不可言'，彼注云'传云尔者，解不托始也'；三则省文，不假托始，即此是也；四则无可托始，即桓七年'焚咸丘'之下，注云'传不托始者，前此未有，无所托也'是也。"

（六）对何注的纠正与弥缝。

这种情况并不多见，但也非绝无仅有。文公十一年《公羊传》何注云："自宣、成以往，弑君二十八，亡国四十。"徐彦疏云："案今《春秋》之经，自宣、成以下讫于哀十四年，止有弑君二十，亡国二十四，则知此注误也。宜云弑君二十也，'八'是衍字；亡国二十四也，作'四十'者错也。其弑君二十，即：宣二年'赵盾弑其君夷皋'，四年'归生弑其君夷'（以下备举二十次弑君实例，姑从略）之属是也。其灭国二十四者，宣八年楚灭舒蓼，十二年楚灭萧（以下备举灭国二十四实例，姑从略），是其二十四。……或者弑君二十八、亡国四十者，《春秋说》文，其间亦有经不书者，故不同耳。"按这是发现何休所说弑君与亡国数目查无实据，只能判断"此注误也"。"或者"云云，不过是为何注之误寻找借口。

何休解经，见经有不合通例的情形，偶亦用"从赴"解之，意思是说当事国赴告之辞如此，经即从而书之。但这种解释似不合《公羊》家法，容易与古文家的"经从旧史，史从赴告"之说混同，于是徐疏即为之曲为弥缝。例如昭二十三年经记吴国与胡、沈等国交战，书"胡子髡、沈子楹灭"，髡、楹分别是胡、沈两国国君之名，至于经为什么要书此二君之名，何休解释说："名者，从赴辞也。"徐疏为之弥缝云："《公羊》之义，合书则书，不待赴告，而言'从赴辞'者，正以髡、楹既死，故胡、沈之臣赴告邻国，云道寡君某甲，为吴所灭，诸侯之史，悉书其名，孔子案诸国之文而为《春秋》，由是之故，录其名矣，故曰'名者从赴辞'。"这样的解释还是没有摆脱"史承赴告"的影子，于是徐疏进一步指出何注之所谓"赴"实际上是"赴告天子"："隐公八年'夏六月，己亥，蔡侯考父卒'，秋，'八月，葬蔡宣公'，传云'卒何以名而葬不名？卒从正'，注云'卒当赴告天子，君前臣名，故从君臣之正义言也'；'而葬从主人'，彼注云'至葬者，有常月可知，不赴告天子，故从蔡臣子辞称公'也。以此言之，则此注云'名者，从赴辞'者，谓其赴告天子之辞，是以称名矣。"

四、徐彦疏与《公羊》旧疏之关系

今日所见之徐彦疏没有作者的自序，有关徐彦作疏的其他背景材料也完全阙如，因此我们不了解徐彦对他以前的《公羊》旧疏究竟抱怎样的态度，也不知道他所撰的疏究竟在多大程度上吸收了旧疏的成果。但可以肯定的是，在徐彦以前，《公羊》是有疏的，徐彦在他所撰的新疏里，采用了旧疏的某些说法，也针对旧疏做了一些批判和反驳。

徐疏中常见有"旧说"如何、"旧解"如何等提法，这"旧说"、"旧解"至少有一部分应该就是指《公羊》的旧疏。例如成公十四年经云"叔孙侨如如齐逆女"，何注云："凡娶早晚皆不讥者，从纪履緰一讥而已。"徐疏在解释了何注之后，又引"旧解"云："隐二年緰之下，注云'内逆女常书，外逆女但疾始不常书者，明当先自详正，躬自厚而薄责于人，故略外也'，然则外之娶妻莫问早晚，其不亲迎者，皆不复书。而讥之者，悉从履緰之经一讥而已。"按这里的"旧解"引何注为说，显然是《公羊》何注的疏。又如僖公三十一年《公羊传》"天子有方望之事"，何休注"方望"云："谓郊时所望祭四方群神、日月星辰、风伯雨师、五岳四渎及余山川，凡三十六所。"对这"三十六所"，何注没有详细的说明。徐疏云："旧说云四方群神是为四也，通日与月为六，星是五星，为十一也，辰是十二辰，为二十三，风伯雨师为二十五，五岳为三十，四渎为三十四，余小山川为二，是为三十六所。"所引"旧说"很明显是解何注之语，其为《公羊》旧疏殆无疑问。又隐元传"元年者何"，何注云："诸据疑，问所不知，故曰'者何'。"徐疏引旧解而辨之曰："旧解云：案《春秋》上下，但言'曷为'与'何'，皆有所据，故何氏云诸据疑者皆无所据，故云'问所不知，故曰者何也'者，非。"可见"旧解"确是针对何注而发的。

有时徐疏引旧说，是为了要加以驳正，如宣公五年经书"冬，齐高固及子叔姬来"，传引"子公羊子"曰："其诸为其双双而俱至者与？"何休注云："言其双行匹至,似于鸟兽。"徐疏进一步解释说:"言其无别,如'雄狐绥绥',故曰双行;游匹而来,鹑鹊不异,故言匹至,似于鸟兽矣。"接着徐彦又批评旧说云:"而旧说云双双之鸟,一身二首,尾有雌雄,随便而偶,常不离散,故以喻焉,非何氏意也。"又昭十五年经书"蔡昭吴奔郑",何休注云:"不言出者,始封名言归,嫌与天子归有罪同,故夺其有国之辞,明专封。""昭吴"究竟是谁,说得不是很明确。徐疏据《左传》、《谷梁》,认为"昭吴"即蔡大夫朝吴,接着又批评旧疏云:"而旧解以'昭吴'为蔡侯卢之字者,似非何氏之意。"又昭二十五年《公羊传》有鸜鹆"非中国之禽也"之说,何注只是说"非中国之禽而来居此国,国将危亡之象"。徐疏推衍其说,以为鸜鹆乃"夷狄之鸟",然后批评旧说云:"旧解以为'中国'国中者,非得注之意。"

徐彦疏中所引"旧说"、"旧解"等等共有四十余处①,表明徐彦作疏之时并非空无依傍。这些"旧说"、"旧解",有许多应当是出自徐彦以前的"疏",这从这些"旧说"、"旧解"往往是针对何注再做进一步的解释可以看得很清楚;而且,徐彦引用这些旧说时,也往往着眼于它们是否符合何注的本意,诸如"非何氏意也"、"似非何氏之意"、"非得注之意"等语,都说明了这些旧解、旧说是在何氏之后,是为了诠释何注而发的,这样的解释性文字,自然应当是《公羊》何注的疏了。因此我们可以断定,为《公羊传》及何注作疏的,徐彦绝不是第一家。假定徐彦为周齐间人物,被他称为旧说、旧解的《公羊》疏很可能是齐梁间的作品。徐彦作疏之时,可能对旧疏进行了一番清理,吸取了其中的若干内容,对他认为是错误的旧说给予了批评和驳正。

《崇文总目》对徐彦《公羊疏》的评价不是很高,称此书"援证浅局"。按照我的理解,浅者不深之谓,局者不广之谓。不深不广,正是对徐疏的切中肯綮之评。徐彦作疏,只是往来穿穴于经传之中,只是对经传及何注做一些表面的解释,满足于对所谓书法、义例的归纳和举证,满足于使何注表面上看起来圆通自然,而对经义、传义则很少有什么发明。也许是受作者心胸、见识的限制,徐疏严格地在经、传这个小圈子里打转,不肯(或者说不敢?不暇?不屑?)跨越雷池一步,我们从疏中丝毫也看不出作者带有个性的政治倾向以及对时政的关切。这也总使我们希望从他的议论中发现一点有关此疏时代的线索的努力成为徒劳。入唐以后,《公羊》学不大受欢迎,也许与《公羊疏》的这种平庸之态不无关系吧。

---

① 据潘重规《春秋公羊疏作者考》。

第五章　隋唐五代时期的《春秋》学

第一节　唐初《春秋左传正义》的修撰与颁行

一、经学上的北并于南

长期的南北隔离与分裂，无疑是南北经学在研习与传授方面带有地域色彩的重要原因，因此，在南北朝时期，有所谓南学与北学的分立。随着隋文帝大军的南下灭陈，持续了三百多年的分裂格局终告结束，中国又重新成为一体。于是，作为官方意识形态的经学也出现了统一的契机。这个时候，国家对统一经义有着很迫切的要求。《北史·儒林传》上记载着这样一件事："会上（按指隋文帝）令国子生通一经者并悉荐举，将擢用之。既策问讫，博士不能时定臧否。祭酒元善怪问之，（房）晖远曰：'江南、河北，义例不同，博士不能遍涉。学生皆持其所短，称己所长，博士各各自疑，所以久而不决也。'祭酒因令晖远考定之，晖远揽笔便下，初无疑滞。或有不服者，晖远问其所传义疏，辄为始末诵之，然后出其所短，自是无敢饰非者。所试四五百人，数日便决。诸儒莫不推其通博，皆自以为不能测也。"按房晖远是当时北方的名儒，明三礼、《春秋》三传、《诗》、《书》、《周易》，被牛弘称为"五经库"。这段材料本来是用来说房晖远的"通博"的，但我们可以从中看到当时经义不统一的状况。国子生们回答完了"策问"，博士们竟一时无法分出优劣，盖因学生们所据的"义疏"不同。只有如房晖远这样兼通南学与北学的通儒，才能够在数日之内评定出四五百名参试者的等第。可见对于最高统治者来说，统一经义已是当务之急了。

清儒皮锡瑞曾经指出，与政治上的统一是南并于北恰相反对，经学上的统一是北并于南，也就是说，北方所宗主的经学流派让位于南方之所宗。前面我们曾征引《北史·儒林传》里的一段话，概述了当时南北所为章句之不同，即除了《诗》、《礼》二经南北所宗基本一致之外，南方《周易》宗王辅嗣，《尚书》宗伪孔，《左传》宗杜元凯；北方则《周易》、《尚书》均宗郑康成，《左传》宗服子慎。到了隋世，诸种经典都是南学占了压倒的优势，即《周易》王注大行，《尚书》伪孔大行，《春秋》、《左传》杜注大行。造成这种局面的原因，按照皮锡瑞氏的意见，主要是因为南方的文化历来为北人所景仰，南北的政治界限一旦打破，南方的风气必然要弥漫全国。他说：

> 南朝衣冠礼乐，文采风流，北人常称羡之。高欢谓江南萧衍老公专事衣冠礼乐，中原士大夫望之，以为正朔所在，是当时北人称羡南朝之证。经本朴学，非专家莫能解，俗目见之，初无可悦。北人笃守汉学，本近质朴；而南人善谈名理，增饰华词，表里可观，雅俗共赏。故虽以亡国之余，足以转移一时风气，使北人舍旧而从之。①

按皮氏所说，大致是不错的。如果单就《春秋》学而言，我们还可以强调一下杜注本身的优势。前面曾经提到，杜预的《左传》注自有它的诸多优点，有它超越前人之处。杜注产生于贾、服注之后，广泛吸取了前辈学者之所长，是一种集大成之作。加上整个学术风气的崇南抑北，于是隋世杜学独盛也就自在情理之中。《隋书·经籍志》云："至隋，杜氏盛行，服义及《公羊》、《谷梁》浸微，今殆无师说。"这里的"今"，是指唐初；是则到了唐太宗年间，服虔的《左传》注以及《公羊》、《谷梁》二传，已经很少有人研习传授了。

二、孔颖达与《五经正义》

唐初统治者高度重视儒学巩固统治秩序的功能。高祖"虽得之马上，而颇好儒臣"②，"天下略定，即诏有司立周公、孔子庙于国学，四时祠。求其后，议加爵土。国学始置生七十二员，取三品以上子、弟若孙为之；太学百四十员，取五品以上；四门学百三十员，取七品以上。郡县三等，上郡学置生六十员，中、下以十为差；上县学置生四十员，中、下亦以十为差"③。开始大规模地兴办学校。唐太宗更是"锐意经籍"，"广引文学之士"，"大征天下儒士，以为学官"，"又于国学增筑学舍一千二百间，太学、四门博士亦增置生员"，史称"儒学之盛，古昔未之有也"④。

在这样一种形势下，统一儒学经典的文本，进而统一这些经典的经义，便成了突出的问题。

---

① 皮锡瑞《经学历史》，第193页。
②④《旧唐书·儒学传》。
③《新唐书·儒学传》。

太宗又以经籍去圣久远，文字多讹谬，诏前中书侍郎颜师古考定五经，颁于天下，命学者习焉。又以儒学多门，章句繁杂，诏国子祭酒孔颖达与诸儒撰定五经义疏，凡一百七十卷，名曰《五经正义》，令天下传习。①

按颜师古名籀，字师古，是北齐学者颜之推的孙子。史称"师古少传家业，博览群书，尤精诂训，善属文"，因此从家学渊源的角度来讲，他应该属于北学的系统。但他所考定的五经，似乎是以南方学者研习的经典文本为主的：

　　（太宗）令师古于秘书省考定五经，师古多所厘正，既成，奏之。太宗复遣诸儒重加详议。于时诸儒传习已久，皆共非之。师古辄引晋、宋已来古今本，随言晓答，援据详明，皆出其意表，诸儒莫不叹服。②

按颜师古既据"晋、宋已来古今本"，则他的考定当是以南方学者传习的经典为本的。颜氏的工作，主要在于校定五经的文字，定本的完成，并没有多费时日，据《旧唐书·太宗纪》，贞观七年（633）"十一月丁丑，颁新定五经"，至此，唐代官方统一经典文本的工作宣告完成。

　　唐代的五经，是指《易》、《诗》、《书》、《礼记》、《春秋》。《春秋》有三传，颜氏的定本，则只有《左传》，这是与当时《公》、《谷》二传无人研习的状况相一致的。

　　孔颖达的工作，与颜师古有很大的不同。他是受命与诸儒"撰定五经义疏"，也就是统一五经的经义。自南北朝以来，说经者多自撰义疏，每一经都有义疏多种，一部义疏就是一位经师的讲义，各派说经的特点、经义的不同，尽皆体现在义疏之中，于此可见当时经义的分歧。

　　孔颖达实际上担任的是主编的角色。颖达字冲远，他早年就精通五经，在隋世儒林中享有盛名。唐太宗时，他与颜师古齐名，是当时的大儒，因此领衔修撰《五经正义》。各经的实际修撰，是由一批学者分别完成的。《春秋正义》凡三十六卷，据《新唐书·艺文志》，是由孔颖达、杨士勋、朱长才奉诏撰的，由马嘉运、王德韶、苏德融、隋德素复审；又据孔颖达所撰《春秋正义序》，撰人当中还有一位叫谷那律。这几位参撰者之中，就数杨士勋比较知名，今本《十三经注疏》中的《谷梁疏》，就是杨氏所作。谷那律在新旧《唐书》里都有传，但极简略，只知他曾任国子博士，有"九经库"的雅号，当是一位渊博的

---

① 《旧唐书·儒学传》。
② 《旧唐书·颜师古传》。

学者。

《春秋正义》具体的编撰时间已不可知，根据《旧唐书·儒学传》推测，编撰当在贞观七年至十四年之间。又据《唐会要》①，贞观十二年（638）孔颖达撰《五经义疏》，马嘉运驳正其失，有诏更令详定。按这个记载把孔氏的撰疏与马氏的驳正放到了一起说，在时间上不一定准确。此书初名"义赞"，后太宗诏改名为"正义"。孔颖达在序中说："至（贞观）十六年（642），又奉敕与前修疏人及……马嘉运……王德韶……苏德融……隋德素等对敕，使赵弘智复更详审。"可知初稿完成以后，于贞观十六年还曾修订过一次。但结果恐怕仍不够理想，这可能与修书的时间比较仓促有关。《春秋正义》成书之后，立即遭到学者的攻驳。《新唐书·儒学传》云：

> （《春秋正义》）虽包贯异家为详博，然其中不能无谬冗。博士马嘉运驳正其失，至相讥诋。

> 马嘉运……以孔颖达《正义》繁酿，故掎摭其疵，当世诸儒服其精。

按马嘉运曾参与编撰《周易正义》，并担任《春秋正义》的复审，可能对《春秋正义》的缺点知之甚悉，因而指摘《正义》之失颇中肯綮。"繁酿"在《旧唐书》中作"繁杂"，看来是《正义》的大毛病，故而对马氏的批评，"当世诸儒服其精"。由于《五经正义》尚存在若干缺点，贞观以后曾经重新修订：

> （太宗时）有诏更令裁定，功未就。永徽二年，诏中书门下与国子三馆博士、弘文馆学士考正之。于是尚书左仆射于志宁、右仆射张行成、侍中高季辅就加增损，书始布下。②

又据长孙无忌《进五经正义表》，参加此次修订的除于志宁、张行成、高季辅外，尚有长孙无忌、李勣、褚遂良、柳奭、谷那律、刘伯应、王德韶、贾公彦、范义頵、柳宣、齐威、史士宏、李元植、王真儒等人。《正义》的正式颁行，是永徽四年（653）的事情："四年……三月壬子朔，颁孔颖达《五经正义》于天下，每年明经令依此考试。"③宋人孔维上表，说"孔颖达考前代之文，采众家之善，随经析理，去短从长，用功二十四五年，撰成一百八十卷"④，与事实不尽相符。虽说从贞观七年到永徽四年恰为二十年，可孔颖达早于贞观二十二年（648），亦即《五经正义》正式颁行的五年前去世了。

---

① 《唐会要》卷七十七，中华书局 1955 年版，第 1405 页。
② 《新唐书·儒学传》。
③ 《旧唐书·高宗纪》。
④ 孔维《校勘五经正义请雕版表》，《全宋文》卷四十七，巴蜀书社 1988 年版。

三、《左传正义》定杜注于一尊

对于《正义》以前的《春秋》义疏,孔颖达有如下的看法:

> 其为义疏者,则有沈文阿、苏宽、刘炫。然沈氏于义例粗可,于经传极疏。苏氏则全不体本文,唯旁攻贾、服,使后之学者,钻仰无成。刘炫于数君之内,实为翘楚。然聪惠辩博,固亦罕俦;而探赜钩深,未能致远。其经注易者必具饰以文辞,其理致难者乃不入其根节。①

按沈文阿是梁、陈间的儒者,在上一章中曾做过介绍。苏宽于史无征,殆亦陈、隋间人物,他所撰义疏亦不见著录。三氏之中,孔颖达显然是推重刘氏,尽管对刘炫的义疏也颇有微辞。既然比较起来,刘疏实为众疏之"翘楚",那么刘疏也就自然成了编撰《正义》的基础:

> (刘疏)比诸义疏犹有可观,今奉敕删定,据以为本,其有疏漏,以沈氏补焉;若两义俱违,则特申短见。②

在这里孔颖达并不讳言新编《正义》是以刘炫义疏为底本损益而成的。

孔颖达对刘炫最不满意的一点,就是刘氏对杜预《左传集解》的攻驳:

> (刘炫)又意在矜伐,性好非毁,规杜氏之失,凡一百五十余条,习杜义而攻杜氏,犹蠹生于木而还食其木,非其理也。③

况且刘炫的批评杜氏,在孔氏看来,又多不甚合理:

> 虽规杜过,义又浅近,所谓捕鸣蝉于前,不知黄雀在其后。④

按刘炫本系北人,据《北史·儒林传》,知他是熊安生的门人,又知他曾受业于王通之门。其学术渊源究竟怎样,已难详考。今所确知者,这是一个绝顶聪明的人物,他自称"《周礼》、《礼记》、《毛诗》、《尚书》、《公羊》、《左传》、《孝经》、《论语》,孔、郑、王、何、服、杜等注,凡十三家,虽义有精粗,并堪讲授;《周易》、《仪礼》、《谷梁》用功差少;史子文集,嘉言故事,咸诵于心;天文律历,穷核微妙"⑤。这恐怕也不是吹牛,"在朝知名之士十余人,保明炫所陈不谬",看来是被时论认可的。刘炫的《春秋》学著作,主要有《春

---

① ② ③ ④ 《春秋左传正义序》。
⑤ 《北史·儒林传》。

秋攻昧》十二卷、《春秋规过》三卷、《春秋述议》三十七卷,① 所谓刘炫"义疏",即指《春秋述议》而言。他的《春秋》学,虽说是数家"并堪讲授",恐怕主要还是宗杜的,《经义考》引《崇文总目》云:"至晋杜预专治《左氏》,其后有沈文阿、苏宽、刘炫,皆据杜说",陈振孙亦云:"自晋、宋传杜学,为义疏者有沈文阿、苏宽、刘炫。"② 但像刘炫这样的人,恐怕很难被师说、家法所束缚,宗杜而又指摘杜注之失,那是很自然的事。

但孔颖达对此却深为不满。孔氏的《春秋》学是纯粹的"杜学"。在《春秋正义序》里,孔颖达论前人对《左传》的研究云:

> 前汉传《左氏》者,有张苍、贾谊、尹咸、刘歆,后汉有郑众、贾逵、服虔、许惠卿之等,各为诂训。然杂取《公羊》、《谷梁》以释《左氏》,此乃以冠双屦,将丝综麻,方凿圆枘,其可入乎!晋世杜元凯又为《左氏集解》,专取丘明之传以释孔氏之经,所谓子应乎母、以胶投漆,虽欲勿合,其可离乎?今校先儒优劣,杜为甲矣。故晋、宋传授,以至于今。

孔颖达如此地推崇杜注,大有定杜注于一尊的味道。因此,他容不得对杜注的攻击和纠正。他认为既宗杜而又攻杜,"犹蠹生于木而还食其木",是不合情理的。他的主张是"疏不破注"。对于没有注的经文,"疏"自然要加以解释,使之明通;凡有注的地方,"疏"都要与注保持一致,尽可能使注更加圆满、周密。因此对于刘炫"规杜"的一百几十条,孔颖达统统予以否定,而且以轻蔑的口吻指出刘炫的"规杜"往往也不能自圆其说,正所谓"螳螂捕蝉,黄雀在后"。刘炫的攻驳固然不能无误,但孔颖达把刘炫对杜注的批评一概抹杀,认为刘炫的攻驳纯系"妄说",也未免显得狭隘和专横了。

《正义》以刘炫的义疏为底本,这是没有问题的;但《正义》究竟在多大程度上依赖刘疏,或者说唐人的新说究竟占有多大的比例,这却是很难说清的。今本《正义》在每一条开头都冠以"正义曰"三字,这就更使人难分究竟。清儒刘文淇说:"近读《左传疏》,反复根寻,乃知唐人所删定者仅驳刘炫

---

① 《旧唐书·经籍志》。按"春秋述议"据《隋书·经籍志》作"春秋述义",未知孰是。清儒刘文淇引《孝经疏》云:"述议者,'述其义疏议之',虽指《孝经述议》而言,其余《诗》《书》及《左氏传》,光伯皆名'述议',应亦述其义疏议之。然则光伯本载旧疏,议其得失。"刘氏显然以"述议"为正。见《左传旧疏考正自序》(《皇清经解续编》本)。

② 《直斋书录解题》卷三。

说百余条，余皆光伯《述议》也。"① 他确实能举出一些证据，说明《正义》中有些没有明言是刘炫之说的话确也是出自刘炫义疏。但部分究竟不能证明全体，我们也只能说，《正义》的相当一部分内容都是继承刘炫义疏而来的。刘炫以北人而讲南学，他的学术同时带有北学的风格，这当然会对《春秋正义》产生影响。

《春秋正义》三十六卷，从字数上看远远超过了杜预的注，它对经传以及杜注的解释非常详细，已经到了近乎繁琐的程度。例如经"元年春王正月"这几个字，杜预的注不过用了六七十个字，说明这是隐公之始年，周王之正月，隐公虽不即位，但摄行君事，也要朝庙告朔；孔疏讲解这几个字及杜预的注，却用了2300余字，评述了三正的区别，以及为什么这里的"王"只能是周的时王而不应是文王，更不能是夏、殷之王的道理，同时还引述《公羊》及服虔的说法加以批驳。又如"郑伯克段于鄢"，杜预的注只是阐明这样记事既讥郑伯之"失教"，又谴责了段的"凶逆"；而《正义》则用了将近700字，从郑之受封说起，继而谈到这里为什么要"讥"郑伯，为什么要谴责段，以及为什么要使用"克"字，最后还要考证一下郑、鄢的地理位置。再如《左传》隐公元年之"祭仲曰都城过百雉国之害也"，杜注仅说明祭仲是郑国的大夫，然后又说明了"雉"的长度；《正义》则先解释杜预是如何判断祭仲是大夫的，然后广引《公羊》何注、许慎《五经异义》、《礼记》、《韩诗》、《周礼》等文献，对"雉"的长度做了考证，仅此一项就用了500字。《正义》的这些解说究竟对不对另当别论，总的来看，这些解说应该说是十分详尽而且深入的。举凡经、传以及杜注中涉及的人名、地名、职官、历法、典章、制度、史事等等，《正义》必为之详加解释，有的还要加以考证。因此，《正义》固然是一部《春秋》经传的阐释性著作，同时也是一部研究性的著作。而且从《正义》的基本倾向来说，《正义》的研究明显偏重于文字名物之训诂考证，这显然与刘炫的学风有一定关系，刘炫以北人而治南学，免不了要带有"穷其枝叶"的习气。牟润孙先生论此事曰：

> 撰疏者虽北人，所传者则南学。然终以地域关系，孔颖达、贾公彦之疏，皆尽舍名理，而专求之训诂名物。惟《易》用王弼注，势不能违注，稍涉空玄；余皆征实之学，笃守北人之传统。②

---

① 刘文淇《左传旧疏考正自序》，《皇清经解续编》本。
② 牟润孙《注史斋丛稿》，中华书局1987年版，第302页。

因此可以说，隋唐经学的统一，虽说是以南学为基础的，然而统一在《五经正义》中的经说，也带有浓厚的北学色彩。

第二节 陆德明的《经典释文》

在初唐的儒者当中，陆德明是一位重要的人物。他的成就倒不在于对经义有多少发挥，而是集中在了对经典传授史的研究以及对经典文字的训诂方面。

陆德明，以字行，其名为元朗。苏州吴人。他生于555年前后，早年受学于周弘正，以"善言玄理"著称。陈太建中，太子征四方名儒，讲论于承光殿，此时陆德明年方弱冠，参与其中。"国子祭酒徐克开讲，恃贵纵辨，众莫敢当。德明独与抗对，合朝赏叹。"① 仕陈为国子助教。陈亡，归乡里。隋炀帝时，陆德明已是当世名儒，"大业中，广召经明之士，四方至者甚众。遣德明与鲁达、孔褒俱会门下省，共相交难，无出其右者"。入唐补太学博士。"后高祖亲临释奠，时徐文远讲《孝经》，沙门惠乘讲《波若经》，道士刘进喜讲《老子》，德明难此三人，各因宗指，随端立义，众皆为之屈"。贞观初，拜国子博士，封吴县男，不久去世。

一、注音兼释义的《经典释文》

陆德明的著作有《经典释文》三十卷、《老子疏》十五卷、《易疏》二十卷，后两种已佚，今所能见者，唯有《经典释文》。这是一部为各种经典注音、释义的训诂书，对当时人学习、研究经典甚有裨益。由于它反映了隋唐之际的学者对古代典籍的理解，对今人就显得更加重要了。此外，《经典释文》中还有一篇"序录"，是作者对各种经典及其授受源流的介绍，是研究经学史的极好材料。

在陆德明自己看来，他的这部书主要是一部为经典注音的书。他在自序中说：

> 夫书音之作，作者多矣。前儒撰著，光乎篇籍，其来既久，诚无间然。但降圣已还，不免偏尚，质文详略，互有不同。汉魏迄今，遗文可见，或专出己意，或祖述旧音，各师成心，制作如面。加以楚夏声异，南北语殊，是非信其所闻，轻重因其所习，后学钻仰，罕逢指要。夫筌蹄所

---

① 《旧唐书·儒学传上》。本段以下引文同此注，不另出。

寄，唯在文言；差若毫厘，谬便千里。……

余少爱坟典，留意艺文。虽志怀物外，而情存著述。粤以癸卯之岁，承乏上庠，循省旧音，苦其太简。况微言久绝，大义愈乖，攻乎异端，竞生穿凿。不在其位，不谋其政。既职司其忧，宁可视成而已。遂因暇景，救其不逮。研精六籍，采撷九流，搜访异同，校之《苍》、《雅》。辄撰集五典、《孝经》、《论语》及《老》、《庄》、《尔雅》等音，合为三帙三十卷，号曰"经典释文"。古今并录，括其枢要，经注毕详，训义兼辩。质而不野，繁而非芜，示传一家之学，用贻后嗣。①

按为经典注音的书，前此并不少见，看来陆德明对前人的此类著作并不满意，遂更撰集。此书广泛吸收了汉魏六朝的著作二百三十余家，在当时堪称是集大成的著作。虽说是以注音为主，亦兼释义，"经注毕详，训义兼辩"。注音、释义，这是经典研究的基础，也是经典研究的一个重要方面，陆德明的《释文》，代表着隋唐之际经学研究中的一个分支，即以文字训诂为主的征实之学。

《释文》区别于前此种种注音著作的又一个特点，即陆氏不仅为经、传注音，同时也为经传的注注音，陆氏自述其体例云："先儒旧音（旧的音注类著作），多不音注。然注既释经，经由注显。若读注不晓，则经义难明。混而音之，寻讨未易。今以墨书经本，朱字辩注，用相分别，使较然可求。"② 看来《释文》的原本，是朱、墨两色的，墨色以写经文及其注音，红色以写注文及其注音，这样经、注分明，一目可以了然。只是后来由于刻板印刷的缘故，统统变为墨色的了。

《释文》作注的方法，一般是先列书名及篇目，然后摘出只词单字，为之作注，这样节省了不少篇幅。陆氏自述其法云："旧音皆录经文全句，徒烦翰墨。今则各标篇章于上，摘字为音；虑有相乱，方复具录。唯《孝经》童蒙始学，《老子》众本多乖，是以二书特纪全句。"除了《孝经》、《老子》之外，其他各书都是只摘出只词单字来作注的。

《经典释文》的撰著，按作者自己的说法，是在"癸卯之岁承乏上庠"之时。癸卯是陈后主至德元年（583），此时陆德明尚不到三十岁。《四库提要》称："岂德明年甫弱冠，即能如是渊博？"这个怀疑是有道理的。《提要》接着推测说："抑或积久成书之后，追记其草创之始也。"以常理度之，《释文》这

---

① 《经典释文》，上海古籍出版社，1984年影印本。
② 《经典释文》卷一《序录》。

样的大著作，绝非一时之作，非经较长时期的积累不可。因此，"癸卯之岁"云云，很可能只是说该书经始之年。

二、《春秋》三传的传授系统

陆德明在《春秋》学上的贡献，主要的当然在于他的注音和释义，但他在《经典释文·序录》中有关《春秋》三传传授简史的记述，也有一定的价值。

陆德明对《春秋》的看法，基本上是属于古文家派的：

> 诸侯亦有国史，《春秋》，即鲁之史记也。孔子应聘不遇，自卫而归，西狩获麟，伤其虚应，乃与鲁君子左丘明观书于太史氏，因鲁史记而作《春秋》，上遵周公遗制，下明将来之法，褒善黜恶，勒成十二公之经，以授弟子。弟子退而异言。丘明恐弟子各安其意，以失其真，故论本事而为之传，明夫子不以空言说经也。……及末世口说流行，故有公羊、谷梁、邹氏、夹氏之传。邹氏无师，夹氏有录无书，故不显于世。

按这段议论实际上是综合了《史记》与《汉书》上的说法而来的，并无什么新鲜之处。他对于《公》、《谷》二传传授系统的记述，也基本上是据《汉书·儒林传》为说，没有多大的价值。可是，他所述《左传》的传授，与《汉书·儒林传》却不尽相同，陆氏云：

> 左丘明作传以授曾申，申传卫人吴起（原注：魏文侯相），起传其子期，期传楚人铎椒（原注：楚太傅），椒传赵人虞卿（原注：赵相），卿传同郡荀卿名况，况传武威张苍（原注：汉丞相北平侯），苍传洛阳贾谊（原注：长沙梁王太傅），谊传至其孙嘉，嘉传赵人贯公（原注：《汉书》云：贾谊授贯公，为河间献王博士），贯公传其少子长卿（原注：荡阴令），长卿传京兆尹张敞（原注：字子高，河东平阳人，徙杜陵）及侍御史张禹（原注：字长子，清河人）。

按从左丘明到张苍，不见于《汉书》，且张苍传贾谊，也与《汉书·儒林传》不同。另外贾谊传其孙嘉，嘉传贯公，也与《汉书》之贾谊授贯公不同，长卿的弟子多张敞，也与《汉书》有异。这些不同之处，看来是陆氏有意立异，或许他别有所据，也未可知。因此，陆氏的这些记述，历来颇为人所注意。

三、对《春秋》三传的注音与释义

前面说过，《经典释文》注释的对象不仅是经、传之本文，同时也包括经传的注文。就《春秋》三传来说，陆氏选择的分别为《左传》的杜预注、《公羊》的何休注、《谷梁》的范宁注，可见在陆德明的时代，这三家注已经具有权威性了。

《经典释文》的内容，以注音为主体，同时也做一些释义的工作。其注音以反切为主，也有少量的直音。其释义部分虽然不多，却很重要，颇能反映陆德明对《春秋》经传研究的深度。

(一)《释文》对人名、地名、器物、史事等的训释。

《释文》的释义，除文字训诂之外，尚多有对人名、地名、器物、史事等诸方面的训释。例如《左传》卷首出"惠公"，《释文》云："名不皇。《谥法》：爱人好与曰惠。其子隐公，让国之君。"又如隐公十年经云"伐戴"，《释文》云："音'再'，《字林》作'戴'，云故国在陈留。"《左传》僖公二十三年有"奉匜"，《释文》出注云："以支反。一音以纸反。器名也。《说文》云：似羹魁，柄中有道，可注水。"有的也加一些辨析考证，如庄公十六年传云"九月杀公子阕"，《释文》出"公子阕"注云："安未反，案隐十一年郑有公孙阕，距此三十五年，不容复有公子阕。若非'阕'字误，则'子'当为'孙'。"又如《左传》文公十六年有"先君蚡冒所以服陉隰也"，《释文》出"蚡冒"注云："蚡，扶粉反。冒，莫报反。杜云：蚡冒，楚武王父也。《史记·楚世家》云：蚡冒卒，弟熊达杀蚡冒子而代立，是为楚武王。与杜异。"异说并陈，不做判断。昭公二十八年传文有人名"邬臧"，《释文》出注云："邬，旧乌户反，又音偃。案地名，在周者乌户反，隐十一年'王取邬留'是也。在郑者音偃，成十六年'战于鄢陵'是也。在楚者音於建反，又音偃，昭十三年'王沿夏将入鄢'是也。在晋者音於庶反，《字林》乙袪反，郭璞《三仓解诂》音瘀，於庶反，阚骃音厌饫之饫，重言之，大原有邬县，唯周地者从乌，余皆从焉，《字林》亦作鄢，音同。传云分祁氏之田以为七县，司马弥牟为邬大夫，即大原县也。邬臧宜以邑为氏，音於庶反，旧音误。"又桓公五年《谷梁传》有"郑同姓之国也，在乎冀州"一语，《释文》出"冀州"注云："案郑本京兆郑县，是雍州之域。后徙河南新郑，为豫州之境。冀在两河之间，非郑都也。冀州言去京师近也。糜氏云：韩侯灭郑，韩本都冀州，故以目郑。"又哀公十九年《左传》记"敬王崩"，《释文》加以考证云："案《传》敬王崩在此年，《世本》亦尔。《世族谱》云：敬王四十二年崩。敬王子元王十年，《春秋》之传终矣。据此，则敬王崩当在哀公十七年。《史记·周本纪》及《十二诸侯年表》敬王四十二年崩，子元王仁立，则敬王是鲁哀十八年崩也。《六国年表》起自元王,及《本纪》皆云元王八年崩,子定王介立,定王元年是鲁哀之二十七年,则与杜预《世族谱》为异。又《世本》云:鲁哀公二十年是定王介崩,子元王赤立,则定王之崩年是鲁哀二十七年也。众说不同,未详其正也。"虽然没有结论,但胪陈众说,辨析入微,亦是考证家法。

(二)《释文》详辨版本异同。

所谓版本问题,严格地说起来,只有在版刻印书出现之后才可能发生。在陆德明的时代,书籍是以传抄的形式流传的,每经一手,就有可能产生一些文字上的异同,故那时鲜有绝对相同之本,所谓正本、别本、一本、又一本、今本、旧本等等概念,只是指不同人的不同抄本,故其间存在异同的可能性远较后世的刻本为多。陆德明为《春秋》三传作注,特别注意对不同"版本"的辨析,指出其间的异同正误。

《左传》庄公二十一年"王巡虢守",《释文》出"守"注云:"音狩,本或作狩,后放此,注同。"指出有的本子"守"就作"狩"。庄公十七年经杜预注有"齐桓始伯"语,《释文》出"伯"字注云:"音霸,又如字,本又作霸。"僖公十六年经有"六鹢",《释文》注云:"五历反。本或作䴇,音同。鹢,水鸟。六,其数也。"陆氏所见异本甚多,文公元年传有"毛伯卫来锡公命",《释文》云:"一本作'王使',又一本作'天王使'。"是说两个本子在"毛伯"之前都有主使者。陆氏在指出版本差异的同时,每每指出孰正孰误以及致误之由,从中可以看出陆氏对《春秋》经传有相当深入的研究。《左传》庄公十一年有"京师败"语,《释文》云:"本或作'京师败绩'者非。"闵公二年传"卫文公大布之衣",《释文》云:"本或作'衣大布之衣',误。"僖公四年传"汉以为池",《释文》云:"本或作'汉水以为池','水'衍字。"文公八年经云"公子遂会雒戎盟于暴",《释文》云:"本或作'伊雒之戎',此后人妄取传文加耳。"僖公二十一年传杜预注中引了"叔孙豹"的一段话,《释文》云:"按杜注所引,是叔孙婼语,今传本多作豹,恐是传写误也。"成公十六年传"潘尪之党",《释文》云:"一本作'潘尪之子党'。案注云'党潘尪之子也',则传文不得有'子'字。古本此及襄二十三年'申鲜虞之传挚'皆无'子'字。"按这里所提到的襄二十三年传,也是同类之例,此年传一本作"申鲜虞之子传挚",而杜注在解释"传挚"时说:"传挚,申鲜虞之子。"陆氏据此判定传文绝不可能有"子"字。襄公二十五年传云:"会于夷仪之岁,齐人城郏",陆氏采纳杜预的意见,出注云:"此传本为后年'修成',当续前卷二十五年之传,后简编烂脱,后人传写,因以在此耳。"对不同版本之篇卷的分合,陆氏也给予了辨析。《公羊》僖公十六年《释文》云："本或从此下别为卷。案《七志》、《七录》，何注止十一卷，《公羊》以闵附庄故也。后人以僖卷大，辄分之尔。"

一般地说，陆氏是尊重古本、旧本的，他往往据古本纠正今本之误。襄公二十四年传云"既没其言立"，《释文》云："今俗本皆作'其言立于世'，检元熙以前本，则无'于世'二字。"僖公十五年传记秦穆公夫人穆姬得知晋侯被秦军俘虏，即将送至国都的消息后，以自杀相威胁，"登台而履薪焉，使以免服衰绖逆，且告曰：'上天降灾，使我两君匪以玉帛相见，而以兴戎。若晋君朝以入，则婢子夕以死；夕以入，则朝以死。唯君裁之。'乃舍诸灵台"。这里从"曰"到"裁之"四十二字①，陆氏就据古本断其必无："此凡四十二字，检古本皆无，寻杜注亦不得有，有是后人加也。"清人沈钦韩认为这四十二字为《左传》所原有，只是"孔、陆之本偶尔褫夺耳"②。但陆氏分明是说"检古本皆无"，所阅当不止一个本子，故陆氏的判断应当是可信的。不过陆氏对古本也不是盲目地信从。昭公六年传有"士匄相士鞅"语，《释文》云："今传本皆作'士匄相士鞅'。古本'士匄'或作'王正'，董遇、王肃本同，学者皆以士匄是范宣子，即士鞅之父，不应取其父同姓名人以为介，今传本误也，依'王正'为是。王元规云：'古人质，口不言之耳，何妨为介也。'案士文伯是士鞅之族，亦名匄无妨，今相范鞅，即文伯也。然士文伯名，古本或有作'正'者，解见前卷襄三十一年。"按襄公三十一传之《释文》，即根据古人名字相配的道理，证士文伯之名当为"匄"，力辨古本或作"正"者之非。

(三)《释文》关于断句的提示。

《释文》的注解，还兼顾文本的断句，这也从一个侧面反映了陆氏重视对经传的基础性研究。

《左传》庄公十八年"以叛围而杀之"，《释文》云："'以叛'绝句。"盖"围而杀之"与"叛"乃分属两个主体。襄公二十三年"使庆乐往杀之"，《释文》云："'往'绝句。"盖被杀者乃庆乐也。有时陆氏还要指出其他断句读法之非，僖公二十五年传"昔赵衰以壶飧从径馁而弗食"，《释文》云："径，古定反，行也。一读'以壶飧从'绝句，读'径'为'经'，连下句，乖于杜意。"庄公十一年传"言惧而名礼其庶乎"，《释文》云："'言惧而名礼'绝句。

---

① 上海古籍出版社影印宋本《经典释文》作"四十一"，误。一本作"四十七字"，盖将"乃舍诸灵台"亦包括在内，然考诸孔疏，当以"四十二字"为是。
② 沈钦韩《左传补注》，《皇清经解续编》本。

或以'名'字绝句者非。"僖公五年传"公既视朔,遂登观台以望而书礼也",《释文》云:"'遂登观台以望'绝句。'而书',本或作'而书云物',非也。"当然,也有的地方两读皆可以通,陆氏则并存之,例如僖公二十三年传"曹共公闻其骈胁欲观其裸浴薄而观之",《释文》云:"'闻其骈胁'绝句。……'欲观'如字,绝句。一读至'裸'字绝句。"又如襄公二十三年传"臧孙闻之,见齐侯与之言伐晋",《释文》云:"'齐侯'绝句。一读以'见'字绝句,'齐侯'向下读。"

(四)《释文》对经传内容的考证。

《释文》虽以注音、释义为主,但也兼有一些关于经传内容的考证,这些考证特别反映出陆德明研究《春秋》经传的视角和取向。

陆氏的有些考证显得比较简单,例如襄公二十一年传引《诗》曰:"优哉游哉,聊以卒岁",杜注以为出自《诗·小雅》。《释文》云:"案今《小雅》无此全语,唯《采叔》诗云:'优哉游哉,亦是戾矣。'"庄公十四年传云:"(郑)庄公之子犹有八人",《释文》云:"《传》唯见四人,子忽、子亹、子仪并死,独厉公在。八人名字,记传无闻。"有些考证端有赖于考证者的前后贯通,例如宣公十二年传记郑伯战败向楚王请罪,提出将郑国"夷于九县",《释文》云:"庄十四年(楚)灭息,十六年灭邓,僖五年灭弦,十二年灭黄,二十六年灭夔,文四年灭江,五年灭六,灭蓼,十六年灭庸,传称楚武王克权,使斗缗尹之,又称文王县申、息,凡十一国,不知何以言'九'。"又如哀公四年经云"盗杀蔡侯申",《释文》云:"今本皆如此。案宣十七年蔡侯申卒,是文侯也。今昭侯是其玄孙,不容与高祖同名,未详何者误也。"有些考证甚见功力,直令百代以下的学者,不能不叹服其用心之细密。襄公二十一年传云:"邾庶其以漆闾丘来奔,季武子以公姑姊妻之。"对于这里的"姑姊"是指一人(按即今所谓大姑)还是二人(按即姑与姊),历来有不同的说法。杜预注意到了"公"(即襄公)的年龄,作注云:"计公年不得有未嫁姑姊,盖寡者二人。"陆氏支持杜说,对攻杜之说(主要是刘炫)进行了辩驳,其说曰:

> 杜以公之姑及姊是二人也。或曰:《列女传》称"梁有节姑妹",谓父之妹也,此云姑姊,是父之姊也,一人耳,以杜氏为误。案成二年楚侵及阳桥,孟孙往赂,以公衡为质,杜云:"衡,成公子也。"楚师及宋,公衡逃归,臧宣叔云:"衡父不忍数年之不宴,以弃鲁国",则公衡之年,下计犹十七八,成公是其父,固当三十有余。从成二年至此三十八岁,姑又成公之姊,则年近七十矣。假令公衡非成公之子,犹是成公之弟。成九年

"伯姬归于宋",伯者长称,九年始嫁,则为成公之妹,成公不得有姊矣。若成公别有庶长之姊,以成公、公衡之年推之,亦不复堪嫁,故知二人也。唯《公羊》以成公即位年幼。据《左氏》成四年传云:公如晋,晋侯见公不敬,公归,欲求成于楚,得季文子谏而止,此非年幼也。反复推之,杜氏不误。

按陆氏的推考是相当缜密的。当然,由于《左传》的记事本身就有许多错乱抵牾之处,实际情形究竟如何,也还很难遽断。不过陆氏这样以考证寻求文字确诂的方法,确是体现了隋唐学者在《春秋》经传研究中的实证精神。

(五)《释文》偶尔亦涉及经义、义例及传义。

桓公三年经云"三年春正月",在"春"后无"王"字。《释文》云:"从此尽十七年皆无'王',唯十年有,二传以为义。或有'王'字者非。"按陆氏所说,是历来学者都注意到了的一个现象,一般认为鲁桓公以弑君的手段自立为君,目无王法,因此《春秋》记载桓公事时一般都不书"王"。但为什么十年又书"春王正月"了呢?陆氏说"二传以为义",即《公羊》、《谷梁》以为这一点正是经义所在。《谷梁》是这样说的:"桓无王,其曰王何也?正终生之卒也。"因为此年记有"曹伯终生卒"。陆氏所说"二传以为义",对《公羊》来说,实际上是指何注。何休也认为桓十年经的经义就在那个"王"字上:"无'王'者,以见桓公无王而行也……十年有'王'者,数之终也。"可见陆氏的注释,涉及了《春秋》的经义所在。

隐公元年《公羊传》云:"公子益师卒。何以不日?远也。"《释文》出"不日"注云:"人实反。此传皆以日月为例,后放此。"这显然涉及了《公羊》解经的义例。

《左传》襄公十九年记载了晋国的一件怪事:晋国主帅荀偃"瘅疽,生疡于头……病,目出。……二月甲寅,卒,而视,不可含。宣子盥而抚之,曰:'事吴(按荀偃之子)敢不如事主!'犹视。栾怀子曰:'其为未卒事于齐故也乎?'乃复抚之曰:'主苟终,所不嗣事于齐者,有如河!'乃瞑,受含"。《左传》记此事,义在表彰荀偃之至死不忘国家,但事涉神怪不经。《释文》出"乃瞑"注云:"亡丁反。一音亡平反。桓谭以为荀偃病而目出,初死,其目未合,尸冷乃合,非其有所知也。传因其异而记之耳。"这实际上是对传义的纠正了。

陆德明的《经典释文》(这里主要是指其中的《左传音义》、《公羊音义》、《谷梁音义》),不可以视为单纯的训诂之书,它是对《春秋》三传及注释(杜注、何注、范注）文本的全面的基础性研究。陆氏的研究，上承汉学的古文家传统，代表了隋唐之际经典研究的实证倾向。《四库提要》说，《经典释文》"所采汉魏六朝音切凡二百三十余家，又兼载诸儒之训诂，证各本之异同。后来得以考见古义者，注疏以外，惟赖此书之存。真所谓残膏剩馥、沾溉无穷者也"，因此，"研经之士，终以是为考证之根柢焉"。

第三节　九经取士与唐人的《春秋》观

一、唐代《春秋》学的颓势

通过颜师古考定五经和孔颖达主持修撰《五经正义》，唐朝的经学基本上得到了统一。儒家经典当中，《易》、《诗》、《书》、《礼记》、《左传》这五经显然特别受到统治阶级的重视，但其他诸种经典也并非完全不被理睬。从正式的官方规定来看，仍然是以九经取士的，只是在取士的具体科目上分为五经、三经、二经等数种：

> 唐制，取士之科，多因隋旧……其科之目，有秀才，有明经，有俊士，有进士……而明经之别，有五经，有三经，有二经，有学究一经，有三礼，有三传，有史科。

为了科举考试的方便，唐朝官方将九经分为三类：

> 凡《礼记》、《春秋左氏传》为大经，《诗》、《周礼》、《仪礼》为中经，《易》、《尚书》、《春秋公羊传》、《谷梁传》为小经。

这样的划分，大约主要是依据各经典的字数、篇幅。不同的科目，对各类经典的要求也不尽相同：

> 通二经者，大经、小经各一，若中经二。通三经者，大经、中经、小经各一。通五经者，大经皆通，余经各一。《孝经》、《论语》皆兼通之。

由于各经的难易程度不同，规定的修习时间也不一样：

> 凡治《孝经》、《论语》共限一岁，《尚书》、《公羊传》、《谷梁传》各一岁半，《易》、《诗》、《周礼》、《仪礼》各二岁，《礼记》、《左氏传》各三岁。①

从定制上来看，《左传》与《礼记》的地位是一样的，都属于大经；但由于明经科主要是考帖经，《礼记》的字数少于《左传》，自然要相对容易一些，

---

① 本页上引诸条材料均见《新唐书·选举志》。

因此在科举制度的实际推行过程中，修习《礼记》的要比修习《左传》的多得多。《旧唐书·良吏传》载杨玚上疏云："窃见今之举明经者，主司不详其述作之意，曲求其文句之难，每至帖试，必取年头月日，孤经绝句。"顾炎武就此评论说："帖试之法，用纸帖其上下文，止留中间一二句，困人以难记年头，如元年、二年之类，月日如'十有二月乙卯'之类。如此则习《春秋》者益少矣。"①《通典》引国子司业李元瓘所说"今明经所习，务在出身，咸以《礼记》文少，人皆竞读"②，反映的就是这种情况。至于进士科的考试，以诗赋为主，《春秋》经传更起不了多大的作用，因此唐代士人研读《春秋》经传的热情远不及前世为高。上述杨玚于开元十六年（728）任国子祭酒，曾上疏称："今之明经，习《左传》者十无二三，若此久行，臣恐左氏之学，废无日矣。"③这反映了统治阶级中人也已意识到了当时《春秋》学已呈颓势。因此杨玚提出建议："臣望请自今已后，考试者尽帖平文，以存大典。又《周礼》、《仪礼》及《公羊》、《谷梁》殆将废绝，若无甄异，恐后代便弃。望请能通《周（礼）》、《仪礼》、《公羊》、《谷梁》者亦量加优奖。"此议得到了皇帝的认可，于是下制"明经习《左氏》及通《周礼》等四经者，出身免任散官"，算是给了研治三传及《周礼》、《仪礼》的人不小的优待。按所谓考试"尽帖平文"，是指帖经不再出那种"年头月日"的难题，而是从一般叙事文字中出题，这样考生要感觉容易一些。只是不知这一改革实际推行开了没有。尽管有这些优惠的政策，《春秋》学的颓势似乎并没有多大的改观。长庆二年（822），殷侑上《请试三传奏》称："伏以《左传》卷轴文字，比《礼记》多校一倍，《公羊》、《谷梁》比《尚书》、《周易》多校五倍……人之常情，趋少就易，三传无复学者。伏恐周公之微旨，仲尼之新意，史官之旧章，将坠于地。"④此时距开元十六年杨玚上疏，已有将近百年了。终唐之世，有成就的《春秋》学者为数甚少。从《旧唐书·儒学传》来看，精研《左传》的有徐文远、朱子奢、李玄植、张后胤、盖文达、萧德言等数人，几乎都是初唐时人，贞观以后，以三传名家的学者就很少了。

《春秋》学在唐代为什么会呈颓势呢？原因可能是多方面的。⑤单从经学本

---

① 《日知录》卷二十六"新唐书"条。
② 《通典》卷十五。
③ 《旧唐书·良吏传下》。
④ 《唐会要》卷七十六，第1398页。
⑤ 参见赵伯雄《春秋学在唐代的历史命运》，《中国社会历史评论》第三卷，中华书局2001年版。

身来看，汉代的经学是发展着的，而在唐代，则是停滞的。一些基本的经义早已深入人心，而沿着汉人的思路对经典进行研究已没有多少余地。唐初《五经正义》的颁行，更是统一了经义，进而统一了士人的思想。这样，经学的发展就受到了阻碍。不是说唐代的统治者不需要经学，经学的一些理论和原则依然为人所遵奉，但人们的实际态度则是敬而远之，口头上把这些经典捧得天高，而对经典的研究则用力越来越少，这些经典离开实际的政治生活也就越来越远。唐代以经学名家的人十分稀少，正是这种情况的反映。一种学说或理论，哪怕是统治阶级所提倡的学说或理论，只要陷于停滞，便没有了生命力。《春秋》学作为经学的一个分支，自然也难逃衰颓的命运。

唐朝的君臣，对于《春秋》经传，表面上虽然仍旧备极尊崇，像杜佑在《献通典表》中所说的"夫《孝经》、《尚书》、《毛诗》、《周易》、《三传》，皆父子君臣之要道，十伦五教之宏纲，如日月之下临，天地之大德，百王是式，终古攸遵"[1]，仍旧可以说是当时人的共识，但由于研习者稀少，因此在实际政治生活中发挥的作用已很有限。当时在皇帝诏书、臣子议政当中，引用《春秋》经义的相对较少，这与两汉时期的情形有显著的不同。《旧唐书》二百卷中，记载君臣议事时引证《春秋》经传的大约只有五六十处，而在这五六十处征引之中，又有相当部分是用《春秋》来议礼的。例如中宗时宋璟上书议高宗太子李弘的庙制，引用"《春秋》之义，国君即位未逾年者，不合列昭穆"[2]；开元年间太常博士孙琬议裴光庭之谥，引证"《春秋》之义，诸侯死王事者，葬之加一等"[3]；圣历元年，司礼博士辟闾仁谞据《三传》议天子告朔之礼；[4] 会昌六年，诸礼官据《三传》议宗庙神主之制；[5] 高宗年间引证《春秋》以证禘祫之制；[6]武则天时，张柬之据《春秋》经传议三年丧制[7]等等。这样的例子还有很多，反映了唐人对《春秋》经传的利用，"议礼"是其大端；相比之下，"议政"的内容倒是比较少见的。

---

[1]《旧唐书·杜佑传》。
[2]《旧唐书·高宗中宗诸子传》。
[3]《旧唐书·裴行俭传》。
[4]《旧唐书·礼仪志二》。
[5][6]《旧唐书·礼仪志六》。
[7]《旧唐书·张柬之传》。

二、唐人的《春秋》观

一般说来，唐人是将《春秋》与《左传》视为一体的，唐人口中的所谓"春秋"，有相当多的时候实际上是指《左传》。例如开元二十二年，礼部员外郎杨仲昌议礼云："《春秋》曰：蘋蘩薀藻之菜，潢污行潦之水，可羞于王公，可荐于鬼神"①，此用《左传》隐公三年之文也。武则天时，杜景俭论季秋时节梨花再放现象曰："《春秋》云：'冬无愆阳，夏无伏阴，春无凄风，秋无苦雨'"②，此用《左传》昭公四年文也。贞观年间，李大亮上疏论突厥事曰："故《春秋》云：'戎狄豺狼，不可厌也；诸夏亲昵，不可弃也'"③，此用《左传》闵公元年之文也。太宗时于志宁上书谏太子承乾曰："悦意取容，臧孙方之疾疹；犯颜逆耳，《春秋》比之药石"④，此实约取《左传》襄公二十三年之文也。诸如此类的例子还有不少。在唐人口中，有时《左传》的传义就被直接说成是《春秋》的经义。例如僖宗时朱玫私议易君曰："《春秋》之义，丧君有君"⑤，此即用《左传》僖公十五年之传义也。又如唐德宗驳斥太卜关于孟冬之月不利穿筑之说时，曰："《春秋》之义，启塞从时"⑥，此实即用《左传》僖公二十年之传义也。把《左传》混同于《春秋》，致有因不喜《左传》中所记之事而废读《春秋》者：

> 弘（唐高宗第五子，显庆元年立为皇太子）尝受《春秋左氏传》于率更令郭瑜，至楚子、商臣之事，废卷而叹曰："此事臣子所不忍闻，经籍圣人垂训，何故书此？"瑜对曰："孔子修《春秋》，义存褒贬，故善恶必书。褒善以示代，贬恶以诫后，故使商臣之恶，显于千载。"太子曰："非唯口不可道，故亦耳不忍闻，请改读余书。"瑜再拜贺曰："里名胜母，曾子不入；邑号朝歌，墨子回车。殿下诚孝冥资，睿情天发，凶悖之迹，黜于视听。……请停《春秋》而读《礼记》。"⑦

按此事说明当时人对《春秋》与《左传》，似乎并不细加分别，同时也反映出

---

① 《旧唐书·礼仪志五》。
② 《旧唐书·杜景俭传》。
③ 《旧唐书·李大亮传》。
④ 《旧唐书·于志宁传》。
⑤ 《旧唐书·萧遘传》。
⑥ 《旧唐书·李泌传》。
⑦ 《旧唐书·高宗中宗诸子传》。

那时《春秋》经传的地位,并非绝对地神圣,对其内容提出质疑的,也不是个别现象。此外,还有一些人注意到了《左传》中记载的大量行军用兵之计、通权达变之谋,会产生一种发人心智的副作用,这种副作用有时是统治阶级所不愿意看到的。例如开元时金城公主下嫁吐蕃,要求带走《毛诗》、《礼记》、《左传》、《文选》各一部,对此于休烈坚决反对,他认为这些书若是带到了吐蕃,会启迪吐蕃人的心智,后患无穷,于是上疏云:

> 臣闻戎狄,国之寇也;经籍,国之典也。戎之生心,不可以无备;典有恒制,不可以假人。……昔东平王入朝求《史记》、诸子,汉帝不与。盖以《史记》多兵谋,诸子杂诡术。夫以东平,汉之懿戚,尚不欲示征战之书;今西戎,国之寇雠,岂可贻经典之事!且臣闻吐蕃之性,慓悍果决,敏情持锐,善学不回。若达于书,必能知战。深于《诗》,则知武夫有师干之试;深于《礼》,则知月令有兴废之兵;深于《传》,则知用师多诡诈之计;深于《文》,则知往来有书檄之制。何异借寇兵而资盗粮也!……若陛下虑失蕃情,以备国信,必不得已,请去《春秋》。当周德既衰,诸侯强盛,礼乐自出,战伐交兴,情伪于是乎生,变诈于是乎起,则有以臣召君之事,取威定霸之名。若与此书,国之患也。①

这四种书比较起来,《春秋左传》的副作用似乎更大一些,把这种书送给吐蕃,简直就是"借寇兵"、"资盗粮"。于休烈的意见可能并没有被采纳,"疏奏不省",但此疏确实反映出某些士人对《左传》副作用的担心。对少数民族存有这样的戒心,对一般民众未必不作如是想法。这固然是统治阶级的一种阴暗心理,却也体现出当时一部分士人对《春秋左传》的某种异乎寻常的认识。此种认识的实质就是对《左传》中某些内容的不满与担心。后来唐宋士人中的那种舍传求经的倾向,不能说与此没有一定的关系。

此外,唐人中似乎还有一种视《春秋》为"史"的倾向,其最突出的代表,当然应属刘知几,这我们在后面还要谈到。就是一般的儒者,也每每将《春秋》经传与史混同。唐德宗建中初年,杨炎为宰相,荐沈既济为史馆修撰。此前吴兢撰《国史》,为武则天立本纪,沈既济大不以为然,奏议非之曰:

> 史氏之作,本乎惩劝,以正君臣,以维家邦。前端千古,后法万代,使其生不敢差,死不忘惧。纬人伦而经世道,为百王准的,不止属辞比事,以日系月而已。故善恶之道,在乎劝诫;劝诫之柄,存乎褒贬。是以

---

① 《旧唐书·吐蕃传上》。

《春秋》之义，尊卑轻重升降，几微髣髴，虽一字二字，必有微旨存焉。①按史氏之作，不光是为了记事，不光是"属辞比事，以日系月"，而是要"本乎惩劝"，"为百王准的"。既济反对修唐史的时候为武则天立本纪，理由正是史有奖善惩恶的功能，为武氏立本纪，就等于承认她妄改国号为合法。既济所强调的史的这种功能，与《春秋》是一样的。为了达到"惩恶"的目的，唐史自不应为武氏立本纪。那么武则天称皇帝的二十二年，又当如何记载呢？还是应当效仿《春秋》：

> 或曰：若天后不纪，帝绪缺矣，则二十二年行事何所系乎？曰：孝和（按指中宗李显）以始年登大位，以季年复旧业，虽名中夺，而天命未改，足以首事，足以表年，何所拘阂，裂为二纪？昔鲁昭之出也，《春秋》岁书其居，曰"公在乾侯"。且君在虽失位，不敢废也。今请并《天后纪》合《孝和纪》，每于岁首，必书孝和所在以统之，书曰某年春正月，皇帝在房陵，太后行某事，改某制云云。②

按这是说唐史记载武则天时事，当如《春秋》记载昭公被逐期间的鲁事一样，《春秋》于每年之首书"公在乾侯"，唐史亦当先书皇帝所在，据说这样"纪称孝和，而事述太后"，才可以"名不失正，而礼不违常"。这样子强调修史要模仿《春秋》，适足以证明当时人存在着视《春秋》为史的倾向。

昭宗时韦昭度上疏议事有云："然且考《春秋》之义，稽楚、郑之文，或退而许平，或服而更舍，存于旧史，载彼新书。"③ 这里的"春秋"无疑是指《左传》，而且直称为"旧史"，其倾向性就更为明显了。

唐代也有人注意到了《春秋》与《左传》的区别。像韩愈所说的"《春秋》谨严，《左氏》浮夸"④，就是从记事风格上把二者区别开来。严格地将《左传》与《春秋》分开，认为这是两种性质不同、本无干系的著作，这在唐代是个别人的主张。令狐澄所撰《大中遗事》云：

> 大中时，工部尚书陈商立……《春秋左传》学议。以孔圣修经，褒贬善恶，类例分明，法家流也；左丘明为鲁史，载述时政，惜忠贤之泯灭，恐善恶之失坠，以日系月，修其职官，本非扶助圣言，缘饰经旨，盖太史氏之流也。举其《春秋》，则明白而有实；合之《左氏》，则丛杂而无征。杜元凯曾不思夫子所以为经，当与《诗》、《书》、《周易》等列；丘明所以

---

①②《旧唐书·沈传师传》。
③《旧唐书·昭宗纪》。
④ 韩愈《进学解》，载《旧唐书·韩愈传》。

为史，当与司马迁、班固等列。取二义乖剌不侔之语，参而贯之，故微旨有所未周，宛章有所未一。①

此种议论，将《春秋》归之于经，《左传》归之于史，彻底取消了《左传》的圣经资格。这显然是步武西汉博士的后尘，重弹"《左氏》不传《春秋》"的老调，与唐代流行的观念是格格不入的。不过这话却正投晚近今文家的口味，无怪乎皮锡瑞氏为之击节叹赏，称为"千古卓识"②了。

第四节　刘知几的"疑经"、"申左"

刘知几在唐代以史学名家，并不以经学见称，但他对《春秋》经传的研究却极具特色。从经学家派来讲，他基本上属于古文学派，因此对《公》、《谷》二家持一种怀疑与批判的态度。比起同时代的学者来，他的怀疑精神显得特别强烈，不仅仅是对《公羊》、《谷梁》，甚至对《春秋》以及孔子本人，他都敢于质疑乃至指责，这在旧时代自然常常被看做是狂悖无理、离经叛道；但今日的人们从他对《春秋》的批评当中，却不难看出那深邃周密的思想、惊人的勇气以及认真求实的执著精神。

刘知几（661—721），字子玄，他在唐代以字行。知几是一位史学天才，这在幼年时期就已经显露出来了。他自述早年经历云：

> 予幼奉庭训，早游文学。年在纨绮，便受《古文尚书》，每苦其辞艰琐，难为讽读。虽屡逢捶挞，而其业不成。尝闻家君为诸兄讲《春秋左氏传》，每废书而听。逮讲毕，即为诸兄说之。因窃叹曰："若使书皆如此，吾不复怠矣。"先君奇其意，于是始授以《左氏》，期年而讲诵都毕。于时年甫十有二矣。所讲虽未能深解，而大义略举。父兄欲令博观义疏，精此一经。辞以获麟已后，未见其事，乞且观余部，以广异闻。次又读《史》、《汉》、《三国志》。既欲知古今沿革，历数相承，于是触类而观，不假师训。自汉中兴以降，迄乎皇家实录，年十有七，而窥览略周。③

从这段自述来看，知几于史学确实是心有灵犀，因此对《左传》是情有独钟。但他又不是那种专守一经的陋儒，不肯为《左氏》一经所囿，到十七岁的时候，历代重要的史籍以及唐朝的实录，他已经阅读略尽了。知几二十岁考中进

---

① 《大中遗事》，《说郛三种》本，上海古籍出版社1988年版，第2274页。
② 皮锡瑞《经学历史》，第217页。
③ 刘知几《史通自叙》，《全唐文》卷二百七十四。

士，此后得以"专心诸史"，"公私借书，恣情披阅"，学殖与见识不断提高。他于三十多岁时被推荐担任著作佐郎，转左史，一生"三为史臣，再入东观"，长期充任史职。不仅从事修史之业，同时也探讨历代史书的利弊得失，他的《史通》就是在这期间写成的。

《史通》是古代史学理论的杰作，有关《史通》的成就、价值及其对中国古代史学的影响，时贤多所论撰，兹不赘述；现在仅就刘氏在《春秋》学上的贡献略加探讨。

一、对所谓《春秋》书法的质疑

刘知几对《春秋》的总的看法，并没有超出古文经学的藩篱，他受刘歆以及杜预的影响十分明显：

> 逮仲尼之修《春秋》也，乃观周礼之旧法，遵鲁史之遗文，据行事，仍人道；就败以明罚，因兴以立功；假日月而定历数，藉朝聘而正礼乐；微婉其说，志晦其文；为不刊之言，著将来之法。故能弥历千载，而其书独行。①

按这段文字是综合了《汉书·艺文志》和杜预的《春秋左传序》而成的。刘知几紧紧抓住"《春秋》本是记事史书"这一实质问题，把《春秋》作为史书来考察和评论。他虽然承认孔子"修"《春秋》的事实，但依古文家的说法，这种"修"遵循两个原则，一是"观周礼之旧法"，即用所谓"周公遗制"（杜预语）来衡量行为的是非善恶；一是"遵鲁史之遗文"，即杜预所谓"因鲁史策书成文"。在刘知几以及大多数古文家看来，孔子对鲁史旧文只做了少量的改动："其教之所存，文之所害，则刊而正之，以示劝戒；其余皆即用旧史。史有文质，辞有详略，不必改也"②。只是删掉了一些伤教害义的文字，其余基本保持了旧史原样。刘知几正是基于此种认识，才把《春秋》作为史书"六家"中的一家来加以评论的。

但刘知几见识的超卓其实并不在于此。他的卓越之处在于：他发现了并且敢于指出传统的《春秋》学说与《春秋》的史书性质不相协调乃至相互抵牾之处。须知在那个时候，《春秋》早已成为圣典，孔子早已成为千古圣人，历代儒者只是在如何解释《春秋》以及什么是孔子原意等问题上争论不休，还没有

---

① 《史通·六家》，"志晦"本或作"隐晦"。
② 杜预《春秋经传集解序》。

人对孔子及《春秋》本身表示怀疑。质疑《春秋》乃至质疑孔子,那需要多大的勇气!

《史通》的《惑经》、《申左》两篇是专谈《春秋》经传的,前者对《春秋》提出种种怀疑,后者主要是扬《左传》而抑《公》、《谷》。《惑经》一篇,分作前后两部分,前一部分提出"十二未谕",即有关《春秋》的十二个不明白的问题;后一部分则是指出前辈儒者对《春秋》的五点"虚美"。

知几自述其"惑经"的根据曰:"昔孔宣父以大圣之德,应运而生,生人已来,未之有也。故使三千弟子,七十门人,钻仰不及,请益无倦。然则尺有所短,寸有所长,其间切磋酬对,颇亦互闻得失。……嗟夫!古今世殊,师授路隔,恨不得亲膺洒扫,陪五尺之童;躬奉德音,抚四科之友。"① 既肯定了圣人之为圣,又指出了圣人也有缺失,并表达了恨不能起圣人于地下而与之切磋问难的心情。这"十二不谕"大多是针对《春秋》"书法"的。所谓《春秋》"书法",是传统《春秋》学的主要内容,不管是今文也好,古文也好,都讲究书法,因为《春秋》的"义"就是从书法中体现出来的。《春秋》既为孔子所修,按说同类性质的事情遣词用语(即书法)应当相同,这样才利于表达修《春秋》者的爱憎褒贬;而事实上《春秋》中事同而辞异、或事异而辞同的现象很多,颇令说经的儒者感到头疼,于是有了各种各样生拉硬扯、牵强附会的解释。但也有些书法上的问题,是无论用怎样的狡辩也无法说通的,刘知几便把这些作为疑问提了出来。

例如谴责弑君行为,是《春秋》的一个大节目。但襄公七年郑国子驷弑君、昭公元年楚国公子围弑君、哀公十年齐人弑君这三件事,《春秋》却依赴告之辞,分别记作"郑伯髡顽卒"、"楚子麇卒"、"齐侯阳生卒",而赵盾仅仅因为"反不讨贼"、许止仅因为没有亲尝给国君进的药,都被说成是弑君的主凶,这种书法上的差异,到底是怎么回事?因此知几问道:"必以彼三逆,方兹二弑;躬为枭獍,则漏网遗名;迹涉瓜李,乃凝脂显录。嫉恶之情,岂其若是?"

又如哀公八年及十三年,鲁公曾两次与吴盟会,而《春秋》皆不书,杜预注云:"不书盟,耻吴夷也。"然而桓公二年鲁公与戎盟则书之。知几评论说:"戎实豺狼,非我族类。夫非所讳而仍讳,谓当耻而无耻,求之折衷,未见其宜。"

---

① 《史通·惑经》。以下论刘知几"惑经",所引知几之语均同此注,不另出。

又如诸侯的世子，在嗣业居丧期间，是不避其名讳的，这是《春秋》的通例。因此庄公三十二年子般嗣位不久死去、襄公三十一年子野嗣位不久死去，《春秋》书云"子般卒"、"子野卒"；但文公十八年同样是刚嗣位的嫡子（名叫恶）死去，《春秋》却书云"子卒"，《左传》解释说："书曰'子卒'，讳之也。"

诸如此类的问题在《春秋》中是很不少的。其实只要不把这些看成是修《春秋》者寓有褒贬的"书法"，也就是说不把这些看做是"例"，那么这些问题本可以不成为问题。刘知几的贡献，就在于将这些问题剔发出来，指出它们的可疑之处，于是孔子当初是否真有这样的"书法"，传与注所言种种义例是否符合《春秋》原意，也就自然成了问题。这应该说是把《春秋》的研究又向前推进了一步。

在"十二不谕"中，刘知几还特别强烈地表达了他对《春秋》"讳书"的不满。他说：

> 盖明镜之照物也，妍媸毕露，不以毛嫱之面或有疵瑕而寝其鉴也；虚空之传响也，清浊必闻，不以绵驹之歌时有误曲而辍其应也。夫史官执简，宜类于斯。苟爱而知其丑，憎而知其善，善恶必书，斯为实录。观夫子修《春秋》也，多为贤者讳。狄实灭卫，因桓耻而不书；河阳召王，成文美而称狩。斯则情兼向背，志怀彼我。苟书法其如是也，岂不使为人君者，靡惮宪章；虽玷白圭，无惭良史也乎？

刘氏坚守史书应是实录的立场，对"天王狩于河阳"之类的讳书提出了指责。不过刘氏也并不一般地反对"讳书"，他认为君父的重大的丑事还是要讳的，只是不应讳得太多、太碎，他说：

> 夫臣子所书，君父是党，虽事乖正直，而理合名教。如鲁之隐、桓见弑，昭、哀放逐，姜氏淫奔，子般夭酷：斯则邦之孔丑，讳之可也。如公送晋葬，公与吴盟，为齐所止，为邾所败，盟而不至，会而后期，并讳而不书，岂非烦碎之甚？且按汲冢竹书《晋春秋》及《纪年》之载事也，如重耳出奔，惠公见获，书其本国，皆无所隐。唯《鲁春秋》之记其国也，则不然。何者？国家事无大小，苟涉嫌疑，动称耻讳，厚诬来世，奚独多乎！

按"讳书"本是《春秋》编者的一道避风港，凡经中记载未备的，每用"讳书"来搪塞。现在经知几这一揭发，《春秋》"讳书"的不合理性就昭然了。

古文家在解释《春秋》书法时，有"承告则书"一条定则，就是说《春秋》所记鲁国以外别国的事情，是根据于当事国之"告"的，告则书，不告则不书；怎样告的便怎样书。刘知几对这一定则深致不满。他根据汲冢出土的晋国史书所记鲁国闵公时事，指出当时各国的国史记别国之事并不必依赖于别国之赴告，进而对《春秋》进行了激烈的批评：

> 至于夫子所修也则不然。凡书异国，皆取来告。苟有所告，虽小必书；如无其告，虽大亦阙。故宋飞六鹢，小事也，以有告而书之；晋灭三邦，大事也，以无告而阙之。用使巨细不均，繁省失中，比夫诸国史记，奚事独为疏阔？寻兹例之作也，盖因周礼旧法，鲁策成文。夫子既撰不刊之书，为后王之则，岂可仍其过失，而不中规矩者乎？

这后两句是说孔子泥用旧法，不加变通，致使他所撰"不刊之书"，留下种种缺欠。"承告则书"不仅使记事"巨细不均"，而且有违"直笔"、"实录"的原则，使《春秋》奖善惩恶的功能难以发挥：

> 盖君子以博闻多识为工，良史以实录直书为贵。而《春秋》记他国之事，必凭来者之辞，而来者所言，多非其实。或兵败而不以败告，君弑而不以弑称；或宜以名而不以名，或应以氏而不以氏；或春崩而以夏闻，或秋葬而以冬赴。皆承其所说而书，遂使真伪莫分，是非相乱。

纵观知几的思路，是将《春秋》先看做是一代之史，然后用"良史"的种种标准去衡量，便发现《春秋》种种不足之处。又由于历来儒者将《春秋》吹得很神，把《春秋》说成是孔子精心结构之作，似乎孔子在构撰之初规定了种种书法和义例，于是知几审视的焦点，自然也就逐渐由《春秋》而移到了孔子身上。《惑经》篇中的所谓"虚美"，主要就是针对世人盲目称许、崇拜孔子所撰《春秋》而言的：

> 世人以夫子固天攸纵，将圣多能，便谓所著《春秋》，善无不备。而审形者少，随声者多，相与雷同，莫之指实。榷而为论，其虚美者有五焉。

按刘氏坚持独立思考，不肯随声附和，他既发现了《春秋》种种缺欠，益知前辈儒者表彰《春秋》的言论多为无根之谈。在当时社会一片尊孔崇经的声浪中，刘氏的这几点"虚美"，堪称振聋发聩，足以动摇人的信仰。且看他的大胆言论：

> 古者国有史官，具列时事。观汲冢出记，皆与鲁史符同。至如周之东迁，其说稍备；隐、桓已上，难得而详。此之烦省，皆与《春秋》不别。又"获君曰止"，"诛臣曰刺"，"杀其大夫曰杀"，"执我行人"，"郑弃其

师","陨石于宋五",诸如此句,多是古史全文。则知夫子之所修者,但因其成事,就加雕饰,仍旧而已,有何力哉?加以史策有阙文,时月有失次,皆存而不正,无所用心,斯又不可殚说矣。而太史公云:夫子"为《春秋》,笔则笔,削则削,游夏之徒不能赞一辞",其虚美一也。

宋襄公执滕子而诬之以得罪,楚灵王弑郏敖而赴之以疾亡,《春秋》皆承告而书,曾无变革。是则无辜者反加以罪,有罪者得隐其辜,求诸劝戒,其义安在?而左丘明论《春秋》之义云:"或求名而不得,或欲盖而名彰","善人劝焉,淫人惧焉"。其虚美二也。

《春秋》之所书,本以褒贬为主。……故知当时史臣各怀直笔,斯则有犯必死,书法无舍者矣。自夫子之修《春秋》也,盖他邦之篡贼其君者有三,本国之弑逐其君者有七,莫不缺而靡录,使其有逃名者。而孟子云:"孔子成《春秋》,乱臣贼子惧",无乃乌有之谈欤?其虚美三也。

这样的言论,剥去了《春秋》神圣并且神秘的外衣,对孔子的权威,也是一种挑战。在前此的《春秋》研究史上,如此无所忌惮的言论,确还不曾有过。

二、扬《左传》而抑《公》《谷》

尽管批评得这样大胆,但刘知几却不曾从根本上否定《春秋》,他所要纠正的,是所谓"儒教传授,既欲神其事,故谈过其实"。他是要还《春秋》以应有的地位。从家派上说,他笃守着古文的立场,对《公羊》、《谷梁》二传大加贬抑,《史通》中的《申左》篇,就是为此而作的。

知几以为,自古学者重《公》、《谷》而轻《左氏》的非止一家,美《左氏》而讥《公》、《谷》的也大有人在。两派互相攻击,势同水火,各为朋党,是非不分。如果学者只求专精,那么各守一传,专治章句训诂也就可以了;如果要从宏观上、总体上对《春秋》加以把握和研究,那么就一定要理性地、客观地比较三传的优劣得失,以其中最好的一传为说经的主要依据。他的结论是:

必扬榷而论之,言传者固当以《左氏》为首。①

为什么"以《左氏》为首"呢?"盖《左氏》之义有三长,而二传之义有五短"。按刘氏所概括的"《左氏》三长",并没有什么特别新鲜之处,无非是说左丘明身为太史,能够博览群书,一方面能够依据"周公之典",另一方面能

---

① 《史通·申左》。以下论刘知几"申左",所引知几之语均同此注,不另出。

够参考各国史记，同时又得亲见孔子以及孔氏的众多门人，故所记之事多切实可信。至于他所称的"二传五短"，主要是从《公》、《谷》的"事"与"义"两方面来说的。在记事方面，《公》、《谷》由于历来是口说传授，与《左传》的得之于简册不同，故在文字的典雅以及事实的可信程度方面自然远不如《左传》；就是在"义"的方面，知几也指出了《公羊传》的好恶与孔子截然不同之处。因此，"若以彼三长，校兹五短，胜负之理，断然可知"。

即使抛开三传的优劣不谈，单是从了解《春秋经》这个角度来说，也是非"以《左传》为首"不可的。因为在知几看来，《春秋经》有若干缺欠，"于内则为国隐恶，于外则承赴而书，求其本事，大半失实"，这些问题，似乎孔子也很清楚："寻斯义之作也，盖是周礼之故事，鲁国之遗文，夫子因而修之，亦存旧制而已。至于实录，付之丘明，用使善恶毕彰，真伪尽露。向使孔经独用，《左传》不作，则当代行事，安得而详者哉？"这里对《左传》的作用给予了充分的肯定，这无疑是对的；但同时似乎是说孔子在修《春秋》的时候就已有所安排，有意识地让左丘明作一部"实录"的传，以与《春秋经》相辅而行。这样的说法实际上是对《惑经》篇里对《春秋》的指责所做的自我否定，完全是为自己所指责的对象曲为回护之辞。可见在那个时代，批评圣经、批评圣人，该有何等的艰难！

但不管怎么说，《左传》的地位却因此而提高了：

> 其外则承告如彼，其内则隐讳如此。若无左氏立传，其事无由获知。然设使世人习《春秋》而唯取两传也，则当其时二百四十年行事茫然阙如，俾后来学者兀成聋瞽者矣。

于是历来人们赞誉《春秋》的话，在刘知几那里，都被加到《左传》头上了：

> 盖语曰：仲尼修《春秋》，逆臣贼子惧。又曰：《春秋》之义也，欲盖而彰，求名而亡，善人劝焉，淫人惧焉。寻《春秋》所书，实乖此义；《左传》所录，无愧斯言。此则传之与经，其犹一体，废一不可，相须而成。如谓不然，则何者称为劝戒者哉？

刘知几的《春秋》观，在旧时代很遭一般学者的訾议，这当然首先因为他大胆地批评了圣人和圣经，这在当时是被人目为非圣无法的；其次是有相当一部分学者，认为他精于史学，但疏于经学，不懂得经学与史学的区别，不明白《春秋》是经而非史，特别是一些今文经学家，对他更是贬损有加，例如近代的今文大家皮锡瑞就说：

> 说《春秋》者，唐刘知几为最谬。其作《史通》，有《惑经》、《申左》

> 二篇，诋毁《春秋》，并诋孔子。……刘氏但晓史法，不通经义，专据《左氏》，不读《公》、《谷》。故不知《春秋》为尊亲讳，其书不书，皆有义例，非可以史法善恶必书绳之。①

按这样的批评，完全是从今文家的立场出发的。在今文家看来，《春秋》是孔子的"制作"，也就是说，是一部孔子精心结撰的著作，书什么，不书什么，怎样书，孔子都有他的考虑，都表达了孔子的某种思想。重要的不是"事"，重要的是"义"，因此不能用作"史"的标准去要求它。这样的看法究竟对不对呢？如果孔子真的是像今文家说的那样"修"《春秋》，《春秋》当然不是史，当然不能用史法去衡量它；但问题就出在孔子"修"《春秋》上。刘知几对《春秋》和孔子的批评，大多集中在孔子的书、不书、怎样书上。从表面上来看，刘知几是承认孔子曾经"修"《春秋》的，只是某些地方不该这样"修"。例如要批判乱臣贼子，就不该替那些弑君的人掩盖；既然是"修"，就不该对某些明显的讹舛不加改动；如此等等。但刘氏的这些指责，却给了人们一种提示：孔子真的"修"了《春秋》吗？经师们说的种种"义例"真的可以称做是"例"吗？而一旦对这样的问题做出了否定的回答，那么《春秋》作为经典的神圣性也就随之发生动摇，其神秘性也就不复存在。故旧时的学者，面对刘知几对传统《春秋》学的批评，多不敢承认其有理，或不愿承认其有理。一部书如果与现实政治发生了纠葛，当时的人便很难再做客观的研究了。完全摆脱经学家派的束缚，完全客观地研究《春秋》及其与孔子的关系，只有现代学人才能真正做到；但刘知几的发难，无疑会促进人们对这个问题的思考，它在思想史上的意义，也正在这里。

至于《春秋》是"经"不是"史"，这是连刘知几也承认的，只要看一看《惑经》的篇名就可以知道。但《春秋》在成为"经"之前又确实曾经是"史"，这一点今文家不承认，而古文家则承认。应该说这正是古文家的高明之处，也是他们的可爱之处。

第五节　开"舍传求经"之风的啖、赵、陆三家

一、啖、赵、陆其人及其著作

唐代的《春秋》学，虽然总的来看呈衰颓之势，但其间亦不乏二三卓尔不

---

① 皮锡瑞《经学通论》卷四。

群之士，比较突出的是啖助、赵匡、陆质师弟三人。

啖助，字叔佐，赵州人，后徙关中。他生于开元十二年（724），天宝末年曾官任临海尉、丹杨主簿。此后便家居不仕，过着清贫的生活。啖助的经学十分渊博，而主要是以《春秋》名家。他一生虽然短促，仅活了四十七岁，但他对《春秋》经传的研究，在当时以及后来的宋代，都发生了深远的影响。可惜的是他的著作都没有流传下来，人们今日只能依据他的弟子陆质所转述的师门主张来评论他的得失了。

赵匡，字伯循，河东人。曾任洋州刺史。他是啖助的高足弟子，曾参与整理啖助的遗著。对于啖助的学术主张，赵匡有所继承，也有所修正和发展，可以说啖、赵是小异而大同的。

陆质，字伯冲。他本名淳，后避宪宗讳改名质。他祖上世居吴，七世祖陆澄是梁朝的名儒。陆质曾官左拾遗，后出任信、台二州刺史。据《旧唐书·儒学传》，陆质"少师事赵匡，匡师啖助"，则陆质似为啖助的再传弟子。其实陆质自述曾追随啖助左右达十一年，堪称啖氏的入室弟子，《四库提要》对此已做过辩证。不过陆质之对赵匡，虽然名义上是同门的学友，却似乎怀有对师长般的尊敬。啖助死后，陆质与助子异整理遗文，然后"共载以诣赵子，赵子因损益焉"①；陆质在自己的著作里，一方面转述啖助的主张（称啖子），同时也转述赵匡的主张（称赵子），而且往往"啖赵"并举，足见赵匡之于陆质，实际的地位是在师友之间。陆质的著作甚多，有几部流传至今。史称"质尽传二家学"②，就是指这几部书中大量引述啖、赵的意见而言的。

据《新唐书·儒学传》称，啖助"善为《春秋》，考三家短长，缝绽漏阙，号《集传》，凡十年乃成。复摄其纲条，为《例统》"。是则啖助的著作共有两部，一部是《集传》，一部是《例统》。《集传》全称为《春秋集传集注》，《例统》恐是《统例》之误。按陆质《春秋集传纂例》引啖子曰：

予辄考核三传，舍短取长，又集前贤注释，亦以愚意裨补阙漏，商榷得失……谓之《春秋集传集注》；又撮其纲目，撰为《统例》三卷，以辅《集传》，通经意焉。

据啖氏自述，可知《春秋集传集注》为其精力所萃，《统例》则为《春秋集传

---

① 陆质《春秋集传纂例》（以下简称《纂例》）卷一，《丛书集成》本。本节所引啖、赵、陆之说，除另注出者外，均出自《纂例》卷一，以下不再注明。

② 《新唐书·陆质传》。

集注》的纲要。啖氏于完稿后不久去世，原书未来得及修订。此后陆质与啖助之子啖异"躬自缮写"，交给赵匡，由赵匡又进行了"损益"，这才最后成书，此时距啖助之死已有五六年了。啖助的书在当时似乎并没有流行开来，北宋时即已亡佚了。从陆氏《纂例》的引述来看，这部《集传集注》在体例上有三个要点：

（一）对三传加以通盘考察，决定去取，改变了以往《春秋》学者专守一传的传统。

书名中的"集传"，就是集三传之善的意思。在啖氏看来，三传虽然说解各异，但既同为《春秋》之传，则都有说对了部分"经旨"的地方，唯所说各有侧重，所得各有浅深。正确的做法不是株守一传互相攻击，而是综合三传，取长补短。他说：

> 《春秋》之文，简易如天地焉，其理著明如日月焉。但先儒各守一传，不肯相通，互相弹射，仇雠不若；诡辞迂说，附会本学，鳞杂米聚，难见易滞。益令后人不识宗本。……老氏曰：大道甚夷，而人好径。信矣。故知三传分流，其源则同，择善而从，且过半矣。归乎允当，亦何常师！

按这种"择善而从"、没有"常师"的原则，彻底打破了前人说经的"家法"，开创了逞臆说经的新风气。这是因为三传本皆专门之学，相互抵牾、矛盾之处是不少的。倘各自为学，倒还都能自成系统；若硬要把它们分别打乱，来个"择善而从"，那么取舍之间，就要全凭"择"者的私臆了。另外，如果三传或二传的说解相同，啖氏也为自己规定了一些取舍的原则：

> 三传叙事及义理同者，但举《左氏》，则不复举《公》、《谷》；其《公》、《谷》同者，则但举《公羊》；又《公》、《谷》理义虽同，而《谷梁》文独备者，则唯举《谷梁》。

（二）如同综合三传一样，啖氏对前辈学者的注释，也采取了同样的做法。书名中的"集注"，即是指"集前贤注释"。啖氏自述其"集注"的办法云：

> 予所注经传，若旧注理通，则依而书之；小有不安，则随文改易。若理不尽者，则演而通之；理不通者，则全削而别注。其未详者，则据旧说而已。但不博见诸家之注，不能不为恨尔。

这样的"集注"，显然已非通常那种将旧注迻录集中的做法可比了。啖氏在行文中一概不提注者之名，他解释说：

> 杜征南云：略举刘、贾、许、颍之违。何休云：略依胡母生条例。范武子云：博采诸儒之说。然则若题此三人之名，未必得其本，故遂不言也。又比见诸家所注，苟有异义，欲题己名，以示于后，故须具载其名氏

> 尔。予但以通经为意，则前人之名，与予何异乎？楚亡楚得，未足异也。
> 纵是予所创意，何知先贤不已有此说？故都不言所注之名，但以通经为意尔。

原来《左传》的杜注、《公羊》的何注、《谷梁》的范注，都是集中了前人意见的产物，单提此三人实在是不足以概其全的。同时，自己不欲显名，但以通经为意，因此，也不必为了标自己之名而将旧注的人名一一列出。啖氏此话也许确出于学术的真诚，但对旧注笼统言之，不标名姓，甚或将旧注、己注混而一之，使人无法辨别，毕竟不能算是作注良法。

（三）除了"集古人之说而掇其善者"（陆质语）之外，啖氏《集传集注》还包括啖氏自己的说解在内。

啖氏所谓"亦以愚意裨补阙漏，商榷得失"，就是指加入他自己的说解。他的学生赵匡也说：

> 啖先生集三传之善以说《春秋》，其所未尽，则申己意。

啖氏的"己意"，最初恐怕是以注释的形式出现的，据陆质说，"《春秋》之意，三传所不释者，先生悉于注中言之，示谦让也。淳窃以为既自解经，理当为传，遂申己见，各附于经"。是则经过弟子们的整理，啖氏之说已俨然是与三传并驾的第四家传了。

赵匡的著作主要的是一部《春秋阐微纂类义统》。《经义考》引章拱之曰："赵氏集啖氏《统例》、《集注》二书及己说可以例举者，为《阐微义统》十二卷，第三、四卷亡逸。"[1]

至于陆质的著作，据与之同时的柳宗元所撰《陆文通先生墓表》称："为《春秋集注》十篇，《辨疑》七篇，《微指》二篇。"[2] 这里没有提到今日尚存的《春秋集传纂例》。《通志·艺文略》著录有陆质所撰的《集传春秋微旨》三卷、《集传春秋辨疑》七卷、《集传春秋纂例》十卷，而没有提到《春秋集注》。考《新唐书·艺文志》著录有陆质的《集注春秋》二十卷、《集传春秋纂例》十卷，知《集注》与《纂例》确是两种书。陈振孙《直斋书录解题》云："《唐志》有质《集注》二十卷，今不存，然《纂例》、《辨疑》中大略具矣。又有《微旨》二卷，未见。"知《集注》于南宋时已佚。又据吕温代陆质草《进集注春秋表》云："考《左氏》之疏密，辨《公》、《谷》之善否，务去异端，用明

---

[1]《经义考》卷一百七十六。
[2] 柳宗元《唐故给事中皇太子侍读陆文通先生墓表》，《春秋集传辨疑》附，《丛书集成》本。

本意。助或未尽，敢让当仁；匡有可行，亦刈其楚。辄集注《春秋》经文，勒成十卷。"① 知《唐志》所谓《集注》二十卷者，恐是十卷之误。

陆质最重要的著作，当数《春秋集传纂例》。据他自己说：

> 啖子所撰《统例》三卷，皆分别条流，通会其义，赵子损益，多所发挥，今故纂而合之。有辞义难解者，亦随加注释，兼备载经文于本条之内，使学者以类求义，昭然易知。其三传义例，可取可舍，啖、赵具已分析，亦随条编附，以祛疑滞。名"春秋集传纂例"，凡四十篇，分为十卷云。②

这是作者对《纂例》的成书以及该书体例所做的说明。据陆氏的自述，《纂例》是在啖助所撰《统例》以及赵匡对《统例》所做的损益发挥的基础上合编而成的，陆氏又为之增加了若干内容。一是对啖、赵的文辞做了一些注释，二是在每一条"例"下增添了体现该例的《春秋》经文，三是增加了啖、赵对三传所言例的取舍意见。经过这样的加工，《统例》三卷也就变成了《纂例》十卷，但也清楚地表明，这书的骨干乃是啖、赵二氏的言论。因此与其说该书为陆氏所撰，倒不如说为陆氏所编更为合适。

《纂例》全书四十篇，第一至第八篇为全书总义，篇目有《春秋宗指议》、《三传得失议》、《啖子集传集注义》、《赵子集传损益义》等等，集中体现了啖、赵《春秋》学的基本观点以及他们对三传优劣得失的认识。全书中，对今日的读者来说，这八篇显得最为重要。自第十篇以下，共有二十六篇是啖、赵归纳总结的《春秋》之中的"例"。以例说《春秋》，乃是前人的传统；但《纂例》一书中的例已不是三传中任何一传的例了，而只能算是啖、赵的"例"。

《春秋集传辨疑》，是陆质的另一部重要著作，据陆氏自述云：

> 《集传》取舍三传之义可入条例者，于《纂例》诸篇言之备矣。其有随文解释、非例可举者，恐有疑难，故纂啖、赵之说著《辨疑》。③

是知《辨疑》实际上也是述啖、赵之说，只是凡可归于"例"的言论都放到《纂例》里去了，而那些无法入"例"的意见则编为《辨疑》。此书的体例，是先录一条经文，再录三传的解释，然后述啖氏或者赵氏对三传讲解的批评。例如卷三先录一条经文"夜中星陨如雨"（庄公七年），再录三传的解释："《左氏》曰：与雨偕也。《公羊》曰：雨星不及地尺而复。《谷梁》曰：不曰恒星之

---

① 吕温《代国子陆博士进集注春秋表》，《全唐文》卷六百二十六。
② 《纂例》卷首。
③ 《春秋集传辨疑》凡例，《丛书集成》本。

陨,何也？我知恒星之不见,不见其陨也。"然后引述啖氏的批评："啖子曰：星陨如雨,为奔流者众,如雨之多。自汉已来,史籍频有。《诗》曰：有女如云。李陵曰：谋臣如雨。皆言多尔。三传不达此理,故悉穿凿。"《辨疑》全书大多为此类对三传的辨驳,正《崇文总目》所谓"摭三家得失与经戾者,以啖、赵之说订正之"①,可以清楚地看出啖、赵对于三传的态度。

由此可见,啖、赵之书虽已不存,但他们的学说基本上都保存在陆质的著作里,我们从陆质三书中不难窥见啖、赵《春秋》学的概貌。

二、啖、赵对《春秋》的基本认识

啖助首先关注的是《春秋》的基本精神。孔子为什么要修《春秋》？或者说《春秋》的宗旨是什么？啖助试图解决这个极其重要然而又言人人殊的老问题。自汉以来,经学成为了统治阶级的意识形态,"五经"为人人所遵奉研习。然而五经之一的《春秋》,甚至连它的作意究竟是什么还没有解决,这不能不说是儒者的悲哀。汉代公羊学派盛行,公羊学者把孔子作《春秋》说成是"黜周王鲁","以《春秋》当新王",是为汉代制法。这种说法虽为汉朝统治者所欢迎,但实在是经不起推敲,在周天子尚存的情况下,孔子居然"黜周王鲁",这不是公然主张叛逆么？因此被人目为"非常异义可怪之论"。《左传》学派崛起于东汉以后,但传文中丝毫也没有涉及这一问题。杜预则以为孔子修《春秋》在于明"周公之志",当时"周德既衰",统治秩序紊乱,孔子乃"因鲁史策书成文,考其真伪,而志其典礼,上以遵周公之遗志,下以明将来之法",一句话,修《春秋》是为了恢复周礼。谷梁学派的范宁,则强调孔子生当王道衰陵之时,修《春秋》以"彰黜陟"、"著劝戒",使"善人劝,淫人惧"。对这三派的说法,啖助都不满意,他说：

> 吾观三家之说,诚未达乎《春秋》大宗,安可议其深指。可谓宏纲既失,万目从而大去者也。

那么他所谓"宏纲"究竟是什么呢？"予以为《春秋》者,救时之弊,革礼之薄"。所谓"救时之弊",是指《春秋》产生于周道不行、王纲解纽的历史时代,具有拨乱反正的社会功能；所谓"革礼之薄",是指《春秋》对周代礼典制度的改变,即"变周"。啖助依然没有摆脱汉儒历史循环论的观点,他赞成司马迁三代相承相救的理论："夏之政忠,忠之敝,小人以野,故殷人承之以

---

① 《文献通考》卷一百八十二。

敬。敬之敝，小人以鬼，故周人承之以文。文之敝，小人以僿，故救僿莫若以忠。三王之道若循环，终而复始。"① 现在周政既然出了毛病，那么"夏之忠道，当变而致焉"。"是知《春秋》参用二帝三王之法，以夏为本，不全守周典礼，必然矣"②。在啖助看来，孔子作《春秋》就是要用"夏法"变"周礼"，用夏的"忠"去纠正周的"文"。因此，他对《左传》学派以孔子为笃守周公遗法之说深致不满，他说：

> 据杜氏所论，褒贬之指唯据周礼，若然，则周德虽衰，礼经未泯，化人足矣，何必复作《春秋》乎？且游、夏之徒，皆造堂室，其于典礼，固当洽闻；述作之际，何其不能赞一辞也？又云"周公之志，仲尼从而明之"，则夫子曷云"知我者亦《春秋》，罪我者亦《春秋》"乎？斯则杜氏之言陋于是矣。

对于谷梁学派的意见，啖助也给予了批评：

> 范氏之说，粗陈梗概，殊无深指。且历代史书，皆是惩劝，《春秋》之作，岂独尔乎？

如果只是强调《春秋》黜陟褒贬、劝善惩恶的功能，则很难将《春秋》与一般史书区别开来。

啖氏的历史循环论，他的变周从夏的观点，其实是与公羊学派非常接近的，但他反而对公羊学派进行了最猛烈的攻击：

> 何氏所云"变周之文，从先代之质"，虽得其言，用非其所。不用之于性情，而用之于名位，失指浅末，不得其门者也。周德虽衰，天命未改。所言变从夏政，唯在立忠为教，原情为本；非谓改革爵列，损益礼乐者也。故夫子伤主威不行，下同列国，首王正以大一统，先王人以黜诸侯，不书战以示莫敌，称天王以表无二尊，唯王为大，邈矣崇高。反云黜周王鲁，以为《春秋》宗指！两汉专门，传之于今，悖礼诬圣，反经毁传，训人以逆，罪莫大焉！

原来啖氏所谓"变周"，乃是从"性情"上着眼（"性情"指人性、情感、精神、风气这一类属于文化层面的东西，以区别于政治层面的制度、秩序等等），而不是指去改变周王的地位、改变旧有的礼乐制度，对于公羊学派"黜周王鲁"等等提法显然是抱有强烈的义愤的。

---

① 《史记·高祖本纪》。
② 《纂例》卷一。

啖氏的弟子赵匡在关于《春秋》主旨的看法上与他的老师有分歧。他比较更自觉地站在三传的立场之外，对《春秋》的作意重新进行了一番审视，因此，他不满意于啖助对公羊学说的依违两端：

> 啖氏依公羊家旧说，云《春秋》变周之文，从夏之质。予谓《春秋》因史制经，以明王道，其指大要二端而已：兴常典也，著权制也。故凡郊庙、丧纪、朝聘、蒐狩、昏取，皆违礼则讥之，是兴常典也。非常之事，典礼所不及，则裁之圣心，以定褒贬，所以穷精理也。精理者，非权无以及之。……然则圣人当机发断，以定厥中，辨惑质疑，为后王法，何必从夏乎？

依赵氏之意，孔子作《春秋》，是为了"明王道"，无非是通过两种手段：凡有"典礼"可以遵循而没有遵循的，《春秋》"则讥之"；而对于没有"典礼"可循、在新的历史条件下产生的新情况新问题，圣人则"裁之圣心，以定褒贬"，这是一种权变。也就是说，对旧的"礼制"还是要保留，因此也就谈不到"变周"；而对新的问题也要裁断，不过不一定非"从夏"不可。在赵氏看来，《春秋》是用来救世的：

> 礼典者，所以防乱耳。乱既作矣，则典礼未能治也。喻之一身，则养生之法，所以防病；病既作矣，则养生之书不能治也，治之者在针药耳。故《春秋》者，亦世之针药也。相助救世，理当如此，何云变哉！若谓《春秋》变礼典，则针药亦为变养生，可乎哉？

按这一套理论，比起啖助之说来精致了许多，它不再纠缠于三统循环的老调，而是突出了《春秋》的救世功能，特别是它赋予了"圣人""裁之圣心"、"当机权断"的权力，也就给赵匡之流创造了摆脱三传、根据实际需要重新解释《春秋》中的褒贬寓意的更大可能性。那么，在赵匡看来，《春秋》的所谓"救世"集中在哪些方面呢？他回答说：

> 在尊王室，正陵僭，举三纲，提五常，彰善瘅恶，不失纤芥，如斯而已。

这恐怕与当时的政治需要有关。早在天宝年间，远离长安的边镇节度使势力逐渐强大，他们将地方上的各种权力集于一身，产生了越来越大的离心倾向，唐天子的地位、权威受到了严重挑战。安史之乱给唐中央政府的打击是相当沉重的。叛乱虽被平息，但在山东、河北一带藩镇割据的局面已经形成，节度使们拥兵自擅，往往父死子袭，所谓"僭越"之举层出不穷。唐室衰弱，亦无如之何，传统的纲常受到了挑战。

在唐室的内部，宦官之祸日趋严重，朝纲紊乱，君权旁落，这种局面也令当时的士大夫痛心疾首。赵匡生活于肃、代之际，对当时的政治形势当有切实的感受，因此他将《春秋》"救世"的宗旨归结为"尊王室、正陵僭"，不能不说是有所为而发的。从这个基点上来审视三传，自然要对三传深致不满：

> 观夫三家之说，其宏意大指，多未之知，褒贬差品，所中无几。故王崩不书者三，王葬不书者七，嗣王即位，桓文之霸，皆无义说，盟会侵伐，岂无褒贬，亦莫之论。略举数事，触类皆尔，故曰宏意大指多未之知也。

其实黜诸侯、大一统、尊天王这些思想在三传里都是有的，只是赵氏觉得尚远远不够，在许多地方三传都没有把《春秋》的这一主旨剔发出来，因此，剪裁三传，同时说以己意，也就成为十分必要的了。

三、啖、赵关于《左传》作者及成书过程的意见

啖、赵二氏对《左传》的研究，较前人有了很大的进步。

关于《左传》的成书，啖助提出了十分精辟的见解：

> 予观《左氏传》，自周、晋、齐、宋、楚、郑等国之事最详，晋则每一出师，具列将佐，宋则每因兴废，备举六卿，故知史策之文，每国各异。左氏得此数国之史，以授门人，义则口传，未形竹帛。后代学者，乃演而通之，总而合之，编次年月，以为传记。又广采当时文集故，兼与子产、晏子及诸国卿佐家传，并卜书、梦书及杂占书、纵横家、小说、讽谏等，杂在其中。故叙事虽多，释意殊少，是非交错，混然难证。

按啖氏将《左传》成书分成了两个阶段：先是左氏取各国史策教门人，"义则口传，未形竹帛"，这一阶段并没有形成书面的"左传"，但既云"授门人"，又云"义则口传"，知左氏确是用各国史策来解经的；第二阶段是"后代学者"的编纂，将左氏口传的东西总合起来，系以年月，另外又加进了许多相当杂乱的材料（"广采……讽谏等"），于是出现了人们所看到的《左传》。按啖氏的说法有这样三个优点：一是揭示了《左传》的基础材料是各国史策这样一个基本事实；二是并不像以前今文家那样否认《左传》的解经性质（《左传》中的解经语先秦时就存在，要想否定《左传》是解经之书是相当困难的）；三是勉强可以解释，何以孔子的弟子左丘明所著的书会有那么多乱七八糟甚至荒诞不经的内容。但是这"后代学者"究竟是谁，而且究竟"后"到什么时候，啖氏都没有做出具体的说明。

赵匡在啖氏的基础上又前进了一步。他从根本上否定了《左传》的作者是

左丘明，他说：

> 啖氏依旧说，以左氏为丘明，受经于仲尼。今观左氏解经，浅于公、谷，诬谬实繁。若丘明才实过人，岂宜若此。推类而言，皆孔门后之门人；但公、谷守经，左氏通史，故其体异耳。且夫子自比，皆引往人，故曰"窃比于我老彭"，又说伯夷等六人，云"我则异于是"，并非同时人也。丘明者，盖夫子以前贤人，如史佚、迟任之流，见称于当时耳。焚书之后，莫得详知。学者各信胸臆，见《传》及《国语》俱题左氏，遂引丘明为其人。此事既无明文……自古岂止有一丘明姓左乎？

按赵氏此说，要点有二：一是从《左传》解经义旨浅薄这一点看，《左传》的作者不像是亲受经于孔子的人；二是从孔子谈到左丘明时的语气来看，丘明像是孔子的前辈贤者，这样也就将左丘明曾作《左传》的事实否定了。赵氏的这两条理由虽然不那么坚实有力，但他的结论却颇发人深思。从今日所掌握的史料看，应该说这是自汉以来第一次有人公开、明确地对《左传》的作者提出怀疑。此后宋代的学者沿着赵氏的思路不断地提出新的疑点，《左传》为左丘明所作之说遂发生动摇。

啖、赵二氏除了在《左传》的成书及其作者等问题上提出了一些新的见解之外，他们事实上对《左传》进行了一番改造。这种改造，主要表现在对《左传》所做的删节上：

> 至于义指乖越、理例不合、浮辞流遁、事迹近诬，及无经之传，悉所不录。其辞理害教、并繁碎委巷之谈，调戏浮侈之言，及寻常小事、不足为训者，皆不录。……谏诤谋猷之言，有非切当、及成败不由其言者，亦皆略之。虽当存而浮辞多者，亦撮要。凡叙战事，亦有委曲繁文，并但叙其战人身事，义非二国成败之要、又无诚节可纪者，亦皆不取。凡论事，有非与论之人，而私详其事，自非切要，而皆除之。其巫祝卜梦鬼神之言皆不录。

试看经过这样一番删节，《左传》可以说是面目全非，以往人们对《左传》中许多内容不合乎正统伦理道德的不满固然可以消除，然而《左传》记事详赡的优点恐怕也将不复存在。啖、赵的意思，是要把《左传》改造成纯粹的《春秋》之传，因此与解经无关的传文就尽量删除，即使其中有多少忠孝节义也在所不惜：

> 或问：无经之传，有仁义诚节，知谋功业，政理礼乐，谠言善训多矣，顿皆除之，不亦惜乎？答曰：此经，《春秋》也；此传，《春秋》传

也。非传《春秋》之言,理自不能录耳,非谓其不善也。且历代史籍,善言多矣,岂可尽入《春秋》乎?

啖、赵一反杜预以来"牵经以就传"的传统,以《春秋经》为本位,对《左传》进行剪裁取舍,这样改造成的"传"已非原来的《左传》。在这改造过程中,剪裁者的思想、意志必然起着决定的作用,因此,所造就的只能是啖、赵二氏的"传"。这就开了后世舍弃三传、另撰新"传"的做法之先河。

对啖、赵、陆三家的《春秋》学,唐以后学者毁誉不一。宋祁不满于啖氏等人舍弃三传,他批评说:

> 左氏与孔子同时,以鲁史附《春秋》作传,而公羊高、谷梁赤皆出子夏门人,三家言经各有回舛,然犹悉本之圣人,其得与失盖十五。义或缪误,先儒畏圣人,不敢辄改也。啖助在唐,名治《春秋》,摭诎三家,不本所承,自用名学,凭私臆决,尊之曰"孔子意也"。赵、陆从而唱之,遂显于时。呜呼!孔子没乃数千年,助所推著,果其意乎?其未可必也。以未可必而必之则固,持一己之固而倡兹世则诬。诬与固,君子所不取,助果谓可乎?徒令后生穿凿诡辩,诟前人,舍成说,而自为纷纷,助所阶已。①

晁公武亦颇痛恨穿凿之病,他说:

> 大抵啖、赵以前学者,皆专门名家,苟有不通,宁言经误,其失也固陋;啖、赵以后学者,喜援经击传,其或未明,则凭私臆决,其失也穿凿。均之失圣人之旨,而穿凿之害为甚。②

但也有的学者从另一个角度评论啖、赵、陆,指出他们能够"发明圣人之意,指摘三传之谬",是有功于后学的,宋人徐积说:

> 啖、赵二氏有大功于《春秋》,但未能全尽耳。考其所学,盖不止于《春秋》,贯穿经义,穷极是非,所论不苟。若斯人者,岂易得哉!③

陈振孙亦深服于啖氏见识之超卓,他说:

> 汉儒以来,言《春秋》者惟宗三传。三传之外,能卓然有见于千载之后者,自啖氏始,不可没也。④

盖宋人的学术风气,喜谈义理,不为前人的传注所拘,故如邵雍、程颐、陆九

---

① 《新唐书·儒学下·啖助传赞》。
② 《文献通考》卷一百八十二引。
③ 《经义考》卷一百七十六引。
④ 陈振孙《直斋书录解题》卷三。

渊等人，对啖、赵、陆均多有褒辞。《四库提要》折衷其说，谓啖、赵、陆学术"生臆断之弊，其过不可掩；破附会之失，其功亦不可没"，似为平情之论。实际上对于统治阶级来说，不墨守陈说，根据变化了的情况，有针对性地挖掘、阐释经典中的新义，这样的经学应该是更受欢迎的。

第六节 杨士勋的《谷梁传疏》与唐代谷梁学

唐代的《春秋》学以《左传》学为主体，这是不争的事实。《公》、《谷》二传虽与《周易》、《尚书》同列为"小经"，但实际研习者甚少，前述开元时期的杨瑒在感叹习《左传》的人越来越少的同时，更提到了"《公羊》、《谷梁》殆将废绝"，因此建议对通此二经者"量加优奖"。后来尽管朝廷对通《春秋》三传及《周礼》、《仪礼》等经典的人给予了一些优待，但三传特别是《公》、《谷》并没有受到人们更多的重视。当然，在一般人的心目中，《公》、《谷》仍然还是必须遵奉的经典，通常在议政、议礼中也还不时被人征引，例如引《公羊》证三年之丧为二十五月①，引《谷梁》论天子告朔之礼②，引《公羊》以证子复父仇为可原等等③，但是以《公》、《谷》名家的人确是较《左传》更为稀少了。

一、杨士勋与《谷梁传疏》

杨士勋是贞观时人，他的事迹已不可考，只是在孔颖达《左传正义序》中曾提到与"四门博士"杨士勋等"对共参定"，则士勋亦曾参加《左传疏》的审定工作，当是唐初重要的《春秋》学者。又据士勋所撰庄公二十七年《谷梁疏》，称"先师刘炫难之"云云，知士勋当为刘炫之弟子。④ 与《左传疏》成于众手不同，《谷梁疏》是杨氏个人的著作。就唐代谷梁学而言，士勋此书应该说是一部最重要的著作。

《谷梁疏》很少有文字训诂及典章文物的考订等内容，《四库提要》称《谷梁疏》不如《左传疏》"赅洽"，当是指此而言的。《谷梁疏》的主要内容就是

---

① 《旧唐书·张柬之传》。
② 《旧唐书·礼仪志二》。
③ 《旧唐书·刑法志》。
④ 参见潘重规《春秋公羊疏作者考》，《志林》，1940年第1号。

阐发经、传的义理，对范宁的注做进一步的解释、说明、补充，一般也遵守"疏不破注"的原则。疏文主要是针对传、注而发的，这一点看得十分明显；直接解释经文的疏也有一些，不过那大多是根本就没有传、注的经文，或者是因为传、注没有道出经的本义（至少在杨氏看来是如此）。例如文公十四年经云"齐人执单伯"，《谷梁传》云："私罪也。单伯淫于齐，齐人执之。"经又云："齐人执子叔姬"，《谷梁传》云："叔姬同罪也。"按单伯所淫者正是子叔姬，而经为什么不将二人连言，偏要分成两句话来说呢？杨疏云："叔姬既与单伯同罪，而经文异执者，单伯是天子命大夫，鲁人遣送叔姬，未至而与之淫。王则暗于取人之术，鲁则失于遣使之宜，故经不书叔姬归于齐。再举齐执之文者，使若异罪然，所以为讳也。"这里的讳书之义，就是《谷梁传》所没有的。

《谷梁传》本身就是讲解经义的，但有时传文语焉不详，范注也没有做进一步的解释，致使经义隐晦不明。杨疏往往就在这种时候发挥作用。例如隐公元年不书即位，《谷梁》认为是"成公志"（成隐让桓之志）。但《谷梁》认为隐之让桓是"不正"的，因为先兄后弟，这是天伦，而且隐公之立，"为子受之父，为诸侯受之君"，"已废天伦，而忘君父，以行小惠，曰小道也"。然而兄弟相让，历来被人看做是美德，《谷梁》为什么说是"小道"呢？于是杨疏解释说："伯夷、叔齐及大伯等让国，史传所善；今隐让国，而云'小道'者，伯夷为世子，其父尚存，兄弟交让而归周，父没之后，国人立其中子，可谓求仁而得仁，故以为善。今隐公上奉天王之命，下承其父之托，百姓已归，四邻所与，苟探先君之邪心，而陷父于不义，开篡弑之原，启贼臣之路，卒使公子翚乘衅而动，自害其身，故谓之'小道'。"又如隐公九年经云："三月癸酉大雨震电。庚辰，大雨雪。"《谷梁传》云："志疏数也。"至于什么叫"疏数"，范注也未之及。杨士勋疏云："谓灾有远近，远者为疏，近者为数也。"

杨疏对范注极力维护，注文有不明者说明之，有缺欠者补充之，有矛盾处弥缝之，总之是做范注的忠臣。例如隐公元年经文"郑伯克段于鄢"，《谷梁传》云："克者何？能也。何能也？能杀也。何以不言杀？见段之有徒众也。"范宁注云："言郑伯能杀，则邦人不能杀矣。知段众力强盛，唯国君能杀之。"杨疏对这一注文又做进一步的解释，疏云："国君之讨，必藉众力，若使郑伯独行，理不能杀。而云'唯国君能杀之'者，段藉母弟之权，乘先君之宠，得众人之情，遂行弑君之计，百姓畏惮，莫不敛手；而郑伯既为人君，有威怒之重，自为戎首，设赏罚之柄，故军师用命，战士争先。注论克段之本，故云

'唯国君乃能杀之'也。"又如隐公八年《谷梁传》有"诰誓不及五帝"语，范注云："五帝，谓黄帝、颛顼、帝喾、帝尧、帝舜也。诰誓，《尚书》六誓七诰是其遗文。"杨疏则进一步补充说："六誓者，即《尚书·甘誓》、《汤誓》、《牧誓》、《泰誓》、《费誓》、《秦誓》也。七诰者，即《汤诰》、《大诰》、《康诰》、《酒诰》、《召诰》、《洛诰》、《康王之诰》是也。"又如桓公五年经云"天王使任叔之子来聘"，《谷梁传》云："任叔之子者，录父以使子也。故微其君臣，而著其父子，不正父在子代仕之辞也。"范注云："录父使子，谓不氏名其人，称父言子也。君暗劣于上，臣苟进于下，盖参讥之。"对注文中"参讥之"的"参"，一般读为"三"，故杨疏为之弥缝云："君暗劣于上，臣苟进于下，止是二讥，而言'参'者，旧解传言'微其君臣，而著其父子'，是刺其父之不肖，而令苟进，更又刺其君臣，故曰'参讥之'。或以为参者，交互之义，不读为三，理亦得通。"

范宁作注，有时未明言其所据依，杨疏必为之一一剔发，使范注显得更信而有征。例如桓公八年经云"春正月己卯烝"，范注云："春祭曰祠，荐尚韭卵。夏祭曰礿，荐尚麦鱼。秋祭曰尝，荐尚黍肫。冬祭曰烝，荐尚稻雁。"杨士勋为之疏云："所言四时祭名者，《周礼·大宗伯》及《尔雅》并有其事。'荐尚韭卵'之等，《礼记·王制》之文。"

从《谷梁传疏》中可以看出，杨氏对《公》、《左》亦有相当深入的了解，他并不绝对排斥《公》、《左》，疏中引《公》、《左》之说甚多。特别是对何休、杜预的注文，每有吸收采纳之处。有时三传相异，杨疏还要将异说并陈，不加轩轾。例如桓公五年经"春正月，甲戌、己丑，陈侯鲍卒"，疏云："《公羊》以为鲍之狂，故甲戌日亡，己丑日死。孔子疑之，故以二日卒之。此传之意，言陈侯辟病，以甲戌之日出，己丑之日得之，不知死之日，故举二日以包之。《左传》以为再赴，故两日并书。是三传异说。"但也有时独主《谷梁》之说，力辟《公》、《左》之非。例如隐公七年经云"滕侯卒"，《谷梁传》云："滕侯无名。"杨疏引述《公》、《左》之说而辟之曰："《左氏》以滕侯无名为未同盟，故薨不得以名赴。《公羊传》云：'滕侯何以不名？微国也。微国则其称侯何？《春秋》贵贱不嫌同号，美恶不嫌同辞。'今《谷梁》以为用狄道也，故无名者。若《左氏》以为未同盟，故不名，何为《春秋》之内，亦有不盟而书名者？若《公羊》以为微国不名，则邾子克、许男新臣何以名？故谷梁子以为用狄道也，本来无名字。"

杨士勋在疏中除阐发范注之外，对他认为与范注相异的不正确的观点亦多用驳议。例如桓公五年《谷梁传》有"郑,同姓之国也,在乎冀州,于是不服,为天子病矣"一语,范注云:"郑,姬姓之国,冀州则近京师,亲近犹不能服,则疏远者可知。"对郑国"在乎冀州"一语,范宁之外还有别的解释,于是杨疏立驳议云:"徐邈云:'新郑属冀州。'案《尔雅》:'两河间曰冀州。'新郑在河南,不得属冀州,是徐之妄也。麋信云:'郑在冀州者,韩哀侯灭郑,遂都之。韩,故晋也。传以当时言之,遂云冀州。'然则王伐郑之时,本未有韩国,何得将后代之事以为周世之名?若以韩侯从冀州都郑,则曰冀州,大伯从雍州适吴,岂得谓吴为雍州也?是麋信之谬矣。盖冀州者,天下之中州,自唐虞及夏殷皆都焉。则冀州是天子之常居,以郑近王畿,故举冀州以为说,故邹衍著书云:'九州之内,名曰赤县。'赤县之畿,从冀州而起,故后王虽不都冀州,亦得以冀州言之。"

《谷梁传》在解经的时候,特别注重所谓"日月时例",范宁作注,每每在这上面多所发挥,杨疏也是这样。与范注不同的是,杨疏往往能够通贯《谷梁》全书,用归纳、类比的方法,总结出全书的"义例",然后用以解释经义。例如桓六经云"春正月,寔来",这是指州公来鲁朝聘,范宁注云:"来朝例时;月者,谨其无礼。"这就是运用"日月时例",证明经书此事为讥州公之无礼。但范注所云有何根据,并未明说。杨疏云:"二年'纪侯来朝',传曰:'朝,时;此其月何也?恶之,故谨而月之也。'彼书月是恶,则此月亦恶也。今州公不以礼朝,又至鲁不反(按杨氏此说是吸收了《左传》的传义),是无礼之事,故云'谨其无礼'也。"又如桓公十一年经云"九月,宋人执郑祭仲",范注云:"执大夫,有罪者例时,无罪者月。此月者,为下盟。"对范宁所称的"例时"、"(例)月",杨疏均于传中寻出例证,疏云:"云'有罪者例时'者,庄十七年'春,齐人执郑詹',经不书月,传曰:'以人执,与之辞也。'是执有罪书时之文也。言'无罪者月'者,成十六年'九月,晋人执季孙行父,舍之于苕丘',彼虽为危,书月,亦是无罪之例也。今祭仲有罪,而经书月,故注解之,书月者,为下盟也。"

杨氏的《谷梁传疏》在当时究竟发生了多大的影响,由于史料的缺乏,现在很难说得清楚。《谷梁传》本身在唐代就不是显学,想来杨疏也不会有多少传习者。但《谷梁》毕竟是唐朝官方钦定的经典,两《唐志》中又不见《谷梁》有其他的义疏,故杨疏在当时很可能也有官学的地位。到了宋朝,据《崇文总目》记载,"邢昺等奉诏是正,令太学传授",无疑是立于学官了。

二、刘蕡对策中的《谷梁》传义

刘蕡字去华,昌平人,唐敬宗宝历二年(826)进士。史称蕡"博学善属文,尤精《左氏春秋》"①。据《文献通考》引陈氏曰,刘蕡曾为杜预的《春秋释例》作序。但实际上刘蕡对《公》、《谷》二传也有相当深入的研究,特别是对《谷梁》传义,运用得非常纯熟。他生活的时代,正是唐代的衰世。自元和末年以来,"阉寺权盛,握兵宫闱,横制天下,天子废立,由其可否,干挠庶政。当时目为南北司,爱恶相攻,有同水火"。刘蕡对政局十分关切,为宦官的专权忧愤填膺。他为人耿介,疾恶如仇,每"言及世务,慨然有澄清之志"。

大和二年(828),新即位的唐文宗下诏策试贤良,意在选拔贤俊,"箴主之阙,辨政之疵,明纲条之致紊,稽富庶之所急"。刘蕡于此时应试,对策五千余言,矛头直指宦官专权,其言论之大胆与激切,在士林中引起了强烈的反响。

刘蕡的这篇对策,由于被载于《旧唐书》刘蕡本传,得以流传至今。千载之下的我们,读着这篇对策,仍能感受到作者那强烈的政治责任感和那种"苟利社稷,死生以之"式的悲壮。

从形式上看,这篇对策模仿董仲舒对策的笔法,凡论证一个道理,总要"臣谨按《春秋》"如何如何,在五千字的对策之中,言"臣谨按《春秋》"者凡十二,而对其他的诸种经典都没有做这样的引述,可见这篇对策是以《春秋》为立论根据的,这在唐人的奏议及各类文章中并不多见。唯其如此,这一现象并不能够作为唐代的《春秋》学与政治紧密结合的证据。

在《对策》的一开始,刘蕡论证王者当"法天"时,就说:"臣谨按《春秋》:元者气之始也,春者岁之始也。《春秋》以元加于岁,以春加于王,明王者当奉若天道,以谨其始也。"这是典型的《公羊》家说。

刘蕡《对策》的中心是要铲除阉宦之专政,他从《春秋》中发掘思想武器:"臣又按《春秋》'阍弑吴子馀祭'不书'其君'。《春秋》讥其疏远贤士,昵近刑人,有不君之道矣。"按这条经文见于《春秋》襄公二十九年,《谷梁传》云:"阍,门者也,寺人也。不称名姓,阍不得齐于人。不称'其君',阍不得君其君也。礼:君子不使无耻,不近刑人……刑人非所近也。举至贱而加

---

① 《旧唐书·文苑传下》之《刘蕡传》。以下论刘蕡诸事均采自此传,不另出注。

之吴子，吴子近刑人也。"按阍是守门者，古多以受过刖刑的人守门，故阍是刑人。寺人指阉宦，也是刑人。《谷梁》此传是说，《春秋》所以只书"阍"而不称其名，是因为"阍"的地位低贱，不配与常人为伍；《春秋》所以不记作"阍弑其君"，是因为"阍"没有资格与"君"对称；按照礼，君子是不应该接近"刑人"的，而《春秋》所以书"阍弑吴子"，正是因为吴子接近了刑人的缘故，这正是对吴子的讥贬。于是我们看到，刘蕡正是这样从儒家的经典里找到了君主不可亲近宦官的理论根据。

接下来他论证君权不可旁落，又引证《春秋》："臣谨按《春秋》'王札子杀召伯、毛伯'。《春秋》之义，两下相杀不书，而此书者，重其专王命也。且天之所授者在君，君之所授者在命。操其命而失之者，是不君也；侵其命而专之者，是不臣也。君不君，臣不臣，此天下所以将倾也。"这段议论，几乎是全抄《谷梁》，宣公十五年《谷梁传》云："王札子者，当上之辞也。杀召伯、毛伯，不言'其'，何也？两下相杀也。两下相杀不志乎《春秋》，此其志何也？矫王命以杀之，非忿怒相杀也，故曰以王命杀也。以王命杀则何志焉？为天下主者天也，继天者君也，君之所存者命也。为人臣而侵其君之命而用之，是不臣也。为人君而失其命，是不君也。君不君，臣不臣，此天下所以倾也。"

由于宦官的势力已经形成，一旦铲除，殊非易事。关键在于计划周密，不可走漏风声。关于这一点，对策也从《春秋》中寻到了根据："臣谨按《春秋》：晋狐射姑杀阳处父。书襄公杀之者，以其上漏言也。襄公不能固阴重之机，处父所以及戕贼之祸，故《春秋》非之。夫上漏其情，则下不敢尽意；上泄其事，则下不敢尽言。"按刘蕡在这里所用也是《谷梁传》义。文公六年《春秋经》云："晋杀其大夫阳处父。"据《谷梁传》（《公》、《左》并同），实际杀阳处父的是狐射姑，但《春秋》却书"晋杀"，也就是指晋襄公杀，这是因为晋襄公向狐射姑泄漏了阳处父曾向襄公建议不要让狐射姑担任军队的主帅，使狐射姑对阳处父产生了怨忿，导致了阳处父被狐射姑杀死。刘蕡以此例告诫皇帝，要除掉宦官，绝不能事先走漏风声。

《对策》在谈到上下壅蔽之害的时候，引《春秋》经义："臣谨按《春秋》书'梁亡'，不书'取'者，梁自亡也。以其思虑昏而耳目塞，上出恶政，人为寇盗，皆不知其所以然，以自取其灭亡也。"按对僖公十九年经文的"梁亡"，三传都认为其义在于梁自取灭亡，但从《对策》中"思虑昏而耳目塞"云云看来，刘氏所取仍是《谷梁传》义。《谷梁传》云："梁亡，自亡也，湎于酒，淫于色，心昏耳目塞，上无正长之治，大臣背叛，民为寇盗，梁亡，自亡也。"可见刘氏是据《谷梁》为说的。

《对策》也如董仲舒对策一样，以灾变警示人主，在谈到"救灾旱在致乎精诚"时说："臣谨按《春秋》，鲁僖公七月之中，三书'不雨'者，以其君有恤人之志也；鲁文公三年之中，一书'不雨'者，以其君无悯人之心也。故僖公致精诚而旱不害物，文公无恤悯而旱则成灾。陛下诚能有恤人之心，则无成灾之变矣。"按这里所说的鲁僖公七月之中三书"不雨"，是指僖公二年十月至三年四月之间《春秋》曾三次记载"不雨"，《谷梁传》认为这是体现了僖公"勤雨"、"闵雨"、"有志乎民"，此义是与《公》、《左》二传不同的。而文公二年经云"自十有二月不雨，至于秋七月"，《谷梁传》也异于《公羊》（《左传》于此无说），认为经是在讥"文不忧雨也"，"不忧雨者，无志乎民也"。这样看来，刘蕡在这里引证的《春秋》经义，就又是《谷梁传》义了。如果我们对刘蕡这洋洋五千言的《对策》做深入的分析，就会发现刘蕡所引《春秋》经义其实绝大部分都是《谷梁传》义，只有少数几条用的是公羊家说，而用《左传》之说的竟一条也没有。这真是一个奇怪的现象。刘蕡以精通《左传》著称，而他在实际对策中竟全然不用《左传》之义，这或许反映了在唐代《左传》之学与政治的疏离。

当然，上述现象并不能说明在唐代《谷梁》学与实际政治的关系如何紧密，因为像刘蕡这样完全依《春秋》立论的儒者毕竟罕见。比起《左传》来，《公》、《谷》的研习者更少，在政治舞台上发挥的作用也就更为有限。不过，刘蕡的《对策》也说明，《公》、《谷》的传习代有其人，终唐之世，大约维持着一种"不绝如线"的局面。

至于刘蕡对策的结果，可能并没有产生什么实际的作用。他自知所言触犯了时忌，抱定了必死的决心：

> 今臣非不知言发而祸应，计行而身戮，盖所以痛社稷之危，哀生人之困，岂忍姑息时忌，窃陛下一命之宠哉！昔龙逢死而启殷，比干死而启周，韩非死而启汉，陈蕃死而启魏。今臣之来也，有司或不敢荐臣之言，陛下又无以察臣之心，退必受戮于权臣之手。臣幸得从四子于地下，固臣之愿也。所不知杀臣者，臣死之后，将孰为启之哉！

据说当时的考官"睹蕡条对，叹服嗟悒，以为汉之晁、董，无以过之。言论激切，士林感动"。但由于宦官的势力太盛，刘蕡的下第也就势所难免。"时登科者二十二人，而中官当途，考官不敢留蕡在籍中，物论喧然不平之。守道正人，传读其文，至有相对垂泣者。……唯登科人李郃谓人曰：'刘蕡不第，我辈登科，实厚颜矣。'请以所授官让蕡。事虽不行，人士多之"。

第七节 隋唐的《春秋》学者及其著作举要

除了上述各节提到过的影响较大的一些学者和著作以外，隋唐时代还有一些《春秋》学者和著作值得一述。

一、续《春秋》作《元经》的王通

严格地说起来，王通并不以《春秋》名家，他也没有留下专门的《春秋》学著作。但他是隋唐之际的一位有影响的儒者，他有关《春秋》学的一些意见很为唐及以后时代的人们所看重。历代学者对王通及其著作都是疑信参半，但据现代学者研究，王通应当实有其人，只是他的事迹未必如他的子弟门人所说的那样张皇虚玄。① 他可能有些狂妄，以一代儒宗自任。他仿孔子之行事，"续《诗》《书》、正礼乐、修《元经》、赞《易》道"，做了些一般儒者所不敢做的事情。特别是仿《春秋》作《元经》，开了后世以《春秋》笔法作史的先河。

王通（580—617），字仲淹，绛州龙门人。仁寿三年（603），王通西游长安，见隋文帝，上《太平策》十二道，文帝"大悦"，有相见恨晚之感，但终于没有采用他的进策，于是他就退归河汾之地，著书讲学。此后他的声名日著，房玄龄等"咸称师北面受王佐之道焉，如往来受业者，不可胜数，盖千余人"②。王通短寿，三十八岁即去世了③，门人私谥之曰"文中子"。

王通的主要著作有《中说》与《元经》。不过《中说》并非王通所自撰，此书系仿《论语》的体裁，由门人或王通之子辑录王通师弟子之间的对话而成。全书分十篇，书中称王通为"子"、为"夫子"，凡"子曰"云云都是王通的意见。④《元经》则是王通续《春秋》之作，起于晋惠帝之世，终于灭陈。⑤

---

① 参见王冀民、王素《文中子辨》，载《文史》第二十辑。
② 杜淹《文中子世家》，《四部丛刊》本《中说》附。关于《文中子世家》的作者，前引王冀民等文有辨。又，《世家》称房玄龄、魏征等都是王通的学生，亦可能是出于夸饰。
③ 关于王通的生年，参阅尹协理、魏明所著《王通论》，中国社会科学出版社1984年版，第70页。
④《中说》之中可疑之处甚多，但据四库馆臣考证，《中说》当实有其书，其作者可能为王通之子，内容固多缘饰夸诞之处，因而往往与史实抵牾。不过书中议论，大体能反映王通的思想。
⑤《元经》已佚，今所见者为伪书，《四库全书总目》辨之甚明，可以参看。

王通认为《春秋》出于"史",他说:"昔圣人述史三焉:其述《书》也,帝王之制备矣,故索焉而皆获;其述《诗》也,兴衰之由显,故究焉而皆得;其述《春秋》也,邪正之迹明,故考焉而皆当。此三者同出于史,而不可杂也,故圣人分焉。"①《春秋》的功用既是辨"邪正之迹",所以他说:"《春秋》之于王道,是轻重之权衡、曲直之绳墨也,舍则无所取衷矣。"②古来说《春秋》者分为三家,各成专门之学,他认为这已成为理解《春秋》的障碍,他说:"盖九师兴而《易》道微,三传作而《春秋》散。"为什么是这样呢?"白黑相渝,能无微乎?是非相扰,能无散乎?故齐、韩、毛、郑,《诗》之末也;大戴、小戴,《礼》之衰也。《书》残于古今,《诗》失于齐鲁"。前辈经师之中,他对范宁赞赏有加,称"范宁有志于《春秋》,征圣经而诘众传",就是因为范宁对三传都有批评。他不喜欢刘向、刘歆,说"使范宁不尽美于《春秋》,歆、向之罪也",因为"《春秋》之失,自歆、向始也,弃经而任传"③。这样的议论,对于后来唐代学者的"舍传求经",不能说没有启发的意义。

王通模仿孔子的行事,作《元经》。他认为孔子生当乱世,天下无"王",因此要作《春秋》,代行天子之事;而南北朝期间,也是天下的乱世,应当有人继孔子之志,对这一段历史作分析评判,以明"王道"。他就是以孔子的继承者自任的。《春秋》作于天子衰微之后,《元经》则因应天下之分裂而产生。他说:

> 君子之于帝制,并心一气以待也。倾耳以听,拭目而视,故假之以岁时。桓、灵之际,帝制遂亡矣;文、明之际,魏制其未成乎?太康之始,书同文,车同轨,君子曰:帝制可作矣,而不克振。故永熙之后,君子息心焉……《元经》于是不得已而作也。文中子曰:《春秋》作而典诰绝矣,《元经》兴而帝制亡矣。④

按这里所谓"帝制",实指天下一统的局面。王通之意,是说《春秋》的出现,标志着周王天下共主地位的终结;而《元经》的问世,也标志着一统帝制的崩溃。他在另一个地方还说:"小雅尽废而《春秋》作矣,小化皆衰而天下非一帝。《元经》所以续而作者,其衰世之意乎?"⑤这样就把《元经》与《春秋》

---

① 《中说·王道篇》,《四部丛刊》本。
② 程公说《春秋分纪》卷首"例要"引,《四库全书》本。
③ 《中说·天地篇》。
④ 《中说·问易篇》。
⑤ 《中说·礼乐篇》。

的作意统一起来了。《春秋》是代天子行褒贬，《元经》也是这样。他说："天下无赏罚三百载（按自晋惠帝至隋初约三百年）矣，《元经》可得不兴乎？"至于为什么始于晋惠帝，他说："昔者明王在上，赏罚其有差乎？《元经》褒贬，所以代赏罚者也。其以天下无主而赏罚不明乎？"① 这与《春秋》之始于周平鲁隐，其用意是相同的。

《元经》既是续《春秋》而作，则也应有《春秋》那样的大义微言。王通称他的《元经》"义直而微，言曲而中"，就是指其中有"《春秋》笔法"。例如《元经》记陈国之亡，并不是简单地写"陈亡"，而是记作"晋宋齐梁陈亡"，关于这一问题，王通与他的学生有如下一段对话：

> 叔恬曰："敢问《元经》书陈亡而具五国，何也？"子曰："江东，中国之旧也，衣冠礼乐之所就也。永嘉之后，江东贵焉，而卒不贵，无人也。齐、梁、陈于是乎不与其为国也。及其亡也，君子犹怀之，故书曰'晋宋齐梁陈亡'，具五以归其国，且言其国亡也。呜呼，弃先王之礼乐，以至是乎！"叔恬曰："晋、宋亡国久矣，今具之，何谓也？"子曰："衣冠文物之旧，君子不欲其先亡；宋尝有树晋之功，有复中国之志，亦不欲其先亡也。故具齐、梁、陈以归其国也。"②

按所谓"不与其为国"，有不承认其为国家之意，"归其国"则反是。原来这里蕴含了作者对晋、宋等五国的褒贬，同时还另有深意："书五国并时而亡，盖伤先王之道尽坠，故君子大其言，极其败，于是乎扫地而求更新也"。

二、唐初的几位《春秋》学者

唐朝早期，除陆德明、孔颖达、杨士勋等几位大儒外，还有几位学者以《春秋》名家。徐文远，洛州偃师人。他年轻时"家贫无以自给"，其兄以"鬻书为事"，文远"日阅书于肆，博览五经，尤精《春秋左氏传》"③。据说当时有一位大儒沈重在太学讲学，听者常千余人。"文远就质问，数日便去。或问曰：'何辞去之速？'答曰：'观其所说，悉是纸上语耳，仆皆先已诵得之。至于奥赜之境，翻似未见。'有以其言告重者，重呼与议论，十余反，重甚叹服之"。这件事反映了徐文远对经典的探讨已经到了相当的深度，一般的解说（"纸上

---

① 《中说·王道篇》。
② 《中说·述史篇》。
③ 本节述徐文远事迹俱出《旧唐书·儒学传上》。

语")恐怕都已难餍其心了。隋大业初年，文远被擢为国子博士，与陆德明、褚徽、鲁达等齐名。当时人认为文远之《左传》、褚徽之《礼》、鲁达之《诗》、陆德明之《易》，皆为一时之翘楚。史称"文远所讲释，多立新义，先儒异论，皆定其是非，然后诘驳诸家，又出己意，博而且辩，听者忘倦"。武德六年（623），"高祖幸国学，观释奠，遣文远发《春秋》题，诸儒设难蜂起，随方占对，皆莫能屈"。徐氏撰有《左传音》三卷、《左传义疏》六十卷，只是今日已片语无存了。

朱子奢，苏州吴人。少从乡人顾彪习《春秋左氏传》，后博观子史。入唐以后，授国子助教。他的事迹，与《左传》在当时朝鲜半岛上的传播有关：

> 贞观初，高丽、百济同伐新罗，连兵数年不解，新罗遣使告急。乃假子奢员外散骑侍郎充使，喻可以释三国之憾，雅有仪观，东夷大钦敬之，三国王皆上表谢罪，赐遗甚厚。初，子奢之出使也，太宗谓曰："海夷颇重学问，卿为大国使，必勿藉其束修，为之讲说。使还称旨，当以中书舍人待卿。"子奢至其国，欲悦夷虏之情，遂为发《春秋左传》题，又纳其美女之赠。使还，太宗责其违旨，犹惜其才，不至深谴，令散官直国子学。①

按朱子奢行前太宗所嘱，在《新唐书》中作"海夷重学，卿为讲大谊，然勿入其币"，是知子奢违旨之处，只在于他"纳其美女之赠"；他在高丽等三国开讲《春秋左传》，乃是为"悦夷虏之情"，可见太宗所说"海夷颇重学问"并非虚言。

盖文达，冀州信都人。史称他"博涉经史，尤明三传"。他是隋代大儒刘焯的学生，时人有"冰生于水而寒于水"之誉②。

萧德言，雍州长安人。他的祖、父，均为梁、陈时的官僚。德言对《春秋左传》有精深之研究。贞观中，除著作郎，兼弘文馆学士。唐高宗为晋王时，曾从德言受经学。"德言晚年尤笃志于学，自昼达夜，略无休倦。每欲开五经，必束带盥濯，危坐对之。妻子候间请曰：'终日如是，无乃劳乎？'德言曰：'敬先圣之言，岂惮如此！'"③

三、殷侑注《公羊春秋》

殷侑，陈郡人。生于唐代宗大历二年（767），卒于唐文宗开成三年

---

① ② ③《旧唐书·儒学传上》。

(838)。殷侑以通经入仕，曾为太常博士，也做过地方官，官至刑部尚书、检校吏部尚书。殷侑为官颇有政绩，号称循吏，同时经学也享誉当时，特别"精于历代沿革礼"①，对《春秋》也很有研究，韩愈称他"兼通三传，傍习诸经，注疏之外，自有所得"②。长庆二年（822）二月，殷侑鉴于世人不习三传，上疏要求在科举考试中设置"三传科"。殷侑指出，《春秋》一经，历代设学立教，都是十分重视的："谨按《春秋》二百四十二年行事，王道之正、人伦之纪备矣，故先师仲尼称志在《春秋》，历代立学，莫不崇尚其教"。但是在唐代，由于有了大、中、小经之分，以及人们避难趋易的心理，研治三传者日见其少："伏以《左传》卷轴文字，比《礼记》多校一倍，《公羊》、《谷梁》，与《尚书》、《周易》多校五倍，是以国朝旧制，明经授散，若大经中能习一传，即放冬集，然明经为《传》学者，犹十不一二"。这种情况是令人担心的："伏恐周公之微旨，仲尼之新意，史官之旧章，将坠于地"。因此殷侑上疏，"请置三传科，以劝学者"③。殷侑所说的是三传，比较而言，三传之中，《公》、《谷》被冷落尤甚。殷侑自己，则对《公羊传》情有独钟，著《公羊春秋注》。此书撰成后，殷侑致书韩愈，请为之序，韩愈答书云："近世《公羊》学几绝，何氏注外，不见他书，圣经贤传，屏而不省，要妙之义，无自而寻。非先生好之，乐之，味于众人之所不味，务张而明之，其孰能勤勤绻绻若此之至！"表明韩愈对殷侑所做的工作的赞赏与钦佩。当然，他也是很乐意为之作序的："如遂蒙开释，章分句断，其心晓然，直使序所注，挂名经端，自托不腐，其又奚辞！"④

四、卢仝的《春秋摘微》

唐代中期以后，剪裁三传、折衷三传，进而怀疑三传、舍弃三传自求经义，渐成为《春秋》学的主流。这一类的著作，有卢仝的《春秋摘微》。卢仝的事迹不可详考，只知他自号玉川子，与韩愈大体同时，他的诗很为韩愈所称赏。《文献通考》引晁公武曰："其解经不用传，然旨意甚疏。韩愈谓'《春秋》三传束高阁，独抱遗经究终始'，盖实录也。"⑤ 看来卢仝《春秋》学的特点，

---

① 《旧唐书·殷侑传》。
② 韩愈《冬荐官殷侑状》，《全唐文》卷五百四十九，中华书局影印本。
③ 《唐会要》卷七十六，第1398页。
④ 韩愈《答殷侍御书》，《全唐文》卷五百五十三。
⑤ 《文献通考·经籍考》卷九，华东师范大学出版社点校本。

也是舍传求经。从韩愈有关《春秋》三传的观点来看，他所谓"《春秋》三传束高阁"云云，完全是一种赞赏的语气。卢仝著有《春秋摘微》，《通考》作四卷，《经义考》引《中兴书目》作一卷，内容为"十二公凡七十六事"①。宋人许顗说："玉川子《春秋传》，仆家旧有之，辞简而远，得圣人之意为多。"这里的《春秋传》与《摘微》是一是二，难以遽断，总之是对卢仝的《春秋》学表示赞赏。不过宋人对《摘微》也有不甚满意者，李焘曰："仝治《春秋》，不以传害经，最为韩愈所称。今观其书，亦未能度越诸子，不知愈所称果何等义也。旧闻仝解'惠公仲子'曰'圣辞也'，而此乃无之，疑亦多所亡逸云。"②

五、刘轲与《三传指要》

刘轲，字希仁。据说因慕孟轲之为人，故自名为轲。年少时曾为僧，长复求黄老之术，隐于庐山。元和末年登进士第。刘轲对《春秋》的三家传，也持一种折衷择取的态度。他著《三传指要》，在自序中说："轲尝病先儒各固所习，互相矛盾，学者准裁无所，岂先圣后经以辟后生者邪？抑守文持论败溃失据者之过邪？次又病今之学者，涉流而迷源，舍经以习传，摭其言而不知其所以言，此所谓去经纬而从组绘者矣。"按刘轲在这里指出了当时治《春秋》者的两大弊病，一为固陋，专守一传，不知其他；二为忘本，涉流而迷源，舍经以习传。刘轲的意见，则是对三传之说加以分析，去其粗，取其精，去其误，取其正，然后系于经文之下。他说："既传生于经，亦所以纬于经也。三家者，盖同门而异户，庸得不要其终以会其归乎？愚诚颛蒙，敢会三家必当之言，列于经下，撰成十五卷，目之曰'三传指要'。冀始涉者开卷有以见圣贤之心焉。俾《左氏》富而不诬，《公羊》裁而不俗，《谷梁》清而不短，幸是非殆乎息矣，庶儒道君子有以相期于孔氏之门。"③ 由此看来，《三传指要》一书，是对三传的权衡比较，取"三家必当之言，列于经下"，实际上已打破了三传各自的藩篱。这样的说经路数，在当时似乎已成时尚，啖、赵、陆三家由此出发，进而舍传求经；元和四年（809），给事中冯伉著《三传异同》，可能也是对三传做比较研究。唐末陈岳的《春秋折衷论》，就更与《三传指要》有异曲同工之妙了。此外也有一些著作，试图将三家的"例"统一起来，例如韦表微的《春秋三传总例》。据《新唐书》，表微为敬宗时中书舍人，"尤好《春秋》，病

---

①② 朱彝尊《经义考》卷一百七十七。
③《经义考》卷一百七十七。

诸儒执一概，是非纷然，著《三传总例》，完会经趣"①。又有陆希声《春秋通例》，据《崇文总目》，此书"因三家之例，裁正其冗，以通《春秋》之旨"，可能也是这一类的著作。

六、陈岳的《春秋折衷论》

陈岳，吉州庐陵人，生当唐末，曾"十上春官"，晚年跟随钟传，"为同舍所谮，退居南郭，以坟典自娱，著《春秋折衷论》三十卷"②。

陈岳认为三传都没有能够探得圣人之旨，他说："圣人之道，以《春秋》而显；圣人之义，以《春秋》而高；圣人之文，以《春秋》而微；圣人之旨，以《春秋》而奥。入室之徒，既无演释，故后之学者，多失其实。是致三家之传，并行于后，俱立学官焉。"对于后世的学者来说，三传又是不可偏废的："欲存《左氏》而废《公》、《谷》，则西汉鸿儒向焉；欲存《公》、《谷》而废《左氏》，则丘明与圣人同代。是以皆各专一传"。但各专一传的做法也有弊病，往往导致门户之争："郑玄、何休、贾逵、服虔、范宁、杜元凯，皆深于《春秋》者也，而不簸糠荡秕，芟稂抒莠，掇其精实，附于麟经，第各酿其短，互斗其长，是非千种，惑乱微旨，其弊由各执一家之学。学《左氏》者则訾《公》、《谷》，学《公》、《谷》者则诋《左氏》。"因此，在陈岳看来，重要的是要对三传做比较研究。同一条经文，要找出三传最贴近"圣人"经旨的说法，摒弃那些"不得其实"的解说，此即所谓"簸糠荡秕，芟稂抒莠"，此即所谓"折衷"。

陈岳的《折衷》今已不传，但有一部分内容保存在宋人章如愚《山堂考索续集》中。《折衷》原书三十卷，据同时代的司空图说，"岳所作《春秋折衷论》数十篇，赡博精致，足以下视两汉迂儒矣"③。《文献通考》引《崇文总目》云：《折衷》"以三家异同三百余条，参求其长，以通《春秋》之义"。但见于《山堂考索续集》的仅有二十七条，尚不足十分之一。晁公武曰："其书以《左传》为上，《公羊》为中，《谷梁》为下，比其异同而折衷之。"如果对今日所见这二十七条细加分析，晁氏所言似乎不大准确。《春秋折衷论》的写法，大致是先列一条经文，然后备举三传对此经文的解释（按陈氏有时以注代传，例

---

① 《新唐书·韦表微传》。
② 《经义考》卷一百七十八引王定保曰。
③ 《经义考》卷一百七十八。

如直指杜预之说为《左传》义,以何休、范宁之说为《公羊》义、《谷梁》义),接着就是作者所做分析、考证,最后指出三传的哪种说法"得其旨",哪种说法"失其实"。在这二十七条之中,由于辞残无折衷意见者一条,作者认为"三家俱失其实"者一条,除此之外,作者认为《左传》"得其旨"、"得其实"者二十三条,《谷梁》"得其旨"、"得其实"或"近之"者七条,《公羊》"采其实"或"近之"者只有二条。可见在陈岳心目中,实际上是以《左传》为上、《谷梁》为中、《公羊》为下的。陈岳相信《左传》,自然也就相信"经承旧史,史承赴告"之说,对《公》、《谷》的动辄以日、月、时为例深致不满。例如庄公十三年经云"冬公会齐侯(按指齐桓公)盟于柯",《左传》并不理会书日不书日,而《公羊》、《谷梁》都以不书"日"为义之所在。陈岳《折衷》云:

> 《谷梁》以桓盟不书日谓齐桓公信著于诸侯,桓盟皆不日。究其微旨,殊不然。《春秋》书内事,或系日,或系月,或系时……外事第从赴告而已。盟会,外事也,不赴以日,则不日。斯桓之盟不日者,不赴以日也。苟曰桓盟不日,桓方伯(霸)之际,亦有书日者;桓既卒之后,复有不书日者。方伯之际书日,则庄二十二年防之盟,二十三年扈之盟,闵元年落姑之盟(雄按:今本《春秋》闵元作"秋八月,公及齐侯盟于落姑",并未书日),僖九年葵丘之盟是也。既卒之后不书日,则僖二十八年温之盟,二十九年翟泉之盟,文二年垂龙之盟,宣七年黑壤之盟,成十八年虚朾之盟是也。聊举大者以明之,则知盟会不以日为义例定矣。斯《左氏》得其实,《公》、《谷》皆误。

元人吴莱对陈岳治《春秋》的方法十分欣赏,其文集中有《春秋折衷后题》云:"盖昔汉儒尝以《春秋》断狱,予谓非徒经法可以断狱,而狱法亦可以断经。何者?两造之辞具备,则偏听之惑无自而至矣。扬子云曰:众言淆乱折诸圣。读《春秋》者,曾不明汉晋诸儒之遗论,又何贵乎学者之知经也哉!"[①]

[①] 吴莱《春秋折衷后题》,《渊颖吴先生集》卷十二,《四部丛刊》本。

第六章　宋元明《春秋》学（上）

第一节　北宋前期《春秋》学之大势

从总体上说，宋代的学术较前发生了很大变化。学者的兴趣、探索的对象、关注的热点、研究的风格、表述的形式，与前代相比，都有显著的不同。这个时代的学术，自有其独立的品格，因此在学术史上有所谓"宋学"之目。这绝不是偶然的。宋朝是我国封建政治、经济发展达到完全成熟的阶段，这个时代的统治阶级，对于如何利用旧有的意识形态，来为现实政治服务，提出了更高的要求。同时，作为传统意识形态的经学，长期以来都是以对经典的文本注释为主要内容的，唐的《五经正义》，统一了文本，也统一了对文本的注释，这样实际上就束缚、限制了经学的发展，使经学走向僵化、没落。经学要想继续存在、继续发挥作用，也到了非变革不可的时候了。

唐末、五代的分裂、战乱，使经学本已显露出来的颓势更趋明显。这个时代，政权频繁更迭，封建道德沦丧，像冯道那样的人可以长保富贵，士人自无必要去白首穷经，而且事实上动荡的时局也不允许士人寝馈于经典的研习之中。因此，从唐末到五代，学者在经学研究上极少有什么作为。宋朝建立以后，局面开始有了改观。宋太祖、太宗几十年的经营，使宋朝的政权日益巩固，天下一统的局面已经形成。在这种情况下，统治阶级对于维护其政权的意识形态就有了新的要求。

宋初的统治者，从太祖开始，对儒学的重视程度可以说是逐渐加强。

太祖建隆元年（960），尝谓侍臣曰："朕欲尽令武臣读书，知为治之道。"史称"于是臣庶始贵文学"[1]。

乾德改元，先谕宰相曰："年号须择前代所未有者。"三年，蜀平，蜀宫人入内，帝见其镜背有志"乾德四年铸"者，召窦仪等诘之。仪对曰：

---

[1]《宋史纪事本末》卷七。

"此必蜀物,蜀主尝有此号。"乃大喜曰:"作相须读书人。"由是大重儒者。①太祖的重视儒者,当然不会仅仅因为儒者多识古事,他对于儒家经典的治国功能,也逐渐有了深入的了解。例如他读《尚书》,就颇有心得:

> (太祖)晚好读书,尝读二典(按指《尧典》、《舜典》),叹曰:"尧舜之罪四凶,止从投窜,何近代法网之密乎!"谓宰相曰:"五代诸侯跋扈,有枉法杀人者,朝廷置而不问。人命至重,姑息藩镇,当若是耶?自今诸州决大辟,录案闻奏,付刑部覆视之。"遂著为令。

宋太宗更是一位以稽古右文著称的皇帝。在他在位期间,官方曾经组织过大规模的整理旧籍的工作。太平兴国九年(984),太宗下诏曰:

> 国家勤求古道,启迪化源。国典朝章,咸从振举;遗编坠简,宜在询求。致治之先,无以加此。宜令三馆所有书籍,以开元四部书目比校,据见阙者特行搜访。②

除访求缺书外,还组织人力校刻:

> 太宗以孔颖达《五经正义》刊板诏孔维与(李)觉等校定。……淳化初,上(按指太宗)以经书板本有田敏辄删去者数字,命(李)觉与孔维详定。二年,详校《春秋正义》成。③

> (孔维)受诏与学官校定五经疏义,刻板行用,功未及毕,被病……维将终,召其婿郑革口授遗表,以五经疏未毕为恨。④

这一工作,一直持续到真宗时期:

> 咸平初,又有学究刘可名言诸经版本多舛误,真宗命择官详正,因访达经义者。⑤

> (孙奭)尝奉诏与邢昺、杜镐校定诸经正义,《庄子》、《尔雅》释文,考正《尚书》、《论语》、《孝经》、《尔雅》谬误及律音义。⑥

> 咸平二年……(邢昺)受诏与杜镐、舒雅、孙奭、李慕清、崔偓佺等校定《周礼》、《仪礼》、《公羊》、《谷梁春秋传》、《孝经》、《论语》、《尔雅》义疏,及成,并加阶勋。⑦

---

① 《宋史·太祖本纪三》。
② 《宋会要辑稿·崇儒四》。
③ 《宋史·儒林传·李觉》。
④ 《宋史·儒林传·孔维》。
⑤ 《宋史·儒林传·崔颐正》。
⑥ 《宋史·儒林传·孙奭》。
⑦ 《宋史·儒林传·邢昺》。

宋朝建国以来，由于统治者的重视与提倡，加上社会环境的长期稳定，儒学得以逐渐复兴。

> 景德二年……夏，上（按指真宗）幸国子监阅库书，问（邢）昺经版几何。昺曰："国初不及四千，今十余万，经、传、正义皆具。臣少从师业儒时，经具有疏者百无一二，盖力不能传写。今板本大备，士庶家皆有之，斯乃儒者逢辰之幸也。"上喜曰："国家虽尚儒术，非四方无事，何以及此！"

按邢昺生于932年，他"少从师业儒时"，当值五代之末，其时经书的刻本尚稀。景德二年（1005），宋朝建国已有四十余年，"板本"已经"大备"。说明刻板印书，在宋初几十年有一个很大的发展。这个时期，在中国学术史上是一个大的转折。此前学者求书甚难，学问传承，端赖抄写，故学术在社会上的普及程度必定不高。而此后由于刻本书的传播流布，获取知识较前为易，社会上的读书阶层自然就扩大了。同时，由于刻板印书，可以一次生产出大批完全相同的书籍，士人所持读本文字上的歧异大为减少，因此学者用在校核文字、疏通文句等方面的工作量自然也就相对减轻了。这样也就为日后宋朝经学走上思辩的道路准备了条件。

宋初经学虽然得以复兴，但最初的几十年，恐怕还是沿袭了唐以来重文学不重经术、治经则固守注疏的学术传统，并没有形成新时代的某种特色。而且受唐代风气的影响，宋初的士人还普遍注重文章辞赋之学，很少有潜心钻研经义的。宋初学者孙复说：

> 国家踵隋唐之制，专以辞赋取人，故天下之士皆奔走致力于声病对偶之间，探索圣贤之阃奥者百无一二。向非挺然特出、不徇世俗之士，孰克舍于彼而取于此乎！①

宋初比较重要的经学家有聂崇义、邢昺、孙奭等人。聂崇义精通礼学，宋太祖很欣赏他学问的赅博，命他主持修订宋王朝的郊庙祭祀等礼仪。对于新兴的王朝来说，儒者此种"制礼"的工作有着特殊重要的意义。邢昺对各种经典都很有研究。真宗时期，他曾与杜镐等人一起受诏校定《周礼》、《仪礼》、《公羊传》、《谷梁传》、《孝经》、《论语》、《尔雅》义疏，今本《十三经注疏》中的《论语》、《孝经》、《尔雅》疏，就出自邢昺之手。邢昺说经，特别注重联系实际政治，《宋史·儒林传》称：

---

① 孙复《寄范天章书一》，《孙明复小集》，《四库全书》本。

昺在东宫及内廷，侍上讲《孝经》、《礼记》、《论语》、《书》、《易》、《诗》、《左氏传》，据传疏敷引之外，多引时事为喻，深被嘉奖。

此种作风，为后来多数宋代学者所继承，成为宋代经学的一大特色。孙奭是一位守正不阿的学者。真宗时，有人声称在左承天门附近得到了"天书"，皇帝准备亲自奉迎，召集百官议论。宰相王旦等人纷纷进言，说这是天降符瑞，实乃皇帝盛德之应；问到孙奭，孙奭对曰："臣愚，所闻'天何言哉'，岂有书也？"后来皇帝又要祀神，孙奭则引《左传》"国之将兴听于民，将亡听于神"力谏。孙奭从五经中摘取切合于治国理民的内容，编纂为《经典徽言》五十卷，还曾经与邢昺、杜镐等人校定诸经正义。今本《十三经注疏》中的《孟子》疏，即出自孙奭之手。宋初的这几位名儒，一般说来都还继承了唐代《五经正义》的学统，在经学上并无什么特殊的贡献。

单就《春秋》学而论，宋代最初几十年的学者似乎都没有什么精深的研究，也没有写出什么有影响的《春秋》学著作。当时的政治家，对《春秋》的价值和功能似乎也还没有什么充分的认识。赵普中年向学，钻研的不过是一部《论语》；范仲淹担任丞相，"平生所称引奏对，只是《孝经》、《论语》、《孟子》、《周易》"①。倒是真宗皇帝，曾经撰过一部《春秋要言》，据《玉海》记载，真宗曾于天禧元年（1017）将自著的《春秋要言》三卷②，遍示辅臣并赐给皇太子，只是该书已佚，内容如何，今日已无从知道了。

宋朝《春秋》学的真正发达，应该说是从仁宗时期开始的。此时距宋的立国已经有八十余年，国家的政治结构已经趋于稳定，赵氏皇权也已深入人心，但适应时代政治需要的理论或曰意识形态尚没有最终成型。在这种情况下，被人称做"宋初三先生"的胡瑗、孙复、石介，对传统的《春秋》学做了一番改造，开了后世宋学的先河。

第二节　胡瑗与孙复

一、作为理学先驱的胡瑗

三先生中的胡瑗，是一位对宋代学术发生过重大影响的学者。胡瑗（993—1059）字翼之，泰州海陵人，学者称他为"安定先生"。胡瑗自幼钻研

---

① 《宋元学案》卷三《高平学案》，中华书局1986年版，第149页。
② 一说五卷，见《经义考》卷一百七十九。

经学，读书非常刻苦。他严于律己，从他的行为举止中，人们已不难看到后世道学家的影子了：据说他在泰山求学期间，"攻苦食淡，终夜不寐，一坐十年不归。得家书，见上有'平安'二字，即投之涧中，不复展，恐扰心也"①。后来他被范仲淹保举，以推官在湖州教授生徒。据说他教书的时候，"科条纤悉备具，以身先之。虽盛暑必公服坐堂上，严师弟子之礼"②。庆历年间，国家兴太学，胡瑗的教学方法得到朝廷认可，在太学里推行开来。皇祐中期，胡瑗被任命为国子监直讲，声望甚高，从学者甚众。

> 瑗既居太学，其徒益众，太学至不能容，取旁官舍处之。礼部所得士，瑗弟子十常居四五，随材高下，喜自修饬，衣服容止，往往相类。人遇之虽不识，皆知其瑗弟子也。③

看来胡瑗之所以能对宋代学术发生深刻的影响，首先与他这种经学教育家的身份有关。他的弟子极多，而且多身居要津，这就难怪他的学术能够不胫而走，成为一代士人宗尚的显学了。

胡瑗的学术，是一种所谓"明体达用"之学。所谓"明体"，是指通过讲授儒家经典阐明封建的道德观念和道德准则，实际上也就是挖掘经典中所蕴含的"义理"；所谓"达用"，当是指将这些义理、准则贯彻于实际政治之中。由于"体"是须通过探求、体悟才能"明"的，因此，强调"明体"也就给学者根据实际需要突出某种义理提供了方便。这样的体用结合自然为统治者所欢迎，也给后来宋儒讲"理"留下许多余地。不过在胡瑗当时，所说义理还是比较朴实的。朱熹评论说：

> 安定胡先生只据他所知，说得义理平正明白，无一些玄妙。④

这是关于胡瑗义理之学的最恰当的评价。

胡瑗的经学，以《易》学最为出名。《四库全书》著录有胡瑗的《周易口义》，是胡氏讲解《周易》的讲义，由胡氏弟子倪天隐记录下来的。胡瑗在《春秋》学上也有造诣，《宋史·艺文志》著录有胡瑗的《春秋口义》，今已不传。胡氏有关《春秋》的见解，仅见于《宋元学案》所引"春秋说"七条。从这七条佚文来看，胡氏基本上是继承了唐代啖、赵、陆三家的传统的，对《春秋》三传都持一种批判态度，决不站在某一传的立场上攻击其他二传，有时则离开三传做出他自己的解释。例如桓公十七年经云："蔡季自陈归于蔡。"《公

---

① 《宋元学案》卷一《安定学案》，第 24 页。
②③ 《宋史·儒林传·胡瑗》。
④ 《朱子语类》卷一百二十九，中华书局 1983 年版，第 3091 页。

羊》于此条无说。《谷梁传》云:"蔡季,蔡之贵者也。自陈,陈有奉焉尔。"分别解释了"蔡季"(因为是贵者故书"字")和"自陈"(蔡季得到了陈的帮助)。《左传》则解释说:"蔡季自陈归于蔡,蔡人嘉之也。"胡瑗的解说与上述都不相同,他说:

> 蔡季者,蔡桓侯之弟。弟季当立。"归"者,善辞也。时多弑夺,明季无恶。字者,诸侯之弟例书字。

按胡瑗不依《谷梁》和《左传》,不从蔡季称字着眼,而是着重解释那个"归"字,虽然似乎显得不落窠臼,但解经的路数实际上还是没有摆脱"一字褒贬"的俗套。

不过胡瑗在挖掘《春秋》义理方面有两点却值得注意。一是他对"尊王"的特别强调,二是他在解经时好像更注重对事件的道德评价。桓公五年《春秋经》云:"蔡人、卫人、陈人从王伐郑。"对于这条经文,三传的解说歧异很大。《公羊传》重点解释"从王",说"从王,正也",肯定了蔡、卫、陈三国的行动;《谷梁传》则认为这种写法是"为天王讳伐郑",因为郑乃"同姓之国",天子是不应该伐同姓的;《左传》则客观地记述战事经过,叙述了郑军"射王中肩"的全部事实。胡瑗则力图从《春秋》的这句简单记述中挖掘出尊王的大义来,他说:

> 不书"王师败绩于郑",王者无敌于天下,书战则王者可敌,书败则诸侯得御,故言伐而不言败。

按胡瑗认为这里《春秋》的书法含有尊王之义。本来是王师打了败仗,但《春秋》不记作"王师败绩于郑",因为按道理说王者应当是无敌于天下的,诸侯是不应当抵御天子的,虽然事实上天王打了败仗,但《春秋》还是通过自己的"书法",把"天子至尊"、"天子至上"这样一种意思表达了出来。这种挖掘自然应当算是胡瑗的创造。不过发挥经义,有时还要照顾到全部经文的妥帖,而成公元年《春秋经》就赫然写着"王师败绩于茅戎",对于这种矛盾,胡瑗解释说:"茅戎书败者,王师非王亲兵致讨取败。"原来这一条虽言"王师",领兵者却并非天子本人,而只是一位王臣,对王臣还是可以直书"败绩"的。这样一则可以弥缝说法上的抵牾,同时又进一步突出了天子的至尊无上。

至于胡氏注重道德评价,也可以从一些例子中看出。庄公二十四年《春秋经》云:"八月丁丑,夫人姜氏入。戊寅,大夫宗妇觌,用币。"此条记的是庄公由齐娶妇之事。《公》、《谷》、《左》三家一致谴责"用币"为"非礼",胡瑗却从另一个角度说:"妇人,从夫者也。公亲迎于齐,夫人不从公而至,失妇道也。"重点在指责哀姜的不守妇道，当然也就对哀姜的行为做出道德评价了。而对另一位谨守"妇道"的伯姬，胡氏大加赞扬，说"伯姬乃妇人中之伯夷也"。按伯姬就是宋国那位谨守古训、房屋着火了也不肯离开的可怜的女人。《公》、《谷》对她持肯定的态度，《左传》则认为她有些"迂"，不知变通。胡瑗对她大加褒扬，称之为女中伯夷，这已很有点"饿死事小，失节事大"的味道了。

胡氏是宋代理学的先驱，他在《春秋》学上的意见虽然传世无多，却也多少可以看出一点早期理学家的面目来。

二、孙复与《春秋尊王发微》

与胡瑗同学的孙复，是北宋前期最重要的《春秋》学者。孙复（992—1057）字明复，早年曾多次考进士不第，后来筑屋于泰山之阳，钻研《春秋》，著书讲学，学者称之为泰山先生。孙复不是一个隐者，他心系国家朝廷，热衷于做官为政，因此他的学术，用世的意味极浓。后来他被范仲淹等人推荐，做了国子监直讲。但他的仕途并不顺利，在政治上并没有什么大的作为。不过他的一部书，在宋代《春秋》学史上却发生了极其深远的影响，这就是《春秋尊王发微》。

《春秋尊王发微》凡十二卷。孙复晚年病时，"枢密使韩琦言之天子，选书吏给纸笔，命其门人祖无择就其家，得其书十有五篇，录之，藏于秘阁"[①]。但据四库馆臣考证，"此书实十二卷。考《中兴书目》，别有复《春秋总论》三卷，盖合之为十五卷尔。今《总论》已佚，惟此书尚存"。故今所见十二卷本应是《发微》的全帙。

孙复此书的主旨，实际上已经尽见于书名。"尊王"本来就是《春秋》的大义，汉人的著作中已经对此多有阐发，不过还没有把此义推到最重要的位置。孙复则把"尊王"突出到了《春秋》大义的首位，似乎《春秋》从头到尾每一字每一句都贯彻着尊王的精神。他所说的"尊王"，当然是指尊天子，用今天的话来说，应当就是对中央集权体制的强调与维护。

孙氏如此强调《春秋》的尊王之义，是基于他对《春秋》时代政治状况的认识的。他在《发微》开篇解"元年春王正月"云：

孔子之作《春秋》也，以天下无王而作也，非为隐公而作也。然则

---

① 欧阳修《孙明复先生墓志铭》，《全宋文》卷七百五十一，巴蜀书社1991年版。

> 《春秋》之始于隐公者，非他，以平王之所终也。何者？昔者幽王遇祸，平王东迁，平既不王，周道绝矣。观夫东迁之后，周室微弱，诸侯强大，朝觐之礼不修，贡赋之职不奉，号令之无所束，赏罚之无所加，坏法易纪者有之，变礼乱乐者有之，弑君戕父者有之，攘国窃号者有之。征伐四出，荡然莫禁。天下之政，中国之事，皆诸侯分裂之。平王庸暗，历孝逾惠，莫能中兴，播荡陵迟，逮隐而死。夫生犹有可待也，死则何所为哉！故《诗》自《黍离》而降，《书》自《文侯之命》而绝，《春秋》自隐公而始也。①

按旧说《黍离》是周大夫行役过宗周故地，见宗庙宫室为墟，伤而有作，郑玄以为"平王东迁，政遂微弱，下列于诸侯，其诗不能复雅而同于国风焉"。而《尚书》中的《文侯之命》据说也作于平王东迁以后，排在了《周书》诰命类文献的末尾，标志着西周王政的衰落。在孙氏看来，自平王以后，天子的庸暗无力，意味着"周道绝矣"，所以孔子"作《春秋》"要始于隐公，这并不是因为隐公有什么好处，只是"以天下无王而作也"。

"无王"，在孙复看来，是一种最可怕的状态，故他利用一切机会，谴责对天子权力的侵犯，不论是诸侯也好，大夫也好，只要是分裂的势力，他就加以贬斥。襄公二十七年《春秋经》云："夏，叔孙豹会晋赵武、楚屈建、蔡公孙归生、卫石恶、陈孔奂、郑良霄、许人、曹人于宋。"对这一条经文，《公》、《谷》均没有任何说解，孙复云："隐、桓之际，天子失道，诸侯擅权；宣、成之间，诸侯僭命，大夫专国。至宋之会，则又甚矣。何哉？自宋之会，诸侯日微，天下之政，中国之事，皆大夫专持之也。故二十九年城杞，三十年会澶渊，昭元年会虢，诸侯莫有见者，此天下之政、中国之事皆大夫专持之可知也。"是年秋七月辛巳，"豹及诸侯之大夫盟于宋"。孙复又说："不与大夫无诸侯也。噫，天下之政、中国之事，诸侯专之犹曰不可，况大夫乎？"按"诸侯擅权"与"大夫专国"，都是对中央集权体制的破坏，故孙氏随时不忘给予抨击。

孙氏基本上继承了唐代啖、赵、陆三家说经之法，他自觉地站到三传之外，对三传的说解重新审视。由于他的着眼点主要放在了"尊王"上，故与三传的解说多有不同。桓公五年《春秋》经云："秋，蔡人、卫人、陈人从王伐

---

① 孙复《春秋尊王发微》卷首，《四库全书》本。以下引孙氏《春秋尊王发微》均用此本，不另出注。

郑。"按此事是春秋早期周王与诸侯的一次公开冲突，起因是周桓王削夺执政郑庄公的权力，引起郑庄公的不满，周桓王起兵讨伐郑国，在繻葛被郑军打败，周王肩部受伤。《左传》于此事但记事实经过，字里行间，对郑伯多有同情之意。《公羊》着眼于"从王"二字，以为诸侯"从王"，是得礼之"正"。而《谷梁》则以为《春秋》所以这样记载，是"为天王讳伐郑"。孙复则从《春秋》记事的句法入手，揭出所谓"尊王"大义：

> 桓王以蔡人、卫人、陈人伐郑，郑伯叛王也。其言"蔡人、卫人、陈人从王伐郑"者，不使天子首兵也。案十四年"宋人以齐人、蔡人、卫人、陈人伐郑"，僖二十六年"公以楚师伐齐"，定四年"蔡侯以吴子及楚人战于柏举"，皆曰"以"，此不使天子首兵可知也。桓王亲伐下国，恶之大者，曷为不使首兵？天子无敌，非郑伯可得亢也。故曰"蔡人、卫人、陈人从王伐郑"以尊之。尊桓王，所以甚郑伯之恶也。夫郑同姓诸侯，密迩畿甸，桓王亲以三国之众伐之，拒而不服，此郑伯之罪不容诛矣。

按此事本来是周桓王主动率领蔡人、卫人、陈人去伐郑，却变换了一下句法，说成是"蔡人、卫人、陈人从王伐郑"，这是为了"不使天子首兵也"。周桓王此举本非正当，但为什么"不使天子首兵"？原因就在于"天子无敌，非郑伯可得亢也"。天子与诸侯发生矛盾，既尊天子，那么势必要贬诸侯："此郑伯之罪不容诛矣"。三传关于这一条经文，是完全没有这一层意思的。

桓公十五年经云："天王使家父来求车。"三传都认为此处的经义是讥周王之"非礼"，所谓"天子不私求财"（《左传》），所谓"王者无求，求车非礼"（《公羊》）；孙氏却从另一个角度，变批评天子为批评诸侯，他说："'天王使家父来求车'者，诸侯贡赋不入，周室材用不足也。"这样一来，"非礼"的责任就转移到诸侯身上了，尊王的立场更为鲜明。

僖公五年经云："冬，晋人执虞公。"三传对此说解小异而大同，《左传》"罪虞公"，《公》、《谷》也都倾向于讥贬虞公。孙复则将矛头直指晋侯：

> 称人以执，恶晋侯也。五等之制，虽其国家宫室车旗衣服礼仪之有差，而天子命之，南面称孤，皆诸侯也。其或有罪，方伯请于天子，命之执则执，不得专执也。有罪犹不得专执，况无罪者乎？春秋之世，诸侯无小大，唯力是恃。力能相执则执之，无复请于天子，故孔子从而录之，正以王法。

按孙氏此论，是从批评诸侯的"专执"入手的。与此相类似，孙氏也猛烈地批评大夫之"世禄"。隐公元年经云："公子益师卒。"对这条记载，三传都是以

"不书日"为义之所在的,孙复则着眼于经文中的"公子"二字,他说:

> 益师,孝公子,内大夫也。内大夫生死皆曰公子、公孙与氏,不以大夫目之者,恶世禄也。古者诸侯之大夫皆命于天子,周室既微,其制遂废。故鲁之臧氏、仲孙氏、叔孙氏、季孙氏,晋之狐氏、赵氏、荀氏、郤氏、栾氏、范氏,齐之高氏、国氏、崔氏,卫之宁氏、孙氏,皆世执其政,莫有命于天子者。此可谓世禄者矣。《春秋》详内略外,故独卒内大夫以疾之。

按本来是极平常的一句"公子益师卒",孙氏却从中发掘出了《春秋》"恶世禄"这样一种"义",而"恶世禄"正是对王权的维护。

由于孙复把春秋时代看成是"周道绝矣"、"天下无王"的乱世,而在他眼里,孔子作《春秋》就是要对那些"犯上"、"坏法"、"弑君"、"攘国"之类的人和事进行贬斥,所以他看《春秋》经文,几乎处处都是讥贬,所谓《春秋》有贬而无褒"①。例如《春秋》记载盟、朝这类事情,本来只是客观记事,孙氏一律认为其中含有贬意。《发微》于隐公元年三月"公及邾仪父盟于蔑"条云:"盟者,乱世之事,故圣王在上,阒无闻焉。斯盖周道陵迟,众心离贰,忠信殆绝,谲诈交作。于是列国相与,始有歃血要言之事尔。凡书'盟'者,皆恶之也。"对于"朝"的态度也是这样。《发微》于隐公十一年"春,滕侯、薛侯来朝"条云:"诸侯朝天子,礼也;诸侯朝诸侯,非礼也。斯皆周室不竞,干戈日寻,以大陵小,小国不得已而为之尔。是故齐、晋、宋、卫未尝朝鲁,而滕、薛、邾、杞来朝奔走而不暇也。……《春秋》之法,诸侯非有天子之事,不得逾境,凡书朝者,皆恶之也。"至于讥贬的程度,孙氏也接受"日月时例"之说:"《春秋》之法,恶甚者日,其次者时,非独盟也。以类而求,二百四十二年之诸侯罪恶轻重之迹,焕然可得而见矣。"一些三传认为是"褒"的地方,孙氏往往也说成是"贬"。例如桓公十一年经云"宋人执郑祭仲,突归于郑,郑忽出奔卫",此即郑国执政祭仲受宋人胁迫,赶走国君忽而立国君突之事。《公羊》以为《春秋》"贤祭仲",因为祭仲"知权"。但孙复却一反其说,认为"恶在祭仲,为郑大臣,不能死难,听宋逼胁,逐忽立突,恶之大者"。他进一步申论说:"况是时忽位既定,以郑之众,宋虽无道,亦未能毕制命于郑,仲能竭其忠力以距于宋,则忽安有见逐失国之事哉!"可见此时的孙复,与其前

---

① 《经义考》卷一百七十九引黄泽曰:"孙泰山谓《春秋》有贬而无褒,若据此解经,则不胜舛谬。"

辈相较，说经更能自觉地站在封建纲常的立场之上。又如庄公十八年经云"公追戎于济西"，《公》、《谷》二传对鲁君此举都持肯定态度，"大其为中国追"；而孙复仍然以为贬，"书者，讥内无戎备"。像这样的例子还有很多。不过孙复似乎也并非绝对地认为《春秋》就没有"褒"。宣公十一年经云"冬十月，楚人杀陈夏征舒"，《发微》云："此楚子杀陈夏征舒也。其言楚人者，与楚讨也。陈夏征舒弑其君，天子不能诛，诸侯不能讨，而楚人能之，故孔子与楚讨也。"所谓"孔子与楚讨"，是说《春秋》这样记载是对楚子持褒扬态度的。僖公二十八年《春秋》记载了晋侯率诸侯之师与楚人战于城濮，《发微》云："晋文始见于经，孔子遽书爵者，与其攘外患、救中国之功不旋踵而建也。昔者齐桓既殁，楚人复张，猖狂不道，欲宗诸侯，自城濮之败，不犯中国者十五年。文公之功伟矣，故《春秋》与之。"这里对晋文公给予了充分的肯定。看来说孙氏认为《春秋》"有贬无褒"并非事实，只不过是贬者多多而褒者绝少而已。

照孙复这样子来讲解《春秋》，《春秋》简直就成了"罗织之经"，"乱臣贼子"固然无所遁其形，即一般诸侯大夫，也都成了被谴责的对象。虽说昔人许之以"明于诸侯大夫功罪，以考时之盛衰，而推见王道之治乱，得于经为多"①，但终不免显得过刻。僖公二年经云"春王正月城楚丘"，孙氏云："此会桓诸侯城楚丘也。不言'诸侯'者，桓公怠于救患，诸侯不一也。桓公怠于救患，诸侯不一，则孰城之？鲁城之也。……然则善与？非善也。此桓公之命，城楚丘以存亡国，曷以谓之非善？虽曰桓公之命，城楚丘以存亡国，与其亡而存之，不若未亡而救之之善也。"按存亡继绝，在传统的观念中无疑是一种善事，《公》、《谷》二传也都是基本肯定桓公"城楚丘"之举的；但在孙复看来，"与其亡而存之，不若未亡而救之之善也"，《春秋》的这条记载，竟又变成了贬辞。桓公三年经书"有年"，这本来不过是说此年收成甚好，孙复却说："桓立十八年，惟此言'有年'者，是未尝有年也。书者，著桓公为国，不能勤民务农若是也。"按鲁桓公以篡弑继位，孙复对之深恶痛绝，故即使是"有年"，也要说成是讥贬。朱熹评论孙复的《春秋》学，有"观其推明治道，直是凛凛然可畏"②语，大概就是指孙复推求严厉而言。但宋人也有讥其过于偏激者，晁公武引常秩讥之曰："明复为《春秋》，犹商鞅之法，弃灰于道者有刑，步过六尺者有诛。"③宋人家铉翁亦以孙氏之说为"法家之言"。商鞅用法，以严苛

---

① 陈振孙《直斋书录解题》卷三。
② 《朱子语类》卷八十三。
③ 《文献通考·经籍考》卷十引"晁氏曰"，华东师范大学出版社点校本，第248页。

著称，用来比喻孙复之说《春秋》，倒颇有几分神似。

孙复生当宋初，他的《春秋》学，用世之意至为明显。当时人对唐末藩镇之割据及五代之战乱，应当是记忆犹新，故孙复对强化皇权的重要性当有深刻的理解。他的用世，就是要为宋王朝创建一套维护统一的理论。而传统的《春秋》学，固然有"尊王"、"大一统"的主张，但这种主张却迄未成为核心，故须有人对传统的《春秋》学理论加以改造。孙复与范天章书云："专守王弼、韩康伯之说而求于《大易》，吾未见其能尽于《大易》者也。专守左氏、公羊、谷梁、杜预、何休、范宁之说而求于《春秋》，吾未见其能尽于《春秋》者也。专守毛苌、郑康成之说而求于《诗》，吾未见其能尽于《诗》者也。专守孔安国之说而求于《书》，吾未见其能尽于《书》者也。"① 这就是说要抛开前人的传注，再做进一步的深求。欧阳修称赞他"不惑传注"②，就是指此而言。唐朝的啖、赵、陆三家，就已有了改造《春秋》学的意识，但他们的改造，似缺乏明确的宗旨。孙氏基于对历史经验以及时政的理解，首揭"尊王"的大旗，把一部《春秋》改造成了处处维护天子权威、严厉谴责犯上行为的经典。

孙复的《春秋》学，颇得宋朝学者的好评。北宋有欧阳修，所撰《孙明复先生墓志铭》说："（孙明复）先生治《春秋》，不惑传注，不为曲说以乱经。其言简易，明于诸侯大夫功罪，以考时之盛衰，而推见王道之治乱，得于经之本义为多。"③ 又有王得臣，称"泰山孙明复先生治《春秋》，著《尊王发微》，大得圣人之微旨，学者多宗之"④。王辟之也说："明复《尊王发微》十五篇，为《春秋》学者未之有过者也。"⑤ 南宋则有朱熹曰："近时言《春秋》，皆是计较利害，大义却不曾见。如唐之陆淳、本朝孙明复之徒，他虽未能深于圣经，然观其推言治道，凛凛然可畏，终是得圣人个意思。"⑥

孙复的弟子众多，其中最重要的是那位与胡瑗、孙复被后人并称为"三先生"的石介。石介字守道，兖州奉符人。因曾耕种于徂徕山下，人称徂徕先生。石介进士及第，历任郓州、南京推官，后入为国子监直讲，从学者甚众。石介在投师孙复之前，已经有名于时了，欧阳修在《孙明复先生墓志铭》中说："鲁多学者，其尤贤而有道者石介。自介而下，皆以弟子事之。孔给事道

---

① 孙复《寄范天章书二》，《孙明复小集》，《四库全书》本。
②③ 欧阳修《孙明复先生墓志铭》。
④ 王得臣《麈史》卷二，《四库全书》本。
⑤ 《经义考》卷一百七十九。
⑥ 《朱子语类》卷八十三，第2174页。

辅闻先生之风，就见之，介执杖履侍左右，先生坐则立，升降拜则扶之。及其往谢也，亦然。鲁人既素高此两人，由是始识师弟子之礼，莫不嗟叹之。"石介对孙复可谓尊崇备至，他在《与祖择之书》中说："自周以上观之，圣人之穷者惟孔子；自周以下观之，贤人之穷者惟泰山明复先生。"① 石介将孙复的学术概括为两端："（明复）先生尝以为尽孔子之心者《大易》，尽孔子之用者《春秋》。是二大经，圣人之极笔也，治世之大法也，故作《易说》六十四篇，《春秋尊王发微》十七卷。"② 可见石介是把《春秋》当做"治世之大法"看待的，其用世之意与孙复完全一致。

第三节　庆历新学与刘敞的《春秋权衡》

一、刘敞与他的《春秋》学著作

北宋自太祖到仁宗的六十余年间，《春秋》学没有什么大的发展，也没有出现什么特别出色的《春秋》学者。这种状况与当时的社会政治密切相关。北宋立国的前二十年，统治者的精力还集中在以武力铲平割据势力上，而且边患频仍，内乱不断，宋室君臣尚无暇顾及复兴唐末五代以来长期衰颓的儒学。宋初虽即已开科取士，且取士越来越多，士人趋之若鹜，但此时取士的标准，仍沿唐代之旧，还是以诗赋为主，学者于经典多不甚措怀。这种局面从真宗时开始有所转变。宋真宗比他的前辈更加重视儒学，由于他的提倡，儒学渐趋兴盛。继立的仁宗对儒学更加尊崇，他在位四十一年，所用大臣，几乎都是儒者，又用范仲淹、宋祁等议，在各地设立州县之学，此后，儒者讲学之风大盛。故庆历以后，宋代经学出现了新面貌，涌现出一批卓越的经师。在《春秋》学的研究方面，刘敞就是突出的一个。

刘敞，字原父，临江新喻人，人称公是先生。举庆历进士，廷试第一。他生于真宗天禧三年（1019），卒于神宗熙宁元年（1068），历仕仁宗、英宗两朝，官至集贤院学士。刘敞学问渊博，"自六经、百氏、古今传记，下至天文、地理、卜医、数术、浮图、老庄之说，无所不通"③。当时欧阳修以学问、文章享誉天下，对刘敞也甚为推服，"欧阳修每于书有疑，折简来问，对其使挥笔

---

① 石介《与祖择之书》，《徂徕集》卷十五，《四库全书》本。
② 石介《泰山书院记》，《徂徕集》卷十九，《四库全书》本。
③ 欧阳修《集贤院学士刘公墓志铭》，《全宋文》卷七百五十六。

答之不停手，修服其博"①。刘敞以经学名家，著有《七经小传》三卷，"乃其杂论经义之语"②。所谓"七经"者，盖指《尚书》、《毛诗》、《周礼》、《仪礼》、《礼记》、《春秋》、《论语》。刘敞的《七经小传》，可能对宋人的学风有一定影响，王应麟云："自汉儒至于庆历间，谈经者守训故而不凿，《七经小传》出而稍尚新奇矣。"③ 吴曾《能改斋漫录》曰："国史云：庆历以前，学者尚文辞，多守章句注疏之学，至刘原父为《七经小传》，始异诸儒之说。王荆公修经义，盖本于原父云。"④ 今考《七经小传》，其体裁类似札记，乃为一条条者，每条大多只论经文之一字、一句或者一义，以纠正前人说法为主。例如释《尧典》"申命羲叔宅南交"一语，说经文本当作"宅南曰交趾"，后人传写脱两字；解《尚书》之"《九共》九篇"，说"共"字当作"丘"，古文"丘"与"共"字形相近致讹，"九共（丘）"即"八索九丘"之"九丘"；解《尚书·无逸》两见之"此厥不聽"，说两"聽"字都当作"德"，也是字形相近致误；说《周礼·太宰》"诛以驭其过"，"过"字当作"祸"，《礼记·王制》"千里之外曰采"，"采"字当作"蔡"，这些都是"声之误"。诸如此类的说解还有很多，表明刘敞的说经，确乎与"守训故"、"守章句注疏之学"不同。当然，刘敞的新说中确实不乏精警之处，例如他说《毛诗·常棣》"每有良朋，烝也无戎"的"戎"字可能是"戍"字之误；《伐木》当作三章，而不是如《毛传》所说六章；《曲礼》"若夫坐如尸，立如齐"下有脱简；《檀弓》"人喜则斯陶"句中有阙文。这些都很能给人以启发。但是擅改经字，以就己说，也不能不说是他的一个大毛病。《四库提要》评论说："盖好以己意改经，变先儒淳实之风者，实自敞始。"不过若说王安石的经学出自刘敞，则未必然。正如《四库提要》所说，"谓敞之说经，开南宋臆断之弊，敞不得辞；谓安石之学由于敞，则窃鈇之疑矣"。

刘敞最大的成就，还在于他的《春秋》学，史称他"长于《春秋》，为书四十卷，行于时"⑤。不过在刘敞的《七经小传》中，有关《春秋》一经的内容只有两条，一为校正《公羊传》的衍字，一为论《左传》中的"都城过百雉"，此外尚附《国语》一条，显得甚为单薄，与其他诸经相比，甚为不谐。《四库

---

① 《宋史·刘敞传》。
② 《四库全书总目》语。
③ 王应麟《困学纪闻》卷八，《四部丛刊三编》本。
④ 吴曾《能改斋漫录》卷二"注疏之学"条，《丛书集成》本。
⑤ 《宋史·刘敞传》。

提要》以为"惟《春秋》先成,凡所札记,已编入《春秋传》、《意林》、《权衡》、《文权》、《说例》五书中"。按《春秋》是否"先成",其实并不重要;重要的是《七经小传》很可能成书在先,而《春秋传》等五书可能成书在后。在《七经小传》的初稿中,可能有相当多的《春秋》条目,后来作者撰《权衡》等五书,把这些《春秋》条目都移来融入五书之中了。只要看一看《七经小传》的写法与《春秋权衡》等并无二致,就可以推知了。

刘敞关于《春秋》的著作,主要有《春秋传》十五卷、《春秋权衡》十七卷、《春秋意林》二卷(《玉海》作五卷,《宋志》作二卷)、《春秋文权》五卷(《宋志》作五卷,《玉海》作二卷)、《春秋说例》一卷(《玉海》作二卷,《中兴书目》作一卷)。《文权》久佚。《说例》一卷,《经义考》云"佚",但《四库全书》有著录,馆臣称"今检《永乐大典》,尚杂引《说例》之文,谨详加缀辑,仍厘为一卷。据《书录解题》称,《说例》凡四十九条,今之所裒,仅二十五条,止得其半,且多零篇断句,不尽全文",知《四库》所收实为辑本。刘敞的《春秋》学著作,以《春秋传》、《春秋权衡》、《春秋意林》为主。陈振孙《书录解题》曰:原父"始为《权衡》,以平三家之得失;然后集众说,断以己意,而为之《传》;《传》所不尽者,见之《意林》"。四库馆臣据此得出结论:《春秋权衡》成书在最先,《春秋传》在其次,《意林》之成又在《传》之后。因此说《春秋权衡》乃是刘敞《春秋》之学的"根柢"。

《春秋权衡》全书十七卷,分为三个部分。前七卷评论《左传》及杜注,中间六卷评论《公羊》及何注,末四卷评《谷梁》。至于书名为什么叫"权衡",刘氏自己解释说:

> 权,准也;衡,平也。物虽重必准于权,权虽移必平于衡。故权衡者,天下之公器也,所以使轻重无隐也,所以使低昂适中也,察之者易知,执之者易从也。不准则无以知轻重,不平则轻重虽出不信。故权衡者,天下之至信也。凡议《春秋》,亦若此矣。①

盖《春秋》一书有三家之传,其褒贬善恶每常相左,甚至相反,现在就是要找出一个标准来,对三传进行衡量,对的保留,错的批驳,使"轻重无隐","低昂适中"。刘氏自许他所撰《权衡》,就是这样一个标准。

---

① 刘敞《春秋权衡序》,《全宋文》卷一千二百八十五。

二、刘氏对《左传》"五十凡"的批判

刘氏对《左传》颇多不满,但他并不否认《左传》是解经之传。① 他只是把左丘明看做是一位经师,而不是如旧说是孔子的弟子,因此左氏的许多说法,只是一位经师的见解,并非周公、孔子之意。他于《春秋权衡》开篇就说:

> 前汉诸儒不肯为《左氏》学者,为其是非缪于圣人也,故曰"《左氏》不传《春秋》",此无疑矣。然为《左氏》者皆耻之,因共护曰:丘明受经于仲尼。此欲以自解免耳,其实非也。何以言之邪?仲尼之时,鲁国贤者无不从之游,独丘明不在弟子之籍。若丘明真受经作传者,岂得不在弟子之籍哉!岂有受经传道而非弟子者哉!以是观之,仲尼未尝授经于丘明,丘明未尝受经于仲尼也。然丘明所以作传者,乃若自用其意说经,泛以旧章常例,通之于史策,可以见成败耳,其褒贬之意,非丘明所尽也,以其不受经也,学者可勿思之哉!②

按隋唐以来,《左传》的地位不断提高,左丘明受经于仲尼之说深入人心,刘氏既以左丘明为未得孔子之正传,则左氏的解经也就是可以批评商榷的了。

《左传》及杜注说经,有种种义例,刘敞对这些义例进行了研究,指出了不少"义例"的不合理之处。刘氏并不一般地反对以例说经,他自己解说《春秋》也是用"例"的,前面曾提到过他有《春秋说例》一卷传世。但他对《左传》中的许多例却深致不满,这是因为他发现《左传》中的"例"大多只适用于很小的范围,很难通贯全经,实不足以称之为"例"。僖公二十五年经云"卫侯毁(毁是卫侯之名)灭邢",《左传》云:"同姓也,故名。"意思是说,《春秋》贬斥卫侯之灭同姓,所以记了他的名。刘敞反驳说:"晋灭虢,又灭虞,齐灭纪,楚灭夔,皆同姓也,何以皆不名邪?"③ 桓公十六年经云"正月,公会宋公、蔡侯、卫侯于曹",《左传》云:"会于曹,谋伐郑也。"刘敞驳之曰:"按传例,与谋曰'及',不与谋曰'会'。④ 此称'公会',则不与谋者也。

---

① 学者或以为刘敞"赞同今文学家《左氏》不传《春秋》之说,不过并不否定《左传》的价值"(说见沈玉成等著《春秋左传学史稿》第213页),此论非是。此乃出于对所引《春秋权衡》文之误读。
② 《春秋权衡》(以下简称《权衡》)卷一,《四库全书》本。
③ 《权衡》卷四。
④ 宣公七年《左传》云:"凡师出,与谋曰及,不与谋曰会。"刘氏所谓传例,盖指此而言。

而'正月会于曹'传云'谋伐郑',乃是与谋。与谋而称会,何邪?"① 这是《左传》的"例"明显不能通贯全经的地方。《左传》一般不以日月为例,但在个别的地方,也要讲解《春秋》的"日"或者"不日",例如隐公元年经云"公子益师卒",《左传》就解释说:"公不与小敛,故不书日。"刘敞驳之曰:"公孙敖、叔孙婼、公孙婴齐,皆为公预小敛乎?何以得书日?"② 按这里提到的公孙敖,是晋国的大夫,文公十四年经云"九月甲申,公孙敖卒于齐",刘氏曰:"按传例曰'公不与小敛则不书日',今敖卒于齐,公之不与小敛审矣,何为反日邪?敖本有罪出奔,幸而死得复录,公又实不与其小敛,何足谨详其日月而书乎?"③ 对这种以日月为例的做法,刘敞提出了尖锐的批评:

> 大凡《春秋》所据者,史也。史之所记,非圣人也,有日不日,有月不月,其事可以考核,其日月不可必知也。假令益师卒时,公实预小敛,或史误不书日,或年久阙脱,仲尼宁得虚增甲子乎?若鲁国史官世世皆贤人,皆知仲尼将修《春秋》,以日月之例见君臣厚薄,故每记卿大夫之卒,谨守此法则可矣。若人自为意,家自为法,或日或不日,或月或不月,皆由此也,安可于数百岁之后,信其此文,以褒贬人君乎?为《左氏》者,既自云史有文质,辞有详略,不必改也,今大夫卒或日或不日,亦详略之一端矣,何以必其皆详邪?学者当如何解此?吾欲闻之。④

这样的反驳,应当说是非常有力的,确实击中了《左传》"义例"的要害。刘氏从对每一个"例"的具体分析入手,对《左传》解经的"五十凡"做了全面的检讨和批判。按所谓"五十凡",是《左传》作者对"例"的概括,因为每一条概括都以"凡"字领起,这样的话全书共有五十处,故俗称"五十凡"。"五十凡"是左氏以例说经的骨干。从其文字形式来看,都是一些全称肯定的判断,按说是不应该有例外的,但实际上许多"凡例"都有例外。刘氏将《左传》中这些自相抵牾之处揭出,在《左传》的研究史上应当是一种贡献。

文公七年经云"公会诸侯、晋大夫盟于扈",《左传》列举与会诸侯齐侯、宋公、卫侯、陈侯、郑伯、许男、曹伯等之后,说:"公后至,故不书所会。"意思是说因鲁公来迟了,因而经文不具列诸国之君,接着发凡起例曰:"凡会诸侯,不书所会,后也。后至,不书其国,辟不敏也。"刘敞驳之曰:"按十五

---

① 《权衡》卷二。
②④ 《权衡》卷一。
③ 《权衡》卷五。

年会于扈,亦不序诸侯,宁复鲁侯后会邪? 未可以类推也。"①

成公十五年经云"晋侯执曹伯",这个曹伯名叫负刍,因为杀太子自立,所以招致晋侯之讨。《左传》云:"书曰'晋侯执曹伯',不及其民也。"意思是曹伯之罪仅在于杀太子而自立为君,并没有害及百姓。《左传》为此发凡起例云:"凡君不道于其民,诸侯讨而执之,则曰某人执某侯,不然则否。"刘氏对这一条凡例甚为不满,他说:"负刍杀太子而篡之,国人不义,举欲随公子欣时而亡,此非不道而何? 且大者天地,其次君臣,有人杀其君,反轻于不道其民乎? 有忍其君而非不道其民乎? 夫负刍之恶未见于经也,晋侯执之,然后可见其罪。今以《左氏》例推之,则负刍非不道其民,而晋侯妄执之尔,岂其然邪?"② 这虽是从君臣伦理出发所作的分析,也能够揭示凡例之不甚合理,事实上这一凡例也仅适用于极少数的场合。

襄公十二年经云"吴子乘卒",《左传》云:"临于周庙(杜注:周庙者,文王之庙),礼也。凡诸侯之丧,异姓临于外,同姓于宗庙,同宗于祖庙,同族于祢庙。"刘氏驳之曰:"礼:诸侯不祖天子,大夫不祖诸侯,则文王之庙,鲁何得以有之? 孔子曰:公庙之设于私家,非礼也,自三桓始也。然则鲁君僭上而立周庙,三桓僭鲁而设公庙矣。丘明不知,又习见之,遂真谓礼,然岂不误哉! 以实言之,凡诸侯之丧,异姓临于外,同姓于祖庙,同族于祢庙,于义足矣。"③ 诚如杨向奎先生所说,此类"凡例"属于"礼经"类,"不晓当时礼制,莫由辨也"④;刘氏之辨,是根据他自己对先秦礼制的理解,在他看来,凡例不合礼制,也不合孔子的思想,不过是左丘明个人的妄说。

襄公十三年经云"取邿",传曰:"夏,邿乱,分为三。师救邿,遂取之。凡书取,言易也。用大师焉曰灭,弗地曰入。"按《左传》这一凡例,是着眼于"书法"的,规定"取"、"灭"、"入"三个字的不同含义。刘敞大不以为然,他说:"《春秋》之兴,褒善贬恶,所以示后世法,非记难易而已也。难易何足纪乎! 且灭国言灭者,言既杀其君,又泯其社稷,故君死其位亦曰灭。如灭国而谓之取,则未知君死其位欤? 如取邑而谓之灭,则未知邑安取、君死其位乎? 如是,是《春秋》记灭国也略,记用师难易也详,岂然也哉!"⑤ 在刘敞看来,孔子修《春秋》,是有重大政治目的的(示后世法),孔子不会关注"用师难易"那样的小事,故《左氏》这样的凡例肯定是错误的。由此我们也不难

---

① 《权衡》卷五。
②③⑤ 《权衡》卷六。
④ 杨向奎《略论"五十凡"》,《绎史斋学术文集》,上海人民出版社1983年版,第223页。

看出,《春秋》学到了宋代,其社会政治功能更加受到人们的重视,在对《春秋》的阐释当中,那种单纯把《春秋》视为"史"的倾向,不断地得到纠正。

刘敞对《左传》的"五十凡"进行了全面的审视,他认为"五十凡"可分为两类:一类可能出自"史书之旧",本来就是解旧史的;一类则是左丘明用来解经的。僖公五年《左传》云:"正月辛亥朔,日南至,公既视朔,遂登观台以望。而书,礼也。凡分、至、启、闭,必书云物,为备故也。"按此是无经之传。刘敞曰:"然则旧史盖记公之书云物矣。《传》所言'凡',是解旧史者也。仲尼修《春秋》而去之,以谓常事不足书也。以是观焉,常事不书,于三传为通。"① 按刘氏之意,"凡分、至、启、闭"云云,乃是旧史所原有,孔子将旧史所记公书云物之条目删削,故此一凡例就成了无经之传。另一种凡例则是左丘明为解经加的了,隐公九年传有云:"凡雨,自三日以往为霖。平地尺为大雪。"刘氏曰:"按左氏诸言'凡'者皆史书之旧章,然则此大雨霖、大雨雪,亦皆旧章常例所必者也。则《春秋》固应书此二者宜甚多矣,何以言之?三日雨,平地尺雪,皆非可怪者也,曷为二百四十二年之间,独此而一哉!用此推之,左氏'凡例'亦不必皆史书之旧也,乃丘明推己意以解经为'凡'尔。其合于道者,则周公之典,又仲尼所取也;其考之不合于经如此类者,则其臆议,而复断之,加'凡'于其首云尔,非周公之典、仲尼本意也。"② 按刘氏又进一步将"丘明推己意以解经为凡"者分成了两类:"合于道"的与"不合于道"的。这样就与杜预的说法区别开来了。杜预在《春秋序》中说:"其发凡以言例,皆经国之常制,周公之垂法,史书之旧章。仲尼从而修之,以成一经之通体。"杜预把"凡例"抬得很高,似乎孔子修《春秋》时就已是照"例"执行的;到了刘敞的时代,学者对"凡例"已没有旧时那样的信仰了,"凡例"中虽有堪称周公之典的内容,可也有相当多的部分是不合于经的,对这些东西就要由刘敞们来加以修正了。

三、论《春秋》之褒贬与鲁史旧文

刘氏在对《左传》的批判当中,着力阐述了他对经与史关系的看法。《左传》学派特别是杜预的注,有一种把《春秋》看成是鲁史旧文的倾向,这突出地表现在对《春秋》书法的解释当中。刘氏将这种解释概括为三个方面,他

---

① 《权衡》卷四。
② 《权衡》卷二。

说:

> 大率左氏解经之蔽有三: 从赴告, 一也; 用旧史, 二也; 经阙文, 三也。所以使白黑混淆, 不可考校。①

按这三项是左氏用来解释经文书法的最常见的说辞。左氏解经有不少义例,但这些义例有许多并不能够贯穿全经;《左传》记事在时间、地点、人名等方面与《春秋》也多有不同;又《左传》中有的记事在《春秋》中并无踪迹可寻。对这些情形,《左传》的作者以及杜注每每以"从赴告"、"用旧史"、"经阙文"解之。隐公六年《春秋》云"冬,宋人取长葛",《左传》则作"秋",杜预的解释是"秋取,冬来告也"。刘氏曰:

> 史之记事,虽据赴告而书,至其日月,犹当依先后次序。假令宋、郑同用二月出师,宋则即时来告,郑则逾时来告,所告虽迟,其告之言犹曰二月也。国史岂得但据告时编之于夏乎? 必若所云,岂唯大泯乱事实哉,亦颠倒天时矣。然《左传》日月与经不同者多,或丘明作书,杂取当时诸侯史策,史策有用夏正者,有用周正者,错杂文舛,往往而迷,故经所云冬,传谓之秋也。②

有时《左传》"从赴告"之说与其义例发生冲突。隐公七年经云"滕侯卒",《左传》云:"不书名,未同盟也。"这就是左氏之"例",意谓经所以不书滕侯之名,是因为非同盟的诸侯死去照例是不书名的。但刘氏驳之曰:"尝同盟者卒未必皆名,未尝同盟者卒未必皆不名。而《左氏》又云: 赴以名则书之,不然则否。若实从例则不当从赴,若实从赴则无用设例。今进不必从赴,退不必从例,徒用是纷纷也。"③

刘氏并不是一般地反对"赴告"之说,他也承认在春秋列国间有赴告的事实,他反对的是用赴告说来解释经、传的差异,特别是在某些能够体现"褒贬"的地方。他认为经文都曾经过孔子的"笔削",孔子断不会轻易地采纳"赴告"之辞而放弃了褒贬。襄公七年经云:"郑伯髡顽如会,未见诸侯。丙戌,卒于鄵。"这位郑国国君的"卒于鄵",据《左传》的记载,其实是被"弑"。刘氏《权衡》云:"《左氏》曰: 子驷使贼杀之,而以疟病赴于诸侯。言经所以从赴而书也。非也。凡议《春秋》者,必曰乱臣贼子惧。乱臣贼子惧者,以其书法不隐,而善恶明也。《左氏》亦云: 求名而亡,欲盖而彰,善人

---

① 《权衡》卷七。
② 《权衡》卷一。
③ 《权衡》卷二。

劝焉，淫人惧焉。夫臣杀其君，欲盖者也，《春秋》顺其欲而不彰，则何惧矣。彼乱臣贼子知伪赴之可以免于贬绝，则又毋乃劝乎耳。是由《春秋》启之也，奈何哉！"① 按刘氏坚守"孔子修《春秋》而乱臣贼子惧"的成说，当然要对《左传》家从赴而书的说法表示不满。而且由此出发，对《春秋》是否鲁史旧文也做了一番辨析。主张《春秋》是鲁史旧文的，当以杜预为代表。杜预说："仲尼因鲁史策书成文，考其真伪，而志其典礼。上以遵周公之遗制，下以明将来之法。其教之所存，文之所害，则刊而正之，以示劝戒。其余皆即用旧史，史有文质，辞有详略，不必改也。"② 杜氏此说，本来并无大病，一方面指出了《春秋》是以鲁史旧文为基础的，一方面又指出了孔子在某些地方做了"刊正"。但刘敞对此说却深致不满，他批评说：

> 苟唯文之所害则刊而正之，其余皆因而不改，则何贵于圣人之作《春秋》也？而传又何以云"非圣人莫能修之"乎？大凡左氏本不能尽得圣人《春秋》之意，故《春秋》所有义同文异者，皆没而不说。而杜氏患苦《左传》有不传《春秋》之名，因为作说云"此乃圣人即用旧史尔"。观丘明之意，又不必然。按隐公之初，始入《春秋》，丘明解经，颇亦殷勤。故克段于鄢，传曰"不言出奔，难之也"，"不书城郎，非公命也"，"不书"之例，一年之中，凡七发明，是仲尼作经，大有所删改也，岂专用旧史者乎？③

看来刘敞与杜氏的区别，在于认定孔子所做删改之处甚多，许多杜氏以为是鲁史原样的地方，刘敞都认为是孔子有意的刊正。如果从经学的立场上来看，刘氏的解释应该说是一种进步，因为它解决了一些经、史不可调和的矛盾。例如史贵直笔，以不隐为善，而经却多讳书，主张为尊者、亲者、贤者讳，这两者究竟是一种怎样的关系呢？闵公二年经云"公薨"，杜预注云："实弑，书薨又不地者，皆史策讳之。"刘氏不以为然，他说：

> 然则杜意以谓史当讳国恶矣，诸称公薨者，皆时史之文，仲尼因之也。非也。古者史不讳国恶，恶有不记者，其罪死，以直为职者也。④

接着刘氏举晋董狐书赵盾弑君、齐太史书崔杼弑君为例，证史官不当讳国恶，"齐、晋皆大国，史官皆良士，见称于圣贤，以不讳国恶为是，知鲁之史亦不

---

① 《权衡》卷六。
② 杜预《春秋经传集解序》。
③ 《权衡》卷一。
④ 《权衡》卷三。

讳国恶也。鲁之史不讳国恶,则所讳由仲尼新意,非史策旧文也"。这样一来,刘氏就把《春秋》中相当一部分"讳书"都归在了孔子的名下,其直接的结果,一是加重了《春秋》中微言大义的分量;二是重申了史贵直笔、史法不隐的主张,使经义、史法并行而不悖:

> 宁殖将死,谓其子曰:"吾得罪于君,名藏在诸侯之策,曰'孙林父、宁殖出其君'。"夫宁殖所谓诸侯之策,则诸侯之史也。诸侯则齐、鲁是矣。今验《春秋》,绝不言孙、宁出君而言卫侯出奔者,仲尼改之也,复可谓史策讳之乎?然则鲁史实书"公弑",仲尼改云"薨",鲁史实书"孙宁出君",仲尼改云"卫侯出奔"矣。鲁史一官之守,而《春秋》之法,圣人之志,此其所以不同也。①

但刘氏并没有到此为止,他进一步申论经与史的依存关系云:

> 故《春秋》一也,鲁人记之,则为史;仲尼修之,则为经。经出于史,而史非经也。史可以为经,而经非史也。譬如攻石取玉,玉之产于石,必也,而石不可谓之玉;披沙取金,金之产于沙,必也,而沙不可谓之金。鲁国之史,贤人之记,沙之与石也;《春秋》之法,仲尼之笔,金之与玉也。金玉必待拣择追琢而后见,《春秋》亦待笔削改易而后成也。谓《春秋》之文皆旧史所记,无用仲尼者,是谓金玉不待拣择追琢而得,非其类矣。②

至于刘氏所论左氏解经第三蔽的"经阙文",他的表述不十分清晰,他说:"简牍虽有阙失,其史非圣人所遗也。""如谓经之阙文皆圣人所遗者,苟传有所说而不与经同,尽可归过于经,何赖于传之解经哉!"③似乎是说如过分强调经有阙文,则传的记述有与经不同之处,就总可以用经文阙失来解释,这样"圣人"所赋予的"大义"就反而不明了。僖公元年经云"夫人氏之丧至自齐",此夫人即庄公之夫人哀姜,她曾参与杀害了鲁国的两个君主子般和闵公,故《公》、《谷》均以不书"姜氏"为贬。但杜注曰:"不称姜,阙文。"这就没有褒贬可言了。刘氏反驳说:"《春秋》之义,以一字为褒贬,苟所不通者,则谓之阙文,《春秋》何文不阙也!'夫人孙于齐',不称姜氏,亦阙文邪?"④按这里提到的"夫人孙于齐",是庄公元年经文,"夫人"指桓公夫人文姜,这位文姜因与齐君通奸,致使桓公丧命。《春秋》记"夫人孙于齐"而没有称"姜

---

① 《权衡》卷三。
②④ 《权衡》卷四。
③ 《权衡》卷七。

氏"，《左传》明文"绝不为亲"，显然有贬绝之义，那么怎见得僖公元年的"夫人氏之丧至自齐"就是经之阙文呢？杜预"阙文"之说与"一字褒贬"的观念确实是有冲突的。

四、剔除怪论妄说以改造《公》《谷》

《春秋权衡》的后十卷是评论《公羊》和《谷梁》的。刘氏对《公羊》的批评，集中在三点上，他说：

> 《公羊》之所以异二传者，大指有三：一曰据百二十国宝书而作；二曰张三世；三曰新周故宋，以《春秋》当新王。吾以此三者皆非也。①

按所谓"据百二十国宝书而作"，《公羊传》本身并无其文，大约尽出于纬书。徐彦《公羊疏》引闵因叙曰："昔孔子受端门之命，制《春秋》之义，使子夏等十四人求州史记，得百二十国宝书，九月经立。《感精符》、《考异邮》、《说题辞》具有其文。"这是公羊家对孔子作《春秋》所依据的材料来源的解释。这一点是与《左传》学派不同的，《左传》学者认定孔子"据鲁史"作《春秋》，在这个问题上，刘敞是倾向《左氏》的，他说：

> 以谓"夫子作《春秋》，祖述尧舜，下包文武，又为大汉用之训世，故不专据鲁史而已"，然则"齐高偃帅师纳北燕伯于阳"，《公羊》以为公子阳生也，文当曰"齐高偃帅师纳北燕公子阳生于北燕"，有所误、有所阙故云尔。不知百二十国宝书悉尔书谬乎？若悉尔书谬，信《公羊》之说可也；若百二十国宝书有一二不同，仲尼何不去彼取此乎？且百二十国之书众矣，不容悉谬，又不宜悉同，今奈何不革？其不革也，然后知所据鲁史而已。且《公羊》见晋晚入《春秋》，则曰"后治同姓"，同姓之先治者又不可遽数。皆泥于百二十国宝书，而不知本据鲁史而作。鲁史所书有详有略，仲尼止考核是非，加褒贬而已，非必百二十国书也。②

按昭公十二年经云"齐高偃帅师纳北燕伯于阳"，《公羊传》设问答云："伯于阳者何？公子阳生也。子曰：'我乃知之矣。'在侧者曰：'子苟知之，何以不革？'曰：'如尔所不知何？'"是则《公羊》认为"伯于阳"三字乃文字之误，正确的当作"公子阳生"。但如果孔子修《春秋》时所据为"百二十国宝书"，则这百二十国宝书不应一误俱误。应该说刘氏的批评是机警而正确的。

"张三世"之说于《公羊传》有线索可寻。哀公十四年《公羊传》云：

---

①②《权衡》卷八。

"《春秋》何以始乎隐？祖之所逮闻也。所见异辞，所闻异辞，所传闻异辞。"这里的所见、所闻、所传闻，都是以孔子为主体，是说《春秋》十二公事，有的为孔子所亲见，有的为孔子所得闻，有的是孔子得之传闻。推寻《公羊》传意，大约是说隐公时事为孔子之祖父所得闻，孔子得之于其祖（对孔子来说是传闻），故《春秋》始于隐公。因为材料来源不同，故记载的用语有差异（异辞）。《公羊传》的这个"三阶段说"，到了董仲舒那里得到了进一步的发挥，董仲舒把《春秋》三阶段分别指实，甚至年代都划分得十分精确，但与《公羊传》的用意还是相去不远的，无非是对《春秋》书法差异的一种解释。到了何休那里，最终形成了"据乱、升平、太平"的三世说，给后世的公羊家创造了宽广的发挥余地，因此也就成了"非常异义可怪之论"。刘敞对公羊家的这一套理论是完全排斥的，他认为这套理论只有利于"私学"：

> 又所闻张三世者，本无益于经也。何以言之？传曰"所见异辞，所闻异辞，所传闻异辞"，则是言仲尼作经托记传闻而已。说者乃分裂年岁，参差不同，欲以蒙溷其说，务便私学。假令推日月之例书之详而中其义，则曰当若此矣；适不中义，则猥曰此传闻若所闻若所见，故略故详也。以是通之，以是扶之，无往而不入，要之无益于经而便于私学而已。舍三世而言《春秋》，岂不明乎？①

按在刘氏看来，三世说只能增加解说的随意性，对于探求真正的经义并无好处。而且，运用三世说，又会与《公羊》的其他理论例如讳书理论发生矛盾。根据讳书理论，《春秋》是要为贤者讳的，而不肖者则不讳，例如《公羊》认为《春秋》为隐公讳而不为桓公讳，是以为"隐贤而桓贱也"，这就与三世说矛盾了。刘氏问道："然则本说三世，欲辨远近，近者讳而远者不讳也。今更不然，贤者讳之，不肖者不讳之，通《春秋》之内，无不如此，亦何用分三世乎？"

"三世说"是何休所谓"三科九旨"中的"一科三旨"，其另外"一科三旨"就是所谓"新周、故宋、以《春秋》当新王"。按这套理论于《公羊传》中虽没有明文，但在董仲舒的著作里已有所阐发（《史记》、《春秋繁露》均作"亲周"，何休注作"新周"，殆字形相近致讹）。在董仲舒看来，孔子有王者之才却没有王者之位。孔子出于拨乱反正的目的，拟出了一套完整的治国大纲；为了使这大纲更加"深切著明"，孔子就把"春秋"虚拟为代周而立的一个新

---

① 《权衡》卷八。

的朝代，然后以这"新王"为依托，发挥他的种种政治见解。董仲舒把"《春秋》继周"纳入了当时流行的"三统说"理论。孔子既以《春秋》当新王，也就是说周被作为新王的鲁所继承，于是有了所谓"亲周"，于是有了所谓"故宋"（商又隔着一代，本应称为"故商"或者"故殷"，只缘春秋时的宋国是殷人的后代，因此也称"故宋"）。

这样的理论，产生于汉代谶纬迷信盛行的时代，是可以理解的；但它在周天子尚存的情况下就设计出一个取而代之的新朝来，这对任何一个处于上升时期的王朝来说都是不可思议的，因此也就很自然地被目为"非常异义可怪之论"。以刘敞所处的时代，这样的理论也很难为一般人所接受，因此刘敞在自己的著作里力斥其非：

> 圣人作《春秋》，本欲见褒贬是非，达王义而已。王义苟达，虽不新周，虽不故宋，虽不当新王，犹是《春秋》也。圣人曰：不怨天，不尤人，知我者，其天乎？今天不命以王天下之任，而圣人因怼而自立王天下之文，不可训也。且周命未改，何新之说？……既无足以辅经，而厚诬圣人，不亦甚乎！说者又谓作《春秋》为汉制，迷惑谶书，以伪为真，其端出于欲干合时君，排抵二传也。今而观之，而不掩口笑也，几希矣。①

刘敞对《谷梁》的解经，亦颇多不满。但因《谷梁》本身并无什么自成体系之论，故刘氏的批评，便多集中在揭示《谷梁》解经的不合理及其逞臆妄言之处。特别是对《谷梁》的所谓"日月时例"，抨击不遗余力。例如隐公元年的"郑伯克段于鄢"，《谷梁》曰："克者何？能也。何能也？能杀也。"刘氏曰："未有一字转相训诂而可并两义者也，诬人已甚矣。"② 隐公二年经云"夫人子氏薨"，《谷梁》认为此夫人为隐公之夫人，曰："不书葬，夫人之义，从君者也。"意谓隐公被弑后不书葬，夫人自亦不能书葬。刘氏驳之曰："隐薨在十一年，今夫人薨相去九年，可得预知君当不葬，而先除其葬乎？夫人之义，虽曰从君，至于卒葬，非其所能自制也，奈何以必从君限之哉！文姜亲与弑君，《春秋》犹书其葬，况于此非弑君之人乎？"③ 庄公七年经云"秋，大水"，《谷梁》的解释甚为无谓："高下有水灾曰大水。"刘氏驳之曰："假令大水，终不能令高下皆有，但没城邑已剧矣。况山岳不可没，则大水不必高下皆有也。"隐公七年经云"滕侯卒"，《谷梁》曰："滕侯无名……狄道也。"刘氏驳曰：

---

① 《权衡》卷八。
②③ 《权衡》卷十四。

"《春秋》诸侯卒，或名或不名者多矣，岂尽狭道哉！不可信之语，此故为甚。"①《谷梁》解经的随意性，在"日月时例"上表现最为明显，隐公五年九月经云"螟"，《谷梁》曰："甚则月，不甚则时。"刘敞认为这是无从考证的妄说："此亦神怪之比也。实甚而时，无以诘之；实不甚而月，亦无以诘之。若因而更之曰：甚则时，不甚则月，人亦莫辨也。"②像这样对《谷梁》那种毫无根据的所谓解经所做的批评还有很多。

五、刘氏《春秋》学的标新与立异

王应麟说《七经小传》出而宋学"稍尚新奇"，说明刘氏的学术确有创新之处。那么他的《春秋》学有哪些特点呢？我以为大致可以归纳为以下三个方面。

(一) 信经不信传。

隐公九年经云"大雨震电"，《左传》云："大雨霖以震。……凡雨，自三日以往为霖。"这里的经、传就有差异。杜预解释说："此传解经书'霖'而经无'霖'字，经误也。"这是明显的以传疑经。杜预这一类的解说很多，影响深远。故自唐以来，《春秋》学者往往迷信传文，凡遇经、传不一致之处，总是信传疑经。刘敞对此大不以为然。他说："经有'电'无'霖'，传有'霖'无'电'，传不解经，经反误哉？然丘明不宜革'电'为'霖'，盖其所据简策错误，不能决之于经，直因循旧记而已。杜氏遂专谓经误。党于《左氏》至如此，不已惑乎！"他并且进一步指出《左传》不可信之处："且《左氏》之言未必可信也。三日之雨，岂非常者乎？此固经所未尝者。若以雨三日已往而必书之，是《春秋》二百四十二年之中，三日雨者一而已，是岂足信也！"③他谆谆告诫人们说："学者莫如信《春秋》，则外物不能惑矣。《春秋》云甲传云乙，传虽可信，勿信也。孰信哉？信《春秋》而已矣。"刘氏的这一看法，与欧阳修完全相合。欧阳修之于刘敞，大约在师友之间，据叶梦得说，欧阳修还"多问《春秋》于原父"④，《宋元学案》将刘敞归入《庐陵学案》，不是没有道理的。欧阳修曾撰《春秋论》三篇⑤，专门讨论信经还是信传。他首先提出了一

---

① ② 《权衡》卷十四。
③ 《权衡》卷二。
④ 参见纳兰性德《刘公是春秋序》，《通志堂集》卷十二。
⑤ 欧阳修《春秋论》上、中、下，《全宋文》卷七百三十一。

个问题:"事有不幸出于久远而传乎二说,则奚从"?结论是:"从其一之可信者"。众人之说与君子不同,则"舍众人而从君子"。君子之说与圣人不同,则"舍君子而从圣人"。由此而转入正题:"此举世之人皆知其然,而学《春秋》者独异乎是。孔子,圣人也,万世取信,一人而已。若公羊高、谷梁赤、左氏三子者,博学而多闻矣,其传不能无失者也。孔子之于经,三子之于传,有所不同,则学者宁舍经而从传,不信孔子而信三子,甚哉其惑也!"接着欧阳修举了三个例子:一是隐公是否摄君位。传称隐公没有正式即君位,只是摄政而已;但经明明称之为"公",故"摄政"之说不可信。二是经称"赵盾弑其君",而传却说是"赵穿",此赵穿弑君之说不足信。三是经称"许世子止弑其君买",传却说许君实际是死于病,而许止不过是没有尝药而已,对此,人们毋宁相信许君确为其世子止所弑。这样一来,是不是三传所说就完全不可信了呢?欧阳修在所撰《春秋或问》中说:"或问:'子于隐摄、盾止之弑,据经而废传。经简矣,待传而详,可废乎?'曰:'吾岂尽废之乎?夫传之于经勤矣,其述经之事,时有赖其详焉,至其失,传则不胜其戾也。其述经之意,亦时有得焉,及其失也,欲大圣人而反小之,欲尊经而反卑之。取其详而得者,废其失者,可也;嘉其尊大之心,可也;信其卑小之说,不可也。'"① 这话虽出自欧阳修,也很能反映刘敞的基本立场:以经为主,信经不信传。当然,刘、欧所谓不信传,只是在经、传发生矛盾时是如此,对三传的解经,他们是有很清醒的认识的。这就是下面所要谈到的刘氏《春秋》学的另一个特点。

(二)批评三传,又不尽废三传。

宋人王应麟概括刘敞的观点曰:"《左氏》拘于赴告,《公羊》牵于谶纬,《谷梁》窘于日月,刘原父之言也。"② 也许正是因为刘敞对三传的解经都有许多不满意之处,所以他才要自己重新作一部《春秋传》吧。《四库全书》著录有刘敞《春秋传》十五卷。此书在宋时就没有刊本,人或疑其伪,但清儒经过考证,认为"核其议论体裁,与敞所著他书,一一吻合,非后人所能赝作"③,所论极是。我把刘氏《春秋传》与《左》、《公》、《谷》三传做过对照,发现他凡是批评三传之处,总能别出机杼,自立新义。不过尽管他对三传多有批评,但总的来说,他的《春秋传》还是有大量的吸收三传之处。如果单从《春秋权衡》来看,刘氏对三传都有批评,仿佛无所轩轾,其实不然。看他所撰《春秋

---

① 欧阳修《春秋或问》,《全宋文》卷七百三十一。
② 王应麟《困学纪闻》卷六。
③ 《四库全书总目》。

传》，其倾向性就很明显。此书的第一卷，共有《春秋》经文七十三条，其中有二十六条刘氏没有作任何说解，在余下的四十七条中，有一半左右刘氏的说解是与《公羊》或《谷梁》基本相同甚至完全相同的，另一半则与《公》、《谷》有较大的差异。当然，对这所谓差异，也得分析：这里面有些是对《公》、《谷》的驳正；也有的是与《公》、《谷》的着眼点不同，即对经义所在的认识不同；也有的经文《公》、《谷》原本就无说，刘氏自创新说。对于《左传》，刘氏一般是只限于取其事实，例如"卫人杀州吁于濮"、"公观鱼于棠"，都是记事用《左传》，而褒贬则用《公羊》，对《左传》的"释义"的部分则取之甚少。特别值得一提的是，刘氏的《春秋传》的行文用语绝类《公》、《谷》，也是用那种自设问答的体裁，刘氏显然是把《公》、《谷》的文体视为解经之传的正宗的。《四库提要》评论说："其书皆节录三传事迹，断以己意，其褒贬义例，多取诸《公羊》、《谷梁》。"大致得之。至于《公》、《谷》不同之处，刘氏则以从《公羊》者居多。可以说，刘敞之学，是以《公羊》为主的，这在当时也应该算是标新立异。

唐代的《春秋》学，是以《左传》为主体的，《五经正义》独收《左传注疏》，是《左氏》学在唐代处于官学地位的标志。唐人口中的所谓"春秋"，在相当多的场合实际上是指《左传》。但唐代的《春秋》学从整体来说是呈衰颓之势的，这固然与诸种社会历史条件以及经学的整体发展状况有关，同时也与《左传》自身的特点不无关系。《左传》具有史书的性质，它长于叙事，短于解经，对经义的发挥殊少，因此对实际政治行为的指导意义常常显得暗而不彰。而且，《左传》中所表达的"义理"与正统的儒家观念多有不合，这一点也常遭人訾议。中唐以后，以啖、赵、陆三家为代表，兴起一股舍传求经之风，渐成为晚唐《春秋》学的主流。宋代学者继承啖、赵、陆学风的颇有其人，孙复就是一个突出的代表。孙复年辈稍早于刘敞，其主要的著作是《春秋尊王发微》。孙氏秉承了唐末舍传求经之余风，欧阳修称之为"不惑传注，不为曲说以乱经"①，专门剔发《春秋》经里"尊王"的大义。但他既舍弃三传，则其所谓经义，主观任意的地方很多；而且失之深刻，使一部《春秋》，几乎处处是贬，成了所谓"罗织之经"。孙复的学术，在当时是颇具影响力的。刘敞看到了孙氏的偏颇，对孙氏的学说有所修正。他虽对三传多有批评之语，却并不尽

---

① 欧阳修《孙明复先生墓志铭》，《全宋文》卷七百五十一。

废三传，而是"平三家之得失，然后集众说，断以己意"①，这是刘敞学术的特点，也是与《尊王发微》的最大的不同。刘敞深知《左传》解经之不足，正确地指出左氏非受经于仲尼，但也肯定《左传》确是为解经而作的，肯定《左传》所记史实对理解经义的重要意义。他看到了《公羊》、《谷梁》在褒贬、义例等方面的长处，而这些长处在使《春秋》学更具政治指导性上是至关重要的。因此，刘敞的《春秋》学在很大程度上是依据《公羊》、《谷梁》（特别是《公羊》）的传义的，但他对《公羊》的那些"非常异义可怪之论"以及《谷梁》中许多不合理解释坚决予以剔除，实际上是对《公》、《谷》学说进行了一番改造。加之刘氏又吸取了《左传》中的部分内容，这样一种综合三传的、经过刘敞"以己意裁断"的新的《春秋》学就产生了。

（三）借解经发挥自己的政治观点。

这是刘敞《春秋》学的又一个特点。庄公十八年经文有"公追戎于济西"，《公》、《谷》俱以为褒鲁君之追戎，而刘敞则发挥曰："此无爱民之意，而有不仁之心，任诈谋而尚奇功，胜固不足多也，况又不胜乎？凡君之于其民也，固犹父母之于子，子陷水火，父母不避焦溺而救之矣。岂坐视之待其然且没而施巧变哉！"②虽说这里的"任诈谋而尚奇功"云云不知其何所据，但此言明确地表达了刘氏的政治观点则无疑。桓公四年经云"天王使宰渠伯纠来聘"，《公》、《左》都只纠缠在称名或称字上，刘氏则在"宰"的职掌上发挥曰："《春秋》于大夫莫书其官，至冢宰独书之，以此见任之最重也。宰天下者莫名，至纠独名，以此见责之最备也。周公作《周礼》，冢宰之职固赏善诛恶，进贤而退不肖。"③这段解经，表明了刘敞对冢宰作用的认识。刘氏在《意林》中，曾总结隐公被弑的原因云："伐宋、败宋、取邿、取防、滕侯薛侯来朝、入许，隐公之所以弑也。德薄而多大功，虑浅而数得意也。备其四竟，祸反在内，可不哀与？孔子曰：人无远虑，必有近忧，不在颛臾，而在萧墙也。"按"伐宋"、"入许"云云，是隐公十年、十一年这两年的经文，隐公于十一年被弑，从来说者都没有把这几条经文与他的被弑联系起来，刘敞则从一个全新的角度论证隐公被弑的原因，这样的解经，明显带有总结政治经验的性质。

刘敞的《春秋》学，善于发挥，勇于立异，固然是其所长，然而也不免有鲁莽灭裂之弊。例如《左传》宣公二年记晋灵公被弑一事，有孔子"惜也，越

---

① 陈振孙《直斋书录解题》卷三，上海古籍出版社 1987 年版。
②③《春秋意林》卷上。

竟乃免"一语，而在刘氏《春秋传》中，则被改为"讨贼乃免"，这一点已经四库馆臣指出，并有"宋代改经之例，敞导其先，宜其视改传为固然矣"的评论。① 又庄公二十四年经有"郭公"二字，《左氏》无传，杜注以为经有阙文，《公》、《谷》则均把这两字连缀于上文"赤归于曹"之下；而刘敞仅根据《管子》中有一段关于"郭所以亡"的议论，就断定"郭公"的"公"字乃是"亡"字之误，他径改为"郭亡"后云：

> 郭亡，亡国之亡也。未尝不以其取亡亡之也，而独谓郭亡，何哉？郭之所以亡者，与他国异。他国之亡者，所善不善，所恶不恶也；而郭之亡，善善而恶恶。善善而恶恶，则贤贤，而亡，此天下之所疑，故圣人慎之也。善善而不能用，无贵于知善矣；恶恶而不能去，无贵于知恶矣。不能用之蔽至于怨，不能去之蔽至于乱，怨乱之兴焉，有不亡者乎？故五谷之种非不美也，其为不熟，不如荑稗。治国亦有五谷，五谷不成，何处而善哉！②

按这大段议论是由"郭亡"二字生发出来的，见识固然高明，但这些都是建立在"公"乃"亡"字之误的基础上的，倘所改之字不确，则这议论顿成沙基之塔。由此例不难看出刘敞改字之勇及其立说之悍，在这一点上，确实开了宋人学风之先河，刘氏因此而蒙后世之讥，良有以也。

刘敞颇以其《春秋》学自负，但他也深知，自己的学说，曲高和寡，一时之间，恐怕也很难在士大夫间流行开来。他自序《春秋权衡》曰："《权衡》之书始出，未有能读者。……虽然，非达学通人则亦必不能观之矣。耳牵于所闻而目迷于所习，怀恐见破之私意，而无从善服义之公心。故亦譬之权衡矣，或利其寡而示权如羸，或利其多而示权如缩，若此者非权衡之过也，人事之变也。"事实上，刘敞的学问虽为一时名士如欧阳修等所推服，但他的《春秋》学，在当时接受的人并不很多。嘉祐中，杜谔撰《春秋会义》二十六卷，集左氏及汉唐以来直至宋代的三十余家议论，其中包括宋儒孙复至孙觉十几家，却没有刘敞的著作。③ 南宋学者叶梦得曰："今学者治经不精，而苏、孙之学近而易明，其失者不能遽见，故皆信之。而刘以其难入，则或诋以为用意太过，出于穿凿。彼不知经，无怪其然也。"④ 按叶氏是推崇刘敞的《春秋》学的，他认

---

① 《四库全书总目》。
② 《春秋意林》卷上。
③ 《玉海》卷四十，江苏古籍出版社1987年影印本。
④ 朱彝尊《经义考》卷一百八十。

为刘氏之学所以未能风行，是因为其学"难入"，也就是比较艰深。他所说的苏、孙之学，是指苏辙的《春秋集解》与孙觉的《春秋经解》。苏辙之《集解》，主要是从"史"的角度看《春秋》，其书"专本《左氏》，不得已乃取二传、啖、赵，盖以一时谈经者不复信史或失事实故也"①，"苏氏但以传之事释经之文而已……于经义皆以为求之过"②，这样的著作，自然"近而易明"。而孙觉的《春秋经解》，据作者自己说，"以《谷梁》为本"，"其说是非褒贬，则杂取三传及历代诸儒、唐啖赵陆氏之说，长者从之，其所未闻，即以所闻安定先生之说解之云"③。孙觉稍晚于刘敞，他的学术，属于胡瑗、孙复一派，对孙复的继承尤多，特别注重发挥"尊王"大义。孙觉对三传的看法，其实是与刘敞非常接近的。他的《春秋》学易为人所接受的原因，恐怕不能单用"近而易明"来解释，而是与这一派学说特别适应当时的政治需要这一点不无关系。

第四节 王安石与"断烂朝报"之说

仁宗庆历时期（1041—1048），在北宋政坛或文坛上有重要影响的人物如范仲淹、富弼、韩琦、欧阳修等，对《春秋》经传的价值和功用都有非常充分的认识，在他们所荐举的儒士当中，不乏像孙复、胡瑗、刘敞这样在《春秋》学上有相当造诣的学者。一时经筵讲论、国学传授，乃至科举取士，《春秋》都是重要的一经。到了神宗熙宁年间（1068—1077），这种情况发生了变化。这期间出了一位强有力的政治人物兼学问家，改变了《春秋》经传在官学中的地位，此人就是王安石。

王安石，字介甫，抚州临川人。生于真宗天禧五年（1021），卒于哲宗元祐元年（1086）。安石于庆历二年（1042）登进士第，从此投身于政治。神宗即位以后，王安石受到重用，开始推行他所制定的一系列改革措施。王安石的改革，是北宋历史上非同寻常的重要事件。当时以及后世的人，对他的改革有毁有誉，不过大致说来，旧时的学者，毁之者多，誉之者少。以今天的观点来看，王安石无疑是一位令人尊敬的改革家，但若要对他的改革的内容做深入的分析和评价，实在是一项繁剧的课题，这已超出了本书的研究范围。我在这里所关注的，是王安石的当政，他的变法，对当时的经学，特别是对当时的《春

---

① 陈振孙《直斋书录解题》卷三。
② 《经义考》卷一百八十二引叶梦得语。
③ 孙觉《春秋经解自序》，《全宋文》卷一千五百八十五。

秋》学，究竟带来了哪些影响。

不管对王安石变法是毁是誉，恐怕谁都无法否认，王安石不仅是一位大政治家，同时也是一位大学者和大文学家。作为政治上的改革派，王安石在学术上也有许多创造性的建树。他不满于汉唐以来儒者对经典所做的诠释，与他的追随者一起，对《诗》、《书》、《周礼》做了全新的注解，当时称为《三经新义》。据《宋史》本传记载：

> 初，安石训释《诗》、《书》、《周礼》，既成，颁之学官，天下号曰"新义"。晚居金陵，又作《字说》，多穿凿傅会，其流入于佛老。一时学者，无敢不传习，主司纯用以取士，士莫得自名一说，先儒传注，一切废不用。黜《春秋》之书，不使列于学官，至戏目为"断烂朝报"。

按《宋史》作者的立场十分鲜明，他是反对王安石变法的，同时对王安石的学术也多做负面的评价。这段材料表明，王安石对儒家经典的研习是有选择的，他似乎特别对《春秋》持一种排斥的态度。"断烂朝报"之说，很可能源自宋人的传说。南宋人周麟之为孙觉《春秋经解》作跋云：

> 先君潜心《春秋》二十年，得成说于邮上孙先生莘老，其书家传三世矣，兵火焚荡，遂为煨烬。及寓居江浙，尝诵其说以授学者。予每得而听之。一日，先君为余言：初，王荆公欲释《春秋》以行于天下，而莘老之传已出，一见而有愁心，自知不复能出其右，遂诋圣经而废之曰："此断烂朝报也。"不列于学官，不用于贡举者积有年矣。①

按周麟之为高宗时人，既闻之于其父，则此事显系传闻，但在当时可能已流传甚广。《宋史》作者取之入传，于是"断烂朝报"一语遂成了王安石的名言。如果站在正统儒家的立场上来看，这不啻是王安石的一大罪状。但事情果真是如此吗？王安石真的是这样肆无忌惮地贬损《春秋》一经吗？

自北宋以来，便不断有人为王安石辨诬。南宋晚期的儒者林希逸（竹溪）曰：

> （尹）和靖曰："介甫未尝废《春秋》，废《春秋》以为断烂朝报，皆后来无忌惮者托介甫之言也。"和靖又谓韩玉汝之子宗文，字求仁，尝上王介甫书，请六经之旨。介甫皆答之，独于《春秋》曰："此经比它经尤难，盖三传皆不足信也。"故有介甫大段识好恶之语。……和靖去介甫未远，其言如此，甚公。今人皆以"断烂朝报"之语为荆公之罪，亦冤甚

---

① 周麟之《春秋经解后跋》，《四库全书》本《春秋经解》附。

矣，然亦荆公有以招之。①

按这里提到的尹和靖即尹焞，字彦明，和靖是其号。此人是程颐的弟子，生活于徽、钦、高宗之际，故林希逸以为"去介甫未远"。从尹氏所言来看，似乎荆公根本就没有"断烂朝报"之说。与尹焞大体同时的杨时也在所撰《孙觉春秋经解序》中说：

> 孟子曰：王者之迹熄而《诗》亡，《诗》亡然后《春秋》作。……故曰：《春秋》，天子之事也。孔子没，更秦燔书，微言中绝。汉兴，诸儒守专门之学，互相疵病，至父子有异同之论，况余人乎？然自昔通儒达识，未有不由此而学也。熙宁之初，崇儒尊经，训迪多士。以谓三传异同，无所考正，于六经尤为难知，故《春秋》不列于学官，非废而不用也。而士方急于科举之习，遂阙而不讲，可胜惜哉！②

按杨时号龟山，熙宁九年进士，是二程的入室弟子。杨时对王安石的新政，可谓深恶痛绝，说"安石挟管、商之术，饬六艺以文奸言，变乱祖宗法度"，"其著为邪说以涂学者耳目，而败坏其心术者，不可缕数"③。但即使这样一位对王氏的经学成见甚深的学者，也不曾提到王氏曾有"断烂朝报"之说，只是说"以谓三传异同，无所考正，于六经尤为难知，故《春秋》不列于学官"，而且还特著一句"非废而不用也"，可见王氏诋毁《春秋》未必是实。

清人李绂是王安石的同情者，他对周麟之的记述深致不满，称麟之为"浮薄小生"，又说"其述父训亦未必然，否则其父亦妄人也"。这是因为李绂于"断烂朝报"的公案另有所闻，他说：

> 断烂朝报之说，尝闻之先达，谓见之《临汝闲书》，盖病解经者，非诋经也。荆公尝自为《春秋左氏解》十卷，言言精核，辨左氏为战国时人，其明验十有一事，自来治经者未之能及。其高第弟子陆农师佃、龚深甫原，并治《春秋》，陆著《春秋后传》，龚著《春秋解》，遇疑难者辄目为阙文。荆公笑谓：阙文若如此之多，则《春秋》乃断烂朝报矣。盖病治经者不得经说，不当以阙文置之，意实尊经，非诋经也。④

按《临汝闲书》的作者是李壁，壁字季章，《宋史》有传，其父是南宋著名的史学家李焘。《临汝闲书》已佚，其内容今日已难得其详。李绂氏既言"闻之

---

① 林希逸《竹溪鬳斋十一稿续集》卷二十八，《四库全书》本。
② 杨时《孙觉春秋经解序》，《四库全书》本《春秋经解》附。
③ 《宋史·杨时传》。
④ 李绂《书周麟之孙氏春秋传序后》，《穆堂别稿》卷三十九，乾隆丁卯刻本。

先达",则他本人恐怕也不曾见过原书。倘李氏所闻不误,则《临汝闲书》所记载的很可能就是事实真相。看来"断烂朝报"一语确系出自荆公之口,只是并非荆公对《春秋》所做的一般性评论,而是针对其弟子陆佃、龚原解《春秋》"遇疑难辄目为阙文"这一事实而发的有条件的比喻。照李绂的说法,荆公之意,"盖病治经者不得经说,不当以阙文置之,意实尊经,非诋经也"。当然,李绂之说毕竟只是得之传闻,所据又是佚书,无从对证,所以还是很难纠正人们关于王安石诋毁《春秋》的印象。

如果仔细翻检王安石的全部著作,其实不难发现王安石对《春秋》一经的真实态度。清人蔡上翔就做了这样一种工作,从而把为王安石"辨诬"推进了一步。① 有证据表明,王安石也如一般儒者一样,对《春秋》是很尊崇的,例如王安石曾说:

(1) 昔周人藏上古之书,以为大训,而孔子《春秋》,天子之事也。盖夫讨论一代之善恶,而撰次以法度之文章,非夫通儒达才,有识足以知先王,不欺足以信后世,则孰能托《尚书》、《春秋》之义,勒成大典,而称吾属任之指乎?②

(2) 薄于责人,而非匿其过;不苟于论人,所以求其全。圣人之道,本乎中而已,《春秋》之旨,岂易于是哉!③

(3) 伏羲作《易》,而后世圣人之言也,非天下之至精至神,其孰能与于此。孔子作《春秋》,则游、夏不能措一辞。④

(4) 先生学完行高,江淮间州争欲以为师,所留辄以《诗》、《书》、《礼》、《易》、《春秋》授弟子。⑤

按(1)例以孔子《春秋》为"天子之事",这显然是吸取了孟子的《春秋》说,且称唯"有识"、"不欺"者方能明《春秋》之义,又将《春秋》与《尚书》并提。(2)例以《春秋》之旨为合乎圣人之道即所谓"中"。(3)例以孔子作《春秋》与伏羲作《易》相提并论,其尊崇《春秋》之意溢于言表。(4)例中的"先生"指荆公的胞兄常甫,常甫以五经教授,荆公称美亡兄的学行,

---

① 蔡上翔《荆公不信春秋辨》,《王荆公年谱考略》卷十一,上海人民出版社1959年版。本节论王安石,参考此书为多。
② 王安石《范镇加修撰制》,《临川先生文集》卷四十九,《四部丛刊》本。
③ 王安石《中述》,《临川先生文集》卷六十七。
④ 王安石《原性》,《临川先生文集》卷六十八。
⑤ 王安石《亡兄王常甫墓志铭》,《临川先生文集》卷九十六。

这学行中自然也包括"以《春秋》授弟子",则荆公之不贬损《春秋》,是再明显不过的了。

通阅王安石的全部著作,竟无一语诋《春秋》者。对于三传,荆公虽不尽信,亦不尽废,在他的文章中,也还多次引用《春秋》传义,例如:

(1) 复仇之义,见于《春秋传》,见于《礼记》,为乱世之为子弟者言之也。①

(2) 故散骑常侍徐公铉,奉太宗命撰《江南录》,至李氏亡国之际,不言其君之过,但以历数存亡论之。虽有愧于实录,其于《春秋》之义,箕子之说,徐氏《录》为得焉。②

(3) 孔子作《春秋》,记人之行事,或名之,或字之,皆因其行事之善恶而贵贱之。二百四十二年之间,字而不名者,十二人而已。③

按"大复仇"为《公羊》之义,"为尊者讳"、以名字为褒贬,都是《公》、《谷》的义例,安石对这些义例显然是有所吸取的。

从上述这些例证来看,王安石对《春秋》很可能并非如世人所传说的那样,极尽非毁之能事,所谓"断烂朝报"之说,很可能是一桩冤案。不过,王安石对《春秋》重视不够,对《春秋》学缺乏研究,当也是事实。前面说过,王氏不满于汉唐以来经师的注疏,自创《三经新义》,所谓"三经",是指《诗》、《书》、《周礼》三书;又王氏曾作《易》注,颇为程颐所推重。是则五经之中,只有《春秋》一经,王氏不曾作出新义。英宗治平年间(1064—1067),有韩宗文(求仁)上书王安石,请教《诗》、《易》、《春秋》、《论语》、《孟子》诸经之旨,安石作《答韩求仁书》,对有关《诗》、《易》、《论》、《孟》的问题都分别给予解答,唯独于《春秋》曰:"至于《春秋》三传,既不足信,故于诸经尤为难知。辱问皆不果答,亦冀有以亮之。"④ 荆公不肯谈论有关《春秋》的问题,似是知难而退,这应该算是一种矜慎的态度;至于不信三传,则显系受啖、赵遗风的影响,这在北宋学人中极其普遍,并不独荆公为然的。

但自神宗即位以来,王安石上升到了执政的位置,他个人的态度,自然就对当时的学术发生了影响。诸经之中,王安石最看重《周礼》,这大约是因为《周礼》是一种政治规划,最便于热心政治改革者的发挥利用。安石重视理财,

---

① 王安石《复仇解》,《临川先生文集》卷七十。
② 王安石《读江南录》,《临川先生文集》卷七十一。
③ 王安石《石仲卿字序》,《临川先生文集》卷八十四。
④ 王安石《答韩求仁书》,《临川先生文集》卷七十二。

而经典之中，也只有《周礼》有关于理财的内容。《周礼》之外，他也看重《诗经》和《尚书》。而对《春秋》，他则是"敬而远之"，其最堂皇的借口，则是"其义难知"。实际上他不喜欢《春秋》一经，很可能与《春秋》的某些"经义"有关。《春秋》有讥变法之义，有"大复古"之义，这些都与王氏的改革思想格格不入，因此，《春秋》受到王安石的轻视，自亦在情理之中。而在那个时代，要置《春秋》于不讲不论之列，自然以强调《春秋》之义隐晦难明，为最稳妥的理由。熙宁年间，《春秋》不列于学官，科举考试不以《春秋》取士。史载神宗谓王安石曰："卿尝以《春秋》自鲁史亡，其义不可考，故未置学官。"[①] 与王安石同时的朱长文说："熙宁中，王荆公秉政，以《诗》、《书》、《周礼》取天下士，置《春秋》不用。盖病三家之说，纷纠而难辨也。"[②] 朱氏所说的"置《春秋》不用"，在下引诸条材料里也被说成是《春秋》被"废"或者被"禁"：

> 林石，字介夫。……临川王氏《三经》行，先生独不趋新学，以《春秋》教授乡里。既而《春秋》为时所禁，乃绝意仕进，筑室躬耕，作萱堂以养母。[③]

> 常秩，字夷甫。……举进士不中，屏居里巷，以经术著称。……秩长于《春秋》，至斥孙复所学为不近人情。著讲解数十篇，自谓"圣人之道，皆在于是"。及安石废《春秋》，遂尽讳其学。[④]

> 刘朔……少治《易》，其兄（刘凤）谓曰："《春秋》为王氏茅塞久矣！"由是更治《春秋》，名其家。[⑤]

> 邓名世，字元亚。……先是，议臣禁学《春秋》及诸史者，先生独酷嗜之。试有司，屡以援《春秋》见黜。同舍又告藏元祐党人文集，笑曰："是足以废吾身乎？"遂杜门却扫，益研究经史，考三传同异，往往为诸儒所未到。[⑥]

总之在王安石的时代，《春秋》一经很不行时，研治《春秋》，成了一种不合时宜之举。看来王安石虽然未必有"断烂朝报"那样公然非毁经典的言论，但在

---

① 《续资治通鉴长编纪事本末》卷七十四。
② 转引自蔡上翔《王荆公年谱考略》，第173页。
③ 《宋元学案》卷五，第247页。
④ 《宋史·常秩传》。
⑤ 《宋元学案》卷四十七，第1477页。
⑥ 《宋元学案》卷三十五，第1223页。

他执政期间，《春秋》的地位确实不高。既然科举考试已将《春秋》排除在外，士人研习的热情自然大减，故《春秋》之学不待"禁"而已衰。王氏的新政影响宋朝政坛几十年，故他的学术主张也流行了几十年。南宋胡安国说：

> 近世推隆王氏新说，按为国是，独于《春秋》，贡举不以取士，庠序不以设官，经筵不以进读，断国论者无所折衷，天下不知所适。人欲日长，天理日消，其效使夷狄乱华（此四字四库本作"逆乱肆行"），莫之遏也。噫，至此极矣。仲尼亲手笔削拨乱反正之书，亦可以行矣。天纵圣学，崇信是经。乃于斯时奉承诏旨，辄不自揆，谨述所闻，为之说以献。①

按胡安国作此序时在南宋初年，在他看来，物极必反，否极泰来，《春秋》学复兴之日已至。然则自熙宁以至宣和，《春秋》之学的衰废自是不言而喻的了。

第五节　二程对《春秋》学的影响

随着社会的发展，发源于先秦的儒学的面貌不断发生着变化。

比起汉代的儒学来，宋代的学术确实呈现出一种崭新的面貌。宋学之中，理学（或曰道学）是其主体。人们谈到理学的出现，往往要追溯到周敦颐、邵雍、张载等人。毫无疑问，周氏的《太极图说》、邵雍的《皇极经世》，以及张载的一系列著作，确实为宋代的理学奠定了哲学基础，此数子作为理学的创始人是当之无愧的。但真正构筑起理学思想体系、并使之与传统伦理道德相结合，进而使之成为主流意识形态的，还得数二程和朱熹，故人们常称宋代理学为程朱理学。那么，程朱理学是怎样看待《春秋》经传的呢？作为一代新儒学的代表，二程与朱子对《春秋》学发生了哪些影响？他们为传统的《春秋》学贡献了哪些新的东西？本节及下一章的第一节将对此进行探讨。

一、二程的《春秋》观

二程，是指程颢与程颐。

程颢，字伯淳，生于北宋仁宗明道元年（1032），学者称明道先生。嘉祐二年（1057）举进士，做过知县等小官，神宗时入朝为言官，后因与王安石政见不同，又放了外任。元丰八年（1085）卒，享年五十四岁。程颐，字正叔，是程颢之弟，少于颢一岁。他在五十岁之前没有做官，但已经以"力学好古，

---

① 胡安国《春秋传自序》，《四部丛刊续编》本。

安贫守节，言必忠信，动遵礼法"①享誉于世。哲宗初，因司马光、吕公著等人荐，入宫为讲官。时苏轼在翰林，有重名，程颐与苏轼不睦，两人各有支持者，遂分为蜀、洛两党。后程颐竟坐结党削籍。大观元年（1107）卒于家，享年七十五岁。二程少时俱从周敦颐问学，周氏的思想无疑给了二程以影响和启发。周敦颐的《太极图说》，奠定了后来程朱学派的本体论哲学基础，他把宇宙、社会、日用伦常统一起来的思路，给了二程视天理与伦理为一的启迪。周氏学说的"以诚为本，以欲为戒"，更开后世理学家言心言性之先河。

清人黄百家论二程之不同云："顾二程子虽同受学濂溪，而大程德性宽宏，规模阔广，以光风霁月为怀；二程气质刚方，文理密察，以峭壁孤峰为体。其道虽同，而造德自各有殊也。"②这虽是一种比喻的说法，却颇有写意传神之妙。程颢早年就"厌科举之习，慨然有求道之志，泛滥于诸家、出入于老释者几十年，返求诸六经而后得之"。他为学讲究"识仁"，说："仁者，浑然与物同体，义、礼、智、信皆仁也。识得此理，以诚敬存之而已，不须防检，不须穷索。"③他简化了修养的程序，把仁义礼智信归结为一个"仁"字，一下子抓住了要领。这大约就是学术上的"以光风霁月为怀"吧。他提出了"天理"这样一个非常重要的范畴，却没有进行多少论证，他说："吾学虽有所受，'天理'二字却是自家体贴出来。"程颐则更擅长分析，在他的著作中，有对宇宙生成的十分清晰的讲解。程颐把"理"看成是万事万物的本原，他说："天者，理也"④，"万物皆只是一个天理"⑤。"有理而后有象，有象而后有数"，"有理则有气，有气则有数"⑥。

二程都言"理"，但比较起来，程颢更偏重于以"理"为"心"，而程颐则以"理"为"天"，为"道"，视"理"为一种客观的绝对。故在《春秋》三传这一类较为远离心性之学的经典方面，程颐所发的议论要较程颢为多。因此我们在这里着重看一看程颐的《春秋》观。

程颐对《春秋》备极推崇，他说：

《春秋》之书，百王不易之法。三王以后，相因既备，周道衰，而圣

---

① 《宋史·道学传》引司马光等荐疏。
② 《宋元学案》卷十三，第540页。
③ 《宋元学案》卷十三，第540页。
④ 《二程集》，中华书局1981年点校本，第132页。
⑤ 《二程集》第30页。
⑥ 《二程集》第271页。

人虑后世圣人不作，大道遂坠，故作此一书。①

　　夫子当周之末，以圣人不复作也，顺天应时之治不复有也，于是作《春秋》为百王不易之大法，所谓考诸三王而不谬，建诸天地而不悖，质诸鬼神而无疑，百世以俟圣人而不惑者也。②

既是"百王不易之法"，那么在程颐看来，《春秋》具有永恒的价值。《春秋》既是"周道衰"以后的圣人垂法，则《春秋》所体现的正是"三王""相因"的一贯的精神。孔子作《春秋》，就是要把"三王"之道固定下来，使之成为万世遵行的标准：

　　刘绚问："孔子何谓（为）作《春秋》？"（程）子曰："由尧舜至于周，文质损益，其变极矣，其法详矣。仲尼参酌其宜，以为万世王制之所折中焉，此作《春秋》之本意也。观其告颜子为邦之道，可见矣。"③

按这里的"告颜子为邦之道"，是指《论语·卫灵公》："颜渊问为邦。子曰：'行夏之时，乘殷之辂，服周之冕，乐则韶舞。'"这话的本意，是说治国要行用三代的礼乐车服制度；程氏则说这表明孔子主张治国要用三王之道，孔子作《春秋》，就是对这三代之法参酌损益，以形成可以被"万世"遵行的"王制"。孔子"其志不欲为一王之法，欲为百王之通法"，"其法度又一寓之《春秋》"。④所以，《春秋》在程氏看来，"此书乃文质之中，宽猛之宜，是非之公也"，是儒者治国安邦的思想与原则的最集中的体现，他甚至说，"学者不观他书，只观《春秋》，亦可尽道"⑤。

　　照这样说来，二程的学术，是不是就以《春秋》学为主呢？是又不然。我们看二程的著作，可以隐约感到，他们在儒家诸种经典中，似乎更多地关注《易经》、《论语》、《孟子》、《礼记》诸经，甚至谈到《诗经》、《尚书》的地方也比《春秋》为多，这或许是因为二程主张穷理尽性，注重个人的修养，而《春秋》既是治国大法，则在儒者修、齐、治、平的序列中，属于治、平那一层次，与最基本的修、齐毕竟相隔较远，因而程颐虽然承认《春秋》"穷理之要"，却在为学的次序上把《春秋》往后推："学者不必他求，学《春秋》可以

---

① 《二程集》第283页。
② 《二程集》第583页。
③ 《二程集》第1200页。
④ 《二程集》第62页。
⑤ 《二程集》第157页。

尽道矣。然以通《语》、《孟》为先。"① 其实不惟学《春秋》当先学《语》、《孟》，治其他诸经也是如此："或问：穷经旨，当何所先？（程）子曰：'《语》、《孟》二书知其要约所在，则可以观五经矣。读《语》、《孟》而不知道，所谓虽多亦奚以为。'"只是《春秋》似乎陈义更高，学者研治之前，须打好义理的基础。"尝语学者，且先读《论语》、《孟子》，更读一经，然后看《春秋》。先识得个义理，方可看《春秋》。"②

程氏激烈地反对以"史"看待《春秋》，强调《春秋》中不仅有"大义"，还有"微言"，他说："后世以史视《春秋》，谓褒善贬恶而已，至于经世之大法则不知也。《春秋》大义数十。其义虽大，炳如日星，乃易见也；惟其微辞隐义，时措从宜者为难知也。或抑或纵，或与或夺，或进或退，或微或显，而得乎理之安，文质之中，宽猛之宜，是非之公，乃制事之权衡，揆道之模范也。"但《春秋》毕竟采取的是一种记事的形式，而不是说理的形式，故较之其他经典，其阐发义理的功能相对较弱，程颐曰：

> 《诗》、《书》、《易》言圣人之道备矣，何以复作《春秋》？盖《春秋》圣人之用也。《诗》、《书》、《易》如律，《春秋》如断案；《诗》、《书》、《易》如药方，《春秋》如治法。③

按这"断案"、"治法"之喻，形象地说明了在程氏看来，《春秋》更适用于政治实践这一层面，是所谓"圣人之用"。因此，它注定不会成为喜欢穷究天理、探索性情、讲究格物致知、关注道德仁义的理学家们的首选经典。

对于经、传关系，二程自亦有其独到之见。总的来说，对三传都抱怀疑态度。凡遇经传相歧之处，宁信经，不信传；三传之中，更偏重《左传》。《程氏遗书》记弟子与伊川之间问答云：

> 问："《左传》可信否？"曰："不可全信，信其可信者耳。某年二十时，看《春秋》，黄赘隅问某如何看，答之曰：'有两句法云：以传考经之事迹，以经别传之真伪。'"又问："《公》、《谷》如何？"曰："又次于《左氏》。""左氏即是丘明否？"曰："传中无丘明字，不可考。"④

按程氏以经为标准，据经可以判断传之真伪，则传并不值得完全信赖可知。但传也并非全然无用，经所记事的详情往往据传方可考知。这里的"传"，显然

---

① 《二程集》第 1200 页。
② 《二程集》第 164 页。
③ 《二程集》第 401 页。
④ 《二程集》第 266 页。

是指《左传》了。因此在程氏那里，所谓经传关系实际上就是《春秋》与《左传》的关系。"以传考经之事迹，以经别传之真伪"，两者相互依存，但主次是分明的。如果拿审判为喻，那么《春秋》"传为案，经为断"，离开了经，传只是一桩桩糊涂案；可要是没有了传，经便也无所施其赏罚。

当然，对于《左传》，程氏较前人更多了几分批判的目光。唐人赵匡即已疑《左传》非左丘明所作，[①] 程颐则更进一步，推断《左传》的成书，最早也在战国的晚期。《程氏外书》卷十一弟子记所闻云："（程）子言《左传》非丘明作。'虞不腊矣'并'庶长'皆秦官秦语。"按"虞不腊矣"乃《左传》僖公五年宫之奇语，腊指腊祭，昔人或以为秦惠文王时始有此礼；又"庶长"是秦国的官名。《左传》中既有此"秦官秦语"，则《左传》的时代不会早于战国的晚期。此说正确与否姑置勿论，其对后人的影响确实很大。朱熹就接受了这种说法，以致后世的学者，在提到"虞不腊矣"时，往往引证朱子之说，[②] 程子的看法，反倒隐而不彰了。

至于《公羊》和《谷梁》，那当然更等而下之了，观程氏所说"又次于《左氏》"，即可见其对《公》、《谷》的不信任。事实上，公羊说经，确有许多地方不能令程氏满意，这恐怕主要还是因为时代不同，宋人对封建伦常的理解，已经趋于绝对化了。例如程颐评论《公羊》"母弟"之说云："《公羊》说《春秋》，书弟谓母弟，此大害义。禽兽则知母而不知父，人必知本，岂论同母与不同母乎？"按《公羊》称母弟，不过是要分清嫡庶，与禽兽之知母不知父并无干系；而程氏则更加强调夫权与父权，以为人之本在父，同母与否自是可以忽略不计的。

二、二程对传统《春秋》学之批判

二程对汉儒的《春秋》学多所批评，其批评的焦点，一在汉儒之穿凿，二在汉儒之说灾异，三在汉儒之说义理。

二程主张平易解经，不赞成汉儒之务作深求。如《春秋》之书"元年"，汉儒自董仲舒至何休，对"元"字都有许多说法。程颐曰："元年，标始年耳，犹人家长子呼大郎。先儒穿凿，不可用。"[③] 又如汉儒之以"例"说经，程颐亦

---

① 《春秋集传纂例》卷一。
② 参见《四库提要》及杨伯峻《春秋左传注》。
③ 《二程集》第401页。

不赞成，他说："《春秋》所书，大概事同则辞同，后之学者因以谓之例；然有事同而辞异者，其义各不同，盖不可以例断也。"① 对于汉儒解说甚详的"春王正月"，程颐的讲解也很平实："棣问：'《春秋》书王如何？'曰：'圣人以王道作经，故书王。'范文甫问：'杜预以谓周王，如何？'曰：'圣人假周王以见意。'棣又问：'汉儒以谓王加正月上，是正朔出于天子，如何？'曰：'此乃自然之理。不书春王正月，将如何书？此汉儒之惑也。'"②

关于汉儒的说灾异（本书第二章曾详细述及），程颐并非从根本上反对，他只是不赞成汉儒推之太过。

> 又问："汉儒谈《春秋》灾异，如何？"曰："自汉以来，无人知此。董仲舒说天人相与之际，亦略见些模样，只被汉儒推得太过。亦何必说某事有某应？"③

按程氏之意，人的行事不见得桩桩件件都有天变为之应，天降灾异往往是人事所招。他基本上是赞成董仲舒的灾异说的，只是反对说得太过。但从今日所能见到的程氏著作来看，对灾异与人事是否相应，他的说法有时也不大一致。例如他说：

> 《春秋》书灾异，盖非偶然。不云霜陨，而云陨霜；不云夷伯之庙震，而云震夷伯之庙：分明是有意于人也。天人之理，自有相合。人事胜，则天不为灾；人事不胜，则天为灾。人事常随天理，天变非应人事。如祁寒暑雨，天之常理，然人气壮，则不为疾；气羸弱，则必有疾。非天固欲为害，人事德不胜也。如汉儒之学，皆牵合附会，不可信。④

按程氏这段话，似乎是说天变自天变，人事自人事，天变非应人事而生，人事"德不胜"，天变才会为灾。这样的议论，高明固然高明，然是否可信，却值得怀疑。盖此语出自《二程外书》，据编者朱熹说，"其曰外书云者，特以取之之杂，或不能审其所自来，其视前书（按指《二程遗书》），学者犹当精择而慎取之耳"。而在《遗书》中，恰也有与此相对应的议论：

> 大抵《春秋》所书灾异，皆天人响应，有致之之道。如石陨于宋而言"陨石"，夷伯之庙震而言"震夷伯之庙"，此天应之也。但人以浅狭之见，以为无应，其实皆应之。然汉儒言灾异，皆牵合不足信，儒者见此，因尽

---

① 《二程集》第1202页。
② 《二程集》第280页。
③ 《二程集》第304页。
④ 《二程集》第374页。

废之。①

按这里则是明言灾异是应人事而生。程氏之意,以为只是由于汉儒言之太过牵强,才导致后儒"尽废之"不讲,比较合理的做法,则是既要承认灾异对人的警示作用,又不能像后儒那样过分牵合。比较而言,《遗书》里的这一段话可能更接近于程子原意。盖程颐在不止一处提到"陨石于宋"和"震夷伯之庙"的词序问题,本来该说"石陨于宋",《春秋》经却说"陨石于宋",本来该说"夷伯之庙震",《春秋》经却说"震夷伯之庙",词序的颠倒意味着行为的主体变成了"天","陨石"者是"天","震夷伯之庙"者也是"天",这样灾异就成了天的意志的表现了,就成了天人之间的"响应"了。程颐曰:"阴阳运动,有常而无忒;凡失其度,皆人为感之也,故《春秋》灾异必书。后儒传其说而不得其理,是以所言多失。"按程氏虽然对汉儒颇多不满,但所言与汉儒并无实质上的不同。《遗书》上还有一条程氏语录云:

  《春秋》书陨石、陨霜,何故不言石陨、霜陨?此便见得天人一处。昔尝对哲宗说:"天人之间甚可畏,作善则千里之外应之,作恶则千里之外违之。昔子陵与汉光武同寝,太史奏客星侵帝座甚急。子陵匹夫,天应如此;况一人之尊,举措用心,可不戒慎!"②

这简直就是将灾异理论运用于政治实践之中了。

二程对汉儒所阐发的义理,更是多致不满。《程氏外书》卷十一云:

  隽不疑说《春秋》则非,处事应机则不异于古人。董仲舒论事先引《春秋》,论事则是,引《春秋》则非。③

按隽不疑是西汉时人,据《汉书》本传,不疑曾为京兆尹,昭帝始元五年,有人自称卫太子,乘黄犊车来到宫门,人们心怀疑惧,自丞相、御史大夫以下大小官员,都不知该如何应对。隽不疑后至,果断地下令拘捕。有人劝他慎重从事,因为来者是不是真卫太子还没有搞清。于是隽不疑发表了一通高论,他说:"诸君何患于卫太子?昔蒯聩违命出奔,辄距而不纳,《春秋》是之。卫太子得罪先帝,亡不即死,今来自诣,此罪人也。"④蒯聩是卫灵公的太子,他因为得罪了卫灵公的夫人南子,而被灵公驱逐出了卫国。灵公死后,卫人依礼立蒯聩之子、也就是灵公的嫡孙辄为卫君。后来蒯聩得到了晋国的支持,谋求返

---

① 《二程集》第159页。
② 《二程集》第309页。
③ 《二程集》第411页。
④ 《汉书·隽不疑传》。

国为君，遭到其子辄的抵制，"距而不纳"，其子辄并且发兵攻打蒯聩所在的戚。隽不疑之所谓"《春秋》是之"，是指哀公三年《公羊传》文：

> 辄者何为者也？蒯聩之子也。然则曷为不立蒯聩而立辄？蒯聩为无道，灵公逐蒯聩而立辄。然则辄之义可以立乎？曰可。其可奈何？不以父命辞王父命；以王父命辞父命，是父之行乎子也。不以家事辞王事；以王事辞家事，是上之行乎下也。

按程氏认为隽不疑处理"卫太子"突然出现这样的非常事件，很有古人之风，但他对《春秋》经义的理解却是不对的。程氏在另一处地方说："蒯聩得罪于父，不得复立；辄亦不得背其父而不与其国。"程氏显然较公羊家更强调父子伦常，在他看来，蒯聩固然不应当违背父命返回卫国为君，而辄同样也不应将其父拒于国门之外，更不必说以子攻父了。那么应当怎么办呢？程氏认为辄应当"委于所可立，使不失先君之社稷，而身从父，则义矣"①。他是让辄放弃君位，让给一个能保存卫国社稷的人，然后自己去"以身从父"。这个建议固然可笑，却清楚地表明了宋代理学家的立场——伦理纲常高于一切，为了伦常，甚至最大的政治利益都是可以牺牲的。

程氏对董仲舒的批评，盖指董氏的贤良对策。在《汉书》本传所载几次对策中，董氏议论了推行礼乐教化、任德不任刑、兴太学、举贤才、黜百家、崇儒术等诸项政事，其论证的方式，则是先引《春秋》经义，再及具体的政务。在程氏看来，董仲舒之论事是可取的，但他所依据的《春秋》经义则未必对。例如仲舒要论为人君者当先正心，则引所谓《春秋》"一元之意"；要论人君当勤勉从事，则引《春秋》灾异谴告之说，这些恐怕都是程氏所不满意的。

汉儒以降，说《春秋》者虽多，能当程氏之意者殊少。他评论说：

> 开元秘书言《春秋》者，盖七百余家矣。然圣人之法，得者至寡，至于弃经任传，杂以符纬，胶固不通，使圣人之心，郁而不显。吁，可痛也！②

按"弃经任传"，可以杜预一派为代表；杂以符纬，则是今文学者的通病。这样一来，今古两派，都被程氏骂倒了。只有啖、赵、陆之一系，尚为程氏所看重，他说：

> 独唐陆淳得啖先生、赵夫子而师之，讲求其学，积三十年，始大光

---

① 《二程集》第402页。
② 《二程集》第466页。

莹，绝出于诸家外，虽未能尽圣作之蕴，然其攘异端、开正途，功亦大矣。……旨义之众，莫可历数。要其归，以圣人之道公，不以已得他见而立异，故其所造也远，而所得也深。噫！圣门之学，吾不得而见焉，幸而见其几者矣。则子厚之愿扫其门，宜乎！①

看来宋世的学者，普遍欣赏唻赵陆的学风，其所造深浅虽有不同，但学者受时代风会之裹挟，鲜有能超然其外者。

三、程颐的《春秋传》

程颐本来不打算亲手作《春秋传》的，据《程氏外书》卷十二：

> 昔刘质夫作《春秋传》，未成。每有人问伊川，必对曰："已令刘绚作之，自不须某费工夫也。"刘传既成，来呈伊川，门人请观。伊川曰："却须著某亲作。"竟不以刘传示人。伊川没后，方得见今世传解至闵公者。②

按刘绚字质夫，二程的门人。史称他"力学不倦，最明于《春秋》"③，又说他"少通《春秋》，祖于程氏，专以孔孟之言断经意，作传未就"④。这里说"作传未就"，与前文所说"刘传既成"不同。盖刘绚早卒，其书又未得流传，故传闻有异。二程的高足谢良佐说："诸君留意《春秋》之学，甚善。向见程先生言，须要广见诸家之说。其门人惟刘质夫得先生旨意为多。"可见刘绚确是得程氏《春秋》学之真传，程颐对他亦甚相期许。但程颐对刘绚的《春秋传》，最终还是不能满意，只好亲自动手了。此事在《外书》上另一处也有记载：

> 先生（按指尹和靖）尝问伊川《春秋解》，伊川每曰："已，令刘绚去编集，俟其来。"一日刘集成，呈于伊川，先生复请之。伊川曰："当须自做也。"自涪陵归，方下笔，竟不能成书，刘集终亦不出。⑤

按这里的"自涪陵归"，是大约徽宗建中靖国元年（1101）的事情，此时距程颐之卒，也就只有六七年了。故程颐之作《春秋传》，实在他的晚年。大约是因精力所限，这部《春秋传》只作了很少一部分。此书后来与《易说》、《书解》、《诗解》、《论语说》、《改正大学》合编为《程氏经说》，至于编者是谁，

---

① 《二程集》第466—467页。
② 《二程集》第432页。
③ 《宋史·道学传·刘绚》。
④ 《宋元学案》卷三十，第1064页。
⑤ 《二程集》第436页。《直斋书录解题》卷三著录有刘绚撰《春秋传》十二卷，陈振孙云："二程门人，其师亟称之。所解明正简切。"知"刘集终亦不出"云者，恐非事实。

已无可考。编者在桓公九年传末注云："先生作《春秋传》至此而终。旧有解说者，纂集附之于后。"知程传所解实只二十年。陈亮跋是书云："伊川先生之序此书也，盖年七十有一矣，四年而先生没。今其书之可见者，才二十年，世咸惜其缺也。"①《直斋书录解题》有著录，称是书"略举大义，不尽为说，襄、昭后尤略。序文崇宁二年所作，盖其晚年也"。今日所见《程氏经说》中的《春秋传》，十二公中，有说解的共九十五年，自隐公元年至桓公九年，每年均有传，殆即程传之原文；桓九之后，盖纂集程氏平日说经之语。陈振孙氏混而一之，故有"襄、昭后尤略"云云之评论。

崇宁二年（1103），程颐自序其《春秋传》云：

夫观百物然后识化工之神，聚众材然后知作室之用。于一事一义而欲窥圣人之用心，非上智不能也。故学《春秋》者，必优游涵泳，默识心通，然后能造其微也。后王知《春秋》之义，则虽德非禹、汤，尚可以法三代之治。自秦而下，其学不传。予悼夫圣人之志不明于后世也，故作传以明之，俾后之人通其文而求其义，得其义而法其用，则三代可复也。是传也，虽未能极圣人之蕴奥，庶几学者得其门而入矣。②

从这段话可以看出，程氏作传的目的是要教人以学《春秋》的方法，他不赞成就"一事一义"去"窥圣人之用心"，而是主张全面、整体地体会《春秋》之义，"优游涵泳，默识心通"，也就是掌握《春秋》的精神，这样就可以"复三代之治"了。

程传虽只有二十年，却也可以看出一些程氏解说《春秋》的特点。一是把"理"的概念引入《春秋》的解释系统之中。"理"是二程学术的核心范畴，也可以说是最高范畴。在二程看来，理具有本体的意义，是世上万物存在的根源。理既是自然的规律、法则，也是人类社会的伦理道德规范，具有一种绝对性的品格。《春秋》本是一种记事的文体，几乎没有发挥形而上哲理的空间，而程氏则把《春秋》中的"义"用"理"、"天理"、"人理"这一类的概念来表述，这样就把《春秋》学纳入了理学的范围。桓公五年经云"蔡人、卫人、陈人从王伐郑"，程颐解释说：

王夺郑伯政，郑伯不朝。王以诸侯伐郑，郑伯御之，战于繻葛，王卒大败。王师于诸侯不书败，诸侯不可敌王也；于夷狄不书战，夷狄不能抗

---

① 陈亮《书伊川先生春秋传后》，《龙川集》卷十六，《四库全书》本。
②《二程集》第1125页。

王也。此理也。其敌其抗，王道之失也。①

按程氏在这里把《春秋》的"大义"都说成是"理"。有时也说"天理"，或"人理"，大约是强调的重点有所不同。在程氏看来，"王"与"天"是一致的，他说："书'春王正月'，示人君当上奉天时，下承王正。明此义，则知王与天同大，人道立矣。"故"人道"也就是"天道"，是"天理"在人类社会中的体现，故"天理"也就是"人理"。桓公四年经云："夏，天王使宰渠伯纠来聘"，程氏之传曰：

> 桓公弑君而立，天子不能治，天下莫能讨，而王使其宰聘之，示加尊宠，天理灭矣，人道无矣。书天王，言当奉天也，而其为如此。名纠，尊卑贵贱之义亡也。人理既灭，天运乖矣；阴阳失序，岁功不能成矣。故不具四时。②

按鲁桓公是弑隐公而自立的，按说应该受到天子、诸侯的讨伐，今不但不加讨伐，天子还派遣"宰"去聘问，真是没有了"天理"。下面又说"人理既灭"，"人理"、"天理"显然是一非二。经于此年只书春、夏，未书秋、冬，程氏认为这是有深意的，由于破坏"人理"，也就是蔑视天道，因而"阴阳失序，岁功不能成"，为了表达这一意思，经有意识地"不书四时"。

程氏《春秋传》的又一个特点，就是时时不忘对统治者进行劝戒。隐公七年经云"夏，城中丘"，程传云：

> 为民立君，所以养之也。养民之道，在爱其力。民力足则生养遂，生养遂则教化行而风俗美，故为政以民力为重也。《春秋》凡用民力必书。其所兴作，不时害义，固为罪也；虽时且义，必书，见劳民为重事也。后之人君知此义，则知慎重于用民力矣。③

这是说以动用民力为重，乃是《春秋》的大义之一。但事实上《春秋》并非是凡有用民力之事就书的，于是程氏又为之弥缝，说此种情况都是另有深意：

> 然有用民力之大而不书者，为教之意深矣。僖公修泮宫，复閟宫，非不用民力也，然而不书；二者复古兴废之大事，为国之先务，如是而用民力，乃所当用也。人君知此义，则知为政之先后轻重矣。④

程传所解《春秋》虽只有二十年，却是理学形成阶段的一部重要著作。后

---

① 《二程集》第1104页。
② 《二程集》第1103页。
③ 《二程集》第1095页。
④ 《二程集》第1096页。

来胡安国作《春秋传》，很多地方都受程传的影响。前引陈亮跋语中在提到"世咸惜其缺也"之后评论说："先生（按指程颐）于是二十年之间，其义甚精，其类例博矣。学者苟精考其书，优柔餍饫自得于言意之外，而达之其余，则精义之功在我矣。较之终日读其全书而于我无与者，其得失何如也！"这可以看做是南宋士人看重程传的有代表性的言论了。

第七章　宋元明《春秋》学（下）

第一节　朱熹的怀疑与困惑

二程为理学的奠基人，到了南宋，朱熹则为理学的集大成者，此学界之公论也。朱子的学问渊深广博，他对《易》、《诗》、《书》、《三礼》、《四书》都有精深的研究，在他的著作中，对这些经典表章阐发不遗余力；唯独对于《春秋》一经，他的态度似乎有些暧昧，不像一般儒者那样无条件地推崇、尊重。他也承认《春秋》是"圣人"的"制作"，是"经世之大法"，但他在讲到《春秋》经义的时候，总显得不那么理直气壮，反而常常流露出某种怀疑、困惑之情。

一、朱熹的《春秋》观

关于《春秋》经传，朱熹虽然没有留下什么专著，但也发表过大量很有个性的意见。这些意见都散见于朱子的语录及文集之中，从中不难归纳出朱子对《春秋》的总体的看法。朱子《春秋》观的一个显著的特色，就是他反对自来《春秋》学者所津津乐道的"一字褒贬"说。朱子曰：

> 人道《春秋》难晓，据某理会来，无难晓处。只是据他有这个事在，据他载得恁地。但是看今年有甚么事，明年有甚么事，礼乐征伐不知是自天子出，自诸侯出，自大夫出，只是恁地。而今却要去一字半字上理会褒贬，却要去求圣人之意，你如何知得他肚里事！①

按朱熹看《春秋》，着眼于其中的记事，注重这些记事反映出怎样的政治上的问题，例如礼乐征伐究系自哪里出，这是朱子所最为关心的。他不认为在一字半字之中有什么圣人的"褒贬"：

---

① 《朱子语类》卷八十三，中华书局1986年版。本节以下所引朱熹言论，凡未另注出处者，均同此注。

> 《春秋》只是直载当时之事，要见当时治乱兴衰，非是于一字上定褒贬。初间王政不行，天下都无统属；及五伯出来扶持，方有统属，"礼乐征伐，自诸侯出"。到后来五伯又衰，政自大夫出。到孔子时，皇、帝、王、伯之道扫地，故孔子作《春秋》，据他事实写在那里，教人见得当时事是如此，安知用旧史与不用旧史？今硬说那个字是孔子文，那个字是旧史文，如何验得？

按朱氏的态度相当客观，凡是前人说解中那些主观臆测的成分，朱氏均予反对，这样《春秋》的意思一下子变得简单明晰起来。朱氏在回答有关《春秋》的问题时说：

> 此是圣人据鲁史以书其事，使人自观之以为鉴戒尔。其事则齐威（桓）晋文有足称，其义则诛乱臣贼子。若欲推求一字之间，以为圣人褒善贬恶专在于是，窃恐不是圣人之意。如书即位者，是鲁君行即位之礼；继故不书即位者，是不行即位之礼。若威（桓）公之书即位，则是威公自正其即位之礼耳。其他崩、薨、卒、葬，亦无意义。

按《春秋》十二公中，有七公书"即位"，五公没有书"即位"。自来《春秋》学者，对此都务作深求，在是否"书即位"上大做文章。例如程颐解隐公之不书即位云："隐公自立，故不书即位，不与其为君也"；而对桓公之书即位，程颐则解释说："桓公弑君而立，不天无王之极也，而书'春王正月公即位'，以天道王法正其罪也。"朱熹的看法与此不同，他认为《春秋》不过是记实事，新君行即位礼则书"即位"，否则自然不书，这遣词用字当中并无圣人之意。他说：

> 《春秋》所书，如某人为某事，本据鲁史旧文笔削而成。今人看《春秋》，必要谓某字讥某人。如此，则是孔子专任私意，妄为褒贬！孔子但据直书而善恶自著。今若必要如此推说，须是得鲁史旧文，参校笔削异同，然后为可见，而亦岂复可得也？

既然无法取"鲁史旧文"与今本《春秋》参校，也就难说哪些文字是孔子有意的安排了。对传统《春秋》学中的所谓"义例"，朱子也大不以为然，他说：

> 《春秋》传例多不可信。圣人记事，安有许多义例！如书伐国，恶诸侯之擅兴；书山崩、地震、螽、蝗之类，知灾异有所自致也。

对所谓"日月时例"，更是深致不满：

> 或有解《春秋》者，专以日月为褒贬，书时、月则以为贬，书日则以为褒，穿凿得全无义理！

但朱熹并不绝对否认《春秋》中有"例",不过他认为《春秋》中的"例"当是史官记事的一些规则,与孔子并无关系。他在论及《春秋》之凡例时说:

> 《春秋》之有例固矣,奈何非夫子之为也。昔尝有人言及命格,予曰:"命格,谁之所为乎?"曰:"善谈五行者为之也。"予曰:"然则何贵?设若自天而降,具言其为美为恶,则诚可信矣;今特出于人为,乌可信也?"知此,则知《春秋》之例矣。

按"命格"是谈命理的人使用的概念,出自五行家之口,并非"自天而降",故朱子以为不足贵。《春秋》中的"例"源自史官,非孔子所创设,因此对发掘孔子的思想来说,也是没有什么价值的。

至于《春秋》中的"变例",那就更不足信了:

> 或人论《春秋》,以为多有变例,所以前后所书之法多有不同。(朱子)曰:"此乌可信!圣人作《春秋》,正欲褒善贬恶,示万世不易之法。今乃忽用此说以诛人,未几又用此说以赏人,使天下后世皆求之而莫识其意,是乃后世弄法舞文之吏之所为也,曾谓大中至正之道而如此乎?"

朱子《春秋》学的一个最大特点,就是他把《春秋》看做是"史",这与北宋孙复、孙觉、刘敞、程颐等人有着显著的不同。朱子答人之问云:

> 问:"《春秋》当如何看?"曰:"只如看史样看。"曰:"程子所谓'以传考经之事迹,以经别传之真伪',如何?"曰:"便是,亦有不可考处。"曰:"其间不知是圣人果有褒贬否?"曰:"也见不得。""如许世子尝药之类如何?"曰:"圣人亦只因国史所载而立之耳。圣人光明正大,不应以一二字加褒贬于人。若如此屑屑求之,恐非圣人之本意。"

按朱子没有正面反驳程颐之说,但实际上他是不赞成程氏对经传的看法的。朱子以含糊其辞的"也见不得"回答有关圣人是否寓有褒贬的提问,而对许止尝药之类的具体文例,则公然表明这只不过是国史所记如此,并不存在以一二字加褒贬于人的事实。

朱熹也承认《春秋》之中确有大义,如他所说的"诛乱臣,讨贼子,内中国,外夷狄,贵王贱伯"等等。这些大义是怎样表达出来的呢?朱熹认为不过是通过记载实事,"使人自观之以为鉴戒"。"想孔子当时只是要备二三百年之事,故取史文写在这里,何尝云某事用某法、某事用某例邪?且如书会盟侵伐,大意不过见诸侯擅兴自肆耳。书郊禘,大意不过见鲁僭礼耳。至如三卜四卜,牛伤牛死,是失礼之中又失礼也。……如此等义,却自分明"。基于这样的认识,朱子对前人的解经,大多谥之以"杜撰":

> 世间人解经，多是杜撰。且如《春秋》只据赴告而书之，孔子只因旧史而作《春秋》，非有许多曲折。且如书郑忽与突事，才书"忽"，又书"郑忽"，又书"郑伯突"，胡文定便要说突有君国之德，须要因"郑伯"两字上求他是处，似此皆是杜撰。大概自成、襄已前，旧史不全，有舛逸，故所记各有不同。若昭、哀已后，皆圣人亲见其事，故记得其实，不至于有遗处。如何却说圣人予其爵、削其爵、赏其功、罚其罪？是甚说话！

这样一来，孔子与《春秋》的关系也变得简单了。那么孟子所说的"《春秋》，天子之事也"，又该怎样理解呢？

> 祖道问："孟子说'《春秋》，天子之事'，如何？"（朱子）曰："只是被孔子写取在此，人见者自有所畏惧耳。若要说孔子去褒贬他，去其爵，与其爵，赏其功，罚其罪，岂不是谬也！其爵之有无与人之有功有罪，孔子也予夺他不得。"

这样的议论，应该说是大胆而且接近于实际的。

二、朱熹对三传的批评

由于朱子主张以"史"看待《春秋》，所以他特别看重《左传》，认为《左传》所记事实对理解《春秋》最有帮助。他说：

> 看《春秋》，且须看得一部《左传》首尾意思通贯，方能略见圣人笔削与当时事之大意。

> 《春秋》之书，且据左氏。当时天下大乱，圣人且据实而书之，其是非得失，付诸后世公论，盖有言外之意。

至于《左传》的读法，朱子也有特见：

> 叔器问读《左传》法。（朱子）曰："也只是平心看那事理、事情、事势。《春秋》十二公时各不同。如隐、威（桓）之时，王室新东迁，号令不行，天下都星散无主。庄、僖之时，威（桓）、文迭伯，政自诸侯出，天下始有统一。宣公之时，楚庄王盛强，夷狄主盟，中国诸侯服齐者亦皆朝楚，服晋者亦皆朝楚。及成公之世，悼公出来整顿一番，楚始退去，继而吴、越又强入来争伯。定、哀之时，政皆自大夫出，鲁有三家，晋有六卿，齐有田氏，宋有华、向，被他肆意做，终春秋之世，更没奈何。"

按这里所述从隐、桓到定、哀天下大势，就是所谓"事理、事情、事势"。在朱子看来，读《左传》就是要了解、把握这些大事，进而去理解《春秋》所记史实的意义。朱子是相信《左传》记事的，他说"左氏所传《春秋》事，恐八九分是"。但对《左传》的作者，朱子却绝不相信是左丘明。他说："《左传》是后来人做，为见陈氏有齐，所以言'八世之后，莫之与京'；见三家分晋，所以言'公侯子孙，必复其始'。"又说："左氏叙至韩魏赵杀智伯事，去孔子六七十年，决非丘明。"他进而怀疑是"秦时文字"，说："秦始有腊祭，而左氏谓'虞不腊矣'，是秦时文字分明。"

对于《左传》的"义理"，朱熹从理学家的立场出发，提出了更多的指责。他说：

> 左氏之病，是以成败论是非，而不本于义理之正。尝谓左氏是个猾头熟事、趋炎附势之人。

> 左氏有一个大病，是他好以成败论人，遇他做得来好时，便说他好；做得来不好时，便说他不是。却都不折之以理之是非，这是他大病。

> 左氏是一个审利害之几、善避就底人，所以其书有贬死节等事。其间议论有极不是处，如周郑交质之类，是何议论！其曰："宋宣公可谓知人矣，立穆公，其子飨之，命以义夫！"只知有利害，不知有义理。此段不如《谷梁》说"君子大居正"，却是儒者议论。

> 左氏见识甚卑，如言赵盾弑君之事，却云："孔子闻之，曰：'惜哉！越境乃免。'"如此，则专是回避占便宜者得计，圣人岂有是意！圣人"作《春秋》而乱臣贼子惧"，岂反为之解免耶！

正是基于这样的认识，朱子对士人读《左传》事实上持保留态度：

> 吕伯恭爱教人看《左传》，某谓不如教人看《论》、《孟》。伯恭云，恐人去外面走。某谓看《论》、《孟》未走得三步，看《左传》底已走十百步了。人若读得《左传》熟，直是会趋利避害。然世间利害，如何被人趋避了！君子只看道理合如何，可则行，不可则止，祸福自有天命。且如一个善择利害底人，有一事，自谓择得十分利处了，毕竟也须带二三分害来，自没奈何。仲舒云："仁人正其谊不谋其利，明其道不计其功。"一部《左传》无此一句。若人人择利害后，到得临难死节底事，更有谁做？其间有为国杀身底人，只是枉死了始得！

对《左》、《公》、《谷》三传进行比较，是唐宋学者时常议论的话题，朱熹亦不免于此。他对三传的评论，有一个前提，即三传是同源的：

> 孔子作《春秋》，当时亦须与门人讲说，所以公、谷、左氏得一个源流，只是渐渐讹舛。当初若是全无传授，如何凿空撰得？

虽然同源，却是异流，渐渐生出许多"讹舛"来。有弟子问三传优劣，朱子曰：

> 左氏曾见国史，考事颇精，只是不知大义，专去小处理会，往往不曾讲学。公、谷考事甚疏，然义理却精；二人乃是经生，传得许多说话，往往都不曾见国史。

> 以三传言之，《左氏》是史学，《公》、《谷》是经学。史学者，记得事却详，于道理上便差；经学者，于义理上有功，然记事多误。

按朱氏这里的所谓史学、经学云者，只是就三传内容之所偏做些区分，并无贬《左传》扬《公》、《谷》之意。事实上他并不否认《左传》是解经之传，而且因为他主张视《春秋》为史，所以"《左氏》是史学"的提法更强调了《左传》对理解《春秋》来说的重要性。对于《公》、《谷》的解经，朱氏则颇有微辞："《公》、《谷》专解经，事则多出揣度。""《春秋》制度大纲，《左传》较可据，《公》、《谷》较难凭。""公羊是个村朴秀才，谷梁又较黠得些。"当然对《公》、《谷》也并非一概抹杀，"《公》、《谷》甚不好，然又有甚好处"。公、谷"想得皆是齐鲁间儒，其所著之书，恐有所传授，但皆杂以己意，所以多差舛。其有合道理者，疑是圣人之旧"。只是《公》、《谷》中的某些"精义"，"据他说亦是那道理，但恐圣人当初无此等意"。"《公》、《谷》虽陋，亦有是处，但皆得于传闻，多讹谬"。总之，对《公羊》、《谷梁》的评价是比较低的。

三、朱熹对程、胡《春秋》传的批判

朱熹是程颐的四传弟子。朱熹的老师是李侗（延平），李侗师事罗从彦，而罗从彦是杨时的弟子。二程的高足入南宋时尚存者，唯有杨时。罗从彦甚得杨时的真传，著作中关乎《春秋》者，有《春秋解》、《春秋指归》等。李侗对朱熹的影响很大。朱熹生活的时代，胡安国传盛行，俨然成为《春秋》学的主流。胡安国是程门私淑，他的《春秋》学继承了程学的学统。朱子的学术，虽然基本上是二程、杨、罗、李一系的继承和发展，但在《春秋》学上，他与程颐却有较多的不同。在朱子的言论当中，不乏对程氏以及程氏《春秋》学的继承者胡安国氏的批评。

有学生问对"诸家《春秋》解"的看法，朱子答曰：

> 某尽信不及。如胡文定《春秋》，某也信不及。知得圣人意里是如此说否？今只眼前朝报差除，尚未知朝廷意思如何，况生乎千百载之下，欲逆推乎千百载上圣人之心！况自家之心，又未如得圣人，如何知得圣人肚

里事！某所以都不敢信诸家解，除非是得孔子还魂亲说出，不知如何。

按这段话集中反映了朱熹对众多《春秋》诠释者作品的看法，既然孔子不能"还魂"，则"圣人之心"终不能明，诸家阐发圣人之心的《春秋》学著作也就都不可信。这很有点"不可知论"的意味，但确实可见朱子治学的真诚。朱子的怀疑精神，在《春秋》学上表现得非常明显。其实，朱子也并不是反对胡安国等阐发的义理，他只是反对人们以各自的理解对《春秋》穿凿附会与务作深求：

胡文定《春秋》非不好，却不合这件事圣人意是如何下字，那件事圣人意又如何下字。要之，圣人只是直笔据见在而书，岂有许多忉怛！

圣人作经，直述其事，固是有所抑扬；然亦非故意增减一二字，使后人就一二字上推寻，以为吾意旨之所在也。

圣人只是书放那里，使后世因此去考见道理如何便为是，如何便为不是。若说道圣人当时之意，说他当如此，我便书这一字；他当如彼，我便书那一字，则恐圣人不解怎地。圣人当初只直写那事在上面，如说张三打李四，李四打张三，未尝断他罪，某人杖六十，某人杖八十。如孟子便是说得那地步阔。圣人之意，只是如此，不解怎地细碎。

对胡安国传的不满，朱氏一般说得比较明白，如前举批评胡文定杜撰之事就是显例。又如对胡氏"以夏时冠周月"之说，"《春秋》恶盟誓"之说，"色出于性，淫出于气"之说等等，朱氏都曾给予明确的批判。对程氏的《春秋》学，朱氏的批评则比较含蓄，但若仔细搜寻，也可看出朱子对程氏的《春秋》说亦颇多不满。例如程氏由于恶桓公之弑君，遂以桓公有两年不书秋冬为"天理灭"，"岁功不能成"，又以经书"滕子"为贬其朝桓公，朱子言道："鲁威（桓）之弑，天王之不能讨，罪恶自著，何待于去'秋'、'冬'而后见乎？又如贬滕称'子'，而滕遂至于终春秋称'子'，岂有此理！今朝廷立法，降官者犹经赦叙复，岂有因滕子之朝威，遂并其子孙而降爵乎！"桓六年经云"蔡人杀陈佗"，程氏强解"蔡人"与"陈佗"云："佗杀世子而窃位，不能有其国，故书曰'陈佗'……佗，天下之恶，人皆得诛之。蔡侯杀之，实以私也，故书'蔡人'，见杀贼者众人之公也。"而朱子则云："《春秋》书'蔡人杀陈佗'，此是夫子据鲁史书之。佗之弑君，初不见于经者，亦是鲁史无之耳。"又如对《春秋》之书"即位"与不书"即位"，程氏都务作深求，而朱熹则表示"窃恐不是圣人之意"。他说："如书即位者，是鲁君行即位之礼；继故不书即位者，是不行即位之礼。若威（桓）公之书即位，则是威公自正其即位之礼耳。其他崩、薨、卒、葬，亦无意义。"

对当时人所讲的《春秋》经义，朱子评论云：

《春秋》本是明道正谊之书，今人只较齐晋伯业优劣，反成谋利，大义都晦了。今人做义（按指作科举时文），且做得齐威（桓）晋文优劣论。

(《春秋》)大率本为王道正其纪纲。看已前《春秋》文字虽粗，尚知有圣人明道正谊道理，尚可看。近来只说得伯业权谲底意思，更开眼不得。

《春秋》之作，不为晋国伯业之盛衰，此篇大意失之，亦近岁言《春秋》者之通病也。

今之治《春秋》者，都只将许多权谋变诈为说，气象局促，不识圣人之意，不论王道之得失，而言伯业之盛衰，失其旨远矣。

今之做《春秋》义，都是一般巧说，专是计较利害，将圣人之经做一个权谋机变之书。如此，不是圣经，却成一个百将传。

前辈做《春秋》义，言辞虽粗率，却说得圣人大意出。年来一味巧曲，但将《孟子》"何以利吾国"句说尽一部《春秋》。这文字不是今时方恁地。自秦师垣（按指秦桧）主和议，一时去趋媚他，《春秋》义才出会夷狄处。此最是《春秋》诛绝底事，人却都做好说！

《春秋》固是尊诸夏，外夷狄。然圣人当初作经，岂是要率天下诸侯而尊齐晋！自秦桧和戎之后，士人讳言内外，而《春秋》大义晦矣！

按朱熹的批评集中在两点上：一是所谓王霸之争，即《春秋》是主张王道还是主张霸道？二是所谓内外之争，即《春秋》是否有"内诸侯外夷狄"之义？前一个问题事关《春秋》所含义理是否正确，牵涉到程朱所经常议论的义利关系、天理人欲关系，故对理学家来说是特别敏感的问题；看来当时人学《春秋》，津津乐道于比较齐桓、晋文之优劣，全然不解王道、霸道之别，朱子认为这是丢掉了《春秋》的精髓。后一个问题更与时局政治密切相关。盖自秦桧议和以来，南宋朝廷内外弥漫着投降主义的空气，《春秋》"攘夷"之义大晦。朱子是主战派，他自然要强调《春秋》中的重内轻外思想。

总起来看，朱熹把《春秋》抬得很高，说成是"经世之大法"，是"正谊"、"明道"之作，认为"圣人此书之作，遏人欲于横流，遂以二百四十二年行事寓其褒贬"。他所概括的《春秋》大义，恢宏正大，简单明了。但朱子确实不曾写过有关《春秋》的专书，从他的言语之间，我们也不难感受到他对《春秋》及其经义的疑问与困惑。他在致友人的信中说：

《春秋》之说，向日亦尝有意，而病于经文之太略，诸说之太烦，且其前后抵牾非一，是以不敢妄为必通之计，而姑少缓之。然今老矣，竟未敢再读也。①

在《朱子语类》中，这类的话更多：

《春秋》煞有不可晓处。

《春秋》有书"天王"者，有书"王"者，此皆难晓。

书"人"，恐只是微者。然朝非微者之礼，而有书"人"者，此类亦不可晓。

某平生不敢说《春秋》。若说时，只是将胡文定说扶持说去。毕竟去圣人千百年后，如何知得圣人之心？

《春秋》难理会。

某尝谓：说《春秋》者只好独自说，不可与人论难。盖自说则横说竖说皆可，论难著便说不行。

《春秋》某煞有不可晓处，不知是圣人真个说底话否。

《春秋》难看，此生不敢问。如郑伯髡顽之事，传家甚异。

问："《春秋》一经，夫子亲笔，先生不可使此一经不明于天下后世。"（朱子）曰："某实看不得。"问："以先生之高明，看如何难？"曰："劈头一个'王正月'便说不去。"

问："先生于《二礼》、《书》、《春秋》未有说，何也？"曰："《春秋》是当时实事，孔子书在册子上。后世诸儒学未至，而各以己意猜传，正横渠所谓'非理明义精而治之，故其说多凿'是也。唯伊川以为'经世之大法'，得其旨矣。然其间极有无定当、难处置处。今不若且存取胡文定本子与后来看，纵未能尽得之，然不中不远矣。"

按《春秋》这一经，真让朱子伤透了脑筋。作为一个正统的儒者，他不能否认那简单的记事中蕴含着丰富的大义；但他又不肯轻易地相信历代经师们那近乎"臆说"的讲解和阐发，因为古来多少《春秋》经义毕竟都不是出自圣人之口，而且今日毕竟不能起圣人于地下而问之。那么比较稳妥的办法，就是阙疑不讲了。他不惟自己不讲，也常劝别人不如把精力放在研究其他的经典上，"常劝人不必做此经，他经皆可做，何必去做《春秋》"？"若只欲为场屋计，则姑取其近似而不害理者用之；若欲真实为学，则不若即他书之易知者而求之，庶明

---

① 《答林正卿》，《朱子文集》卷四，《丛书集成》本。

白而不差也"①。他甚至以未能及时劝阻别人"编集"《春秋》而自责:"昨见编集《春秋》,盖尝奉劝,此等得暇为之,不可以此而妨吾涵养之务,正为此尔。但当时又见所编功绪已成,精密可爱,他人决做不得,遂亦心利其成,不欲一向说杀。以今观之,则所谓为人谋而不忠者,无大于此。"② 在朱子看来,与其穿凿、逞臆、务作深求,还不如废之不讲之可取。据《语类》,朱熹在与人谈到科举之弊时说:"如他经尚是就文义上说,最是《春秋》,不成说话,多是去求言外之意,说得不成模样。某说道此皆是侮圣人之言,却不如王介甫样,索性废了较强。"③ 按王安石"断烂朝报"之说,儒者无不以为非圣无法,朱子竟不避嫌疑,出此同情王氏之语,也足见他对逞臆说经是何等地痛恨了。但朱子毕竟是一位正统的大儒,从他的全部言论来看,他还是承认《春秋》的经典地位的,只是在他看来,学者应该从大的方面掌握《春秋》的精神,例如他反复强调过的"正谊不谋利,明道不计功"、"尊王贱伯"、"内诸侯外夷狄"等等,就是《春秋》的大旨。将这些大旨牢记于心,然后再去看《春秋》二百四十二年之史事,自然会对历史发展中的"天理"有深刻的理解,也就会对改造这个"人欲横流"的世界有所助益了。

第二节 胡安国及其《春秋传》

二程在《春秋》学上虽有许多意见,却没有留下一部完整的著作。此后在宋代的理学家中,出了一位重要的《春秋》学者,他所作的《春秋传》,曾在元、明两代产生过深远的影响,这个人就是胡安国。

一、胡安国及其学术渊源

胡安国,字康侯,建宁崇安人。生于北宋神宗熙宁七年(1074)。早年入太学,哲宗绍圣四年(1097)进士及第。此时的朝廷,刚刚罢斥了元祐党人,当政者正以恢复熙宁、元丰之制为务。胡安国的政治立场是倾向保守的,他对王安石的变法心怀不满,故胡氏的仕途并不顺利。安国历官太学博士,后曾提举湖南、成都学事,与当时的权相蔡京政见不和,亦曾被诬除名。后丁父忧,

---

① 《答林正卿》,《朱子文集》卷四,《丛书集成》本。
② 《答路德章》,《朱子文集》卷八,《丛书集成》本。
③ 《朱子语类》卷一百零九。

遂称疾不仕。安国为人，正直耿介，不阿权贵，敢于犯颜直谏。钦宗时，廷臣每奏对，"钦宗即问识胡安国否，中丞许翰曰：'自蔡京得政，士大夫无不受其笼络，超然远迹，不为所污如安国者实鲜。'钦宗叹息……除中书舍人"①。安国在省月余，又被排挤出京。高宗即位，屡召安国，绍兴二年入对，高宗曰："闻卿大名，渴于相见，何为累诏不至？"安国辞谢，进所撰《时政论》二十一篇，希望能够得以施行。这二十一篇的篇名分别是《定计》、《建都》、《设险》、《制国》、《恤民》、《立政》、《核实》、《尚志》、《正心》、《养气》、《宏度》、《宽隐》等，内容是针对高宗南渡以后的时局，提出了一些建国、恢复的大计方针。其论建都云："宜定都建康以比关中、河内，为兴复之基。"论尚志云："当必志于恢复中原，祗奉陵寝；必志于扫平仇敌，迎复两宫。"这些都表明安国是一个有着强烈经世意识的、极力主张恢复进取的儒者。安国对自己的这"二十一论"也非常自信，称"虽诸葛复生，为今日计，不能易此论也"②。

胡安国以《春秋》学为当世所重。据《宋史》本传：

> 高宗曰："闻卿深于《春秋》，方欲讲论。"遂以《左氏传》付安国点句正音。安国奏："《春秋》经世大典，见诸行事，非空言比。今方思济艰难，《左氏》繁碎，不宜虚费光阴，耽玩文采，莫若潜心圣经。"高宗称善。寻除安国兼侍读，专讲《春秋》。时讲官四人，援例乞各专一经。高宗曰："他人通经，岂胡安国比！"不许。

按高宗本意是让安国讲《左传》，但安国对《左传》并不满意，以为读《左传》是"虚费光阴，耽玩文采"。他主张"潜心圣经"，这是典型的宋儒风格，宋儒议论。他视《春秋》为"经世大典"，要用《春秋》来济时艰，因此特别留心《春秋》中那些对时政有指导意义的经义。对《公羊传》所阐发的经义，安国也多有批评和指摘。高宗建炎三年，曾发生过一起所谓"苗刘之变"，当时有军将苗傅、刘正彦发动兵变，逼高宗退位，让位给三岁的皇子。时任宰相的朱胜非委曲求全，屈从苗、刘之请，并于高宗退位后周旋于苗、刘之间。高宗复辟以后，认为朱胜非能够"调护圣躬"，欲加重用，胡安国坚决反对，认为朱胜非那样做是失节行为，并引《公羊》传义为之反证：

> 今朝廷乃称胜非处苗、刘之变，能调护圣躬。昔公羊氏言祭仲废君为行权，先儒力排其说，盖权宜废置非所施于君父；《春秋》大法，尤谨于

---

①②《宋史·胡安国传》。

此。建炎之失节者，今虽特释而不问，又加选擢，习俗既成，大非君父之利。①

胡安国的学术，从其思想倾向来说，应属二程一派。但他并不及师事二程，只是私淑而已。安国早年，曾以朱长文为师。②朱长文字伯原，苏州吴人，是孙复的弟子。长文著有《春秋通志》二十卷，其自述从师经过云：

> 庆历中，仁宗皇帝锐意图治，以庠序为教化之本，于是兴崇太学，首善天下。乃起石守道于徂徕，召孙明复于泰山之阳，皆主讲席。明复以《春秋》，守道以《易》，学士大夫翕然向风，先经术而后华藻。既而守道捐馆。明复坐事去国，至和中，复与胡翼之并为国子监直讲。翼之讲《易》，更直一日。长文年在志学，好治三传，略究得失，日造二先生讲下，授两经大义，于《春秋》尤勤。未就，明复以病居家，虽不得卒业，而绪余精义不敢忘废，颇欲著书以辅翼其说，而婴疾未遑也。③

按《春秋通志》已佚。据长文的自序，乃是"兼取三家而折衷其是，旁考啖、赵、陆淳诸家之义，而推演明复之言，颇系之以自得之说"。可知朱氏的《春秋》学，虽以孙复之说为基础，与孙氏亦不尽相同。胡安国既为朱氏弟子，对孙复之学也应当是有所继承的。但据胡安国自己说，他主要还是私淑程颐的。胡氏对程氏之学备加推崇，他在向高宗所上奏疏中说：

> 孔孟之道不传久矣，自（程）颐兄弟始发明之，然后知其可学而至。今使学者师孔孟，而禁不得从颐学，是入室而不由户。本朝自嘉祐以来，西都有邵雍、程颢及其弟颐，关中有张载，皆以道德名世，公卿大夫所钦慕而师尊之。会王安石、蔡京等曲加排抑，故其道不行。望下礼官讨论故事，加之封爵，载在祀典，比于荀、杨、韩氏，仍诏馆阁裒其遗书，校正颁行，使邪说者不得作。④

其以程学为儒学正统的立场至为明显。胡安国与程门高弟游酢、谢良佐、杨时相友善，特别是谢良佐，与胡氏关系更为密切，朱熹甚至说胡氏曾"以弟子礼禀学"，后人多据此说胡安国是谢良佐的门人。清人全祖望辨其非，引安国自述云："吾于游、杨、谢三公，皆义兼师友"，大致是不错的。⑤据《宋史》本传，"安国之使湖北也，（杨）时方为府教授，（谢）良佐为应城宰，安国质疑访道，礼之甚恭，每来谒而去，必端笏正立目送之"。而谢良佐对别人称赞胡安

---

① ② ④ 《宋史·胡安国传》。
③ 朱长文《春秋通志自序》，引自《经义考》卷一百八十一。
⑤ 参见《宋元学案》卷三十四，中华书局1986年版。

国说："胡康侯如大冬严雪，百草萎死，而松柏挺然独秀者也。"可见谢、杨之于胡氏，确乎是在师友之间。至于胡氏学术的来源，据他自己说，乃是"自得于《遗书》者为多"①。胡氏在谈到自己与杨时的学术差别时说："若论其传授，却自有来历。据龟山所见在《中庸》，自明道先生所授。吾所闻在《春秋》，自伊川先生所发。"可见胡氏自认为他的《春秋》学是继承了程氏的学统的。

二、胡氏《春秋传》之成书

绍兴五年（1135），有诏除安国徽猷阁待制、知永州，安国辞不赴任。高宗念其为经筵旧臣，也不勉强，"特从其请"。四月，诏"令纂修所著《春秋传》"②。安国时已六十二岁，奉诏纂修。至于修成的时间，据《玉海》，"绍兴十年三月，书成上之"。但此说殊不可信。今所见胡安国《进春秋传表》，文末书"绍兴六年十二月"③，知绍兴五年四月奉诏纂修，一年半后实已蒇事；且安国卒于绍兴八年④，断不会于十年始成书。为什么成书如此其速呢？这从史传的记述中不难发现原因。史称诏"令纂修所著《春秋传》"，原来下诏之日安国本已著有《春秋传》的，"令纂修"云云不过是让他再予整理加工而已。故经过一年多的"纂修"，遂于次年十二月"缮写奏御"。

事实上，胡安国精研《春秋》三十多年，《春秋传》一书，可以说是他一生精力所萃。他曾自述治《春秋》的经过云：

> 某初学《春秋》，用功十年，遍览诸家，欲求博取以会要妙，然但得其糟粕耳。又十年，时有省发，遂集众传，附以己说，犹未敢以为得也。又五年，去者或取，取者或去，己说之不可于心者，尚多有之。又五年，书成，旧说之得存者寡矣。及此二年，所习似益察，所造似益深，乃知圣人之旨益无穷，信非言论所能尽也。⑤

按从这段自述中可以看出，胡安国的《春秋》学研究，是分阶段递进的，前十年泛览博取，但不得要领；继十年则已有所阐发，但尚不自信；接下来认识不断地深化，常以今日之我否定昨日之我，以至于成书之日，"旧说之得存者寡矣"。绍兴五年受诏纂修之时，殆即此处所说经三十年其书已成之日。所谓

---

① 参见《宋元学案》卷三十四，中华书局1986年版。
② 《宋史·胡安国传》。
③ 参见《四部丛刊续编》本胡安国《春秋传》张元济跋语。
④ 据胡寅《斐然集》之《先公行状》，《四库全书》本。
⑤ 《胡氏传宗录》，《宋元学案》卷三十四。

"及此二年，所习似益察，所造似益深"，则应是指他受诏整理加工时的感受。安国《春秋传》之最后成书，亦得益于其子胡宁之助。胡宁，字和仲，安国次子，人称茅堂先生。据《宋史》本传，"安国之传《春秋》也，修纂、检讨，尽出宁手。宁又著《春秋通旨》，以羽翼其书云"。不过据陈振孙说，《春秋通旨》实际上并非胡宁自著："《通旨》者，所与其徒问答及其他议论、条例，凡二百余章，其子宁辑为一书。"① 是则《通旨》一书，乃《春秋传》之辅助性著作，故昔人说"盖欲观正传，又必先求之《通旨》"②，惜乎其书今已不传。据说高宗对安国的《春秋传》非常赞赏，认为"深得圣人之旨"。大约是在上《进春秋传表》之后不久，胡安国便死去了。死后赐谥"文定"，又是"诏赠四官"，又是加赙赐田，待遇突破了常格。

三、胡安国对《春秋》的基本认识

胡安国《春秋传》自序云：

> 古者列国各有史官，掌记时事。《春秋》，鲁史尔，仲尼就加笔削，乃史外传心之要典也。

按"传心"一语，乃典型的理学家言。《春秋》之外，二程对《礼记》之《中庸》篇，亦称之为"孔门传授心法"③。二程对伪古文《大禹谟》中的"人心惟危，道心惟微，惟精惟一，允执厥中"，做了发挥，认为这十六字是尧、舜、禹三帝"传心"的要诀。二程指出，"心"有"道心"与"人心"两种，"道心"属天理，"人心"属人欲。程颢说："'人心惟危'，人欲也；'道心惟微'，天理也。'惟精惟一'，所以至之；'允执厥中'，所以执之。"④ 又说："人心私欲，故危殆；道心天理，故精微。灭私欲则天理明矣。"故所谓"传心"，即传此存天理、灭人欲之法。此语虽然可能来源于释家，但经儒者解释，已成为理学家的重要范畴，所谓"道心"，也已具有了理想境界、政治原则、道德规范乃至自然规律等种种涵义。胡安国完全站在理学家的立场上，把《春秋》说成是"传心之要典"，这样的理解，在前此的《春秋》学者中是很难看到的。

那么，《春秋》这样一部纯粹记事的史册，怎么会是"传心要典"呢？原

---

① 《直斋书录解题》卷三。
② 《宋元学案》卷三十四。
③ 《日知录》卷十八"心学"条载《中庸章句》"引程子之言"。
④ 《二程集》第126页。

来，在胡安国看来，《春秋》的时代是天理不彰、人欲横流的时代，孔子因为认识到"欲载之空言，不如见诸行事之深切著明"，故"假鲁史以寓王法，拨乱世反之正。叙先后之伦，而典自此可惇；秩上下之分，而礼自此可庸；有德者必褒，而善自此可劝；有罪者必贬，而恶自此可惩。其志存乎经世，其功配乎抑洪水、膺戎狄、放龙蛇、驱虎豹，其大要则皆天子之事也"。总的来说，《春秋》"遏人欲于横流，存天理于既灭"，所谓"传心之要典"，就是指此而言的。比起其他几部儒家经典来，《春秋》有其独特的优势：

> 《春秋》见诸行事，非空言比也。公好恶则发乎《诗》之情，酌古今则贯乎《书》之事，兴常典则体乎《礼》之经，本忠恕则导乎《乐》之和，著权制则尽乎《易》之变。百王之法度，万世之绳准，皆在此书。故君子以谓五经之有《春秋》，犹法律之有断例也。学是经者，信穷理之要矣。不学是经而处大事，决大疑，能不惑者，鲜矣。

按胡安国把《春秋》看成是法律之"断例"，这是继承了二程的思想，但他似乎把《春秋》抬得更高，超越了五经之上，甚至是集五经的各项功能于一身。但归根到底，他是要用《春秋》来"处大事，决大疑"，也就是说，他是要用《春秋》来"经世"的。

四、胡氏《春秋传》之要旨

胡安国在《春秋传序》中把《春秋》大义概括为"尊君父，讨乱贼，辟邪说，正人心，用夏变夷"数项，这基本上是继承了前辈的思想遗产，只是在表述的形式上更具有时代的特征。例如他强调"正人心"，就应看做是理学家的提法，因为理学家主张从个人的修养入手，先要正心诚意，格物致知，然后才能修、齐、治、平。至于"正人心"的具体内容，仍然不外是忠孝仁义、伦常名教。《春秋传》在隐公十一年传文之后，有一段总论这十一年经义的文字，将这十一年的主要经义概括为九条：

(1) 谓一为元，则知祖述宪章，以体元为人主之职；

(2) 谓周正为春，则知立制度、改正朔，以夏正为可行之时；

(3) 谓正月为王正，则知天下之定于一也；

(4) 隐公不书即位，则知父子君臣之大伦不可废也；

(5) 与邾仪父、宋人盟而皆书曰"及"，则知以忠信诚悫为先，而盟誓不足贵也；

(6) 大叔出奔共而书曰"郑伯克段"，则知以亲爱为主，而恩义之轻重

(7) 来赠仲子而冢宰书名，则知夫妇人伦之本，而嫡妾之名分不可乱也；

　　(8) 祭伯朝鲁直书曰"来"，则知人臣义无私交，而朋党之原不可长也；

　　(9) 公子益师书"卒"，则知诚悫贵大臣，而恩礼之哀荣不可怼也。

按从胡氏所列举的这九条经义来看，有些并非是胡氏的发明，且说经的方法似与前人亦无大的区别，而且主观任意的色彩似乎更浓。例如解隐公元年"祭伯来"一条，《左传》不过说"非王命也"，而胡氏则称《春秋》所以这样记，是要表明"人臣义无私交，而朋党之原不可长也"。为什么这样说呢？他进一步论证说：

　　　君子有更相汲引交好以为公，小人有互相朋党比周以为私。其迹虽同而情异，不可不察也。祭伯朝鲁，安知其为私而不与乎？隐公之立，未尝请命，王法所当治也；祭伯为王卿士，不能诏王以正典刑，而远来朝之，其为阿私审矣。故尹氏来讣不称爵，祭叔来聘不言使，皆以明人臣之义，杜朋党之原耳。

按这样的论证，很明显是借题发挥，逞臆的成分很大，但这也正是北宋以来《春秋》学者的说经路数，胡安国不过是继承延续而已。

　　胡氏通过发挥，把《春秋》一经变成了名副其实的政治教科书。在他的《春秋传》中，充满了他对政治原则、政治伦理乃至政治结构及其运行机制等等的理解。例如他谈到中央集权的原则时说：

　　　"王正月"之定于一，何也？天无二日，土无二王，家无二主，尊无二上，道无二致，政无二门。故议常经者黜百家，尊孔氏，诸不在六艺之科者，勿使并进，此道术之归于一也。言致理者，欲令政事皆出中书，而变礼乐、革制度，则流放窜殛之刑随其后，此国政之归于一也。若乃辟私门，废公道，各以便宜行事，是人自为政，缪于《春秋》大一统之义矣。①

按这种集权的理论，完全是从"王正月"三个字中生发出来的。又如阐述大臣不可擅权这一原则，是从文公九年"毛伯来求金"这一条经文入手的。按三传对毛伯之求金，均以为非礼，但也只是从天子不该向诸侯求货贡的角度说的；而胡氏则从中挖掘为大臣之道，他说：

---

① 胡安国《春秋传》卷三，《四部丛刊续编》本。

> 毛伯，天子大夫，何以不称使？当丧未君也。逾年即位矣，何以言未君？古者谅阴三年，百官总己以听于冢宰。夫百官总己以听，则是冢宰独专国政之时，托于王命以号令天下，夫岂不可？而不称使，《春秋》之旨微矣，非特谨天下之通丧，所以示后世大臣当国秉政不可擅权之法戒也。跋扈之臣，假仗主威，胁制中外，凡有所行，动以诏书从事，盖未有以《春秋》此义折之耳。①

像这样的讲解，未免求之过深，但确实把一部原本记事的《春秋》，改造成了教人为政之书。再如庄公二十二年经文有"肆大眚"，盖即"大赦"之意，胡氏先是征引《舜典》、《周易》、《吕刑》、《周礼》诸经典，以证大赦罪犯于经无据，然后发议论曰：

> 大眚皆肆，则废天讨，亏国典，纵有罪，虐无辜，恶人幸以免矣。后世有姑息为政，数行恩宥，惠奸轨，贼良民，而其弊益滋，盖流于此。故诸葛孔明曰：治世以大德，不以小惠。其为政于蜀，军旅数兴，而赦不妄下。蜀人久而歌思，犹周人之思召公也。斯得《春秋》之旨矣。

按德、刑关系，是每一个统治者必须面对的大问题。若不是胡氏这一番发挥讲解，有谁能够想到，处理这一问题的正确方法，竟寓于《春秋》经文"肆大眚"这三个字之中，胡氏因此而蒙逞臆之讥，固无可说；然其欲以《春秋》救世的用心，亦可谓良苦矣。

五、胡氏《春秋传》的时代特征

纵观胡安国对《春秋》的讲解和发挥，有两个颇具时代色彩的特征，显得十分突出。一是力图以"天理"与"人欲"的矛盾，来解说所谓《春秋》经义；二是解经尽量结合时政。

先说第一点。

前面说过，胡氏服膺二程的学说，以继承二程的《春秋》学为职志。天理、人欲，是二程学说中的重要范畴，程颐作《春秋传》，已谈到"理"或"天理"了，胡氏则更自觉地把《春秋》中所表达的是与非、善与恶的种种冲突，统统归结为天理与人欲的矛盾。在这里，天理成了一切正确的东西的代名词，人欲则反是。姑试举几例如下：

(1) 由于鲁桓公是通过所谓"篡弑"的手段成为国君的，故胡氏对鲁桓公

---

① 胡安国《春秋传》卷十五。

持激烈的贬绝态度。桓公元年经有"公及郑伯盟于越"之文，胡氏云：

> 弑逆之人，凡民罔弗憝，即孟子所谓不待教命，人得而诛之者也。而郑与之盟以定其位，是肆人欲，灭天理，变中国为夷狄，化人类为禽兽，圣人所为惧，《春秋》所以作。无俟于贬绝，而恶自见矣。

(2) 郑庄公养成弟乱，"克段于鄢"，胡氏深以为非，他在《春秋经》桓公十一年"郑伯寤生卒"条下云：

> 郑庄公志杀其弟……有国者所以必循天理，而不可以私欲灭之也。庄公之事，可以为永鉴矣。

(3) 鲁桓公为齐人所杀，其子庄公不思报仇，反与齐人会盟。胡氏于《春秋经》庄公九年"公及齐大夫盟于蔇"条下云：

> 曰"公及齐大夫盟"者，讥公之释父怨、亲仇雠也。或曰：以德报怨，宽身之仁，何以讥之也？曰：德有轻重，怨有深浅。怨莫甚乎父母之仇，而德莫重乎安定其国家，而图其后嗣也。有父之雠而不知怨，乃欲以重德报之也，则人伦废、天理灭矣。然则如之何？以直报怨，以德报德。

(4) 晋献公宠骊姬，欲立骊姬之子奚齐，而杀太子申生，对于《春秋》的"专罪献公"，胡氏解释说：

> 《春秋》，端本清源之书也。内宠并后，嬖子配適，乱之本也。骊姬宠奚齐，卓子嬖，乱本成矣，尸此者其谁乎？是故目晋侯斥杀，专罪献公，使后世有欲紊妃妾之名，乱適庶之位，纵人欲，灭天理，以败其家国者，知所戒焉。①

(5)《春秋》僖公九年有"晋里克杀其君之子奚齐"，为什么要说"其君之子"呢？胡氏据《谷梁》之说，以为这表明"国人不子之"（国人不承认他是国君的合法继承人），他说：

> 民至愚而神，是非好恶，靡不明且公也。其所子而弗子者，莫能使人弗之子也；非所子而子之者，莫能使人之亦子也。周幽王尝黜太子宜臼子伯服矣，而犬戎杀其身；晋献公亦杀世子申生立奚齐矣，而大臣杀其子。《诗》不云乎，"天生蒸民，有物有则。民之秉彝，好是懿德"，此言天理根于人心，虽以私欲灭之，而有不可灭也。《春秋》书此，以明献公之罪，抑人欲之私，示天理之公，为后世戒，其义大矣。

胡氏这一类的议论很多，他把《春秋》之所褒、所与、所善，都说成是天

---

① 胡安国《春秋传》卷十一。

理之所存；而把《春秋》之所贬、所不与、所恶，都说成是本当抑绝的人欲。这样一来，就把《春秋》纳入了理学的体系。宋儒普遍强调纲常名教，普遍重视心性修养，这些也都在天理与人欲的冲突中得到了凸显。

胡氏解说《春秋》的第二个特征，就是紧密结合时政。胡氏不是一个书斋里的学者，他用世之心极强。他始治《春秋》，是在徽宗的崇宁四年（1105）。自王安石秉政至徽宗时期，朝廷废弃《春秋》，使之不列于学官的政策，一直也没有什么变化。① 胡氏的治《春秋》，显然并非为了追逐利禄。他在晚年所撰《春秋传序》里，表达了他对王安石时代轻视与漠视《春秋》功能的痛恨："近世推隆王氏新说，按为国是，独于《春秋》，贡举不以取士，庠序不以设官，经筵不以进读，断国论者无所折衷，天下不知所适，人欲日长，天理日消，其效使夷狄乱华，莫之遏也。噫，至此极矣。"在他的《春秋传》里，对时政的关注随处可见，特别是关乎国家存亡的所谓夷狄问题，他每每反复言之。众所周知，尊王攘夷历来被看做是《春秋》大义；如果说孙复高举了尊王的大旗，那么胡安国则对攘夷之义三致意焉。这很自然，胡安国生活在两宋之交，他亲眼目睹了北方国土的沦丧，也亲身参加了南方偏安政权的建设。他是一个主战派，不满于某些守土之臣的消极退缩，不满于朝廷对金人的奉币求和，力主收复失地，迎取两宫（指徽、钦二帝），这在他的《春秋传》里有很鲜明的体现。

隐公二年经文有"公会戎于潜"，胡氏就此发议论云：

> 戎狄举号，外之也。天无所不覆，地无所不载，天子与天地参者也。《春秋》，天子之事，何独外戎狄乎？曰：中国之有戎狄，犹君子之有小人。内君子外小人为泰，内小人外君子为否。《春秋》，圣人倾否之书，内中国而外四夷，使之各安其所也。无不覆载者，王德之体；内中国外四夷者，王道之用。是故以诸夏而亲戎狄，致金缯之奉，首顾居下，其策不可施也。以戎狄而朝诸夏，位侯王之上，乱常失序，其礼不可行也。以羌胡而居塞内，无出入之防，非我族类，其心必异，萌猾夏之阶，其祸不可长也。为此说者，其知内外之旨而明于驭戎之道。正朔所不加也，昊会同之有？书"会戎"，讥之也。

按胡安国主张攘夷，并非是要对夷狄斩尽杀绝，他其实是承认夷狄生存的权利的，这也是孔孟以来儒家的传统思想。天子是天下之主，天无不覆，地无不载，夷狄生于天地之间，自亦应当为天子所包容。但儒家反对夷狄"猾夏"，

---

① 参见卢钟锋《论胡安国及其春秋传》，《中国史研究》1982年第3期。

即侵犯华夏的利益和破坏华夏的文化,因此反对华夷之杂处,反对夷狄进入华夏居住区。胡氏的这一立场表达得十分鲜明,他以君子与小人的关系为喻:不能指望没有小人,但应当做到"内君子而外小人";同样不能指望没有夷狄,却可以做到"内中国而外四夷","使之各安其所"。这里的"内外",是真正空间意义上的内外,华夏人民居住于中原,蛮戎夷狄居住于四塞之外,这是最理想的秩序了。可是现实却并不那样美妙,作为"夷狄"的金人,把华夏的宋室政权挤压得只剩下半壁河山了,而且当局还答应每年向金人进贡金银绢帛,以求得屈辱的和平。胡安国有惩于此,利用解说《春秋》经文的机会,对鲁公的与"戎"会盟痛加贬斥,并直言"致金缯之奉,首顾居下,其策不可施也",其向朝廷进言之意至为明显。

哀公十三年经云:"公会晋侯及吴子于黄池。"胡安国曰:"及者,会两伯(伯是诸侯霸主之意)之词也。"按此时吴国实力强大,在黄池之会中是主盟者,位列晋侯之上。但《春秋》若先序吴子、后列晋侯,则违反了"内中国而外诸夏"的原则;若先序晋侯、后列吴子,又与事实不符。这里用了一个"及"字,表示二者都是霸主,这对于身为"夷狄"的吴子是一种贬抑。胡氏认为这是圣人教育后人对付夷狄的一种正确态度。他说:

> 黄池之会,圣人书法如此者,训后世治中国御四夷之道也。明此义,则知汉宣帝待单于位在诸侯王上,萧傅之议非矣;唐高祖称臣于突厥,倚以为助,刘文靖(当作静)之策失矣。况于以父事之如石晋者,将欲保国而免其侵暴,可乎?或曰:苟不为此,至于亡国,则如之何?曰:存亡者,天也;得失者,人也;不可逆者,理也。以人胜天,则事有在我者矣。必若颠倒冠履而得天下,其能一朝居乎?故《春秋》拨乱反正之书,不可以废焉者也。

按这里提到的历史上的三件事,都是中原天子对所谓"夷狄"失策的事例,汉宣帝以客礼待匈奴单于①,唐高祖向突厥俯首称臣②,石敬瑭对契丹国主"行父子礼"③,这些"颠倒冠履"的做法,都没有什么好的结果。像石敬瑭自称"儿皇帝",本来是要"保国"免受"侵暴"的,结果又如何呢?胡氏的这些议论,完全是有感而发。因为在两宋之际,朝廷慑于金人的横暴,一味地妥协投

---

① 《汉书·萧望之传》。
② 按此事据《旧唐书·刘文静传》,文静只是在李渊举兵反隋之前,"请连突厥以益兵威",并不见有高祖称臣于突厥事。
③ 《旧五代史》卷十五《晋书》。

降，以至于高宗南渡后，为求偏安一隅，竟向金人上表，俯首称臣，这与儒家的传统夷狄观是完全违戾的。胡氏激于时事，故特标出黄池之会的所谓圣人书法。对于投降派的"苟不为此，至于亡国"的论调，胡氏亦痛加驳斥，指出失去了正常的统治秩序，一个政权是很难"一朝居"的。实际上是在告诉人们，封建的纲常名教是封建国家存在的前提。

庄公四年《春秋经》云："纪侯大去其国"，《公羊》以为是纪侯为齐襄公所灭，《春秋》褒齐襄公之"复仇"，而《谷梁》则对纪侯表示同情。胡氏就此大做文章，字里行间，颇有微意，他说：

> "大去"者，土地、人民、仪章、器物悉委置之而不顾也。或曰以争国为小而不为，以去国为大而为之者也。夫守天子之土疆，承先祖之祭祀，义莫重焉，委而去之，无贬欤？曰：有国家者，以义言之，世守也，非身之所能为，则当效死而勿去；以道言之，不以其所以养人者害人，亦可去而不守。于斯二者，顾所择如何尔。然则拟诸大王去邠之事，其可以无愧矣。曰：大王去邠，从之者如归市，纪侯去国，日以微灭，则何大王之可拟哉！

按论者或以纪侯之"大去其国"比诸周太王之避狄去邠，胡氏以为比拟不伦。盖周太王迁歧而周兴，纪侯去国而国亡，对于"守天子之土疆，承先祖之祭祀"的人来说，将"土地、人民、仪章、器物"尽数委弃而不顾，毕竟是不可饶恕的行为。纪侯的事迹究竟怎样，三传都没有详细的记载；胡氏则抓住"大去其国"几个字，略纾其对国土沦丧的一腔悲愤。

庄公十年《春秋经》云："秋九月，荆败蔡师于莘，以蔡侯献舞归。"胡氏云：

> 蔡侯何以名？绝之也。凡书"败"、书"灭"、书"入"，而以其君归，皆名者，为其服为臣虏，故绝之也。……国君死社稷，正也；逃之虽罪，犹有耻焉，虏甚矣。楚人灭夔，以夔子归，独不名者，夔子以无罪见讨，虽国灭，身为臣虏，其义直，其词初不服也。是以独假之爵而不名也。《春秋》之法，诸侯不生名，失地则生而名之，比于贱者，欲使有国之君，战战兢兢，长守富贵，无危溢之行也。

按胡氏强调对"失地诸侯"书名示贬，其针对性是非常明显的。其末尾一句，是对"有国之君"的警示，正体现了《春秋》政治教科书的功能。

徽、钦二帝被掳的刺激，使胡安国对《春秋》"复仇"之义给予了特别的关注。"大复仇"本为《公羊》传义,① 此义与胡氏抗金复国的主张最为契合。鲁庄公为桓公之子,桓公被齐人杀害,故庄公与齐人有杀父之仇。胡氏反复申明复仇之义,多就《春秋》所记有关庄公之事发之。例如庄公二年经文有"筑王姬之馆于外",是说庄公受王命为齐主婚,胡氏曰:

> 今庄公有父之仇,方居苫块,此礼之大变也,而为之主婚,是废人伦、灭天理矣。《春秋》于此事一书再书又再书者,其义以复仇为重,示天下后世臣子不可忘君亲之意。故虽筑馆于外,不以为得礼而特书之也。

又前引庄公九年经云"公及齐大夫盟于蔇",胡氏指出,"有父之仇而不知怨,乃欲以重德报之也,则人伦废、天理灭矣"。又闵公二年经有"夫人姜氏孙于邾",胡氏曰:

> 庄公忘亲释怨,无志于复仇,《春秋》深加贬绝,一书再书又再书,屡书而不讳者,以谓三纲,人道所由立也,忘父子之恩,绝君臣之义,国人习而不察,将以是为常事,则亦不知有君之尊、有父之亲矣。庄公行之而不疑,大臣顺之而不谏,百姓安之而无愤疾之心也,则人欲必肆,天理必灭。

按胡氏《春秋传》的读者,首先是高宗皇帝,其次才是一般士人,这从传中偶见的"臣尝谓"、"臣不能答"等语可以看出。因此,强调复仇之义,无疑是要告诫高宗皇帝,不可忘记父兄被掳的仇恨,而这种仇恨在儒者看来是"不共戴天"的。同时,胡氏也把"复仇"提升到伸张"天理"的高度来认识,这就为抗金复国之业奠定了伦常的基础。

六、"以夏时冠周月"

"以夏时冠周月"是胡安国《春秋》学理论中一个很有名的、也是颇遭后人訾议的论点。从朱熹起,就不断有人对他的这一说法提出批评,现代学者更是认为此说荒唐无稽,不值一辩。② 但实际上,并不是每个批评者都理解胡氏"以夏时冠周月"的真实含义的,因此对这一说法也还有进一步厘清的必要。

"以夏时冠周月"说的是《春秋》记事所采用的历法问题。自汉以来,学者普遍认为中国上古有所谓"三正",孔颖达疏《春秋》"春王正月"云:

---

① 参见《公羊传》隐公十一年,庄公四年、八年,定公四年。
② 例如有人称之为"怪论",说:"其难以自圆其说,在今天一望可知。"见沈玉成、刘宁著《春秋左传学史稿》,江苏古籍出版社 1992 年版,第 223 页。

> 王者革前代、驭天下，必改正朔，易服色，以变人视听。夏以建寅之月为正，殷以建丑之月为正，周以建子之月为正。三代异制，正朔不同。①

按建寅、建丑、建子，是说斗柄所指的方向，夏代既以建寅之月为岁首，那么建丑之月于夏历则为十二月，建子之月于夏历则为十一月。殷革夏命，要改正朔，于是不再以正月（夏历）为岁首，而是以十二月（建丑）为岁首；周革殷命，也要改正朔，于是以十一月（建子）为岁首。问题是殷人或周人在改了岁首之后，称他们始建国的第一年第一月时，是说"元年十二月"或"元年十一月"呢，还是称"元年正月"？前者即所谓"改年不改月"，后者则是"改月"。

与此相关的，还有一个"时"的问题。"时"即季节。夏历的一、二、三月属春季，四、五、六月属夏季，七、八、九月属秋季，十、十一、十二月属冬季。这样的时、月关系，大约与一年之内的农作周期最为契合。而殷、周两历的首月，其时令、物候实际上都还在冬季。那么，如果以年、时（季）、月连书的方式记时，殷人或周人新君即位的第一年第一月，是该称为"元年冬正月（假定已经改月）"呢，还是该称"元年春正月"？前者称为"不改时"，后者则称为"改时"。

《春秋》记事，很明显是用周正，而且是改月的，其所谓"元年春王正月"，就是夏历的十一月。知者，桓公十四年"春正月无冰"，成公元年"春二月无冰"，襄公二十八年"春无冰"，若所用是夏正，则正月（建寅之月）天气已渐暖，无冰是正常现象，更无论二月（建卯之月）、三月（建辰之月），《春秋》何必要记这一笔呢？定公元年经云"冬十月，陨霜杀菽"，若是夏正建亥之月，陨霜有什么稀奇？且此时也未必有菽了。故《春秋》记事是用周正而且改月，这是没有问题的。② 胡安国也承认这一事实，他在所著《春秋传》里，还常常剔发这一类事实。例如隐公九年经文"三月癸酉，大雨震电"，胡氏云："周三月，夏之正月也。雷未可以出，电未可以见，而大震电，此阳失节也。"但问题是"改月"究竟出自谁之手？胡氏与他的批评者看法却大不相同。胡安国解"春王正月"说：

> 按《左氏》曰"王周正月"，周人以建子为岁首，则冬十有一月是也。前乎周者，以丑为正，其书始即位曰"惟元祀十有二月"，则知月不易也；后乎周者，以亥为正，其书始建国曰"元年冬十月"，则知时不易也。建

---

① 《春秋左传正义》，中华书局影印《十三经注疏》本。
② 参见朱彝尊《经义考》卷一百八十五。

子非春亦明矣,乃以夏时冠周月,何哉?圣人语颜回以为邦,则曰"行夏之时";作《春秋》以经世,则曰"春王正月",此见诸行事之验也。或曰:非天子不议礼。仲尼有圣德,无其位,而改正朔,可乎?曰:有是言也!不曰"《春秋》,天子之事"乎?以夏时冠月,垂法后世;用周正纪事,示无其位,不敢自专也。其旨微矣。

按胡氏之意,是说"前乎周者"的殷人以建丑(即夏历的十二月)为正,但记事书时并不改月,例如商汤死后,太甲于次年即位改元就称"惟元祀十有二月"[①]。而"后乎周者"的秦人则以建亥(即夏历的十月)为正,其记事书时既不改月,也不改时,秦人书始建国之月为"元年冬十月"。照这样看来,周人以建子为正月,也应该是既不改月又不改时的,周人书其君即位改元之始月,当云"元年冬十一月"才对。然而事实上《春秋》是写作"元年春王正月"的,于是胡氏就认定这是孔子的"特笔",是孔子"以夏时冠周月"。针对孔子是否有资格"改正朔"的提问,胡氏以孟子"《春秋》,天子之事也"作答,并且说孔子"用周正纪事",正是"示无其位不敢自专"的表现。但由夏历之"冬十一月"变为周历的"春正月",为什么说是"以夏时冠周月"呢?胡安国曰:

  春之为夏正,何也?夫斗指寅,然后谓之春;建巳,然后谓之夏。故《易》曰:"兑,正秋也。"以兑为正秋,则坎为正冬必矣。今以冬为春,则四时易其位。《春秋》正名之书,岂其若是哉!故程氏谓"周正月,非春也,假天时以立义耳"。商人以建丑革夏正,而不能行之于周;周人以建子革商正,而不能行之于秦;秦人以建亥为正,固不可行矣。自汉氏改用夏时,经历千载,以至于今,卒不能易,谓为百王不易之大法,指此一事可知矣,仲尼岂以欺后世哉!

按胡氏之意,以为春夏秋冬四时,乃是由斗柄所向决定的,各有其固定的物候特征,这些是不可改变的,春就是春,夏就是夏,纵然把十二月或十一月改称为正月,其季节属性即"时"也是不变的。而孔子修《春秋》,大书"春王正月",既已将十一月改成正月,原本是冬的"天时"也随之而变成了"春",则这变化之中,一定是有深义在的。在胡氏看来,这就是孔子在"假天时以立义"。之所以说是"假天时",因为周正的正月并不是春(是冬),如今在"周

[①] 《汉书·律历志》引《伊训》云:"惟太甲元年十有二月乙丑朔,伊尹祀于先王,诞资有牧方明。"

月"之上硬加上一个"春"之名，实际上是借用了夏历里面"正月"所对应的那个天时，所以叫做"以夏时冠周月"。胡氏这里所说的"夏时"，已不单纯是指夏历的春夏秋冬，而主要是指夏历里春夏秋冬四时与月份的对应关系，或者说是夏历的内部秩序。只有理解了这一点，才不会认为胡氏之说荒诞无稽。

既然"以夏时冠周月"是"假天时以立义"，那么孔子究竟要立什么"义"呢？据胡氏说，"三正"里面，只有夏正最顺天时，其他如殷正、周正，只能行用于一代，更不用说秦人之建亥了。孔子当年就是主张"行夏之时"的。《春秋》既是孔子为万世立法（这是公羊家的说法），故孔子是一定要在《春秋》中把"行夏时"这一思想表达出来的。但孔子空有圣人之德，并无圣人之位，他是无权也无力"改正朔"的，于是孔子就在修《春秋》时"用周正纪事"，以示服从周王的正统，"不敢自专"；同时通过"改时"的方法，"以夏时冠周月"，这样来达到"垂法后世"的目的。表面上看，"行夏时"只是一个历法问题，孔子要推行一种万世通行的历法；但这却是一个象征，象征着《春秋》里所体现的原则、法度、精神、价值，一句话，《春秋》里的"大义"，是可以传之万代而不废的，这就是孔子"假天时以立义"所立的"义"。自汉武帝改行夏正以来，直到胡安国的时代，千余年来，历朝均用夏正，① 证明了夏正确乎是"百王不易之大法"，也验证了《春秋》确乎具有永恒的价值。这也就是胡安国通过"以夏时冠周月"所要告诉人们的道理。

胡氏自称他的《春秋传》"微词多以程氏（按指程颐）之说为证"②，因此，"以夏时冠周月"之说的来源，还须从程颐的言论中去寻找。程颐在回答弟子关于"孔子何为作《春秋》"的问题时说："由尧、舜至于周，文质损益，其变极矣，其法详矣。仲尼参酌其宜，以为万世王制之所折中焉，此作《春秋》之本意也。观其告颜子为邦之道，可见矣。"按所谓"告颜子为邦之道"，指《论语·卫灵公》"行夏之时，乘殷之辂，服周之冕，乐则韶舞"数语。孔子说的虽是很具体的值得效仿的三代事物，实际上代表着他取法三代，"参酌其宜，以为万世王制之所折中"的旨趣。程氏把这一点说成是带有根本性的《春秋》之义，认为"此义（孔子）门人皆不得闻，惟颜子得闻"③，可以想见他是如何看重了。程氏的这一思想，实际上也是渊源有自，盖源于公羊家《春秋》为后王立法之说。既然孔子是要"垂法后世"，于是夏时、殷辂、周冕之类便被程

---

① 只有个别朝代在短时段内行用过殷正、周正。
② 胡安国《春秋传》卷首《叙传授》，《四部丛刊续编》本。
③ 《二程集》第283页。

氏说成了"垂法"的一些具体条目。胡安国从程颐那里吸取了思想材料，把"行夏之时"与《春秋》的记事书时联系起来，形成了他的"以夏时冠周月"的理论。

最早对胡氏这一理论提出批评的是朱熹。他说：

> 某亲见文定公家说，文定《春秋》说夫子以夏时冠月，以周正纪事，谓如"公即位"依旧是十一月，只是孔子改正作"春正月"，某便不敢信，怎地时二百四十二年，夫子只证得个"行夏之时"四个字。据今《周礼》，有正月，有正岁，则周实是元改作"春正月"。夫子所谓"行夏之时"，只是为他不顺，欲改从建寅。如孟子说"七八月之间旱"，这断然是五六月；"十一月徒杠成，十二月舆梁成"，这分明是九月、十月。若真是十一月、十二月时，寒自过了，何用更造桥梁？古人只是寒时造桥度人，若暖时又只时教他自从水里过。①

从朱熹的话里不难看出，胡氏是认定周人虽用周正，而记事书时是不改月的，今日所见《春秋》之"春正月"，乃是孔子所改。朱子的批评，也是集中在这一点上。他举《周礼》、《孟子》为例，都是要证明"改月"的并不是孔子，而是史文原本就如此。朱子之后，儒者批评《胡传》，多从这里入手，且有不少人举《后汉书·陈宠传》为证。② 但陈宠是东汉人，受刘歆三统论影响，以周、殷、夏为天、地、人三元，所论实不足以为据。不过胡安国关于孔子改月之说，确实令人生疑，朱子说他"不敢信"，是有道理的。胡氏说经本来就有逞臆之弊，这孔子改周月之说即其一端。

除了批评孔子改月之说外，儒者对"以夏时冠周月"说的批评，还集中在冠"周月"的"时"究竟是否"夏时"上。前面曾述及胡氏对"夏时"这一概念的理解，但反对者显然另有一种思路。他们一般把春夏秋冬理解为可变的，可随岁首而推移，例如孔颖达就说"月改则春移"③。按照这一说法，十二月（建丑之月）改称正月，春就自十二月始；十一月（建子之月）为正，春就从十一月始。宋人吕大圭说："《春秋》所书正月者，盖周之正月也；所谓春者，

---

① 《朱子语类》卷八十三，第 2159 页。
② 《后汉书·陈宠传》："宠奏曰：夫冬至之节，阳气始萌，故十一月……天以为正，周以为春。十二月阳气上通……地以为正，殷以为春。十三月阳气已至……人以为正，夏以为春。"
③ 《春秋》隐公元年孔疏。

即周正月之春也。"① 清人毛奇龄说:"改正必改月,改月必改时,亦无可拟议者。"② 持有这种看法的人,自然认为"春王正月"的"春"即周正之春,与夏正无涉,他们大多会反对"以夏时冠周月"之说,指出胡氏所说的矛盾之处。因为在他们看来,明明是"周时"冠"周月",怎么能说是"夏时"呢?宋人黄震说:"文定说《春秋》,以春为夏正之春,建寅而非建子,可也;以月为周之月,则时与月异。"③ 毛奇龄说:"夫子月称正,冬月称春,经传显然;而云《春秋》用夏时,不可解也。"这些都是很有代表性的意见。不过比较起来,如果从常理上推断,胡氏之说似乎更接近于事实。因为四时反映的是自然规律,每一时都有其质的规定性,本来就不应该是可以随意改变的,这一点与纯属人为划分的岁首及人为确定的月份名称有所不同。设想秦人以建亥之月(夏历十月)为岁首,如果建亥之月也改称春,则此"春"恰包夏历之冬三月,颠倒天时如此之甚,那么四季的划分还有什么意义?反对胡氏之说的人,虽然举出了一些周人改月的例证,而除了《春秋》经传之外,周人改时的证据可以说是难得一见。前引朱熹之论,虽然对胡氏"不改月"之说表示了怀疑,但他还是赞成胡氏所说周人并未"改时"的意见。他在《答吴晦叔》中说:

> 孟子所谓七八月,乃今之五六月;所谓十一月十二月,乃今之九月十月。是周固已改月矣。但天时则不可改。故《书》云:"秋大熟未获。"此即只是今时之秋,盖非酉、戌之月(雄按指夏历之八月、九月),则未有以见岁之大熟而未获也。以此考之,今《春秋》月数,乃鲁史之旧文;而四时之序,则孔子之微意。伊川所谓假天时以立义者,正谓此也。④

又王应麟引朱子之说云:

> 朱文公谓以《书》考之,凡书月皆不著时,疑古史记事例如此。至孔子作《春秋》,然后以天时加王月,以明上奉天时,下正王朔之义;而加春于建子之月,则行夏时之意,亦在其中。⑤

这表明朱子已经看到了胡氏理论中的合理因素。许多胡氏的批评者,纠缠于冠于"周月"之上的表面上的"周时",而忽略了胡氏所阐发的孔子"为万世制法"的大义,从而无形中降低了《春秋》对当时政治的指导意义。清初的统治

---

① 吕大圭《春秋或问》卷一,《四库全书》本。
② 毛奇龄《春秋毛氏传》卷二,《四库全书》本。
③ 朱彝尊《经义考》卷一百八十五引。
④ 《朱子文集》卷三,《丛书集成》本。
⑤ 《困学纪闻》卷六,《四部丛刊三编》本。

者似乎要清醒得多,他们一方面驳正胡氏"以夏时冠周月"之说,同时却悄悄地袭用胡氏所阐发之义。成书于康熙年间的《钦定春秋传说汇纂》,于"春王正月"条下云:"周正改月并改时……无可疑者。顾时、月俱时王所改,不曰'王春正月'而加春于王者,盖行夏时之志寓焉矣。正者,王事之始;春者,天道之始。王所为者系之以王,天所为者冠之以春。……欲王者上奉天时,必以得天为正。盖《春秋》为尊王而作,故以王法正天下;《春秋》为万世而作,故以天道正王道也。"① 按这里的"时、月俱时王所改",就是驳《胡传》的孔子改月改时之说;而"行夏时之志寓焉",则是袭用《胡传》"夏时冠周月"所蕴含的大义。

七、后儒对胡氏《春秋传》的评论

对胡氏《春秋传》的得失,后儒议论甚多,其中朱子之说殊堪注意。朱子云:"胡《春秋传》有牵强处。然议论有开阖精神。"② 《四库提要》对此甚相推许,以为是"千古定评"。"牵强"云者,固然很好理解,但什么叫做"开阖精神",却有些费解。现代学者有以"创新"解之,③ 恐怕未必符合朱子原意。按"开阖"一词,从字面理解,就是开启与闭合,《春秋繁露·立元神》在论述为人君者当"谨本详始"、"敬小慎微"、"寂寞无为"、"虚心下士"、"考求众人"、"察其好恶"、"考其往行"等等之后,说:"可以内参外,可以小占大,必知其实,是谓开阖。"玩其上下文义,"开阖"当指统治者对臣下能放能收,得操纵之道。又《旧唐书·元载传》说,元载"志颇盈满,遂抗表请建中都,文多不载,大略以关辅、河东等十州户税入奉京师,创置精兵五万,管在中都,以威四方。辞多开阖"。此"开阖"大约也是有气魄、有谋略的意思。《四库提要》评胡传说:"其书作于南渡之后,故感激时事,往往借《春秋》以寓意,不必一一悉合于经旨。"此下紧接着就说朱子之评为千古定评,可见"有开阖精神",是指敢于并且善于指陈时政,借古论今,有一股纵横家的气魄,与"创新"云云是并不相干的。朱子对胡传还有一些其他议论,例如:

> 胡文定《春秋》非不好,却不合这件事圣人意是如何下字,那件事圣人意又如何下字。要之,圣人只是直笔据见在而书,岂有许多忉怛!

---

① 《钦定春秋传说汇纂》卷一,卷首"通论",《四库全书》本。
② 《朱子语类》卷八十三。
③ 参见卢钟锋《论胡安国及其春秋传》,《中国史研究》,1982年第3期。

问:"胡《春秋》如何?"曰:"胡《春秋》大义正,但《春秋》自难理会。"

问胡《春秋》,曰:"亦有过当处。"

问:"《春秋》,胡文定之说如何?"曰:"寻常亦不满于胡说。且如解经,不使道理明白,却就其中多使故事,大与作时文答策相似。"

胡文定说《春秋》,高而不晓事情。

大致说来,朱子肯定胡传的"大义",但对胡传的务作深求,颇有一些微辞。此后儒者的评论,有扬有抑。扬者一般都是表彰胡传议论正大,如蒋悌生曰:"近世明经取士,专用胡氏传,盖取其议论正大。"刘永之曰:"胡康侯之学术正矣,其议论辨而严矣。"何乔新曰:"宋之论《春秋》而有成书者,无如胡文定公。文定之传,精白而博赡,慷慨而精切。"彭时曰:"(胡安国)先生平生著述,皆有关名教,而发明《春秋》之功为尤大……先生之于是经,诚可谓继往圣于既绝,开来学于无穷,其卫道息邪之功,于是为大矣。"卓尔康曰:"胡文定当南渡时,发愤著书,志固有在。中间词旨激扬,或有所过,而昭大义、明大法,炳如日星,不可磨灭也。"对胡传的批评,则大多集中在胡氏解经不尽符合孔子原意上。如蒋悌生曰:"若曰一一合乎笔削之初意,则未敢必其然也。"梁寅曰:"信公、谷之过,求褒贬之详,未免蹈先儒之谬,此胡康侯之失也。"刘永之曰:"其失则承乎前儒而甚之者也。朱子曰:有程子之《易》,可自为一书。谓其言理之精而非经之本旨也。若胡氏之《春秋》,自为一书焉可也。"何乔新曰:"所失者,信公、谷太过,求褒贬太详,多非本旨。"胡居仁曰:"胡氏《春秋传》多穿凿。"清儒尤侗曰:"胡传专以复仇为义,割经义以从己说,此宋之《春秋》,非鲁之《春秋》也。"俞汝言曰:"胡氏之传,借经以抒己志,非仲尼之本旨。"[①] 此外对胡氏的批评,还多集中在他的"以夏时冠周月"之说,这在前面已经说过了。也有一些儒者,对胡氏的某些具体经义提出指责,例如王夫之于所著《宋论》中,指责胡氏所揭"兵权不可假人"之义,至以岳飞之死亦归咎于胡氏之论;[②] 又《经义考》引何其伟说,指责胡氏以"戒穷兵于远"为义,至以宋廷之厌兵、和议导源于胡氏之说。这些批评都未免有些片面,今人牟润孙先生曾著文驳正,所说甚为允当。[③] 这形形色色的评论,尽管毁誉不一,评论者的出发点亦各不相同,毕竟反映出自南宋以来,

---

① 以上所引对胡传的评论,均引自《经义考》卷一百八十五。
② 王夫之《宋论》,中华书局1964年版,卷十,第184页。
③ 牟润孙《两宋春秋学之主流》,《注史斋丛稿》,第140页。

以迄清初，胡氏的《春秋传》应该是最有影响的一部《春秋》学著作了。

第三节　两宋其他重要的《春秋》学者

据《宋史·艺文志》，宋人所著经部之书，以《春秋》类为最多，其次为《易》类。这是因为宋人谈义理，喜欢从《易》入手；而议论政治，则喜欢就《春秋》发挥。① 因此，《春秋》学在宋代号称发达。在前面几节中，我们已分别介绍了胡瑗、孙复、刘敞、程颐、胡安国、朱熹等学者在《春秋》学上的主张和造诣，本节将介绍其他一些重要的学者，他们是王皙、孙觉、苏辙、崔子方、萧楚、叶梦得、高闶、陈傅良、吕祖谦、张洽、黄仲炎、赵鹏飞、吕大圭。

一、王皙

王皙活动于北宋真宗、仁宗时期，其生平事迹不详。《四库提要》引龚鼎臣《东原录》，称他曾任太常博士、翰林学士。王应麟《玉海》云："至和（1054—1055）中，太常博士王皙撰《春秋通义》十二卷，据三传注疏及啖、赵之学，其说通者附经文之下，阙者用己意释之。又《异义》十二卷，《皇纲论》五卷，二十三篇。"今《通义》、《异义》均已佚，惟《春秋皇纲论》尚存。此书实际上由二十三篇论文组成，内容多为讨论《春秋》之书法义例，这从《公即位》、《卿书名氏》、《称人》、《朝会盟》、《会盟异例》、《侵伐取灭》、《归入》、《会及》、《书遂》、《公至》、《杀大夫》、《日月例》等篇名中亦不难看出。《四库提要》评论此书"其言多明白平易，无穿凿附会之习"，基本上是恰当的。虽然从总体上看，此书的内容比较平庸，但也确有一些地方，所论很能给人以启发，姑举几例如下：

对前人所述孔子作《春秋》之意，王皙多致不满。例如针对孟子所说的"孔子作《春秋》而乱臣贼子惧"，王氏曰："此亦据当时而言尔，若专为诛乱臣贼子使知惧，则尊贤旌美之旨阙矣。"这很明显地与世人所谓《春秋》"有贬无褒"之说相反对。针对何休"孔子为汉制法"之说，王氏曰："仲尼岂知数百年后刘氏定天下、兴汉室乎？且圣人大典，将垂之万世以为法，又岂止一汉朝乎？若以衰世论之，则可以拨乱而归正；若以治世言之，则可以润色乎王

---

① 参见牟润孙《两宋春秋学之主流》，《注史斋丛稿》，第140页。

道，无施不可也。"① 按王氏此说，大大拓展了《春秋》一经的适用范围，这对确立并巩固经典的权威地位是有益的。

王晳论三传之成书云："《左氏》善览旧史，兼该众说，得《春秋》之事迹甚备。其书虽附经而作，然于经外自成一书。故有贪惑异说，采掇过当。至于圣人微旨，颇亦疏略，而大抵有本末，盖出于一人之所撰述也。《公》、《谷》之学本于议论，择取诸儒之说，系于经文，故虽不能详其事迹，而于圣人微旨，多所究寻，然失于曲辨赘义，鄙浅丛杂，盖出于众儒之所讲说也。"又评论三传之注云："其专穷师学，以自成一家者，则何氏、杜氏、范氏而已。何氏则诱张矕说，杜氏则胶固传文，其稍自觉悟者，唯范氏尔，然不能洞达以会经意。"而对唐代的啖、赵，则甚为推崇："二子（按指啖、赵）相继，贤而有断，能发明圣人之意，指摘三传之谬，固有功矣。然探圣人之意或未精，斥三传之谬或太察，可谓入圣人之门，而游乎宫庭之间者也。其堂奥则未可知也，然亦度越诸子远矣。"②

王晳虽尊啖、赵，但对啖、赵所倡导的舍传求经的风气亦有所纠正，他说："左氏于获麟以后，续经之孔丘卒，伪也；又好以一时言貌之恭傲与卜筮筮梦之事推定祸福，靡有不验，此其弊也。……又有广录杂乱不实之语，混合其间，固当裁取其文，以同经义，如玉之有瑕，但弃瑕而用玉，不可并弃其玉也。二传亦然，其大义虽失，内有数句可用者，亦裁而用之，以遵君子宏通之义。"这些议论，都还是很有见地的。

二、孙觉

孙觉（1028—1090），字莘老，高邮人。他年轻时从胡瑗受学，史称"瑗之弟子千数，别其老成者为经社，觉年最少，俨然居其间，众皆推服"③。后登进士第，官至御史中丞，以龙图阁学士兼侍讲、提举醴泉观致仕。孙觉早先与王安石友善，但后因政见不合，受到王的排挤。传说王安石就是因为嫉妒孙觉的《春秋》学著作，才诋《春秋》为"断烂朝报"的。此说虽不可信，但既有此传闻，也可见孙觉的《春秋》学成就，在当时必是甚为人所称道的。

孙觉的《春秋》学著作，《宋史·艺文志》著录有三种：《春秋经社要义》

---

① 《春秋皇纲论》卷一"孔子修《春秋》"，《四库全书》本。
② 《春秋皇纲论》卷五"传释异同"，《四库全书》本。
③ 《宋史·孙觉传》。

六卷、《春秋经解》十五卷、《春秋学纂》十二卷。据四库馆臣考证,《经解》与《学纂》实为一书,今本题为"春秋经解",卷数实为十三卷。① 而《经社要义》已佚,故今日所见孙觉的《春秋》学著作,就只有《春秋经解》了。

《春秋经解》之作,殆在孙觉之晚年。南宋邵辑序曰:

> 龙学孙公,蚤从安定胡先生游,在经社中最有声,而尤深于《春秋》。晚患诸儒之凿,彼此佩剑,蠹蚀我圣经,乃据其所自得为之传,凡先儒之是者从之,非者折衷之。义例一定,凡目昭然,诚后学之指南也。②

关于《春秋》的作意,孙觉有非常明确的表述。他认为孔子在去世前不久才作《春秋》,是因为他一直对实现自己的政治抱负存有幻想,待晚年这种幻想破灭,面对着"臣弑君,子弑父","三纲五常扫地俱尽"的局面,孔子才转而采取著书的方式:

> 孔子于是因鲁之史以载天子之事,二帝三王之法于是乎在。《春秋》之所善,王法之所褒也;《春秋》之所恶,王法之所弃也。至于修身、正家、理国、治天下之道,君臣、父子、兄弟、夫妇之法,莫不大备。③

孙觉认为,三传的作者及作注者对上述孔子作《春秋》之意并不甚了解,如杜预把孔子说成了不过是一个史官,而何休"黜周王鲁"之说,正与《春秋》尊王之义矛盾。他所唯一服膺的是孟子:

> 作传者既不解孔子所以作《春秋》之意,而注释者又妄为之说,至今好怪之徒,更增引血书端门诸谶纬之说以解《春秋》,此啖氏所谓"宏纲既失,万目从而大去"者也。故自孔子之没,能深知《春秋》之所以作与《春秋》之所以存者,唯孟子尔。

按孟子最核心的思想,就是"《春秋》,天子之事也",而孙觉对这句话的理解,就是在天下"大乱而王道板荡,号令不行,天子名存而已"的情况下,"孔子作《春秋》以代其赏罚也"。可以说孙觉的全部著作,都是从这一点出发的。孙觉对三传及前辈儒者的议论虽然并不满意,但他实际上并没有摆脱三传,而是"取其是而舍其非":

> 三传之说,既未可质其后先,但《左氏》多说事迹,而《公羊》亦存梗概,陆淳以谓断义即皆不如《谷梁》之精。今以三家之说校其当否,而《谷梁》最为精深。且以《谷梁》为本者,其说是非褒贬,则杂取三传及

---

① 《四库全书总目》卷二十六"春秋经解"条。
② 《春秋经解》卷首,《四库全书》本。
③ 孙觉《春秋经解自序》。

历代诸儒唐啖、赵、陆氏之说，长者从之，其所未闻，即以所闻安定先生之说解之云。

按于此可以看出，孙觉似乎自认为他的《春秋》学是以《谷梁》为基础的，同时对唐儒之说多所继承，而在没有前人的说解可以据依、或前人的说解都不能令人满意的情况下，则以其师胡瑗之说解之。但若对孙觉的《春秋经解》细加分析，就会感到对所谓"以《谷梁》为本"云云的理解不可过于拘泥。孙氏确实吸收了一些《谷梁》的说解，但他对《谷梁》的批判比较起来显得更多，我曾就此做过一些数量上的统计，仅以庄公元年到十年为例，在这十年之中，孙觉吸收或表示赞成《谷梁》之义的，大约有七八条之多，而反对或者纠正《谷梁》之说的，却有三十余处。孙氏所赞同的《谷梁》之说，也并不是什么重大的经义；而在他对《谷梁》的批评中，"《谷梁》不通"、"《谷梁》非也"、"《谷梁》迷误"、"《谷梁》之说妄矣"之类的话则屡见不鲜。因此，似乎不好说孙觉的《春秋》学是以《谷梁》学为主体的，实际上他仍属于啖、赵以来打破传统家派的那一类学者。他所说的"《谷梁》最为精深"、"以《谷梁》为本"云云，不过是他对三传加以比较的结果。

孙觉的学术在多大程度上继承了安定之学，由于胡瑗的《春秋》说存者无多，今已很难判断。不过从孙觉的《春秋经解》来看，其对于孙复的继承却十分明显。《四库提要》称其学"大旨以抑霸尊王为主"，是不错的。但孙觉对孙复之学亦多有修正，例如一般认为孙复主张《春秋》"有贬无褒"，孙觉就对孙复此说表示反对，他说："《春秋》之法，有褒则有贬，有善则有恶。褒一善，所以使善者劝；贬一恶，所以使恶者畏。无空言也。"① 这就避免了深文峻刻之讥。在解经的形式上，孙觉较之孙复亦有明显的不同。孙觉更注重于逞臆发挥，借解经阐发自己的政治思想，解一条经文，犹如作一篇政治论文。例如解隐元"公子益师卒"，大谈天子、诸侯的求贤之道、遇臣之礼；解隐二"纪裂繻来逆女"，大谈男女之礼、夫妇之道；解"郑人伐王"四字，而畅论《春秋》争霸战争之是非。皆洋洋数百字，甚至上千字，用世的意图是更为明显了。

三、苏辙

苏辙（1039—1112），字子由，眉州眉山人。与父苏洵、兄苏轼并有文名，后人称之为"三苏"。但在《春秋》学方面，苏辙最有成就，其所著《春秋》

---

① 孙觉《春秋经解》卷五，《丛书集成》本。

传，今日尚存。

苏辙《春秋集解》十二卷，《宋史·艺文志》作《春秋集传》。苏辙自序云：

> 予始自熙宁谪居高安，览诸家之说，而裁之以义，为《集解》十二卷。及今十数年矣，每有暇，辄取观焉，得前说之非，随亦改之。绍圣之初，迁于南方，至元符元年，凡三易地，最后卜居龙川之白云桥。杜门无事，凡所改定，亦复非一，览之洒然而笑，盖自谓无憾矣。

考《宋史》本传，苏辙受其兄苏轼之累谪居高安，大约在熙宁八年（1075）前后，此时为苏辙写作《春秋集传》之始。其"卜居龙川之白云桥"，据本传当在元符三年（1100）前后。是则此书自经始至修改完成，用了二十五年。

苏辙的《春秋》学，似与孙复、刘敞等殊途。据苏辙自序云：

> 予少而治《春秋》，时人多师孙明复，谓孔子作《春秋》，略尽一时之事，不复信史。故尽弃三传，无所复取。予以为左丘明，鲁史也，孔子本所据依以作《春秋》，故事必以丘明为本。……至于孔子之所予夺，则丘明容不明尽，故当参以公、谷、啖、赵诸人。

按《四库提要》称，"辙以其时经传并荒，乃作此书以矫之"，故苏辙此书，实为矫时之作。苏氏所矫者，最主要的就是当时人对《春秋》文本之史书性质的漠视。苏氏认为，左丘明是鲁国的史官，他所记叙的史事，是孔子作《春秋》的依据。研治《春秋》不能脱离《春秋》所记之事，因而也就不能不主要依赖《左传》。当然，苏辙也深知左丘明并不完全了解孔子之"义"，因此他主张在说解《春秋》经义的时候要"参以公、谷、啖、赵诸人"。

从苏氏集解的内容来看，苏氏解经，多从史实出发，议论较为平实。他认为孔子作《春秋》时本是以大量史实为依据的，只不过这些史实大多被省略掉了，因为孔子的本意并非作"史"，而是作"经"；然而正因为如此，其所作之经的经义，还须从那"经"所自出的"史"中去寻求，故本身就是"史"的《左传》较之脱离史实、专以意求经的《公羊》、《谷梁》来，就显得更为可贵，他说：

> 凡《春秋》之事当从史。左氏史也，公羊、谷梁皆意之也。盖孔子之作《春秋》，事亦略矣，非以为史也，有待乎史而后足也。以意传《春秋》而不信史，失孔子意矣。①

---

① 苏辙《春秋集解》卷一，《四库全书》本。

因此苏辙之解经，其主要的根据就是《左传》，对《公羊》、《谷梁》中那些没有任何史实依据的纯粹的臆解，苏氏均不予采纳。例如桓公十四年经云"秋八月壬申御廩灾。乙亥尝"，这是说壬申之日御廩（储藏祭祀所用粢盛的粮仓）发生了火灾，而三日后的乙亥仍举行了"尝"祭之礼。《左传》的解释说："书，不害也。"意思是说经所以这样书，是因为火灾并没有害及御廩中的粢盛。而公羊则以为这是"讥尝"。苏辙指出公羊这就是"以意传《春秋》"，他说：

> 御廩者，粢盛之所藏也。壬申灾而乙亥尝，书，不害也。……《公羊》曰："御廩灾，不如勿尝而已矣。"灾而为害，则不尝；若灾而不害，而可以勿尝乎？事之不可以意推者，当从史。左氏，史也。①

又如《左传》记郑国大夫祭仲的事迹甚详，对他受外人胁迫、废立国君之事实有贬意；而《公羊》却硬说祭仲之"仲"为字，《春秋》书字，是在褒奖祭仲之"知权"。苏辙坚决主张从《左传》，说"夫以出君为知权，乱之道也。故祭仲名也，非字也。"这样从史实本身去理解，自然比《公羊》的"意解"要平实得多。

由于苏辙解经重在史实，故他对三传特别是《公》、《谷》的书法、义例等等多不甚措怀，而对《左传》家的"从赴告"、"史阙文"等说法则每每表示赞同。例如对所谓"日月时例"，他就基本上全盘否定，不认为其间有什么褒贬。他说："《春秋》以事系日，以日系月，以月系时，以时系年。事成于日者日，成于月者月，成于时者时。不然皆失之也。"② 就是说书日书月书时，要看是什么样的事情。事情的发生是以日计的（例如某人的卒、葬），自然要书日；而事情的发生是以月或时计的（例如水旱灾害），那就要书月或者书时。《春秋》记事凡与此不合的，"皆失之也"，即史文失载之故。这样一来，许多牵强附会的解释就都被清除了，《春秋》之义变得质直、简单了许多。

苏辙解经虽说是以《左传》为主，但也有一些吸取《公》、《谷》的地方。例如隐公三年经文"春王二月己巳，日有食之"，苏氏的解释就基本上同于《公羊》；对桓公元年之经书"公即位"，苏氏的说解几与《谷梁传》全同。这大约就是他自己所说的"参以公、谷、啖、赵诸人"。

苏辙在自序中谈到他解经的一个重要思路，而这一重要思路的形成竟是因

---

① 苏辙《春秋集解》卷二。
② 苏辙《春秋集解》卷一。

为受到了《老子》的启发，他说：

> 昔之儒者，各信其学，是己而非人，是以多窒而不通。《老子》有言："学不学，复众人之所过，以辅万物之自然而不敢为。"予窃师此语，故循理而言，言无所系。理之所至，如水之流，东西曲直，势不可常，要之于通而已。

按苏辙的学术，杂以佛老，够不上是所谓醇儒，这一点，朱熹曾经痛切言之。但这里苏氏用老子"道法自然"的思想来理解《春秋》，一反先儒穿凿曲说之弊，也许更能接近原始的《春秋》经义。苏氏强调的是一个"通"字，关键是要"循理而言"，只要能把"理"讲出来，倒不必拘泥于文字，所谓"理之所至，如水之流，东西曲直，势不可常"，就是反对有固定的书法、义例。这样子解经，固然可免牵强之弊，但对经义的发掘就不会很深。清人陈弘绪称《公》、《谷》有许多说解"妙合圣人精微，而颍滨（按指苏辙）一概以深文诋之，可谓因噎废食"①，很能代表后儒对苏氏《春秋集解》的评价。

四、崔子方

崔子方，字彦直，又字伯直，号西畴居士。涪陵人。《宋史》无传。据李焘《建炎以来系年要录》，子方曾于绍圣间（1094—1097）三次上疏，乞置《春秋》博士，不报。乃隐居真州六合县，杜门著书者三十余年。

崔子方大约生存于北宋晚期，一生"不游诸公"，"贤而有守"，黄庭坚称之为"六合佳士"②。他研究学问，似乎并不以利禄为心，属于那种特立独行的人物。绍兴年间，翰林学士朱震上《进书劄子》，极力推荐子方的著作：

> 故东川布衣崔子方，当熙宁间，宰相王安石用事，不喜《春秋》之学，正经三传，不列学官。是时颍阴处士常秩号知《春秋》，尽讳其学，追逐时好，况不知者乎？逮于元丰，习已成俗，莫敢议其非者。而子方独抱遗经，闭门研究，著《春秋经解》、《本例》、《例要》三书，相为表里，自成一家之言。③

按崔氏于举世不为之时，不趣时尚，不求闻达，潜心著述，其精神是很可敬佩的。所著三书，《春秋经解》十二卷，《经义考》云"佚"，但《四库全书》有著

---

① 《经义考》卷一百八十二。
② 《直斋书录解题》引黄庭坚语。
③ 崔子方《春秋经解》卷首，《四库全书》本。

录，盖馆臣自《永乐大典》辑出者。其中"自僖公十四年秋至三十二年、襄公十六年夏至三十一年，《永乐大典》并阙，则取黄震《日钞》所引及《本例》补之"①。《春秋本例》、《例要》，在《宋史·艺文志》中合称二十卷，可能原书本来就是合并在一起的，后《本例》存而《例要》佚。今《四库全书》中所见之《春秋例要》，也是馆臣从《永乐大典》中辑出的。

崔子方的《春秋》学，属于典型的舍传求经的一派。崔氏治《春秋》，是从三传入手的。但不久他就感到三传都不足信，"《左氏》之失也浅，《公羊》之失也险，《谷梁》之失也迂"，终于认定，"三家之论不去"，则"圣人之经终不可复见"②。崔氏自述其治《春秋》的经历云：

> 始余读《左氏》，爱其文辞，知有《左氏》而不知有《春秋》也。其后益读《公羊》、《谷梁》，爱其论说，又知有二书而不知有《春秋》也。《左氏》之事证于前，二家之例明于后，以为当世之事与圣人之意举在乎是矣。然考其事则于情有不合，稽其意则于理有不通，意者传之妄而求之过欤？乃取《春秋》之经治之，伏读三年，然后知所书之事与所以书之之意，是非成败褒贬劝戒之说，具在夫万有八千言之间，虽无传者一言之辩，而《春秋》了可知也。③

在崔氏看来，治《春秋》不必借助三传，经义都在那一万八千字的经文之中。他说：

> 圣人之有作，欲以绳当时之是非，著来世之惩劝，使人皆知善之可就而罪之可避也，故明著之经。今日考之经而无见，必待传者之说而后明，是圣人之经徒为虚文而已，且圣人岂必知后世有三家者为之传乎？其无为传，则《春秋》遂无用于世矣。……是故其辞必完具于一经之间，其事必完具于一辞之中。③

那么究竟怎样从经文中去体会经义呢？他提出了"情"与"理"这样两个概念：

> 古今虽异时，然情之归则一也。圣贤虽异用，然理之致则一也。合情与理，举而错诸天下之事，无难矣。且尝谓圣人之辞至约也，然而不惧后之人惑者，何也？恃情与理以自托其言而传之于后世，后之贤者亦恃情与理而能知圣人于千百世之上而不疑，六经之传，由此道也。……度当时之

---

① 《四库全书总目》。
②③ 崔子方《春秋经解自序》，《四库全书》本。
③ 崔子方《春秋经解自序》。

事以情，考圣人之言以理，情理之不违，然后辞可明而例可通也。①

按时代不同，人们所谓情与理也是有差异的，崔氏把"情"与"理"提升为解经的唯一的依据，这就完全否定了传统的《春秋》学当有一些客观的标准，这自然也就为逞臆发挥大开了方便之门。不过若就经典为现实政治服务这一点来说，崔氏之说倒也是符合时代的需要的。

崔氏解经最主要的着眼点就是《春秋》中的例，而"例"之中，最核心的就是"日月时例"。崔氏云：

> 尝论圣人之书，编年以为体，举时以为名，著日月以为例。《春秋》固有例也，而日月之例，盖其本也。②

那么"日月时例"是怎样产生的呢？崔氏云：

> 《春秋》之法，以为天下有中外，侯国有大小，位有尊卑，情有疏戚，不可得而齐也。是故详中夏而略外域，详大国而略小国，详内而略外，详君而略臣，此《春秋》之义，而日月之例所从生也。③

按崔氏之意，《春秋》是记事之书，记事的详略，蕴含有"义"在，而详略又是通过书日、书月、书时表现出来的。"著日以为详，著时以为略，又以详略之中而著月焉，此例之常也"。然而实际的情形要复杂得多，《春秋》的书日书月书时并不是那样整齐划一的，于是又生出"变例"来：

> 然而以事之轻重错于大小尊卑疏戚之间，又有变例以为言者，此日月之例至于参差不齐，而后世之论所以不能合也。④

崔氏的《春秋本例》一书，就是把《春秋》中各类事项按照日、月、时分别进行归纳，每种例中又分成"著例"、"变例"两种。全书分十六门，计有王门、王后门、王臣门、凡王事门、公门、子门、夫人门、内女门、内大夫门、宗庙郊祭门、内戎事门、凡内事门、凡外事门、外域门、内灾异门、外灾异门。每一门俱分为例日、例月、例时，以下又分为若干项。例如内大夫门，例日有奔、刺、卒，例月有盟、执，例时有莅盟、会、如、至、来、来归等二十五项。每一项下集录《春秋》文句，然后说明这里头有多少"著例"，多少"变例"。全书眉目清晰，秩序井然。但这样一来，整个《春秋》完全被"例"特别是"日月时例"充塞着，对《春秋》的诠释，也就变成了对"例"的梳理以及对"变例"的曲说弥缝。

---

① 崔子方《春秋经解自序》。
② 崔子方《春秋本例序》，《四库全书》本。
③④《春秋本例序》。

似这样完全以"日月时例"说《春秋》，在宋儒中是不多见的。陈振孙批评说："其学辨三传之是非，而专以日月为例，则正蹈其失而不悟也。"《四库提要》的作者并不排斥日月时例，但也认为崔子方的用例未免太过分了，《提要》云：

> 予夺笔削，寓意宏深，日月特其中之一例。故二家（按指《公》、《谷》）所说，时亦有合，而推之以概全经，则支离觭鞬而不可通，至于必不可通。于是委屈迁就，变例生焉。此非日月为例之过，而全以日月为例之过也。亦犹《易》中互体，未尝非取象之一义，必卦卦以互体求象，则穿凿遂甚耳。

按清儒的这个意见，应该说是比较公允的。

五、萧楚

萧楚（？—1130），字子荆，号三顾隐客。庐陵人。绍圣（1094—1097）中曾入太学，贡礼部不第。当时正值蔡京专国，萧楚痛恨奸佞，嫉恶如仇，谓蔡京将为宋朝之王莽，遂誓不复仕，退居乡里，著书治学。

萧楚是程颐的弟子，以《春秋》名家。著有《春秋辨疑》，《宋史·艺文志》云十卷，① 今所见本为四卷，为四库馆臣自《永乐大典》辑出者。此书的形式与一般经解、经注不同，乃为一篇篇者，每一篇围绕着一个主题，是单篇论文的形式，合起来又是一部完整的《春秋》学著作。原书四十九篇，今本共四十四篇，盖有脱佚。篇名如《盟会侵伐统辨》、《兄弟总辨》、《弑杀辨》、《迁国辨》、《即位辨》、《书归辨》、《书人辨》、《外夫人书葬辨》、《言伐言围辨》等等，一望而知主要是着眼于《春秋》的"书法"的。该书的大旨，据《四库提要》称，"主于以统制归天王，而深戒威福之移于下"，看来也是以"尊王"为主导思想的。

萧楚认为孔子修《春秋》依据的是鲁史，但《春秋》并不是鲁史的原文，鲁史的原文应当是有因有果、首尾完具的，而不应是今本《春秋》这样提纲条目式的。他说：

> 史之纪事，必须本末略具，使读者可辨，非如今《春秋》之简也。案仲尼读史至楚复陈，曰："大哉楚王，轻千乘之国，而重叔时之言。"观今《春秋》书曰"丁亥楚子入陈"，使旧史之文只如此，则虽孔子，何以知其

---

① 《宋史·艺文志》著录萧楚《春秋经辨》十卷，殆即此《春秋辨疑》，参见《四库全书总目》。

终不县陈也？仲尼读晋志，见赵宣子弑君事，曰："惜也，出竟乃免。"观今《春秋》，书曰"赵盾弑其君"，使旧史之文只如此，则虽孔子，何以知盾之奔未出竟也？①

因此在他看来，今之《春秋》都是由孔子根据旧史剪裁改编而来的，绝非"鲁史之旧章"。孔子在"笔削"的过程中加进了他要表达的"义"，这就是所谓"书法"。萧楚之所以在他的著作中下大力量分析《春秋》的书法，正是基于对《春秋》的这种认识的。

萧楚的著作也如同时期其他宋人的著作一样，往往是紧密地结合时政，有感而发。他的高扬王权，显然是针对"权奸柄国"而发的。他所撰《战辨》，大谈"存中国而抑夷狄"，并揭露鲁庄公忘齐人杀父之仇的"恬然不以为耻"，据说著名的抗金将领张浚看到以后喟然而叹，以为"切中时病"②。可见萧楚的著作有很强的针对性。《四库提要》对萧楚的这部著作评价甚高，以为"虽多为权奸柄国而发，而持论正大，实有合尼山笔削之义。与胡安国之牵合时事、动乖经义者有殊，与孙复之名为尊王、而务为深文巧诋者用心亦别"。

萧楚的弟子有赵旸、冯澥、胡铨等。其中胡铨为绍兴年间的朝廷重臣，以正直耿介、敢于直言著称。胡铨是坚决的主战派，与秦桧势同水火，因上疏反对和议而被远徙岭南多年。胡铨早年曾从萧楚学《春秋》，后又至胡安国门下学习，宋室南迁后，著《春秋集善》十三卷，已佚。胡铨是建炎进士，他就是以《春秋》登甲科的。据说胡铨登第以后，"归拜（萧楚）床下，楚告之曰：'学者非但拾一第，身可杀，学不可辱，毋祸我《春秋》乃佳。'"③可见萧楚之于学问，并非视为利禄之途，而是看做安身立命的根本，其人品与学品之高尚，在那时读所谓圣贤书的士人当中，可称翘楚。他的学生胡铨，亦能不负其师厚望，"以孤忠谠论，震耀千秋"④，这师弟二人，都可以说是勇于实践自己所认定的真理的。

六、叶梦得

叶梦得（1077—1148），字少蕴，号石林，苏州吴县人。绍圣四年（1097）

---

① 萧楚《春秋鲁史旧章辨》，《春秋辨疑》卷一，《四库全书》本。
② 《春秋辨疑》胡铨序。
③ 陈振孙《直斋书录解题》卷三，上海古籍出版社1987年版。
④ 《四库全书总目》语。

进士。仕徽宗、高宗朝，官至龙图阁直学士、户部尚书。

据《宋史·艺文志》，叶梦得有《春秋谳》三十卷、《春秋考》三十卷、《春秋传》二十卷、《石林春秋》八卷、《春秋指要总例》二卷。后两种早已散佚，前三种收于《四库全书》中，其中《春秋传》尚为全帙，其余两种都是馆臣自《永乐大典》辑出者。

成书于南北宋之间的《南窗记谈》云："石林公既为《春秋》书，其别有四：解释音义曰传，订证事实曰考，掊击三传曰谳，其编排凡例曰例。"① 《四库提要》以为这是"小说附会之辞，不足据"②。其实除了对"传"的解释稍嫌狭隘之外，其余对"考"、"谳"、"例"的说明都还说得过去。叶氏对他这几部书的关系有如下论述：

> 自其《谳》推之，知吾之所正为不妄也，而后可以观吾《考》；自其《考》推之，知吾之所择为不诬也，而后可以观吾《传》。③

按这些话可以看做是叶氏对读者的引导，其实也可以看做是叶氏自述其治《春秋》之学的过程，他实际上走的是一条批判——考证——立说之路。

叶氏是从批评旧说入手的，这一点与宋代多数学者并无不同。他自序其所著《春秋谳》曰：

> 以《春秋》为用法之君而已听之，有不尽其辞则欺民，有不尽其法则欺君。凡啖、赵论三家之失为《辨疑》，刘氏广啖、赵之遗为《权衡》。合二书，正其差误而补其疏略，目之曰"谳"。

据此可知，叶氏的《春秋谳》是综合了啖、赵的《辨疑》与刘敞的《春秋权衡》而成的，在这两部书的基础上"正其差误而补其疏略"。按"谳"有审判、断案之义，这里是把三传比作争讼的三方，由执法者断其是非，这个执法者就是《春秋经》，也就是以《春秋》经义来判断三传的是非。话虽如此，但由于《春秋》经义本身是隐而不显的，正是靠三传的解说、发掘才得以成立的，因此所谓"用法之君"其实不过是叶氏自己。《春秋谳》全书二十二卷，其中《左传谳》十卷，《公羊谳》六卷，《谷梁谳》六卷。据四库馆臣说，"是书抉摘三传是非，主于信经不信传，犹沿啖助、孙复之余波，于《公羊》、《谷梁》多所驳诘"。例如对《公羊》的"黜周王鲁"，痛加挞伐。《公羊传》于隐公元年"祭伯来"条云："祭伯者何？天子之大夫也。何以不称使？奔也。奔则曷为不

---

① 《南窗记谈》"叶石林问徐惇济"条，《四库全书》本。
② 《四库全书总目》卷二十七"叶梦得春秋传"条。
③ 陈振孙《直斋书录解题》卷三引。

言奔？王者无外，言奔，则有外之辞也。"叶氏认为这里的"王者"实指鲁君，这是"鲁辞"，而非"周辞"，故黜周王鲁之说，实非创自何休，而是《公羊传》里本来就有这个意思。他批评说：

> 《公羊》之学，其妖妄迂怪，莫大于黜周王鲁、以隐公托新王受命之论。……《春秋》本以周室微弱、诸侯僭乱，正天下之名分，以立一王之法；若周未灭而黜之，鲁诸侯而推以为王，则启天下乱臣贼子，乃自《春秋》始。孰谓其诬经敢至是乎？

对《公羊》的"日月时例"，叶氏也给予严厉的批判。《公羊》解隐公三年"癸未葬宋缪公"云："葬者曷为或日或不日？不及时而日，渴葬也；不及时而不日，慢葬也；过时而日，隐之也；过时而不日，谓之不能葬也；当时而不日，正也；当时而日，危不得葬也。"叶氏批评说：

> 传为此六例，专在日月也。使二百四十二年之间，以事系日，无有一阙者，则此例尽行或可矣。若当日而或阙其日，经既不敢辄增，则所以为例者，岂不尽废哉！日月为例，《公羊》、《谷梁》之说也，以经考之，盖无有尽契者，故复以变例为之说。夫褒贬取舍，以义裁之则无常，或可变也；日月者有常而不可易，日月而可变，则复安所用例乎！故渴葬与慢葬，均于不得一礼也，渴葬则不及时而日，慢葬则不及时而不日；过时均于不能葬也，或隐之而日，或不隐之而日，此何理也！吾尝以是遍求之，未有不如是两可而得以移易者，然后知所以为经者，不在是也。

《谷梁传》和《左传》在解说隐公元年"公子益师卒"时，也着眼于日月时例，《谷梁》认为经是在贬益师："大夫日卒，正也；不日卒，恶也。"叶氏批评说：

> 益师之恶，于三传皆无见，《谷梁》何由知之？盖见内大夫多日卒，故直推以为例尔，以此见《公羊》、《谷梁》以日月为例，皆未尝见事实，特以经文妄意之。审此为信，则公子牙盖将篡君者，季孙意如亲逐昭公者，而牙书"七月癸巳卒"，意如书"六月丙申卒"，谓之无恶，可乎？

而《左传》则认为"公不与小敛，故不书日"。叶氏更于批判之余，甚至据以推定《左传》晚于《公》、《谷》：

> 日月为例，《公羊》、《谷梁》之失也，而传（按指《左传》）亦一见于此。然文书"甲申公孙敖卒于齐"，宣书"辛巳仲遂卒于垂"，成书"壬申公孙婴齐卒于貍脤"，皆在境外，公因（固？）不得与小敛，而皆书日，则公子益师之不书日，岂以不与小敛哉！吾尝疑《左氏》出于战国之际，或

在《公羊》、《谷梁》后，今以此考之，是盖亦闻日月为例之说，故入春秋之初，欲窃而用之，后见其不可通，则止而不暇删也。

平情而论，叶梦得辨三传是非，目光十分犀利，往往能够抓住要害，而且议论起来，纵横捭阖，鞭辟入里，颇有雄辩之概。四库馆臣尽管对他的见解不完全赞同，亦不得不佩服叶氏文章的说服力：

> 虽辨博自喜，往往有澜翻过甚之病，于经旨或合或离，不能一一精确。而投之所向，无不如志，要亦文章之豪也。

至于叶氏书名中的这个"谳"字，清儒则大不以为然：

> 惟古引《春秋》以决狱，不云以决狱之法治《春秋》。名书以"谳"，于义既为未允，且左氏、公羊、谷梁皆前代经师，功存典籍，而加以推鞫之目，于名尤属未安。是则宋代诸人藐视先儒之锢习，不可以为训者耳。

《春秋谳》原书三十卷，其中《左传》四百四十二条，《公羊》三百四十条，《谷梁》四百四十条。今所见为四库馆臣辑本，其中《左传》阙九十条，《公羊》阙六十五条，《谷梁》阙八十四条。[①] 基本上还是可以看出原书面貌的。

如果说《春秋谳》的重点在于"破"，那么《春秋考》的重点则在于"立"。叶氏自序其《春秋考》云：

> 君子不难于攻人之失，而难于正己之是。……必有得也，乃可知其失；必有是也，乃可斥其非。

故《春秋考》是为一己之说提供证据的著作。《春秋考》今本十六卷，前三卷为"统论"，考论的是一些综合性的问题，包括《春秋》之名、经传关系、十二公的意义、讳书问题、孟子的《春秋》学理论、三正问题、《春秋》所涉礼制问题、五等爵问题、书法问题、日食问题、谥法问题、左氏的时代、甚至包括汉代《春秋》的传授等问题。从第四卷以后则是对经文的考证，例如对"公子益师卒"一条，先是据《周礼》、《王制》等典籍，考证卿的来源、种类、地位、不同的称谓等事，接着论所以书"卒"的原因。大致说来，叶氏之"考"主要力量还是用在了经文的"书法"上，与后世出现的纯粹的"史学考证"尚有一定的距离。此书明时即已罕见，清初《经义考》著录为"已佚"。今所见乃四库馆臣自《永乐大典》辑出者。据《四库提要》说，此本虽非全帙，亦得原书"十之八九"。清儒编次为十六卷，自与《宋志》所著录之三十卷不同。

叶氏的《春秋传》，是他的《春秋》观的最集中的体现。叶氏基于孟子的

---

① 据《四库全书总目》。

理论，认为《春秋》既是经又是史，《春秋》是为天下后世所作的。他在自序里说：

> 《春秋》者，史也；所以作《春秋》者，经也。故可与通天下曰事，不可与通天下曰义。《左氏》传事不传义，是以详于史而事未必实，以不知经故也；《公羊》、《谷梁》传义不传事，是以详于经而义未必当，以不知史故也。由乎百世之后，而出乎百世之上，孰能核事之实而察义之当欤？惟知《春秋》之所以作，为天下也，为后世也，其所自比者，天也，其所同者，尧舜禹汤文武周公也。不得于事则考于义，不得于义则考于事。事义更相发明，犹天之在上，有目所可共睹，则其为与、为夺、为是、为非、为生、为杀者，庶几或得而窥之矣。

按叶氏之意，治《春秋》必须事与义兼顾，经与史并重，才能真正掌握《春秋》的精髓。他既作《春秋谳》，又作《春秋考》、《春秋传》，应该说就是本于这一理念的。

七、高闶

高闶，字抑崇，号息斋，鄞县人。绍兴元年（1131）进士及第。历任国子司业、礼部侍郎。曾主持改革太学考试内容，"其法，以六经、《语》、《孟》义为一场，诗赋次之，子史论又次之，时务策又次之。太学课试及郡国科举，尽以此为法"①。"中兴已后学制，多闶所建明"。后闶得罪了秦桧，被排挤出朝廷，"一斥不复，家食数年，中寿而殁"②。

高闶是杨时的弟子。史称"闶少宗程颐学。宣和末，杨时为祭酒，闶为诸生。胡安国至京师，访士于时，以闶为首称，由是知名"③。高闶著有《春秋集注》，此殆其晚年之作。据楼钥序，"公（按指高闶）既投闲，杜门屏居，略不以事物自撄。日有定课，风雨弗渝，此书之所以成也"④。这部《春秋集注》，是固守程氏《春秋》学的，高闶自序其书，竟引程颐《春秋传》序之全文，一字不改，可见高氏自认为是程传的延续。楼钥序云："自顷王荆公废《春秋》之学，公独耽玩遗经，专以程氏为本，又博采诸儒之说，为之集注，其说粹然一出于正。"清儒全祖望云："吾读宪敏（闶谥）《春秋集注》，其发明圣人褒贬

---

①③《宋史·高闶传》。
②④《春秋集注》楼钥序，《四库全书》本。

义例，远过于胡文定公，至今说《春秋》者以为大宗。"①

据《宋史》本传，高闶著述有"《春秋集传》行于世"，"集传"恐是"集注"之误。据陈振孙《书录解题》，《春秋集注》为十四卷，今本四十卷，《四库提要》云："原书久佚，惟散见《永乐大典》中，谨按次排比，荟萃成编。其《永乐大典》原阙者，则采各书所引闶说补之。首尾完具，复为全帙。……今以篇页繁重，析为四十卷。"

高闶的《春秋集注》，对程传的继承十分明显，同时也吸收了胡安国传里的许多内容。例如解"春王正月"，说"以见王与天同大"；解隐公之不书即位，说是"正王法于始"，乃是"圣人以王法夺之"的意思；特别是对"以夏时冠周月"之说，高氏讲得比程、胡都更为明白，其辞曰：

> 以建子为正，正月非春也，圣人盖假天时以立义耳。斯可见行夏之时者，万世不易之法也。在圣人之门，惟颜子一人足以知此耳。后世不知时变，如秦始皇以建亥为正，魏明帝以建丑为正，唐武后以建子为正……斯皆率意妄作者也。圣人伤文之胜，耳目闻见，事与时乱，乃参酌三王，而立为中制。故《春秋》虽书周事，而断用夏时。苟一时无事，则书"春王正月"、"夏四月"、"秋七月"、"冬十月"，以明夏正，据人所见，而孟、仲、季皆得其正，可以万世通行也。

按高氏理解的"夏时"，显然着眼于夏正中时与月的对应关系，所以他要说"孟、仲、季皆得其正"，这应该说比程、胡表述得更为清楚了。

又如隐公四年经云"卫人立晋"，程传只是说：先君子孙，不由天子、先君之命，不可以立，故《春秋》不与卫之立晋。胡传也是发挥此义，说《春秋》是"著擅置其君之罪于晋"。高闶继承此说，进一步发挥道：

> 若《春秋》不明绝之，则是诸侯之立，不必命于天子，特以公子之亲，众人宜之而自立也。如此则千乘之国皆可擅置其君，而邦君之子皆可专其国矣。斯大乱之道也。是以《春秋》不与其立，而去其"公子"，以明先君之子孙，苟不由天子之命，皆不可立也。盖《春秋》之法，别嫌明微，以晋有可立之理，故圣人特于疑似之间而发明不当立之义。②

高氏虽本程传，但颇有主见，对程氏某些不正确的说法，并不盲从。《四库提要》举例说，程颐据《汉书》指子纠为齐桓公之弟，高闶则据三传及《史记》，

---

① 全祖望《长春书院记》，《鲒埼亭集外编》卷十六，《四部丛刊》本。
② 高闶《春秋集注》卷二。

以子纠为桓公之兄,并不"依阿牵就,务存门户之私"云。同时,《四库提要》也指出了高氏《集注》的失误之处,例如混两"防"地为一、混两"郓"地为一之类,表明其考据之功尚多疏略。

八、陈傅良

陈傅良(1137—1203),字君举,号止斋,温州瑞安人。乾道八年(1172)进士,官至中书舍人、宝谟阁待制。曾师事郑伯熊、薛季宣。在太学时,与张栻、吕祖谦相友善,亦从二人问业。南宋有一永嘉学派,出自程氏,又与正宗的程学有别,这一派的代表人物就是薛季宣、陈傅良、叶适。全祖望说:"永嘉之学统远矣,其以程门袁氏之传为别派者,自艮斋薛文宪公始。"艮斋即薛季宣,其父是胡安国的高足,季宣又自成一家。"其学主礼乐制度,以求见之事功"①。永嘉诸子治经,大多关注典章制度,关注历史上的治乱兴衰,对田赋、兵制、地形、水利等尤所究心,试图将所学用于政治实践之中,他们一般都反对空言心性。全祖望说:"永嘉诸子,皆在艮斋师友之间,其学从之出,而又各有不同。止斋最称醇恪,观其所得,似较艮斋更平实,占得地步也。"②史称"傅良为学,自三代、秦汉以下,靡不研究,一事一物,必稽于极而后已"③。

陈傅良深于《春秋》之学,著有《春秋后传》十二卷及《左氏章指》三十卷。《后传》一书,傅良在太学时已成数篇,他曾对友人楼钥说:"自余之有得于此而欲著书,于诸生中择其能熟诵三传者,首得蔡君幼学。蔡既壮,又得二人焉,曰胡宗,曰周勉。游宦必以一人自随,遇有所问,其应如响,而此书未易成也。"④是其矜慎之情,可以概见。陈氏晚年,弟子有请观是书者,陈氏答曰:"此某身后之书也。"⑤是知此书于陈氏生时并未传布。其弟子周勉跋云:"先生为《后传》,将脱稿而病,期岁而病革。学者有欲速得其书,俾佣书传写,其已削者或留,其帖于编增入是正者或揭去弗存也。勉宦江陵还,始得朋友订正之,然已削者可刊,帖于编而增入是正者不可复求矣。"由此可知,今所见之《春秋后传》也不完全是陈氏的定稿,有些原拟增入的东西已不可复见

---

① 全祖望语,见《宋元学案》卷五十二,中华书局点校本。
② 《宋元学案》卷五十三。
③ 《宋史·儒林传四》。
④⑤ 陈傅良《春秋后传》之楼钥序,《四库全书》本。

了。

陈氏说经，是以《左传》为主的。他认为《左传》无疑是为解经而作的，绝不是所谓编年之史。陈氏在为徐得之所撰《左氏国纪》所作序中说：

> 自荀悦、袁宏以两汉事编年为书，谓之"左氏体"，盖不知左氏，于是始矣。昔夫子作《春秋》，博极天下之史矣。诸不在拨乱世反之正之科，则不录也。左氏独有见于经，故采史记次第之，某国事若干，某事书，某事不书，以发明圣人笔削之旨云尔，非直编年为一书也。……自夫子始以编年作经，其笔削严矣，左氏亦始合事、言二史与诸书之体，依经以作传，附著年月下，苟不可以发明笔削之指，则亦不录也。……至夫子所见书，左氏有不尽见，又阙不敢为传，唯谨如此。后作者顾以为一家史体，而读《左氏》者，寖失其意见，谓不释经，是书之存亡，几无损益于《春秋》，故曰袁、荀二子为之也。①

按陈氏坚决否认《左传》是"史"，主张《左传》是为解经的目的"采史记"编次而成的。同时，他在这段议论里也解释了两个令人费解的现象，即所谓"无经之传"和"无传之经"。前者是因为左氏要说明某事为圣人所不书，后者则是因为左氏未能尽见圣人所见书，故不敢凿空为传。

楼钥为《春秋后传》作序，概括陈氏治《春秋》的特点为"深究经旨，详阅世变"，甚得其实。陈氏不认为《春秋》是一种前后体例统一的、固定的标本，不赞成以"例"、"变例"之类的东西说《春秋》，而是主张对《春秋》所历二百四十二年做历史的考察，根据"世变"来理解经义。他将《春秋》分为隐桓庄闵之《春秋》、僖文宣成之《春秋》、襄昭定哀之《春秋》，认为每一阶段都有其历史发展的特点，因此"圣人"在各个阶段所要表达的"义"也不尽相同。圣人的"特笔"是有的，只是各个时期重点不同，"隐桓庄之际惟郑多特笔，襄昭定哀之际惟齐多特笔"。按陈氏之意，孔子于不同时期选取不同的人与事寓以褒贬，例如郑庄公，就是隐、桓、庄时期的大恶，"罪莫甚于郑庄"，故《春秋》记郑事不少，多为夫子"特笔"，而其余的记事，往往不过是实录，并非字字句句有褒贬。

陈氏解经特别推崇《左传》之处，在于《左传》之"著其不书以见《春秋》之所书"。也就是说，《左传》是通过那些《春秋》所"不书"的事来与"《春秋》之所书"相发明的。例如《左传》两书"郑伯逃归"，一次是在僖公

---

① 《文献通考·经籍考》卷十，华东师大出版社点校本，第264页。

五年，经云"诸侯盟于首止，郑伯逃归不盟"，另一次是在宣公十一年，传记"厉之役，郑伯逃归"，而经文没有记载。陈氏比较经传的书与不书，认为僖五之经有贬郑伯之意，"以其背夏盟也"；而"厉之役，郑伯逃归不书，盖逃楚也"，"所以示夷夏之辨严矣"，其意是说"逃夏"与"逃楚"是不可同日而语的，《春秋》正是通过不书逃楚之事来突出"背夏盟"之应当谴责。像这样的解说在《春秋后传》中是很多的。

陈傅良的《左传章指》一书，今已无存。据上引楼钥之序，此书"首尾专发此意"。按这里的"此意"，即指"左氏存其所不书以实其所书，《公羊》、《谷梁》以其所书推见其所不书"[①]。楼钥还说：

> 昔人以杜征南为丘明忠臣，然多曲从其说，非忠也。公（按指陈傅良）之《章指》谓"'君子曰'者，盖博采善言；'礼也'者，盖据史旧闻，非必皆合于《春秋》"。或曰后人增益之，或曰后人依仿之，或以凡例义浅而不取，或以例非左氏之意。盖爱而知其恶者，乃所以为忠也。

这表明陈氏对《左传》虽然非常看重，却并非盲目信从，而是能做客观分析，对其缺点，并不回护，在楼氏看来，陈氏才真正够得上是左氏忠臣。

九、吕祖谦

吕祖谦（1137—1181），字伯恭，人称东莱先生。其先祖吕夷简、吕公著俱为北宋名臣。自曾祖时居婺州，为金华人。史称祖谦之学，"本之家庭，有中原文献之传"[②]。隆兴元年（1163）登进士第，又中博学宏辞科，历太学博士，任史职。祖谦少时以林之奇、汪应辰、胡宪为师，长以朱熹、张栻为友。与朱熹志趣相投，交往尤密。

吕祖谦在当时学界名声甚著，史称"祖谦学以关、洛为宗，而旁稽载籍，不见涯涘。心平气和，不立崖异，一时英伟卓荦之士皆归心焉"[③]。实际上他的学术与朱熹有同有异。吕祖谦也被人目为浙东学术的巨擘。全祖望说："宋乾、淳以后，学派分而为三：朱学也，吕学也，陆学也。三家同时，皆不甚合。朱子以格物致知，陆学以明心，吕学则兼取其长，而复以中原文献之统润色之。门庭径路虽别，要其归宿于圣人，则一也。"[④]

---

① 陈振孙《直斋书录解题》卷三，第67页。
②③《宋史·吕祖谦传》。
④ 全祖望《同谷三先生书院记》，《鲒埼亭集外编》卷十六，《四部丛刊》本。

吕祖谦的《春秋》学著作，据《宋史·艺文志》，有《春秋集解》三十卷，《左传类编》六卷，《左氏博议》二十卷，《左氏说》一卷。其中《春秋集解》已佚，《经义考》引张萱曰："吕祖谦博考三传以来至宋儒诸说，摭其合于经者，撮要编之。"《左氏说》据《文献通考·经籍考》为三十卷，今本作二十卷，另有《左氏传续说》十二卷。《宋志》的记载恐有讹误。《左传类编》六卷，据陈振孙说，"分类外内传事实制度论议，凡十九门，首有纲领数则，兼采他书"。这十九门的具体内容，《经义考》引张萱《内阁书目》有说明："曰周，曰齐，曰晋，曰楚，曰吴越，曰戎狄，曰附庸，皆列国行事；曰诸侯制度，曰风俗，曰礼，曰氏族，曰官制，曰财用，曰刑，曰兵制，曰地理；曰春秋前事，自唐虞以来左氏所引典故；曰论议，则《左氏传》中论议之文也"①。按张萱所列实为十八门，也许加上卷首的"纲领"，方副十九之数。看起来此书有类书的性质。四库馆臣称"其《类编》取《左氏》之文，分别为十九目，久无传本。惟散见《永乐大典》中，颇无可采"。今有《四部丛刊续编》本。

《左氏博议》是吕祖谦最有名的著作。此书凡一百六十八篇，今本作二十五卷。但从内容上看，此书既非诠释性作品，也非考订之作，而是一部史论性质的作品。吕祖谦自序云：

> 《左氏博议》者，为诸生课试之作也。始予屏处东阳之武川，仰林俯壑，出户而望，目尽无来人。居半岁，里中稍稍披蓬藋从予游。谭余语隙，波及课试之文，予思有以佐其笔端，乃取《左氏》书理乱得失之迹，疏其说于下，旬储月积，寖就编帙。诸生岁时休沐，必抄置楮中，解其归装无虚者。

此书作于乾道三、四年间（1167—1168），看来是教学生作文所用的范本。书中的文章，都是所谓"随事立义"②，即就《左传》所记之事发议论，祖谦自称，"凡《春秋》经旨，概不敢僭论"③，但他所发的议论，也往往与所谓"经义"相关。例如《郑伯克段于鄢》，通篇论郑伯之阴险及欺人者必自欺心，所论是基于《春秋》贬郑伯这一经义上的。又如《周郑交恶》论周郑之不可并称，完全是基于《春秋》"尊王"之义的，且批评《左传》"君子曰"之"不知有王"，也属于评议三传得失的范围。故《左氏博议》虽然只是教举子为文以"资课试"，却也反映出作者对《春秋》经义的理解以及对《左传》的看法。作

---

① 《经义考》卷一百八十七。
② 《四库全书总目》语。
③ 吕祖谦《左氏博议》自序，《四库全书》本。

者自认为此书是他观点、见识、心术的一次大暴露,他说:

> 予离群而索居有年矣,过而莫予辅也,跌而莫予挽也,心术之差、见闻之误而莫予正也,幸因是书,而胸中所存所操所识所习,毫忽发谬随笔呈露,举无留藏。又幸而假课试以为媒,借逢掖以为邮,遍致于诸公长者之侧,或矜而镌,或愠而谪,或悔而谯,一语闻则一病瘳,其获不既丰矣乎!①

观此,则此书似不宜以单纯的作文范本视之。

《左氏说》在《四库全书》中著录为《春秋左氏传说》,四库馆臣称"是编持论与《博议》略同,而推阐更为详尽,陈振孙《书录解题》称其于《左氏》一书,多所发明,而不为文,似一时讲说,门人所抄录者,其说良是"。

此书今本二十卷,卷首有《看左氏规模》一篇,总论读《左传》的方法,颇能反映祖谦对《左传》的认识。他说:

> 看《左传》须看一代之所以升降,一国之所以盛衰,一君之所以治乱,一人之所以变迁。能如此者,则所谓先立乎其大者,然后看一书之所以得失。

接下来,作者分别以《左传》中所记述的事实为例,进一步阐述如何来看一代之升降、一国之盛衰、一君之治乱、一人之变迁。例如他据隐公六七年间之事,考论春秋初期的时代特点,说"春秋之际,三代之衰也,然去三代虽远,先王之流风遗制,典章文物,犹有存者,礼乐征伐,尚自天子出",举郑武、庄为平、桓卿士,伐曲沃、立哀侯,郑伯以王命伐宋,祭仲以先王之制谏郑伯等事,证明所谓"三代之余泽未泯",这就是从《左传》中"看一代之升降"。又如分析郑庄公的事迹,说他置其母姜氏于城颍,天理已绝,这是"古今大恶",然而后来由于颍考叔的开导,"天理油然而生","遂为母子如初",这是由恶入善,即所谓"看一人之变迁"。掌握了这些内容,再回过头来看《左传》全书,便能分清《左传》的得失。他特别举出《左传》的失误云:

> 其后序周郑交质一事,则全不能分别君臣之大义,如云周郑交质与结二国之信,此等言语,似敌国一般,盖周之衰,习俗见得如此,左氏虽才高识远,然不曾明理,溺于习俗之中,而不能于习俗之外别着一只眼看,此左氏纪述之失也。

对《左传》的失误,吕氏在《左氏传续说》中也曾予以总结,他说:

---

① 吕祖谦《左氏博议》自序,《四库全书》本。

> 左氏只有三般病，除却此三病，便十分好。所谓三病者，左氏生于春秋时，为习俗所移，不明君臣大义，视周室如列国，如记周郑交质，此一病也；又好以人事附会灾祥，夫礼义动作，古人固是于此见人吉凶，亦岂专系于此，此二病也；记管、晏之事，则尽精神，才说圣人事，便无气象，此三病也。①

按吕氏观察，可谓十分准确。所论确是《左传》的特点。站在正统经学的立场上，这几点确乎是《左传》之"病"；但若把《左传》看成是一部有鲜明个性的史学著作，所谓"病"也就没有什么大碍了。

事实上，吕祖谦正是把《左传》看做是史书的，他在《左氏传续说·纲领》中说：

> 学者观史，各有详略。如《左传》、《史记》、《前汉》三书，皆当精熟细看，反复考究，直不可一字草草。自《后汉》、《三国志》以下诸史，只是看大纲始末成败，盖自司马氏、班氏以后，作史者皆无史法。

> 看《史记》又与看《左传》不同。《左传》字字缜密，《史记》所载，却有岁月差互、先后不同处，不似《左传》缜密，只是识见高远，真个识得三代规模，此学者所当熟看。

> 一部《左传》，都不曾载一件闲事，盖此书是有用底书，学者看得《左传》熟时，以下诸史条例，亦不过如此。

> 子贡曰：文武之道，未坠于地，在人。贤者识其大者，不贤者识其小者，莫不有文武之道焉。此数句便是看《左传》纲领。盖此书正接虞夏商周之末，战国秦汉之初，上既见先王遗制之尚在，下又见后世变迁之所因，此所以最好看。看《左传》须是看得人情物理出。

按从上引诸条中不难看出吕祖谦把《左传》看成是一部优秀的史书，他不是纠缠于书法、义例之中，而是着眼于历史发展的大势，从历史事实中去发掘、领悟，进而阐释义理。《左传》文公元年有云："楚子立商臣为太子，令尹子上曰：楚国之举，常在少者"，吕祖谦就此发论曰：

> 观此见夷狄之与中国本不同。大抵中国之所以为中国，以其有三纲；夷狄之所以为夷狄，只缘无三纲。三纲者，君臣、父子、夫妇也。以楚甲兵之众、土地之广，固足以抗衡中国；至于传国立嗣之际，则失其大伦，乱其大本，所以多有戕弑之祸。正缘无三纲，故如此。观其上有天王，而

---

① 吕祖谦《左氏传续说》卷首，《四库全书》本。

> 僭称王号，则无君臣之纲矣；立嫡以长，而常在少者，则无父子之纲矣；息妫绳于蔡哀侯，而息遂见灭，以息妫归，则无夫妇之纲矣。三纲既绝，此《春秋》降楚于夷狄也。大抵看书其间有两句可以见得一国之风俗者，最当深考。这一段只看令尹子上说楚国之举常在少者，便可见一国之风俗，学者不可不察。①

按这样从文化上分别中国和夷狄，前此不少《春秋》学者都有这样的观点，但从《左传》传事中发掘此义却是吕祖谦的首创。

《左传》昭公二十八年有云："魏献子为政，分祁氏之田为七县，分羊舌氏之田为三县"，吕氏发论曰：

> 晋自平公之后，公室渐衰，当时六卿分职，叔向前日对晏子言，所谓栾、郤、胥、原、狐、续、庆、伯，降在皂隶，所以扶持公室者，剪灭殆尽，到得祁氏、羊舌氏之灭，六卿之势愈盛，晋之亡证于此可见。何故？当襄公之前，六卿虽已在列，尚自有栾、郤、胥、原、狐、续、庆、伯，分布于朝，小大相维，参错其间。所以虽有人专政，亦不得逞。至此互相吞并，所存者只六卿而已，其余强家大族，皆剪灭殆尽，自然禄去公室。此一段事左氏所载论魏献子为政，分祁氏之田为七县，分羊舌氏之田为三县，及用十人为大夫，他谓与得其人，为献子美事，这只见得小节，不得大体所在。若以小节观之，一时分付得当，固是可喜，这只见一时事；殊不知以大体而观之，则六卿分公室，实自此始，岂不大可忧。学者考古论治，须当自大体处看，不可就小节上看。②

按这一段是典型的吕氏议论，对历史事件的因果关系分析得很深，角度也不同流俗。吕氏对《左传》的解说、利用，大体如此。

朱熹对吕祖谦的《左传》之学评价很高，不过也间有微词。他说："伯恭于史，分外子细，于经却不甚理会。"又说："向见（伯恭）说左氏之书，极为详博。然遣辞命意，亦颇伤巧矣。"对朱子所批评的这个"巧"字，《四库提要》解释说："考祖谦所作《大事记》，朱子亦谓有纤巧处，而称其指公孙弘、张汤奸狡处，皆说得羞愧杀人云云。然则朱子所谓巧者，乃指其笔锋颖利，凡所指摘，皆刻露不留余地耳，非谓巧于驰辨，或至颠倒是非也。"此数语可备一说。

---

① 吕祖谦《左氏传说》卷四，《丛书集成》本。文渊阁《四库全书》本文字有改动，"夷狄"作"蛮荆"，"中国"作"列国"，"降楚于夷狄"作"所以摈之而不齿"。
② 吕祖谦《左氏传说》卷十六。

十、张洽

张洽（1161—1237），字元德，清江人。朱熹的重要弟子。据说自少年时即特别在"敬"字上下功夫，故以"主一"名斋。史称"自六经传注而下，皆究其指归，至于诸子百家、山经地志、老子浮屠之说，无所不读"①。嘉定元年（1208）进士。曾做过地方官，主持过白鹿书院，晚年官至著作佐郎。

张洽著有《春秋集传》二十六卷，《春秋集注》十一卷并《纲领》一卷，《历代郡县地理沿革表》二十七卷并《目录》二卷。除《集注》外，《经义考》均注明"已佚"，但今所见《宛委别藏》有《春秋集传》，只是阙第十八至二十、第二十三至二十六共七卷，不过尚足以考见其书之崖略。另据《宋史》本传，张洽尚有《左氏蒙求》一种。

张洽的《集传》、《集注》、《沿革表》三种，盖皆成于晚年，均被朝廷宣付秘阁。张洽对于三传的优长，有着十分清醒的认识。他说：

> 左氏释经虽简，而博通诸史，叙事尤详，能令百代之下，颇见本末，其有功于《春秋》为多；公、谷释经，其义皆密……深得圣人诛乱臣、讨贼子之意。考其源流，必有端绪，非曲说所能及也。啖、赵为（谓）三传所记，本皆不谬，义则口传，未形竹帛；后代学者妄加附益，转相传授，浸失本真，故事多迂诞，理或舛驳。其言信矣。然则学者于三传，忽焉而不习，则无以知经；习焉而不察，择焉而不精，则《春秋》之弘意大旨，简易明白者，汩于僻说，愈晦而不显矣。②

按此种认识，正是张洽作《春秋集传》及《春秋集注》的基础。张洽在《进书状》中自述其《春秋集传》的作意云：

> 窃以为《春秋》一书，圣笔所刊，皆因时君之行事，断以是非之公，示之万世，而生人之大伦、致治之大法，所赖以不泯者也。尝从师友传习讲论，凡二百四十二年之行事，与汉唐以来诸儒之议论，莫不考核研究，会其异同，而参其中否。积年既久，似有得于毫发之益。过不自度，取其足以发明圣人之意者，附于每事之左，以为之传，名曰"春秋集传"。③

关于所撰《集注》，张洽云：

---

① 《宋史·道学传四》。
② 张洽《春秋集注》卷首《纲领》注，《四库全书》本。
③ 《经义考》卷一百八十九。

> 复仿先师文公《语》、《孟》之书，会其精义，诠次其说，以为集注。而间有一得之愚，则亦窃自附于诸贤之说之后。虽生平心思萃在此书，然智识昏耗，学殖弗深，岂敢自谓尽得圣人笔削之大指。

按这里所说"先师文公《语》、《孟》之书"，当是指朱熹所撰之《四书集注》。车若水《脚气集》，曾对张洽之仿《四书集注》作《春秋集注》提出质疑：

> 《春秋》一书，质实判断不得，文公论之详矣。除非起孔子出来，如范明友好再生，说当时之事，与所以褒贬去取之意方得。今作集注，便是要质实判断了，此照《语》、《孟》例不得。《语》、《孟》是说道理，《春秋》是纪事。且首先句便难明了：惠公仲子，不知惠公之仲子耶，或惠公同仲子耶？尹氏卒，一边道是妇人，一边道天子之世卿。诸儒讥世卿之说，自是明训，恐是举烛尚明之论，理虽是而事则非也。①

按车氏之说，与朱熹的某些见解颇为相合。看来张洽《集注》的写法，并不大符合乃师在《春秋》学上的一贯主张。不过在某些重要问题上，张洽还是遵循朱子的思路的，例如关于"以夏时冠周月"问题，张洽就赞同朱子的意见，主张周史记事就是"改月"的，"春王正月"所谓春，乃建子之月，《春秋》不过是"周史作经"②，孔子并无改正朔之事，《四库提要》称其"足破支离谬辀之陋"。

张洽的另一部重要著作《历代郡县地理沿革表》，将在下节叙述。

十一、黄仲炎

黄仲炎，字若晦，永嘉人。大约生存于南宋宁宗、理宗时期，曾习举子业，老而不第。他著有《春秋通说》十三卷，至今尚存。其书前有仲炎自序，作于绍定三年（1230）。而此书之进之于朝，则是端平三年（1236）的事。

黄仲炎的《春秋》学有一个很重要的特点，就是他反对《春秋》之中有所谓褒贬，而主张《春秋》是"教戒"之书，这一点与前人及当世学者有很大的不同。他在自序中说：

> 《春秋》者，圣人教戒天下之书，非褒贬之书也。何谓教？所书之法是也。何谓戒？所书之事是也。法，圣人所定也，故谓之教；事，衰乱之

---

① 车若水《脚气集》，《四库全书》本。
② 张洽《春秋集注》卷一。

迹也，为戒而已矣。①

按所谓"教戒"，实一事之两面，从正面说为教，从负面说则为戒。这与理学家"经世之大法"、"传心之要典"诸说是并不冲突的。对传统的褒贬之说，仲炎以为弊病甚多，他说：

> 彼三传者，不知其纪事皆以为戒也，而曰有褒贬焉，凡《春秋》书人书名，或去氏或去族者，贬恶也；其书爵书字，或称族或称氏者，褒善也。甚者如日月地名之或书或不书，则皆指曰褒贬所系也。质诸此而彼碍，证诸前而后违。或事同而名爵异书，或罪大而族氏不削，于是褒贬之例穷矣。例穷而无以通之，则曲为之解焉。专门师授，袭陋仍讹。由汉以来，见谓明经者不胜众多，然大抵争辨于褒贬之异，究诘于类例之疑，滓重烟深，莫之澄扫，而《春秋》之大义隐矣。

按这段话把前人一字褒贬之说的害处分析得十分透彻。黄氏甚为推崇孟子与庄子的《春秋》观，认为孟子的"孔子作《春秋》而乱臣贼子惧"是从"戒"的角度说，而庄子的"《春秋》以道名分"是从"教"的角度说。孔子不过是"即吾父母国之史以明之"，"陈覆辙所以惧后车也，遏人变所以返天常也"。此种认识，与朱熹所谓"圣人只是书放那里，使后世因此去考见道理如何便为是，如何便为不是"，"《春秋》只是直载当时之事，要见当时治乱兴衰，非于一字上定褒贬"② 等议论十分接近。不过黄氏较朱熹更为彻底，朱熹只是反对"一字褒贬"之说，并不完全否认《春秋》中有褒贬，而黄氏则从根本上否定《春秋》是"褒贬之书"了。

黄仲炎的《春秋通说》还有另一个特点，就是在解经的过程中喜参稽历代史事。李鸣复的《奏举状》中称黄氏此书"证以后代，鉴戒昭然，言古验今，切于治道"③，就是指这一特点而言的。例如解"卫人立晋"（隐公四年），引唐肃宗时方镇废立出于士卒事；解"公矢鱼于棠"（隐公五年），引秦始皇琅琊射大鱼、汉武帝寻阳射蛟事；解"纪侯大去其国"（庄公四年），引刘裕攻南燕，南燕主超宁死不降事；解"晋侯杀其世子申生"（僖公五年），引汉武帝信江充之诬杀戾太子、晋惠帝用贾后之谮废愍怀太子、隋文帝纳独孤后之言黜太子勇诸事。可以看出，黄氏的解经带有总结历史经验的用意。当然，这种解经的方法从传统经学的立场上看来，"非释经之正体"，不过清儒对此倒是持甚为宽容

---

① 黄仲炎《春秋通说序》，《四库全书》本。
②《朱子语类》卷八十三。
③《经义考》卷一百九十。

的态度。《四库全书》所收《春秋通说》之书前提要云："《春秋》因史以成经，故凡言史者，必以《春秋》为权度。仲炎引史以证《春秋》，而即执《春秋》以断史，其理亦本相通。言各有当，未可概以泛滥讥也。"

十二、赵鹏飞

赵鹏飞，字企明，号木讷，绵州人。鹏飞著有《春秋经筌》十六卷，今尚存。筌是捕鱼的器具，用"筌"作书名，究竟有什么寓意呢？赵鹏飞自序其书云：

> 鱼可以筌求，而经不可以筌求。圣人之道寓于经，如二仪三光之不可以肖象，筌何足以囿之！盖吾之所谓筌，心也；求鱼之所谓筌，器也。道不可以器囿，可以心求。求经当求圣人之心，此吾《经筌》之所以作也。①

按赵鹏飞也属于舍传求经的一派，但他与黄仲炎不同，他不否认《春秋》中有褒贬，他强调的是一个"心"字，以己之心去求圣人之心，首先要修养自己之心，使此心"公"，使此心"平"，然后才能通于圣人之心，这样才有可能理解圣人义。至于三传，赵氏公然表示不足为据，他说：

> 世之说者，例以为非传则经不可晓。呜呼！圣人作经之初，岂意后世有三家者为之传邪？若三传不作，则经遂不可明邪？
>
> 愚尝谓学者当以无传明《春秋》，不可以有传求《春秋》。谓《春秋》无传之前，其旨安在，当默与心会矣。②

按由否定三传，进而否定历代家法之传授，他说：

> 五经鲜异论，而《春秋》多异说。麟笔一绝，而三家鼎峙。董之《繁露》，刘之《调人》，纷然杂出，几成讼矣。后学何所依从耶？及何休、杜预之注兴，则又各护所师而不知经，如季氏之陪臣，知有季氏，而不知有鲁，非所谓忠于师者。彼所学者，则有太官、墨守之喻；所不学者，则兴卖饼之讥。各怀私意，以护私学，交持矛盾，以角单言片论之胜，于圣经何有哉！③

那么究竟应该怎样去治《春秋》呢？"故善学《春秋》者，当先平吾心，以经明经，而无惑于异端，则褒贬自见"。"视经为的，以身为弓，而心为矢，平心而射之，期必中于的，雁鹜翔于前不眴也，三传纷纭之论，庸能乱吾心哉！

---

① 赵鹏飞《春秋经筌序》，《四库全书》本。
②③ 赵鹏飞《春秋经筌序》。

……盖《春秋》公天下之书，学者当以公天下之心求之"。按这种从"心"到"心"的治经方法，其主观随意性是显而易见的，但在当时，却很受人称道，被认为是"善于原情，不为传注所拘"①，这也是一代学术风气使然。

清代学者对赵氏完全摈弃三传颇不以为然，《四库提要》评论说："夫三传去古未远，学有所受，其间经师衍说、渐失本意者，固亦有之，然必一举而刊除，则《春秋》所书之人，无以核其事；所书之事，无以核其人……郑伯克段于鄢，不言段为何人，其失在母子兄弟之际，苟无传文，虽有穷理格物之儒，殚毕生之力，据经文而沈思之，亦不能知为武姜子、庄公弟也。然则舍传言经，谈何容易！"按《春秋经筌》解"郑伯克段于鄢"，首揭治天下始于修身齐家之意，接着就指出"郑伯不友，段不弟，均名教之罪人"，以下就着重论述段之罪重于郑伯，因为"君虽不君，臣不可以不臣"，"兄虽不兄，弟遽可以悖逆邪"？这些分析，其实都是以一些相关事实为基础的，而这些事实，俱在三传之中。赵鹏飞既已宣称"当以无传明《春秋》，不可以有传求《春秋》"，但实际上又很难摆脱对三传的依赖，故只好这样"明修栈道，暗渡陈仓"了。

十三、吕大圭

吕大圭，字圭叔，南安人，学者称朴乡先生。淳祐七年（1247）进士，官至吏部员外郎、国子编修、实录检讨。德祐初（1275），出知漳州军节制左翼屯戍军马，尚未成行，元兵已至，当时的沿海都制置蒲寿庚率全州降元，令吕大圭署降表，大圭坚拒不从，后被追杀于海岛之上。

吕大圭早年师事杨昭复、王昭，杨、王均为陈淳之弟子。陈淳字安卿，龙溪人，人称北溪先生，朱熹的高足。故大圭于朱子为三传弟子。吕大圭著《春秋五论》、《春秋集传》、《春秋或问》。《集传》已佚，《五论》一卷、《或问》二十卷今尚存。

吕大圭有弟子名何梦申，跋吕氏《春秋或问》云：

> 广文吕先生加惠潮士，诸士有以《春秋》请问者，先生出《五论》示之，咸骇未闻，因并求全稿。先生又出《集传》、《或问》二书，盖本文公之说而发明之。有《五论》以开其端，有《集说（传）》以详其义，又有《或问》以极其辨难之指归，而《春秋》之旨明白矣。②

---

① 赵鹏飞《春秋经筌》青阳梦炎序。
② 何梦申《春秋或问跋》，《四库全书》本。

按由此可以看出吕氏三书之相互关系。诸生观《五论》而"骇",说明此书的内容确实迥异于流俗。在宋代诸儒之中,朱熹的《春秋》学理论是最具个性的,吕氏既"本文公之说",其《春秋》说在当时恐怕是有振聋发聩的功效的。何梦申跋云:

> 传《春秋》者几百家,其说大抵以褒贬赏罚为主。盖三传倡之,而诸儒和之也。惟朱文公以为不然。今其载于门人之所纪录者,略见一二,独恨未及成书耳。

言外之意,大圭之书或可补朱子之所未足。何氏又曰:"夫子之心至文公而明,文公之论至先生而备。先生亦有功于世教矣。"这就更明确地说大圭是朱子《春秋》学的嫡传了。

《春秋五论》共五篇,篇名分别是:(一)论夫子作《春秋》,(二)辨日月褒贬之例,(三)特笔,(四)论三传所长所短,(五)世变。

吕大圭认为,《春秋》是"扶天理遏人欲之书",孔子生当"君臣之道不明"、"上下之分不辨"、"夷夏之辨未明"、"义利无别"、"真伪溷淆"的时代,以"明天理"、"正人心"之责自任,借助鲁史以明义。"鲁史之所书,圣人亦书之,其事未尝与鲁史异也,而其义则异矣"。他坚决地反对孔子以《春秋》为褒贬、为赏罚说,他说"《春秋》者纪实之书也,非赏罚之书也",孔子"因鲁史",但又并非完全"因鲁史","其情理失实者圣人固不尽因","其猥冗不纲者圣人固不尽从"。① 因此,在《春秋》当中,"有史官之笔,有夫子之笔。史官之笔谓其事也,夫子之笔谓其义也"。孔子所做的工作,就是"扶天理于将崩,遏人欲于方炽",是所谓"正人心之道"②,理学家称《春秋》为"传心之要典",就是指此而言的。所以他说"《春秋》非圣人所自作,亦非圣人不能作"。他既反对那种像法家刻核用法一样的一字褒贬论者,也不赞成把《春秋》完全归之赴告,视之为鲁史旧文。那么孔子的义是怎样表达出来的呢?论者一般都以日月为褒贬,以名称爵号为褒贬,对此吕大圭给予了尖锐的批评。他举了大量的实例,论证日月时例以及以名称爵号为褒贬之说的自相矛盾之处,指出"大抵《春秋》以事系日,以日系月,以月系时。事成于日者书日,事成于月者书月,事成于时者书时","其或宜月而不月,宜日而不日者,皆史失之也"。③ "《春秋》据事直书,而善恶自见","是非善恶则系乎其文,非书名者皆

---

① 吕大圭《春秋或问》卷一,《四库全书》本。
② 吕大圭《春秋五论》,《四库全书》本。
③ 按此说与苏辙同。

贬、而书字者皆褒也"。他机警地问道:"假令某与某在所褒而旧史但著其名,某与某在所贬而旧史只著其字,则圣人将奔走列国以求其名与字而后著之于经乎?"

在批评了日月时例和以名称爵号为褒贬说之后,吕大圭论证了孔子表达经义的方法,即所谓孔子的"特笔"。《春秋》据实事而书,有一书一,有二书二,这称为"达例";而"其或史之所无而笔之以示义,史之所有而削之以示戒",这称为"特笔"。他举例说"元年春王正月"的那个"王"字就是特笔,吴楚之君不书葬也是圣人所削,此外如"天王狩于河阳"、"卫侯出奔"、"惠公仲子"、"僖公成风"等等均为圣人之特笔。"达例"与"特笔"相互为用。"用达例而无加损者,圣人之公心;有特笔以明其是非者,圣人之精义"。"学者之观《春秋》,要必知有《春秋》之达例,则日月名称如后世诸学之穿凿者必不同也;要必知有圣人之特笔,则夫分义之间、名实之辨、几微之际,有关于理义之大者,不可不深察也"。①

吕大圭把研治《春秋》的目的规定为二,首先自然是要"明大义",其次则是从《春秋》当中"观世变"。他认为《春秋》之始与《春秋》之终是世道变迁的两大綮节。《春秋》始于隐公,正是平王末年,西周复兴已彻底绝望,诸侯自专的局面已经形成,这是世道的一大变。《春秋》之终于获麟,正是大夫专权取代诸侯的时候,此为世道的又一大变。而在《春秋》二百四十二年之中,又可以区分为明显不同的几个阶段,他采用前人的说法,分为隐桓庄闵之《春秋》、僖文宣成之《春秋》、襄昭定哀之《春秋》。各个阶段都自有其历史发展的特点。这样对《春秋》做历史的考察,可以发现较之《春秋》大义更为深刻的东西,这就是历史发展的走向与规律。吕大圭说:"会《春秋》一经观之,大抵愈趋愈下,愈久愈薄。溯之而上,则文武成康之盛,可以接尧舜之传;沿之而下,则七雄分裂之极,不至于秦不止。"② 从这样的角度来看《春秋》,比起单纯探求经义的经师们,是要高明得多了。

吕大圭对三传的意见,大抵同于朱熹:"《左氏》熟于事,而《公》、《谷》深于理。盖《左氏》曾见国史,故虽熟于事而理不明;《公》、《谷》出于经生所传,故虽深于理而事多缪。二者合而观之可也。然《左氏》虽曰备事,而其间有不得其事之实;《公》、《谷》虽曰言理,而其间有害于理之正者,不可不知

---

① 吕大圭《春秋五论》之三。
② 吕大圭《春秋五论》之四。

也。"进一步比较三家,大圭对《公羊》及何注尤多不满:"尝以为三传要皆失实,而失之多者,莫如《公羊》。何、范、杜三家各自为说,而说之缪者,莫如何休。"① 这样的看法,比起一味地弃传求经来,应该算是较为客观的。

第四节 《春秋》经传的专门化研究

宋代的《春秋》学著作,大多数都属于诠释性的,以探讨、阐发经义为主,这些著作有一个共同的倾向,就是要把《春秋》改造成一部政治教科书,指导统治阶级实际的政治行为。因此,这一类的研究可以称为政治化的研究。总的来看,这类的研究是宋代《春秋》学的主流。此外还有一些著作与此不同。作者并非着眼于经义,而是对《春秋》经传本身的一些专门性的问题进行探讨,例如《春秋》中的地理问题,《春秋》中各国的世系年代问题,《春秋》经传涉及的礼制问题,《春秋》灾异问题,《春秋》经传中所见占卜问题、人物称名爵谥问题等等。还有一些学者对《春秋》经传做史的改造,例如仿纪传体史书诸体裁编撰《春秋》经传的纪、传、志、表,或者对《春秋》经传中的纪事按类按事件重编等等,这类著作也属于专门化的研究。这种研究学术性往往比较强,没有什么明显的政治目的,只是对读懂《春秋》、了解《春秋》深有裨益。这种对经典的专门化的研究其实古已有之,不过宋代较前代更为多见而已。宋代的此类著作,例如沈括之《春秋机括》,上卷讲各国之纪年,中卷为各国之世系,下卷为公子诸臣之异名;郑刚中之《左氏九六编》、无名氏之《鲁史春秋卦名》,当是专研经传中之占卜的;方淑之《春秋直音》,专为《春秋》注音;无名氏之《春秋灾异应录》,从书名即可知为专研灾异的著作。以下再列举几部此类著作中之较著者。

(一)王当著《春秋列国诸臣传》三十卷。

此书今日尚存。王当,字子思,眉山人。史称"博览古今,所取惟王佐大略"②。尝举进士不第,退居田野,叹曰:"士之居世,苟不见其用,必见其言。"遂著《春秋列国诸臣传》。元祐中,苏辙以贤良方正荐,调龙游县尉。后蔡京为相,王当不复仕。王当此书,"效司马迁《史记》,凡一百三十有四人,十万余言"③。据陈振孙说,"所传诸臣,皆本《左氏》,有见于他书者,则附其

---

① 吕大圭《春秋五论》之五。
② 《宋史·儒林二》。
③ 《文献通考·经籍考》卷十引晁公武语,华东师范大学出版社点校本。

末，系之以赞。诸赞论议纯正，文辞简古，于经传亦多所发明"①。按此书实际上是对《左传》的改编，以纪传体代替原来的编年纪事，而且又增加了《史记》、《国语》等书中的材料，与一般解经著作已有明显的不同。类此者还有郑昂（字尚明）著《春秋臣传》三十卷，"以人类事，凡二百五十人"。此书已佚。又有沈括（字存中）撰《春秋左氏纪传》五十卷，此书"用司马迁《史记》法，君臣各为纪传，凡欲观某国之治乱，某人之臧否，其行事本末毕陈于前，不复错见旁出，可省翻阅之勤。或事同而辞异者，皆两存之"②。此书亦佚。

（二）程公说著《春秋分纪》九十卷。

程公说（1171—1207），字伯刚，号克斋，丹棱人，居于宣化。年二十五登进士第，官邛州教授，卒年才三十七岁。此书成于开禧二年（1206），"以《春秋》经传仿司马迁书，为年表，世谱，历、天文、五行、地理、礼乐、征伐、官制诸书，自周、鲁而下及诸小国夷狄，皆汇次之。时有所论发明，成一家之学"③。此书今尚存，其记事主要取《左传》，又旁采《公》、《谷》、诸子之说，每于篇前有序论，篇中也有一些论辩，涉及经义之处，多取程颐、胡安国二氏之说，亦有以己意作新注的地方。全书计有年表九卷、世谱七卷、名谱二卷、书二十六卷、周天王事二卷、鲁事六卷、大国世本二十六卷、次国二卷、小国七卷、附录三卷。《四库提要》对此书的评论为："条理分明，叙述典赡，所采诸儒之说与公说所附序论，亦皆醇正，诚读《春秋》者之总汇也。"按程氏此书议论是否醇正姑置不论，说它是"读《春秋》者之总汇"，诚非虚言。照这样子把《春秋》经传进行一番整理，前此尚没有人做过，其有助于读者对《春秋》做进一步的全方位的研究，是显而易见的。因此《四库提要》称赞说：

> 宋自孙复以后，人人以臆见说《春秋》，恶旧说之害己也，则举三传义例而废之。又恶《左氏》所载证据分明，不能纵横颠倒，惟所欲言也，则并举《左传》事迹而废之。譬诸治狱，务毁案牍之文，灭证佐之口，则是非曲直乃可惟所断而莫之争也。公说当异说垄兴之日，独能考核旧文，使本末源流，犁然具见，以杜虚辨之口舌，于《春秋》可谓有功矣。

按清儒对宋学固然是存有偏见，但所论程公说《春秋分纪》之功，大体上是合乎实际的。后来清人顾栋高作《春秋大事表》，体例与此《春秋分纪》颇多相同，亦可谓异代同心，后先辉映了。

---

①③ 陈振孙《直斋书录解题》卷三。
② 《经义考》卷一百八十三引李焘语。

(三)　张洽著《历代郡县地理沿革表》。

他自述此书之作云:

> 至于地理一书,则以封域分合之参差,古今名号之因革,此同彼异,骤改忽更,散在群书,莫能统会。盖自诵习之初,已病其然。乃博稽载籍,重加参究,窃规司马迁十表之模范,述为一编。以今之郡县为经,而纬以上下数千年异同之故,庶几案图而考,百世可知。①

按此书已佚,难知其详,当是专门用来解决《春秋》中的地理问题的,并非一般的地理著作,观其曾孙张庭坚称"曾大父文宪公所著《春秋集传》、《集注》、《地理沿革表》三书"② 云云可知。朱彝尊《经义考》著录此书,书名作"春秋历代郡县地理沿革表"。用表的形式来反映《春秋》中的地理沿革,应该算是一种创造。不过张洽对此书亦颇有遗憾,他说:

> 然而私家文籍,所有几何,郡邑图志,未阅千一。虽纲条粗立,而其间遗阙,尚多有之。故凡后来之升降,诸书之所未载,闻见之所未详,大抵皆仍其旧而已。抵牾舛谬,不敢自保。始盖期于余力休暇之时,尚求它书,增而备之。而自登仕版,心志专于所职,不复能有所是正。

然则张氏此书,虽有开创之功,并非完备之作,不过它能给后人以方法上的启发,这是无疑的。

这类对《春秋》经传的专门化研究,有许多是以图、谱、表等形式出现的,只是此类著作今日所存无多,无由得见其详;仅从《宋史·艺文志》所著录的书名推测可能是属于此类著作的,就有:郑寿《春秋世次图》四卷;杨湜《春秋地谱》十二卷;郑樵《春秋地名谱》十卷;韩璜《春秋人表》一卷;环中《左氏春秋二十国年表》一卷,《春秋列国臣子表》十卷;邓名世《春秋四谱六表》(按四谱包括图谱、年谱、地谱、人谱);刘英《春秋列国图》一卷,《春秋十二国年历》一卷;无名氏之《春秋王侯世系》、《春秋氏族名谥谱》、《春秋地名谱》等。

对《春秋》经传所做的史学改造,可以章冲的《春秋左传事类始末》为代表。章冲字茂深,官台州知州。年轻时从叶梦得为学,娶叶梦得女,于《左传》学造诣尤深。与章冲同时代的袁枢惩于史书之纪传、编年二体各有弊病,因创纪事本末之体,撰《通鉴纪事本末》;章冲亦于稍晚用同样的方法改编

---

① 《经义考》卷一百八十九引张洽《进书状》。
② 《经义考》卷一百八十九引张洽之曾孙张庭坚后序。

《左传》，撰《春秋左传事类始末》五卷。章氏自述其撰述缘起云：

> 《左氏》传事不传义，每载一事，必先经以发其端，或后经以终其旨。有越二三君、数十年而后备，近者亦或十数年，有一人而数事所关，有一事而先后若异，君臣之名字，有数语之间而称谓不同，间见错出，常病其不属。如游群玉之府，虽珩璜圭璧璀璨可爱，然不以汇聚，骤焉观之，莫名其物。①

章氏认为，古来用力于《左传》者颇多，而为之"事类"者尚未之见，于是他就做了这样的工作："原始要终，捃摭推迁，各从其类。有当省文，颇多裁损。亦有裂句摘字，联累而成文者。二百四十二年之间，小大之事，靡不采取，约而不烦，一览尽见。又总记其灾异、力役之数，时君之政，战阵之法，与夫器物之名，并系于后。读之者不烦参考，而毕陈于目前"。实际上是集纪事本末体与类书之体于一书。同时人谢谔为是书作序云：

> 《春秋》之法，年为主而事系之；使君（按指章冲）之法，事为主而年系之。以事系年，而事为之碎；以年系事，而事为之全。二者不可一废。纪年也，故以事系而年全；纪事也，故以年系而事全。事系年而年全者，史法也；年系事而事全者，考史法也。②

按照这一说法，把编年体的《左传》改编为纪事本末体，实际上是一种"考史"的工作。《春秋》经传经过这一改编，"遂变经义为史裁，于笔削之文，渺不相涉"③了。

总的看来，这种对《春秋》经传的专门化研究，虽然数量不少，但也只能算是宋代《春秋》学的支流，其重要性以及对后世的影响，远逊于那些诠释性的著作，二者是不可同日而语的。

第五节 元明《春秋》学的衰落

一、元代经学地位的下降

元代的经学，从总体来讲，是较前代大大衰落了。蒙古族统治者以强悍的武力统一了中国，对汉族传统的意识形态，并非一开始就有清醒的认识。因此，儒学在相当长的一段时间里，并没有受到统治者的高度重视。但像历史上

---
① 《经义考》卷一百八十八引章冲《春秋左传事类始末》自序。
② 《经义考》卷一百八十六引谢谔序。
③ 《四库全书总目》语。

曾经统治过汉族地区的其他少数民族一样，蒙古贵族也不可能脱离中原士人的辅佐，这些士人往往会以他们自己的学养和观念影响统治者。早在太宗进军中原的时候，中书令耶律楚材就建议"用儒术选士"①，得到太宗的赞许，1238年（戊戌）举行考试，史称"戊戌选试"。此次考试得人甚众，但考中者也仅仅得到了与僧、道相同的豁免差发的优遇，②并没有受到蒙古族统治集团的重用。此后，因"当世或以为非便"③，这一措施便被废止了。到世祖忽必烈时，统治者对儒学已有了一定的认识。儒者许衡、郝经、窦默等都曾居高位，经常向元朝皇帝灌输儒家治国的思想，忽必烈对儒家文化兴趣浓厚，"聘起儒士，讲论书史，究明理学，问以治道"，到泰定帝时期（1323—1328），开设经筵已成为一种制度。④但纵观元朝统治的一百余年，儒学并没有取得作为国家意识形态应该享有的独尊的地位，元朝皇帝们对宗教的兴趣远远超过了儒学，因此元朝的"经筵进讲"，对元朝政治的影响是很有限的。加以元朝皇帝们的汉文功底普遍比较低，⑤对儒家经典的理解存在着一定的障碍，终元之世，统治集团始终也没有提倡过对儒家经典做深入的钻研。故而在元朝，经学的衰落是很自然的事情。

此外，科举制度在元代也不发达。自忽必烈开国之后，科举停废长达半个世纪之久，直至仁宗延祐年间（1314—1320）才正式恢复。⑥当时规定考试由《大学》、《论语》、《孟子》、《中庸》中出题，用朱熹的《章句》、《集注》；汉人、南人还要加试经义，"《诗》以朱氏为主，《尚书》以蔡氏为主，《周易》以程氏、朱氏为主，已上三经，兼用古注疏，《春秋》许用三传及胡氏传，《礼记》用古注疏"⑦。元代科举考试，从延祐首科至元末，共举行过九次，其科举之规模，无论就取录人数还是进士的地位前途而言，都无法与唐、宋时期相比。有学者统计，元代后期五十多年科举取士共一千二百余人，仅占相应时期文职官员总数的百分之四，远远低于唐、宋的标准。⑧在封建社会里，科举考

---

①③《元史·选举志一》。
② 参见韩儒林主编《元朝史》上册，人民出版社1986年版，第341页。
④ 参见张帆《元代经筵述论》，《元史论丛》第五辑，中国社会科学出版社1993年版。
⑤ 参见赵翼《廿二史札记》卷三十"元诸帝多不习汉文"条，中华书局1984年校证本。关于这一问题，现代学者多有深入的研究，所论不尽相同，可参见前引张帆文。但总的来看，说元朝皇帝们的汉文功底普遍较低，当无大错。
⑥ 参见韩儒林《元朝史》上册，第343页。
⑦《元史·选举志一》。
⑧ 参见韩儒林《元朝史》上册，第345页。

试对学术风尚的影响甚巨。诚然，科举制度发达的时代，经学未必发达，明朝就是个例子。明朝以八股取士，士人束书不观，故顾炎武讥为"八股盛而经学衰"。不过科举发达，经学至少存在发达的可能性。像元朝这样，不重科举，经学是必定会衰落的。因为不重科举，连名义上的"尊经"也没有了，这样就从整体上降低了以熟悉儒家经典为特长的知识分子的地位。士人既然难于通过科举考试步入仕途，则对经典的研治自然也就没有了热情，整个社会的经学水平自然就会下降，故元朝经学的衰落与不重科举是有关联的。

从元朝科举考试的科目来看，朱熹的学说已被元统治者尊奉为官学。本来在宋金对峙、南北隔绝的时代，程朱理学只盛行于南方，北方但闻程朱之名，对他们学说的具体内容，所知甚少。最早将程朱理学介绍到北方来的应该说是赵复。赵复本为南宋理学家，元兵南下，赵复被俘。当时元军中儒者姚枢奉诏访求儒、道、释、医、卜之士，遂将赵复带至燕（今北京），"（赵）复以所记程、朱所著诸经传注，尽录以付枢"。赵复到燕之后，"学子从者百余人"，除姚枢之外，当时元统治集团中的儒臣许衡、郝经等，以及家居不仕的名儒刘因等，"皆得其书而尊信之"。"北方知有程朱之学，自（赵）复始"。①

许衡、郝经、姚枢等人都是元朝廷中的重要人物，他们的服膺朱子之学，对元朝的学术有很大的影响。加以此时朱子之学在南方如日中天，元统一全国后，程朱理学迅速北渐，很快成为元朝儒学的主流。特别是朱子之学，得到了最为广泛的传播。因此元朝的科举制度确立以后，《四书》就成了最基本的读本，朱子对经典的注解，就被奉为了金科玉律。虽然科举在元朝政治中并不占有多么重要的地位，但把程朱理学规定为科举取士的标准，对当时的儒学发展还是产生了深刻的影响。一般而言，元朝的儒者但知株守宋儒之书，而于经典的注疏，所得甚浅。② 而在理学方面，也是因袭者多，发明者少，故称元朝为经学的衰落时期，确非无据。

二、继承朱学统绪的吴澄

元朝朱子之学最尊，各种经典，均以朱子之说为依归。但《春秋》一经，情形却有些特殊，因为朱熹于《春秋》经传并无专著，不惟没有专著，他对传统的《春秋》学说提出了诸多疑点，朱子本人对这些疑点也并没有给出确定的

---

① 《元史·儒学传一》。
② 皮锡瑞《经学历史》，第283页。

答案，因此官方在规定《春秋》所用注本的时候就非常难办。由于在南宋时期胡安国传最为流行，且胡氏号称是程颐的私淑弟子，而朱子于胡传亦有褒辞，于是元朝官方就规定"《春秋》许用三传及胡氏传"，胡传自此也就有了被朝廷认可的正统地位。其实此事说来颇有些滑稽，因为胡传的主旨之一为尊王攘夷，主张"复九世之仇"，主张严华夷之辨，对于以少数民族入主中原的蒙古贵族来说，这些都绝非顺耳之言，然而元廷居然将胡传立于学官。对此有人以元统治者文化水平低解之，[①] 自然也不无道理。但主要的原因，恐怕还在于此时的儒学本身并不为统治者所看重，统治者既不把儒学看成是国家生存的思想基础，也不视之为治国行政的理论武器，则经典之中究竟有多少违碍字句，自也不必严查深究了。当然，胡传中最根本的维护君臣上下等级秩序的思想，其理学意味极重的纲常思想，也是为元朝的统治者所欢迎的。

元人的《春秋》学著作，大多以胡传为宗主，但也不是全盘接受胡氏之说，一般都能斟酌"四传"，对胡传或多或少有些纠驳。例如俞皋所撰《春秋集传释义大成》，"于胡传之过偏过激者实多所匡正"，王元杰之《春秋谳义》，"删掇胡安国传以尽其意"，李廉所撰《春秋诸传会通》，"以诸家之说，荟萃成编"，"虽以胡氏为主，而驳正殊多"。[②] 能够完全不为胡传所拘，沿着朱子的思路对《春秋》经传进行探讨的，有吴澄、程端学、黄泽及赵汸等人。

吴澄（1249—1333），字幼清，学者称"草庐先生"，抚州崇仁（今江西崇仁）人。曾任国子司业、翰林学士，是元朝廷中有名的儒者。他是一个理学家，是朱熹的四传弟子。[③] 他在理学上的观点，似乎对朱熹有所修正，不仅重朱子之"道问学"，尤特重陆子之"尊德性"，以致时人"以澄为陆氏之学"[④]。但在《春秋》学上，他确是直承朱学的统绪。他信从朱子以及邵雍之说，以为《春秋》并非为褒贬而作，他说：

> 邵子曰："圣人之经，浑然无迹，如天道焉，《春秋》书实事，而善恶形于其中矣。"至哉言乎！朱子谓据事直书，而善恶自见，其旨一也。[⑤]

对什么是圣人"修《春秋》"，什么是"笔削"，他都有明确的解释：

> 《春秋》，鲁史记也，圣人从而修之，笔则笔，削则削，游、夏不能赞

---

① 沈玉成、刘宁《春秋左传学史稿》，江苏古籍出版社1992年版，第224页。
② 《四库全书总目》语。
③ 《宋元学案》卷九十二，中华书局点校本。
④ 《元史·吴澄传》。
⑤ 吴澄《春秋诸国统纪序》，《吴文正集》卷二十，《四库全书》本。

> 一辞。修之者，约其文，有所损，无所益也。其有违于典礼者笔之，其无关于训戒者削之。①

按这是说《春秋》不是孔子的创作，所谓孔子修《春秋》只是依据旧的史文，有所删削，但绝无所增益，也就是说，孔子不会为表达自己的意见而给《春秋》增添什么字句。这实际上是对胡安国传的修正。胡氏有"夏时冠周月"之说，意思是说，孔子作《春秋》，在周月之前冠以夏时，以表达"行夏之时"之义。吴澄则认为"改时"的人不是孔子，"商周虽改月数，天之四时则不可改"，然而"鲁历"却改时了："鲁历虽从周王正朔，然以春为一岁之始，于是改建子、丑、寅之月为春，建卯、辰、巳之月为夏，建午、未、申之月为秋，建酉、戌、亥之月为冬，此鲁历之变常也。夫用夏正则春为岁始，用周正则岁始非春也，鲁以周之岁始为春，而递迁一岁十二月之时，则四时紊矣。夫子因而书之，讥也"。② 孔子只是保留了鲁史的旧文，这样便表达了对鲁国"变常"之讥。

吴澄治《春秋》，不专主一传，他对三传是各取其长，这也是承袭了朱子的观点：

> 窃谓三传得失，先儒固言之矣。载事则《左氏》详于《公》、《谷》，释经则《公》、《谷》精于《左氏》。意者《左氏》必有按据之书，而《公》、《谷》多是传闻之辞，况人名地名之殊，或由语音字画之舛，此类一从《左氏》是也。然有考之于义，的然见《左氏》为失，而《公》、《谷》为得者，则又岂容以偏徇哉！③

对于前辈学者，吴澄也是广泛吸取，他说：

> 三传释经，讵能悉合圣人之意哉！澄也尝学是经，初读《左氏》，见其与经异者，惑焉。继读《公》、《谷》，见其与《左氏》异者，惑滋甚。及观范氏《传序》，喜其是非之公；观朱子《语录》，识其优劣之平；观啖赵《纂例》、《辨疑》，服其取舍之当，然亦有未尽也。遍观宋代诸儒之书，始于孙、刘，终于赵、吕，其间各有所长，然而不能一也。④

按吴澄以"不能一"为憾，而他自己所撰《春秋纂言》，正是这种统一经说的实践。此书十二卷，书名"纂言"，殆有汇聚众解之意，《四库提要》称"是书采摭诸家传注，而间以己意论断之"。例如隐公四年"卫人立晋"，引《左传》、

---

① ④ 吴澄《春秋备忘序》，《吴文正集》卷十八。
② 吴澄《春秋纂言》卷一，《四库全书》本。
③ 吴澄《四经叙录》，《吴文正集》卷一。

《谷梁》、高氏、孙氏、高邮孙氏之说，然后下断语，表示赞成《谷梁》之说。又七年"滕侯卒"，引《左传》："不名，未同盟"，引《公羊》："不名，微国也"，引程子："不名，史阙也"，复引赵氏驳左氏之说，然后加按语云："微国亦有书名者，唯无可考证，则旧鲁史不载其名，而夫子因之也。"① 因此《纂言》可视为元人为《春秋》所做"集解"。此书的缺点，照《四库提要》的说法，在于作者喜以己意"点窜经文"，其表现为在他所认为经有阙文之处，均补以方框，例如桓公在位之十八年中，只有元年、二年、十年、十八年正月之前书"王"字，其余十四年均无"王"字，吴氏即认为这些都是阙文，于是在上述诸年中"正月"之前均加□。② 这样的改经，确是有些武断，因为古来不少学者，毕竟还是以"桓不书王"为《春秋》中的重要一义的。

吴澄治经的方法，也有得益于朱子之处。他明确地提出以先分析后综合的方法来治《春秋》，就是受了朱熹的启发，他说：

> 析轮、舆、盖、轸而求车，然后有以识完车之体；指栋、梁、楹、寀而求室，然后有以识全室之功。车、室非有假于分，而求其所以为完车、全室，不若是其详不可也。子朱子曰：析之有以极其精而不乱，然后合之有以尽其大而无余。噫，读《春秋》者，其亦可以是求之矣。③

按这是一个很形象的比喻。吴澄认为，研治《春秋》，应当先做分析的工作，这种分析，包括将《春秋》的各个部分——文、义、例解析开来，也包括将二百四十二年的经文做分别研究，然后再将各部分合为一个整体，求其总旨，求其通贯，他说：

> 《春秋》非有假分合于人也，如是而求之，庶几有以得其全耳。夫属辞比事，《春秋》教也。属辞所以合，比事所以析。不知比事，是舍轮舆盖轸而言车，离栋梁楹寀而求室也。知比事而不知属辞，则车与室其亡，矧于化工、山岳乎何有！④

按吴氏之意，欲从整体上把握《春秋》，非先进行分解剖析不可。在这里，他对"属辞比事"做了全新的解释：比事就是分，就是对《春秋》各个组成部分的分别认识；属辞则是合，把各个部分综合起来，认识《春秋》的总体，所谓"化工"，所谓"山岳"，都是对《春秋》整体的比喻。

《春秋纂言》书前附有《总例》七卷，就是这种分析与综合的结果。《总

---

① ② 吴澄《春秋纂言》卷一。
③ ④ 吴澄《春秋类编传集序》，《吴文正集》卷十九。

例》将《春秋》全经中的"例"分为七大类八十八小类,即所谓七纲八十八目,七纲为:天道、人纪、吉、凶、军、宾、嘉。后五种着眼于礼制,加上天道(时月日、灾异等等)、人纪(称王、称爵并称字氏名人、称杀弑执放等),《春秋》全经的义例都囊括其中了。

三、程端学的《春秋》三书

程端学,字叔时,号积斋,庆元(今浙江龙泉)人。至治元年(1321)进士。官国子助教、翰林国史院编修。端学在当时以《春秋》名家,所著有《春秋本义》三十卷、《春秋三传辨疑》二十卷、《春秋或问》十卷,今三书俱存。

《春秋本义》是一部集注性质的书。此书之作,据同时人张天佑序称,乃是端学"以《春秋》一经,诸儒议论不一,未有能尽合圣人作经之初意,于是本程朱之论,殚平生心力,辑诸说之合经旨者,为《本义》以发之"①。书前开列了程氏所采三传而下一百七十六家之书目,可见其征引文献之广博。此书的作法,是"依经附说,类次群言,间亦缀以案语。《左传》事迹,即参错于众说之中"②。据作者自述,"此编窃仿朱子'集注'之意,先训诂而后事实,而后议论,议论即'本义'也"③。对于前辈学者,如啖、赵、陆、陈岳、孙复、刘敞、叶梦得诸人,程端学均服其"辨三传之非",却不满其"不免褒贬、凡例之敝"④。而他深所服膺的,则为程、朱、郑樵、吕大圭诸人。在卷首"纲领"部分中,引大圭议论,竟达八千余字,而全部"纲领",亦不过一万二千余字,可见程氏对吕大圭是如何推重。

《春秋或问》十卷,据《四库提要》说,此书为"端学既辑《春秋本义》,复历举诸说得失,以明去取之意,因成此书,盖与《本义》相辅而行者也"。书取自设问答的形式,与吕大圭《春秋或问》体例相同。此书的特点,是对前人之说,多取批判的态度,"其掊击诸说,多否少可,于张洽之传,攻之尤力"⑤。程端学在《或问》中鲜明地反对"一字褒贬"之说,"至于宋代诸儒一切深刻琐碎之谈,附会牵合之论,转能一举而摧陷之"⑥。如果说《春秋本义》是程氏取先儒之说以明经义之作,《春秋或问》则是程氏阐述其所以取先儒之

---

① 《经义考》卷一百九十五引。
②⑥ 《四库全书总目》语。
③ 程端学《春秋本义》卷首"通论",《四库全书》本。
④ 程端学《春秋本义自序》,《四库全书》本。
⑤ 《四库全书》所收程端学《春秋或问》之书前提要语。

说的理由之作。

《春秋三传辨疑》二十卷，是一部辨难性的著作。程端学承宋人学风，对三传的解经，很不满意，认为三传"攻其细而捐其大，泥一字而遗一事之义，以日月爵氏名字为褒贬，以抑扬予夺诛赏为大用，执彼以例此，持此以方彼，少不合则辗转生意、穿凿附会"①，诸如此类的毛病很多，很不以三传解经为然。《四库提要》批评程氏此书云："大抵先存一欲废传之心，而百计以求其瑕颣，求之不得，则以'不可信'一语概之。"端学受啖赵以来舍传求经风气的影响，确实表现出了很强的怀疑精神。他承袭朱熹的思路，认为"腊祭"始于秦，而《左传》有"虞不腊矣"语，于是相信朱子所说《左传》"是秦时文字分明"的话。②按四库馆臣的说法，啖赵以来，不信三传的学者又分为三派：以孙复的《尊王发微》为代表，是所谓"弃传而不驳传者也"；以刘敞的《春秋权衡》为代表，是所谓"驳三传之义例者也"；以叶梦得《春秋谳》为代表，是所谓"驳三传之典故者也"。至于程端学，则是"兼三派而用之"。程端学的学术就是这样，既有对宋代学风的激烈批判（例如他力反宋儒深刻琐屑之弊），又有对宋学精神的继承。客观地说，他的许多看法通达透彻，平正合理，是很具有学术价值的。

程端学认为前辈学者的《春秋》经说，有两大弊端，一是把《春秋》看成是褒贬之书，二是用所谓凡例来解说经义。他说："《春秋》之不明，凡例、褒贬害之也。""自凡例、褒贬之说兴，而圣人之心不白于世，其书虽存，其用则泯矣。此非细故也，此说《春秋》之大弊也。"③先儒所讲"凡例"很多，日月时例是其著者。程端学驳之曰：

> 日月者，纪事自然之法也。如日月不可用，六经诸史将废之矣！惟其有用也，是以不得而废矣。《春秋》非不欲尽书日月也，然旧史有详略焉，有阙文焉。其无日月，不可得而益；有日月，又不可得而去也。无日月而益则伪，有日月而去则乱，故《春秋》纪事，有有日月者矣，有无日月者矣。《公》、《谷》见其有日月与无日月也，求其说而不得，从而为之辞，或牵彼以就此，或例此以方彼，自知不通，则付之不言，故日月之例，为《春秋》蠹矣。④

在程氏看来，"圣人曷尝先定凡例而修《春秋》哉？……《春秋》有自然之法，

---

① 程端学《春秋本义自序》。
②④ 程端学《春秋或问》卷一。
③ 程端学《春秋本义》卷首"通论"。

因是事而著是理，以为法于天下，曷尝设凡例以待其事而书之哉"！

程端学从朱子之说，激烈地反对"一字褒贬"之说，他说：

> 《春秋》之作，其自然之妙与天地侔。天之生物，非物物雕琢，《春秋》亦非字字安排，其义乃在一句之间，而非著一字以为义。一字褒贬，乃末世相沿之陋。朱子曰："当时大乱，圣人据实书之，其是非得失，付后世公论，盖有言外之意。若必于一字间求褒贬，窃恐不然。"可谓善读《春秋》矣。①

以爵氏名字为褒贬，也为端学所排击。襄公二十九年经云"吴子使札来聘"，旧以为三传均"贤季札"，程端学表示反对；而孙复、胡安国、张洽等又以为《春秋》贬季札，故不书"公子"二字，端学也表示反对。他说：

> 书公子不书公子，史氏有常法，非孔子去之也。三传为褒而札以名见，则楚椒、秦术亦以名见；诸儒为贬而札去其氏，则楚椒、秦术亦去其氏。然则褒贬之说，两不可也。且札让国致乱，在三十年之后，孔子安得豫去"公子"而贬之乎？《春秋》者，即此事而论此事之义者也，未尝因此事而论他事之善恶也。宁喜，弑其君者也，《春秋》复书曰"晋人执宁喜"；孙林父，逐其君且叛者也，《春秋》复书曰"孙林父入于戚以叛"：皆未尝去氏也。楚公子婴齐、公子贞、公子壬夫，伐宋、伐郑，猾夏者也，《春秋》不去"公子"。公子翚、公子庆父，弑君之贼也，《春秋》书曰"公子翚逆女"、"公子庆父奔莒"，亦不去"公子"。季札不过因让而致乱，《春秋》乃去"公子"以示贬，何轻重之失宜乎？②

由于否定了"一字褒贬"，否定了所谓"字字安排"，就能比较客观地对待《春秋》文字上的一些疑难问题。例如《春秋》中之"夏五"，应该是《春秋》传写中有脱文，先儒却认为体现了孔子"多闻阙疑"之义，孔子有意不在"五"字后加上一个"月"字，正表明了孔子的矜慎态度。程端学不以为然。他说：

> 窃谓"吾犹及史之阙文"，孔子盖谓事之不可知者尔；若事之显然而可见者，孔子安得不正之哉！"多闻阙疑"，孔子教人阙其理之可疑者尔；若理之断然而可言者，孔子亦使人慎言之邪！若"夏五"而无"月"，乃事之显然而可见、理之断然而可言者，而非改易古书之谓也，孔子亦岂恝然而已乎！若曰孔子笔削，可损而不可益，当并去"五"字，亦不害于此

---

① ② 程端学《春秋或问》卷八。

> 事之义。孔子必不录断烂不可读之文为后世训也。……此必秦汉以后，传者有所脱遗，如《左氏传》成公二年"夏有"之比尔，必为之说，则非矣。

按这样的判断，应当说是很合情理的。

《春秋》既然不是"褒贬之书"，那么《春秋》究竟是一部什么书呢？照程端学的说法，《春秋》是一部"克己复礼"之书。程氏认为孔子生于"周纲堕，诸侯纵，大夫专，陪臣窃命，吴楚内侵，人道悖于下，天运错于上，灾异荐臻，民生不遂"①的时代，《春秋》所书又都是"非常之事"，但《春秋》并不仅仅限于贬斥，他说：

> 然则孔子徒议其罪而已乎？曰：未也。议其罪将以惩其恶，惩其恶将使之反其无恶而已矣，故曰克己复礼。克己所以复礼也，不克己则不能以复礼，不惩恶则不能以迁善。故《春秋》为克己复礼之书。而后世但知圣人议人罪恶而已，此凡例、褒贬之所由兴也。②

按把《春秋》说成是"克己复礼"之书，这样就从一般政治层面上升到了心性修养层面，《春秋》于是也就有了改造灵魂的功能，这是专讲天理、关注心性的宋学影响及于《春秋》学的必然结果。

四、黄泽与赵汸的"复古"

黄泽（1260—1346），字楚望，本为资州人（今四川资中），其父居九江，因蜀乱不能归，遂定居九江。黄泽曾任江州景星书院及洪州东湖书院山长，秩满不复仕，以教授生徒终其生。赵汸（1319—1369），字子常，安徽休宁人，学者称东山先生。早年师从黄泽，后从虞集游，获闻吴澄之学。黄泽、赵汸师弟二人，都是元代重要的《春秋》学者。

黄泽笃信程朱之学，年轻时即"慨然以明经学古笃志力行自励"③。其治学的特点，在于好为深沉之思，赵汸称其师"好为苦思，屡以成疾，疾止则复苦思如故"。"先生于经学，以积思自悟为主，以自然的当不可移易为则。故其悟也，或得诸幽闲寂寞之余，或得诸颠沛流离之顷，或得诸疾病无聊之日，或得

---

① 程端学《春秋本义自序》。
② 程端学《春秋本义》卷首"通论"。
③ 《黄楚望先生行状》，赵汸《春秋师说》附录，《四库全书》本。

诸道途风雨之中。及其久也，则豁然无不贯通"。①

黄泽的《春秋》学著作，有《三传义例考》、《笔削本旨》、《春秋指要》等，均已佚。其门人赵汸著有《春秋师说》三卷，完全是记其师黄泽有关《春秋》的看法和言论，书中黄泽之说，以"泽"之第一人称出之，当能忠实反映出黄泽的学说。

黄泽的《春秋》学，当时人以"复古"目之，他的学生金居敬说："资中黄先生，以六经复古之说设教九江"，"黄先生力排众说，创为复古之论"②。为什么说他"复古"呢？因为黄泽对近世（唐宋以来）几乎所有的《春秋》经说都不甚满意，主张回到三传、特别是《左传》去，寻求对经义的正确理解。他说：

> 学《春秋》只当以三传为主，而于三传之中，又当据《左氏》事实，以求圣人旨意之所归，盖于其中自有脉络可寻，但人自不肯细心推求尔。③

按黄氏亦深知三传各有短长，但他还是强调不能脱离三传，他说：

> 左氏虽见国史，识本末，然所好恶与圣人异者常多；《公羊》、《谷梁》大义虽有可观，而考事益疏，亦非可据以求经旨者。然三传去古未远，三家之注，义例虽不同，然犹胜于近代去圣久远，遂乃肆意创为新奇一切泛滥不根之说者。④

三传之中，为什么更强调《左传》呢？这是因为：

> 酌而论之，则事实而理讹，后之人犹有所依据，以求经旨，是经本无所损也。事讹而义理间有可观，则虽说得大公至正，于经实少所益，是经虽存而实亡也。况未必大公至正乎？使非《左氏》事实尚存，则《春秋》益不可晓矣。⑤

按照黄泽的意见，说《春秋》者应当"只据《左氏》事实，而参以《公》、《谷》大义"。黄泽的这一看法，与他对《春秋》一经的理解有关。黄泽是赞成《汉书·艺文志》有关孔子作《春秋》、左丘明作传的说法的，他认为《春秋》是"记事之书"，"《春秋》一经出于史官"⑥，"夫子《春秋》多因旧史"，《春秋》之义，都在记事之中，记事不明，则大义无从谈起，他说：

> 《春秋》本是记载之书，记事而提其纲要，以著得失，明大义也。学

---

① 《黄楚望先生行状》。
② 金居敬《赵汸春秋属辞后序》，《四库全书》本。
③④ 《春秋师说》卷下，《四库全书》本。
⑤⑥ 《春秋师说》卷上。

者只当考据事实，以求圣人笔削之旨。①

因此，"考据事实"是治《春秋》的第一要义：

> 说《春秋》当求事情，事情不得而能说《春秋》者，未之闻也。②

> 学《春秋》以考据《左传》、国史事实为主，然后可求书法。能考据事实而不得书法者，亦尚有之；未有不考据事实而能得书法者也。③

但《春秋》又不同于史，与史有本质的区别，这是因为《春秋》经过了孔子的"笔削"，被孔子赋予了义，黄泽说：

> 夫子之《春秋》，不可以史法观。后世作史者，只当用史法，不可模拟圣人也。胸中权度不如圣人，则予夺不得其正矣。故作史惟当直书为得体。夫子《春秋》，只是借二百四十二年行事，以示大经大法于天下，故不可以史法观之。④

按史之可贵，在于"直书"，而经之可贵，则在于"理"："史者事也，经者理也"。这个理是通过什么表现出来呢？是通过"书法"。黄泽说：

> 《春秋》固是经，然本是记事，且先从史看。所以如此说者，欲人考索事情，推校书法。事情既得，书法既明，然后可以辨其何以谓之经，何以谓之史。经史之辨既决，则《春秋》始可通。⑤

在黄泽看来，研治《春秋》不外二事：一为考索事情，二为推校书法。"书法"与"史法"不同，但若欲明"书法"，还得先明"史法"：

> 须先晓史法，然后可求书法。史法要精熟，书法要委曲，求合于中。⑥

只有书法明了，方能领会孔子笔削的用心：

> 《春秋》书法须考究前后异同详略，以见圣人笔削之旨。事同而书法异，书法同而事异，正是圣人特笔处。⑦

按有书法、有特笔，则"圣人"必有褒贬在其中：

> 夫子《春秋》多因旧史，则是非亦与史同；但有隐微及改旧史处，始是圣人用意。然亦有止用旧文而亦自有意义者。大抵圣人未尝不褒贬，而不至屑屑焉事事求详，若后世诸儒之论也。⑧

至于前人说《春秋》所普遍使用的"例"，黄泽也给予肯定，他说：

> 三传皆用例，虽未必尽合圣人，然不中不远。近时说者则以为夫子《春秋》非用例，若如此，则夫子作《春秋》，止是随事记录，止如今人之

---

①②③⑤⑥⑦《春秋师说》卷下。
④⑧《春秋师说》卷上。

写日记簿相似,有何意义?惟其有正例、变例,方可推求圣人本意。……若说圣人止备录,使人自见,则但是史官皆可为,何以见得《春秋》非圣人不能作?①

按一般偏重《左传》、以《春秋》为记事之书的学者,往往否认《春秋》有所谓例,例如前面提到过的程端学,就以"凡例"为治《春秋》的一大"弊"。黄泽不这样看。他首先指出史书有例,即史例,属于史法的范畴;经实际上也有例,只是这种例不甚明显。他说:

> 鲁史《春秋》有例,夫子《春秋》无例。非无例也,以义为例,隐而不彰也。惟其隐而不彰,所以三传各自为说。②

按黄氏之意,史例是很明显的,这就是记事之法,也即所谓"史法";但经孔子笔削之后的《春秋》,看似无例,实则有例,只是"以义为例",故隐而不彰。推原黄氏此说,当指孔子笔削之先,并非预设条例,如弑君如何书、灭国如何书等等,而是以所要表达的义为主,书与不书及如何书(即"书法"),都以达"义"为转移,这就叫"以义为例"。黄氏虽然承认《春秋》有例,但也流露出此种"例"甚难把握之意,关键是孔子究竟做了哪些笔削,是谁也说不明白的事。他说:

> 《春秋》所以难看,乃是失却"不修春秋"。若有"不修春秋"互相比证,则史官记载、仲尼所以笔削者,亦自显然易见。③

既然"不修春秋"已无处可寻,退而求其次,依黄氏之意,只有借助三传。他认为左氏是孔子亲授的"史官",公羊高、谷梁赤是孔门高弟的嫡传弟子,即使不能完全表达孔子笔削之法,总比无所依傍的凭空发挥强得多。于是又回到了前面谈过的对三传的认识问题。

三传之中,黄泽最重《左传》。除上面所说的那些原因外,黄泽对《左传》的时代有独到的见解。他论《左传》的文字云:

> 《左氏》乃是春秋时文字。或以为战国时文字者,非也。今考其文,自成一家,真春秋时文体。战国文字粗豪,贾谊、司马迁尚有余习,而《公羊》、《谷梁》则正是战国时文字耳。《左氏》固是后出,然文字丰润,颇带华艳,汉初亦所不尚,至刘歆始好之。

> 《后汉书》成于范晔之手,便有晋宋间简洁意思;尧舜三代之史成于司马迁,便有秦汉间粗豪意思;若以为左氏是战国时人,则文字全无战国

---

①②③《春秋师说》卷上。

意思。如战国书战伐之类，皆大与《左传》不同，如所谓拔某城、下某邑、大破之、即急击等字，皆《左传》所无。①

按这个观察十分细致，颇能给人以启发。而说《左传》是战国文字，正是朱子的主张。黄泽对程朱推崇备至，对朱子有关《春秋》学的言论也多所吸取，但他也并非完全地朱云亦云。对朱子的某些看法，也适当加以纠正。说《左传》非战国时文字，即其一例。又如对《左传》的采信程度，黄氏也与程朱不同，他说：

> 或问于程子曰：《左氏》可信乎？曰：信其可信者。朱子亦曰：《左氏》所传《春秋》事，恐八九分是。又曰：三传唯《左氏》近之。盖疑之中又信，信之中又疑。据泽一得之愚，则须全信《左氏》事实，而阙其浮夸与义理错误处，而后《春秋》可说。此乃简要切实之言。若且信且疑，则无益矣。

> 晦庵先生不信诸家传注，而亦自谓《春秋》难说，决意不解此一经。泽一得之愚，以为众说杂乱难信，诚如晦庵之言；然若遂以为决不可通，则亦太过矣。盖短中取长，未尝不可。②

按朱子在《春秋》学上可谓是一个不可知论者，而黄泽则与之不同，他认为《春秋》还是可知的，经过苦思冥索，"积五六十年之勤"，他终于自认为"大有所悟"，"遂通圣人书法"了。

黄泽唯一的入室弟子是赵汸。赵汸的《春秋》学著作，今所存者有五种，除前面提到的《春秋师说》三卷外，尚有《春秋集传》十五卷、《春秋属辞》十五卷、《春秋左氏传补注》十卷、《春秋金锁匙》一卷。《春秋集传》是赵汸未完之作，他只撰至昭公二十七年便去世了，此后的部分由他的门人倪尚谊续成之。由于倪续完全是依据赵汸所定的义例，故此书仍被人视为赵汸之作。③书前有赵汸一篇长序，概述他所撰《集传》的指导思想。从序中可以看到，赵汸基本上是承袭黄泽的观点，主张回到三传去，对孟子以下直至宋代的解经著作都不甚满意，唯有对宋人陈傅良"用二家（按指《公》、《谷》）之说，参之《左氏》，以其所不书，实其所书，以其所书，推见其所不书"的治经方法多所肯定。但他同时也对陈傅良不能区分"史法"与《春秋》"书法"表示不满。

---

① 《春秋师说》卷上。
② 《春秋师说》卷下。
③ 参见《四库全书总目》。

赵氏在序中归纳了"策书之例"① 十五项，这就是所谓"史法"；又归纳了"笔削之义"② 凡八项：一曰存策书之大体，二曰假笔削以行权，三曰变文以示义，四曰辨名实之际，五曰谨内外之辨，六曰特笔以正名，七曰因日月以明类，八曰辞从主人。"此八者，实制作之权衡也"。③ 赵汸的归纳，意在批评治《春秋》学者的两个倾向，一种倾向是以孔子的《春秋》为"法书"，专门惩恶罚罪；另一种倾向则是以孔子的《春秋》为"实录"。"知《春秋》存策书之大体"，"则谓之夫子法书者不足以言《春秋》矣"；"知《春秋》假笔削以行权"，"则谓之实录者不足以言《春秋》矣"。④ 在赵汸看来，《春秋》既不像有些人所说的那样"有贬无褒"、"深文周纳"，恰如"刑书"一般，也不像一些人所说的那样只是"直书其事"，与史册没有任何区别。《春秋》是既存史实，又有褒贬；既有"史法"，又有"圣人之书法"。这是一种折中的立场，调和的立场，但也许正是汉唐以来儒者不断探索而终于得到的、能为多数人所接受的《春秋》之定位。

赵汸的《春秋属辞》十五卷，就是按照上述八项"笔削之义"编纂的，他自称悟得《春秋》之法就在"属辞比事"，实际上也就是归纳《春秋》中之用语以及记事，从中探寻《春秋》的"义例"。他对"例"的看法，较之其师黄泽说得更为明确，他说：

> 谓《春秋》随事笔削，决无凡例，前辈言此亦多，至丹阳洪氏之说出，则此件公案不容再举矣。其言曰："《春秋》本无例，学者因行事之迹以为例；犹天本无度，历家即周天之数以为度。"此论甚当。⑤

按赵汸所说丹阳洪氏，殆指南宋高宗时期的洪兴祖。兴祖乃饱学之士，著有《春秋本旨》⑥，书今已不可考。其论"例"之语，见于陈振孙《直斋书录解题》所引洪氏自撰之序。看来洪氏对"例"确有心得，且比喻形象，使人易解。历家以度测天，实是把度看做是测天的手段。赵汸以洪氏之说为然，自然也是把"例"视为理解《春秋》之义的一种途径了。他的《春秋属辞》，就是对《春秋》义例的归纳总结。此书分八篇，篇目即分别为前述"笔削之义"的八条。

---

① 赵汸曰："策书者，国之正史也。"《春秋属辞》卷一，《四库全书》本。
② 赵汸曰："其所书者则笔之，不书者则削之……笔削之例有三：曰不书，曰变文，曰特笔。"《春秋属辞》卷八。
③④ 赵汸《春秋集传序》，《四库全书》本。
⑤ 赵汸《与朱枫林先生允升论学正书》，《东山存稿》卷三，《四库全书》本。
⑥ 《文献通考·经籍考》卷十，华东师大出版社点校本，第261页。

赵氏自述此八篇的安排云：

> 其前六篇，篇目即是义例；其终二篇，义例自见篇中。第一篇（"存策书之大体"）有笔无削，与第二篇（"假笔削以行权"）有笔有削者相对；第三篇至第六篇皆变文，与第八篇从史文者相对，而与前两篇相为经纬；其第七篇则又一经之权衡也。①

按这样的安排，很明显地表达出赵汸认为《春秋》既有史文，又有笔削，既有"史法"，又有"书法"的观点。

赵汸于三传之中，最重《左传》，这也是其师黄泽的学统。赵氏论三传之得失云：

> 《左氏》于二百四十二年事变略具始终，而赴告之情、策书之体，亦一二有见焉，则其事与文，庶乎有考矣，其失在不知以笔削见义。《公羊》、《谷梁》以书不书发义，不可谓无所受者，然不知其文之则史也。夫得其事、究其文，而义有不通者有之；未有不得其事、不究其文，而能通其义者也。故三传得失虽殊，而学《春秋》者必自《左氏》始。②

对于历代研究《左传》的学者，赵汸最推重杜预与陈傅良，但对他们也有不满，他说：

> 三传而后，说《春秋》者，惟杜元凯、陈君举为有据依。然杜氏序所著书，自知不能错综经文以尽其变，则其专修《左氏传》以释经，乃姑以尽一家之言。陈氏通二传于《左氏》，以其所书，证其所不书，庶几善求笔削之旨；然不知圣人之法与史法不同，则犹未免于二传之蔽也。③

赵氏的《补注》，就是对杜、陈两家的修正与综合，"取陈氏《章指》④附于杜注之下，去两短，集两长，补其所不及"⑤。《四库提要》评论赵氏此书云："是书即采傅良之说，以补《左传集解》所未及。其大旨为杜偏于《左》，傅良偏于《谷梁》，若用陈之长以补杜之短，用《公》、《谷》之是以救《左传》之非，则两者兼得，笔削义例，触类贯通，传注得失，辨释悉当。不独有补于杜解、为功于《左传》，即圣人不言之旨，亦灼然可见。盖亦《春秋》家持平之论也。"

五、明初的《春秋大全》及其影响

明朝的统治者从一开始就很重视儒学。明太祖朱元璋起于布衣，还在戎马

---

① 赵汸《春秋属辞·目录》，《四库全书》本。
②③⑤ 赵汸《春秋左氏传补注序》，《四库全书》本。
④ 指陈傅良所撰《左氏章指》，见《文献通考·经籍考》卷十及《经义考》卷一百八十七。

倥偬之际，所到之处，就"征召耆儒，讲论道德，修明治术，兴起教化"①，他的最高统治层中也不乏儒者。成祖以后的历代皇帝，对儒学都很尊崇，但这并没有给明朝的经学带来繁荣。盖当时程朱理学已取代了传统的经学，在社会上占有压倒一切的优势。明代的学术，基本上继承了元代的统绪，正像元人继承了宋人的统绪一样。因此，明朝的前中期，学者只知有周、程、张、朱，所读之书，不外《性理大全》、《皇极经世》、《近思录》及四子书等，其他经传注疏很少有人问津。中期以后，有陈白沙、王阳明等大儒起，专谈心性，主修静悟，一时成为主流，连程朱之说都少有人坚持，经典注疏之学就更少有人讲起了。明朝的科举虽较前代大为发达，成为选拔官吏的最主要途径，"卿相皆由此出"②，士人趋之若鹜，但取士的标准却日益狭隘。明初科举考试，"《四书》主朱子《集注》，《易》主程传、朱子《本义》，《书》主蔡氏传及古注疏，《诗》主朱子《集传》，《春秋》主《左氏》、《公羊》、《谷梁》三传及胡安国、张洽传，《礼记》主古注疏"③。但过了不久，"永乐间，颁《四书五经大全》，废注疏不用。其后，《春秋》亦不用张洽传，《礼记》止用陈澔《集说》"④。而且此时的考试，文体已趋僵化，士子但求学会作"八股"，更不必钻研经典了。故有明一朝，经学最为衰废。《明史·儒林传序》有云：

> 原夫明初诸儒，皆朱子门人之支流余裔，师承有自，矩矱秩然。曹端、胡居仁笃践履，谨绳墨，守儒先之正传，无敢改错。学术之分，则自陈献章、王守仁始。宗献章者曰江门之学，孤行独诣，其传不远。宗守仁者曰姚江之学，别立宗旨，显与朱子背驰，门徒遍天下，流传逾百年，其教大行，其弊滋甚。嘉、隆而后，笃信程朱不迁异说者，无复几人矣。要之，有明诸儒，衍伊洛之绪言，探性命之奥旨，锱铢或爽，遂启歧趋，袭谬承讹，指归弥远。至专门经训授受源流，则二百七十余年间，未闻以此名家者。经学非汉唐之精专，性理袭宋元之糟粕。论者谓科举盛而儒术微，殆其然乎？

这一番议论，应该说是抓住了明代学术的特点。

明朝经学之衰，有一重要的标志，即《五经大全》的颁行。

永乐十二年（1414），诏胡广、杨荣、金幼孜等，修《五经四书大全》。此书的修纂，固然是当时学界的一个大工程，但儒臣们可能并没有怎么认真去

---

① 《明史·儒林传序》。
② 《明史·选举志一》。
③④ 《明史·选举志二》。

做，工作进展出奇地快，十二年十一月下诏修纂，次年九月告竣，前后仅用了十个月，即修成《周易大全》二十四卷、《书传大全》十卷、《诗经大全》二十卷、《礼记大全》三十卷、《春秋大全》三十七卷①，又有《四书大全》三十六卷。顾炎武曾对《大全》的修纂提出尖锐的批评，他说：

> 《春秋大全》则全袭元人汪克宽《胡传纂疏》，但改其中"愚按"二字为"汪氏曰"及添庐陵李氏等一二条而已。《诗经大全》则全袭元人刘瑾《诗传通释》，而改其中"愚按"二字为"安成刘氏曰"。其三经后人皆不见旧书，亦未必不因前人也。当日儒臣奉旨修《四书五经大全》，颁餐钱，给笔札，书成之日，赐金迁秩，所费于国家者不知凡几，将谓此书既成，可以章一代教学之功，启百世儒林之绪，而仅取已成之书，抄誊一过，上欺朝廷，下诳士子，唐宋之时，有是事乎？岂非骨鲠之臣，已空于建文之代，而制义初行，一时人士尽弃宋元以来所传之实学，上下相蒙，以饕禄利而莫之问也。呜呼！经学之废，实自此始，后之君子，欲扫而更之，亦难乎其为力矣。②

与顾炎武同时的吴任臣也针对《春秋大全》批评说：

> 其发凡云"纪年依汪氏《纂疏》，地名依李氏《会通》③，经文以胡氏为据，例依林氏④"，其实全袭《纂疏》成书。虽奉敕纂修，而实未纂修也。朝廷可罔，月给可糜，赐予可要，天下后世讵可欺乎？⑤

按顾、吴二氏都提到了欺罔朝廷，但其实朝廷对此并不甚介意，永乐皇帝照旧是"亲制序于卷首"，"命礼部刊赐天下"⑥。统治者关心的其实主要是统一经义，箝制思想，有利于科举取士，至于所修之书是否抄袭，是否有学术上的价值，他们是并不措怀的。

作为《春秋大全》所袭蓝本的《胡传纂疏》，全称为"春秋胡传附录纂疏"，乃元人汪克宽（1304－1372）所撰。克宽字德辅⑦，祁门人。泰定丙寅（1326）中举，会试见黜，此后弃科举业，肆力于经学。据顾炎武自注，汪克宽"隐居不仕，以十年之功为此书"。他的《春秋》学，以胡安国传为主，同

---

① 《四库全书总目》作"七十卷"，误。书前提要不误。
② 顾炎武《日知录》卷十八，"四书五经大全"条，上海古籍出版社影印《日知录集释》本。
③ 按"李氏会通"指李廉之《春秋诸传会通》。
④ 据《春秋大全》凡例，"林氏"指林尧叟。
⑤ 《经义考》卷二百引。
⑥ 《明成祖实录》卷一百六十八。
⑦ 《四库全书总目》称字"德辅"，《明史》作"德一"。

时博考众说，荟萃成书。此书三十卷，汪克宽自述其作意及作法云：

> 近代诸儒，惟胡氏发明程子之意最详，朱子称其义理正当，是以国家设科，专用三传及胡传。然三传自有注疏全文，故今纂疏，以胡氏为主，而于经下分注附录三传要语及程子传，并采止斋陈氏《后传》，事变始终附之经文之下。①

按汪氏此书，确实对胡传多所疏通发明，四库馆臣称之为"能于胡传之说一一考其援引所自出，如注有疏，于一家之学，亦可云详尽矣"。

汪氏的《纂疏》撰成于至正六年（1346），在元末甚为流行。此书由于是专为胡传作疏，在当时胡传已被朝廷纳入考试范围、定为功令的情况下，很受参加科考的士人欢迎。明初之学校科举，大体上一仍元人之旧，故当永乐十二年（1414）编《五经大全》之际，儒臣们便径取汪著充数了。四库馆臣评论说：

> 其书所采诸说，惟凭胡氏定去取，而不复考论是非。有明二百余年，虽以经文命题，实以传文立义。至于元代合题之制，尚考经文之异同；明代则割传中一字一句，牵连比附，亦谓之合题，使《春秋》大义日就榛芜，皆（胡）广等导其波也。

按《大全》既如此不济，照四库馆臣之意，只配"覆瓿置之"，只是考虑到此书尚存"一朝取士之制"，且正可与清朝的经学彰明形成对照，故而才将它收录于《四库全书》之中。

---

① 汪克宽《春秋胡传附录纂疏》卷首"凡例"，《四库全书》本。

第八章　清代《春秋》学（上）

第一节　康、雍、乾时期的《春秋》官学

清朝早期的《春秋》官学，从主旨到方法，基本上都沿元、明之旧。顺治二年（1645）定试士之例，《四书》主朱子《集注》，《易》主程、朱二传，《诗》主朱子《集传》，《书》主蔡传，《春秋》主胡传，《礼记》主陈氏《集说》。从《春秋》之所主来看，与元、明的宗胡并无不同。顺治时期清朝初建，为拉拢汉族士人，频繁地开科取士，尚无暇顾及经义的辨析与取舍。自顺治十四年（1657）以后，连年有科场案发生，表明统治者已采取高压的手段，对知识分子的思想进行箝制，以平息知识分子对异族统治的不满情绪。康熙皇帝亲政以后，随着统治的渐趋稳固，朝廷对待士人的政策亦有所转变，改为以怀柔为主。康熙皇帝本人，是一位对学术文化有着极浓兴趣的君主，他在位期间，曾下令儒臣对儒家经典进行了整理与研究，编成了所谓"御纂诸经"。先后有"御纂"《周易折中》、"钦定"《书经传说汇纂》、"钦定"《诗经传说汇纂》问世。在《春秋》学方面，康熙时期有两部官学的著作，一部是《日讲春秋解义》六十四卷，一部是"钦定"《春秋传说汇纂》三十八卷。

《日讲》这部书是康熙皇帝的经筵讲义，即儒臣向皇帝进讲《春秋》的讲稿。此类著作宋代已有，据四库馆臣说，《永乐大典》有戴溪《春秋讲义》三卷，"大抵皆演绎经义，指陈正理，与章句之学迥殊"。这种经筵讲稿，由于目的是要向皇帝宣讲为政之道，故其重点每每不在于文字之疏通，而在于阐发义理。特别是《春秋》一经，讲究的是褒贬笔削，与为政之道联系尤为密切。"统驭之柄在慎其赏罚，赏罚之要在当其功罪，而别嫌疑、明是非、定犹豫者，则莫精于《春秋》"，故而《春秋》的经筵讲义更为统治者所看重。《日讲》的作者既为当日的讲官，自然不止一人，其领衔者为库勒纳和李光地。光地字厚庵，安溪人，康熙九年（1670）进士，长期担任宫廷讲官，官至大学士。光地是康熙朝的重臣，深得皇帝的信任，康熙皇帝甚至说"知之最真无有如朕者，

知朕亦无有过于李光地者"①。光地的人品，颇为后人訾议，②但他对当时的宫廷学术，确有相当重要的影响。康熙朝编纂《朱子全书》、整理群经及《性理大全》，光地与有力焉。《日讲》书前有康熙皇帝所撰的序，先是谈了康熙对《春秋》的基本看法，亦不外乎是认《春秋》为"帝王经世之大法，史外传心之要典"，同时也承认《春秋》有褒贬，有笔削，什么"立法严"、"宅心恕"，有正例、有变例之类，接着谈他对胡传的看法云：

> 惟宋康侯胡氏，潜心二十年，事本《左氏》，义取《公》、《谷》，萃诸家之长，勒成一家之书，虽持论过激，抉隐太严，未必当日圣心皆然，要其申三纲，奉九法，明王道，正人心，于《春秋》大旨，十常得其六七，较之汉唐以后诸家优矣。③

《日讲》一书，正是以胡传为基础的，康熙云：

> 爰命儒臣，撰集进讲。大约以胡氏为宗，而去其论之太甚者，无传经文，则博采诸儒论注以补之，朕亦时有所折衷，期归于一。编辑成书，朝夕省览，亦欲俾学者有所遵守。

此书的编纂，"每条先列左氏之事迹，而不取其浮夸；次明《公》、《谷》之义例，而不取其穿凿。反复演绎，大旨归本于王道"④。虽说是删去胡氏"论之太甚者"，但实际上此书大部分内容还是与胡传雷同，只是由于形式是"进讲"，故说教的意味更为明显。例如对隐公元年经"郑伯克段于鄢"，《日讲》曰：

> 此《春秋》诛意之文也。……自常情观之，段躬为不义，庄待其及而后讨之，似亦非过。而《春秋》归狱于庄，何哉？当其始，姜欲立段，段复多才，为国人所与，庄遽欲除之，而罪状未著，惧无辞于母氏与国人也。故授以大邑，为作乱之阶，命贰收贰，其势渐逼，犹曰姑待，曰无庸，纵使失道。俟其缮甲兴师，形迹显著，然后以叛逆讨之，则国人不敢从，姜氏不敢主，而段属籍当绝，不可复居父母之邦矣。夫王者以善养人，惟恐人之不入于善也；而郑庄于弟，则惟恐不入于恶。《春秋》所为深诛其意，以正人心而扶世道也。

这段讲解与胡氏大义全同，只是说得更加直白，是典型的讲义之体。又如隐公四年经云"秋，翚帅师"，《左传》以为"疾翚之帅师"，《公》、《谷》均以为

---

① 《清史列传》卷十《李光地传》。
② 梁启超《中国近三百年学术史》，中国书店1985年版，第102页。
③ 《日讲春秋解义》卷首，《四库全书》本。
④ 《四库全书总目》语。

"贬翬",因为他参与了弑君,胡传则慨乎隐公不能"早罢其兵权",《日讲》就此申论道:

> 天下惟大权最不可假人,而兵权尤甚。凡乱贼之欲动于恶,未有不专主兵权者。人主诚能辨之于早,逆折其心,则弑逆之萌杜矣。

又如隐公八年"无骇卒",《日讲》云:

> 盖古者置卿,惟贤德是选,有世禄而无世官。春秋之初,犹为近古,故无骇与挟皆书其名而不氏耳。其后大夫世官,无不赐之族……子孙相继,亦世其官而不改,而先王之礼亡矣。故其弊至于三家专鲁,华向乱宋,六卿分晋,诸侯失国而出奔者相继。则惟其不遵先王世禄而不世官之礼,是以至此极也。观《春秋》所书,而是非之迹,治乱之效,昭然可睹矣。

按从这几段引文不难看出,儒臣在经筵讲论之中,是怎样利用《春秋》向最高统治者宣讲为政之道的。

但《日讲春秋解义》编成之后,终康熙之世却一直没有刊布。直到雍正七年(1729),有诏命大学士张廷玉、内阁学士方苞等详加校订,乾隆二年(1737)始刻版印行。为什么会是这样呢?盖康熙皇帝特喜程朱之学,特别是对朱子,推崇备至,也许是随着他对朱子学说研究的深入,对胡传的不满与日俱增。康熙三十八年(1699)诏儒臣王掞、张廷玉等编纂《春秋传说汇纂》,历时二十余年始成。康熙帝于晚年为该书作序,对《春秋》学者之"以一字为褒贬,以变例为赏罚……至于灾祥谶纬之学兴而更趋于怪僻",深致不满,他说:

> 迨宋胡安国进《春秋解义》,明代立于学官,用以贡举取士,于是四传并行。宗其说者,率多穿凿附会,去经义逾远。朕于《春秋》,独服膺朱子之论。朱子曰:《春秋》明道正谊,据实书事,使人观之以为鉴戒。书名书爵,亦无意义。此言真有得者,而惜乎朱子未有成书也。朕恐世之学者牵于支离之说而莫能悟,特命词臣纂辑是书,以四传为主,其有舛于经者删之;以集说为辅,其有畔于传者勿录。[①]

按此序作于康熙六十年(1721),应能反映康熙晚年的看法。这部《汇纂》,始撰于康熙三十八年,主持人是文渊阁大学士王掞。该书仍将胡传列于三传之后,是因为考虑到"士子久诵胡传,难以骤更",但对胡传做了比较大的改动:

---

① 《春秋传说汇纂》卷首,《四库全书》本。

"指授儒臣,详为考证,凡其中有乖经义者,一一驳正,多所刊除"。而对胡传之外的诸儒解说,则多所采撷:"至于先儒旧说,世以不合胡传摈弃弗习者,亦一一采录表章,阐明古学"①。从卷首开列的名单来看,此书采用自汉董仲舒以下至明张溥等一百三十一家之说,采录的范围不可谓不广。此书的刊布,标志着元、明以来在《春秋》学上胡传一统天下局面的终结,表明最高统治者更加彻底地选择了程朱学说作他们的理论武器。

乾隆年间,又有"御纂"《春秋直解》之作。此书盖有惩于《汇纂》卷帙过于繁重,于是加以简化而成。乾隆皇帝自撰序云:"一以《汇纂》为指南,意在息诸说之纷歧以翼传,融诸传之同异以尊经,庶几辞简而事明,于范宁'去其所滞,择善而从'之论,深有取焉。"② 此书的最大特点就是简明,全书十六卷,每一公为一卷,惟庄公、僖公、襄公、昭公篇幅较繁,各析出一卷。每条经文之下,直书经义,绝无枝蔓。《汇纂》与《直解》,一繁一简,清廷官方对《春秋》的解释与阐发,俱见于斯了。

那么《汇纂》与《直解》对胡传究竟有哪些驳正与改动呢?最明显的莫过于对胡传"攘夷"之义的删削。例如隐公二年"公会戎于潜",胡传力阐攘夷之义,《汇纂》对此则一字不录。襄公三十年"葬蔡景公",胡传有"人之所以异于禽兽,中国之所以贵于夷狄,以其有父子之亲、君臣之义"云云的大段议论,《汇纂》也全删之。哀公十三年"公会晋侯及吴子于黄池",胡氏于传中阐述圣人"御四夷之道",《汇纂》全删,而只在晋与吴到底谁是盟主上大做文章。清廷对胡传中这部分内容的删改,用意是显而易见的。对胡传中其他一些虽有点民族思想却不那么敏感的内容则不采取全删的办法,例如庄公四年"纪侯大去其国",胡氏激于时事,在传中痛责守土者之失地,《汇纂》照录胡传的原文,只是在案语中表示赞成某些学者"悯纪而罪齐"之说,而不赞成胡传的说法。对胡传所阐复仇之义,《汇纂》也全录原文,而不加评论。因为失地也好,复仇也好,这些都还可以是从君臣关系的层面而不是民族关系的层面来加以解释的。此外对胡传的驳正,还集中在胡传的解释过于牵强之处。例如对《春秋》之"元年",胡传认为是孔子所改,推衍至什么"乾元"、"坤元",又说"元即仁也",《汇纂》就批评说:"夫以始为元,唐虞已然。古之帝王,义或有取,而遂目为圣人之书法,则凿矣。"对隐公元年之不书即位,胡氏认为

---

① 《四库全书总目》语。
② 《御纂春秋直解》卷首,《四库全书》本。

是孔子有意贬隐公,《汇纂》赞成杜预"不行即位之礼,故不书即位"的说法,进而批评说:"胡传谓仲尼首黜隐公,以明大法,故削之,义恐未安。夫君行即位之礼则书即位,不行则不书,孔子安得而笔削之乎?"

《日讲》、《汇纂》与《直解》,作为"御纂"、"钦定"的官书,给清代的《春秋》学定下了调子。清代的学者,大多都能冲破胡传的禁锢,在他们的著作中,批评胡传的内容随处可见。不过清人并没有在这几部官书面前止步,学者特别是民间的学者对《春秋》经传的研究不断深入。《汇纂》、《直解》等官书不过是继承了宋学之绪余,而有不少的学者则取一种汉宋兼采的立场,使清初的《春秋》学研究呈现出一派繁荣的景象。

第二节 清前期之变臆解为征实

一、清初学风的变化

梁启超先生曾把从明末至清代三百年学术的主流概括为"厌倦主观的冥想而倾向于客观的考察",这是很有见地的。原来理学发展到明代,逐渐走上"明心见性"一途,王阳明学说的出现是其代表。到了明代中叶,阳明学派掩袭全国,大有取代程朱理学之势。但阳明学说的流行却是与明王朝的衰败相并行的,故明末清初的儒者,有不少人对阳明学说由厌倦而生憎恶,进而产生了对阳明学说的"反动"。① 清初儒者检讨明朝灭亡的原因时,大多认为王学末流谈心谈性,误了一代士人,也误了国家民族,李恕谷(塨)之说就很典型:

> 自宋儒以主静读书立教,杜门翻经,闭目视内,疑于缁羽,而但期明理,不求办事。……流至今日,滋以赝诈。漠视君父,谓之静存;剽窃道听,以为撰著。乾坤之祸,未知所移。②

他还说:

> 高者谈性天,纂语录,卑者疲精毙神于八股,不惟圣道之礼乐兵农不务,即当世刑名钱谷,懵然罔识,而搦管呻吟,遂曰有学。莱阳沈迅上封事云:"中国嚼笔吮毫之一日,即外人秣马砺兵之一日。"诵其语,为之惭且恸也。③

---

① 梁启超《中国近三百年学术史》,第7页。
② 李塨《送古季子西归秦中序》,《恕谷后集》卷二,《四库存目丛书补编》本。
③ 李塨《书明刘户郎墓表后》,《恕谷后集》卷九。

顾炎武在《日知录》里也曾痛责清谈误国云：

> 刘石乱华，本于清谈之流祸，人人知之。孰知今日之清谈，有甚于前代者。昔之清谈谈老庄，今之清谈谈孔孟。未得其精，而已遗其粗；未究其本，而先辞其末。不习六艺之文，不考百王之典，不综当代之务，举夫子论学论政之大端一切不问，而曰一贯，曰无言，以明心见性之空言，代修己治人之实学。股肱惰而万事荒，爪牙亡而四国乱。神州荡覆，宗社丘墟。昔王衍妙善玄言，自比子贡，及为石勒所杀，将死，顾而言曰："呜呼！吾曹虽不如古人，向若不祖尚浮虚，戮力以匡天下，犹可不至今日。"今之君子，得不有愧乎其言？①

正是基于这样的认识，清初儒者的治学，就普遍有一种"征实"的倾向，《春秋》学的研究，自然也受到此种风气的影响。当然，在儒家经典之中，并非全部都适合用来谈心性的，《春秋》经传就属于较为远离心性之学的那一类，阳明学派的学者，对《春秋》经传的关注是比较少的。那时盛行"讲学"，讲学者主要依据《论语》、《孟子》、《大学》、《中庸》等有限的几部经典，对其他经典一般不甚措怀。王学受到人们的厌弃与批判之后，学者的注意力逐渐从玄想、空谈转向了现实，在经学上就是重新注意了对《四书》等之外的经典的研究。这在那时叫做"穷经"。"穷经"与"讲学"虽同系儒者之所为，却是截然不同的两回事。那时有着"征实"倾向的学者，大多主张"穷经"而慎于"讲学"。由"讲学"变而为"穷经"，标志着一代学风发生了变化。《春秋》经传，自然也是"穷经"的对象。康熙时的《春秋》官书尊崇朱子，纠驳了胡传，仍然没有脱离宋学的范畴；而民间的若干优秀学者，则已不局限于宋学，开始了向汉学的探索。

二、顾炎武以实证的方法治《春秋》

顾炎武（1613—1682），初名绛，国变后改名炎武，字宁人，江苏昆山人。或自署蒋山佣，学者称亭林先生。顾氏江东望族，饶有家产。炎武性耿介绝俗，早年即有声于复社。二十七岁时乡试落第，从此绝意举业，专心经史，有志于经世之学。清兵南下，炎武起兵抗清，兵败逃脱。其嗣母王氏绝食而死，遗命炎武勿事二姓。此后炎武在家乡一带秘密从事抗清活动。顺治十四年（1657）秋，眼看恢复无望的顾炎武变卖了家产，北上游历，往来于鲁、燕、

---

① 顾炎武《日知录》卷七，"夫子之言性与天道"条。

晋、陕、豫诸省之间。此后二十多年，转徙不定，晚年定居于陕西华阴。炎武后半生中，读书治学，加以实地考察，学问日益精进，声望日隆。朝廷几次征聘，他都断然拒绝。康熙十七年（1678）诏举"博学鸿儒"，有大吏欲荐炎武，炎武誓以死辞，朝廷亦无如之何。康熙二十一年（1682）正月，炎武病逝于山西旅次。

顾炎武的人格及立身行事，为当世及后世人所景仰，他的学术，在清代学术史上也占有特殊重要的地位。梁启超先生称之为清学开山之祖，如果从为学的精神上来讲，并不为过。只是顾氏学术的精神，实有两端，一为实事求是，一为经世致用。而顾氏身后，前者被人大大发扬，乾嘉之考证学即延其波；而后者则由于社会政治诸方面的原因，逐渐地隐而不彰。他的弟子潘耒深解其中三昧，在所撰《日知录序》中，特别提醒人们要注意顾氏学术的经世功能，不要单纯欣赏顾氏"考据之精详，文辞之博辨"。而乾隆年间的四库馆臣，反而责潘耒"盛称其经济，而以考据精详为末务，殆非笃论"，炎武泉下有知，恐怕也要有被人误解之恨吧。

对顾炎武的学术，前人及时贤的著作中已有十分充分的研究，读者尽可参看。这里仅就顾氏在《春秋》学上的工作及成绩略做探讨。

不过要了解顾炎武的《春秋》学，首先还是要从顾氏对于心学、理学以及经学的态度说起。对王阳明以至晚明的心学，顾炎武深恶而痛绝，以为是误国误民的祸根。前引《日知录》之"夫子之言性与天道"条，已把他提倡实学、反对空言的思想表述得十分清楚。

顾炎武并不一般地反对理学，他反对的是空言心性的理学，他说：

> 愚独以为理学之名，自宋人始有之。古人所谓理学，经学也，非数十年不能通也。故曰：君子之于《春秋》，没身而已矣。今之所谓理学，禅学也，不取之五经，而但资之语录，校诸帖括之文而尤易也。①

对顾炎武此话的理解，以张舜徽先生所言最为准确。他认为顾氏并不是说要用经学代替理学，而是说古人所谓理学，是从经学里面提炼出来的，非长期钻研经学，自然够不上谈理学。理学不应如陆、王那样讲发明本心，讲内省、讲顿悟，而是应该深入地钻研经典本身。因此，笼统地说顾炎武反理学是不对的，张先生说：

> 顾氏平生所反对的理学，仅限于掺杂了禅学成分的理学，从来没有反

---

① 顾炎武《与施愚山书》，《亭林文集》卷三，中华书局1983年版，第58页。

对过从五经四书中提炼出来的理学，也没有反对过其他理学家。所以他一生对宋代程颐、朱熹，是十分推重的；对其他理学家的言论，是普遍引用的。这和后来乾嘉学者们所采取的态度，迥然不同。①

顾氏既反对空谈心性，则他对待儒家经典力主要"见诸行事"，他说：

> 孔子之删述六经，即伊尹、太公救民于水火之心，而今之注虫鱼、命草木者，皆不足以语此也。故曰："载之空言，不如见诸行事。"夫《春秋》之作，言焉而已，而谓之行事者，天下后世用以治人之书，将欲谓之空言而不可也。②

在这里顾氏特别提到了《春秋》，显然是把《春秋》作为儒家经世之书的代表来议论的。

顾炎武的《春秋》学，集中体现在《日知录》（第四卷，第二十七卷之部分内容）及顾氏所撰《左传杜解补正》上。《日知录》卷四共有七十七条，是顾氏治《春秋》及三传的札记。顾氏治《春秋》，有着十分鲜明的"实学"风格。他基本上是把《春秋》看做鲁史旧文，许多前辈经师认为是夫子特笔、圣人笔削之处，在顾氏看来都不过是史文原本如此，其中并无深义。他善于运用考证的方法、归纳的方法，来指出前辈经师牵强附会之处。因此，他的许多条札记，堪称实事求是的典范。例如"王正月"条，根据古器物晋姜鼎之文有"王十月"，秦权上亦有"王正月"字，推断《春秋》之"王正月""必鲁史本文"，"言王者所以别于夏殷，并无他义"。又如《春秋》时月并书"条，先考《尚书》诸篇，皆"言月不言时"，又证之以其他钟鼎古文，知时、月并书，独见于《春秋》，进而指出因为《春秋》是"编年之史"，"有时有月有日，多是义例所存，不容于阙一也"。顾氏又自注云："或疑夫子特笔，是不然。旧史既以《春秋》为名，自当书时。且如隐公二年'春公会戎于潜'，不容二年书'春'，元年乃不书'春'。是知谓以时冠月出于夫子者，非也。""谓一为元"条，对古人称"一"为"元"做了考证，认为"其谓一为元，盖古人之语尔"，"年纪日辰之首，其谓之元，盖已久矣，岂孔子作《春秋》而始名之哉！说《春秋》者，乃言《春秋》谓一为元，殆欲深求经旨而反浅之也"。"仲子"条对隐公元年"天王使宰咺来归惠公仲子之赗"中的"惠公仲子"做了考证，认为是惠公之母、孝公之妾，并解释说："此亦鲁史原文。盖鲁有两仲子，不得

---

① 张舜徽《清儒学记》，齐鲁书社1991年版，第23页。
② 顾炎武《与人书三》，《亭林文集》卷四，第91页。

不称之曰'惠公仲子'也。""成风敬嬴"条云:"成风、敬嬴、定姒、齐归之书'夫人'、书'小君',何也?邦人称之,旧史书之,夫子焉得而贬之!"这就把自来论者在称名上的纷纷之说一概廓清了。"滕子薛伯杞伯"条对滕、薛、杞三国本来是"侯",降而称子、称伯的现象做了辨析,指出这里头并无孔子的褒贬,"贬之者,人之可也,名之可也,至于名尽之矣,降其爵,非情也"。顾氏进一步以今事做比:"古之天下犹今也。崔呈秀、魏广微(明朝的两个奸佞之臣),天下之人无字之者,言及之,则名之。名之者,恶之也。恶之则名之焉尽之矣。若降其少师而为太子少师,降其尚书而为侍郎、郎中、员外,虽童子亦知其不可矣。"顾氏赞成沙随程氏之说,认为这是滕、薛、杞等为减轻贡赋负担而自贬,"鲁史因而书之",与孔子的褒贬是不相干的。"卿不书族"条针对历来的褒贬之说,指出"《春秋》之文不书族者有二义",其一是因为"未赐氏也"(如无骇卒、挟卒、柔会宋公陈侯蔡叔盟于折、溺会齐师伐卫等);其二则是因为"一事再见,因上文而略其辞也"。接着顾氏又对《春秋》赐氏之事做了历史的分析:"《春秋》隐、桓之时,卿大夫赐氏者尚少,故无骇卒而羽父为之请族,如挟、如柔、如溺,皆未有氏族者也。庄、闵以下,则不复见于经,其时无不赐氏者矣"。这样从历史变化的角度来分析卿之"书族"与"不书族",显然是把《春秋》看成是史之旧文的,既是旧史本自如此,"书族"与否自然也就没有什么褒贬可言了。

顾炎武最善读书,对《春秋》"书法"上的一些问题,他往往能从行文的语势上做出合理的解释。例如僖公十八年"邢人狄人伐卫",《谷梁》就说这个狄人的"人"字是经义所在,因为只有中原诸侯才配称人,狄而称人,是一种褒辞。唐人陆淳对此说早就不满,指出"狄"加"人"字不过是"成文辞尔",是所谓"称人以便文"[①],因为如果只说"邢人狄伐卫"于语气上不够顺畅。顾炎武进一步论证说:"《春秋》之文有从同者。僖公十八年'邢人狄人伐卫',二十年'齐人狄人盟于邢',并举二国,而狄亦称人,临文之不得不然也。若惟狄而已,则不称人,十八年'狄救齐',二十一年'狄侵卫'是也。"这样就纠正了经师们对"称人"所做的发挥。又如襄公十年"盗杀郑公子斐、公子发、公孙辄",为什么不按常规书"某杀某大夫某"呢?胡安国认为《春秋》罪公子斐等三人,故有意不书"大夫"二字,顾炎武则从语势上来看,这一条的行为主体是"盗","文不可曰'盗杀大夫',故不言大夫",这是行文自然之

[①] 陆淳《春秋集传纂例》卷五,《丛书集成》本。

势，因此公子翚等三人不称大夫与褒贬无关。

顾氏治经传之学，熟练地运用归纳法，探索事物的规律。如"葬用柔日"条，指出"《春秋》葬皆用柔日"（按天干为乙、丁、己、辛、癸者为柔日）；"有谥则不称字"条，指出"《春秋传》凡大夫之有谥者则不书字"；"人君称大夫字"条，指出"古者人君于其国之卿大夫，皆曰'伯父'、'叔父'，曰'子大夫'，曰'二三子'"，这些都是运用归纳法的显例。

顾氏对《左传》，有许多精湛的研究，涉及面很广，或驳左氏之义，或摘左氏之失，其中也有对《左传》某些很具体的事物的考证。例如"王贰于虢"条，责左氏述王事用"贰"、用"叛"等字为"不知《春秋》之义"；"襄仲如齐纳币"条责左氏不遵守丧三年之礼；"赵盾弑其君"条责左氏妄述孔子之言，为不明君臣之义，这些都是试图纠正《左传》传义的缺失之处，当然也不免有用后世的道德标准以绳古人之嫌。"子大叔之庙"条指出有一事而两处并存为左氏记事之疏误；"齐昭公"条指出左氏误以"齐侯潘"为"昭公"；"筑郿"条驳左氏"凡邑有宗庙先君之主曰都，无曰邑"之说；"城小谷"条考证"谷"与"小谷"地名之别，指出左氏在地理上的疏误。至于对具体事物的考证，例如"五伯"条考《左传》中国佐所说的"五伯之霸"，"占法之多"条、"以日同为占"条考《左传》之占法，"列国官名"条考列国独特的官名，"地名"条考《左传》同名之地，"昌歜"条考《左传》之文字，均能抉隐发微，使人对《左传》有更为客观的认识。特别是"左氏不必尽信"条，列举《左传》中预言之不验者五事，虽没有进一步的申论，但对后来的研究者，已经是一种很好的启迪了。

对《公羊传》和《谷梁传》，顾氏持分析的态度。他说："《公》、《谷》二传，相传受之子夏，其宏纲大指得圣人之深意者，凡数十条。然而齐鲁之间，人自为师，穷乡多异，曲学多辩，其穿凿以误后人者，亦不少矣。且如'陨石于宋五'、'六鹢退飞过宋都'，此临文之不得不然，非史云'五石'而夫子改之'石五'，史云'鹢六'而夫子改之'六鹢'也。"① 按对僖公十六年"陨石于宋五"、"六鹢退飞"这两条经文，《公》、《谷》都着重从字序上加以解释，什么记闻、记见、散辞、聚辞，穿凿之甚，无过于此。顾氏则一概廓清，指出"石五"、"六鹢"不过是行文的自然之序，绝非孔子修《春秋》时的有意安排。

---

① 《日知录》卷四"陨石于宋五"条。

三、顾炎武的《左传杜解补正》

顾炎武的另一部重要的《春秋》学著作，为《左传杜解补正》。此书凡三卷，以文字训诂及名物之考证为主，意在补正《左传》杜解之缺失。顾氏自言，北周时有乐逊著《春秋序义》，通贾逵、服虔之说，专发杜氏之违，然今并贾、服之说俱已不传，故撰此书，以救杜氏之失。顾氏此书，除自抒己见之外，所参考者主要有明人之三书，"吴之先达邵氏宝有《左觿》百五十余条，又陆氏粲有《左传附注》，傅氏逊本之为《辨误》一书，今多取之"①。邵宝字国贤，无锡人，成化甲辰（1484）进士，官至南京礼部尚书。事迹具《明史·儒林传》。《左觿》一卷，为邵宝读《左传》之札记，内容为"杂论书法及注解"，随手标志于简端者。据《四库提要》说，书中精确者数条，已被顾炎武《左传杜解补正》吸取，"所遗者，其糟粕矣"。《左传附注》五卷，作者陆粲，为嘉靖间进士，《明史》有传。据《四库提要》，"是编前三卷驳正杜预之注义，第二卷（按《提要》此处有误，二当为四）驳正孔颖达之疏文，第五卷驳正陆德明《左传释文》之音义，多旁采诸家之论，亦间断以己意，于训诂家颇为有裨"。顾氏所取的第三部书是傅逊的《辨误》。傅逊字士凯，太仓人，是归有光的弟子。一生困顿科场，晚年以岁贡授建昌训导。《四库全书》收有傅逊的《左传属事》二十卷。馆臣于陆粲《左传附注》提要云："顾炎武《日知录》，于驳正《左传》注后附书曰：'凡邵、陆、傅三先生所已辨者不录。'邵者，邵宝《左传觿》；傅者，傅逊《左传属事》；陆即粲也。"按顾氏三先生云云，出自《日知录》卷二十七"左传注"条，四库馆臣说此三先生为邵宝、陆粲、傅逊，这是不错的，但指傅逊的著作为《左传属事》，却是不对的。顾氏在《杜解补正》的自序中明明说多取傅逊的《辨误》，并没有提到傅逊的《左传属事》。考《明史·艺文志》著录有傅逊的两部著作，一为《春秋左传属事》二十卷，一为《春秋左传注解辨误》二卷。前者后来被收入《四库全书》，而后者仅入"存目"。《属事》一书，实际上是用纪事本末体改编《左传》，按事类设置若干小标题，"事以题分，题以国分"②，"其大体先王室，次盟主，次列国，次外夷，取事之大者与国之大者比，而小者附见焉"③，"先后相续，巨细

---

① 顾炎武《左传杜解补正序》，《亭林文集》卷二，第27页。
② 《四库全书总目》语。
③ 王世贞《春秋左传属事序》，《四库全书》本。

相维"①。当然,傅逊此书亦不仅限于改编《左传》,于杜注亦多所驳正,傅逊自序云:"以其(《左传》)文古,须注可读,元凯好之,自谓成癖,而其《集解》,乃多纰缪疏略……逊故竟其篇章,而总用训诂于后,并参众说,酌鄙意,僭为之厘正焉。又读胡身之注《通鉴》,时有评议,以发明其事之得失,辄慕而效之,其是非或不大悖于圣人,而微蕴亦因以少见。"是知于驳注之外,亦有对史事之评论。据与傅逊同时代的王锡爵说:"士凯之所自负者,尤在训诂中,自谓能革千载之讹。予观其明简雅核,多以意悟,于注家诚可称善。"② 即便如此,《属事》一书恐亦不以训诂见长,因为傅逊对杜注的驳辨考订多集中在另一部书里了,这就是《春秋左传注解辨误》。傅氏于《属事》卷首的凡例中说:"凡注或仍或革,于必然无疑者则直解其中,不复致辨;其有疑似难析、古制难辨,必须详考乃定、深思方得者,则于去取创见之际,俱不敢苟,故另为《辨误》二卷,以求正于博雅。"傅逊对杜注的驳正,在明朝人看来,已是卓尔不群,人中翘楚,王世贞甚至说:"执杜氏以治《左氏》,十而得八;执傅氏以治《左氏》,十不失一。且也为杜而左者难,为傅而左者易。故夫傅氏者,左氏之慈孙,而杜氏之诤臣也。"但清人对傅氏之书并不甚满意,《四库提要》评论《辨误》一书云:"是编皆驳正杜预之解,间有考证,而以意推求者多。视后来顾炎武、惠栋所订,未堪方驾。"顾炎武生当明末清初,他的学术就是在尽量吸取明人成果中的合理因素的基础上发育成长起来的。他的《左传杜解补正》,自言多取于邵宝、陆粲、傅逊三氏之书,正可见他对于明人学术的扬弃。

《左传杜解补正》一书,以训诂文字、考证典章名物为主,"若经文大义,左氏不能尽得,而《公》、《谷》得之;《公》、《谷》不能尽得,而啖、赵及宋儒得之者,则别记之于书而此不具也"③。这样的注书方式,可以说是开了清儒实学的先河。

此书的内容,诚如书名所揭示的,对《左传》的杜预注有"补"有"正"。本该出注而杜预未注的,顾氏补之;杜预注而未确的,顾氏正之。隐公元年传云"庄公寤生,惊姜氏",杜注以为"寐寤而庄公已生",顾氏云:"恐无此事。应劭《风俗通》曰:'儿堕地能开目视者为寤生'。"这就是对杜注的纠正。隐公四年传云"老夫耄矣",杜预仅出耄字注云:"八十曰耄",于"老夫"无解;

---

① 潘志伊《春秋左传属事后叙》,《四库全书》本。
② 王锡爵《春秋左传属事序》,《四库全书》本。
③ 顾炎武《左传杜解补正序》。

顾氏则加注云："《曲礼》：大夫七十而致事，自称曰老夫。"此即对杜注的补充。

顾氏《补正》的特点，是博引载籍，所言多信而有征。例如隐公元年"未尝君之羹"，杜注以羹为肉汤；而顾氏据《尔雅》，称"肉谓之羹"。隐公三年"蘋蘩薀藻之菜"，杜解"薀"字为"聚"，薀藻即聚藻；顾氏乃据《玉篇》，称"薀，菜也"，又据毛晃曰："薀亦水草"。闵公元年"安而能杀"，杜氏无解；顾炎武补云："《国语》曰：车有震武也，震有威武之象，故曰杀。"僖公二十三年"策名委质"，杜解"委质"为"屈膝而君事之"；顾氏则引《孟子》，又引《国语》韦昭注，证"委质"之"质"乃古"贽"字，"委贽"即献贽于君。僖公二十四年"昔周公吊二叔之不咸"，顾氏据魏《陈思王表》，证"二叔"当指管叔、蔡叔，驳杜预以为夏、殷二叔世之非。僖公二十六"室如悬罄"，杜解训"罄"为"尽"；顾氏据《国语》，认为"罄"实为"磬"之借，并取韦昭解，以为"室如悬罄"是说府藏空虚，但有榱梁如悬磬。僖公二十八年"晋侯闻之而后喜可知也"，顾氏据《吕氏春秋》，以为"知"有"见"义。僖公三十二年"中寿"，杜氏无解；顾氏据《文选》李善注引《养生经》，以为中寿百岁，又据《淮南子》，以为"凡人中寿七十岁"。僖公五年"太伯不从"，顾氏据《史记》所述，以为"从"义当为"跟从"，而杜氏却误以"不从父命"为解。闵公二年"立戴公以庐于曹"，顾氏指出《诗经》"曹"字作"漕"，并据郑玄《郑志》，以为漕邑在河南滑县南二十里。僖公四年"共其资粮屝屦"，杜解"屝"为"草屦"；而顾氏据刘熙《释名》，以为齐人谓"韦屦"为屝。僖公五年"辅车相依，唇亡齿寒"，杜预以"辅"为"颊辅"，车为"牙车"；而顾氏则据《吕氏春秋》，以为这是表达一个意思的两个比喻。由于顾炎武博极群书，故他的说解多能有文献依据，也使他往往能从两个或两个以上的说解中选择最为恰当的解释。

顾氏对杜预注中的地理问题也多所订正。隐公二年"莒人入向"，杜预以为"谯国龙亢县东南有向城"；顾氏以为非是，他指出："按《春秋》向之名四见于经，而杜氏解为二地，然其实一向也，先为国，后并于莒；而或属莒或属鲁，则以摄乎大国之间耳。龙亢在今凤阳之怀远，尤远，惟沂州之向城近之。"桓公二年"其弟以千亩之战生"，杜注以为"西河界休县南有地名千亩"；顾氏不以为然，指出"穆侯时晋境不得至界休"，且据《史记正义》引《括地志》，以为"千亩原在晋州岳阳县北九十里"。顾氏明辨地理，固然得益于读书的广博，同时与他重视实践知识，在游历过程中多做实地考察不无关系。

虽然顾炎武自称其《左传杜解补正》不涉及"经文大义",但若仔细追寻起来,书中也有部分内容是属于谈所谓"书法"的,这些内容不可避免地与经义相关。例如桓公五年"蔡人、卫人、陈人从王伐郑",此次战役王师一方是战败了,杜预认为《春秋》之所以不书"王师败",是因为周王没有将此事通报诸侯,即所谓"不告不书"。顾炎武纠正说:"王师败不书,不可书也,为尊者讳。"又如哀公十三年"公会晋侯及吴子于黄池",杜预解"吴子"云:"夫差欲霸中国,尊天子,自去其僭号而称子,以告令诸侯,故史承而书之。"顾氏纠正此说云:"四夷虽大皆曰子。"此类例子虽然不多,却也说明炎武对传统经学中《春秋》"大义"如尊王攘夷等也是持之甚坚的,只是他把对经义的解释放在了更为坚实可信的训诂基础之上,《四库提要》称他"推求文义,研究训诂","多得左氏之意";同时,对他的实事求是、不主一家的学风亦深为赞许:"炎武甚重杜解,而又能弥缝其阙失,可谓扫除门户,能持是非之平矣。"

四、偏于征实的《春秋》学者

清初学风转变,治实学的学者渐多,顾炎武、黄宗羲、王夫之,是其荦荦著者。此外在《春秋》学方面,很多学者一反宋人逞臆说经的倾向,从不同的角度对《春秋》经传做带有实证性质的研究。有的针对宋人的"臆解"做一些恢复《春秋》本来面目的诠释工作,有的探索《春秋》经传在经世济民方面能够发挥的实际作用,有的则对《春秋》所涉及的礼制、历法、地理等具体问题进行考证。这个时期《春秋》学著作很多,共同的特点就是比较务实,空言说经的现象大为减少,对宋人及其言论的批评在这时期的著作里是甚为常见的。

朱鹤龄(1606—1683),字长孺,号愚庵,吴江人。清初著名的布衣学者。早年从事文章之学,后从顾炎武之劝,致力于经学,著述颇丰,很为顾炎武、魏禧等名儒所推许。鹤龄之学,不主张专守一说,而是斟酌于汉学、宋学之间,议论多较平实。在《春秋》学方面,他著有《左氏春秋集说》二十二卷及《读左日钞》十四卷。朱鹤龄论清初的经学说:"六经之学,汉兴之,唐衍之,宋大明之,至今日而衰。其兴也以不专一说而兴,其衰也以固守一说而衰。何则?学成于信者也。信生于辨,辨生于疑,疑生于不一说。"[①] 他认为汉代与宋代都是因为诸家并立,相互辩难,经义才得以大明的。但明代以来,宋学独

[①]《寄徐太史健庵论经学书》,《愚庵小集》卷十,上海古籍出版社,1978年影印本。此段中所引朱氏之说,凡未加注者同此。

盛，汉唐诸儒之书无人问津，难怪经学衰落了。因此，他在维护宋学的同时，也主张振兴汉学："夫宋儒诠理，诚得不传之学；若夫笺解名物，训诂事类，必以近古者为得其真。今也专奉四大儒（按指濂洛关闽）为祖祢，而孔、毛、马、郑十数公尽举而挑毁之，何怪乎通经致用者之世罕其人乎！""汉唐诸儒之说，去古未远，其见弃于近儒之排斥者，岂皆秕稗而无嘉谷哉！"对于当局之定学术一尊于朱子，朱鹤龄颇有微词："先儒是非之论，至朱子始定；然朱子亦岂谓己之所是非必无待后人之审择哉！夫理之蕴于经，犹水之蕴于地也。凿井以出水，而或取之以蠡勺，或取之以瓶罍，或取之以瓮盎，随器之大小，为汲之浅深，及盥而饮之，则皆水也，于蠡勺瓶罍瓮盎奚别焉。是故说经者亦求其至是而已矣。理苟存焉，部娄可傅崇山；理苟不存，宝珪亦同燕石。"他的《春秋》学著作，正是基于此种认识写成的。他认为"《春秋》则三传并立，不当尽去之而宗胡"。《左氏春秋集说》自序云："余为此书，主以《左氏传》，取杜注、孔疏及《公》、《谷》、啖、赵数十家之论，聚而观之，参互权衡。"又据该书凡例，所采诸儒有赵汸、王植、张洽、刘敞、陈傅良、吴澄、汪克宽、李廉、刘绚、许翰、孙复、高闶、王彦光、吕永泰、朱则堂、叶梦得、赵鹏飞、戴溪、黄震等，① 确实体现了他不主一家，博采众长的风格。

朱氏治《春秋》，是以《左传》为主的。他认为"《公》、《谷》乃经师之学，《左氏》独详于史事"②，孔子的笔削微旨，不应该凭空想去猜测，而应该根据《春秋》所记的史事去推寻。《左传》尽管有种种"踳驳不醇"之处，但在史事方面却有明显的优势："笔削所据，惟事与文，左氏即间有舛讹，而胪陈二百四十二年史事，则十得八九。杜元凯推校经传，亦极精详。学者诚淹通此书，研究事情，因以推求书法，一切深刻碎琐之见，勿横据于胸中，而以义理折衷之，安在笔削之精意不可寻绎而得乎？"③

对历代学者之以例说《春秋》，朱氏深致不满："今之说《春秋》何其乱与？则凡例之说为之也。"他在列举种种义例与经文的矛盾之处后说："不得已有变例之说。夫所贵乎例者，正取其一成而不可易。若先后游移，彼此乖忤，何以示万世之绳准？呜呼！夫子作《春秋》，上明天道，下正人事，变化从心，安得有例？例特史家之说耳。自隐、桓至定、哀，二百四十二年间，载笔者既非一人，则或详或略，不免异辞，所见所闻，难于一概。就史法言之，尚无一成

---

① 朱鹤龄《左氏春秋集说序》，《愚庵小集》卷七，附录有凡例。
②③ 朱鹤龄《读左日钞序》，《愚庵小集》卷七。

之例;而乃欲执后人之例以按经,又欲屈圣人之经以从例,其可乎哉!"①

朱氏的《左氏春秋集说》今已不传,其《读左日钞》收入《四库全书》中。据《四库提要》称,"是书采诸家之说,以补正杜预《春秋经传集解》之阙讹,于赵汸、陆粲、傅逊、邵宝、王樵五家之书所取为多。大抵集旧解者十之七,出己意者十之三,故以'钞'名"。从《提要》所指该书具有创见的几处地方来看,朱氏立说,是完全依赖于实证的。例如《左传》文公八年有"复致公壻池之封",杜注云:"公壻池,晋君女壻。"朱鹤龄则利用《左传》的内证,对此提出质疑:"按定五年传'吴及楚战于公壻之谿',注:'公壻,楚地名。'疑公壻池本楚人,奔晋,因地为氏者,池其名也。晋先取卫地封池,今仍以归卫。又文十七年传晋赵穿、公壻池为质于郑,穿乃晋君壻也,若如杜解,其文当以'公壻赵穿及池'为句矣。"② 又如宣公十二年《左传》"屈荡尸之",杜解以"尸"有"止"义,却未说明所以然。朱鹤龄云:"按《说文》:'户,护也,半门为户',有止之义。汉王嘉传:'坐户殿门失阑免',师古曰:'户,止也,嘉掌守殿门,止不当入者,而失阑入之,故坐免。《左氏传》"屈荡户之"。'据此'尸'为'户'之误甚明。"③ 像这样的考证,在后来乾嘉学者的著作中是甚为常见的,朱氏生当清初,已表现出用实证方法研究《左传》的趋向来了。

魏禧(1625—1681),字冰叔,江西宁都人。甲申国变后,不仕清朝。与兄魏际瑞、弟魏礼及彭士望、李腾蛟等共九人,读书于其家之"易堂"。这些人"躬耕自食",相与切磋学术,形成了所谓"易堂之学"。易堂诸子治学的精神,与讲心性的阳明之学及专务帖括的俗子均不相同,提倡经世致用,提倡实事求是,"易堂独以古人实学为归,而风气之振,由禧为之领袖"④。魏禧的《春秋》学著作,有《左传经世》三十卷,朱彝尊《经义考》云"未见",《四库全书》亦不收,可能今已不传。但在魏禧的文集中有该书的自序,从中尚可看出魏氏撰著此书的宗旨。魏氏序云:"读书所以明理也,明理所以适用也。故读书不足经世,则虽外极博综,内析秋毫,与未尝读书同。"读《左传》自然也是这样,目的在于经世,这个观点前此《春秋》学者很少如此明确提出来过。魏氏所以这样强调《左传》的经世的功用,与他把《左传》视为"史"有

---

① 朱鹤龄《左氏春秋集说序》,《愚庵小集》卷七。
② 朱鹤龄《读左日钞》卷四,《四库全书》本。
③ 朱鹤龄《读左日钞》卷五。
④ 《清史列传》卷七十《文苑一》之《魏禧传》。

关。他说："经世之务，莫备于史。禧尝以为，《尚书》史之太祖，《左传》史之大宗，古今治天下之理尽于《书》，而古今御天下之变备于《左传》。明其理，达其变，读秦汉以下之史，犹入宗庙之中，循其昭穆而别其子姓，瞭如指掌矣。"正是基于此种认识，魏禧才作了这部《左传经世》：

> 禧少好《左氏》，及遭变乱，放废山中者二十年，时时取而读之，若于古人经世大用，《左氏》隐而未发之旨，薄有所会，随笔评注，以示门人。……禧评注之余，间作杂论二十篇、书后一篇课诸生，作杂问八篇，用附卷末，就正于有道。①

至于《左传》究竟应如何读法，魏氏还有一番高论：

> 窃惟《左传》自汉、晋至今，历二千余年，发微阐幽，成一家言者，不可胜数。然多好其文辞篇格之工，相与论议而已。唐崔日用工《左氏》学，颇用自矜。及与武平一论，三桓七穆不能对，及自惭曰："吾请北面。"徐文远从沈重质问《左氏》，久之辞去，曰："先生所说，纸上语耳。"禧尝指谓门人学《左氏》者，就令三桓七穆口诵如流，原非所贵，其不能对，亦无足惭，此盖博士弟子所务，非古人读书之意。善读书者，在发古人所不言，而补其未备，持循而变通之，坐可言，起可行而有效，故足贵也。②

按魏氏之意，"纸上语"不足贵，三桓七穆倒背如流亦不足贵，所贵者，掌握古人经世之旨，"坐可言，起可行而有效"。这样的意见，与顾炎武的治学宗旨，可以说是不谋而合，无怪乎易堂之学被人称为"实学"了。

万斯大（1633—1683），字充宗，浙江鄞县人。与兄斯选、弟斯同俱受学于黄宗羲，各名一家。其中斯大的经学、斯同的史学，特别有名于时。黄宗羲的学术，也是反对空谈心性，主张通经致用，特别重视读史，在当时的思想界，与顾炎武正好是南北呼应。全祖望曾论黄宗羲的学术云：

> 自明中叶以后，讲学之风，已为极敝。高谈性命，直入禅障，束书不观，其稍平者则为学究，皆无根之徒耳。先生（按指黄宗羲）始谓学必源本于经术，而后不为蹈虚；必证明于史籍，而后足以应务。元元本本，可据可依。前此讲堂锢疾，为之一变。③

按提倡钻研经术而反对"蹈虚"，提倡治史以求致用，这是黄氏学术的两大特

---

① 魏禧《左传经世自序》，《魏叔子文集外篇》，易堂刊本《宁都三魏全集》。
② 魏禧《左传经世自序》。
③ 全祖望《甬上证人书院记》，《鲒埼亭集外编》卷十六，《四部丛刊》本。

点，这两点在他的学生万氏兄弟身上获得了完美的体现。万斯大以经学名家，而尤长于《春秋》和《三礼》。关于斯大的《春秋》学，其友人郑梁记述说：

> 其言《春秋》也，一曰专传：经无事实，待传而明。《公》、《谷》、《左氏》，互相同异，生今论古，事难悬断，《左氏》详核，宜奉为主。一曰论世：春秋二百四十二年，世皆无道，孔子但就无道之世，据实直书，是非自见，而初未尝以后生之匹夫，责已往之天子。一曰属辞比事：《春秋》所书，一事必有本末，异事亦有同形。如上书"卫人杀州吁"，下书"卫人立晋"，此属辞而见其为一人也。立晋则书卫人，立王子朝则书尹氏，此比事而见其有公私也。一曰原情定罪：《春秋》所书，罪多而功少，而罪之所在，必即其所处之地，察其所处之情。①

按郑梁把万斯大的《春秋》学归纳为上述四条，从中可以看到，斯大之说《春秋》，重视史实，重视事件发生的历史条件和实际情况，不为凿空之论。

万斯大有《学春秋随笔》十卷。据说万斯大"初辑《春秋》二百四十卷，烬于大火。复辑，绝笔于昭公"②。这二百四十卷书既云"辑"，可能是万氏收集的前辈经解，毁而复辑，竟赍志而没，亦可见万氏治学的踏实、精博以及超人的坚忍了。《四库提要》评论《学春秋随笔》云："其学根柢于《三礼》，故其释《春秋》也，亦多以礼经为据，较之宋元以后诸家空谈书法者有殊。"用《三礼》作解释《春秋》的根据，在今日看来，并非没有可议之处，但在清初，确也表现了某种"实学"的倾向。不过四库馆臣对万斯大的释经并不十分满意，指出其颇多穿凿及疏漏之处。例如成公元年三月"作丘甲"，万斯大谓车战之法，甲士三人，一居左以主射，一居右以主击刺，一居中以御车。间有四人共乘者，则谓之"驷乘"。鲁畏齐强，车增一甲，皆为驷乘。因使一丘出一甲。四库馆臣指出其中的疏漏云："今考《春秋传》，叔孙得臣败狄于鹹，富父终甥驷乘，在文十一年。则是成元年以前，鲁人已有驷乘矣。其不因此年三月令丘出一甲始为驷乘可知。又考襄二十三年传，齐侯伐卫，烛庸之越驷乘，然则驷乘者岂特鲁乎？"此类的疏漏，表明万斯大虽力图以实证说经，但其考证的方法以及周密程度都还存在着不小的问题。

万斯大之弟斯同以史学名家，其经学的造诣亦甚深。在《春秋》学上，斯同也表现出了对宋儒的强烈不满。斯同撰《周正辨》四篇，力主周人改月改

---

① 郑梁《跛翁传》，《寒村集·五丁集》卷二，《四库存目丛书》本。
② 黄宗羲《万君斯大墓志铭》，《碑传集》卷一百三十。

时，对程颐、胡安国等人之说提出了批评：

> 宋自庆历、皇祐以后，真儒继出，经术大明，后学实赖之。而私智自是、违经背传者，亦复不少，其于他经皆然，而《春秋》为尤甚。即"春王正月"一语，圣人曰春，而宋人曰非春也，乃冬也；圣人曰正月，而宋人曰非正月也，乃十一月也。不但不信传，并不信经，此非侮圣人之言乎？而谓汉唐诸儒之解经，有是谬妄乎？此其说总由于程子，而蔡氏（沈）复变之，刘绚、胡安国、陈傅良、项安世、魏了翁皆继程氏而附和者也。叶时、戴溪、陈则通、黄震、家铉翁、陈深、阳恪、程端学、周洪谟，则继蔡氏而附和者也。辨虽详而理不足，吾安敢信之哉！①

这种对宋儒"私智自是"的不满，在当时的学者中是十分普遍的现象，浙东的这"二万"，可以说是这种"趋实"学风的代表。

张尚瑗，字宏蘧，一字损持②，吴江人。康熙二十七年（1688）进士，改庶吉士，散馆外补兴国县知县。张尚瑗是朱鹤龄的学生，在《春秋》学上受朱氏影响甚深。朱氏作《读左日钞》，尚瑗亦作读三传随笔，积久成帙，在这个基础上成《三传折诸》四十四卷。这个书名，据张氏自己说，乃是取扬雄"群言淆乱则折诸圣"之语，意在探求孔子作《春秋》的本意。张尚瑗对前辈学者传疏之学持相当尊重的态度，他说："经学必以传疏为依据。"主张吸取不同时代学者的正确意见，而对宋及宋以后人那种"举秦亡汉兴，藏山岩、伏屋壁，师承口授之编，并弃之以为无足道，独崇奉夫后起臆说一二家之言，以为弋科名、取富贵之具"的做法表示强烈的不满。但前人的说解，亦过于纷歧，"古人之行事，未必尽当于后人之心，著书之家，各因其所见以为是，彼此各一是非，恶在其为彼是哉"！正是有鉴于此，才有《三传折诸》之作："公暇，偶阅诸史他经，旁涉稗乘琐录诸书，有与经传相发者，洒然神开，旁解侧出，不能自已，随笔书之……随笔所获，多出己裁，所谓此亦一是非，固未暇计其为彼是也。"③

《三传折诸》的卷首，有张尚瑗所撰数十篇考证、研究性的文字，篇名有《郊禘考》、《五岳考》、《涂山会诸侯考》、《五霸辨》、《成周地形》、《王室之卑》、《齐争国始末》、《地名同》、《名谥同》、《名姓世表》等，其中大多写得有理有据，可资参考。例如《左丘明时代考》就很有参考价值。自唐代以来，就

---

① 万斯同《周正辨二》，《群书疑辨》卷五，嘉庆二十一年刻本。
② 按"持"字《四库全书》之书前提要作"时"。
③ 张尚瑗《三传折诸序》，《四库全书》本。

有学者据"左丘明耻之,丘亦耻之"这句话的语气疑左丘明为孔子之前辈贤人,而不会是《左传》的作者,张尚瑗对此进行辩驳,仍定丘明为孔子学生辈,其文曰:

> 愚谓子谓颜渊曰:"用之则行,舍之则藏,惟我与尔有是夫",重颜子之贤,以侪辈相待。文中子曰:"言取而行违,温彦博恶之;面谀而背毁,魏征恶之。"拟"左丘明耻之"句法,以嘉许其徒。……啖叔佐、赵伯循谓丘明既与孔子同时,不应孔子没后岁久,其书犹有赵襄子之称。以赵襄子慭智伯,传文末简所书,愚故谓丘明为贞定王时人。贞定王与鲁悼公同时,《左传》终于悼公十二年,《国语》并于此讫笔。《晋语》载赵襄子奔晋阳,智襄子、韩康子亦皆称谥,盖丘明者,目击四卿分晋、三家灭智之人……盖春秋战国时势升降之大变更,左氏之生世,适膺乎其会尔。时卜子夏为魏文侯师,孔门十哲,犹有存者,故谓丘明为造膝亲承乎孔子,其说虽出汉、晋,实非无征。斯其作传以述经,游、夏所不能赞之辞,丘明实可以当之。

当然,张尚瑗的考证亦有可商之处,例如他据赵襄子称谥,就说《左传》当作于赵襄子卒后。考赵襄子卒于公元前 425 年,距孔子之卒已有 54 年之久,左丘明若真为孔子学生,此时恐怕至少也已八十来岁了。以耄耋老者而编一部《左传》这样的巨著,虽说并非绝无可能,也总还是一件令人生疑之事。

张尚瑗的这些考证、研究性的文字,大多出于他自己之手,但也有的是转录别人的意见,例如《三传经文互异》,全录王十朋之说;《三传立例互异》,全录朱鹤龄之说。如此之类,不一而足。

《三传折诸》的正文部分有一个特点,即在诠释之余大量联系春秋以后的历代史事,例如解"莒人入向以姜氏还"说:"曹公绝婚于袁谭,乃伐青州;孙权夺妹于刘备,遂袭荆州。婚媾离而兵戎起,虽齐桓亦不免于蔡舟之荡矣。"解《左传》隐公七年"戎朝于周,发币于公卿",联系明朝史事云:"按明制各省布政司朝觐,各衙门皆馈书帕,王者制礼,不绝人情,亦所以卹臣子之私而通内外之好,自昔云然已。"解"因生以赐姓,胙之土而命之氏",广征博引,对姓氏的来源及其演变考证极详。《四库提要》对此颇有微词,云:"惟其书贪多务得,细大不捐,每掎摭汉魏以下史事,与传文相证,往往支离曼衍。如因卫懿公好鹤,遂涉及唐玄宗舞马之类,不一而足。与经义或渺不相关,殊为芜杂。"按这个批评固然有理,但张氏的好引史事,正是其经世思想的体现,把对《春秋》经传的解说与历代史事联系起来,毕竟是使《春秋》学避免成为不切实际的空言臆说的一种努力。

陈厚耀（1648—1722），字泗源，江苏泰州人。康熙四十五年（1706）进士。厚耀学问极其渊博，通天文、历法、数学，是那个时代很少有的具有精深自然科学知识的儒者。他治《春秋》，完全是一种实证的、专门化的研究。他著有《春秋长历》十卷和《春秋世族谱》二卷。

陈厚耀的《春秋长历》，是为了补正杜预的《长历》而作的。杜预利用《春秋》中有关"朔"、"日食"以及若干干支纪日的记载，为春秋二百四十二年编制了一部历谱，这部历谱包括了每年的岁首、置闰、月的大小、月首的干支等等。但或许是由于《春秋》作者所依据的当时的历法不够精确，甚至或许当时根本就没有依据一定的历法，而只是根据随时观测的结果来做记录，杜预所复原的《春秋长历》疏误很多。陈厚耀对此做了更详密的考证。陈氏的《长历》包括四部分内容。第一部分为"集证"，备引《汉书·律历志》、《后汉书·律历志》、《晋书·律历志》、《隋书·律历志》、新旧《唐书·历志》、《宋史·历志》、《元史·历志》、《春秋左传注疏》、《春秋属辞》（赵汸）、《天元历理》、朱载堉《历法新书》诸说，以证推步之异及古历之疏、刘歆《三统历》与杜预《长历》之失误。第二部分为"古历"。陈氏在这一部分中先是对所谓"古历"做了说明，然后编制了一个春秋时代的历表。陈氏以为先秦古历都是以十九年为一章（一章中设置七闰），以正月初一早晨适为冬至的那一年为章首。四章（76年）为一蔀，经过一蔀，正好又逢冬至朔旦。二十蔀（1520年）为一纪，三纪（4560年）为一元。经过了"一元"之后，"年、月、日之干支皆复其初"，这就是所谓历元。陈氏介绍了古历的章法、蔀法、纪法、元法、日法、岁法、月法等等概念之后，又记述了古历推冬至日及分、推月大小、推闰年闰月等方法，然后编制了一部春秋历表。该表以《春秋》十二公纪年横列为四章，由右至左，列一月至十二月月之大小及月首的干支，延续七十六年另起一行，如此反复，共列了四行，每蔀次序相同的年份相对成列。此表起于鲁惠公三十八年，终于定公六年，以下至《春秋》之末因不足一蔀，故从略。为什么要从鲁惠公开始呢？因为《左传》僖公五年明言"春王正月辛亥朔日南至"，正是所谓"朔旦冬至"，故由此上溯七十六年，值惠公三十八年，也应是朔旦冬至，正可作为一蔀之首。

陈氏《春秋长历》的第三部分为"历编"，"举春秋二百四十二年，一一推其朔闰及月之大小，而以经传干支为证佐。皆述杜预之说而考辨之"。① 按这一部分所列为杜预《春秋长历》之历表，对杜氏与古历不同之处进行辨析。第四部分为"长历退两月谱"，这是陈氏对杜氏《长历》所做的重要修正。原来隐公元年正月之朔，若据古历推算，当为庚戌，但杜氏《长历》认为当为辛巳，这是杜氏从经传中的若干干支纪日中推出来的。陈氏则认为考历当以日食为主，若从杜预以隐公元年正月朔辛巳，虽然能与若干干支纪日相合，却与隐公三年二月、桓公三年七月、僖公五年九月这三次之日食不合，因此陈氏将隐公元年正月之朔日定在了庚辰，这样与杜氏的《长历》相比，恰是退了两月，所谓"长历退两月谱"，就是对杜氏《长历》修订以后的结果。陈厚耀所做的考证，看起来似乎过偏过专，但方法却有普遍意义。他利用丰富的历算知识，首先解决复杂问题当中的主要矛盾，他的考证细密周全，证据充分，故他的结论，较之前辈，更可信赖。《四库提要》称："厚耀明于历法，故所推较（杜）预为密，盖非惟补其阙佚，并能正其讹舛，于考证之学极为有裨。治《春秋》者，固不可少此编矣。"

陈厚耀的另一部重要著作是《春秋世族谱》。此书也是对杜预著作的补正。杜预《春秋释例》一书中有《世族谱》一篇，具载春秋各国贵族的世系昭穆。但自宋以来，《春秋释例》一书便已很难见到。清人从《永乐大典》中辑出《春秋释例》，而其中的《世族谱》一篇已所存无多了。陈厚耀的《春秋世族谱》，就是为补杜谱的缺佚而作的。此书分上下二卷，分国制谱，采取世系图表的形式，即《四库提要》所谓"仿旁行斜上之例"，每一国都是先列君主的世次图，以下则是各支卿大夫的世次图，此外，那些偶见于经传而无世次可以稽考者，则归入"杂姓氏名号"类，附于各国之末。其各国排列的次序，为周、鲁、晋、卫、郑、齐、宋、楚、秦、陈、蔡、曹、莒、杞、滕、薛、许、邾、吴、越，其他诸小国列在最后。春秋时见于经传的王室、诸侯及卿大夫人物众多，其族属关系及世次先后也甚复杂难辨，陈氏此书一出，这一问题得到了解决，读者面对经传中纷繁的人物关系，不会再感到茫然无绪了。陈氏的这一工作看似简单，其实亦非艰苦爬梳、精密考证不为功的。年辈晚于陈氏的顾栋高著《春秋大事表》，其中有《世系表》二卷，体例与陈氏此书略同，可见此类书很为治《春秋》者所需要。陈、顾二书内容多有重合之处，但考证亦互有异同，据《四库提要》称："如周卿大夫之周公忌父、召庄公诸人，此书

---

① 《四库全书总目》语。

(按指陈氏书)征引不及顾本之备,又脱漏王叔氏世系不载,亦为逊于顾本。然顾氏于有世系者叙次较详,其无可考者概阙而不录;此书则于经传所载之人只称官爵及字者,悉胪采无遗,实为顾本所未及。读《春秋》者以此二书互相考证,则《春秋》氏族之学,几乎备矣。"

高士奇,字澹人,浙江钱塘人,他是由监生供奉内廷的,得到康熙皇帝赏识,康熙帝称他"学问淹通,居职勤慎"[①],因而不断升迁,官至内阁学士。士奇参与了康熙朝几部官书的修纂,充《大清一统志》的副总裁官。他在《春秋》学上的贡献,主要是著有一部《春秋地名考略》。此书是在康熙二十四年(1685)士奇参与修撰《春秋讲义》一书时,因考订地理而附带成书的。此书的实际作者,可能不是高士奇,据阎若璩《潜邱札记》,称有一位秀水人徐善(字敬可)替人作了一部《左传地名》,曾与阎若璩讨论成公二年"鞌之战"的战地"鞌"的地理位置,则高士奇此书可能是请徐善代作的。高士奇自述其作意云:

> 《春秋》传心之史,所重者,明王道,正人心,诛乱臣,讨贼子,是是非非,以一字为褒贬,其义例至精,其意指极微。至于地名之同异,往往毫厘千里。读其书,如冠带之国,不知其都邑何在。王地洛邑,相近而殊名;故绛新田,屡迁而非昔。楚丘之纷纷聚讼,郊郢之讹为郢中。历代之沿革变迁,所系非细,岂可以圣人之大经,漫曰不求甚解耶?[②]

以征实的精神治《春秋》,经传中的地理问题肯定会成为关注的重点。此书的编排,是把《春秋》经传中出现的地名都分国编次,每一国都是先列国都,次及诸邑;每一地名之下,都是先列经文、传文及杜预之注,然后再博引众书,考证异同。此书所要达到的目标,据高士奇说,是要"一展卷而知当日之某地某名即今日之某名某处"。就拿前面提到的鞌之战来说,成公二年记载鲁晋曹卫等与齐师战于鞌,杜预只注云"鞌,齐地"。《谷梁传》则说鞌"去国五百里"。后人考证为山东之平阴。《春秋地名考略》的作者根据传文详细考察了此次战役的经过,发现自壬申之日晋师至于靡笄之下,癸酉布阵于鞌,随后两军交战,齐军大败,晋军"三周华不注",后来齐侯在晋军眼皮底下逃脱,这前后只是一日之事。鞌之地望虽不好确定,但华不注山的位置是可知的,即在今济南附近。倘鞌真的在离临淄五百里的平阴,则距华不注山当有二百三十多

[①]《清史列传》卷十《高士奇传》。
[②] 高士奇《春秋地名考略序》,《四库全书》本。

里,晋军自鞌追击且"三周华不注"是很难相像的。作者考证的结果,定鞌的地望为历下(今济南附近的历城)。如此之类的考证,书中尚有很多,四库馆臣许其考证"颇为精核",大致是不错的。

第三节 毛奇龄的《春秋》学

毛奇龄(1623—1713)①,字大可,浙江萧山人,又以郡望称西河,明诸生。早年曾参加抗清斗争,兵败,削发入山中,后因避仇,长期流寓江淮间。康熙十八年(1679),应博学宏词科试,列二等,授翰林院检讨,充《明史》纂修官。二十四年(1685)冬,告假南归,从此不复出。奇龄早年以诗文名世,四十岁以后,始致力于经学。奇龄才华横溢,又享高寿,一生著述繁富,经集、文集共有500余卷,一时罕有其匹。

在清初学者当中,毛奇龄是有着很鲜明个性的一位。他不像顾炎武、黄宗羲、王夫之那样,有着很强烈的民族意识,对清廷始终采取不合作的态度;他也不像李光地、徐乾学那样,逢迎君主,曲学阿世,换取高官厚禄。他的学问渊博,涉猎的范围极广。他有很强的批判精神,能够独立思考,绝不盲从。康熙皇帝最重程朱之学,而毛奇龄则对包括程朱在内的宋儒学术多所指摘;但他也不是一个纯粹的汉学家,对汉儒的议论他也不完全遵从。他的学术,征实的色彩很浓,特别反对私逞臆说,他崇尚考证,主张言必有据,因此,他的一些经学著作,在今日看来,也还是平实可信的。当然,由于人格上的某些缺欠,他的治学也有偏执之处,例如为了使气争胜,故意与阎若璩辨伪《古文尚书》为难,针对阎的《古文尚书疏证》,毛氏著有《古文尚书冤词》。对这场争论中的是非,学界早有公论,毛氏此书,不能不说是他学术生涯中的败笔。但他在其他方面,例如论"《大学》无古文、今文之殊,其所传文,亦无石经本、注疏本之异"②,辨宋儒《易》学"图书"说之非,辨《子贡诗传》、《申培诗说》为伪作,考订《周礼》为战国之书,均可谓实事求是,确有真知灼见。

在《春秋》学方面,毛奇龄也表现出了可贵的求实精神与深厚的考证功力。他著有《春秋毛氏传》三十六卷、《春秋简书刊误》二卷、《春秋属辞比事记》四卷。《毛氏传》是全面解说《春秋》的诠释性著作,《刊误》旨在刊正三

---

① 毛奇龄的卒年,取陈祖武之说,见氏所著《清初学术思辨录》,中国社会科学出版社1992年版,第282页。

② 毛奇龄《大学证文》卷一,《四库全书》本。

传经文之误。《属辞比事记》为奇龄门人所编，实为未完之书，据说原本十卷，今所见只有四卷。该书将《春秋》全书内容分为二十二门，有元年、即位、盟会、侵伐等（今所见只有七门），每门之下备列有关经文，结合礼制加以考证。

一、毛氏论经传关系——简书与策书

毛奇龄关于经传关系有一个很重要的观点，就是区分简书与策书。他认为今日所见《左传》与《春秋》，虽然同是史官所记，但性质有所不同。《左传》相当于《周礼》内史所读"四方之书"，也就是"记事"，而《春秋》则相当于外史所掌的"志"。"志"不同于"记事"，志只是"标志其名而列作题目，以告于四方"，并不详记事的经过。① 今所见之《春秋》就是这样。由于繁简不同，其物质载体亦有异：

> 志简而记烦。简则书之于简，谓之简书。简者，简也，以竹为之，但写一行字者。烦则书之于策，谓之策书。《聘礼》所云"百名书于策"，谓百字以上皆书之，虽犹是竹牒木版所为，而单策为简，联简为策。策者，册也。②

按经简传烦，经之于传，也就相当于简之于策（册），其作用不过是记事之"籖题"，甚至不能称做是纲领，因为纲领是"概括其事而取其要领"的，而"籖题"则"但志其门名"，"必藉按策以见其事"，"至于事之始末详略，皆所不问"。③

这样看来，经是绝对不能脱离传的，毛奇龄举例说：

> 如同一朝晋，而成十八年"公如晋"朝，晋君新立也；哀元年"公如晋"，则我以新立朝晋君也。同一会齐，而庄十三年"公会齐侯盟于柯"，为平乘丘之败；二十三年"公会齐侯盟于扈"，为申结婚姻之好。同一伐邾，而隐七年"公伐邾"为释宋怨；僖二十二年公伐邾为讨鄫杀。同一迁许，而成十五年"许迁于叶"，则许自请迁也；昭九年"许迁于夷"，则系楚逼迁之者。向使无策书，则此《春秋》者，不过一门部名目，曰朝耳，会盟耳，侵伐而迁灭之耳，何曾有一事可究竟言之？而谓此名目中有微

---

① 毛奇龄《春秋毛氏传·总论》引《徐仲山日记》，《四库全书》本。
② 《春秋毛氏传》卷一《总论》。
③ 《春秋毛氏传·总论》引《徐仲山日记》。

词，凡书国、书爵、书名、书氏，皆有义例，岂非梦梦？①

把经看成是但记"名目"的"籤题"，自然就不会有那么多"微言大义"了。当然，传也离不开经：

> 然而不考经文，则不能读传，不深核简书，则不能检校策书之事。凡释《春秋》，必当以经文为主，而以传佐之。②

这样一来，经与传相辅相成的关系就表述得更为全面了。

正是由于孔子修《春秋》只修"简书"，左丘明作传则取"策书"，故经、传用语容有不同。例如宣公十年崔氏出奔，经按简书之例称族（崔氏），而传则按策书例称名（崔杼）；襄公十四年宁殖逐卫侯，简书例称"出奔"，策书例称"出君"；成公十三年晋侯伐秦，经按简书之例只称"伐秦"，传按策书之例始称"秦师败绩"。这些都说明经文记事，不过是简书记事之法，其如何用字，并无那么多隐而不显的寓意在。

以上所说，还只是经传用语上的差异，至于更大的不同，例如某些事件经有传无，以及"以郑大夫尹氏为隐公之妻、以隐妻子氏为桓公之母、以救邢之曹师为曹伯、以宋公子地本景公之弟为元公之孙……诸凡以死赗为生赗、以媵异姓为媵同姓、以六月日食为闰月日食、以立武公之宫为立武成之庙，其间参错违背，不可胜数"，毛氏则归之于左氏所据策书为"鲁史之未备者"。

毛氏关于简策的说法，昔人多不赞成，《四库提要》即称之为"武断"。夷考先秦及汉代文献，简、策二字似乎并无严格的界限，毛氏"经简传策"之说确乎有些绝对。但毛氏关于经是传之"籤题"的提法以及经传关系的论述，关于经文中书国、书爵、书名、书氏等等并无微义的意见，应该说是很能给人以启发的。

二、毛氏对《左传》之推重

毛氏对待三传的态度，很是鲜明，那就是推重《左传》，贬抑《公》、《谷》。针对唐人啖助、赵匡等怀疑左氏非《论语》中的左丘明以及宋人、明人怀疑《左传》是战国、秦后伪书的言论，毛奇龄作了有力的反驳。③ 至于与《公》、《谷》的比较，毛氏曰：

> 特其书（按指《左传》）则犹是鲁史与晋、楚诸史，较之公羊、谷梁

---

① ②《春秋毛氏传》卷一《总论》。
③ 毛奇龄《论语稽求篇》卷三，《皇清经解》本。

道听途说、徒事变乱者，迥乎不同。故当时左氏以其传授之曾申，申授之吴起以及虞卿、荀况辈，皆有论著，《汉志》所称《虞氏春秋》、《虞氏微传》皆推明左氏之学，即传至西汉，犹有贾谊为《左传》训诂，以授京兆尹张敞、中大夫刘公子等，原不止刘歆获内府秘书，始责让太常博士以发其义也。乃不幸其书出壁中时，孔安国已献之内府，而未立学官，遂致《公》、《谷》之徒，各持门户，以相抵牾。然究之日月一出，而爝火自熄，彼《墨守》、《废疾》，皆不攻自下，不事痼坏，而其痹已不起矣。①

三、对传统"义例"说的批判

毛氏既认经传不过为简书与策书的原文，故对传统的"义例"说深致不满，对所谓"一字褒贬"之说痛加贬斥，他说：

> 《春秋》义例不一，无一是处。大抵此白彼墨，前三后四，必不能画一，而前人相传科指，又极其庞赜。如所云二类、三体、五情、五始、六辅、七缺、九旨，诸所流衍，皆猥劣不足道。若孔疏所云称凡五十，其别四十有九，释例四十部，无凡者十五，则专指左氏所据典礼与杜氏所释之数为言，并非通例。其余年时月日，与国、氏、人、名、天王、天子种种陋义，则前此注《春秋》者已痛辟之，以为一爻可错诸卦，一字不能成一义。晋、唐以后，早已不屑置喙者。②

基于这样的看法，毛氏对唐、宋以来诸儒解说《春秋》之作大多持否定态度：

> 经杜氏、何氏、范氏训定之后，犹有苏宽、刘炫、戴宏、闵因辈各为扬扢，而惜其书俱蔑没，无一传者。惟唐儒陆淳作《微旨》、《纂例》、《释疑》，联载啖助、赵匡诸说，其书犹存，然率踳驳不足据。若宋、元诸经解，则所见凡数十家，亦又何一可置辨者。③

对三传以及唐宋诸儒所言之"例"，毛氏一概予以摒弃，这样《春秋》就不像某些人所说的那样，处处暗藏着讥贬，《春秋》也就不会被人看做是"司空城旦书"了。

四、以"礼"说《春秋》

毛氏既反对前人的种种义例，那么他是如何看待《春秋》中的褒贬的呢？

---

①②③《春秋毛氏传》卷一《总论》。

原来，毛氏并不否认《春秋》中有褒贬，但他是从"礼制"的角度来看《春秋》的，褒贬的标准就是礼。毛氏根据《左传》昭公二年所记韩宣子观鲁春秋所说的"周礼尽在鲁矣"，认定《春秋》的记事反映的就是周礼实施的情况。他又据孔颖达疏所说的"合典法者即在褒例，违礼度者即在贬例"，认为《春秋》褒贬的表达并不像前人所说的那样隐晦，"凡所褒贬，皆据礼以断，并不在字句之间"，这就彻底地否定了"一字褒贬"说。

毛氏将《春秋》二百四十二年一千八百余条记事分为二十二门，即：改元，即位，生子，立君，朝聘，盟会，侵伐，迁灭，昏觏，享觐，丧葬，祭祀，蒐狩，兴作，甲兵，田赋，丰凶，灾祥，出国，入国，盗弑，刑戮。细检《春秋》记事，似乎没有一条可以出这二十二门的范围。毛氏曰：

> 今试观《春秋》二十二门，有一非典礼所固有者乎？毋论改元、即位、朝聘、盟会以至征伐、丧祭、蒐狩、兴作、丰凶、灾祥，无非吉、凶、军、宾、嘉五礼成数，即公行告至，讨贼征乱及司寇刑辟刺放赦宥，有何一非周礼中事？而《春秋》一千八百余条，枥比皆是，是非礼乎？故读《春秋》者，但据礼以定笔削，而夫子所为褒所为贬，概可见也。此非书人、书字所得涸也。①

以礼说《春秋》，不自毛氏始。宋人张大亨撰《春秋五礼例宗》，就是"取《春秋》事迹，分吉凶军宾嘉五礼，依类别记，各为总论"。元代学者吴澄撰《春秋纂言》，将《春秋》事迹分为七大类，除天道、人纪二类外，其余五类也是按吉凶军宾嘉五礼划分，可见把《春秋》与周礼联系起来，旧时学者多有此见。毛传的特点，是分类更为细密合理，且解说经文，依然按照原经的次序，没有丝毫割裂之弊。毛氏"据礼以定笔削"，就把前人牵强附会、逞臆瞽说之辞一概推倒，经说显得平实了许多。

五、毛氏对胡安国传的批判

清初诸儒对胡安国传不满者不乏其人，而批评最为激烈、否定最为彻底的，当属毛奇龄。毛氏在评论宋人诸经解时说："胡安国传，则解经之中，畔经尤甚。"对胡安国传中的种种义例，尤为不满：

> 惟三传引例，犹尚有参变余论，见诸疏义；而胡氏则概以武断施之，拘曲揉直，仍袭从前年时月日、国氏人名诸陋义，而深文其间，觐经传正

---

① 《春秋毛氏传》卷一《总论》。

旨而剿令就我，使明明大文，一经锻炼，便成冤狱。①

对胡安国的"夏时冠周月"说，毛氏也进行了猛烈的抨击。他历数三代改月、改时的文献证据之后说："三代改正，则无可疑者。且改正必改月，改月必改时，亦无可拟议者。乃胡氏不知何据，逞其武断，谓以夏时冠周月，致有明以来数百年尽为所惑。"②

隐公元年经有"公及邾仪父盟于蔑"，对这里的"仪父"，毛氏也认为是邾君之字，但他认为邾作为附庸之国，其君本可称名，亦可称字，并无深义。接着批评胡传说：

> 胡氏又自为制云："中国之附庸例称字，邾仪父、萧叔是也；夷狄之附庸例称名，邾犁来、介葛卢是也。"吾不知称名称字其分中国夷狄者出自何书？乃同一附庸，同一邾子之后，而忽分仪父、犁来为中国、夷狄，学者注经，可自造族姓，自定封国，自判华夏，肆然无忌惮一至于此，岂不可怪！③

原来邾与郳俱为邾侠之后，而邾侠为颛顼苗裔，自然都属于华夏，胡安国强分之为一华一夷，其谬误显然可见。但在胡氏当年，却是激于时事，有所为而发，为的是要高扬民族意识，有意贬夷狄而进中国；毛奇龄则身处满人统治已趋稳定之清初，不能或不愿再强调华夷之辨，故有可能做更为客观的研究。而对胡氏之笔端微意，恐怕未必能够理解，也就更谈不到同情了。

僖公十四年"季姬及鄫子遇于防，使鄫子来朝"，胡安国说季姬只称字而不系之于国，说明她是未嫁之女。毛氏谥之为"杜撰立例"，他列举《春秋》中出现的三个"子叔姬"都是已嫁之女之例，驳胡氏之谬云：

> 是《春秋》三子叔姬，皆属已嫁，皆与此季姬去国称字同是一例，乃谓子叔姬未嫁，可怪已极。且《礼》云：女子许嫁，笄而称字。前九年书"伯姬卒"是也。今胡氏谓季姬择配，是未许嫁矣；未许嫁则并季姬之字亦无有，而尚曰书字不书字，非梦寐乎？④

庄公十年经云："秋九月，荆败蔡师于莘，以蔡侯献舞归。"毛氏认为国君被俘，书名不书名都说明不了什么问题，有的没有书名，只是来告者"偶失名"或"史文有阙逸"，他批评胡传说："胡氏谓有罪则名，无罪即不名，则弱小受侮者皆罪人矣。"按胡氏之说确很牵强，以"名""不名"判断有罪无罪，

---

① 《春秋毛氏传》卷一。
②③ 《春秋毛氏传》卷二。
④ 《春秋毛氏传》卷十五。

是没有任何事实根据的臆说，毛氏以征实精神痛加驳斥，不能说没有道理。不过胡安国的真实用意，是在贬绝"失地之诸侯"，是有着很强的针对性的，这一点毛氏似乎没有看到。

六、毛氏对经文之考证

　　三传之经文互有异同。毛奇龄自述其作《春秋传》时，尚没有意识到有所谓简书为《春秋经》之原本，而只是盲目从众，以当时通行的胡安国传所载经文为《春秋》原本，而"反标三传诸字同异于其下"①。后来经过研究，认为《左传》所载之经文基本上就是孔子当年所修之"简书"，故三传经文的标准本就确定下来了。对《公》、《谷》二传中与《左传》相异的经文，毛奇龄做了细密的考证，其结果多可令人信服。例如隐公二年经有"纪裂繻来逆女"、"纪子帛莒子盟于密"，"裂"字《公》、《谷》作"履"，"帛"字《公》、《谷》作"伯"。杜预注《左传》，以为裂繻为纪大夫，子帛乃裂繻之字。毛氏同意杜说，并做考证云：

　　　　许氏《说文》明曰：繻、帛俱是缯。而徐注以繻为传符之帛，谓关门传符，当用帛边以为信。则繻名帛字，在杜注原自可据。况经字有必不可易者。不读《汉书》乎？终军出关，关吏予军繻，而军弃之。旧制，凡关吏讥察出入，必书帛为符，裂而分之，曰裂繻。则此一裂字，在左氏受简书时，必不豫知有终军之事而改此文；而终军在汉武朝，亦并不知《春秋》之更有左氏，而故造此事以求阴合于简书之字。此则"履"之必为"裂"，"帛"之必不可为"伯"，有断然者。②

经此一番考证，经文之当如《左氏》为"裂繻"、为"纪子帛"，可谓铁案如山。又如昭公元年经云"叔孙豹会晋赵武、楚公子围、齐国弱、宋向戌、卫齐恶、陈公子招、蔡公孙归生、郑罕虎、许人、曹人于虢"，这里的"齐恶"，《公羊》作"石恶"。毛奇龄曰：

　　　　卫石恶即石碏之后，以上卿屡与盟会，前五年卫人讨宁氏之党，因出奔晋，经于襄二十八年书"夏，卫石恶出奔晋"是也。《公羊》但知改地名、人名以见异，而石恶又屡见盟会，遂改作"石恶"。但不知于数年前之经何以漠然不一观也。吾故曰《公》、《谷》、胡氏皆全然不知《春秋》为

---

① 毛奇龄《春秋简书刊误》卷首，《四库全书》本。
② 《春秋简书刊误》卷一。

何物者，非妄语也。①

又如昭公七年经有"叔孙婼如晋涖盟"，《公羊传》所载经文"婼"字作"舍"，那么叔孙婼是不是也叫叔孙舍呢？毛氏考证说：

> 叔孙婼即叔孙昭子，叔孙豹之子也。《春秋》策书或称婼，或称昭子，或称叔孙氏，并不名舍。其得名舍者，或叔孙武叔之子叔孙舒，舒、舍转音，可以别出。然其人不见于《春秋》，惟哀廿六年《左传》附录有之，此时未能与国事也。《公羊》好作异，误取武叔之子作昭子，而胡氏圣经则又误袭《公羊》本，而自元迄今，遂至简、策二书绝不相对者凡七，经亦惨极矣。②

这里指出《公羊》经文之误及致误之由，十分清晰。在毛氏看来，《公》、《谷》二家出于"杜撰"，"目不见策书，徒以意解经，故经多误字；而《公羊》且复以里音市语谰譃其间，其所存圣经已非旧矣"。而《左传》本身就是"策书"，"左氏之经即是简书"。

当然，毛氏的考据也有缺欠。由于他在古音韵学方面的造诣不深，故有些本来可以从声韵上来解释的问题他却感到束手无策，例如隐公八年经文"公及莒人盟于浮来"，《公》、《谷》"浮来"作"包来"，毛奇龄称"不可解"；宣公八年"葬我小君敬嬴"，"敬嬴"《公》、《谷》俱作"顷熊"，对"嬴"之为"熊"，毛氏以为"不可考"。此类问题若是到了乾嘉学者手中，是很容易从古音韵上得到解释的。

总的来看，毛奇龄的《春秋》学，一反宋人特别是胡安国之流逞臆说经的风气，趋于客观、平实，他反对一字褒贬说，反对宋人的深文周纳，主张从礼制上来定是非、议褒贬，用切实有据的考证来辨别文字的异同。《四库提要》的作者对毛奇龄的《春秋》学评价甚高，称《春秋毛氏传》"自吴澄《纂言》以后，说《春秋》者罕有伦比"。毛氏诸种《春秋》学著作的出现，标志着清代的《春秋》学研究已经进入了一个新阶段——以实证为主的阶段。

第四节 顾栋高与他的《春秋大事表》

顾栋高（1679—1759），字复初，江苏无锡人。康熙六十年（1721）进士，授内阁中书。雍正时因事罢职。乾隆时举经明行修之士，栋高被荐，时已七十

---

①② 《春秋简书刊误》卷二。

余岁，以年老不任职，赐国子司业衔。顾栋高以经学名家，在当时声望甚著，乾隆皇帝对他十分尊重。

顾栋高的学术，以《春秋》学成就最高。他酷嗜《左传》，据说"遇拂意，家人置《左传》于几上，则怡然诵之，不问他事"①。他对《左传》的研究极其深入，把《左传》所涉及的天文历法、地理疆域、典章制度、史事人物等种种问题，都用"表"的形式开列出来，并附以详尽的议论和说明，这就是著名的《春秋大事表》。此书至今仍是研治《左传》及春秋时代历史的重要参考书。

一、顾栋高的《春秋》观

顾栋高揭去了《春秋》身上神秘与神圣的外衣。他把《春秋》还原为那种忠实记录史事的史文。他激烈地反对所谓"一字褒贬"说，反对前人用以解说《春秋》的种种"例"，但他也不否认《春秋》曾经孔子的"笔削"，也并不否认《春秋》中有圣人的褒贬，只是他认为这些褒贬自然地存在于记事之中。他主张从历史的角度看《春秋》，主张从时世发展的趋势上去把握《春秋》的精神。因此他把力量放在了对史实的梳理和考辨之中。

顾氏所著《春秋大事表》之卷首有"《春秋》纲领"一篇，备列欧阳修、朱熹、郑樵、黄震、吕大圭、程端学（积斋）、张自超（彝叹）及顾氏母舅华霞峰诸家之说，内容大致都是反对"一字褒贬"或者抨击所谓义例的，例如朱熹说："先儒说《春秋》添一字减一字便是褒贬，某不敢信"，郑樵说："以《春秋》为褒贬者，乱《春秋》者也，圣人光明正大，不应以一二字加褒贬于人"，吕大圭说："《春秋》事成于日者书日，成于月者书月，成于时者书时。其或应书而不书者，史失之也。说《春秋》者，多以是为褒贬，愚请有以折之"，程端学说："（先儒）乃于一字之间而究其义，此穿凿附会之所由来也"，张自超说："褒贬在事，不在氏族名字"。此类议论，顾栋高奉以为《春秋》"纲领"，可以清楚地看出顾氏对《春秋》的理解。

顾栋高虽然反对一字褒贬之说，但他并不否认《春秋》中有褒贬，他曾引用郑樵的话对此进行辨析：

> 郑渔溪谓说《春秋》有三家：有以《春秋》为一字褒贬者，有以《春秋》为有贬无褒者，有以为褒贬俱无者。泥一字褒贬之说，则《春秋》一书，字字冰霜剑戟，圣人之心，不如是之劳顿也。泥有贬无褒之说，则

---

① 《清史列传》卷六十八。

《春秋》乃司空城旦之书，圣人之心，不如是之惨刻也。泥褒贬俱无之说，则《春秋》又似丛语琐说，圣人又非无故而作经也。郑氏之言极是。圣人之心，正大平易，何尝无褒贬？但不可于一字上求褒贬耳。孟子明言：其事则齐桓晋文，其文则史，孔子曰其义则丘窃取之矣。如以为无褒贬，则是有文、事而无义也，如此则但有鲁之《春秋》足矣，孔子更何用作《春秋》乎？①

但《春秋》的褒贬是怎样体现出来的呢？顾氏以为，褒贬不过是很自然地存在于记事之中，了解史事的背景、了解史事的来龙去脉，褒贬自然就出来了。他说：

《春秋》只须平平看下去，自如冈峦之起伏。世运十年而一变，或数十年而一变，圣人第因其世变而据实书之。如春秋初年犹以灭邑为重，至其后则灭邑不书而灭国书矣；犹有未赐族之大夫，须命于王朝，至其后列国之大夫无不氏与族者矣。春秋中叶犹书诸国伐我北鄙、南鄙、东鄙，至定、哀则直书伐我，直造国都，而四鄙不足言矣。荆初年犹举号，继而书楚人，继而书楚子，最后但书楚之大夫，兼及吴越，南风滋竞，中夏反受其荫庇矣。列国会盟征伐，初皆书君，其卿大夫则称人，无有以名氏见，至末年而但书大夫之名氏，政自大夫出，而君位几如赘旒矣。通春秋之蒐狩皆书公，至定、哀之蒐狩不书公，君无一民一旅，其得失皆与君无预矣。此皆春秋大变故，而圣人书法第据当日之时势，初非设定一义例，谓有褒贬于其间也。②

按顾氏所述《春秋》记事的前后变化，如用所谓义例来解释，确有相当的困难，自来《春秋》经说的牵强与抵牾，其源多出于此。顾氏摒弃旧的说经思路，强调"圣人"的"据实书事"，把《春秋》从纯粹政治的、伦理的领域又拉回了史学的领域。

顾栋高既认《春秋》为史文，故他常用史家的眼光看《春秋》中的"事"与"义"。他反对孤立地看一时一事，反对在个别事件的记述文字上做文章，而是主张做长时段的观察，主张通览时代全程，以求从中体会时势的变化。他说："看《春秋》眼光须极远，近者十年、数十年，远者通二百四十二年。"他概述整个春秋时代时势的变化云：

《春秋》二百四十二年，时势凡三大变。隐、桓、庄、闵之世，伯

---

①②《春秋大事表》卷首《读春秋偶笔》，《皇清经解续编》本。

(霸)事未兴，诸侯无统，会盟不信，征伐屡兴，戎狄荆楚交炽。赖齐桓出而后定，此世道之一变也。僖、文、宣、成之世，齐伯息而宋不竞，荆楚复炽，赖晋文出而复定，襄、灵、成、景嗣其成业，与楚迭胜迭负，此世道之又一变也。襄、昭、定、哀之世，晋悼再伯，几轶桓、文，然实开大夫执政之渐。嗣后晋六卿、齐陈氏、鲁三家、宋华向、卫孙宁交政，中国政出大夫，而春秋遂夷为战国矣。孔子谓自诸侯出、自大夫出、陪臣执国命，实一部《春秋》之发凡起例，逐年有发端，逐代有结案，有起伏，有对照，非可执定一事以求其褒贬也。①

正是由于对《春秋》有这样的总体观察，故顾氏深信褒贬大义即寓于记事之中，他举例说：

> 自桓二年蔡侯、郑伯会于邓始惧楚，此发端也；至定四年蔡侯以吴子及楚人战于柏举，楚师败绩，庚辰吴入郢是结案，志蔡之积怨而能报楚，而褒即寓其中矣。自僖十九年陈人、蔡人、楚人、郑人盟于齐，此发端也；至昭八年楚师灭陈是结案，志陈之招楚适自贻患，而贬即寓其中矣。……隐四年书翚帅师，而十一年有钟巫之祸；宣二年书公子归生帅师，而四年有解元之祸；宣元年书赵盾帅师、赵穿帅师，而二年有桃园之祸；成六年、八年、九年连书晋栾书帅师，而十八年有匠丽之祸；此起伏之在十年以内者。盖弑君有渐，其大要在执兵权，不至弑君不止；灭国亦有渐，其大患在数侵伐，不至灭国不止。圣人灼见诸国之时势，乱贼诸人之心事，而次第据实摹写之，故曰《春秋》成而乱臣贼子惧。②

按顾氏所举此类例甚多，在在表明褒贬、大义俱出于《春秋》记事之中。基于这样的认识，治《春秋》者，自然首先要从厘清《春秋》"大事"入手了。而一旦把注意力集中在了《春秋》的"事"上，那么治经也就变成了治史，在今人看来，顾氏的《春秋》学，也就几等于他的史学了。

二、《春秋大事表》

史表之体，始创于司马迁，而班固继之。此后继作者代不乏人。不过"表"作为史书的一种体裁，历代学者对之评价不一。唐人刘知几对表就不大感兴趣，认为将表这种体裁"载诸史传，未见其宜"。他针对《史记》中的表说："天子有本纪，诸侯有世家，公卿以下有列传，至于祖孙昭穆，年月职官，

---

①②《春秋大事表》卷首《读春秋偶笔》。

各在其篇，具有其说，用相考核，居然可知。而重列之以表，成其繁费。"① 他说表编次于史书里，"得之不为益，失之不为损"。看来主要是认为表没有什么用。不过刘知几还是对不同时代的表做了区别，他认为如果过而存之，分裂时代的列国年表"或可存焉"，而在一统时代，表就真的一点用处也没有了。清初治史的学者，对表则有另外的看法。万斯同对表非常重视，曾为缺表的正史作补表六十篇，成《历代史表》五十三卷。朱彝尊极称之，说："易编年为纪传，古史之法微矣，其遗意犹存者，吾于表有取焉。表或年经而国纬，或国经而年纬。或主地，或主时，或主世系。事微不见著者，录而见之。"② 黄宗羲亦对万氏之补表赞赏有加。顾栋高用表的形式把《春秋》经传中的内容分列出来，应该说也是受了清初学者看重史表之风气的影响。梁启超对顾氏此书甚为推崇，他说：

> 这部书的体例，是将全部《左传》拆散，拈出若干个主要题目，把书中许多零碎事实按题搜集起来，列为表的形式，比较研究。……《礼记》说："属辞比事，《春秋》之教"，治史的最好办法，是把许多事实连属起来比较研究，这便是"属辞比事"。这些事实，一件件零碎摆着，像没有什么意义，一属一比，便会有许多新发明。用这种方法治历史的人，向来很少，震沧这部书，总算第一次成功了。③

当然，顾氏此书的成功，也离不开他的学生的帮助，他曾坦言："是书之成，门人华师道与有力焉，如《朔闰表》、《长历拾遗表》，非我所能为，盖华生笔也。"④ 又，《氏族》、《世系》、《官制》三表，也是出于华师道之手。⑤ 此书列表五十卷，另有《舆图》一卷，《附录》一卷。除表之外，顾氏还撰有叙和论一百三十一篇，这些叙和论正可补"表"这种形式之不足。顾氏所撰诸表之名目有：《春秋时令表》⑥、《朔闰表》、《长历拾遗表》、《列国疆域表》、《列国爵姓及存灭表》、《列国犬牙相错表》、《列国都邑表》、《列国山川表》、《列国险要表》、《列国官制表》、《列国姓氏表》、《卿大夫世系表》、《刑赏表》、《田赋军旅表》、《吉礼表》、《凶礼表》、《宾礼表》、《军礼表》、《嘉礼表》、《王迹拾遗表》、

---

① 刘知几《史通·表历》。
② 朱彝尊《历代史表序》，乾隆间留香阁刻本。
③ 梁启超《中国近三百年学术史》，第95页。
④ 程晋芳《书春秋大事表后》，《勉行堂文集》卷四，嘉庆二十五年刻本。
⑤ 《春秋大事表·凡例》。
⑥ 诸表前均冠有"春秋"二字，以下俱略去。

《鲁政下逮表》、《晋中军表》、《楚令尹表》、《宋执政表》、《郑执政表》、《齐楚争盟表》、《宋楚争盟表》、《晋楚争盟表》、《吴晋争盟表》、《齐晋争盟表》、《秦晋交兵表》、《晋楚交兵表》、《吴楚交兵表》、《吴越交兵表》、《齐鲁交兵表》、《鲁邾莒交兵表》、《宋郑交兵表》、《城筑表》、《四裔表》、《天文表》、《五行表》、《三传异同表》、《阙文表》、《齐纪郑许宋曹吞灭表》、《乱贼表》、《兵谋表》、《左传引据诗书易三经表》、《杜注正讹表》、《人物表》、《列女表》。

　　从这些表的名目来看，除了传统的义例以及所谓圣人的褒贬之外，顾氏几乎是无事不表，读者从这五十表中，得到的是有关《春秋》经传文本以及春秋时代史事方面的知识，这与前面所述顾氏对《春秋》的理解是一致的，用今天的观点看来，《春秋大事表》更像是一部史学著作，但在顾氏自己看来，"此皆有关于经义之大者"①。顾氏有所谓"经经纬史"之说，表明他认为经与史存在着相互依存的关系。但比较起来，经史毕竟有主、从之分，经学为主，史学为从。《春秋》首先是一部经，只是这里头有大量的史学问题，解决这些史学问题，完全是为解经服务的。故他不惮其烦地撰列众表，但骨子里其实是解经的。顾氏与清初多数学者一样，亦甚不满于胡安国之《春秋传》，认为胡氏"以夏时冠周月"之说，是对孔子的诬蔑，多以"复仇"立论，"是文定之《春秋》，而非夫子之《春秋》"，而"非夫子之《春秋》，即非人心同然之《春秋》"。顾氏之意，就是要把《春秋》从那些太过个性化的解释（亦即逞臆的解释）中解放出来，还《春秋》以本来的面目。

　　在这些表之中，顾氏用力最勤的，恐怕当属地理类。属于此类的表有《列国疆域》、《列国都邑》、《山川》、《险要》、《犬牙相错》诸表。顾氏自言："《春秋》强兼弱削，战争不休，地理为要。学《春秋》而不知地理，是盲人罔识南北也。"②显然是把地理看做研治《春秋》经义必备的知识的。

　　历法之学也是顾氏所长，在这方面有《时令》、《朔闰》、《长历拾遗》三表。顾氏自言曰："雨雹霜雪，失时为灾，蒐田城筑，非时害稼。时日尤重。学《春秋》而不知时日，是朝菌不知晦朔也。"可见他对历法时令的重视。不过他撰《时令表》，还有一个更直接的目的，就是要驳胡安国"夏时冠周月"之说。他通过列表证明周人是既改时又改月，胡氏所倡孔子改时月之说自然就站不住脚了。同时他也并不否认在周人之外，尚有用他"正"者。顾氏正视《左传》中记晋事多用夏正的事实，说"经用周正，传因晋俗而用夏正"，"王

---

①②《春秋大事表总叙》。

者之发号施令,与史官之编年纪事,自宜画一,断无不用周正而反从夏正之理;惟民俗话言,习于夏正已久,偶有杂出者,在三代原所不禁"[1],这样就解决了《诗经》等文献中周正与夏正并存的矛盾。《朔闰表》更是顾氏精心结撰之作。他将《春秋》二百四十二年之中每年每月之朔日、晦日之干支列在表中,根据干支的合与不合确定置闰的位置,这样就形成了《春秋》二百四十二年的总历表。他自述制表之法云:

> 以方幅之纸,一年横书十二月,每月系朔、晦于首尾,细求经传中之干支,日数不合则为置闰。始犹觉其抵牾,十年以后,迎刃而解,其合者凡十九,不合者前后率不过差一两日。因经传之日数以求晦朔,因晦朔之前后以定闰余,与杜氏《长历》不差累黍,其违异者则为著论驳正之,乃知《春秋》二百四十二年之事迹,指掌可数,粲若列眉;而后儒之凭空臆造,都成呓语。[2]

按在历日上如此求真,并非无谓之举,对于正确理解经义,肯定是有益的。例如桓公五年经云"正月甲戌己丑,陈侯鲍卒",《左传》说是"再赴",即赴告两次,故有两个日期。《公》、《谷》之说更是不着边际。杜预以《长历》推之,说甲戌是前一年(桓公四年)之十二月廿一日,己丑为此年之正月初六日。顾栋高通过考证,认为桓四年冬当有闰十二月,甲戌实为次年正月廿一日,而己丑则为二月七日;"甲戌"之下当有阙文,"己丑"之上并脱"二月"两字。这样一来,"再赴"、"信以传信,疑以传疑"种种臆说就不攻自破了。

列表之外,顾氏还撰有叙、说、论、辨一百三十一篇。这是因为表之为体,毕竟有其局限性,作者的许多思考、意见、发明,是很难用表的形式表达出来的,因此有另为撰文的必要。这些论说之中,亦颇多精彩典核之作。例如考论地理的《春秋时晋中牟论》,指出河南今日之中牟与《春秋》晋之中牟绝不相涉,纠正《汉书·地理志》将两地混而为一之非;又如《春秋时楚地不到湖南论》,列举楚国历世迁都的史实,证明楚国"所吞灭诸国,未尝越洞庭湖以南一步",盖当时湖南与闽、广,均尚为荒蛮之地,与中原诸国之利害无关,进而纠正《尚书》蔡传指九江为洞庭之误,均为不刊之论。又如《春秋列国爵姓及存灭表叙》,对春秋时大国之兼并行为做了新的评价,特别指出一些大国实行的郡县制的进步意义,称郡县之制可以"度才而使之,程能而任之,朝不

---

[1] 《春秋时令表》按语。
[2] 《春秋朔闰表叙》。

道则夕斥之矣，夕不道则朝罢之矣"，"其操纵由一己，其呼吸若一气"，中央集权之势，乃为"世变之所趋"，进而论及"天下之势，合则治，而分则乱，自三代以来，莫之有易矣"，诚为卓识。试看这样子来研究《春秋》，较之单从遣词用字中求褒贬，其眼界之开阔、思路之畅达，真不可同日而语。其对于实际政治的指导作用，也是旧式的经说不能望其项背的。又如《春秋于齐晋外尤加意于宋论》，顾氏注意到了《春秋》记宋国事较详这样一个事实，不过他不是像《公羊》那样从"王者之后"的角度来解释，而是着眼于宋国在当时国际斗争中的地位："盖宋为中国门户，常倔强不肯即楚，以为东诸侯之卫；至宋即楚，而天下之事去矣。……宋之关于天下利害，非细故也"。这样从历史全局出发来考察《春秋》之记事，应该说是很有见识的。

顾栋高的《春秋大事表》，为传统的《春秋》学研究开辟了新的途径。尽管他的这种研究方法不能说是前无古人的，① 但在他的那个时代，把《春秋》看做史文，对《春秋》的内容做史的研究，顾栋高毕竟是做得最好的一位，也是影响最大的一位。顾氏的《春秋》学，既是经学，也是史学；或者说在他那里，经、史本来就是不分的。他也在寻求经义，也在推求褒贬，但他认为这些东西都存在于史实之中，学者首要的任务是在弄清历史的真相。因此尽管他的目的是经学的，方法却是史学的。这也正是顾氏学术的价值所在。顾氏此书，在当时就很受人重视。与顾氏同时代的学者杨椿也极力反对以"例"说《春秋》，他盛赞《春秋大事表》"证据精明，议论雅正，望之若大海之无津涯，即之若江河之可挹注，真今古之奇观，儒林之盛业也"②。稍晚的学者程晋芳对此书亦甚为推挽，特别是对其中的《朔闰表》、《长历拾遗表》、《犬牙相错表》、《都邑表》、《三传异同表》、《阙文表》、《杜注正讹表》七篇三致意焉。③ 直到现在，《春秋大事表》仍然很被人们看重。

至于顾氏所采用的"表"的形式，学者间却颇有些微词。因为就这五十卷表的内容来看，并不是所有的内容都适合用"表"来表述的。程晋芳就曾劝过顾栋高，以为《人物》、《列女》二表可不作。但顾栋高最终并没有采纳他的意见。按照四库馆臣的说法，"旁行斜上，经纬成文，使参错者归于条贯"④，这确是"表"的优点；但对某些内容来说，"若其首尾一事，可以循次而书者，

---

① 宋人程公说作《春秋分纪》，体例与此书相似，明以来其书罕见。
② 杨椿《答顾震沧书》，《孟邻堂文钞》卷十，嘉庆二十三年刻本。
③ 程晋芳《书春秋大事表后》，《勉行堂文集》卷四。
④ 《四库全书总目》语。

原可无庸立表；栋高事事表之，亦未免繁碎"，这就不能不说是此书的一个缺欠了。

第五节　汉学勃兴与实证《春秋》学的发展

清初以顾炎武为代表的一批学者，不满于宋明理学的空谈心性、束书不观，提倡一种征实之学，蔚然形成了风气。既然是要实事求是，那么不可避免地要对经典做深入的研究，也就不可避免地要去探究经典的"本义"和"原旨"。汉人去古未远，于是汉人对经典的说解，自然成了人们关注的首选对象。这就引发了学术上的复古倾向。而随着清朝政权的逐渐稳固，整个社会正经历着由"乱世"向"太平世"的转化，清初学者那种亡国易姓的切肤之痛，以及随之而来的对"宗社倾覆"所做的深切反省，在新的一代士人身上已很难见到了，士人对最高统治者所标榜的"稽古右文"日益表现出更多的认同。加以康、雍、乾三朝屡兴文字之狱，士人大多不敢关注现实政治问题，而整理古代的文献，向古代文献中去探索一些具体问题，从文字、音韵入手，把汉人对经典的诠释再进一步做深、做细，就成了士人使用自己心力才智、发挥创造性的最佳选择。梁启超说："凡当主权者喜欢干涉人民思想的时代，学者的聪明才力，只有全部用去注释古典。欧洲罗马教皇权力最盛时，就是这种现象。我国雍、乾间也是一个例证。"[①] 所谓"汉学"，就是在这种条件下重又被人提起并迅速扩张开来的。

一、清代汉学的流派及其特征

对清代汉学的派别，学者间的看法比较一致。一般都认为分为吴、皖两派。吴派以惠栋为首，皖派以戴震为首。

惠栋（1697—1758），吴县人，其祖惠周惕（字元龙）、其父惠士奇（字天牧），均以经学名家。到惠栋这一代，已是三代传经，[②] 家学渊源，非一般士人可比。惠周惕著有《易传》、《春秋问》、《三礼问》、《诗说》，士奇著有《易

[①] 梁启超《中国近三百年学术史》，第21页。
[②] 如果算上惠栋的曾祖惠有声，当为四世。不过有声的成就不大，很难与周惕、士奇及惠栋相提并论。

说》、《礼说》、《春秋说》。惠氏治经，"尊古而信汉"①。惠士奇论《易》学云："《易》始于伏羲，盛于文王，大备于孔子，而其说犹存于汉。……汉儒言《易》，如孟喜以卦气，京房以通变，荀爽以升降，郑康成以爻辰，虞翻以纳甲，其说不同，而指归则一，皆不可废。今所传之《易》，出自费直，费氏本古文，王弼尽改为俗书，又创为虚象之说，遂举汉学而空之，而古学亡矣。"②其论《周礼》云："礼经出于屋壁，多古字古音。经之义存乎训，识字审音，乃知其义，故古训不可改也。康成注经，皆从古读，盖字有音义相近而讹者，故读从之。后世不学，遂谓康成好改字，岂其然乎？"③按尊古信汉，可称是惠氏经学的家法，至惠栋则所持益坚。惠栋著《九经古义》，其卷首云：

> 汉人通经有家法，故有五经师，训诂之学，皆师所口授，其后乃著竹帛。所以汉经师之说，立于学官，与经并行。五经出于屋壁，多古字古言，非经师不能辨。经之义存乎训，识字审音，乃知其义。是故古训不可改也，经师不可废也。余家四世传经，咸通古义。④

惠栋在经学上的成就很大，他的《周易述》、《易汉学》、《古文尚书考》等著作在当时很有影响。他的弟子余萧客、江声等人也都能发扬师说。一时杰出的学者如王鸣盛、钱大昕、王昶者流，都从惠栋问业，故惠栋俨然成为当时汉学一派的首领。钱大昕对惠栋有很高的评价，他说："宋元以来，说经之书，盈屋充栋。高者蔑弃古训，自夸心得；下者剿袭人言，以为己有。儒林之名，徒为空疏藏拙之地。独惠氏世守古学，而先生（按指惠栋）所得尤深。拟诸汉儒，当在何邵公、服子慎之间，马融、赵岐辈不能及也。"⑤

吴派汉学，梁启超称之为"纯汉学"，"以信古为标帜"，大致是不错的。惠栋等人对于汉代经师，到了近乎迷信的程度，"定宇的见解，是愈古愈好，凡汉人的话都对，凡汉以后人的话都不对"⑥。因此可以说，惠栋领导的是一种复古的潮流。

皖派汉学的首领是戴震。戴震（1724—1777）字东原，安徽休宁人。早岁家贫，做塾师以自给。后师从当时的大学者江永（字慎修）治经，精研《三

---

① 钱穆语，见氏所著《中国近三百年学术史》，商务印书馆 1997 年版，第 351 页。
② 江藩《汉学师承记》卷二，上海书店 1983 年版。
③ 江藩《汉学师承记》卷二。
④ 惠栋《九经古义序》，《四库全书》本。
⑤ 钱大昕《惠先生栋传》，《潜研堂文集》卷三十九，上海古籍出版社点校本，第 705 页。
⑥ 梁启超《中国近三百年学术史》，第 178 页。

礼》及步算、钟律、音韵、地理，学问日进。但他的举业很不顺利，二十九岁方成秀才。三十二岁时入都，与钱大昕、秦蕙田、纪昀、王鸣盛、王昶、朱筠等学者交往，名声大著。乾隆三十八年四库馆开，戴震以举人特召充纂修官，卒于任所。

戴震的老师江永，在经学、音韵、历算诸方面都很有成就，特别是在礼学方面，独步一时，考证的功力甚深，其学术基本上是一种征实之学。同时，江永亦甚尊重朱子，曾撰《近思录集注》，以表彰朱学。戴震受他的影响，虽然力倡考证，力倡求真之学，但并不一味地鄙薄宋儒。戴震认为，文字、音韵、训诂乃是治学的根本，他说：

> 今人读书，尚未识字，辄目故训之学不足为。其究也，文字之鲜能通，妄谓通其语言；语言之鲜能通，妄谓通其心志，而曰傅合不谬，吾不敢知也。①

他又说：

> 经之至者道也，所以明道者其词也，所以成词者，未有能外小学文字者也。由文字以通乎语言，由语言以通乎古圣贤之心志，譬之适堂坛之必循其阶，而不可以躐等。②

小学文字之外，戴震认为名物、制度、天文、地理、算学等等都是通经的基础，他说：

> 诵《尧典》数行，至"乃命羲和"，不知恒星七政所以运行，则掩卷不能卒业。诵《周南》、《召南》，自《关雎》而往，不知古音，徒强以协韵，则龃龉失读。诵古《礼经》，先《士冠礼》，不知古者宫室、衣服等制，则迷于其方，莫辨其用。不知古今地名沿革，则《禹贡》、《职方》失其处所。不知少广旁要，则《考工》之器不能因文而推其制。不知鸟兽、虫鱼、草木之状类名号，则比兴之意乖。……凡经之难明，右若干事，儒者不宜忽置不讲。③

按戴震正是在上述诸领域都有极精深的研究，才形成了他的学术的特色，梁启超称戴震之学"以求是为标帜"，就是指戴氏及其弟子在音韵训诂、名物制度、历算地理等方面所做的考证工作而言的。戴震的弟子如段玉裁、王念孙王引之父子等都是乾嘉考据派的大师，他们分别在不同的领域里做出了出色的成绩。

---

① 戴震《尔雅注疏笺补序》，《戴震文集》卷三，中华书局1980年点校本，第45页
② 戴震《古经解钩沉序》，《戴震文集》卷十，第146页。
③ 戴震《与是仲明论学书》，《戴震文集》卷九，第140页。

清儒凌廷堪论戴氏之学云：

> 先生之学，无所不通，而其所由以至道者则有三：曰小学，曰测算，曰典章制度。……先生卒后，其小学之学，则有高邮王给事念孙、金坛段大令玉裁传之；测算之学，则有曲阜孔检讨广森传之；典章制度之学，则有兴化任御史大椿传之；皆其弟子也。①

当然，戴震的学术绝不限于考证，他在所谓"义理之学"上也有贡献，他的《原善》、《孟子字义疏证》，被人称做是"至道之书"，段玉裁说："（戴震）先生之治经，凡故训、音声、算数、天文、地理、制度、名物、人事之善恶是非，以及阴阳、气化、道德、性命，莫不究乎其实，盖由考核以通乎性与天道。"② 只是在那个时代，他的考证之学更被人所看重，而且对于本书所论之清代《春秋》学来讲，他的考证之学影响更为直接、深刻而已。

清代汉学的这两派，可以说在主体精神上是相通的，他们都"深嫉乎凿空以为经"③，都提倡实事求是的实学，惠栋与戴震二人，亦可谓同气相求，互相推重。王鸣盛论惠、戴二人之异同云："方今学者，断推两先生。惠君之治经求其古，戴君求其是。究之，舍古亦无以为是。"④ 按王氏此说突出了惠、戴在当时学界的地位，而"舍古亦无以为是"一语，把吴、皖两派统一起来了。

以惠、戴为代表的清代汉学（或曰朴学），在清代中叶近百年的时间里成了无可争议的"显学"，士人从风而靡，整个学界无不被考证的风气所裹挟，对《春秋》经传的研究自然也不可避免地受到了这种学风的影响。因此可以说，自乾隆以后，《春秋》学基本上是沿着实证的道路发展的。

二、惠氏《春秋》学

惠氏三代传经，其学术是有继承性的。惠周惕著有《春秋问》，今已无传。其子惠士奇著《春秋说》十五卷，《四库提要》称"是书以礼为纲，而纬以《春秋》之事，比类相从，约取三传附于下，亦间以《史记》诸书佐之"，这是说此书的编排方法。惠氏此书的做法，本于宋人张大亨之《春秋五礼例宗》和沈棐之《春秋比事》，是把《春秋》同类的事情放在一起加以论断。惠氏由于

---

① 凌廷堪《东原先生行状》，《国朝耆献类征初编》卷一百三十一。
② 段玉裁《戴东原集序》，《戴震文集》卷首。
③ 戴震《古经解钩沉序》，《戴震文集》卷十，第146页。
④ 引自洪榜《戴先生行状》，《戴震文集》附录，中华书局点校本。

尊古、信古，故对待三传的态度非常矜慎，而对王通以来疑传之说十分不满，他说：

> 《春秋》三传，事莫详于《左氏》，论莫正于《谷梁》。韩宣子见《鲁春秋》，曰：周礼尽在鲁矣。然则《春秋》本周礼以记事也。《左氏》褒贬，皆春秋诸儒之论，故纪事皆实，而论或未公；《公羊》不信国史，惟笃信其师说，师所未言，则以意逆之，故所失常多。要之《左氏》得诸国史，《公》、《谷》得之师承，虽互有得失，不可偏废。后世有王通者，好为大言以欺人，乃曰三传作而《春秋》散。于是啖助、赵匡之徒，争攻三传以伸其异说。夫《春秋》无《左传》，则二百四十年，盲焉如坐闇室之中矣。《公》、《谷》二家，即七十子之徒所传之大义也。后之学者，当信而好之，择其善而从之。若徒据孟子"尽信书不如无书"之说，力排而痛诋之，吾恐三传废而《春秋》亦随之而亡也。《左氏》最有功于《春秋》，《公》、《谷》有功兼有过。学者信其所必不可信，疑其所必无可疑，惑之甚者也。①

惠氏过于尊信汉人之说，在有关灾异的解说中表现得特别明显。《春秋说》之第十四卷把《春秋》记灾、记异的内容集中在一起，又大量地征引历代史书中有关灾异的记载，用来申明董仲舒的灾异谴告之说，以及刘向、歆父子的《洪范》五行之说，被人讥为"物而不化"。尽管如此，四库馆臣仍称赞此书"言必据典，论必持平，所谓元元本本之学，非孙复等之枵腹而谈，亦非叶梦得等之恃博而辩也"②。

惠栋自述他的《左传》之学是得自其曾祖惠有声的，有声"常因杜氏之未备者作《补注》一卷"，"传序相授"③，至于惠栋，已然四世了。惠氏尊汉敬古，对身为晋人的杜预所作《左传注》，很不满意，因此有《左传补注》之作：

> 尝见郑康成之《周礼》、韦弘嗣之《国语》，纯采先儒之说，末乃下以己意，令读者可以考得失而审异同。自杜元凯为《春秋集解》，虽根本前修，而不著其说；又其持论间与诸儒相违。于是乐逊《序义》、刘炫《规过》之书出焉。栋少习是书，长闻庭训，每谓杜氏解经，颇多违误。因刺取经传，附以先世遗闻，广为《补注》六卷，用以博异说，祛俗议。宗

---

① 江藩《汉学师承记》卷二。
② 《四库全书总目》语。
③ 惠栋《左传补注自序》，《四库全书》本。

韦、郑之遗，前修不掩；效乐、刘之意，有失必规。①

按惠栋的《左传补注》，是典型的汉学著作。"是书皆援引旧训，以补杜预《左传集解》之遗"。惠氏之注，着眼于文字训诂、典章名物，每注必引证先秦古书或汉人旧注，绝无臆解空谈。例如隐公七年传有"歃如忘"，惠栋从服虔，训"如"为"而"，并指出《说文》引此正作"歃而忘"；八年"因生以赐姓"，惠栋引王充曰："因其所生赐之姓也"；僖公五年"虞不腊矣"，惠栋引应劭《风俗通》与蔡邕《月令章句》，证腊祭本三代旧有，不始于秦；僖公二十二年"大司马固谏"，杜以"固"为人名，本来是对的，顾炎武却以"固谏"为"坚辞以谏"，惠栋则引《国语·晋语》及韦昭注，证"固"确为人名；文公七年"惠伯成之"，惠栋引《周礼》及郑众注，证"成"有调解之义；文公十八年"在九刑不忘"，引《逸周书·尝麦解》，证"九刑"为刑书九篇；襄公二十三年"娶于铸"，惠栋引《乐记》及郑玄注，证铸即祝，为国名；襄公二十七年"崔杼生成及疆而寡"，惠栋引《墨子·辞过》篇，证古男子无妻曰寡。诸如此类的注解很多，言必有据，语语征实，确是汉学风格。

以上所引诸例，多见于《四库提要》，《提要》的作者对惠氏的考证之学甚为推崇，但也指出了若干盲目信古的荒谬拘泥之处。例如文公十三年"其处者为刘氏"，孔颖达已明言此句为汉儒所加，其字作"刘"是没有问题的；而惠栋则据其父士奇之说，定字本作"留"，汉儒为了合于"卯金刀"之谶才改成了"刘"。又如襄公二十五年记南史氏"执简以往"，惠栋根据服虔所说的"古文篆书，一简八字"，就说"齐崔杼弑其君光"正好是一简之文。又如"'公即位'之'位'，必欲从古经作'立'；'屡丰年'之'屡'，必改从《说文》作'婁'，亦皆徒骇耳目，不可施行"。《提要》对惠栋《补注》总的评价是："盖其长在博，其短亦在于嗜博；其长在古，其短亦在于泥古也。"

惠氏对《春秋》三传的态度，与宋人相比，有着明显的不同。宋人除不信三传之外，每每要对三传权衡比较，斟酌弃取，务求探出《春秋》的真义（此义或在三传之中，或出三传之外）。惠氏由于尊古，由于信汉，不肯轻易地对汉人的解经说"不"字，故采取的是一种非常审慎的态度，绝不轻言汉儒之非。在惠氏看来，《公羊》、《谷梁》都是"经师之说"，在汉代都有着"与经并行"的地位，是不容轻易否定的。故惠氏解经，并不打算从比较三传说解的优劣得失中求出《春秋》的本义，而是分别对三传进行疏通，主要是文字训诂及

---

① 惠栋《左传补注自序》。

典章制度上的疏通。惠栋著有《九经古义》,前述《左传补注》本是其中之一,后因先出别行,故《九经古义》只有《左传》之目而无其书了。而《公羊》、《谷梁》则仍在其中。惠栋对于《公》、《谷》,主意不在攻驳,而是广引先秦、两汉典籍,以疏通证明为主。例如庄公十七年经云"郑瞻自齐逃来",《公羊传》云:"何以书?书甚佞也。曰:佞人来矣,佞人来矣。"惠栋以《尚书·皋陶谟》之"孔壬"解"甚佞",引《尔雅·释诂》"壬,佞也"为说,且据《国语》,证"佞"之古音与"田"相协,当读为"年",而"年"又与"壬"同声,故"甚佞"实即"孔壬"。宣公八年《谷梁传》有"葬我小君顷熊",孔颖达认为顷熊即敬嬴,一人而有两号。惠栋则以为"顷声近敬,熊声近嬴,二传由口授,故字异而音同"。这就是所谓的"识字审音,乃知其义"。又如庄三十一年经云"筑台于郎",惠栋引《五经异义》之"公羊说",说明天子有三台:灵台、时台、囿台,而诸侯只有二台而无灵台的道理。昭公三十一年《公羊传》有所谓"珍怪之含",惠栋引《荀子·正论》篇云:"含饮则重大牢而备珍怪,期臭味",又引杨倞注云:"珍怪,奇异之食",以疏通传文。庄公三十年《谷梁传》有"燕,周之分子也",惠栋疏解"分子"云:"分子犹别子,《礼记·大传》云:'别子为祖',注云:'别子谓公子',然则王所生者为王子,谓之别者,别于世子也。《燕世家》云:'召公奭与周同姓。'谯周曰:'周之支族。'孔颖达以为谯周考校古史,不能知其所出。皇甫谧以为文王庶子。《白虎通》云:'召公,文王子。'王充曰:'召公,周公之兄。'《谷梁》以为'分子'者,盖长庶欤?"像这样广征博引以明古义的例子,在惠栋《公羊古义》、《谷梁古义》中是很多的。

三、皖派学者对《春秋》经传所做的工作

如果说吴派学者以"求古"为其学术的最高宗尚的话,那么"求真"就应该是以戴震为首的皖派学者所亮明的旗帜。当然,"求古"与"求真"有着必然的联系,当时的很多学者认为,在经典的诠释方面,"舍古"即无以为"真",无以为"是",两者至少是并行不悖的;但两者毕竟还是有些区别。戴震等人标榜求真、求是,虽然也尊重汉人,但对汉人也并不迷信,如果发现汉人之说有误,攻驳亦不遗余力,这样治学,应该说更少了一些盲目性,更多了些理性色彩。因此,惠栋以后,固守吴派盲目尊汉精神的学者并不多,而戴震等人体现出来的实事求是精神却不断地被发扬光大。一般所称的乾嘉学派,包括被人称为吴派学人的钱大昕、王鸣盛等人,都是既有尊重汉人的传统,更有

实事求是的精神。钱大昕说:"尝谓六经者,圣人之言,因其言以求其义,则必自诂训始。谓诂训之外别有义理,如桑门以不立文字为最上乘者,非吾儒之学也。诂训必依汉儒,以其去古未远,家法相承,七十子之大义犹有存者,异于后人之不知而作也。三代以前,文字、声音与训诂相通,汉儒犹能识之。以古为师,师其是而已矣,夫岂陋今荣古、异趣以相高哉!"① 就当时的《春秋》学研究而言,吴、皖的分别已不明显了。

乾嘉学者对《春秋》经传的研究,大体上集中在以下几个方面:一是文字的校勘、训诂和名物、制度等之考证,二是古注的辑存与疏通,三是经义的阐发与驳辨。

(一) 校勘、训诂与名物、制度等之考证。

文字的校勘训诂,是乾嘉学者最重视也最擅长的工作。戴震说:"经之至者道也,所以明道者其词也,所以成词者字也。"② 于是文字成了"至道"的根本:"治经先考字义,次通文理。志存闻道,必空所依傍。汉儒故训有师承,亦有时傅会;晋人附会凿空益多;宋人则恃胸臆为断,故其袭取者多谬,而不谬者在其所弃。我辈读书,原非与后儒竞立说,宜平心体会经文,有一字非其的解,则于所言之意必差,而道从此失。……宋以来,儒者以己之见,硬坐为古圣贤立言之意,而语言文字实未之知。"③ 乾嘉学者,就是抱着"有一字非其的解,则于所言之意必差"这样的信念开展他们的研究工作的。

1. 王引之

王引之著有《经义述闻》,其中关于《春秋》、《左传》的部分,共有三卷,可称得上是清代学者在《春秋》经传的训诂和校勘方面的成果的最杰出的代表。此书共分216条,每一条都只解决一个极具体的问题,一个字的读音,一个词的讲法,一处的脱简或者衍文,这些问题,看似不起眼,却往往构成经传阅读上的障碍,进而影响对经义、传义的理解。王引之以其缜密的思维,渊博的学识,对这些具体问题进行考证,往往能发千古之覆。许多前人的误解得到了纠正;许多虽经前人解释,仍觉牵强别扭之处,在王引之那里变得文从字顺了。姑举数例以明之。

"不能共亿"条云:

---

① 钱大昕《臧玉林经义杂识序》,《潜研堂文集》卷二十四,上海古籍出版社1989年版,第391页。
② 戴震《与是仲明论学书》,《戴震文集》卷九,第140页。
③ 戴震《与某书》,《孟子字义疏证》附,中华书局点校本,1961年版,第173页。

"寡人唯是一二父兄不能共亿,其敢以许自为功乎",杜注曰:"共,给;亿,安也。"家大人(按指王念孙)曰:"杜训'共'为'给','亿'为'安'。给与安各为一意,则文不相属。"今案共字当读去声,"共亿"犹今人言"相安"也。一二父兄不能共安,犹下文言寡人有弟不能和协也。言寡人尚不能安同姓之臣,而况敢以许为己有乎?①

"以亢其仇"条云:

"背惠食言,以亢其仇",杜注曰:"亢犹当也。仇谓楚也。"家大人曰:杜训亢为当,故以仇为楚,其实非也。此言亢者,扞蔽之意。亢其仇,为亢楚之仇也。楚之仇,谓宋也。亢楚之仇者,楚攻宋,而晋为之扞蔽也。《晋语》曰:"未报楚惠而抗宋",是其明证矣。凡扞御人谓之亢,为人扞御亦谓之亢,义相因也。昭元年传曰:"苟无大害于其社稷,可无亢也。"又曰"吉,不能亢身,焉能亢宗。"二十二年传曰:"无亢不衷,以奖乱人。"皆是扞蔽之意。

"秣马蓐食"条云:

(文公)七年传"训卒利兵秣马蓐食",杜注曰:"蓐食,早食于寝蓐也。"《汉书·韩信传》亭长妻"晨炊蓐食",张晏曰:"未起而床蓐中食。"引之谨按:训卒利兵秣马,非寝之时矣。亭长妻晨炊,则固已起矣。而云"早食于寝蓐",云未起而床蓐中食,义无取也。《方言》曰:"蓐,厚也。"食之丰厚于常,因谓之蓐食。训卒利兵秣马蓐食者,《商子·兵守篇》曰:"壮男之军,使盛食负垒②,陈而待敌;壮女之军,使盛食负垒,陈而待令",是其类也。两军相攻,或竟日未已,故必厚食乃不饥。亭长之妻欲至食时不具食,以绝韩信,故亦必厚食乃不饥也。成十六年传"蓐食申祷",襄二十六年传"秣马蓐食",并与此同。

"取人于萑苻之泽"条云:

"郑国多盗,取人于萑苻之泽",杜注曰:"于泽中劫人。"引之谨案:劫人而取其财,不得谓之取人,取读为聚,人即盗也,谓群盗皆聚于泽中,非谓劫人于泽中也。盗聚于泽中,则四出劫掠,又非徒于泽中劫人也。下文云"兴徒兵以攻萑苻之盗,尽杀之",则此泽为盗之所聚明矣。……《韩子·内储说篇》"郑少年相率为盗,处于萑泽,将遂以为郑祸",

---

① 本条及以下引王引之《经义述闻》均见该书卷十七、十八、十九,《四部备要》本。
② 《商子译注》(齐鲁书社1982年版)作"厉兵",不作"负垒"。

处于萑泽，即所谓聚人于萑苻之泽也。

像这样精彩的训释，《经义述闻》书中比比皆是。他如指出"恶之易也"的"易"为"延"（"恶之易也"条）、"辱在寡人"之"在"为"存问"（"辱在寡人"条）、"日虞四邑之至"的"虞"为"望"（"日虞四邑之至"条）、"两政耦国"之"政"为"正卿"（"两政"条）、"神必据我"的"据"为"依"（"神必据我"条）、"天德立违"之"违"为"奸回"（"天德立违"条）、"距跃三百"的"百"为"陌"（"三百"条）、"克减侯宣多"之"减"为"灭绝"（"克减侯宣多"条）、"应且憎"之"应"为"受"而非应答（"应且憎"条）、"药石"之"药"为"疗"而非读如字（"药石"条）、"缮完葺墙"为三个动词连用（"缮完葺墙"条）、"造舟于河"的"造"为"比次"（"造舟于河"条）、"亨神人"之"亨"当读为"享"而非亨通义（"亨神人"条）、"陟恪"之"恪"当读为"格"而非有恪敬义（"陟恪"条）、"亲戚"古称父母不包弟妹等（"亲戚"条）、"官职不则"之"则"有"等同"义而非指"法则"（"官职不则"条）、"慇间王室"之"慇"有"谋"义而非如杜注训为"毒"（"慇间王室"条），这些训解都极有说服力，多发前人之所未发，纠正了杜、孔等前人的误释，使人对《左传》的理解更为明白准确。

除了训诂之外，王氏的校勘也极为精审。试看以下诸例：

"王亦能军"条云：

> （桓公）五年传"王亦能军"，杜注曰："虽军败身伤，犹殿而不奔，故言能军。"引之谨按：王已伤矣，尚安能殿？自古军败而殿，皆群臣为之，不闻王侯身自为殿也。"亦"当为"不"字，形相似而误，此言王之余师，不复能成军耳。宣十二年传"楚师军于邲，晋之余师不能军"，正与此同。试连上文读曰："蔡卫陈皆奔，王卒乱，郑师合以攻之，王卒大败，祝聃射王中肩，王不能军"，皆甚言王师之败也。若云"王亦能军"，则与上文隔阂矣。试连下文读曰："王不能军，祝聃请从之"，是聃以王不能军，故欲乘其敝也。哀十一年传"齐人不能师，宵谍曰：齐人遁，冉有请从之三"，正与此同。若云王亦能军，则又与下文隔阂矣。

"范匄少于中行偃而上之"条云：

> （襄公）九年传"范匄少于中行偃而上之，使佐中军"。杜注曰："使匄佐中军，偃将上军。"引之谨案："上之"二字上盖脱"中行偃"三字，此言范匄年少于中行偃，而偃以匄为贤，让之使居己上也。下文韩起少于栾黡，而栾黡、士鲂上之，使佐上军，是其例矣。若但云上之而不言上之

之人，则文义不明。杜注"栾黡士鲂上之"云"黡鲂让起"，而此不云偃让句，则所见本已脱"中行偃"三字。

"遗民"条云：

> （襄公）二十九年传"思深哉，其有陶唐氏之遗民乎，不然何忧之远也"，家大人曰："遗民"本作"遗风"，此涉下文"犹有先王之遗民"而误。案杜注云："晋本唐国，故有尧之遗风。"则传文之作遗风甚明。而今本《正义》云："作歌之民与唐世民同"，显与杜注不合，此后人以已误之传文改之也。《唐风·蟋蟀》正义云："有唐尧之遗风，故名之曰唐。"故季札见歌《唐》，曰："思深哉，其有陶唐氏之遗风乎"，彼疏所引正作"遗风"。故知此疏为后人所改也。《汉书·地理志》作"遗民"，亦后人依误本改之。《史记·吴世家》正作"遗风"。又《蟋蟀》序云："本其风俗，忧深思远，俭而用礼，乃有尧之遗风焉。"义即本于《左传》"遗风"二字。与《史记》、杜注及《诗》正义所引皆合。自唐石经始作"遗民"，而各本皆沿其误。

按王氏之校勘，大多为理校，《左传》经王氏这样校过，难通的字句怡然理顺，疑义焕然冰解。此类校勘甚多，如隐公五年传"鸟兽之肉不登于俎"的"之"字当作"其"字（"鸟兽之肉不登于俎"条），庄公十八年"皆赐玉毂马三匹"之"三"为"四"字之误（"马三匹"条），僖公四年"汉水以为池"衍"水"字（"汉水以为池"条），"虽众无所用之"的"众"字之上脱"君之"二字，（"虽众无所用之"条），"管仲受下卿之礼而还"的"管仲"之下脱一"卒"字（"受下卿之礼"条），僖公十五年"晋人慼忧以重我"的"重"疑当作"动"字（"慼忧以重我"条），僖公二十四年"丙午入于曲沃，丁未朝于武宫"，"丁未"之下当有"入于绛"三字（"丁未朝于武宫"条）等等。王氏《经义述闻》中有关《春秋》、《左传》的部分虽只有二百余条，却代表着乾嘉学者在《春秋》、《左传》上所做工作的主体方向，当时许多学者都在《左传》的训诂和校勘上倾注了大量精力，成绩斐然可观。这种治经的取向延续了很长时间，由乾、嘉而道、咸，而同、光，卓然有成的学者很不少。

2. 赵坦与李富孙

对《春秋》经传异文的校勘，也引起了学者很大的兴趣。在这方面比较有代表性的作品是赵坦的《春秋异文笺》与李富孙的《春秋三传异文释》。

《春秋异文笺》十三卷①，专门研究三传经文的差异。赵坦认为，《春秋》本来是没有异文的，《春秋》之有异文，自公羊氏、谷梁氏之传授始。他说："古人于文字不嫌假借，多以音类相近假取用之。故有古音相近而假用者，有古方音通转而假用者。亦有字形相近而讹者。其他阙文衍字，则又传者之疏。"②他把《春秋》异文的产生归结为上述四种情况。在《春秋异文笺》中，凡三传经文有文字不同之处，作者即将三传的经文分别列出，然后加以推究考证。例如庄公六年左氏经"齐人来归卫俘"，公、谷之经俱作"卫宝"，赵坦根据孔疏之说，断定"左氏经作'俘'，乃保字之讹，'保'古与'宝'通"。为了证明"保"古与"宝"通，赵坦连举数证：《周易·系辞下》"圣人之大宝曰位"，《释文》称"宝"字孟喜本作"保"；《尚书·金縢》"无坠天之降宝命"，《史记·鲁世家》字作"降葆命"；铜器铭文中"永宝"之宝多作"永保"；《史记·周本纪》"命南宫括史佚展九鼎保玉"，《集解》引徐广曰"保一作宝"；《留侯世家》"取而葆祠之"，《集解》引徐广曰"《史记》珍宝字皆作葆"，如此等等。如果说孔颖达当年只是根据"保"的古文字形与俘相似而推断俘为保字之误的话，赵坦则进一步以无可辩驳的证据证明了保与宝之相通，这样三传经文的异文就得到了很合理的解释。又宣公元年左氏经"晋赵穿帅师侵崇"，公羊经作"晋赵穿帅师侵柳"，赵坦释云："按《尚书大传》云：'秋，祀柳谷华山。'郑注：'祭柳谷之气于华山，柳，聚也，齐人语。'《广雅·释诂》云：'崇，聚也。'此必齐人读崇为柳，故其训同。公羊崇作柳，正齐人方音之转。"又庄公二十八年左氏经"冬筑郿"，公、谷之经均作"冬筑微"，赵坦分析云："公、谷'郿'作'微'，或假音字。《水经注》则以微为是。公、谷《释文》云：'左氏作麋，麋、眉古字通。'"为了证明微、郿、麋古音通假，赵氏又举数证：郦道元注《水经》"济水又北经微乡东"，以为即左氏经之郿，并引京相璠称东平寿张县西有故微乡；《仪礼》"眉寿万年"，郑注称古文眉作麋，眉作微；《诗·巧言》"居河之麋"，《释文》称"麋本又作湄，音眉"，如此等等。上述三例很有代表性，对三传经文之间的差异，赵坦大多都是用古音通假给予解释的。

对于其他非字音通假类的异文，赵坦也尽可能做出解释。例如僖公十年左氏与谷梁经"晋里克弑其君卓及其大夫荀息"，公羊之经"卓"作"卓子"，赵

---

① 赵坦《春秋异文笺》，本文采用《皇清经解》本。
② 赵坦《春秋异文笺序》，《保甓斋文录》，嘉庆十五年原刻本。

氏据《左传》庄公二十八年的传文，推断"卓子本二名，左、谷经作卓，或脱'子'字"。而同年左氏、谷梁经"冬大雨雪"，公羊则为"冬大雨雹"，赵坦云："公羊作大雨雹，或因雹与雪字相类而讹。"至于难断是非的异文，如庄公六年"春王正月王人子突救卫"，公、谷俱作"王三月"，赵坦则云："谨按三传无明文，未详孰是。"体现了一种实事求是的精神。

与赵坦之专考经文之异文不同，李富孙的《春秋三传异文释》对三传的异文也加以研究。李富孙，字既汸，浙江嘉兴人。曾师从卢文弨、钱大昕、王昶、孙星衍，肄业于杭州诂经精舍，经学深湛。① 著有《七经异文释》，《春秋三传异文释》② 是其中之一。此书十二卷，其中十卷为《左传异文释》，另外《公羊》与《谷梁》各占一卷。所谓三传的异文，一般有两种情况，一是由于版本不同，造成文字的歧异；一是其他古籍称引三传或记载与三传相同的事实时用字不同而产生的异文。李富孙试图对这些异文加以辨析考证，其工作的性质仍属于文字校勘的范畴。不过此种校勘，往往不是简单的别本对勘，而是以小学功力为基础的考据了。例如隐公三年传引《商颂》"百禄是荷"，《释文》作"何"，云："本又作'荷'。"《唐石经》也作"何"，李富孙对这"何"、"荷"二字作辨析云："按《诗》本作'何'，古以荷为苛察字，负荷作何。《说文》：'何，儋也。'徐铉曰：'儋何即负何也，借为谁何之何。今俗别作担荷，非是。'"隐公八年传"诸侯以字为谥"，郑玄《驳五经异义》③ 引作"为氏"，这是一处很重要的异文，关乎对文义的理解甚巨，李富孙吸收前人的见解，进一步辨称："按古无以字为谥者，当作'氏'，'谥'字误。明陆氏粲、傅氏逊、顾氏炎武皆辨正之。洪氏颐煊曰：《正义》服虔云：公之母弟，则以长幼为氏，贵适统，伯仲叔季是也。庶公子则以配字为氏，尊公族，展氏、臧氏是也。服本当作'以字为氏'。"桓公二年传"命之曰仇"，《汉书·五行志》引作"名之曰仇"，像"命"、"名"这样的异文，李氏就用"音转"来解释，但证据是不能少的："按《孟子》'其间必有名世者'，《三国·魏志》注作'命世'，《文选·西征赋》注引同，《答苏武书》注引《孟子》'其中有命世者'。《说文》云：'命，名也'。音转而义同。"三传的异文，也有的是由古今字形不同造成的。桓公二年传"其弟以千亩之战生"，《汉书·五行志》引作"千晦"，这就是古今字，李氏曰："按《说文》晦或作亩，《周礼》多作晦，班书亦从古字。"桓

---

① 《清史列传》卷六十九《儒林下》。
② 李富孙《春秋三传异文释》，本书采用《皇清经解续编》本。
③ 《史记·五帝本纪》集解引。

公九年传"荀侯",《风俗通》引作"郇侯",李富孙曰:"按《诗》'郇伯劳之',《周书·王会》作'荀伯',《说文》云:'郇,周武王子所封国,在晋地。'艸部新附'荀'字,徐铉曰:'今人姓荀氏,本郇侯之后,宜用郇字。'后人去邑为荀尔。"李富孙所做的工作,正像他自己所说的,"就研穷之余,见经史传注诸子百氏所引,以及汉唐宋石经、宋元椠本,校其异同,或字有古今,或音近通假,或沿袭乖舛,悉据古谊而疏证之,而前儒之论说,并为搜缉,使正其讹谬,辨其得失,折衷以求一是"①。这种书虽然算不上是什么经学研究的重要著作,但在乾嘉学者看来,这却是弘扬圣道、讲求经义的基础。一时风气所趋,许多人终其身埋首于故纸堆中,孜孜矻矻,一心要复原古书的旧貌,乐此而不知疲焉。

3. 洪亮吉

洪亮吉的《春秋左传诂》,是乾嘉学者对《春秋》、《左传》做训诂考证的一部重要著作。洪亮吉(1746—1809),字君直,一字稚存,江苏阳湖人。曾入朱筠幕。受当时著名学者戴震、邵晋涵、王念孙、汪中等人影响,立志钻研经学。乾隆五十五年(1790)中一甲二名进士,授翰林院编修。他的仕途颇为坎坷,曾以言事触怒皇帝,发配新疆,后被赦回。史称他"生平好学,不以所遇荣枯释卷帙,尝举荀子语为人戒有暇日。故其学于经史、注疏、《说文》、地理,靡不参稽钩贯,穷日著书,老而不倦"②。《春秋左传诂》成于洪氏的晚年,是他费十年心力完成的一部力作。此书的书名称"诂","诂"与"古"、"故"字通,据洪氏自己说,这是表明"欲存《春秋》、《左传》之古学"③,事实上,这部书也确实表现了鲜明的汉学风格,是乾嘉学派研治《春秋》、《左传》学的最具代表性的作品。

《春秋左传诂》二十卷,分为经四卷,传十六卷,洪氏称之为"遵《汉书·艺文志》例",这也清楚地表明了回归汉儒的旨趣。因为在汉代,经、传本是各自为书的,只是到了晋代,才由杜预"分经之年与传之年相附",而成为现在这种样子。洪氏撰此书,起因于对杜预注的不满,他说:

> 余少从师受《春秋左氏传》,即觉杜元凯于训诂、地理之学殊疏。及长,博览汉儒说经诸书,而益觉元凯之注,其望文生义、不臻古训者,十

---

① 李富孙《春秋三传异文释自叙》,《校经庼文稿》卷十一,道光元年刻本。
② 《清史列传·儒林传下》。
③ 洪亮吉《春秋左传诂序》,中华书局1987年版。

居五六。①

由于对杜注有这样的估计,故而立下了纠正杜注偏失的志向。"然以后人证前人之失,人或不信之;以前人以前之人正前人之失,则庶可厘然服矣"。这"前人以前之人",自然是指先秦旧籍的作者及汉魏的儒生,具体来说,包含三部分内容:一、"以他经证此经,以别传校此传",这当是指以公羊、谷梁的经传与左氏的经传互校;二、"训诂则以贾(逵)、许(慎)、郑(玄)、服(虔)为主",是则训诂的标准取东汉所谓"专门"之学;三、"地理则以班固、应劭、京相璠、司马彪等为主,辅而晋以前舆地图经可信者,亦酌取焉"。总之是"以前古之人正中古之失"。

洪氏深于舆地之学,故书中有关地理的考证颇为精详。例如隐公元年"郑伯克段于鄢",鄢的地望,杜预以为在颍川鄢陵县,赵匡以为"鄢"当作"邬",在缑氏县西南。洪氏钩稽汉人之说,以为应劭所说的克段之地实为"傿"是正确的。他说:

> 今考杜注颍川鄢陵县既非;赵匡以为当作邬,一无确据,又系改字,亦非也。惟应劭之说最足依据。傿县,前汉属陈留,后汉属梁国,作鄢。陈留郡在春秋时大半属郑。且传上云"至于廪延",杜注:"廪延,郑邑,陈留酸枣县北有延津。"廪延至鄢既属顺道,又渡河至共亦便,明克段之地为陈留鄢县无疑。②

这样的考证,颇具说服力。又如隐公五年传文云"郑人侵卫牧",杜预以"牧"为卫的邑名,洪亮吉驳之曰:

> 《尔雅》:"郊外谓之牧",非邑名。与下"伐宋入其郛"同。前年伐郑围其东门,故郑亦侵其牧地以报之。又卫地无名牧者。若云朝歌之牧野,则亦不可仅名为"牧",明杜注非也。

洪氏不仅地理考证精彩,在训诂及其他名物制度的考证上也颇见功力。隐公三年传云"蘋蘩蕰藻之菜",洪氏先引《诗经》毛传:"蘋,大萍也。蘩,皤蒿也。藻,聚藻也",然后批评杜注云:

> 按杜注:"蕰藻,聚藻也",是训蕰为聚,非毛传意。今考《颜氏家训·书证篇》引郭注《三仓》云:"蕰,藻之类也",则蕰亦水草,不可空训作聚。且寻上下文义,"涧溪沼沚"、"筐筥锜釜",皆四者并举。况蕰字从

---

① 洪亮吉《春秋左传诂序》。
② 洪亮吉《春秋左传诂》,中华书局1987年版。以下引洪亮吉说均同此注。

草，何得空训作聚？杜氏之说疏矣。

桓公五年传"旝动而鼓"，对这个"旝"字，古人说法不一。贾逵及《说文》均以旝为发石之机，杜预则从马融，以为是"旗"（一种旗帜）。洪亮吉辨云：

> 《三国志》"太祖为发石车击袁绍"，注引《魏氏春秋》曰："以古有矢石，又《传》言'旝动而鼓'，说曰'旝，发石也'，于是造发石车。"惠栋云："说者，即贾侍中说也。杜以旝为旗，盖本马融。"今按《新唐书·李密传》："造云旝三百具，以机发石，为攻城具，号将军炮。"盖可证贾氏之说。杜注虽本马融，然究不若贾说之信而有征也。

按这是在汉儒说法不同的情况下，进一步搜寻证据，决定弃取。有关制度的考证，如僖公五年传宫之奇说"虞不腊矣"，洪氏乃列举蔡邕《独断》以及应劭《风俗通》之说，以证腊祭不始于秦，他说：

> 今按合之《礼记·月令》孟冬"腊门间及先祖五祀"，是腊祭三代有之，故宫之奇亦云然。宋儒朱子云："秦时始有腊祭。"余一言以断之，曰：《史记·秦本纪》惠王十二年初腊，始皇三十一年改腊曰嘉平①。如谓腊始于秦，则秦改腊为嘉平，亦云嘉平始于秦，可乎？又不待辨而明矣。

按这样的考证，已不局限于训诂了。又洪氏间或也做关于史事的考证。僖公二十八年传"晋侯在外十九年矣"，洪氏曰：

> 按《史记·晋世家》，重耳出亡时年四十三，凡十九岁而得入，年六十二。而杜注则本《晋语》，言"晋侯生十七年而亡，十九年而反，凡三十六年，至此四十矣"。今考夷吾为重耳之弟，夷吾之子圉以僖十七年出质于秦，秦即妻之，至小亦当年十五六。自僖十七年至二十八年，又及十二年，则怀公此时若在，亦当年近三十。安得重耳为其伯父，年止四十也？明重耳之年当以《晋世家》为实，《晋语》及杜注并非也。况昭十三年叔向言文公生十七年而有士五人，是文公生十七年即能得士，非即从是年出亡也。杜又确指战城濮之年谓文公年正四十，可云凿而妄。

洪氏的训诂精确稳当，考据信而有征，但他对杜注的排斥却未免过甚。凡杜注与汉人相左之处，洪亮吉大多从汉人之说，对杜注排击贬斥不遗余力。洪亮吉也注意到了杜注中实际上有大量吸收汉人说解的地方，只是杜预不曾标明出处，因此他在攻驳杜注疏漏的同时，也对杜注采用前人说法之处一一予以揭

---

① 《风俗通》云："按礼，夏曰嘉平，殷曰清祀，周曰大蜡，汉改曰腊。"

发,他在自序中述其所自创之例云:"卷中凡用贾、服旧注者,曰'杜取此';用汉魏诸儒训诂者,曰'杜本此';用京相、马彪诸人之说者,曰'杜同此',以别之。"按在这三者之中,前两者是说杜注采用了前人的材料,所谓贾、服旧注,指贾逵、服虔所作的《左传》注,杜氏直接取来用在他的《集解》中,故称"杜取此";"汉魏诸儒训诂",指汉魏儒者对《左传》以外的其他古书所作的注解,如《诗》之毛传、郑玄之《礼》注、虞翻的《易》注等等,杜氏利用这些训解,称"杜本此"。至于"京相、马彪"云云,则专指晋人京相璠、司马彪等的地理学著作,① 由于京相璠、司马彪等与杜预同时甚或稍晚,② 不能遽断杜预吸收了京相、司马等人的意见,因此,如遇杜注与京相等说法相合,只称"杜同此"。这正表明了洪亮吉求实的精神与审慎的态度。有的现代学者将这三者(杜取此、杜本此、杜同此)混在一起说,认为这些是"指明杜注承袭前人而不加标明之处"的"凡例",③ 是不符合洪氏的原意的。

(二) 古注的辑存与新疏的撰著。

随着汉学成为清代学术的主流,人们对探求经典之汉注的要求愈加迫切。但《春秋》三传之中,除《公羊》的何休注属汉人注解外,杜、范都不是汉人。而从总体上说,清儒专重《左传》,对《公》、《谷》本不甚措怀。这时候,千余年来被视为《春秋》经传诠释之源的杜注受到了前所未有的挑战,人们普遍要求回归汉儒。《左传》虽有汉儒如贾逵、马融、延笃、许淑、服虔等为之作注,但这些注均早已亡佚,只有片言只语,零星保存于经典的义疏以及各种类书等旧籍之中。于是辑佚就成了汉学家的一项重要的工作。

较早从事于辑佚工作的,是惠栋及其弟子。惠栋《九经古义》,网罗汉儒注解,疏通证明,已有辑佚之意。其弟子余萧客,所从事的则是标准的辑佚工作。余萧客(1732—1778),字仲林,江苏长州人。撰有《古经解钩沉》三十卷,其中《左传》七卷(第七卷分上下,实为八卷),《公》、《谷》各一卷。此书采录唐及唐以前诸儒训诂,"凡唐以前(包括唐代)之旧说,有片语单词可考者,悉著其目;虽有人名而无书名、有书名而无人名者,亦皆登载。又以传从经,钩稽排比,一一各著其所出之书。并仿《资暇集》、《龙龛手镜》之例,

---

① 京相璠有《春秋土地名》,司马彪有《续汉书·郡国志》等。
② 按《晋书》,司马彪卒于惠帝末年,享年六十余,则其生年当在246年前后,而杜预的生年则在222年。
③ 沈玉成、刘宁《春秋左传学史稿》,江苏古籍出版社1992年版,第317页。

兼著其书之卷第，以示有征"①。余氏自述其所依据的材料云："暇日因读注疏，摘其所引，并李鼎祚《周易集解》二十七家旧说，益以史传稗官百家杂注及《太平御览》、《册府元龟》诸巨编所载，凡涉经义，具有成书，今所不传，尽《玉海》而止，罔不毕取。"② 值得注意的是，这部书收罗十分广泛，其所谓"古经解"，并不限于汉人，杜预的《春秋释例》、《春秋长历》等佚书是都包括在内的。可见此时的余萧客，尚没有以汉人之说完全取代晋唐旧注（如杜注）的意思。

对《左传》的贾服注用力最勤，辑佚、考证成就最大的，当属李贻德的《春秋左氏传贾服注辑述》。李贻德（1783—1840），字天彝，号次白。二十六岁时曾谒孙星衍于江宁，事以师礼。孙星衍对他非常赏识，让他参与分纂《十三经佚注》，李贻德因此撰成《春秋左氏传贾服注辑述》二十卷。

李贻德的学术，深受洪亮吉与孙星衍的影响。他于嘉庆三年（1798）见到了洪亮吉，"即深企慕"③。嘉庆十九、二十年（1814、1815）间，"谒孙星衍以师礼"。当时洪亮吉的《春秋左传诂》一书久已传布，孙星衍的《春秋集证》稿本已具，只是没有刊刻。李贻德既以孙氏为师，孙书的内容，作法，李氏不会不知。而且据说孙星衍"晚年善病，所著书多先生（按指李贻德）为助"④，故孙星衍对李氏的影响是显而易见的。《春秋集证》究竟是一种什么性质的书，由于稿本已佚，今已无从得见，但孙氏自撰的凡例云："《春秋》事迹见于诸子百家者甚多，皆三传所无。此编网罗放失旧闻，窃附史学之后，不为解经而作，故事迹详而议论不录。"⑤ 可见这是一部重在考证史事的书。作者虽自称不为解经而作，但据晚清的刘毓崧说："然证佐集而事迹彰，则得失是非无难立判，不待多采议论而褒贬之义自明。虽仅自附于史学，而其有功于经术也大矣。"⑥ 孙星衍晚年，组织人力"辑汉魏人之说经者为《十三经佚注》一书，令同志分任之"⑦，李贻德参预其事，所著《春秋左氏传贾服注辑述》就是在这个时期完成的。

《春秋左氏传贾服注辑述》二十卷。此书的体例与孙星衍的名著《尚书今

---

① 《四库全书总目》语。
② 余萧客《古经解钩沉前序》，《四库全书》本。
③ 刘毓崧《李次白先生〈春秋左氏传贾服注辑述〉后序》，《通义堂文集》卷四，咸丰刻本。
④ 刘恭冕《李次白先生遗书序》，《广经室文钞》，同治刻本。
⑤ 附载于刘毓崧《李次白先生〈春秋左氏传贾服注辑述〉后序》，《通义堂文集》卷四，咸丰刻本。
⑥ 刘毓崧《李次白先生〈春秋左氏传贾服注辑述〉后序》。
⑦ 徐士芬《李次白传》，《续碑传集》卷七十六，上海书店影印本。

古文注疏》极为相似。《尚书今古文注疏》就是屏弃伪孔传及孔疏，先用辑佚的方法搜集《尚书》的古注，然后用唐人作疏的方法对这些古注做进一步的疏通证明，实际上作成一部新疏。李贻德的《春秋左氏传贾服注辑述》分为"辑"与"述"两部分，"辑"即贾、服注的辑存，大约即孙星衍令人辑《十三经佚注》的一部分；"述"则是李氏对贾、服注的进一步的疏通解释，也就是李氏的新疏。对贾、服古注的辑录，并不自李贻德始，此前已有王谟的辑本，但李贻德所辑后出转精，更为完备和准确。例如见于《左传》序疏所引的贾逵所说"孔子览史记，就是非之说，立素王之法"云云，这本是贾逵所作《春秋序》文，隐公十一年"许太岳之胤也"，孔疏所引贾逵说"四岳，官名，太岳也，主四岳之祭"云云，本是贾逵的《周语注》文，王谟都辑为《左传》贾注，李氏对此则细加辨别。① 因此李氏所辑，公认为是《左传》贾服注的最好的辑本。李氏作疏，完全仿唐人义疏的形式，对注文逐句甚至逐词加以解释，近乎繁琐。例如隐公元年经的"春王正月"，李氏从孔疏中辑得服虔的注文："孔子作《春秋》，于春每月书王，以统三王之正。"接着李氏便对这句注文分解诠释。先是讲，"孔子作《春秋》"，引《公羊疏》等文献，说明《春秋》既为鲁史旧名，为什么又说"孔子作"的道理；然后讲什么叫"于春每月书王"，引何休之说，指出二月为殷之正月，三月为夏之正月；最后再讲"统三王之正"，引应劭、孟康、《白虎通》等说，讲解汉代盛行的"三统"理论。最后对服注作总结发挥云：

> 传于此经著之曰"王周正月"，正见王二月则殷正月，王三月则夏正月，举一反三也。不然，告朔颁时王所建，习之固然，谁不知为王正月，而必举周以示例乎？

清儒刘恭冕评论说，该书"援引甚博，字比句栉，于义有未安者亦加驳难，虽使冲远复生，终未敢专树征南之帜而尽弃旧义也"②。这是说李氏的《辑述》表章汉儒，使专主杜注的孔氏也不得不屏息敛手，让汉人旧注恢复其应有的地位。但李氏更可贵的地方是他把乾嘉学者实事求是之风发挥到了极致。他虽然坚持汉学立场，并不拘执迷信，墨守旧说。他的"述"固属疏体，但李氏作疏的精神却与唐人不同。唐人作疏，疏不破注，对注总是百计弥缝，李氏则不是这样。他虽为贾、服之注疏解，却并不固守贾、服，对贾、服注之文与义有差

---

① 李贻德《春秋左氏传贾服注辑述》，《皇清经解续编》本。
② 刘恭冕《李次白先生遗书序》。

误之处都有所纠驳。例如隐公九年服注"先者见获，言必不往相救，各自务进，言其贪利也"，李氏经过考证分析，认为这段服注文字上有倒错，"先者见获"误倒于"必不往相救"之前；僖公二十六年服注"夔，楚熊渠之孙"，李氏经过考证，认为服注有误字，"孙"字当作"子"；宣公四年服注"兵车旁幔轮"，李氏以为"轮"字当作"毂"；襄公二十七年服注"楚君恒以大夫为宾"，李氏据文义疑"楚"当为"燕"字之误，且"君"字应下属为句。类似这样的地方，李氏绝不迁就为文，都要加以纠正。对贾、服注的注义，也不盲从。桓公二年传云"旝动而鼓"，贾逵认为旝为发石之机，杜预以旝为旗帜之属，李氏比较二说，倾向于杜注；昭公十六年传"其祭在庙已有著位"，李氏比较服、杜两说，认为"杜云君祭，较服为长"；昭公十九年传"楚子之在蔡也"，是指楚子为蔡公时，还是指楚子作为大夫往聘蔡时，贾逵与杜预说不同，李氏经过分析，认为杜预所说是正确的。① 从总体上说，李氏是不满于杜注的，这也是他要辑述贾服注的原因；但这并不妨碍他在某些具体的问题上，采用杜注中的一些正确的意见。这样的做法，比起那些盲目从古、盲目从汉的汉学家来，其高明与进步之处是显而易见的。

大约与李贻德同时，有刘文淇为《左传》撰著新疏之举。刘文淇（1789—1854），字孟瞻，江苏仪征人。史称"文淇研精古籍，贯串群经，于毛郑贾孔之书，及宋元以来通经解谊，博览冥搜，实事求是。尤肆力《春秋左氏传》"②。道光八年（1828），刘文淇与刘宝楠、梅植之、包慎言、柳兴恩、陈立同赴南京应省试，这几个人谈到旧经疏之不满人意，声气相投，于是相约分头各撰新疏，刘宝楠任《论语》，柳兴恩任《谷梁传》，陈立任《公羊传》，《左传》则属之刘文淇。后来刘宝楠成《论语正义》，柳兴恩成《谷梁春秋大义述》，陈立成《公羊义疏》，都是能够代表当时最高水平的新疏，而刘文淇的《左传疏》则迟迟没有成书。据《清史列传》，"文淇为《左氏春秋》长编，晚年欲编辑成疏，甫得一卷而殁"。是知刘文淇已完成了长编，但只编成书一卷。其子刘毓崧说："（刘文淇）草创四十年，长编已具，然后依次排比成书八十卷。"③ 看来这八十卷应该说的是长编。既云草创四十年，则文淇与诸友人相约各撰新疏之前很久即已从事于斯了。文淇既赍志以殁，其子毓崧继之，但毓崧寿亦不永，"思卒

---

① 参见刘恭冕《春秋左氏传贾服注辑述跋》，《广经室文钞》，同治刻本。
② 《清史列传》卷六十九，《儒林下》。
③ 刘毓崧《先考行略》，《通义堂文集》，卷六。

其业未果"①。毓崧之子寿曾"乃发愤以继志述事为任，严立课程，孜孜罔懈，至襄公四年而卒，年四十五"。今所见《春秋左氏传旧注疏证》仅到襄公，主要出自刘寿曾之手。②

刘文淇在青年时期，完成过一部重要的著作《左传旧疏考正》。③ 这部书的研究对象，是《五经正义》中的《左传正义》。人们都知道《正义》是孔颖达与诸儒删定旧疏而成，并非成于一手，永徽中又经于志宁等人增损，已非孔氏原稿。但究竟哪些是旧疏原文，哪些内容是唐人的笔墨，已经完全混淆，似乎无迹可寻了。刘氏发挥其娴熟的考证功夫，对《正义》做了分析辨别："近读《左传疏》，反复根寻，乃知唐人所删定者，仅驳刘炫说百余条，余皆光伯（刘炫字）《述议》也。"④ 这是一个非常重要的发现。由此可以知道，历来所谓"唐人《正义》"，其中绝大部分文字并非出自唐人之手，而是唐代以前义疏之原本，所谓"沈之《义略》、刘之《述议》，隐然若古碑之洗剔"⑤，这样，沉埋已久的南北朝义疏的面貌就变得清晰起来了。

刘文淇的考证，信而有征，每每能抓住问题的要害。例如当时有很多人对孔氏《正义》大部分非唐人之笔这一结论心存疑惑，因为《正义》中常常称引"定本"，而据史书记载，定本出自颜师古，⑥ 这不是正好说明《正义》是唐人所作吗？刘文淇就从考证"定本"入手。他首先肯定颜师古确有"定本"，但接着说：

> 然汉魏以来，校定书籍者正复不少，即如北齐郎茂于秘书省刊定载籍，隋萧该开皇初奉诏与何妥正定经史，又《刘焯传》云：焯与诸儒于秘书省考定群言，是齐、隋以前皆有定本。疏中所云"今定本"者，当系旧疏指齐、隋以前而言，必知非师古定本者，其验有十焉。⑦

接着刘氏举出十条证据，例如：

> 《礼记》"匹士太牢而祭谓之攘"，疏云："卢王礼本并作匹字，今定本及诸本并作正字。熊氏依此而为正字，恐误也。"据此，是定本乃在熊氏前。

---

① 《清史列传》卷六十九，《儒林下》。
② 《春秋左氏传旧注疏证》之《整理后记》，科学出版社1959年版。
③ 此书自序作于1820年。
④ 刘文淇《左传旧疏考正序》，《皇清经解续编》本。
⑤ 沈钦韩《刘文淇左传疏考证序》，《幼学堂文稿》卷六，道光刻本。按"沈之《义略》"指沈文阿《春秋左氏经传义略》，"刘之《述议》"指刘炫《春秋左氏传述义》。
⑥ 《旧唐书·儒学传》。
⑦ 刘文淇《左传旧疏考正序》。

按熊氏指北朝熊安生，熊氏依定本为读，此定本非颜师古定本可知。又如：

> 襄二十七年传"皆取其邑而归诸侯诸侯是以睦于晋"，疏云："古本亦有不重言'诸侯'者，今定本重言'诸侯'。刘炫云：晋宋古本皆不重言'诸侯'，不重是也。"刘炫岂及见师古定本，而以定本为非！

按刘文淇所谓"其验有十"，率皆此类。刘氏对孔疏做了这样一番彻底的清理之后，遂把目光又转向了《左传》的注。他以汉学家的立场，推重《左传》的旧注（主要是汉人之注），同时也决心为《左传》及其旧注作一部新疏。

刘文淇对杜预似抱有甚深之成见，这种看法，可能是受沈钦韩的影响。沈钦韩（1775—1831），字文起，江苏吴县人。长于训诂考证，精于《左传》之学，不喜《公》、《谷》。他对杜注极端不满，认为"杜氏注出，虽得列学官，然多入以邪说，阴败礼教，其蠹《左氏》也，逾于明攻"①。沈钦韩著有《左传补注》十二卷、《左氏地理补注》十二卷等。刘文淇对沈氏十分景仰，他在给沈钦韩的信中，盛赞沈氏左氏学之高明，说"近今为左氏之学，未有逾先生者"②。沈钦韩在所著《左传补注自序》中，大骂杜注。他说《左传》之学在发展过程中历经"四厄"，其中第二厄就是杜预为《左传》作注（其他三厄分别是：汉代公羊家之攻击《左传》，孔颖达作《正义》之排击郑、服、啖、赵、陆及宋人之舍传求经），他痛斥杜预云：

> 有杜预者，起纨绔之家，习篡杀之俗，无王肃之才学，而慕其凿空，乃绝智决防，以肆其猖狂无藉之说，是其于《左氏》，如蟹之败漆，蝇之污白，其义埋没于鸣沙礁石中，而杜预之妖焰，为鸡为狗，且蓬蓬于垣次矣……杜预以罔利之徒，憎不知礼文者，蹶然为之解，俨然行于世，害人心，灭天理，为《左氏》之巨蠹。③

他在《与周保绪书》中说：

> 为《左氏》之疮痏而得罪于圣经者，无如杜预也。贾、服之注今已不传，其精者偏为杜预攘取……向来经师之讲习，《左氏》之面目未至颠倒变易；杜预乃尽翻家法，移《左氏》之义以就其邪僻曲戾之说，创《长历》以为牵附移掇之计，造《释例》以成其网罗文致之私，疏家及后之为《左氏》者动辄惑于其例，于是《左氏》之学亡而杜预俨然专门名家矣。故经学之亡亡于唐初撰《五经正义》，弃河朔之朴学，尚江左之虚浮，殊

---

① 《清史列传》卷六十九。
② 刘文淇《与沈小宛先生书》，《青溪旧屋文集》卷三，光绪九年刻本。
③ 沈钦韩《春秋左氏传补注自序》，《丛书集成》本。

可浩叹。①

按沈氏对杜预的指责,一为攘善,二为以邪说乱《左氏》本义,这种认识在清代学者中是比较普遍的。刘文淇在致沈钦韩书中说:

> 窃叹《左氏》之义,为杜征南剥蚀已久,先生披云拨雾,令从学之士,复睹白日,其功盛矣。覆勘杜注,真觉疵痏横生。其稍可观览者,皆是贾、服旧说。洪稚存太史《左传诂》一书,于杜氏剿袭贾、服者,条举件系,杜氏已莫能掩其丑,然犹苦未全。文淇检阅韦昭《国语注》,其为杜氏所袭取者,正复不少。夫韦氏注,除自出己意者,余皆贾、服、郑君旧说,杜氏掩取,赃证颇多。窃不自量,思为《左氏疏证》。②

按刘氏在这里说明了他所以撰《旧注疏证》的用意。一方面是不满于杜注的"疵痏横生",另一方面是要进一步揭发杜预掩袭前人之迹。他的视野比洪亮吉要宽阔得多,他注意到了《国语》韦昭注也引了大量的贾、服、郑旧说,杜预袭用韦注,实际上间接袭用贾、服、郑,这一点是洪亮吉《左传诂》所没有论及的。至于此书的作法,刘文淇说:

> 取《左氏》原文,依次排比,先取贾、服、郑君之注,疏通证明。凡杜氏所排击者纠正之,所剿袭者表明之。其袭用韦氏者,亦一一疏记。他如《五经异义》所载《左氏》说,皆本《左氏》先师;《说文》所引《左传》,亦是古文家说;《汉书·五行志》所载刘子骏说,皆《左氏》一家之学。又如《周礼》、《礼记》疏所引《左传》注,不载姓名而与杜注异者,亦是贾、服旧说。凡若此者,皆以为注,而为之申明。③

这样刘文淇就完全摆脱了杜注,建立起了一套新的《左传》旧注系统,这个"旧注",既包括贾逵、服虔、郑玄之说,也包括杜林、刘歆等人对《左传》的解释,总之是将汉人的解说收辑大备了。《左传》汉注的建立,总算弥补了乾嘉以来汉学家们在《春秋》学上的某种缺憾。对杜注中的合理成分,刘氏也并非完全抛弃,而是把它降在了"疏"中。

接下来所要做的,就是在这新建立起来的"旧注"的基础上,为《左传》作"新疏"了。这就是刘氏所谓"疏证"。刘氏祖孙三代的创造性的工作,也主要体现在这新疏上。新疏的特点,就是最广泛地吸收清代学人的研究成果,例如对沈钦韩的《左传补注》,疏中就"十取其六","其顾(炎武)、惠(栋)

---

① 沈钦韩《与周保绪书》,《幼学堂文稿》卷七,道光八年刻本。
②③ 刘文淇《与沈小宛先生书》,《青溪旧屋文集》卷三。

《补注》，及王怀祖、王伯申、焦理堂（循，有《春秋左传补疏》等）诸君子说有可采，咸与登列，皆显其姓氏，以矫元凯、冲远袭取之失。末始下以己意，定其从违"。实际上《疏证》所采清代学者之说甚多，远不止这里所提到的数人。我曾随意翻检僖公二十四年至三十一年，仅这数年之中，《疏证》采用其说的清代学者就有毛奇龄、阎若璩、何焯、孔广森、段玉裁、武亿、朱骏声、王鸣盛、陈奂、阮元、张惠言、李富孙、马宗琏、江永、程瑶田、洪亮吉、李贻德、黄承吉、俞樾等二十多人，可见其吸收清人说解是多么广泛。除广收清人之说外，刘氏作疏，取材极宽，"上稽先秦诸子，下考唐以前史书，旁及杂家笔记文集，皆取为证佐，期于实事求是，俾《左氏》之大义炳然著明"。这样广泛地取材，使刘氏的新疏，建立在了坚实证据的基础之上。

与李贻德的《春秋左氏传贾服注辑述》相比，刘文淇的《春秋左氏传旧注疏证》在体例上更接近于唐人之疏。因为李氏的《辑述》仅就所辑的贾服注作疏，对传文中无贾服注之处是不加解释的；而刘氏《疏证》对所辑旧注固然要详加疏解，对没有旧注的传文，如认为有必要，也要加以解释，故有很多处"疏证"是直接讲解传文的，中间并没有"注"这一个环节。而且，刘文淇自称其"所为'疏证'，专释训诂名物典章，而不言例"，这是典型的乾嘉风格。全书一百多万字，尚仅及襄公四年而止，其讲解的深入细致可以想见。例如隐公元年《左传》记郑伯克段之事，其中有"公曰：姜氏欲之，焉辟害？对曰：姜氏何厌之有？不如早为之所，无使滋蔓，蔓，难图也。蔓草犹不可除，况君之宠弟乎"等语，刘氏辑得服注："滋，益也。蔓，延也。谓无使其益延长也。"服氏仅注"滋"、"蔓"二字。刘氏所撰《疏证》则云：

> 《广雅·释诂》："焉，安也。"《吕氏春秋》"怀宠求索无厌"，高注："厌，足也。"《一切经音义》二引《三苍》："所，处也。"杜注"不如早为之所"云："使得其所宜"，殆为不辞。顾炎武《补注》云："言及今制之"，是也。《说文》："滋，益也。曼，引也。"《诗·閟宫》"孔曼且硕"传："曼，延也"，是正字。服注："蔓，延也"，及"野有蔓草"传："蔓，延也"，是假借字。《说文》："蔓，葛属"。《常棣》"是究是图"传："图，谋也。"《说文》："图，画计难也。从囗，啚，难意也。"《曲礼》"驰道不除"注："除，治也。"《斯干》"风雨攸除"《释文》："除，去也。"[①]

[①] 刘文淇《春秋左氏传旧注疏证》，科学出版社1959年版。

按刘氏此疏，重点讲解了"焉"、"厌"、"所"、"滋"、"蔓"、"图"、"除"七个单字，其中有的有旧注，大多数没有旧注。刘氏追根溯源，语语有据，训诂确凿可信。同时也驳斥了杜注的臆说。对《左传》中这样一句并不算十分难懂的话还如此广征博引，用力疏通，此书之厚重详尽甚而至于近乎繁琐可知。

刘氏著书广征博引，搜罗训诂材料，迹近竭泽而渔。更为可贵的是，刘氏的眼光并不仅仅停留在一般训诂材料上，有时一段史文，也可以成为他讲解传文的依据。例如宣公十五年传引古人言"虽鞭之长，不及马腹"，刘氏《疏证》云：

> 杜注："言非所击。"《北魏书·李冲传》："别诏安南大将军元英、平南将军刘藻讨汉中，召雍、泾、岐三州兵六千人，拟戍南郑，克城则遣。冲表谏曰：'西道险厄，单径千里。今欲深戍绝界之外，孤据群贼之口，敌攻不可卒援，食尽不可运粮。古人有言：虽鞭之长，不及马腹。南郑于国，实为马腹也。'"据李冲引传意，马腹喻宋，距晋远，中隔大河、太行也。杜说非。

按刘氏此疏，意在纠正杜注之误解，他所据者，乃是史传中北魏人李冲对《左传》的引用。李冲是北方儒者，他对《左传》的理解，当属于服、郑一系，故刘氏引以为据。这样就把探求《左传》旧注的范围大大扩展了。

因此，《疏证》堪称是清人对《春秋》、《左传》进行全面讲解的一个最详尽、最精审、收罗材料最为丰富的注本，是乾嘉学风的一部代表作。惜乎此书只到襄公而止，刘氏虽历三世而最终还是没有完成，直令百年以下的我们，思之仍不胜惋惜之感。

（三）经义、传义的阐发与驳辨。

乾嘉诸儒对《春秋》经传的研究，虽然集中在校勘、训诂及名物制度等等的考证之上，却也并非绝口不谈义理，而且有些学者对经义、传义的阐发与驳辨相当重视。一般说来，乾嘉学者由于尊重古注，他们对汉人所宣扬的经义、传义都持肯定的态度，对汉人以前的先秦儒者的说教更是遵奉不敢少违，例如孟子所说"孔子作《春秋》而乱臣贼子惧"，"《春秋》天子之事也"之类，乾嘉学者都是百般维护的。他们一般都很重视三传，特别是重视《左传》，尽管他们对三传都有不满意的地方，但他们普遍反对舍传求经，对汉代以后的学者所阐发的经义，以及他们阐发经义的方法，乾嘉学者则抱有强烈的批判态度。几乎没有一个乾嘉学者否认《春秋》中有大义、有褒贬，但相当多的人反对以"例"说《春秋》，反对所谓一字褒贬，他们大多倾向于"大义"及"褒贬"就存在于记事之中。在这个问题上，可以说大多数乾嘉学者是属于古文经学派的，他们反对公羊、谷梁的今文经学派的说经方法。但对于古文经学派的干将的杜预，乾嘉学者则普遍表示不满，除了对杜预"剽窃""攘善"行为表达鄙夷与愤慨之外，许多人对杜预首揭的几处经义也表示了怀疑。

《春秋》与三传的关系，是每一个《春秋》学者必须回答的问题。脱离三传，只从干巴巴的经文中讨生活，必然导致逞臆之说盛行。没有了事实依据，没有了客观标准，言人人殊，莫衷一是，这与主张征实之学的乾嘉学者是格格不入的。关于这个问题，陈寿祺的看法很有代表性，他认为孔子修成《春秋》不久即去世，没有来得及将大义微言尽传于弟子，故"儒者各论所闻，稍失其旧，此三传所以不能无与经相违之过也"。接着他指出三传经义的缺失云：

> 《左氏》之失者，以鬻拳为爱君，以华耦为敏，以荀息为言岾，以苌弘为违天，以文公纳币为用礼，数端而已。《谷梁》之失者，以卫辄拒父为尊祖，不纳子纠为内恶，赵鞅归晋为正国，数端而已。《公羊》之失者，以祭仲废君为行权，以公子结盟齐宋为利国，以齐襄灭纪为复九世之仇，数端而已。其它名义，间亦失诬。《公》、《谷》比附日月，曲生条例，义密于《左氏》，繁碎亦甚于《左氏》。①

按三传各有数端传义上的错误之处，同时，《公》、《谷》的"日月时例"之类的条例也备受批评，然从总体上来看，说《春秋经》是离不开三传的，陈氏曰：

> 《左氏》之博于史，《公》、《谷》之核于经，则言《春秋》者之津梁也，岂得执其一二以废百哉！听远者闻其疾而不闻其舒，望远者察其貌而不察其形。左氏、公、谷去圣人之世犹近，遗闻绪论，宜有所受。设无三传，则《春秋》孤行数千载以至于今，虽圣哲复生，奚据以稽其文与事而断其义，学者恶能道此经只字哉！②

对于"舍传求经"的研究方法，陈氏也进行了猛烈的抨击：

> 夫始恃三传而得其本末纲统，终乃尽弃三传，以为经不待传而详，何异虫生于苗，自食其根。而臆出无师之智，逆探数千载之前，而谓获千载不传之秘，吾恐彼亦一是非，此亦一是非，恶睹其愈于入室而操戈者哉！③

以"例"说《春秋》和"一字褒贬"说，是公羊家和谷梁家说经的特点，左氏虽也讲"凡例"，但许多是所谓史例，即史官记事之法，真正涉及经义的

---

① ② ③ 陈寿祺《答高雨农舍人书》，《左海文集》，《皇清经解》卷一千二百五十四。

并不多，而且有很明显的受今文家影响的痕迹。乾嘉诸儒对于以"例"说《春秋》以及"一字褒贬"之说，看法并不一致，大致分为两派，一派根本否认有所谓"例"，更不承认一字之间有什么褒贬，他们认为经义、褒贬都只在叙事之中，事件的背景、因果、过程讲清了，褒贬自然可以体会出来，前述之顾栋高，就是这一派的代表，其他如洪亮吉、孙星衍、刘文淇等，基本上都持这样的观点。另一派则更笃信孔子"笔削"之说，他们觉得如果没有"例"，没有"一字褒贬"，那么孔子的笔削体现在何处呢？因此他们很审慎地对待"例"，也不敢轻易地否认有"一字褒贬"。前面提到的陈寿祺，在致高雨农的信中，阐述了他的看法。按高氏著有《春秋圣证》，据陈寿祺说，此书"大抵舍传求经，不设条例，经则因史存义，不设褒贬"①，可知高氏的主张与顾栋高等有相似之处，陈氏则别有所见，他说："孟子言'孔子作《春秋》'，'作'之云者，虽据旧史之文，必有增损改易之迹。"在分别举出孔子对鲁史旧文或因循、或增损改易的证据之后，特别指出了《春秋》中有许多"孔子特笔"之迹，他说：

> 太子独记子同生而不及子赤、子野、襄公，则知此为《春秋》特笔，以起不能防闲文姜之失；妾母独录惠公仲子、僖公成风，而略于敬嬴、定姒、齐归，则知此亦《春秋》特笔，以著公妾立庙称夫人之始；有年、大有年惟见桓三年及宣十六年，盖承屡侵之后，书以志幸；王臣书氏，惟见隐三年及昭二十三年、二十六年，盖兆世卿之乱王室，书以示讥，则其它之删削者夥矣。外大夫奔书字，惟见文十四年宋子哀，盖褒其不失职；外大夫见杀书字，惟见桓二年孔父，盖美其死节；公子季友、公弟叔肸称字，季子（闵二）、高子（闵元）称子，所以嘉其贤；齐豹曰盗，三叛人名，所以斥其恶；公薨以不地见弑，夫人以尸归见杀，师以战见败，公夫人奔曰孙，内杀大夫曰刺，天王不言出，凡伯不言执，与王人盟不言公，皆《春秋》特笔也。是知圣人修改之迹不可胜数，善善恶恶，义逾衮钺。然后是非由此明，功罪由此定，劝惩由此生，治乱由此正。故曰《春秋》天子之事也。苟徒因仍旧史，不立褒贬，则诸侯之策当时未始亡也，孔子何为作《春秋》？且使孔子直写鲁史之文，则孟子何以谓之"作"？则"知我罪我"安所征，"乱臣贼子"安所惧？②

按在本章第三节我们看到，以考证见长的毛奇龄曾对"义例"、"一字褒贬"等

---

①② 陈寿祺《答高雨农舍人书》，《左海文集》，《皇清经解》卷一千二百五十四。

说法做过痛快淋漓的批判。陈寿祺是阮元的弟子，也是乾嘉时期一位杰出的考证学者。他同样是站在征实的立场上，对传统的"义例"说、"一字褒贬"理论，却采取了基本接受的态度。这充分表明了《春秋》问题的复杂性。作为经典的《春秋》，其经义有着太多的不确定因素，这也就为后世的诠释者预留下了巨大的发挥的空间。

乾嘉学者阐发经义、传义，往往以校勘及训诂为基础，从不空发议论，这一点很具有时代的特色。例如桓公十五年《左传》记祭仲之婿雍纠将杀祭仲之事，雍纠之妻雍姬问其母曰："父与夫孰亲？"其母答曰："人尽夫也，父一而已，胡可比也。"对于这"人尽夫也"一语，宋以来学者多有不满，而段玉裁则考证说：

> 人即禽兽，其心未有肯云"人尽夫"者，此乃《开成石经》一误而莫之正，是以名儒不窥也。《唐律疏义》音义两引皆作"天"字。考杜注云："妇人在室则天父，出则天夫。"是知传文作"人尽天也"。祭仲之妻之意，谓人尽天之所覆也，妇人未有不天父天夫者，但父为生我之天，至亲者一人而已；夫则为所适之天，其亲不比生我者也。……乃传写左氏者误字，天下后世以为笑柄。倘非杜注，不且冤沉大海耶！传文"人尽天也"，故杜以"天父天夫"释之；假令传文非"天"字，杜何必有此注耶？①

按段氏受时代及传统伦理的局限，对"人尽夫也"之说无法接受，于是以"夫"为"天"之误字。值得注意的是，他作这样的讲解，也非凭空杜撰，而是有一定的校勘依据。一是《唐律疏义》音义之引文可作一校材，二是杜预的注文亦可作一旁证。当然，在今人看来，段氏之校未免牵强得可笑，杜预之注也难说明问题，与其说"夫"字当作"天"，毋宁说《唐律疏义》音义的引文有误。但在段氏当时，却是辞严义正，以为真的拨开《左传》传义上的千年迷障了。

总的来说，乾嘉学者阐发《春秋》经义、传义，大多是陈辞老调，鲜有新的发明，不过也有个别思想通达、见识超卓之士，发表一些足以振聋发聩的意见。例如钱大昕在谈到《春秋》中大量记载的"弑君"之事时说：

> 《左氏传》曰："凡弑君，称君，君无道也；称臣，臣之罪也。"后儒多以斯语为诟病。愚谓君诚有道，何至于弑？遇弑者，皆无道之君也。其贼之有主名者，书名以著臣之罪；其微者不书，不足书也。无主名者，亦

---

① 段玉裁《与严厚民（杰）论左传》，《经韵楼集》，《皇清经解》卷六百六十三。

> 阙而不书,史之慎也,非恕臣之罪也。圣人修《春秋》,述王道以戒后世,俾其君为有道之君,正心修身,齐家治国,各得其所,又何乱臣贼子之有!①

按钱氏这段话是为回答"孔子成《春秋》而乱臣贼子惧"是否可信这个问题而说的,在当时的条件下,敢于把弑君的部分责任归于君主名下,是需要见识与胆量的。

《左传》中记载"周郑交质",自宋以来,儒者多以为左氏把周天子等同于列国,有违《春秋》"尊王"之义。钱大昕则根据历史事实,做了客观的分析:

> 古者封建之世,王畿千里为天子之国,自畿以外为列国,天子不自治之,故曰"古之欲明明德于天下者,先治其国,国治而后天下平",又曰"天下之本在国"。王国与侯国,皆国也。天子有道而天下诸侯朝之,谓之有天下;否则位号仅存,所有者唯王国而已。……战国之世,周鼎未改。而《孟子》书言三代之失天下,又云"王者之迹熄而诗亡",可证平王东迁之后,周仅有其国,不得云有天下。此王之所以为"风",而《左氏》以周、郑为二国,亦纪其实耳。对郑而言,故不言王而言周。汉初,贾谊上疏,亦以汉与吴、楚、淮南诸国对言,当时未闻非之。后儒去古日远,不考封建之制,强立议论,要于经义无当也。②

按这是一段非常精彩的议论。钱氏以他贯通古今的历史眼光,对三代天下的政治格局做出了十分准确的观察。这在那个时代的学者中是很难得的。只是像这样的议论,在乾嘉学者的《春秋》学著作中并不多见。

清儒普遍对杜预感到不满,这种不满已不限于学术本身,已扩展及于人品、行事及思想。杜预本为魏臣,其父为魏幽州刺史,因与当时的权臣司马懿有私怨,故杜预很久没有得到升迁。后来司马昭嗣立,为笼络人才,将其妹高陆公主嫁给杜预,杜预遂死心塌地为司马氏服务了。③ 此后协助司马昭篡魏,又为晋之统一天下立下大功,成为西晋名臣。但从封建道德的角度来看,杜预之立身行事,颇多可议之处。乾嘉儒者处于君主专制高度发展的时期,又长期受到程朱理学的熏陶,论人议事,每每纠缠于所谓"德行",故有时不免影响到评价的客观性。许多乾嘉儒者对杜注贬抑过分,这应该算是一个重要的原因。在这方面,焦循之《春秋左传补疏》可称得上是有代表性的作品。

---

① 钱大昕《答问四》,《潜研堂文集》卷七,上海古籍出版社点校本。
② 钱大昕《答问四》,《潜研堂文集》卷七。
③《晋书·杜预传》。

焦循（1763—1820），字里堂，江苏甘泉人。乾嘉时期的大学者，史称其于"经史、历算、声音、训诂，无所不精"①，深为钱大昕、王鸣盛、程瑶田等所推重，时人许为"通儒"。焦循深恶杜预之为人，"怪夫预之忘父怨而事仇，悖圣经以欺世"，同时感到前辈学人如惠士奇、顾栋高等，虽纠杜氏之失，但于杜预撰《春秋经传集解》之"隐衷"，"未有摘其奸而发其伏者"，"近世儒者补《左氏》注，亦徒详核乎训故名物"，因此决心彻底揭露杜预之用心。那么杜预撰《集解》的真实目的究竟何在呢？据焦循说：

> （杜）预以父得罪于懿，废弃不用，盖热中久矣。（司马）昭有篡弑之心，收罗才士，遂以妹妻预，而使参府事。预出意外，于是忘父怨而竭忠于司马氏。既目见成济之事，将有以为昭饰，且有以为懿、师饰，即用以为己饰，此《左氏春秋集解》所以作也。②

按所谓"成济之事"，指司马昭的部下成济杀死当时的魏帝高贵乡公之事，杀魏帝者虽为成济，但责任实在于司马昭，因为昭之欲篡，早已是路人皆知。焦循认为杜预实为司马氏的帮凶，那么他是怎样"为司马氏饰"，并进而"为己饰"的呢？焦循说：

> 夫懿、师、昭，乱臣贼子也；贾充、成济，郑庄之祝聃、祭足，而赵盾之赵穿也；王凌、毋丘俭、李丰、王经，则仇牧、孔父嘉之伦也。昭弑高贵乡公而归罪于成济，已俨然托于大义而思免于反不讨贼之讥，师逐君，昭弑君均假太后之诏以称君罪，则师旷所谓"其君实甚"、史墨所谓"君臣无常位"者，本有以启之。预假其说而畅衍之，所以报司马氏之恩而解懿、师、昭之恶，夫又何疑！③

正是由于有这样的基本认识，杜预对《春秋》经传的许多解释也就都成了问题。例如《左传》桓公五年记周王率诸侯伐郑，郑军与王交战，郑大夫祝聃射王中肩，杜注云："郑志在苟免，王讨之非也。"按照焦循的理解，杜预这里分明是在指责高贵乡公讨伐司马昭之非，而司马昭部下之武装对抗，不过是"志在苟免"而已。又桓公二年经云"宋督弑其君与夷及其大夫孔父"，《公羊传》褒扬孔父，说他"正色立朝"，"义形于色"，是督弑君的最大障碍，故先遭难；

---

① 《清史列传》卷六十九《儒林传下二》。
②③ 焦循《春秋左传补疏序》，《皇清经解》卷一千一百五十九。

杜预则以为经实贬孔父,说他"内不能治其闺门,外取怨于民,身死而祸及其君"。庄公十二年经云:"宋万弑其君捷及其大夫仇牧",《公羊传》褒扬仇牧,称他"不畏强御",敢于叱责弑君之贼,而身死贼手;而杜预则注云:"仇牧称名,不警而遇贼,无善事可褒。"魏晋之际的忠臣如王凌、毋丘俭、李丰、王经,其行事、遭遇有如孔父、仇牧,杜预对孔父、仇牧的否定,实际上也就是对王凌等人的否定。杜预通过自己的注解,为《左传》中某些"弑君"的人物百般回护,对《左传》中那些不惜以生命捍卫君主的人百般诋諆,这就是所谓为司马氏饰、进而为己饰。这样,杜预实际上已被焦循归入"乱臣贼子"的行列了,杜预所作的《集解》,也就明显地带有为乱臣贼子开脱的政治目的,试问杜预所阐发的经义、传义,还有什么价值可言?焦循之意,就是要"俾天下后世共知预为司马氏之私人,杜恕之不肖子,而我孔子作《春秋》之螟贼也",这样就从根本上推翻了杜注。

然而焦循的批判尚不止于此。由杜注而疑及《左传》,因为"弑君称君,君无道也"之类的话毕竟是《左传》的原文,因而对《左传》的来历表示了强烈的怀疑。他盛称明人陆粲所作的《春秋左氏镌》和郝敬所作的《春秋非左》,赞成他们所说的《左传》"背理伤道"、左氏"不得与仲尼并时",以及刘歆等人"以意附益之者多"等意见,他说:

> 余因思之,左氏果孔子之徒,何至谬论若此?左氏非左丘明无疑。其为是说者,为当时赵、魏、田齐等而言,如所谓"称君君无道",显然谬乎孔子作《春秋》使乱臣贼子惧之义,而杜预援此而演其说,以为非君臣为路人,其妄悖甚矣。①

接着,焦循把杜预与一心表章《左传》的刘歆做了比较:

> 夫刘歆之于莽,犹杜预之于昭也。歆称左氏好恶与圣人同而表之,预遂以左氏为素臣而尊之。预之背恕而诏昭,与歆之背向而诏莽,情事实同;其援左氏以为乱臣贼子地,其情事亦同。儒者共耻言歆矣,而甘于服预,岂莽为汉诛,从莽者遂为国贼;司马终为魏禅,从司马者遂为佐命乎?②

按《左传》既屡为诏事王莽、司马昭的人所利用,则《左传》的负面价值可

---

① ② 焦循《左传补疏》卷三,《皇清经解》本。

知。乾嘉学者多数属于古文经学系统，他们一般对《左传》维护多，批评少，像焦循这样从根本上怀疑《左传》，否定杜注的，并不多见。但焦循对杜预的指责，也很少见有人提出反驳，因为杜预的立身行事，确乎于旧时代所谓臣道、子道上有缺，说他为"乱臣贼子"张目，杜预是百口莫辩的。而且这种对杜注的彻底否定，正好与汉学家挖掘旧注、探寻古义的努力并行不悖。当然，所谓对杜注彻底否定，只是就杜注的作意以及杜注的义理而言，而对杜注的训诂及其他方面，清代的汉学家们还是给予部分的肯定的。

第九章　清代《春秋》学（下）

第一节　公羊学在清代的复兴

清代乾隆盛时，《春秋》学的主流，是以惠、戴为代表的实证研究，也即汉学研究。学者的兴趣，一般集中在经典文本的校勘、训诂、考证等等之上，学者大多反对逞臆空谈，提倡征实之学。这是与东汉古文经学的精神相一致的。自唐以来，《左传》之学就成为了《春秋》学的主体，《公》、《谷》二传少有人问津。这种局面到清代依然没有改变。《左传》以事解经，较之《公》、《谷》的空发议论，显然更符合清代学者征实的口味。故自清初以至乾、嘉，研究《左传》的学者数不胜数。学者关注的问题，也大致趋同，不外乎校勘经、传之文字，搜辑汉人的经说传注（以服、贾为主），纠正杜注之违失，考证《春秋》、《左传》中的史实，研究经传所涉及的一些专门问题（例如地理、历法、礼制等等），清理《左传》的传义等几个方面。这些当然都属于"汉学"研究。

但在清儒这种汉学研究的主干上，竟也萌生出一段别枝来，这就是公羊学的复兴。而这一"别枝"的出现，表面上似乎与主流相违戾，实际上却是完全合乎逻辑的。因为汉学家的尊汉复古，虽然最初无不以许、郑为依归，但尊汉之风既已形成，则汉人之经学必然都会得到尊重，而公羊学作为西汉经学的主体，重新被发现、被提起、被研究，那就是迟早的事了。

一、清代公羊学的初祖——庄存与

庄存与（1719—1788），字方耕，江苏武进①人。乾隆十年（1745）一甲二名进士，官至内阁学士、礼部侍郎。存与入仕数十年，大多数时间供职于翰林院、礼部，或出为学政、考官，很少参与实际政治。他是一名学者型的官僚，

---

① 武进清属常州府，故人称庄存与之学为常州学派。

或者亦可称为官僚型的学者。他博通经典，尤精于《春秋》公羊之学。当乾隆时代，学者多以汉学相标榜，沉潜于训诂考据之中，治《春秋》者，也多着眼于《左传》，在文字、名物、史实之考订上下功夫，而庄存与独究心于举世不为之学，这与他的家学渊源及当时常州的学术风气不无关系。

庄氏是常州的世家。明末清初以来，庄氏世代在科举上的成就都很突出。存与的高、曾祖辈中有多人中进士，其父庄柱及两个伯父也都是进士出身，存与本人如前所述曾中榜眼，其弟庄培因则是乾隆十九年（1754）的状元。因此可以说常州庄氏有着深厚的家学渊源，但这种家学显然是以举业为标的的。此外，据现代学者的研究，常州学术自明代以来就有一种经世的传统，与临近的苏州、扬州相比，常州学者往往更为关注政治与实务。① 成功的举业，加上强烈的经世意识，决定了庄存与不会醉心于惠、戴式的汉学考据之中，而必然会选择另外一种学术道路。他最终选择了《春秋》公羊学。

但严格地说起来，公羊学也是汉学，而且应该说是西汉之学。西汉的今文经学，传于后世者已经无多，作为今文经学的主干，公羊学虽也是沉晦千载，毕竟还算是不绝如缕。庄存与加以挖掘发扬，使之复兴光大，这在尊汉复古之风甚嚣尘上的乾隆时代，终属顺应潮流之事。因此，尽管庄存与并不欣赏那种专力于名物训诂的笺注之学，但一般汉学家对他的学术主张并无甚批评，相反倒是有一些褒扬之语，例如阮元曾述其师之语，称庄存与"践履笃实，于六经皆能阐抉奥旨，不专专为汉宋笺注之学，而独得先圣微言大义于语言文字之外，斯为昭代大儒"。阮元还称赞庄存与的《春秋》学，"主公羊、董子，虽略采左氏、谷梁氏及宋元诸儒之说，而非如何劭公所讥，倍经任意、反传违戾也"。② 武进学者董士锡说："先生（按指庄存与）深于《周礼》，深于《春秋》，深于天官历律五行之学……其为文辩而精，醇而肆，旨远而义近，举大而不遗小，能言诸儒所不能言。不知者以为乾隆间经学之别流，而知者以为乾隆间经学之巨汇也。乾隆时学者莫不由《说文》、《尔雅》而入，醰深于汉经师之言，而无溺以游杂。其门人为之，莫不以门户自守，深疾宋以后之空言。固其艺精，抑示术峻，而又乌知世固有不为空言而实学恣肆如是者哉！"③ 不过，要说庄氏之学是乾隆经学的"巨汇"，恐怕未必是实。他的学术在当时的影响并不

---

① 参见艾尔曼《经学、政治和宗族——中华帝国晚期常州今文学派研究》，江苏人民出版社1998年版，第51页。
② 阮元《庄方耕宗伯经说序》，《味经斋遗书》卷首，光绪八年刊本。
③ 董士锡《易说序》，《味经斋遗书》卷首，光绪八年刊本。

很大，只是局限于门人、亲属之间，他的著作也是在他死后才得刊行，他的学术主张与当时的主流学术毕竟有相当的距离，故称之为乾隆经学之别流（或称支流），还是允当的。

庄存与的《春秋》学著作有三种：《春秋正辞》十一卷，《春秋举例》一卷，《春秋要旨》一卷，都被收入阮元主编的《皇清经解》中，其中以《春秋正辞》为最重要。关于此书之作，庄存与在"叙目"中称："存与读赵先生汸《春秋属辞》而善之，辄不自量，为鬻括其条，正列其义，更名曰'正辞'，备遗忘也。以尊圣尚贤信古而不乱，或庶几焉。"可知此书与元人赵汸之《春秋属辞》有些关联。按赵汸的《春秋》学，前文已有介绍，他的《春秋属辞》，要义在于"推笔削之旨"，也就是探究孔子究竟是怎样通过删削修改史策的原文来"示义"的。赵氏并不一般地反对以"例"说《春秋》，但他认为"《春秋》随事笔削，决无凡例"，就是不求那种贯通全经的"凡怎样便怎样"的"凡例"，而是"以义为例"，"触事贯通，自成义例"。庄存与读赵书而"善之"，这一点应该是他所最看重的。所谓"鬻括其条"，当指对赵氏《属辞》一书所分条目的修改剪裁；而"正列其义"，则是指对赵汸所发挥的《春秋》之"义"的肯定。不过庄氏之学与赵氏也有很大的不同。盖赵氏之学，以《左传》及杜注为主，他的《春秋属辞》，"其说以杜预《释例》、陈傅良《后传》为本，而亦多所补正"①；而庄氏之学，则是以《公羊传》为主，兼及《谷梁》与《左传》，力图光大董仲舒、刘向、何休诸人之说。

《春秋正辞》全书分为九篇：正奉天辞第一，正天子辞第二，正内辞第三，正二伯辞第四，正诸夏辞第五，正外辞第六，正禁暴辞第七，正诛乱辞第八，正传疑辞第九。所谓"正某某辞"云者，殆指"正"辞中之"义"而言，也就是说，要指出各种"辞"中所包含的"义"。这样的九篇，实际上就把《春秋》的经义划分为九大类，于是九篇名目也就成了《春秋》经义的一个大纲。

每类之中，又有进一步的义例的划分。例如"奉天辞"中，就分为"建五始"、"宗文王"、"大一统"、"通三统"、"备四时"、"正日月"、"审天命废兴"、"察五行祥异"诸项，"天子辞"中，分为"王伐"、"王崩葬"、"王后"、"王臣外难"、"王使"、"王臣会诸侯"、"王臣会陪臣"、"王臣卒葬"、"王臣私交"、"王师"、"王都邑土田"、"王畿内侯国邑"、"大夫见天子"诸项。在这每一项义例之下，分列《春秋》中与此义例相关的"辞"，然后阐发这"辞"中之义。

---

① 《四库全书总目》语。

例如在"大一统"项下，列经文"王正月"，庄氏阐发辞中之义云：

> 公羊子曰："何言乎王正月？大一统也。"《记》曰："天无二日，土无二王，国无二君，家无二尊，以一治之也。"子曰：吾说夏礼，杞不足征也；吾学殷礼，有宋存焉；吾学周礼，今用之，吾从周。王天下有三重焉，其寡过矣乎？王阳曰："《春秋》所以大一统者，六合同风，九州共贯也。"董生曰："《春秋》大一统者，天地之常经，古今之通谊也。今师异道，人异论，百家殊方，指意不同，是以上无以持一统，法制数变，下不知所守。臣愚以为诸不在六艺之科、孔子之术者，皆绝其道，勿使并进，邪辟之说灭息，然后统纪可一而法度可明，民知所从矣（庄氏自注：此非《春秋》事也，治《春秋》之义莫大焉）。"

按庄氏立足于《公羊》大一统之说，列《礼记》、王阳、董仲舒诸家议论，阐明所以要"大一统"的道理。又如在《内辞篇》中，有"蒐狩"一项，列桓公四年之经文"春正月公狩于郎"，庄氏阐发辞中之义云：

> 隐观鱼以五①，桓狩以四，以位为乐，日引月长，意广心逸，见于此矣。以仲冬狩，非不时也，则何以书？狩不以地也。诸侯之狩有常所矣，郎，近郊邑也，三郊之田为民恒产，下地犹当以牧实仓廪、修武备，以为民也。为田驱兽曰田，反致兽于田，俄且以稼穑之地为禽兽之地，筑台焉，筑囿焉，恣为佚游，取近于国而朝夕往焉。郎不远也，仿于桓之狩，淫于庄之台②，卒于昭之囿③，而鲁之国恤孰经营之乎？《春秋》之义行，则庶土交正，禹之明德也。非圣人谁能修之！

按《公羊传》于隐五之"观鱼于棠"、桓四之"狩于郎"均认为是"讥"，而讥的原因，则都是"远也"。庄氏在这里虽因袭《公羊》"讥狩于郎"之义，却对讥的理由做了修正。因为郎是近郊之邑④，不可谓远，故以"狩不以地"为讥，就是说，鲁君"狩"的地点不对，妨害了农事，"恣为佚游"，"鲁之国恤孰经营之乎"，于是《春秋》的经义，就有了政治批判的色彩。像这样的义，在《左传》中是很难看到的。

庄氏经世的意识极强，但他本身并不是管理实际政务的官员，他只能借讲解公羊学说发挥维护统治秩序的政治思想和理论，虽然这些思想和理论由于脱

---

① 按指隐公五年"春公观鱼于棠"。
② 指庄三十一年之筑台于郎、于薛、于秦。
③ 昭公九年"冬筑郎囿"。
④ 参见《公羊传》何注之徐彦疏。

离实际问题,未免显得空洞,但毕竟又使《春秋》一经具有了政治教科书的性质,例如在谈到统治者对民的态度时说:

> 《春秋》之法,苦民尚恶之,况伤民乎?伤民尚痛之,况杀民乎?民者,《春秋》之所甚爱也;兵者,《春秋》之所甚痛也。

又如论世卿之害云:

> 公羊子曰:"讥世卿。世卿,非礼也。"其圣人之志乎?制《春秋》以俟后圣,后世之变,害家凶国,不皆以世卿故,圣人明于忧患与故,岂不知之,则何以必讥世卿?告为民上者,知天人之本,笃君臣之义也。告哀公曰:"义者,宜也,尊贤为大。"① 述汤武之书曰:"帝臣不蔽,简在帝心,虽有周亲,不如仁人。"② 是故非贤不可以为卿。君不尊贤,则失其所以为君,彼世卿者,失贤之路、蔽贤之蠹也。……世卿非礼,讥不尊贤养贤,不必其害家凶国。则凡国家之大患,靡不禁于未然之前矣。③

像这样的议论,都是治国、为政的一般原则,而在《公羊传》里,只是发其端,指出"世卿"之非礼当讥,至于为什么"非礼",则没有说。庄存与畅发其论,把"讥世卿"这一《春秋》经义阐述得无余蕴了。

在公羊学说里面,有一些所谓"非常异义、可怪之论",例如亲周、故宋、以《春秋》当新王等等,很遭后人的訾议。庄存与表章公羊学,对这些东西虽没有过分地强调,实际上还是接受下来了。隐公七年"滕侯卒",《公羊传》说:"何以不名?微国也。微国则称'侯'何?《春秋》贵贱不嫌同号,美恶不嫌同辞。"但到底为什么称"侯"(桓公二年有"滕子来朝",公羊认为滕本子爵),还是没有说清。庄存与则根据何休之注,说:"滕侯、薛侯,《春秋》当新王也;滕子、薛伯,亲周也。公羊家识之矣。"④ 按滕与薛俱为小国,公羊家认为一为子爵,一为伯爵,只是因为隐公十一年滕、薛之君俱朝于鲁,"《春秋》托隐公以为始受命王,滕、薛先朝隐公,故褒之"⑤,称侯是褒滕、薛的表现,至于在其他地方又称滕子、薛伯,则是"亲周"的结果。

庄存与继承董、何之学,专力发挥《春秋》中的微言大义,但他的学术,并不是纯粹的"汉学"(包括西汉与东汉),而是在"汉学"的基础上有所发

---

① 《礼记·中庸》。
② 《论语·尧曰》。
③ 《春秋正辞》之《天子辞·王臣卒葬》,《皇清经解》本。
④ 《春秋正辞》之《诸夏辞·诸侯卒葬》。
⑤ 《公羊传》隐公十一年何休注。

展,这种发展体现在融合了宋学中的某些义理、某些范畴。最明显的例子,就是他将"天理"的概念引入了公羊学说。例如他对隐公的"让国"(隐公元年不书"即位",《公羊》、《谷梁》均认为隐公有让位于桓公之意),就持批评的态度:"尝得而推言《春秋》之志,天伦重矣,父命尊矣,让国诚,则循天理、承父命不诚矣。"庄氏显然是把兄弟长幼之次亦即天伦视为必须遵行的"天理"。① 在谈到桓公四年只有"春"、"夏"而无"秋"、"冬"时,引程子之说云:"人理灭矣,天运乖矣,阴阳失序,岁功不成矣,故不具四时。"② 这里的"人理",实际亦是"天理",只是因为与下"天运"相对为文才改称"人理"。对宋儒所主张之"正心诚意",乃至"修齐治平",庄存与深有体悟,用之于对《春秋》的解释之中。他在讲解"元年春王正月"时,先引何休"五始"之论,又引董仲舒"一元正本"之说,继而发挥道:

> 为人君者,正心以正朝廷,正朝廷以正百官,正百官以正万民,正万民以正四方。四方正,远近莫敢不壹于正,而无有邪气奸其间者,是以阴阳调而风雨时,群生和而万民殖,五谷熟而草木茂。天地之间,被润泽而大丰美,四海之内,闻盛德而皆徕臣,诸福之物、可致之祥,莫不毕至,而王道终矣。③

按这一切的实现,都是以"正心"为起点,这是标准的理学家言。因此,庄存与的公羊学,是融入了宋学的成分的。

庄存与的公羊学,也不纯粹是今文经学。对古文经典的《左传》,庄氏固多批评之语,但也有吸取之处,例如庄公元年"夫人孙于齐",庄氏就取《左传》之说:

> 左丘氏曰:"不称姜氏,绝不为亲,礼也。"公之丧至矣,而夫人不至,逮期矣而不至,非孙也。其曰"孙",不得复反之辞也,绝矣。④

按在《公羊传》里,这"绝不为亲"之义至少是很不明显的。庄氏在有些地方甚至取左氏之经,而不用《公羊》的经文。僖公二十九年《春秋经》云:"夏六月,会王人、晋人、宋人、齐人、陈人、蔡人、秦人盟于翟泉。"这是左氏之经。公羊之经与此小异,在"会"字之前有"公"字,"翟泉"亦作"狄泉"。庄氏的解说,偏偏围绕着所以不书"公"字这一点展开,而且引用杜注,

---

① 《春秋正辞》之《内辞·公继世》。
② 《春秋正辞》之《奉天辞·审天命废兴》。
③ 《春秋正辞》之《奉天辞·建五始》。
④ 《春秋正辞》之《内辞·夫人绝》。

显然是有意采取左氏之义的。庄氏对于古文经典，并不如前辈今文家那样排斥，他对《毛诗》、《周礼》都有研究，著有《毛诗说》、《周官记》、《周官说》等。他在解说《春秋》时，能"以《周礼》济《公羊》之穷"①。例如在讲到诸侯盟会的时候，庄氏认为《春秋》记载晋主商任之会（襄二十一）、沙随之会（成十六）都有讥贬之意，原因是这种聚诸侯并不是谋"天下之事"，接着就引《周礼》对诸侯盟会制度加以说明：

> 《周官》有之曰：春朝诸侯以图天下之事，秋觐以比邦国之功，夏宗以陈天下之谟，冬遇以协诸侯之虑。时会以发四方之禁，殷同以施天下之政。②

杨向奎先生说："公羊学在政治上只能是理论方面的发挥，它是一部历史哲学，不是一部政治纲领，它不具备可运用的典章制度，只是空洞议论，因之要借用《周礼》'以明因监'。"③ 这可以作为庄存与采用《周礼》说《春秋》的注脚。但从根本上说，庄存与的研治公羊学，也是乾隆时代复兴古学的一种实践，他是在尊汉复古的大潮中，选择了《公羊传》这样一个被人普遍忽视的目标，力图恢复它的本来面貌与功能。庄氏本身，并没有前辈今文家那样的门户情结，他也并不以接续前辈今文家的学统为职志，因此，他的治经，原本是不拘今文、古文的。与惠、戴等乾嘉学者比较，庄氏的最大特点，就是特别注重义理，凡有利于发明义理的，他都予以采用。他的这一立场，有时妨碍了他治学的严谨和客观。例如对阎若璩的辨伪，乾隆时代的学者大多表示认同，庄存与却表现出了一种非学者式的轻蔑态度。据说当时海内学人都相信阎氏之说，于是言官、学臣上疏于朝，要求摈弃《尚书》伪古文，重写二十八篇于学官，颁行天下，规定考官命题，学者诵读，不准再用伪古文。而庄存与独持异议：

> 存与方直上书房，独曰："辨古籍真伪，为术浅且近也。古籍坠湮十之八，颇藉伪籍存者十之二。冑子不能旁览杂氏，惟赖习五经以通于治。若《大禹谟》废，人心道心之旨、杀不辜宁失不经之诫亡矣；《太甲》废，俭德永图之训坠矣；《仲虺之诰》废，谓人莫己若之诫亡矣；《说命》废，股肱良臣启沃之谊亡矣；《旅獒》废，不宝异物、贱用物之诫亡矣；《冏

---

① 杨向奎语，见氏所著《清代的今文经学》，《绎史斋学术文集》，上海人民出版社1983年版，第328页。
② 《春秋正辞》之《诸夏辞·合诸侯》。所引为《周礼·大行人》。
③ 杨向奎语，见氏所著《清代的今文经学》，《绎史斋学术文集》，上海人民出版社1983年版，第328页。

《命》废,左右前后皆正人之美失矣。今数言幸而存,皆圣人之真言也。"乃为《尚书既见》三卷、《说》二卷,数称伪书,而古文竟获伪学官不废。①

按庄存与着眼于《尚书》伪古文中之义理,竟至无视其真伪,在他的《春秋正辞》中,引用伪古文之处亦所在多有。他的这一意见竟获最高统治者之赞同,表明他所论确实符合最高统治者的利益。一个有着强烈经世意识的学者,确乎很难保持完全实事求是的风格。庄存与不是改革家,他所处的时代也还没有提出社会变革的要求,他的经世,只能是为现政权、现秩序服务,因此,他的学术,不管他愿不愿意,最终恐怕都很难避免沦为统治阶级利益的婢女的命运。

二、孔广森与他的《公羊通义》

庄存与的门人有孔广森和邵晋涵,在《春秋》学上成就突出的是孔广森。

孔广森(1752—1786),字众仲,又字㢼轩,孔子六十八代孙。他的祖父袭封衍圣公,其父官为户部主事,故孔广森实为世家子弟。广森中乾隆三十六年(1771)进士,年少入官,春风得意,官场上下,一时都愿与之交往;但孔广森却生性淡泊,无意仕进,不久便告归养,从此不复出。他的兴趣,主要在学术研究方面。他曾师从戴震、姚鼐,在礼学、历算、音韵诸方面造诣极深,著述颇丰。可惜他享年不永,三十五岁就去世了。

孔广森是一位汉学家,甚得戴震的真传,他自署所居曰"仪郑堂",表明他对郑玄的景仰。他在公羊学上用力很深,著有《公羊通义》十一卷。

孔广森对《春秋》的看法,是与他的老师庄存与完全一致的,他认为治《春秋》最重要的是究明《春秋》之"义",而不应只着眼于《春秋》的"事",因此,《公羊传》就显得特别重要,他说:

> 《左氏》之事详,《公羊》之义长。《春秋》重义不重事,斯《公羊传》尤不可废。方今《左氏》旧学湮于征南,《谷梁》本义汩于武子,唯此传(按指《公羊传》)相沿,以汉司空掾任城何休《解诂》列在注疏,汉儒授受之旨藉可考见。②

较之《左传》与《谷梁传》,《公羊》由于保留有完整的汉人注本,因此更容易恢复汉学的旧貌。但对何休的《解诂》,孔广森在肯定的同时,也表示了某种

---

① 《清史列传》卷六十八《儒林下一》之《庄述祖传》。
② 孔广森《公羊通义叙》,《皇清经解》本。

程度的不满：

> 《解诂》体大思精，词义奥衍；亦时有承讹率臆，未能醇会传意。

孔广森进而指出何氏《解诂》有两大"不通"之处：一为何氏歪曲传意，强加于传一些自设的义、例，如"叔术妻嫂，传所不信，邵公反张大之目，为非常异义、可怪之论，亦犹传本未与辄拒父，隽不疑诡引以断卫太子之狱，致令不晓者为传诟病，此其不通之一端也"。另外一"不通"为何氏顽固地拒绝吸收《左》、《谷》释经中的合理成分："七十子没而微言绝，三传作而大义睽，《春秋》之不幸耳。幸其犹有相通者，而三家之师必故各异之，使其愈久而愈歧。何氏屡蹈斯失，若'盟于包来'下不肯援《谷梁》以释传，'叛者五人'不取证《左传》，而凿造'谏不以礼'之说，又其不通之一端也。"①孔广森的《公羊通义》就是以何氏《解诂》为基础，针对何氏《解诂》的这些不足，"存其精粹，删其支离，破其拘室，增其隐漏，冀备一家之言"。

孔广森的公羊学，严格地说起来，是不遵守师法的。汉代的公羊学，从董仲舒到何休，构成了一个整体，何休虽有许多传所不见的发挥，但这些所谓新"义"，在董仲舒那里往往已发其端，例如三世、五始、三科九旨等等。因而就公羊学来讲，背离了何休，背离了公羊家法，也就背离了汉学。孔广森也许没有意识到这一点。但孔广森作为一个朴学家，从他的师承、素养以及学术背景来看，他治公羊之学是必然要走到这一步的。

孔广森的《公羊通义》，有下列几点迥异于前人：

（1）反对公羊家的《春秋》"王鲁"之说。对《春秋》开宗明义的"元年"二字，《公羊传》以为"君之始年也"。何休认为只有"王者"才能改元立号，现在鲁隐公而称"元年"，乃是"《春秋》托新王受命于鲁，故因以录即位，明王者当继天奉元，养成万物"。孔广森不赞成此说，他根据历史实际，对"君之始年"做出了新的解释："天子、诸侯通称君。古者诸侯分土而守，分民而治，有不纯臣之义。故各得纪元于其境内。而何邵公猥谓'唯王者然后改元立号'，《经》书元年为托王于鲁，则自蹈所云'反传违戾之失'矣。"

（2）重新解释"三科九旨"。何休对"三科九旨"的解释在第二章中已经谈到，孔广森对"新周故宋"云云一概不取，重新解释了三科九旨：

> 《春秋》之为书也，上本天道，中用王法，而下理人情。不奉天道，王法不正；不合人情，王法不行。天道者：一曰时，二曰月，三曰日；王

---

① 孔广森《公羊通义叙》。

法者：一曰讥，二曰贬，三曰绝；人情者：一曰尊，二曰亲，三曰贤。此三科九旨既布，而壹裁以内外之异例，远近之异辞，错综酌剂，相须成体。①

按孔氏的"三科九旨"核心是《春秋》的"讥、贬、绝"的功能，所谓天道是指日月时例，所谓人情是指讳书，都是说的《春秋》表达褒贬的方式。这与何休的三科九旨是有显著的不同的。

（3）不取纬书"为汉制法"之说。何休注《公羊》，多用纬书，解"西狩获麟"，说什么孔子"知庶姓刘当代周"，解孔子所以作《春秋》，说"知汉当继大乱之后，故作拨乱之法以授之"。孔广森对这些一概不取，他说：

方东汉时，帝者号称以经术治天下，而博士弟子因端献谀，妄言西狩获麟，是庶姓刘季之瑞，圣人应符，为汉制作，黜周王鲁，以《春秋》当新王云云之说，皆绝不见本传，重自诬其师，以召二家之纠摘矣。

按孔氏显然是严格地据传为说，凡《公羊传》中没有明言的，尽管何休讲得天花乱坠，孔广森亦不采信。

（4）对"三世说"的修订。《公羊》有三世说，即将"十二公"分为"所传闻之世"、"所闻之世"、"所见之世"。何休进一步指实，以为隐、桓、庄、闵、僖为所传闻之世，文、宣、成、襄为所闻之世，昭、定、哀为所见之世。但这样划分，于某些"书法"的解释上有问题。例如襄公二十三年"邾娄鼻我来奔"，传云："邾娄无大夫，此何以书？以近书也。"又昭公二十七年"邾娄快来奔"，传云："邾娄无大夫，此何以书？以近书也。"两条传文完全相同，故这二事应该是处于同一"世"，如按何休的解释，则一在"所闻世"，一在"所见世"。孔广森有鉴于此，故取颜安乐之说，以襄公二十一年孔子生为所见世之始，② 这样对襄公二十三、昭公二十七两条经文的解释就顺畅无碍了。

（5）兼采《左》、《谷》，择善而从。孔广森对何休之胶执专固、不通《左》、《谷》的批评，前已述及，他在《通义》中确是"旁通诸家，兼采《左》、《谷》"的③。例如桓公十七年《公羊》之经"五月"之前无"夏"字，而《左》、《谷》之经均有"夏"；何休对《左》、《谷》有"夏"的事实视而不见，牵强作解云："夏者阳也，月者阴也，去'夏'者，明夫人不系于公也。"孔广森不从何休，认为是《公羊》之经有脱文。在《通义》中，孔氏直接取《左》、

---

① 孔广森《公羊通义叙》。
② 参见《清史列传》卷六十八《孔广森传》。
③ 阮元《春秋公羊通义序》，《研经室一集》卷十一，道光三年刻本。

《谷》之义者所在多有,例如"郑伯克段于鄢",《公羊》有"杀之则曷为谓之克?大郑伯之恶也"之说,孔氏就直接用《谷梁传》义:"《谷梁传》曰:甚郑伯之处心积虑成于杀也。"又如隐公二年,孔广森直取《左传》与杜预之注,认为"子伯"是"履緰"(《左传》作裂繻)之字,解决了令何休困惑的问题。孔广森这种解说《公羊》兼取《左》、《谷》的做法,很明显是与乃师庄存与的风格相一致的。

对孔广森的公羊学,学者间的评价也不一致。阮元以汉学家而特重义理,故对孔广森的公羊学甚为推崇,称"读其书始知圣志之所在"[1],他为孔广森作传,洋洋四千多字,几乎全抄《公羊通义》中语,[2]可见其不遗余力为之鼓吹的苦心。可也有不少人强调孔广森虽主公羊,却不守公羊家法,算不上专门之学,例如刘逢禄、皮锡瑞都有此论。[3] 梁启超说:"清儒头一位治《公羊传》者为孔巽轩,著有《公羊通义》,当时称为绝学。但巽轩并不通公羊家法,其书违失传旨甚多。公羊学初祖,必推庄方耕。"[4] 按这里所述次序似乎有误,庄存与是孔广森的老师,即使孔广森的《公羊通义》成书在先,也不应称孔广森为"清儒头一位治《公羊传》者";说他不通公羊家法,盖主要指孔广森与何休种种违异之处,以及孔氏杂取《左》、《谷》的注经方法。孔氏公羊学的这些特点,与他的朴学家的学养密切相关。他受戴震的影响极深,治学讲究求真求是,他以朴学家的眼光来看《春秋》,故对公羊家那些"非常异义可怪之论"自然会有不满,他所说的"古者诸侯分土而守,有不纯臣之义",完全符合历史真实,是对历史进行客观研究的结果。此外,朴学家喜作文字训诂以及名物考证的积习,在《公羊通义》里也有表现。杨向奎先生所举孔氏对"登来"一语的解说,[5] 就很典型。隐公五年经云"公观鱼于棠",《公羊传》曰:"公曷为远而观鱼?登来之也。"何休注云:"登,读言得。得来之者,齐人语也。齐人名求得为得来,作登来者,其言大而急,由口授也。"还是不好理解。孔广森《通义》云:

"登来之"者,犹言"得之"也。齐鲁之间无入声,呼"得"声如"登

---

[1] 阮元《春秋公羊通义序》。
[2] 阮元《孔广森传》,《碑传集》卷一百三十四,上海书店影印本,1988年。
[3] 参见刘逢禄《春秋论下》,《刘礼部集》,道光十年刻本;皮锡瑞《春秋通论》,中华书局1954年版《经学通论》。又,这类评价多出自今文家之口。
[4] 梁启超《中国近三百年学术史》,第192页。
[5] 杨向奎《绎史斋学术文集》第339页。

来"之合。郑司农注《大学》引《春秋传》云"登戻之",即此文也。"来"古音"狸",又转为"戻"。①

经孔广森从音韵上加以解释,"登来"之为"得"就豁然理顺了。又隐公五年《公羊传》有"天子三公称公,王者之后称公,其余大国称侯,小国称伯子男"等语,《公羊通义》云:

> 旧说此为"《春秋》改周之文、从殷之质"。然周爵虽五,固分三等,《周礼》曰"公于上等,侯伯于中等,子男于下等"是也。但春秋时变之,又以伯与子男同为一位,故桓、文之序盟会,恒先宋公,次诸侯,次伯子男,错杂列之。《左传》"郑伯男也",王肃曰:"郑伯爵而连男言之,犹言公侯,足句辞。"经书"吴子",而《国语》云:"命圭有命,固曰吴伯。"皆以伯、子、男同等故也。②

像这样的旁征博引,疏通证明,自是朴学家的考据学风,以前的公羊学家是没有的。

总起来看,孔广森虽然以《公羊》名家,但他似乎不解《公羊》真谛,他只是意识到了《公羊》义理之长,并力图使之发扬光大,他骨子里仍是一位考据学者。他以朴学的精神研究《公羊》,解释《公羊》,虽亦自有其成就,终与稍后的刘逢禄等真正的今文家有别,前人说他不通公羊家法,良有以也。

第二节 常州学派的中坚——刘逢禄

庄存与的学术,传与了其门人孔广森、邵晋涵及侄庄述祖、外孙刘逢禄、宋翔凤。其中邵晋涵不以《公羊》名家;孔广森以考据精神治《公羊》,被人认为未得《公羊》真谛;述祖虽传存与之学,但在《春秋》学方面少有撰述,他的主要精力,放在了小学及《夏小正》、《礼记》、《尚书》、《周易》等经典上。真正将存与之学发扬光大的,是存与的两个外孙——刘逢禄和宋翔凤,其中尤以刘逢禄更为出色。

一、刘逢禄的学术渊源

刘逢禄(1776—1829),字申受,一字申甫,号思误居士。少颖异,十一

---

①②《公羊通义》卷一。

岁时随母归省，庄存与问以所学，即有"此外孙必能传吾学"之叹。① 不过次年存与去世，故看来刘逢禄并没有直接从存与问学。他的学术，主要得之于他的舅父庄述祖。述祖是存与的从子，对存与的公羊学体悟颇深，刘逢禄十九岁时从述祖学习，他在公羊学上很快就崭露头角，述祖对他非常欣赏，曾经说："吾诸甥中，若刘甥可师，若宋甥可友也。"② 按宋甥为宋翔凤，刘甥即刘逢禄。舅父以外甥为可师，则此甥的造诣可想而知。据说庄述祖曾有意专治《公羊》，后来看到刘逢禄在公羊学上的成绩，竟放弃了《公羊》而转治他经。刘逢禄学问虽日益精进，但举业上却不甚顺利，他屡困场屋，直至三十九岁始成进士。此后长期在礼部任职。刘逢禄的居官行事，最被人称道的，就是他的"据经决事，有先汉董相风"③ 按董相指董仲舒，是公认的西汉公羊学之祖。西汉公羊学最重实用，与政治实践的联系十分密切，以董仲舒为代表的今文学家以《春秋》议政，以《春秋》说灾异，以《春秋》决狱，这些史实为人所熟知，而刘逢禄的行事，颇有类于此者。例如他曾依据礼书，制定嘉庆皇帝的丧仪，"自始事以讫奉安山陵，典章备具，其后承修官书，遂全用其稿"④。又武进有婆母殴杀子妇案，刘逢禄根据《尚书》与《春秋》的经义，提出对杀人者的惩罚标准。乾隆年间有越南贡使入京，谕旨中有"外夷贡道"之语，越南使臣不悦，请改"外夷"为"外藩"，礼部的官员都感到很为难，刘逢禄则根据《周礼·职方氏》之职文，强辩"夷"比"藩"更为亲近，竟让越南贡使无话可说。这些事在今日看来，或许没有什么重要的意义，但在当时人心目中，都是关乎典制伦常的大事，据说他"在礼部十二年，恒以经义决疑事，为众所钦服"⑤。

刘逢禄对多种经典都有深湛的研究。据他的儿子刘承宽说："大抵府君于《诗》、《书》大义及六书小学，多出于外家庄氏，《易》、《礼》多出于皋文张氏，至《春秋》则独抱遗经，自发神悟。"话虽如此，刘逢禄青年时代既以庄述祖为师，则在公羊学上，不能不受庄存与、庄述祖的影响。他自述对《公羊》的兴趣云："禄束发受经，善董生、何氏之书，若合符节"⑥，对董、何之书，他似乎情有独钟，"余自童子时，癖嗜二君之书，若出天性"⑦，这种自幼产生的对《公羊》的兴趣，很难说不与其外家庄氏的学统有关。

---

① ② ③ 刘承宽《先府君行述》，《刘礼部集》附，道光十年刻本。
④ 戴望《故礼部仪制司主事刘先生行状》，《续碑传集》卷七十二。
⑤ 《清史列传》卷六十九《刘逢禄传》。
⑥ 刘逢禄《春秋公羊经何氏释例叙》，《皇清经解》卷一千二百八十。
⑦ 刘逢禄《春秋公羊经何氏释例叙》，《皇清经解》卷一千二百九十。

刘逢禄对汉学有他独特的理解，他说：

> 余尝以为，经之可以条例求者，惟《礼·丧服》及《春秋》而已。经之有师传者，惟《礼·丧服》有子夏氏，《春秋》有公羊氏而已。汉人治经，首辨家法。然《易》施、孟、梁丘，《书》欧阳、大小夏侯，《诗》齐、鲁、韩师说，今皆散佚，十亡二三。世之言经者，于先汉则古《诗》毛氏，于后汉则今《易》虞氏，文辞稍为完具。然毛公详故训而略微言，虞君精象变而罕大义，求其知类通达、微显阐幽，则《公羊传》在先汉有董仲舒氏，后汉有何邵公氏，《子夏传》有郑康成氏而已。先汉之学，务乎大体，故董生所传，非章句训诂之学也；后汉条理精密，要以何邵公、郑康成二氏为宗。①

他所谓汉学，是通西汉、东汉而言的。针对当时学者言汉学大多只重贾、马、许、郑等东汉之学的情况，他把关注的目光放在了汉代的公羊学上。在他看来，汉代的儒者，只是在《公羊传》与子夏《丧服传》上堪称"知类通达、微显阐幽"，也就是创通了大义、阐发了微言，在其他经典上则仅限于训诂象数而已。"然《丧服》于五礼特其一端，《春秋》文成数万，其旨数千，天道浃，人事备。以之贯群经，无往不得其原；以之断史，可以决天下之疑；以之持身治世，则先王之道可复也"②。比较而言，《春秋》学应该是汉代经学的核心与主干，此正所谓"《春秋》者，五经之管钥也"③。一般乾嘉儒者也都很重视《春秋》，不过他们大多认为《春秋》是鲁史之旧文，只是直书其事，褒贬自见，并无所谓"一字褒贬"，也没有什么"义例"。三传之中，一般都比较看重《左传》，认为《左传》记事具体翔实，可以补《春秋》之阙；至于《公羊》，则以为是空发议论，没有实据，所以不足凭信。当时号为通儒的钱大昕、纪昀、郝懿行等，都发表过类似的意见。刘逢禄认为，这种观点是十分有害的，这是对《春秋》经传价值的公然的贬低，"其弊不至于等经朝报、束传高阁不止"④。刘逢禄批评钱大昕"《春秋》之法，直书其事，使善恶无所隐而已"的言论说：

> 钱氏以《春秋》无书法也，则隐之不葬，桓之不王，宣之先书子卒不日，胡为者？公夫人姜氏如齐去"及"，夫人孙于齐去"姜氏"，夫人氏之丧至自齐去"姜"，胡为者？仲遂在所闻世，有罪不日；意如在所见世，

---

① 刘逢禄《公羊春秋何氏解诂笺叙》，《皇清经解》卷一千二百九十。
② 《清史列传》卷六十九《刘逢禄传》。
③ 刘逢禄《公羊春秋何氏解诂笺叙》，《皇清经解》卷一千二百八十。
④ 刘承宽《先府君行述》。

有罪无罪例日，皆以其当诛而书卒，见宣、定之失刑奖贼也。①

按刘氏说的都是书法问题，他坚守《公羊》的阵地，坚持"一字褒贬"、"三科九旨"诸说，认为这样才能够彰显《春秋》之所以为"经"，而不是一般的记事之史。对于钱大昕的《公羊》不如《左传》的议论，他从根本上给予反驳：

> 吾谓此非《公羊》之不及《左氏》，乃《春秋》之不及《左氏》也。《左氏》详于事，而《春秋》重义不重事；《左氏》不言例，而《春秋》有例无达例。惟其不重事，故存什一于千百，所不书多于所书；惟其无达例，故有贵贱不嫌同号，美恶不嫌同词，以为待贬绝不待贬绝之分，以寓一见不累见之义。如第以事求《春秋》，则尚不足为《左氏》之目录，何谓游、夏之莫赞也；如第执一例以绳《春秋》，则且不如画一之良史，何必非断烂之朝报也。②

他批评钱大昕没有掌握《春秋》的精髓，只是从记事的角度看《春秋》，那不要说《公羊》不如《左传》，即《春秋》亦不如《左传》。同时，人们也不应忽视"《春秋》无达例"的道理，如果忘记了"贵贱不嫌同号，美恶不嫌同词"，从而根本否认《春秋》中存在着"例"，那也等于把《春秋》降格为一种蹩脚的史册了。

刘逢禄大大拓宽了汉学的范围。在他看来，贾、马、许、郑固然是汉学，董仲舒、何邵公也是汉学；古文家的训诂、小学固然是汉学，今文家的义理之学也是汉学，而且是更重要的汉学。就《春秋》学来讲，复古尊汉，一定要回归到董仲舒，回归到何休，这才是真汉学。这样，他就继庄存与、孔广森之后，继续高揭《公羊》的大旗，在乾嘉诸儒的汉学园地里另辟了一条新路。

但刘逢禄的《公羊》学与庄存与和孔广森都有不同，特别是与孔广森比较，区别甚为明显。孔广森虽治《公羊》，但他并不守公羊家法，与董、何之说多有异同。他解释三科九旨，与何休大相径庭。刘逢禄则力图恢复董、何公羊学的原貌，而且他认为董、何一体同源，是不应分别对待的。他批评孔广森背离何休之说，"乃其三科九旨，不用汉儒之旧传，而别立时月日为天道科、讥贬绝为王法科、尊亲贤为人情科"，这样《公羊传》就与那未得《春秋》真义的《谷梁传》无以异了。孔广森为什么会有这样的歧说呢？刘逢禄说："推其意，不过以据鲁、新周、故宋之文疑于倍上，治平、升平、太平之例等于凿空……又其意以为三科之义，不见于传文，止出何氏《解诂》，疑非《公羊》

---

①② 刘逢禄《春秋论上》，《刘礼部集》卷三，道光十年刻本。

本义。"① 刘逢禄以为，三科九旨之说虽不见于传文，但何休自言"依胡母生条例"，而且在董仲舒的《春秋繁露》以及《史记》的《太史公自序》、《孔子世家》中都有其说，这些都得自《公羊》先师、七十子遗说，"不特非何氏臆造，亦且非董、胡特创也"。因此，刘逢禄对何休的"三科九旨"说深信不疑："无三科九旨则无《公羊》，无《公羊》则无《春秋》"，故在刘逢禄的著作中，对何休的三科九旨说是阐发不遗余力的。

二、刘逢禄的《春秋公羊经何氏释例》

刘逢禄的《春秋》学著作主要有《春秋公羊经何氏释例》十卷、《公羊春秋何氏解诂笺》一卷、《发墨守评》一卷、《谷梁废疾申何》二卷、《左氏春秋考证》二卷、《箴膏肓评》一卷，又有《论语述何》二卷，虽非专论《春秋》之作，但发挥何休的学说甚多。

《释例》十卷是刘逢禄《春秋》学理论的最集中的体现。此书的作意，据刘氏所说，是要全面复原董、何之学，刘氏在序中对《春秋》学之历史做了一个简单的回顾，可以看出他对董、何的推崇：

> 传《春秋》者，言人人殊。惟公羊氏五传，当汉景时，乃与弟子胡母子都等记于竹帛，是时大儒董生下帷三年，讲明而达其用，而学大兴，故其对武帝曰：非六艺之科、孔子之术，皆绝之弗使复进。汉之吏治经术，彬彬乎近古者，董生治《春秋》倡之也。胡母生虽著条例，而弟子遂者绝少，故其名不及董生，而其书之显亦不及《繁露》。绵延迄于东汉之季，郑众、贾逵之徒，曲学阿世，扇中垒之毒焰，鼓图谶之妖氛，几使义辔重昏，昆仑绝纽。赖有任城何邵公氏，修学卓识，审决白黑而定，寻董、胡之绪，补庄、颜之缺，断陈元、范升之讼，针明、赤之疾，研精覃思，十有七年，密若禽、墨之守御，义胜桓、文之节制，五经之师，罕能及之。天不佑汉，晋戎乱德，儒风不振，异学争鸣。杜预、范宁吹死灰期复然，溉朽壤使树艺。时无戴宏，莫与辨惑。唐统中外，并立学官。自时厥后，陆淳、啖助之流，或以弃置师法，燕说郢书，开无知之妄；或以和合传义，断根取节，生歧出之途。支室错迕，千喙一沸，而圣人之微言大义，盖尽晦矣。②

---

① 刘逢禄《春秋论下》，《刘礼部集》卷三。
② 刘逢禄《春秋公羊经何氏释例叙》，《皇清经解》本。

按刘氏此说，一是鼓吹董、何为《春秋》之正传，二是慨叹晋唐以来《春秋》微言大义之"尽晦"，在他看来，清儒学风大变，"人耻乡壁虚造，竞守汉师家法"，现在是恢复《春秋》学本来面目的时候了。《释例》就是在这样的思想指导下，对何休的《解诂》做了全面的解说。刘氏自述此书的作意云：

> 何氏之于经，其最密者也。既审决诐淫，判若白黑，而引伸触类，离根散叶，贯穿周顾，网罗完具。又虑用之者轻重失伦，源委莫究，辄下宗义，以正指归。窃尝以为，先汉以《公羊》断天下之疑，而专门学者，自赵董生、齐胡母生而下，不少概见。何氏生东汉之季，独能骤括两家，使就绳墨，于圣人微言奥旨，推阐至密。惜其说未究于世，故竟其余绪，为成学治经者正焉。①

此书分三十篇，中有三篇为"表"（《大国卒葬表》、《小国进黜表》、《秦吴楚进黜表》）之外，其余诸篇都是归纳何休《解诂》中的"义例"，其名目分别为张三世例、通三统例、内外例、时月日例、名例、褒例、讥例、贬例、灾异例等等。一篇之中，都是先抄撮《解诂》中有关此"例"的注文，篇末附以刘氏之"释"。刘氏之"释"，一般是对何休之说做一些发挥、解释，例如对何休的公羊三世说，刘逢禄就进一步解释为什么要将"十二世"分为"三等"：

> 传曰：亲亲之杀，尊贤之等，礼所生也。《春秋》缘礼义以致太平。用坤乾之义，以述殷道；用夏时之等，以观夏道。等之不著，义将安放？故分十二世以为三等。②

按这里是指出《春秋》的根柢在于礼义。紧接着，他进一步解释《公羊》所谓三世："《春秋》起衰乱以近升平，由升平以极太平"。《春秋》的三世说并不是对历史实际的真实描述，而只是一种理论模式，所谓"鲁愈微而《春秋》之化益广"，"世愈乱而《春秋》之文益治"，孔子"愀然以身任万世之权，灼然以二百四十二年著万世之治，且曰其或继周者，虽百世可知也"，这就是说孔子用这二百四十二年之《春秋》为天下后世立法了。据乱、升平、太平之三世说，何休只是分别用这些概念作注，缺乏系统的论述，刘逢禄则给予了进一步的说明。

刘逢禄极力维护何休之三科九旨，其解说也比何休更为清晰。例如关于为什么要托王于鲁，《释例》云：

---

① 《春秋公羊经何氏释例·主书例第二十九》。
② 《春秋公羊经何氏释例·张三世例第一》。

> 夫医者之治疾也，不攻其病之已然，而攻其受病之处。小雅尽废，乱贼所以横行也。《春秋》欲攘蛮荆，先正诸夏；欲正诸夏，先正京师。欲正士庶，先正大夫；欲正大夫，先正诸侯；欲正诸侯，先正天子。京师、天子之不可正，则托王于鲁以正之；诸侯、大夫之不可正，则托义于其贤者以悉正之。①

按鲁本不当王，《春秋》却把它视为"王"，不过是以鲁作为一个假想的王朝的模型，以使各种礼法制度褒贬诛绝能够有所附著，按照皮锡瑞的说法，就是"作一个样子"。这就更说明《春秋》不是"史"了。《释例》在另一处地方再申此义云：

> 鲁史记之例，常事不能不悉书备载，《春秋》尽削之，其存什一于千百，以著微文刺讥，为万世法，故曰非记事之书也。②

实在说来，刘逢禄的《释例》，大力阐发何氏《解诂》，使之复明于清代，对于何休来讲，刘氏不啻为功臣；但他对公羊学说，也只限于复原、提倡，他缺乏新的思想。当然，他在阐述公羊学说的时候，也免不了有一些时代的特点，例如有很明显的受宋明理学影响的痕迹，刘逢禄论"内外例"云："《春秋》推见至隐，举内包外，以治纤芥之慝，亦归于元始正本以理万事。故平天下在诚意，未闻枉己而能正人者也。《春秋》之化，极于凡有血气之伦，神灵应而嘉祥见，深探其本，皆穷理尽性之所致，为治平者，反身以存诚、强恕以求仁而已矣。"这显然是带有时代色彩的议论。但从总体上说，刘逢禄鲜有什么理论上的创造。有的时候，他也涉及历史上的一些政治问题，试图介入实际政治，但观点往往迂腐可笑。例如他论封建之与郡县云：

> 夫周之末失强侵弱，众暴寡，士民涂炭，靡有定止。不思其所由失，而曰封建使然，于是悉废而郡县之，而天下卒以大坏。夫郡县之法，势不能重其权，久其任，如古诸侯也。一旦奸民流窜，盗贼蜂起，其殃民而祸及于国。秦汉之忽亡，晋季之纷扰，视三代之衰，则悕矣。夫王灵不振，九伐之法不修，则去封建而乱亡益迫；王灵振，九伐之法修，则建亲贤而治道乃久。③

这样的议论，表明作者缺乏史识，也缺乏政治头脑，终其身也只是一位经生，尚不足以言经世。戴望为他作《行状》，称"先生进退中礼，言动皆有则望，

---

① 《春秋公羊经何氏释例·诛绝例第九》。
② 《春秋公羊经何氏释例·不书例第十三》。
③ 《春秋公羊经何氏释例·侵伐战围入灭取邑例第二十五》。

其容止夷然、退然,尝欲推举古制,见诸行事,咸怪笑为迂,不以措意"①,俨然一个迂夫子形象。因此,刘逢禄的力倡公羊学说,很难说有什么政治理想与政治目的。这与他的一些学生及后继者不同。晚清今文学家亦主公羊,他们是以公羊学说作为变革社会的武器,像康有为等人,利用公羊学说鼓吹变法,利用公羊学中的"三世说"设计新社会的蓝图;而在刘逢禄当时,这些都还没有被历史提到日程上来。

三、刘逢禄对《左传》的考证与批判

刘逢禄与他的前辈庄存与、孔广森等不同,他的今文经学家派意识很强,对古文经典,采取深拒固闭的态度。特别是对《左传》,他的看法与西汉博士一脉相承。但他生当考据学发达的乾嘉时代,深知简单的否定、激情的排斥是不能解决问题的,于是他转而求助于考证,用古文经学家所擅长的考据方法,解析古文经典,试图从根本上击垮古文经学的经典依据,从而确定今文经典的正统地位。

有关《左传》的性质,也即《左传》是否《春秋》之传的问题,在汉代就已发生了。西汉博士所持"《左氏》不传《春秋》"的观点,在其后漫长的历史时期里,不断启发着后人探索的兴趣。晋人王接最早提出:"《左氏》辞义赡富,自是一家书,不主为经发。"②至于为什么是这样,他却没有论证。到了唐代,人们开始注意到了《左传》的史书性质。陈商说:"孔圣修经,褒贬善恶,类例分明,法家流也;左丘明为鲁史,载述时政……以日系月……本非扶助圣言,缘饰经旨,盖太史氏之流也。……夫子所以为经,当与《诗》、《书》、《周易》等列;丘明所以为史,当与司马迁、班固等列。"③这是把《春秋》与《左传》说成了是两种不同性质的书。晚唐的啖、赵、陆等人,对左丘明之与孔子同时也表示了强烈的怀疑。宋人疑《左传》的就更多了,朱熹的许多言论都表明,他视《公》、《谷》为经学,而视《左传》为史学。明人怀疑《左传》的,当以郝敬为代表。郝敬著有《春秋非左》二卷④,认为《左传》虽然记述了《春秋》的本事,但"其实踳驳舛谬不可胜数",绝非"亲承圣训"的左丘明所

---

① 戴望《故礼部仪制司主事刘先生行状》,《续碑传集》卷七十二。
② 《晋书·王接传》。
③ 令狐澄《大中遗事》,《说郛三种》本,上海古籍出版社1988年版,第2274页。
④ 此书今存,《四库存目》著录郝敬《春秋直解》十五卷,其中后两卷即此《春秋非左》。

作。① 并说"今欲读《春秋》,勿主诸传先入一字于胸中,但平心观理,圣人之情自见"②,显然也未脱"舍传求经"的思路。

刘逢禄在前人疑《左》的基础上,对《左传》进行了全面的考证,撰《左氏春秋考证》二卷。此书的上卷,是对《左传》传文的考证,试图证明刘歆窜伪之迹;下卷则是对典籍中与《左传》相关的记载的考证。

刘氏的着眼点,首先落在了《左传》的书名上。他根据《史记》言"左氏春秋"而不言"左氏传"这一现象,推断此书的性质本不是《春秋》之传,而把它改造为《春秋》之传的是刘歆:

> 《左氏春秋》,犹《晏子春秋》、《吕氏春秋》也。直称"春秋",太史公所据旧名也;冒曰"春秋左氏传",则东汉以后之以讹传讹者矣。③

这个左氏究竟是谁,刘逢禄并不排除是左丘明的可能性,但他认为绝不会是与孔子同时的左丘明。"《论语》之左丘明好恶与圣人同,其亲见夫子,或在夫子前,俱不可知。若为《左氏春秋》者,则当时夫子弟子传说已异,且鲁悼已称谥,必非《论语》之左丘,其好恶亦大异圣人,知为失明之丘明。犹光武讳秀,歆亦可更名秀,嘉新公为刘歆,祁烈伯亦为刘歆也。"④ 因为《左传》上纪年最晚者为"悼之四年",刘氏认为"《鲁世家》言悼公在位三十七年,获麟后五十年矣",故"左丘明"不可能与孔子同时。他说:"左氏为战国时人,故其书终三家分晋,而续经乃刘歆妄作也。"《史记·十二诸侯年表序》云:

> 鲁君子左丘明惧弟子人人异端,各安其意,失其真,故因孔子史记,具论其语,成《左氏春秋》。铎椒为楚威王傅,为王不能尽观《春秋》,采取成败,卒四十章,为《铎氏微》。赵孝成王时,其相虞卿上采《春秋》,下观近势,亦著八篇,为《虞氏春秋》。吕不韦者,秦庄襄王相,亦上观尚古,删拾《春秋》,集六国时事……为《吕氏春秋》。

刘逢禄据此说:

> 夫子之经,书于竹帛,微言大义,不可以书见,则游、夏之徒传之。丘明盖生鲁悼之后,徒见夫子之经及史记晋乘之类,而未闻口受微恉。当时口说多异,因具论其事实,不具者阙之。曰鲁君子,则非弟子也。曰左

---

① 《经义考》卷二百零五引郝敬《春秋非左自序》。
② 《经义考》卷二百零五引郝敬《春秋直解自序》。参见张西堂为刘逢禄《左氏春秋考证》所作序,《古史辨》第五册,第263页。
③ 刘逢禄《左氏春秋考证》卷一,《皇清经解》本。
④ 刘逢禄《左氏春秋考证》卷二。

> 氏春秋，与铎氏、虞氏、吕氏并列，则非传《春秋》也。故曰"左氏春秋"，旧名也；曰"春秋左氏传"，则刘歆所改也。
>
> 左氏记事，在获麟后五十年，丘明果与夫子同时，共观鲁史，史公何不列于弟子，论本事而作传？何史公不名为"传"而曰"春秋"？且如……经所不及者独详志之，又何说也？经本不待事而著，夫子曰：其义则某窃取之矣。何左氏所述君子之论，多乖异也？①

他论证刘歆窜改《左氏春秋》旧文，有一个很重要的方法，就是与《史记》比对。例如《左传》开篇有一段关于隐、桓身世的记载：

> 惠公元妃孟子。孟子卒，继室以声子，生隐公。宋武公生仲子。仲子生而有文在其手，曰为鲁夫人，故仲子归于我。生桓公而惠公薨，是以隐公立而奉之。

而与此相关的《史记·鲁世家》则云：

> 惠公適夫人无子，公贱妾声子生子息。息长，为娶于宋，宋女至而好，惠公夺而自妻之，生子允。登宋女为夫人，以允为太子。

按《史记》没有提到"仲子"（据《谷梁》说"仲子"应是惠公之母）。说仲子是桓公之母的是《公羊》。刘逢禄认为，"盖太史公所见左氏旧文如此。刘歆等改左氏为传《春秋》之书而未及兼改《史记》，往往可以发蒙"。因此，在他看来，《左传》篇首的"惠公元妃孟子"一段"非左氏旧文"，而是"比附公羊家言桓为右媵子，隐为桓立之文而作也"。至于刘歆怎样作伪，刘逢禄说：

> 左氏后于圣人，未能尽见列国宝书，又未闻口授微言大义，惟取所见载籍，如晋乘、楚祷杌等相错编年为之，本不必比附夫子之经，故往往比年阙事。刘歆强以为传《春秋》，或缘经饰说，或缘左氏本文前后事，或兼采他书，以实其年……或即用左氏文，而增春夏秋冬之时，遂不暇比附经文，更缀数语。要之皆出点窜，文采便陋，不足乱真也。然歆虽略改经文，颠倒左氏，二书犹不相合，《汉志》所列"《春秋》古经十二篇，经十一卷，《左氏传》三十卷"是也。自贾逵以后，分经附传，又非刘歆之旧，而附益改窜之迹益明矣。②

按刘逢禄认为《左氏春秋》原来是作者取晋乘、楚祷杌之类的载籍"编年为之"，与《春秋经》并无关系，故有不少年头是"阙事"的。而刘歆则强把

---

① 刘逢禄《左氏春秋考证》卷二。
② 刘逢禄《左氏春秋考证》卷一。

《左氏春秋》改编成了《春秋》的"传",他采取的办法,一是"缘经饰说",即就经文本身增加一些解经的话;一是"缘左氏本文前后事,或兼采他书,以实其年",即将左氏本文拆散,或兼采他书记载,分别放到各年之下;一是"即用左氏文,而增春夏秋冬之时",这样就无暇顾及是否与经文对应了,也就造成了许多"无经之传"。所有这些,都属于"点窜"。正是基于这样的理解,刘逢禄就把《左传》中早已遭到前辈学者怀疑的书法、凡例、"君子曰"等解经语大都算在了刘歆的账上,他说:"凡'书曰'之文,皆歆所增益。""'凡例'皆附益之辞。""凡引君子之云,多出后人附益。"

刘逢禄不满于刘歆的作伪,慨然以恢复《左氏春秋》的本来面目自任,他说:

> 左氏以良史之材,博闻多识,本未尝求附于《春秋》之义。后人增设条例,推衍事迹,强以为传《春秋》,冀以夺公羊博士之师法,名为尊之,实则诬之,左氏不任咎也。观其文辞赡逸,史笔精严,才如迁、固,有所不逮。……事固有离之则双美,合之则两伤者。余欲以《春秋》还之《春秋》,《左氏》还之《左氏》,而删其书法、凡例及论断之谬于大义、孤章绝句之依附经文者,冀以存《左氏》之本真。①

按刘逢禄的论断,对《左传》是致命的打击,他否定《左传》之解经,实际上就是把《左传》从经学中剥离出去,使之成为纯粹的史学著作。这在今人看来似乎算不了什么,但在当时,却是动摇了古文经学的根基。

刘氏之说,在当时及后世的影响很大。由于《左传》的疑点甚多,例如若干传义之不合儒家正统思想、经与传之不能完全对应、解经语有明显的嵌入的痕迹等等,加之刘氏的结论都是通过"考证"得出来的,在那崇尚考证的时代里,刘氏之说自然容易得人的信仰。戴望对此书大为赞赏,称"知者谓与阎、惠之辨《古文尚书》等",这个评价就有些过分了。阎若璩之辨伪《古文尚书》,已成铁案,刘逢禄无论如何也是不能与之比肩的。况且经过现代学者的研究,所谓刘歆伪造说已被推翻,《左传》之解经的性质已被多数学者所承认。现在再回过头来看刘逢禄的所谓"考证",就会发现存在许多武断及不合理之处。例如闵公元年经有"冬,齐仲孙来",《左传》以"仲孙"为齐大夫"仲孙湫",《公羊》则以为是鲁国的"公子庆父"。刘氏偏信《公羊》,断然以《左传》之说为非实,他说:"《公羊》经传明于日星,作伪者既失检'庆父如齐'

---

① 刘逢禄《左氏春秋考证叙》。

之经，妄造此说，后复两言揪以弥缝之，亦劳且拙矣。"事实上，比较而言，《公羊》之说更缺乏根据，宋人刘敞已辩之，刘逢禄这里的所谓考证，实难称之为真正的考证。又如桓公二年经记有"宋督弑其君与夷及其大夫孔父"之事。此事《公》、《左》说解差异很大。《公羊》只是说孔父"正色立于朝"，是宋督弑君的障碍，故宋督弑君，连带杀了孔父。孔父为君而死，"可谓义形于色"云。《左传》所记之事为：宋华父督见孔父之妻美，有觊觎之心，于是攻杀孔父而取其妻，宋君为此大怒，华父督担心获罪，于是弑君。二传的记载如此不同，当是传闻有异。刘逢禄却考证说："孔父，夫子六世祖。（左氏）欲迷'正色立朝'之节，而为此谬说。"按迷者，乱也，刘氏所说"欲迷"云云，意思是要设为迷障、使之晦暗不明，这里就是说"左氏"看到《公羊》有正色立朝、义形于色等语，为乱《公羊》之义，将"色"歪曲解为"女色"，于是加入了宋督因贪美色而杀人弑君的情节。这样的考证，完全是立足于"《左传》晚于《公羊》"这样一个假设上的，显然很难服人。

刘逢禄注意揭发刘歆作伪之迹，但往往缺乏坚确的证据。例如对《左传》"不书"之例的批评就是这样。《左传》中有些记载，《春秋》中没有，左氏常要解释《春秋》"不书"的原因，这就是所谓"不书"之例。隐公元年《左传》云："夏四月，费伯帅师城郎。不书，非公命也。"刘逢禄认为这就是刘歆故意造假："此类皆故作体例，以文饰不书之事。意谓惟左氏真亲见'不修春秋'，非《公羊》所及耳。不知《春秋》城、筑悉书，重民力也。若果无君命而擅兴工作，又当变文以诛之。"按刘氏的这一揭发，还是以"《春秋》城筑悉书"这一《公羊》之义为前提的，倘这一前提靠不住，则"费伯帅师城郎"云云就有可能是《左传》的原文。说什么"故作体例以文饰不书之事"，只能算是臆断。

刘逢禄为了证明《左氏》不传《春秋》，对《汉书》等书中所记《左传》之传授也一概予以否定。据《汉书·儒林传》记载，西汉之张苍、贾谊、张敞、刘公子"皆修《春秋左氏传》"，贾谊作《左氏传训故》，授赵人贯公，贯公授其子长卿，长卿授张禹。张禹为同僚萧望之说《左氏》，望之善之，上书荐张禹。此后尹更始、尹咸、翟方进、胡常、贾护、陈钦、刘歆等人，班班可考。但刘逢禄考《汉书·张苍传》，"不闻其修《左氏传》也，盖歆以汉初博极群书者，惟张丞相，而律术及谱五德，可附《左氏》，故首援之"。[①] 又考《贾谊传》，"亦未闻其修《左氏传》也"，且贾谊著述虽多，"皆与《左氏》不合"，

---

① 刘逢禄《左氏春秋考证》卷二。

只有个别的地方,"似采《左氏》","盖歆见其偶有引用,即诬以为为《左氏》训故",且贯公亦非贾谊弟子。又考《张敞传》,张敞虽治《春秋》,"以经术自辅其政",但其所用皆《公羊》之义。考《萧望之传》,望之引《春秋》亦皆《公羊》义,"未闻引《左氏》","善《左氏》荐张禹亦歆附会"。刘逢禄的结论是:"此数公者,于《春秋》、《国语》未尝不肄业及之,特不以为孔子《春秋》传耳。歆不托之名臣大儒,则其书不尊不信也。"①

刘逢禄对《左传》的考证,表明了他今文家的鲜明立场。他并不否认《左传》是先秦古书,但认为《左传》实名为"左氏春秋",是与《晏子春秋》、《吕氏春秋》同类的著作;《左传》的作者是战国时人,也不是与孔子同时的左丘明,是刘歆对《左氏春秋》做了许多手脚,有增饰,有窜改,有重新编排,加进了许多解经的话,这样改造成一部《春秋》的传。这个"传"既是刘歆的伪传,自没有存在的价值。只能给经学研究增添芜累,故他主张离之则双美,合之则两伤。如果站在今文经学的立场上,就会觉得刘逢禄对《左传》的批判真是痛快淋漓;但是如果跳出经学的家派之外,做实事求是的分析,就会发现刘氏的考证有许多疏漏、牵强之处,他只是抓住了《左传》的若干疑点,例如左丘明的问题,例如《左传》的传授系统问题,某些书法、凡例问题,并没有找到刘歆作伪的真凭实据。不过在今文家或者有今文倾向的学者看来,刘逢禄的《左氏春秋考证》真可以说是振聋发聩,给人以启发,为打击古文经学做出了重大贡献。

第三节 龚自珍与魏源

在刘逢禄的那个时代,汉学正处于由盛转衰的关口。刘逢禄巧妙地扩大了汉学的范围,由东汉之学进而研究西汉之学,也就由章句训诂之学转入了义理之学。他继承了庄存与的学统,旗帜鲜明地推崇董仲舒、何休的公羊学,全面复原董、何之学的旧貌,猛烈攻击古文经典,在乾嘉朴学独步一时的学界建起了今文经学的营垒。当然,他也没有忘记利用乾嘉朴学的考据方法,因此,他的学术也得到了不少来自朴学考据派的同情。庄存与、刘逢禄都属于十八至十九世纪的常州学人,因此他们的学术就被人称为常州学派。庄存与可以说是常州学派的开山,而刘逢禄则是这一学派的旗手。

---

① 刘逢禄《左氏春秋考证》卷二。

刘逢禄在学术上虽然可以称得上是一位巨人，但在政治思想方面，他却是一个矮子，他缺乏政治理想，经世的意识淡薄，也缺乏改革政治现实的胆识，也许历史还没有走到这一步，还没有向他提出这方面的要求，他的尊今文抑古文，纯粹属于经学家派上的主张。但到了他的学生一辈，情况就有些不大一样了。他所提倡的今文经学，成了他的学生以及后人主张政治改革的依据和理论基础。

一、道、咸以降的龚魏新学

龚自珍（1792—1841），字璱人，浙江仁和人。道光九年（1829）进士，授内阁中书，后改任礼部职。他是段玉裁的外孙，十二岁即从段玉裁学《说文》，打下了深厚的小学功底。但他并不以朴学自限，而专喜言义理，治经偏爱今文经学。时人称之曰："先生之学，在于由东京之训诂，以求西汉之微言。"[1]

魏源（1794—1857），字默深，湖南邵阳人。道光二年（1822）举人，入赀为内阁中书，旋南下，寄居扬州。因富经世之才，当时的封疆大吏，争相延聘。道光二十四年（1844）成进士，做过知县、知州。史称魏源"经术湛深，读书精博"，"初崇尚宋儒理学，后发明西汉人之谊"，[2] 是十九世纪中叶最重要的今文学者。

龚、魏生活的时代，清王朝的盛世已过，各种社会矛盾逐渐显露出来。道、咸以还，国家危机四伏，资本主义列强也加紧了侵略的步伐，鸦片之为害，已日益明显，国家积弱积贫，官僚腐败低能，民众困苦无告。统治阶级中的有识之士，已经意识到了这个国家非改革现状不足以继续生存下去了。龚自珍和魏源，就是这个时代具有强烈忧患意识的士人的杰出代表。

龚、魏生时，并以奇才名天下，二人思想接近，志趣相投。他们在政治上都没有什么大的作为，却都有澄清天下、改革现实的大抱负。他们关心朝廷政事，关心百姓疾苦，所谓"朝章国故"、"漕、盐、河、兵"，[3] 靡不究心，经世的意识极强。他们都是刘逢禄的学生，从刘逢禄那里继承了常州学派公羊学的遗产。龚、魏二人都具有变革的思想，他们不满意于传统儒学的"言必称三

---

[1] 程秉钊语，见孙文光、王世芸编《龚自珍研究资料集》，黄山书社1984年版，第97页。
[2] 《清史列传》卷六十九《魏源传》。
[3] 魏源《明代食兵二政录叙》，《魏源集》，中华书局1976年版，第165页。

代",而具有历史进化论的观点,他们相信"天下无数百年不弊之法,无穷极不变之法"①,主张变法,主张改制。对于西洋的新鲜事物,并不一味地排拒,而是主张学习,在这方面,魏源比龚自珍表现得更为激进,他甚至提出了"师夷长技以制夷"② 的口号。在他们那个时代,士人尚没有接触到什么先进的理论,他们的变法图强的主张,也只能到儒家的经典里去找根据;而在传统的儒学当中,公羊学讲"微言大义",讲"三科九旨",讲"张三世"、"存三统",是最易于在政治改革的层面上进行发挥的,因此,在那个时代,公羊学说就特别受到具有改良思想的士人的欢迎。

王国维论晚清今文学之行世有云:

> 我朝三百年间,学术三变:国初一变也,乾嘉一变也,道咸以降一变也。顺康之世,天造草昧,学者多胜国遗老,离丧乱之后,志在经世,故多为致用之学。求之经史,得其本原,一扫明代苟且破碎之习,而实学以兴。雍乾以后,纪纲既张,天下大定,士大夫得肆意稽古,不复视为经世之具,而经史小学专门之业兴焉。道咸以降,涂辙稍变,言经者及今文,考史者兼辽金元,治地理者逮四裔,务为前人所不为,虽承乾嘉专门之学,然亦逆睹世变,有国初诸老经世之志。故国初之学大,乾嘉之学精,道咸以降之学新。……道咸以降之学,乃二派之合,而稍偏至者,其开创者仍当于二派中求之焉。……道咸以降,学者尚承乾嘉之风,然其时政治风俗已渐变于昔,国势亦稍稍不振,士大夫有忧之而不知所出,乃或托于先秦西汉之学以图变革一切,然颇不循国初及乾嘉诸老为学之成法,其所陈夫古者,不必尽如古人之真,而其所以切今者,亦未必适中当世之弊。其言可以情感,而不能尽以理究。如龚璱人、魏默深之俦,其学在道咸后虽不逮国初、乾嘉二派之盛,然为此二派之所不能摄,其逸而出此者,亦时势使之然也。③

按王国维对晚清今文学兴起这一现象的描述基本上是准确的。他注意到了"道咸以降"时势的变化(只是他所说的"国势稍稍不振"未免过于客气了一点),也注意到了学者因应这种时势而向"先秦西汉之学"寻求理论武器的苦心。他清楚地看到龚、魏二人在当时学界起的作用,承认龚、魏之学是超越了"国初"与"乾嘉"的新学,尽管这种新学在"精细"这一点可能要逊于乾嘉,但

---

① 魏源《筹鹾篇》,《魏源集》第 432 页。
② 魏源《海国图志叙》,《魏源集》,第 207 页。
③ 王国维《沈乙庵先生七十寿序》,《观堂集林》卷二十三,《王国维遗书》本。

其宗旨是试图"变革一切",这是时势使然的。

二、开发公羊学的经世功能

龚自珍全面继承了刘逢禄的公羊学,而且扩而大之,试图把公羊学的理论贯彻到其他经典中去,《公羊》的"三世说",是龚自珍发挥的重点。所谓三世说,在《公羊传》里,是把春秋二百四十二年分为三个阶段,有所见世、所闻世、所传闻世,最初可能是用来解释《春秋》书法的,即试图说明同类的事情在《春秋》的不同阶段里有"书"有"不书",有这样"书"有那样"书"种种区别。到了何休的时代,已把"三世"解释成了"据乱世"、"升平世"、"太平世",成了所谓"三科九旨"中的一个重要组成部分。这种"三世"说,应当是一种以历史进化论为基础的社会发展模型,《公羊》学者鼓吹"三世"说,是为他们的变革的主张、"法后王"的主张服务的。龚自珍深知三世说在公羊学说里的重要性,并进而要把这种理论说成是对其他经典也具有普遍意义的。他在《五经大义终始答问》里说:

> 问:三世之法,谁法也?答:三世非徒《春秋》法也。《洪范》"八政"配三世,八政又各有三世。①

按八政出自《洪范》:食、货、祀、司空、司徒、司寇、宾、师,本来说的是古代八个方面的政事,是一种横向的胪举;龚自珍却把它们做了一个纵向的划分,使之分属于三世:

> 愿问八政配三世。曰:食、货者,据乱而作。祀也,司徒、司寇、司空也,治升平之事。宾、师乃文致太平之事。孔子之法,箕子之法也。②

这样一来,八种政事就有了先后发生的次序,于是他们的进化史观也就获得了不同时期历史内容的支持。不仅"八政"总起来分三世,"八政"又各有三世:

> 问八政事事各有三世。……愿问司寇之三世。答:周法,刑新邦用轻典,据乱故。《春秋》于所见世,法为太平矣。世子有进药于君君死者,书曰"弑其君",盖施教也久,用心也精,责忠孝也密。假如在所传闻世,人伦未明,刑不若是重。在所闻世,人伦甫明,刑亦不若是重。

这里仅以"司寇"为例,说明刑法本身也有三世之分。在龚自珍看来,"三世"是一个相对的概念,整个人类社会可以分为三世,其中的某一个历史时段也可以分为三世:

---

①②《龚自珍全集》,上海人民出版社1975年版,第46页。

> 问：《礼运》之文，以上古为据乱而作，以中古为升平，若《春秋》之当兴王，首尾才二百四十年，何以具三世？答：通古今可以为三世；《春秋》首尾，亦为三世。大桡作甲子，一日亦用之，一岁亦用之，一章一蔀亦用之。①

按这样来解释"三世"，就把"三世"说与有历史循环论色彩的"三统"说统一起来了。

龚自珍与魏源都推崇西汉之学，认为西汉之学注重实用，远胜东汉，魏源说：

> 夫西汉经师承七十子微言大义，《易》则施、梁丘、孟、京，皆能以占变知来；《书》则大小夏侯、欧阳、倪宽，皆能以《洪范》匡世主；《诗》则申公、辕固生、韩婴、王吉、韦孟、匡衡，皆以三百五篇当谏书；《春秋》则董仲舒、隽不疑之决狱；《礼》则鲁诸生、贾谊、韦玄成之议制度；而萧望之等皆以《孝经》、《论语》保傅辅道。求之东京，未或有闻焉。②

按讲到经典的实用价值，今文家所最津津乐道的就是以《春秋》"决狱"。龚自珍著《春秋决事比》，就是发扬《春秋》的这一功能。按照《公羊》派的传统说法，《春秋》是"礼义之大宗"，而龚氏却说《春秋》乃"万世之刑书"，礼与刑究竟有怎样的关系，龚自珍说：

> 或问之曰：任礼任刑，二指孰长？应之曰：刑书者，乃所以为礼义也。出乎礼，入乎刑，不可以中立。③

原来二者是一物之两面，说《春秋》是"刑书"，并不能算是对《春秋》的贬损，而正是抓住了《春秋》的特质，这一观点是从刘逢禄那里继承来的。《春秋》既为"万世之刑书"，它就不是为一人一事而立的：

> 决万世之事，岂为一人一事？是故实不予而文予者有之矣，岂赏一人，借劝后世曰：中律令者如是；实予而文不予者有之矣，岂诛一人，借诫后世曰：不中律令者如是。④

按所谓"实不予而文予"、"实予而文不予"，是公羊家的专门用语，"实"是指从实际情况出发，"文"是指从原则、理念出发。有的时候，原则与实际是有冲突的，于是就有实际上赞成（实予）、而在表面上却要表示不赞成（文不予）

---

① 《五经大义终始答问》，《龚自珍全集》，第48页。
② 魏源《刘礼部遗书序》，《魏源集》，第241页。
③④ 《春秋决事比自序》，《龚自珍全集》，第233页。

的情况，或者与此相反。这充分表明公羊家确实是把《春秋》看成是政治模型而非历史实录。龚氏就是这样来看待《春秋》中的记事的。他的《春秋决事比》，分为君道、君守、臣守、不应重律、不应轻律、不定律、不屑教律、律目、律细目、人伦之变共十篇，涉及有关刑律的各个方面，博采经传中与此相关的一百二十件事，对"以《春秋》决狱"做讲解和说明。

此书所引经传记事部分已佚，现存的只有自序、目录和某些篇所附的"答问"。姑举《不定律篇》之答问以见一斑：

> 乙问：《春秋》假立吏，许世子狱如何？答乙：书"许世子止弑其君买"，是拟死；书"葬许悼公"，是恩原之。《春秋》之吏，闻有父饮子药而死者，急欲成子之意，拟之死；俄而《春秋》闻之，闻其愚孝，无有弑志，乃原之。①

按许世子止弑君之事，《春秋》学者多有议论。龚氏认为《春秋》书"许世子止弑君"，表明《春秋》对此事之谴责；但后来又书"葬许悼公"，表明对许世子的宽恕与原谅（因为实际上许世子只是未尝药，并无弑君之志）。这里很明显是把《春秋》人格化了，看成是一位君主，他手下有"吏"调查处理案件。这是公羊家"以春秋当新王"理论的最直白的注解。

三、对董子《春秋繁露》之表章

魏源对所谓"汉学"的攻击更为猛烈。他说：

> 自乾隆中叶后，海内士大夫兴汉学，而大江南北尤盛。苏州惠氏、江氏，常州臧氏、孙氏，嘉定钱氏，金坛段氏，高邮王氏，徽州戴氏、程氏，争治诂训音声，爪剖釽析，视国初昆山、常熟二顾及四明黄南雷、万季野、全谢山诸公，即皆摈为史学非经学，或谓宋学非汉学，锢天下聪明知慧，使尽出于无用之一途。②

魏源早年治学，也是由音韵小学入手的，故他对于训诂考据，也有相当的功底。但他并不以此自限，且深知乾嘉朴学之弊端，故他更留心于经典的微言大义。他对汉末徐干之说甚为欣赏："凡学者，大义为先，物名为后，大义举而物名从之。然鄙儒之博学也，务于物名，详于器械，矜于诂训，摘其章句，而

---

① 《不定律篇》，《龚自珍全集》，第56页。
② 魏源《武进李申耆先生传》，《魏源集》，第358页。

不能统其大义之所极，以获先王之心。此无异乎女史诵诗，内竖传令也。"① 为了避免成为"鄙儒"，魏氏转而究心于西汉之学。他的公羊学，也是得自刘逢禄，不过他认为孔广森、刘逢禄都只对何氏《解诂》下了很大功夫，而董仲舒则更值得研究。他说：

> 《汉书·儒林传》言"董生与胡母生同业治《春秋》"，而何氏注但依胡母生条例，于董生无一言及；近日曲阜孔氏、武进刘氏皆公羊专家，亦止为何氏拾遗补缺，而董生之书未之详焉。若谓董生疏通大诣（当作恉），不列经文，不足颉颃何氏，则其书三科九旨灿然大备，且弘通精淼，内圣而外王，蟠天而际地，远在胡母生、何邵公章句之上。盖彼犹泥文，此优柔而餍饫矣；彼专析例，此则曲畅而旁通矣。故挟经之心，执圣之权，冒天下之道者，莫如董生。

在魏源看来，董仲舒的《春秋繁露》虽没有"列经文"，为之章分句解，但三科九旨等义例在《繁露》中都有充分的说明，从阐发大义微言这个角度来看，《繁露》的价值远在胡母生条例与何氏《解诂》之上。因此魏源对此书重加整理，易书名为"董子春秋"，撰《董子春秋发微》七卷，"今以本书为主，而以刘氏《释例》之通论大义近乎董生附诸后，为《公羊春秋》别开阃域，以为后之君子亦将有乐于斯"②。对《繁露》书中诸篇，魏氏最看重的是《三代改制质文》，他称此篇"上下古今，贯五德、五行于三统，可谓穷天人之绝学，视胡母生条例有大巫小巫之叹"。按《三代改制质文》，最集中地发挥了公羊的三统循环改制的思想，与魏氏的变法主张最为契合，难怪他对这一篇情有独钟了。

魏源的《董子春秋发微》应该说是魏源《春秋》学的主要著作，但此书未见传本，今所见只有该书的序，收在《古微堂集》中。

魏源表章《春秋繁露》，就是表章西汉之学，他认为"西京微言大义之学坠于东京，东京典章制度之学绝于隋唐，两汉诂训声音之学熄于魏晋"，而乾嘉以来，诂训声音之学已臻于极盛，该是发生变化的时候了："且夫文质再世而必复，天道三微而成一著。今日复古之要，由诂训声音以进于东京典章制度，此齐一变至鲁也；由典章制度以进于西汉微言大义，贯经术政事文章于一，此鲁一变至道也"③。可见他视董氏的公羊学为汉学的最高境界。

---

① 徐干《中论·治学》，《四部丛刊》本。参见魏源《武进庄少宗伯遗书序》，《魏源集》，第237页。
② 魏源《董子春秋发微序》，《魏源集》，第135页。
③ 魏源《刘礼部遗书序》，《魏源集》，第242页。

魏源是十九世纪中叶的一位激进的改革论者,他不相信祖宗之法是永恒不变的,认为后之于前,总是有因革,有损益,而且后世总要胜过前代。同时,他又主张向外国学习,吸收"夷人"的长处。而传统的公羊学,有三统论、三世说等等理论,都是讲变易、讲进化的,因此这个理论深受魏源等人的欢迎。他鼓吹公羊学说,实际上是抱着救世的目的的。正是从这个时候起,以公羊学为核心的今文经学逐渐成了有政治改革思想的士人的武器,公羊学的影响也越来越大,以至有保守倾向的张之洞惊呼:"二十年来(按指1868年以来之二十年),都下经学讲公羊,文章讲龚定庵,经济讲王安石,皆余出都以后风气也。遂有今日,伤哉!"① 不过对公羊学的研究,十九世纪中叶以后,实际上是沿着两条轨道进行的,一为政治化或政论化的轨道,二为纯学术的轨道,二者并行不悖。齐思和先生对此曾有很好的说明,他说:

> 自魏源以后,今文学家又分两派。一为经生派,如陈乔枞之辑三家诗,精审远出魏源上。陈立之疏《公羊礼》,疏《白虎通》,纯以乾嘉诸老之方法,明西京诸儒之微言。而皮锡瑞实事求是,不尚武断,尤集清代今文学之大成。此派学者,其工作之细密,态度之矜慎,绝不在乾嘉诸老之下,确能发扬绝学,张皇幽渺。此一派也。一为政论派,如康、廖、梁、谭,其提倡今文之宗旨,在于倡导维新变法。盖至咸、同以后,累败之余,国势益危,有识之士,知非变法不足以救亡,非维新不足以图存。而顽固愚昧者流,犹挟其"祖宗之法"、"圣人之道"以抵制之,《公羊》三世三统之说,质文改制之论,适足为变法之论据。遂以孔子为教主,为变法大家。孔子以前之历史,尽属寓言,孔经之宗旨,皆在改制(即变法)。其说华辨而不穷,浩瀚而无际,荒渺不可得而原也。此等思想,当时风靡一世,在政治上发生极大的作用,而其学术上之价值盖微。盖其经术,实政论也。②

按齐氏所论,已将晚清公羊学勾勒出一个清晰的轮廓。以下我将对公羊学的这两派分别展开论述。

---

① 参见《张文襄公诗集》卷四《学术》诗之注,诗云:"理乱寻源学术乖,父仇子报有由来。刘郎不叹多葵麦,只恨荆榛满路栽。"《海王邨古籍丛刊》本。
② 齐思和《魏源与晚清学风》,载杨慎之、黄丽镛编《魏源思想研究》,湖南人民出版社1987年版。

第四节　晚清经生派之《春秋》学研究

一、陈立及其《公羊义疏》

自庄存与、刘逢禄提倡《公羊》学以来，士人究心于此学者渐多。凌曙（1775—1829）与刘逢禄同时，早年问业于包世臣，世臣教以"治经必守家法，专治一家以立其基"①。此后专治郑玄之学，属于汉学一派。但后来"闻武进刘逢禄论何氏《公羊春秋》而好之"，转向了今文学。凌曙也发现了董仲舒的重要性："深念《春秋》之义存于《公羊》，而《公羊》之学传自董子。董子《春秋繁露》识礼义之宗，达经权之用，行仁为本，正名为先，测阴阳五行之变，明制礼作乐之原，体大思精，推见至隐，可谓善发微言大义者"②。于是他"乃博稽旁讨，承意仪志，梳其章，栉其句，为注十七卷"。此外，凌曙还著有《公羊礼疏》十卷，《公羊礼说》一卷，《公羊问答》二卷。

陈立是凌曙的学生。陈立（1809—1869），字卓人，江苏句容人。道光二十四年（1844）进士，官刑部主事。刘文淇为凌曙之甥，陈立以凌、刘为师，从二人受《公羊春秋》、许氏《说文》、郑氏《礼》，"而于《公羊》致力尤深"。道光八年（1828），与刘文淇、柳兴恩等相约各著一经之新疏，陈立任《公羊》。刘文淇认为"汉儒之学，经唐人作疏，其义益晦，徐彦之疏《公羊》，空言无当。近人如曲阜孔广森、武进刘逢禄，谨守何休之说，详义例而略典礼、训诂"③。于是陈立作新疏，以乾嘉朴学的精神，在考据与训诂上下了很大功夫，他"博稽载籍，凡唐以前《公羊》古义，及国朝诸儒说《公羊》者，左右采获，择精语详。草创三十年，长编甫具。南归后，乃整齐排比，融会贯通，成《公羊义疏》七十六卷"。可知此书之作，实乃陈立毕生精力之所萃。此书最大的特点，就是搜集材料非常完备。《公羊传》本只数万字，陈立之疏竟有七十六卷之多，且其文字又非繁芜冗杂者比，可以想见其搜罗之详尽。例如对《公羊传》"大一统"的解释，先列《汉书》、《礼记》以释义：

　　《汉书·王阳传》王阳曰："《春秋》所以大一统者，六合同风、九州共贯也。"《礼记·坊记》曰："天无二日，土无二王，国无二君，家无二

---

① 包世臣《国子监生凌君墓表》，《续碑传集》卷七十四。
②《清史列传》卷六十九《凌曙传》。
③《清史列传》卷六十九《陈立传》。

尊，以一治之也。"即大一统之义也。

然后又引刘逢禄《公羊解诂笺》云：

> 大一统者，通三统为一统，周监夏、商而建天统，教以文，制尚文；《春秋》监商、周而建人统，教以忠，制尚质也。

接着就对何休之注进行疏解，何注云："统者，始也，总系之辞。夫王者，始受命改制，布政施教于天下，自公侯至于庶人，自山川至于草木昆虫，莫不一一系于正月，故云政教之始。"陈立疏云：

> 《礼记·祭统》郑《目录》云："统，犹本也。"《易》乾象传云"乃统天"，《释文》引郑注："统犹本也。"本有"始"义。《汉书·倪宽传》"统摄群元"，臣瓒曰："统犹总览也。"《文选·笙赋》"统大魁以为笙"注："统，总也。"《周礼·太宰》"以八统诏王驭万民"注："统，所以合率以等物也。"凡统领统率，皆与总系义近，故云总摄之辞也。王者受命制正月，凡一切政令，无不奉以为始，故统兼两义，即下注所云是也。
>
> 宋本"夫"作"天"，《校勘记》："监、毛本同，误也。宋鄂州官本、元本、闽本'天'作'夫'，成十五年疏、定元年疏引此注同，当据以订正。"《繁露·观德》云："百礼之贵，皆编于月。"《史记·历书》云："正不率天，又不由人，则凡事易坏而难成矣。王者易姓受命，必慎始初，改正朔，易服色，推本天元，唯承厥意。"《汉书·董仲舒传》："《春秋》大一统者，天地之常经，古今之通谊也。"师古曰："一统者，万物之统皆归于一也。"故何氏包自公侯至庶人、自山川至草木昆虫言之，见天地人物无不系之正月矣。云"政教之始"者，旧疏云："正以传不言始，故足之。"

像这样的疏解，在训诂方面，已可谓无余蕴了，但在义理方面，却无甚新的发明。而《公羊》是以讲义理为主的书，因而陈立的《义疏》，还是很受学者的批评。杨向奎先生批评此书只是罗列材料，"一如集解而不是义疏"。他说："何休是东汉末为《公羊》作总结的人，陈立则是清末试图为《公羊》作总结的人。《公羊》不同于《左传》，不是记事书，何休因之总结《公羊》的义理，虽不免'非常异义可怪之论'，但在以后发挥了作用，这是公羊学应有的传统。陈立虽然没有'非常异义可怪之论'，但无发挥无判断，因之我们说他没有本领为《公羊》作总结。但他有比较丰富的材料，如果我们要翻检有关《公羊》

的材料，他的书可以提供方便，仅此而已。然而即此已经超过凌曙的成就了。"① 这样的批评，应该说是比较中肯的。

二、皮锡瑞与他的《春秋通论》

晚清今文家里，对《春秋》经传做最客观平正、最有理据的研究者，当推皮锡瑞。

皮锡瑞（1850—1908），字鹿门，一字麓云，湖南善化人。三十二岁时成举人，后屡应礼部试不第，遂潜心讲学著书，先后主湖南龙潭书院和江西经训书院。皮氏悯乱忧时，主张变法图存，参加南学会，被聘为学长，主讲"学派"一科。戊戌变后，以参与南学会事，被褫革举人，交地方官管束。此后先后在湖南高等学堂、师范馆、中路师范、长沙府中学堂教书。

皮锡瑞治经，主今文学。他治《尚书》，最服膺西汉伏生，颜所居曰"师伏堂"，故学者亦称他为"师伏先生"。皮氏生当清季，有感于民困时艰，与当时的变法志士颇为同气相求，但他治经的风格，却不似廖平、康有为那般偏执夸诞，而是朴实平正，实事求是。前揭齐思和氏把他归入公羊学的"经生"一派，大概就是因为他务求经典之今文家正解，而并不是把治学单纯当做政治宣传的工具。

皮锡瑞一生著述颇丰，晚年著有《经学历史》、《经学通论》二书②，影响最大。前者是以今文家的立场，概述两千年经学发展之历史，简明扼要，颇能给人指示门径；后者分《易经》、《尚书》、《诗经》、《三礼》、《春秋》五经做专题研究，所论都是各经里面的重要问题。其中的《春秋通论》一卷，集中体现了皮锡瑞在《春秋》学上的主张和见解。

究竟什么是《春秋》的"微言大义"，这是《春秋》学的一个带有根本性的问题。皮锡瑞给予了一个十分明确的解答，他说：

> 《春秋》有大义，有微言。所谓大义者，诛讨乱贼以戒后世是也。所谓微言者，改立法制以致太平是也。③

他的根据，主要来自孟子。孟子对孔子作《春秋》之功，备极推崇，比之于禹抑洪水、周公兼夷狄驱猛兽，孟子所说的"孔子惧，作《春秋》"，"《春秋》成

---

① 杨向奎《清代的今文经学》，《绎史斋学术文集》，上海人民出版社1983年版，第355页。
② 二书均有标点本。《经学通论》，中华书局1954年版；《经学历史》，中华书局1959年版。
③ 《经学通论》之《春秋通论》，第1页。

而乱臣贼子惧"、"《春秋》,天子之事也"云云,以及孟子引孔子所说的"其义则丘窃取之矣"、"知我罪我其惟《春秋》乎"云云,皮氏认为都甚可信据。他说:

> 孔子作《春秋》之旨,孔子已自言之;孔子作《春秋》之功,孟子又明著之。孔子惧弑君弑父而作《春秋》,《春秋》成而乱臣贼子惧,是《春秋》大义;天子之事,知我罪我,其义窃取,是《春秋》微言。大义显而易见,微言隐而难明。

按"大义"还好理解,最难讲清的就是"微言"。为什么会有"微言"?因为《春秋》是"天子之事",孔子毕竟只是一介寒士,却要垂万世之法,故只能以隐微的方式出之。于是这就牵涉到了公羊家的孔子素王说。

公羊家的素王说历来遭人訾议,杜预等反对者指出,孔子大圣,不会如此僭越,以"素王"自居。皮锡瑞对"素王"这一概念做了澄清,他说:

> 素,空也,谓空设一王之法也。即孟子云有王者起必来取法之意,本非孔子自王,亦非称鲁为王。后人误以此疑《公羊》,《公羊》说实不误。①

其实"素王"之说,不独公羊家言之,《左传》家亦言之,例如贾逵就说"孔子览史记,就是非之说,立素王之法"。郑玄《六艺论》也说"孔子既西狩获麟,自号素王"。甚至有人称左丘明为"素臣"。② 皮氏坚持素王说,但也对汉儒(包括某些公羊家)的说法做了修正,他认为素王当指《春秋》(即以《春秋》当新王),而非指孔子,他说:

> 杜所疑者,是仲尼素王,以为孔子自王,此本说者之误。若但云"《春秋》素王",便无语弊。……惟《六艺论》之自号素王,颇有可疑。郑君语质,不加别白,不必以辞害意。孔子作《春秋》以讨乱贼,必不自蹈僭妄,此固不待辨者。《释文》于《左传序》"素王"字云:"王,于况反。下鲁素王同。"然则素王之王,古读为"王天下"之"王",并不解为王号之王,孔子非自称素王,即此可证。若丘明自称素臣,尤为无理。丘明尊孔子,称弟子可矣,何必称臣示敬,孔疏亦不知其说所自出,盖《左传》家窃取《公羊》素王之说,张大丘明以配孔子,乃造为此言耳。③

按这样子来解释"素王",就不存在什么僭越的问题了,"素王"就是"空王(读去声)",也就是虚拟一王之法,以备后世的采择。既立一新王之法,这对

---

① 《经学通论》之《春秋通论》,第2页。
② 杜预《春秋序》之孔颖达疏。
③ 《经学通论》之《春秋通论》,第11页。

于当时来讲，就是"改制"，于是孔子学说中就有了"改制"的内容：

> 《春秋》有素王之义，本为改法而设，后人疑孔子不应称王，不知素王本属《春秋》，而不属孔子。疑孔子不应改制，不知孔子无改制之权，而不妨为改制之言。所谓改制者，犹今人之言变法耳，积久而必变。有志之士，世不见用，莫不著书立说，思以其所欲变之法，传于后世，望其实行。自周秦诸子，以及近之船山、亭林、梨洲、桴亭诸公皆然。亭林《日知录》明云：立言不为一时。船山《黄书》、《噩梦》，读者未尝疑其僭妄，何独于孔子《春秋》，反以僭妄疑之？①

按在皮锡瑞看来，《春秋》中所谓"微言"，就是指其中包含的改制的思想，孔子既"立一王之法"，那么孔子也就是改制的倡导者与支持者。这种理论在清季内外交困之际，自然为主张革新变法的人士所欢迎了。

皮锡瑞对《春秋》的性质，有着十分清醒的认识，他明确地指出"《春秋》是作不是抄录，是作经不是作史"，他说：

> 说《春秋》者，须知《春秋》是孔子作，作是做成一书，不是抄录一过。又须知孔子所作者，是为万世作经，不是为一代作史。②

那么经与史的最主要的区别在哪里呢？他说：

> 史是据事直书，不立褒贬，是非自见；经是必借褒贬是非，以定制立法，为百王不易之常经。

基于这样的认识，故皮氏坚持公羊家的一字褒贬说，不过他所谓一字褒贬，并不像旧时经师所说的那样滥，似乎每用一字，俱有褒贬；而是指一些特定场合的特定用语，他说：

> 圣人之作《春秋》，其善善也长，其恶恶也短。有一字之褒贬。三大夫之书"及"，所谓一字之褒；弑君之臣，一概书弑，所谓一字之贬。③

按所谓"三大夫书及"，指《春秋》经有"宋督弑其君与夷及其大夫孔父"、"宋万弑其君捷及其大夫仇牧"、"晋里克弑其君卓及其大夫荀息"之文，孔父、仇牧、荀息都是殉君难的人物，故公羊家认为《春秋》对他们有褒意。这样子来解释一字褒贬，可以避免因滥施褒贬而蒙逞臆之讥。而皮氏本人，对那种深文周纳的说经之风确也是深为不满的，他批评孙复说：

> 孙复曰：称"国"以弑者，国之人皆不赦也。然则有王者作，将比一

---

① 《经学通论》之《春秋通论》，第12—13页。
② 《经学通论》之《春秋通论》，第2页。
③ 《经学通论》之《春秋通论》，第28页。

国之人而诛之乎？虽欲严《春秋》诛乱贼之防，而未免过当矣。

由于认《春秋》为经而非史，故对《春秋》之记事，就不当纯以记事视之，而应当认为是褒贬之所寄，因此皮锡瑞特别强调《春秋》只是"借事明义"，对事之真相不必过于认真。他说：

> 借事明义，是一部《春秋》大旨，非止祭仲一事。不明此旨，《春秋》必不能解。……"载之空言，不如见之行事"，后人亦多称述，而未必人人能解。《春秋》一书，亦止是载之空言，如何说是见之行事？即后世能实行《春秋》之法，见之行事，亦非孔子之所及见，何以见其深切著明？此二语看似寻常之言，有令人百思而不得其解者，必明于《公羊》借事明义之旨，方能解之。盖所谓见之行事，谓托二百四十二年之行事，以明褒贬之义也。孔子知道不行而作《春秋》，斟酌损益，立一王之法，以待后世，然不能实指其用法之处，则其意不可见；即专著一书，说明立法之意如何，变法之意如何，仍是托之空言，不如见之行事，使人易晓。犹今之《大清律》，必引旧案以为比例，然后办案乃有把握。故不得不借当时之事，以明褒贬之义；即褒贬之义，以为后来之法。如鲁隐非真能让国也，而《春秋》借鲁隐之事，以明让国之义；祭仲非真能知权也，而《春秋》借祭仲之事，以明知权之义；齐襄非真能复仇也，而《春秋》借齐襄之事，以明复仇之义；宋襄非真能仁义行师也，而《春秋》借宋襄之事，以明仁义行师之义。所谓见之行事，深切著明，孔子之意，盖是如此。故其所托义，与其本事不必尽合，孔子特欲借之以明其作《春秋》之义，使后之读《春秋》者，晓然知其大义所存，较之徒托空言而未能征实者，不益深切而著明乎？①

按这一段文字，是对"《春秋》是经非史"这一意见的最为明晰透彻的解说，这种解说，把《春秋》与史册彻底分离开来，特别是以清律之案例作比，更清楚地表明了《春秋》非记事之书。既然只是"借事以明义"，那对事之真实与否就根本无须追究了。孔子"止是借当时之事，做一样子，其事之合与不合，备与不备，本所不计。孔子是为万世作经，而立法以垂教；非为一代作史，而纪实以征信也"。因此，《左传》之以事解经，也就失去了意义，而《公羊》之专说经义，则正合《春秋》之旨。

皮锡瑞既坚守今文家立场，则其对《左传》自然要加以排斥。他是从否定

---

① 《经学通论》之《春秋通论》，第21页。

左丘明是孔子之门人入手的。皮氏引《史记·十二诸侯年表序》"鲁君子左丘明惧弟子人人异端"云云，又引《汉书·刘歆传》"及歆治《左氏》，引传文以解经，转相发明，由是章句义理备焉"等语，然后加以考论曰：

> 史公生于刘歆未出之前，其说最为近古。班氏生于《左氏》盛行之后，其说信而有征。史公以丘明为鲁君子，别出于七十子之外，则左氏不在弟子之列，不传《春秋》可知。云七十子之徒口受其传指，而左氏特因孔子史记具论其语，则左氏未得口授可知。班氏云：汉初学《左氏》者，惟传训故，则其初不传微言大义可知。云歆治《左氏》，引传文以解经，由是备章句义理，则刘歆以前，未尝引传解经，亦无章句义理可知。据班、马两家之说，则汉博士谓左丘明不传《春秋》，范升谓《左氏》不祖孔子而出于丘明，师徒相传，又无其人，必是实事而非诬妄。①

按丘明既非孔子弟子，又未得"圣人"口授经义，则《左传》之是否解经，就很可怀疑了。皮氏对晋人王接所说的"左氏自是一家书，不主为经发"，甚为信服，称之为"确论"。对宋人刘安世所说的"读《左氏》者，当经自为经，传自为传，不可合而为一"，亦深表赞同。对刘逢禄的《左氏春秋考证》更是备极推崇，只是他对刘逢禄所称刘歆伪造之说，似有保留，表现了更为客观的精神。他说：

> 刘氏（按指刘逢禄）以为刘歆改窜传文，虽未见其必然，而《左氏传》不解经，则杜、孔极袒《左氏》者，亦不能为之辨。②

接着，引刘氏考证中所举大量有经无传之例，进一步申论说：

> 自幼读《左氏传》，"书"、"不书"之类，独详于隐公前数年，而其后甚略，疑其不应如此草草。及观刘氏考证左氏释经之文，阙于隐、桓、庄、闵为尤甚，多取晋、楚之事敷衍，似皆出晋乘、楚梼杌，尤可疑者。杜、孔皆谓经、传各自言事，是虽经刘歆、贾逵诸人极力比附，终不能弥缝其迹。王接谓传不主为经发，确有所见。以刘氏《考证》为左验，学者可以恍然无疑。

皮氏虽然极力反对《左传》是《春秋》之传，但他并不全然否定《左传》的价值，只是将《左传》的价值规定在了"史学"的范围之内。他说：

> 左氏叙事之工，文采之富，即以史论，亦当在司马迁、班固之上，不

---

① 《经学通论》之《春秋通论》，第35页。
② 《经学通论》之《春秋通论》，第40页。

必依傍圣经,可以独有千古。《史记》、《汉书》,后世不废,岂得废《左氏》乎?且其书比《史》、《汉》近古,三代故实、名臣言行,多赖以存。①

虽然如此,但《左传》毕竟与《春秋》无关:

> 然《左氏》记载诚善,而于《春秋》之微言大义,实少发明。……《春秋》是经,《左氏》是传,离之双美,合之两伤。经本不待传而明,故汉代《春秋》立学者,止有《公羊》,并无《左氏》,而《春秋经》未尝不明。……经史体例,判然不同。经所以垂世立教,有一字褒贬之文;史止是据事直书,无特立褒贬之义。②

皮氏的《春秋通论》内容十分丰富,几乎涉及了传统《春秋》学所讨论的所有问题。他对今、古文两派的学说做了严格的梳理,他的学术系统性极强。他所生活的时代,古文经学与今文经学都已有过比较充分的发展,前代学者的门户之见也都有了比较充分的暴露,这使得他有可能以比较清醒的头脑,来重新检视传统《春秋》学中的诸问题。他虽然站在今文家的立场上,也并非一味地偏袒今文学,对公羊、何休等的一些不合理的论点、提法也并不随声附和。例如对公羊家之说灾异占验,皮氏就持批评的态度;又如对何休是否全得《公羊》之义,皮氏亦有怀疑。对古文家的学术,他也不是一概骂倒,而是能做客观的分析。他虽然有鲜明的今文家立场,但所论种种,门户的色彩并不强烈,因此,他应该算是清末今文家里较为持平的一位。但他只是一位学者,一位经生,不是政治家,也不是鼓动家,故他的学术在当时影响比较小,在这一点上,与康有为等人是不可同日而语的。

第五节 从廖平到康有为

与皮锡瑞大体同时的《春秋》学者,还有一位廖平。廖平也是今文家,他著作等身,但平生之学术主张极富变化,常以今日之我否定昨日之我。他对康有为的影响很大,廖平的许多思想,都成了清末维新派变法改良的理论武器,康氏的两部名著《新学伪经考》和《孔子改制考》,就是受廖氏著作的启发作成的,以致学界对康氏有抄袭之讥。但康有为还是一位政治实践家,他研治《春秋》,宣讲《春秋》经义,目的十分明确,就是要为政治改革服务;而廖平

---

① 《经学通论》之《春秋通论》,第49页。
② 《经学通论》之《春秋通论》,第50页。

则只是一位理论的探索者，并没有投身于改革实践中去。他以为经学可以救国，可以济世，故一生孜孜不倦，皓首穷经，希图从中发掘出真正符合孔子思想的微言大义。

一、廖平的经学六变

廖平（1852—1932），字季平，四川井研人。光绪十五年（1889）中进士，得官龙安府教授。此后任教职及主讲各书院有年。入民国以后，担任成都国学专门学校校长。1919年患中风，右手拘挛不能写字，遂改用左手，仍著述不辍，直至1932年逝世。

廖平早年曾受知于张之洞，由于张之洞的拔擢，23岁时中秀才，后入张之洞所创立的尊经书院读书。在张氏的影响下，廖平致力于文字训诂之学，所造颇深。1879年，王闿运入主尊经书院，给书院乃至四川的学风带来了变化。王闿运是湖南人，受魏源的影响很大，专治公羊学。他在尊经书院提倡今文学，注重探求经书的微言大义，主张经世致用，这些都使廖平的思想发生了变化。廖平自述"庚辰（1880）以后，厌弃破碎，专事求大义"①，就是向今文经学的方向转化。此后他的思想虽然屡有变化，但基本上没有超越今文经学的范围。

所谓"经学六变"，是指廖平一生中经学思想的六次变化。廖平自己对这些变化从不讳言，而且颇以此自豪，他说："为学须善变，十年一大变，三年一小变，每变愈上，不可限量……若三年不变，已属庸才；至十年不变，则更为弃才矣！"②廖平晚年自号"六译老人"，译字有"变易"之义，"六译"即指他经学思想的六次变化。廖平早年笃信程朱理学，自追随张之洞后，始知训诂考据的重要，《经学四变记》称："四益（按廖平曾号四益）原以宋学为主，及入尊经，泛滥于声音、训诂、校勘、江浙、直湖各学派"，说的就是他在尊经书院所下文字考据功夫。后来他以王闿运为师，治学取向有了变化，对今文经学发生了兴趣，治经专求微言大义，转而鄙夷乾嘉学术，这时候"以视考据诸书，则又以为糟粕而无精华，枝叶而非根本，取《庄子》、《管》、《列》、《墨》读之，则乃喜其义实，是心思聪明至此又一变矣"③。廖平经学主张的"六变"，就是在这种思想变化的基础上发生的。这六变依次是：第一变平分今古，第二变尊今抑古，第三变小统大统，第四变天学人学，第五变天人大小，第六变

---

①③ 廖平《经学初程》，《六译馆丛书》本。
② 《经话甲编》卷一，《廖平学术论著选集》（一），巴蜀书社1989年版，第412页。

"以五运六气解《诗》、《易》"。

廖平的经学一变,是指对古文经与今文经的看法的变化,即由"混合今古"转变为"平分今古"。① 廖平认为,古文经与今文经的区别,主要的并不在于所用本子的不同,也不在于是否立于学官,甚至不在于经师说解的差异,而在于古文经学与今文经学所说的礼制不同,今文经学以《王制》为宗,而古文经学以《周礼》为宗。《周礼》和《王制》所言礼制是不同的。《周礼》中多周制,孔子有"吾从周"的主张,但这主要是孔子壮年时的思想;孔子在晚年主张"改周从殷",以殷礼为主,兼采虞、夏、周三代之制,这些都体现在孔子手定的《王制》上。因此,今学、古学,其源俱出孔子,二者并无轻重、优劣之分,应当互相补充,不可偏废。廖平在这个时期的代表作是《今古学考》。

廖平的经学二变,即由"平分今古"变为"尊今抑古"。这一变化的发生,关键在于他对《周礼》一书态度的改变。廖平原以《周礼》为古学之主,是先秦的文献,但他后来受到了刘逢禄、魏源、邵懿辰等人的影响,开始怀疑《周礼》为刘歆之伪撰,这样,宗主《周礼》的古文经学也就随之贬值。此时的廖平著《辟刘篇》(后来增订改名为《古学考》)和《知圣篇》。廖平认为,刘歆根据佚礼,删补改编,而成《周礼》,故古学晚于刘歆,盛于东汉。刘歆不仅伪造《周礼》,还改窜《史记》。另外,史籍中有关古文经学的记载,如《汉书》的《艺文志》、《刘歆传》、《经典释文》、《隋志》等,均有后人臆造的成分,不可尽信。而今文经学则是传自孔子,是可信赖的。且孔子受命改制,其微言大义俱存于今文经中,故今文经学是该"尊"的,而古文经学则是该"抑"的。但在廖平看来,当时刘歆所谓"古经",除《周礼》之外,只有《古文尚书》和《毛诗》,《左传》是并不包括在内的。

廖平的经学三变,是对其二变的自我修正。二变尊今文,鼓吹孔子改制,与当时维新变法思潮同声相应,其说为康有为所沿袭;但在戊戌前后,廖平在其师张之洞的压力下,开始自变其说,以小统大统说代替了二变时期的孔子改制说。廖平认为,孔学经典中原有两种制度,《王制》所言疆域"方三千里",面积小,故称"小统";《周礼》所言"方三万里",故称"大统"。"小统"是孔子用来治中国的,大统是用来治世界的,于是孔经不仅是治中国之典,同时也具有了世界意义。廖平这样的说法,就把他自己与康有为等维新派的主张区别了开来,因此变法失败以后,他也没有受到多少牵连。但这种理论,与他二

---

① 李耀先《廖平经学思想述评》(《廖平学术论著选集》代序),第2页。

变时期对《周礼》的评价正相反对，他又回到了一变时的立场，以《周礼》为先秦文献了。

以上三变，都是围绕着今古文问题的，他始则从混合今古变到平分今古，又从平分今古变到尊抑古，然后从尊今抑古再变到古大今小，主张虽然屡变，却没有出今古学的范围。他的经学一变，发生在1883年至1887年，代表作是1886年所著的《今古学考》。他的经学二变发生在1887年至1897年，其代表作是1888年所著《知圣篇》和《辟刘篇》。他的经学三变，发生在1898年至1904年，代表作是1898年所著的《地球新义》。此后的四变、五变、六变，越变越奇，越变越虚玄怪诞，属于所谓"天人之学"，与他的《春秋》学已没有多大关系了。

二、廖平的谷梁学与公羊学研究

廖平视《谷梁传》与《公羊传》为今文要典。他说：

> 西汉今学盛，东汉古学盛。后盛者昌，而《易》、《尚书》、《诗》、《礼》之今学全佚，而惟存古学，无以见今学本来面目。犹幸《春秋》今学之二传独存，与古相抗。今学全由《春秋》而生……予立今学门户，全据二传为主。至今学所亡诸书，皆以二传与《左传》相异之例推之，以成存亡继绝之功。①

按廖平说虽多变，但他对《公》、《谷》二传的看法，前后似没有太大的变化。他受王闿运的影响，喜治今文学，专求大义。但在尊经书院学习期间，王闿运治《公羊》，廖平却以治《谷梁》为主。

廖平关于《谷梁》的著作很多，据廖平年谱，他在1885年8月编定《谷梁春秋内外编》，包括廖平的37种著作，有50卷。《谷梁古义疏》等是其中较为重要者。② 蒙文通评论廖平的谷梁学曰："湘绮（王闿运）言《春秋》以《公羊》，而先生治《谷梁》专谨，与湘绮稍异，其能自辟蹊径，不入于常州者之流，殆亦在是。《谷梁》解经最密，先生用力于《谷梁》最深，著《谷梁古义疏》、《释范》、《起起废疾》，依经之例，以决范、何、郑氏之违失，而杜后来无穷之辩。植基坚厚，后复移之以治《公羊》、《左氏》，皆迎刃自解。"③

---

① 《今古学考》卷下，《廖平学术论著选集》（一），第86页。
② 此段采用黄开国的说法，见氏所著《廖平评传》，南昌百花洲文艺出版社1993年版，第32页。
③ 蒙文通《廖季平先生传》，转引自黄开国著《廖平评传》第31页。

廖平的谷梁学著作虽被人称道，但毕竟不如他的公羊学影响更大。廖平自早年转向专求大义以后，重视发掘经典之微言大义，似乎不曾有过动摇。而《公羊传》的微言大义，远比《谷梁传》为多，故廖平在公羊学上的发挥，也更引人注目。他先后著有《公羊解诂十论》、《公羊解诂续十论》、《公羊解诂再续十论》、《公羊解诂商榷》等。

刘师培评论廖平的经学，说他"长于《春秋》，善说礼制"①，颇中肯綮。廖氏重视礼制，以礼制为区分今文古文的标准，确是他学术的一大特点。他认为《王制》是今文大宗，与《春秋》关系密切，甚至认为《王制》即出自孔子之手：

> 孔子作《春秋》，存王制，《礼记·王制》乃《春秋》旧传。孔子既作《春秋》，复作此篇，以明礼制，故所言莫不合于《春秋》。

那么《王制》中所言礼制究竟是什么时代的制度呢？旧时人们看到《王制》多与《周礼》不同，往往强为区别：

> 先儒不得其解，因与《周礼》不合，疑为殷制，不知乃《春秋》制，中备四代，非独殷礼也。

按所谓"中备四代"，指备虞、夏、商、周之礼。廖平认为，孔子鉴于周制之弊，于是兼采虞夏商周四代之礼，创为新制，这就为孔子改制说奠定了基础。于是《春秋》是孔子改制之书，也就有了依据，因为"《春秋》制度皆本于此"②。《公羊》、《谷梁》二传比较，"《谷梁》纯与《王制》相合，《公羊》虽兼采古学，然与《王制》不同者少，以其旧为今学弟子故也"③。

廖平的《公羊解诂十论》，作于光绪十年（1884），所论之题有《王制为春秋旧礼传论》、《诸侯四等论》、《托礼论》、《假号论》、《主素王不王鲁论》、《无月例论》、《子伯非爵论》、《诸侯累数以见从违论》、《曲存时事论》、《三世论》。廖平自述其作意云：

> 国朝通材代出，信古能劳，钩沉继绝，学乃大明。刘、陈同道，曲阜异途，从违虽殊，门户犹昔。平寝馈既深，匙钥俟启。亲见症瘕，用新壁垒。窃以《解诂》顿兵坚城，老师糜饷，攻城无术，用违其方，聋瞽有忧，膏肓谁解。

他有感于刘逢禄、陈立、孔广森等人的公羊学研究虽均有深造，但仍存门户之

---

① 转引自《廖平学术论著选集》（一）代序。
②③《公羊解诂十论》之《王制为春秋旧礼传论》，《六译馆丛书》本。

见，同时感到何休的《解诂》存在的问题很多，致使《公羊》真义尚不能够大明，所以著此十论，阐发《公羊》大义。次年秋，廖平感到前论意犹未尽，于是更"缀以新解"，作《续十论》，其要目有《嫌疑论》、《本末论》、《翻译论》、《详略论》、《从史论》等。此后，"再罄所怀"，又作《再续论》十篇，"昔刘申受作《何氏解诂笺》，已多补正，特其所言，多小节，间或据别传以易何义。今之所言，多主大例，特以明此事亦有所仿，不自今始耳"。这十篇中，有《取备礼制论》、《袭用礼说论》、《图谶论》、《传有先后论》、《口授论》、《参用左传论》等，确乎是多言其大者。

廖平的《公羊解诂三十论》，主要是针对何休而发的，也有些是针对董仲舒的，对董、何的公羊理论做一些修正和补充。例如董、何的"王鲁"之说，在公羊学的传授中影响深远，而廖平则对此大不以为然，他在《主素王不王鲁论》中说：

> 王鲁之说，久为世诟病。申者曰：此经师旧说，俗学不知古义，不足为疑。若孔巽轩之去王鲁而主时王，则诚俗学；若今之去王鲁而主素王，则主王鲁者，多年积久而悟其非，诚为去伪以存真，岂曰望文而生训！

廖平认为，从《春秋》义例来看，是"以侯礼责鲁"的，是"君天王而臣鲁侯"的，没有丝毫"王鲁"的意思，"若以为王鲁，则《春秋》有二'王'，不惟伤义，而且即传推寻，都无其义"，因此"王鲁"肯定是公羊学者的误说。另外从公羊学者所看重的纬书来看，主要的提法是"孔子素王"，而非"王鲁"：

> 《公羊》精微，具见纬候，凡在枝节，莫不具陈。而"王鲁"全经大纲，纬书并无其语；而言"素王"与孔子主王法、乘黑运者，不下三四十见，此可见本素王而不王鲁矣。

那么什么是"素王"呢？廖平解释说：

> 素王本义，非谓孔子为王，素，空也，素王，空托此王义耳。《论语》曰："如有用我者，其为东周乎"，又曰："其或继周者，虽百世可知"，今之所谓"素"，即此"如有"、"其或"之义。设此法以待其人，不谓孔子自为王，谓设空王以制治法而已。

廖平对素王概念的澄清有两方面的意义：一是为孔子避"僭越"之嫌，保持《春秋》"尊王"大义的完整性；二是明确《春秋》是孔子为后世预设之法，强调孔子改制是《春秋》学中的一项重要内容。后来维新派之主张变法，大多是就公羊学的"素王"说进行发挥的。

对何休归纳的《公羊》义例,廖平也多有修正。例如他认为何休所说的"时月日例",不尽符合《公羊》原意。他说:

> 正传言日、时例者二十余条,惟言"何以不日"、"何以时",无以月为正例之文。《春秋》记事,大事记之详……故记其日;小事则从略……皆例时。大事日,小事时,一定之例也,亦记事之体应如是也。至于轻事而重之,则变时而月日焉;重事而轻之,则变日而月时焉。事以大小为经,例以日时为正,一望而知者也。而月在时、日之中,为消息焉。凡月皆变例。……何氏误以月为有正例,则正例有三等,无以进退,而于二主之间,又添一主,则正变不明,端委朦混,治丝而棼,故使人嗤为牵引射覆,此其巨谬也。①

按廖氏的主张,虽与何休并无本质上的不同,但确比何说精巧细致得多。

廖平《三十论》中,有些在今日看来,仍颇具学术价值,例如他分辨有关《春秋》的谶、纬云:

> 纬者,先师经说,入于秘府,与图谶并藏。哀、平以来,内学大盛,侈言符命者,猎取纬说,以求信于世,故凡纬说、艺术家言,并为图谶所混。今其书冠以七经名,则纬书之本名也;其下之名,则皆图谶及术数家言,如"雌雄图"、"钩命诀"之类是也。其书皆藏于秘府,写者含混写之,遂成定本。然解经者当引纬说,图谶之言,不可用也。②

对何休之引用谶纬,廖平给予了尖锐的批评:

> 何君《解诂》多用纬说,是也。至乃杂引图谶,矜为奇怪,谓孔子为汉制作,逆知秦将燔其书,夫子素(索?)按图录,知庶姓刘当代周,见采薪获麟,知为其出;又言卯金刀,天下血书鲁端门、圣汉受命云云,虚诞无理,骇人闻听。盖何君囿于风气,移于俗染,既以献媚时君,并欲求合时尚。

按一般来说,主张孔子素王改制,总免不了要神化孔子,神化孔经,故治公羊学的人迷信谶纬者,历来不乏其人。廖平能够正确地区分谶、纬,努力剔除公羊学上所附着的神怪成分,表明廖平的《春秋》学研究,是有一定的理性色彩的。

---

① 《公羊解诂十论》之《无月例论》。
② 《公羊解诂再续论》之《图谶论》。

三、廖平对《左传》的看法

廖平对《左传》的看法，前后有比较大的变化。大约在1890年以前，廖平把《左传》归入古文学，以与今文经典的《公》、《谷》相对。他在刊于1886年的《春秋左传古义凡例》中说：

> 二传（按指《公》、《谷》）今学，《左传》古学；二传经学，《左传》史学；二传质家，《左传》文家；二传受业，《左传》不受业；二传主孔子，《左传》主周公；二传主《王制》，《左传》主《周礼》；二传主纬候，《左传》主史册；二传鲁、齐人，《左传》燕、赵人。学虽异端，未可偏废。

按这样子来分析《左传》与二传的区别，与传统说法并无大的不同。此时的廖平，系统地提出了以《王制》、《周礼》所言礼制之不同，来区分今文经学与古文经学的"平分今古"之论。他认为《左传》与《公》、《谷》二传都是先秦旧说，《公》、《谷》是孔门嫡传，而《左传》则是孔门之别派：

> 盖战国时学有二派：有孔子派，以《王制》为主，弟子皆从此派，孟、荀以及汉博士所传是也。而当时博雅君子，如左丘明者，则以所闻见别为派，与孔学别行，传中称孔子为仲尼，经亦有异，此皆别派遥宗孔子之证也。

这种提法，既指出了《左传》与二传之不同，又不否认《左传》是解经之传，这与一般今文家之排斥《左传》，有着明显的区别。但廖平以为《左传》实自《国语》而来，是有人专为与今学为难，因取《国语》中的材料而作的。他说：

> 汉初诸儒所称《左氏春秋》，指今之《国语》，非《左传》也。司马氏论《国语》云：左氏恐弟子各安其意，失其实，因取孔子所据史册，论次其言，为《左氏春秋》云云。是书记事，不解经，本为今学而作。今以《国语》说今学，不见其背。《左传》则《左氏春秋》之弟子久习师传，素闻史法，先入为主，各是所长，怪今学弟子弃实崇虚，近于舞文乱法，而义例繁多，鲜能划一；又参用四代，非从周之义。乃发愤自雄，别立一帜，以抒所长。采《国语》之实事，据《周官》之礼制，其曰"左氏传"者，谓传左氏学耳。正如《公羊》、《谷梁》，以先师氏其学，非谓丘明所撰也。

按廖氏此说，否定了左丘明是《左传》的作者，但又不否认《左传》与《国语》之联系，同时也承认《左传》是为解经而作的。至于作《左传》的人是谁，廖平以为是战国时的"《左氏春秋》之弟子"，而绝非刘歆，他说：

> 或谓传不解经者，此门外言也。《国语》则诚不解经矣，传则全依据经文而作。毋论义例、礼制解经，即议论、空言亦解经。……刘申绶《左传考证》以传释经为刘氏所加，备列考证，案其说非也。无论其他，刘说恒不得传意，何能补传？《左传》盖成于战国之时，汉初未显耳，刘氏读之，不能尽解，何能作之？《汉书》及《别录》所言《左传》传受，则又古学家争立之伪说，《左传》无处不解经，岂特"书曰"数字？申绶之言未审矣。

按从对刘逢禄的批评，可以看出廖平是反对刘歆伪造说的。《左传》成于先秦，是为解经而作的，这是廖平对《左传》的基本看法。

1890年以后，廖平的经学思想有一大变化，由"平分今古"转而变成"尊今抑古"。廖平之所谓"抑古"，主要是针对《周礼》的。他认为《周礼》是刘歆的伪作，是为王莽篡汉、建立新朝提供理论根据的。古文经学所宗之《周礼》既为伪书，则古文经学之应被贬抑自不待言。但在这里，廖平并没有株连《左传》，而是把《左传》从古文经典中划分出来了。这是因为廖平在"经学二变"以后认为，在刘歆以前无古学，古学实自刘歆伪造《周礼》始，故古学立于东汉。① 而对《左传》做客观研究的结果表明，《左传》实成于先秦。作为先秦就已存在的解经的著作，《左传》只能归入"今学"。他说：

> 《左传》，今学也，旧误以为古，不知大纲全与《王制》相同，无异说。此例不明，则与本说相连。②

> 传（指《左传》）传于刘氏，汉师因其晚出，归入古学，说者遂以《左氏》与《周礼》同为古学。今考传文，礼制全同《王制》、博士，绝无《周礼》专条，今故归还今学。③

廖氏曾自述他的认识的这一变化云：

> 《左传》旧以为古学，与二传异，丙戌（1886）曾刊有《凡例》，专主此义。己丑（1889）以后，专力治之。五年以来，愈觉其水乳交融，无一不合，旧说异处，多由于杜非。④

按这里所谓"水乳交融"，乃指《左传》与《公》、《谷》之相合，自来论者多

---

① 参见廖平《古学考》，《廖平学术论著选集》（一）。
② 《王制学凡例》，载《群经凡例》，《六译馆丛书》本。
③ 《左氏春秋学外编凡例》，载《群经凡例》，《六译馆丛书》本。
④ 《经话》甲编卷一，《廖平学术论著选集》（一）。

言三传（特别是《左传》与《公》、《谷》间）之差异，很少有探究其同者。廖平曰：

> 《史记》云：七十子口受其传，左氏惧弟子人人异端，各安其意，失其真，故因孔子史记，具论其语，成《左氏春秋》。是左氏作传，特记事实，以定口受之真，非立异与二传相反。旧来说三传，不务大同，专竞小异，弟兄阋墙，久为诟病。①

廖平以为，三传之同远远多于三传之异，他说：

> 三传大故事、大典礼，无一不同。后人不能兼通，自生荆棘，今于旧说所称异事异礼，皆能一贯，多合之两美，经义乃备，凡《异义》、《膏肓》诸书，皆可不作。小有异同，皆经无明文，及传写歧异者，归入《传疑表》，不过十余事，又皆小节，余则无不同也。②

> 三传同说一经，本属兄弟，毛里既分，自各有面目。然全书同异，不过一二十条，皆属微末；至于大事宏例，三家未有不同，特为旧说所蔽耳。学者苟于立异，自谓家法分明，实系畏难苟安，不求甚解。③

按既然三传同源，且所说经义大同小异，则《公》、《谷》是今文，《左传》也就不会是与之相对立的古文，这样就把《春秋》学上的今古文壁垒拆除了。廖平的这一看法，可以说是大异于前人的。把《左传》归入今文学究竟是否妥当，自然还有商讨的余地；廖平这一新说的积极意义，在于跳出了今文家派的圈子看《左传》，客观地指出了《左传》在先秦时就已是解经之书，《左传》之成为《春秋》传，并非是刘歆作伪的结果。

廖平对《左传》属古文还是今文的看法虽有重大改变，但他对《左》、《国》关系的看法却没有大的变化。他指出《左传》、《国语》本为一书，直至汉代，人们还有称《左传》为《国语》者：

> 《五经异义》有引《左氏》说，《左氏》无其文，文见《国语》者二条，是汉师以《国语》、《左传》为一，合而不分。今合考其例，盖传本为《国语》，所有异同，特秦以前异本耳。④

但《左传》、《国语》在体例上是有明显不同的，廖平以为，《国语》本来是接近于纪事本末体的，后经"先师"（或曰"后师"）的改编，遂成今本模样的《左传》：

---

① ④《春秋古经左氏说汉义补证凡例》，载《群经凡例》。
②《春秋左氏传汉义补证简明凡例》，载《群经凡例》。
③《左氏春秋学外编凡例》，载《群经凡例》。

> 《国语》用本末例,不编年。先师引传解经,订为此本。其中仍多本末例,以数年、数十年事载于一年之中。①
>
> 《传》由《国语》而出,初名《国语》,后师取《国语》文以经编年,加以说微,乃成传本。②

这里的"先师"、"后师",按刘逢禄的说法就是刘歆,但廖平却不以为然,他说:

> (《左传》)庄公篇七年,传不及经事;十二公传,前后详略迥殊。刘申绶据此以为伪羼之证。按解经果出刘氏(歆),何以七年不立一说?盖传本出于屋壁,不免残佚,刘氏不敢补羼,正见谨严。今《晋语》一君一篇,可知原文甚备。《国语》、《史记》,庄以上事详于传,可知《左氏》原本甚详。考《五行志》引传文与今传本有详略不同者,是刘氏后亦有脱佚,故《左氏》有逸文为今本所无者。
>
> 近儒据《史记》称《左传》为《国语》,《汉书》言歆引传解经,博士以《左氏》不传《春秋》,诋《左传》解经出于刘氏。刘氏甚尊传,《五行志》引刘氏《左氏》说,与杜氏所引者数十条,传皆无其语,而解经明文,《史记》已多。传本成于先秦,汉师始于司马。范升、王充争辨《左氏》,皆以《史记》为说是也。盖汉儒习传不习说,传、说藏在秘府,唯史公见之,后刘氏校书,乃得大显。今以传本成于先秦,司马氏为始师。③

按廖平认为汉代最早研治《左传》的人是司马迁,而且《史记》中已多见左氏解经之语,这样就从根本上否定了刘歆伪造《左传》之说。

四、康有为改良主义的《春秋》观

如果说廖平的《春秋》学还只限于在传统经典文本中兜圈子,从而属于纯粹的经学讨论的话,那么在康有为那里,《春秋》学已经成了进行政治改革的理论武器了。

康有为是中国近代历史上举足轻重的人物。他不是一个纯粹的学者,而是清末一位伟大的爱国者和改革家。他来自旧的营垒,熟悉所有的儒家经典,深知传统的意识形态在士人中间有着何等强大的控制力。因此,他的主张变法,

---

① 《春秋左氏传汉义补正简明凡例》,载《群经凡例》。
② 《古学考》,《廖平学术论著选集》(一),第139页。
③ 《春秋古经左氏说汉义补证凡例》,载《群经凡例》。

主张改制，不肯采取那种自我作古、自创理论的形式，而是借助于古人，借助于经典。他认为孔子虽有圣人之德，却无天子之位，不敢公然议礼、制度、作礼乐，故只能将他的改革主张托之于六经，托之于先王。所谓"布衣改制，事大骇人，故不如与之先王，既不惊人，自可避祸"①。这固然是讲他对孔子的认识，实际上也是"夫子自道"，他本人就是清末维新派中最善于利用儒家经典"托古改制"的一位。

康有为托古改制的思想，集中体现在他的两部著作中，一为《新学伪经考》，一为《孔子改制考》，而这两部书与廖平都有关连。自梁启超以来，学者大多认为，康有为的《新学伪经考》袭自廖平的《辟刘篇》，而《孔子改制考》则袭自廖平的《知圣篇》。②当然，康著与廖著也有不同。二氏的出发点是完全不同的，廖平是一个经学家，对孔子、孔经抱有近乎迷信的虔诚态度，他著书的目的，仅仅在于尊今学而抑古学；而康有为则是一个政治改革家，他是打着孔子、孔经的旗号，推行自己的改良主义的变法维新。③他攻击古文经学，是为他否定专制制度服务的；他宣扬孔子改制，也是在为他自己的改制制造舆论。至于在一些具体问题的论断上，康著与廖著也有一些不同，例如廖平认为刘歆伪造《周礼》，并没有伪造《左传》，康有为则认为刘歆遍伪群经，《左传》是刘歆自《国语》中割裂而来的；廖平讲解《公羊》何氏之义，只取其"存三统"之说，而康氏则对"张三世"之说大加发挥。尽管有这些不同，康有为的思想与廖平存在着某种程度的因袭关系还是显而易见的。特别是在《春秋》学方面，廖平的《春秋》学理论无疑为康有为的孔子改制理论的形成做了充分的铺垫。

康有为认为《春秋》一书是孔子的"制作"，他说：

> 《春秋》为孔子作，古今更无异论。但伪古学出，力攻改制，并铲削笔削之义，以为赴告策书，孔子据而书之，而善恶自见。杜预倡之，朱子尤主之。若此则圣人为一誊录书手，何得谓之作乎？④

而孔子这一"制作"的内容，"皆孔子明改制之事"⑤。他说："孔子受命制作，以变衰周之弊，改定新王之制，以垂后世，空言无征，故托之《春秋》。故

---

① 《孔子改制考》卷十一，《康南海先生遗著汇刊》本，台北宏业书局1987年版。
② 参见李耀先《廖平经学思想述评》，《廖平学术论著选集》（一）之"代序"。
③ 黄开国《评康有为与廖平的思想纠葛》，《社会科学辑刊》1990年第5期。
④ 《孔子改制考》卷十，《康南海先生遗著汇刊》本，台北宏业书局1987年版。
⑤ 康有为《春秋董氏学》，中华书局1990年版，第119页。

《春秋》一书,专明改制,譬犹《大孔会典》云尔。"① 这是他对《春秋》的最基本的看法。

至于对《春秋》三传,康氏唯尊《公羊》:

> 《春秋》三传何从乎?从公羊氏。有据乎?据于孟子。孟子发《春秋》之学,曰:"其事则齐桓、晋文,其文则史,其义则丘取之矣。"《左传》详文与事,是史也,于孔子之道无与焉;惟《公羊》独详《春秋》之义。孟子述《春秋》之学曰:"《春秋》,天子之事也。"《谷梁传》不明《春秋》王义,传孔子之道而不光焉。唯《公羊》详素王改制之义,故《春秋》之传在《公羊》也。②

清人自庄存与、刘逢禄即尊董仲舒,以为是《公羊》正传之祖,到康有为将这一认识推向顶点:

> 公羊家多非常异义可怪之说,辄疑异之。吾昔亦疑怪之。及读《繁露》,则孔子改制变周,以《春秋》当新王,王鲁绌杞,以夏、殷、周为三统,如探家人筐箧,日道不休。……吾以董子学推之今学家说而莫不同,以董子说推之周秦之书而无不同。若其探本天元,著达阴阳,明人物生生之始,推圣人制作之源,扬纲纪,白性命,本仁谊,贯天人,本数末度,莫不兼运。信乎明于《春秋》,为群儒宗也。③

> 言《春秋》以董子为宗,则学《春秋》例亦以董子为宗。董子之于《春秋》例,亦如欧几里德之于几何也。③

在康有为看来,通董氏之《春秋》学,乃是通晓孔子之道的必由之路:

> 因董子以通《公羊》,因《公羊》以通《春秋》,因《春秋》以通六经,而窥孔子之道。

康氏之所以特别看重董氏学,有一个很重要的原因,即康氏认为董学保存了《春秋》大量的"口说之义":

> 凡传记称引《诗》、《书》,皆引经文,独至《春秋》,则汉人所称,皆引《春秋》之义,不引经文。此是古今学者一非常怪事,而二千年来乃未尝留意。阁束传文,独抱遗经,岂知遗经者,其文则史,于孔子之义无与。买椟还珠,而欲求通经以得孔子大道,岂非南辕而北其辙?……盖《春秋》之义,不在经文,而在口说。……董子为《春秋》宗,所发新王

---

① 《春秋董氏学》,第112页。
② ③ 康有为《春秋董氏学自序》。
③ 《春秋董氏学》,第26页。

改制之非常异义，及诸微言大义，皆出经文外，又出《公羊》外。然而，以孟、荀命世亚圣，犹未传之，而董子乃知之。又，公羊家不道《谷梁》，故邵公作《谷梁废疾》，而董子说多与之同。又与何氏所传胡毋生义例同。此无他，皆七十子后学师师相传之口说也。公羊家早出于战国，犹有讳避，不敢宣露，至董子乃敢尽发之。①

按康氏表章董学，此为第一要义。"口说"不仅于经文表面看不出来，且出于《公羊传》之外，而保存于董仲舒的著作之中。"《春秋》之意，全在口说。口说莫如《公羊》，《公羊》莫如董子"②。这既打破了"传"对说经的束缚，又从根本上否定了啖、赵以来逞臆说经的风气。承认并强调"口说"的最直接的后果是：历来被人訾议的公羊家的那些"非常异义可怪之论"，也就变得有本源、有来由，而不再是那么"可怪"了。那些不见于《公羊》，仅见于董、何的所谓"王鲁，绌夏，亲周，故宋"、"以《春秋》当新王"、"变周之制"等等说法，似乎一时都有了存在的理由，而这些正是康氏宣传自己的改良主张所特别需要借重的。

五、《春秋》学成了康有为变法的理论基础

康有为的《春秋》学实即公羊学。他的公羊学，虽然表面上看起来体系庞大，内容繁多，但真正属于他自己的发明的也很有限。与他的前辈比较，康氏的公羊学在以下两个方面更有创造性：一是突出公羊学中的孔子改制思想，二是发挥公羊学中的三世说。

（一）突出孔子托王改制之主旨。

康有为一本《公羊》之说，认为孔子之作《春秋》，是为后世立"法"。孔子虽有大德，但毕竟只是一介布衣，他没有天子的地位与权力，因此为后世立法，只能采取假托的手法。他用《春秋》史事作为基本素材，加以"笔削"，把他的"义"寓于简单的文字之中。所以对《春秋》中的人物、爵等、国号、礼制之类，均不可实看，而应看做是某种假托。"孔子作经，将为施行，故本为空言，犹必托之实事"③。"盖《春秋》之作，在义不在事，故一切皆托，不

---

① 《春秋董氏学》，第95—96页。
② 《万木草堂口说》，《康有为全集》第二集，上海古籍出版社1990年版，第295页。
③ 《春秋董氏学》，第120页。

独鲁为托,即夏、殷、周之三统,亦皆托也"①。所谓"鲁为托",指公羊家之托王为鲁,康有为解释说:

> 缘鲁以言王义,孔子之意,专明王者之义,不过缘托于鲁以立文字。即如隐、桓,不过托为王者之远祖,定、哀为王者之考妣。齐、宋但为大国之譬,邾娄、滕、薛亦不过为小国先朝之影,所谓其义则丘取之也。②

按托古既为假托,那"圣人"是不是有说假话以欺人的嫌疑呢?康有为引《孟子》"大人者,言不必信,惟义所在"为据,说:

> 圣人但求有济于天下,则言不必信,惟义所在。无征不信,不信民不从,故一切制度托之三代先王以行之。若谓圣人行事不可依托,则是以硁硁之小人律神化之孔子矣。③

这样的"假托",完全是为了立法、改制,故《春秋》实为孔子假托的代周而立的一个"新朝"。康有为说:"平王东迁而周亡,故孔子作《春秋》,绌周,王鲁,直以《春秋》为继周之一代。"④这就是所谓的"托王改制"⑤:

> 《春秋》一书,皆孔子明改制之事。故孟子谓"《春秋》,天子之事也"。曰作新王,曰变周之制。周,时王也,而以为王者之后;杞,公也,而降为伯;滕,子也,而升为侯:此皆非常异义,万不可解之事,而董子数数言之。《说苑》所谓"周道不亡,《春秋》不作",《淮南子》所谓"《春秋》变周",与何邵公、太史公说皆同。⑥

至于孔子"改制"的内容,康氏认为都在《春秋》之中,"有义、有例、有礼,要皆孔子所改之制"⑦。康氏著有《春秋董氏学》,该书分为八篇,其中有《春秋例》、《春秋礼》、《春秋微言大义》,都是摘录《春秋繁露》中有关例、礼、微言大义的内容,然后加以归纳和分析,这些在康氏看来,就应该都是孔子所改之制了。

如果说《春秋》中的"义"(微言大义)、"礼"体现了孔子所改之制还比较容易理解的话,那么《春秋》的"例"与"改制"又有什么关系呢?康有为对此有专门的说明:

---

① 《春秋董氏学》,第114页。
② 《春秋董氏学》,第115页。
③④ 《孔子改制考》卷十一。
⑤ "托王改制"一语见《春秋董氏学》第26页"春秋例"。
⑥ 《春秋董氏学》,第119页。
⑦ 《桂学答问》,《康有为全集》第二集,第53页。

> 国律有例，算法有例，礼有升降例，乐有宫商谱，诗有声调谱，亦其例也。若著书，其例尤繁。而他书之例，但体裁所系，于本书宗旨尚不相蒙；惟《春秋》体微难知，舍例不可通晓。……学《春秋》者，不知托王改制、五始、三世、内外、详略、已明不著、得端贯连、无通辞而从变、诡名实而避文，则《春秋》等于断烂朝报，不可读也。①

按著书一般都要有"例"，在多数情况下，"例"属于写法问题、体裁问题，与书中的主旨并不相涉，但《春秋》却不同。《春秋》的"义"，往往都要通过例表现出来，故"舍例不可通晓"。孔子改制虽说是《春秋》的"微言大义"，却是通过托王、五始、三世、内外、详略等等"例"表现出来的，因此康有为把《春秋》中的"例"也说成了是孔子"所改之制"。这样一来，全部《春秋》学，就成了孔子改制之学，《春秋》学自然就成了康有为推行变法（改制）的理论基础。

（二）发挥公羊学中的"三世"说。

"三世"说在《公羊传》中是有根据的，隐公元年《传》云："公子益师卒。何以不日？远也。所见异辞，所闻异辞，所传闻异辞。"桓二年《传》云："三月，公会齐侯、陈侯、郑伯于稷，以成宋乱。内大恶讳，此其目言之何？远也。所见异辞，所闻异辞，所传闻异辞。"哀公十四年《传》云："《春秋》何以始乎隐？祖之所逮闻也。所见异辞，所闻异辞，所传闻异辞。"按所谓"异辞"，是指记同类的事件采用不同的"书法"，公子益师之卒，本来是应该记"日"的，但没有"日"，这就是"异辞"。"公会齐侯、陈侯、郑伯于稷"本应当"讳"而"不书"的，现在却"书"了，这也是"异辞"。为什么会有异辞？因为所处的时代不同。盖《春秋》二百四十二年，以孔子为主体，可分为孔子所见、孔子所闻、孔子得之传闻这样"三世"。由于材料的来源不同，故孔子的"书法"有异，这就是"异辞"。董仲舒将此三阶段分别指实，于是有了"世分三等"之说，即所谓君子"所见之世"、"所闻之世"、"所传闻之世"。细按董氏此说，似乎主要还是用来解释《春秋》前后记载用语不一致（即所谓"书法"）的原因的：

> 于所见微其辞，于所闻痛其祸，于传闻杀其恩，与情俱也。是故逐季氏而言"又雩"，微其辞也。子赤杀弗忍书日，痛其祸也。子般杀而书

---

① 《春秋董氏学》，第26页。

"乙未"，杀其恩也。屈伸之志，详略之文，皆应之。①

到了何休那里，"三世"说已经具有社会发展阶段的意义了，他把隐、桓、庄、闵、僖所谓"所传闻"之五世规定为"据乱世"，把文、宣、成、襄所谓"所闻"之四世规定为"升平世"，把昭、定、哀所谓"所见"之三世规定为"太平世"，于是整个《春秋》，就成了一部由衰乱进入太平的历史。我在第三章中说过，这实际上体现的是何休的一种政治理想，何休把《春秋》设计成为一种政治模型，用来表现拨乱世反诸正、由诸侯割据而天下一统的全过程。

自何休以后，"三世"说沉寂了一千七百年，到了晚清，又重新被人捡拾起来了。康有为继承了董、何的"三世"说，同时又做了新的发挥。他把"三世"说改造成为一种有关社会进化的历史观，与《礼运》中的大同、小康之说结合起来，构成了一种完整清晰的政治理想，成为他变法改制的思想基础。

康有为的进化史观，据现代学者的研究，并非来自西方达尔文等人进化论学说的影响，因为康氏之阅读《天演论》等书，实在他的进化史观已基本形成之后，康氏"立说之中心概念，除得自于历史经验与直接观察者外，主要为《易》学之穷变会通说、《春秋》公羊之三世说和《礼运》之大同小康说"。② 很明显，公羊三世说是康氏形成进化史观的重要思想素材。

那么，康有为的进化史观究竟是怎样的呢？这里引许冠三先生的一段话，足以明之：

> 概括说来，南海及其门弟子皆相信，人类历史之演进，本质上是去野入文、积粗为精、由恶而善、由私而公、由别而平之理性进化过程。故人类之"黄金时代"不在过去，而在未来；不在尧舜之世，而在百世之后。又人文治道之进化自有次第，由据乱世而升平世，而太平世，层层升进，有条不紊；各族各国之进化或有先后之参差，然最后必皆至于太平之世，大同之境。而每一进化之大世中，又可分为三小世；每一小世中，又可分为三次世；逐世层分，可得九九八十一世，以至于无穷世。与此相应，各世之中，自有其应有之制，应行之法。故善立法者，自当"与时升进，以应时宜"。③

按康氏把原先局限于《春秋》二百四十二年间之"三世"普遍化，使之成为整

---

① 《春秋繁露·楚庄王》。
② 许冠三《康南海的三世进化史观》，《近代中国思想人物论——晚清思想》，台北时报文化出版事业有限公司1980年版，第538页。
③ 许冠三《康南海的三世进化史观》，《近代中国思想人物论——晚清思想》，第547页。

个人类历史的通则，于是公羊学说的适用范围就被无限地放大了。康氏又引《礼记·礼运》之大同小康说与之配合，于是作为人类历史通则的三世说又有了具体的内容：

> 三世为孔子非常大义，托之《春秋》以明之。所传闻世为据乱，所闻世托升平，所见世托太平。乱世者，文教未明也；升平者，渐有文教，小康也；太平者，大同之世，远近大小如一，文教全备也。①

至于什么是文教，什么是大同、小康，《礼运篇》都有说明。由于大同、小康云云均是托之于孔子之口说出的，这就使《公羊》三世说更具备了孔门正统学说的资格。不过值得注意的是，孔子所说的大同、小康，是先有"大同"，后有"小康"；而在康有为那里，顺序恰好相反，大同成了理想社会的终极目标。他毕竟不是在一般性地诠释经典，而是在利用经典，利用《公羊春秋》，来发挥他的政治主张。例如他"以多君多教为据乱世，一君一教为升平世，无君无教为太平世"②，他认为"大约据乱世尚君主，升平世尚君民共主，太平世尚民主"③，就很明显是为他的君主立宪的主张张目的。

六、康有为对《左传》的排斥与否定

康有为对《左传》的看法，与廖平差别较大。廖平在经学二变之后，虽说是尊今抑古，但他并不完全排斥《左传》，而是把《左传》划归了今学；虽认为《左传》系采用《国语》编成，但认为编之者为战国时人，且并不否认《左传》为解经而作。这种看法，还是比较客观的。康有为则把《左传》完全否定了，他更多地接受了刘逢禄的观点，以为《左传》是刘歆的伪作，是刘歆为了协助王莽篡汉而编造的"伪经"，与伪《古文尚书》、伪《周礼》、伪《毛诗》、伪《费氏易》等等是同样的东西，康氏自述其对"古文"的怀疑云：

> 吾向亦受古文经说。然自刘申受、魏默深、龚定庵以来，疑攻刘歆之作伪多矣，吾蓄疑于心久矣。……偶得（《史记》）《河间献王传》、《鲁共王传》读之，乃无"得古文经"一事，大惊疑。乃取《汉书》河间献王、鲁共王传，对较《史记》读之，又取《史记》、《汉书》两儒林传对读之，则《汉书》详言古文事，与《史记》大反，乃益大惊大疑。又取《太史公

---

① 《春秋董氏学》，第28页。
② 许冠三《康南海的三世进化史观》，《近代中国思想人物论——晚清思想》，第572页。
③ 康有为《孟子微》，中华书局1987年版，第104页。

自序》读之，子长自称天下郡国群书皆写副集于太史公，太史公仍世父子纂其业，乃翻金匮石室之藏，厥协六经异传，整齐百家杂语，则子长于中秘之书，郡国人间之藏，盖无所不见。其生又当河间献王、鲁共王之后，有献书、开壁事，更无所不知。子长对此孔经大事，更无所不纪。然而《史记》无之，则为刘歆之伪窜无疑也。加以师丹大怒，公孙禄、范升严劾，龚胜称病，诸博士严拒，乃知古文之全为伪，骎然以解矣。①

康氏在考察了《史记·太史公自序》对六经的论述之后说：

凡《诗》三百五篇……传之有鲁、齐、韩三家，无所谓《毛诗》者。其《书》……但有伏生今文二十八篇……无所谓壁中《古文尚书》者。其《礼》，唯有高堂生所传十七篇，而无《逸礼》三十九篇、《周官》五篇及《明堂》、《阴阳》、《王史氏记》也。其《易》……无所谓古文费氏也。其《春秋》，唯有《公羊》、《谷梁》二家，无所谓《左氏传》也。……今据之以攻古学，若发矇焉。知《毛诗》、《古文尚书》、《逸礼》、《周官》、《费氏易》、《左氏春秋》，皆伪经也。②

康氏断然否定《左传》是解经之传，他说：

(《史记》)《儒林传》述《春秋》有《公羊》、《谷梁》而无《左氏》。史迁征引《左氏》至多，如其传经，安有不叙？此为辨今古学真伪之铁案。③

但面对《史记》中大量征引《左传》的事实，康氏也必须做出解释，于是他根据《史记》"左丘失明，厥有《国语》"等语，认为司马迁所征引实为《国语》：

《史记·太史公自序》及《报任安书》俱言"左丘失明，厥有《国语》"，《报任安书》下又云"乃如左丘明无目，孙子断足，终不可用，退论书策，以抒其愤"。凡三言左丘明，俱称《国语》。然则左丘明所作，史迁所据，《国语》而已，无所谓《春秋传》也。④

至于《国语》又是怎样成为《左传》的，康有为说：

(刘)歆以其非博之学，欲夺孔子之经，而自立新说以惑天下。……求之古书，得《国语》与《春秋》同时，可以改易窜附。于是毅然削去平王以前事，依《春秋》以编年，比附经文，分《国语》以释经，而为《左氏传》。（自注：歆本传称"歆始引传解经"，得其实矣。）作《左氏传微》

---

① 《新学伪经考》，三联书店1998年版，第400—401页。
②③ 《新学伪经考》之《〈史记〉经说足证伪经第二》，三联书店1998年版。
④ 《新学伪经考》之《〈汉书·艺文志〉辨伪第三上》。

以为书法，依《公》、《谷》日月例而作日月例。托之古文以黜今学，托之河间、张苍、贾谊、张敞名臣通学以张其名，乱之《史记》以实其书，改为十二篇以新其目，变改"纪子帛"、"君氏卒"诸文以易其说。续为经文，尊"孔子卒"以重其事，遍伪群经以证其说。①

按所谓"分《国语》以释经"，表明《左传》系自《国语》割裂而来；"作《左氏传微》"、"作日月例"云云，是说加进去一些解经的话；以下"托之古文"云云，是说刘歆为了使《左传》取信于人，而做了种种手脚，包括窜乱《史记》、改变篇数，甚至《左传》经文与《公》、《谷》不同之处如"纪子帛"、"君氏卒"之类，都是刘歆故意窜改，为的就是要表明《左传》出自古文，是有来头的。不难看出，康氏这里有一个重要的看法，即指责刘歆"窜乱"。盖因古籍中支持古文、《左传》的例证甚多，康氏既要彻底否定《左传》之古文经典地位，自然要想办法对这些证据予以抹杀，于是便指这些为刘歆之"窜乱"，所谓刘歆"遍伪群经"就是这样来的。

例如《史记·儒林列传》有"孔氏有《古文尚书》，而安国以今文读之，因以起其家，逸《书》得十余篇，盖《尚书》滋多于是矣"，康氏就认为这是刘歆"窜入"，然而并无什么可信的证据，为了解除别人的疑惑，康氏自设辩难云：

> 难者曰："《儒林传》全篇粹完，若歆能窜入，则歆为《毛诗》、《逸礼》、《周官》、《费易》、《左传》，何不并窜之？"释之曰："若歆能将诸伪经全行窜入，则证据坚确，吾诚无如之何，今日更无以发明其伪矣。但《史记·儒林传》人人共读，若骤窜群经之名，诸儒骤起，按旧本而力争，则其伪更易露；唯略为点缀一二语，使无大迹，非唯不攻，且足为其征助矣。"②

又《十二诸侯年表序》有"鲁君子左丘明，惧弟子人人异端，各安其意，失其真，故因孔子史记具论其语，成《左氏春秋》"，这几句话颇为《左传》学者所重视，引以为左氏传经之助，而康氏则认为这也是刘歆伪窜。他竟不顾司马迁与刘歆孰先孰后，说"'安意失真'之说与《七略》同，其为歆言，无疑义矣"③。对于《汉书》中有关《左传》的材料，康氏更是归之于刘歆，他说："班固浮华之士，经术本浅，其修《汉书》，全用歆书，不取者仅二万许言，其

---

① 《新学伪经考》之《〈汉书·艺文志〉辨伪第三上》。
②③ 《新学伪经考》之《〈史记〉经说足证伪经考第二》。

陷溺于歆学久矣。"① 康氏对于"刘歆窜乱"的论证，类皆如此，其武断与缺乏学术价值，是显而易见的。

康有为关于刘歆伪造《左传》、窜乱群书的意见，在当时引起很大的反响，驳难者不乏其人。纵观当时反对康说的人，大致来自两个方面。一方面是古文经学家，以章太炎、刘师培为代表；另一方面则是理学家，以朱一新为代表。朱一新（1846—1894），字蓉生，号鼎甫，光绪进士，坚奉宋明理学，不赞成维新派的主张，对康有为的种种新说反对尤力。针对康氏的刘歆窜乱《史记》说，他曾致书康有为云：

> 当史公时，儒术始兴，其言阔略。《河间传》不言献书，《鲁共传》不言坏壁，正与《楚元传》不言受《诗》浮邱伯一例。若《史记》言古文者皆为刘歆所窜，则此二传乃作伪之本，歆当弥缝之不暇，岂肯留此罅隙以待后人之攻？足下谓歆伪《周官》、伪《左传》、伪《毛诗》《尔雅》，互相证明，并点窜《史记》以就己说；则歆之于古文，为计固甚密矣，何于此独疏之甚乎？且足下不用《史记》则已，用《史记》而忽引之为证，忽斥之为伪，意为进退，初无证据。是则足下之《史记》，非古来相传之《史记》矣。

按如前引康有为文，以《史记》之《河间献王传》与《鲁共王传》不言古文事为最大疑点，朱一新则认为这不过是由于当时"儒术始兴，其言阔略"，倘若《史记》真有刘歆窜乱，刘歆为什么不把有关古文之事窜入这二传中呢？而且康氏之于《史记》，有利于己说者则引之为证，不利于己说者则斥之为伪窜，这样的"意为进退"，怕是难以服人的。对康氏所谓刘歆据《国语》伪造《左传》之说，朱一新亦痛加驳斥：

> 汉儒断断争辩者，但谓《左氏》不传经，非谓其书之伪也。《左氏》与《国语》，一记言，一记事，义例不同，其事又多复见，若改《国语》为之，则《左传》中细碎之事将何所附丽？且《国语》见采于史公，非人间绝不经见之书，歆如离合其文以求胜，适启诸儒之争，授人口实，愚者不为。……《史记》多采《左传》，不容不见其书；或史公称《左传》为《国语》则有之，谓歆改《国语》为《左传》，殆不然也。

至于《汉书》中有关当时人研读、传授《左传》的记载，朱氏亦认为不可能俱出刘歆之手：

---

① 《新学伪经考》之《〈汉书·刘歆王莽传〉辨伪第六》。

>《左氏》书之晚出，自不待辨。但张禹以言《左氏》为萧望之所荐，其事实不能伪造。尹更始、翟方进、贾护、陈钦之传授，鲁国桓公、赵国贯公、胶东庸生之讲习，耳目相接，不能凿空。歆是时虽贵幸，名位未盛，安能使朝野靡然从风，群诵习其私书耶？①

朱一新的政治立场是比较保守的，他的主张与康氏变法之说凿枘不入，自不待言。他虽是理学阵营中人，却也崇尚考据，故能很敏锐地抓住康氏学说中理据薄弱之处，因此对康氏所谓刘歆伪造《左传》之说的辨驳显得十分有力。

除此之外，康氏有关《左传》的意见还受到了来自古文经学派的强有力的反击，此点将在下节述及。

第六节　晚清《春秋》古文学者——章太炎与刘师培

晚清今文学的崛起，特别是康有为利用今文经典鼓吹变法维新，致使学风丕变，一时间政治改革的呼声甚嚣尘上，这对古文经学派的打击是巨大的。古文经典被宣布为伪经，《左传》被说成是汉人伪造，遂使古文经学失去了存在的依据。这必然激起古文经学派的反击。清代的汉学有着深厚的传统，汉学家多崇尚训诂、考据，所治实为东汉之学，故与古文经学有着学脉上的联系。晚清汉学虽已衰微，但仍出了几位出类拔萃的学者，在《春秋》学方面，当首推章太炎与刘师培。

一、利用《春秋》鼓吹革命

章太炎（1869—1936），名炳麟。他曾因仰慕顾炎武的为人，更名为"绛"。"太炎"是他的号。章太炎字枚叔，一作梅叔。浙江余杭人。自幼随外祖父及父亲读书，打下了良好的朴学功底。1890年入杭州诂经精舍读书，成为当时大儒俞樾（1821—1907）的入室弟子。俞樾之学，承顾炎武、戴震、二王之绪，重在文字训诂、经史考据，故章太炎的早年，走的是一条古文经学家的治学之路。当时今文经学盛行，章氏颇不以为然，对刘逢禄等的说经之作，章氏每痛加驳斥。甲午战败，国家民族的危机加深，章氏深受触动，从此不再满

---

① 关于朱一新之驳难康氏，参见钱穆《中国近三百年学术史》第十四章，商务印书馆1997年版。

足于在书斋里钻研古典,而是积极投身于政治运动。他最初是同情维新派的,也曾为变法维新摇旗呐喊,给维新派的《时务报》写文章,宣传变法。但他这个时候对康有为的建立孔教、神化孔子、自居当代素王等主张和举止就深为不满,故与康氏弟子们的合作并不愉快。戊戌变法失败后,他也曾一度逃往台湾,此后逐渐走上了革命的道路,以推翻清廷、建立共和为职志。他在日本参加孙中山领导的革命活动,回国后写书撰文、讲课演说,批判改良主义,宣传反满革命,成为受人尊敬的革命家。不久又被迫逃亡日本,在日本参加同盟会,主编《民报》,同时也开办"国学讲习会",向青年讲训诂考据、经史诸子之学。辛亥革命后返国。太炎的晚年,思想有些落伍,招生讲学,宣扬国故,以学者终其身。

作为学者,章太炎可以说是清代古文经学的后劲,但他同时又是一位革命家,因此他的古文经学,也就带有批判改良、批判专制制度的色彩。他仇视康有为为代表的今文经学,不单是由于今古门户的不同,也是因为今文经学被那些主张维持清廷统治、只做一些局部改良、从而反对革命的人所利用。他指斥刘逢禄宣扬《公羊》学说,称"刘逢禄辈世仕满洲,有拥戴虏酋之志,而张大《公羊》以陈符命"[1];他痛责康有为:"种种缪戾,由其高官厚禄之性素已养成,由是引犬羊为同种,奉貚尾为鸿宝;向之崇拜《公羊》,诵法《繁露》,以为一字一句皆神圣不可侵犯者,今则并其所谓复九世之仇而亦议之……必为满洲谋其帝王万世祈天永命之计,何长素之无人心一至于是也"[2]。

章太炎是一位激烈的民族主义者,他主张排满,建立汉族的政权,而康有为则主张维持满人的朝廷;章太炎主张革命,要消灭专制制度,而康有为则主张改良、主张保皇。这种尖锐的对立也体现在了《春秋》学的研究之中。《春秋》学本来是有"攘夷"之义的,《春秋》内其国而外诸夏,内诸夏而外夷狄。但康有为却有意识地淡化《春秋》中的"华夷之辨",在据乱之世,就主张实行太平之世的"夷狄进至于爵","天下远近大小若一";主张"中国而不德也,则夷狄之;夷狄而有德也,则中国之"[3]。章太炎认为今文家高扬董氏公羊学"《春秋》进吴、楚"之说是向清廷献媚,认为"攘夷"是《春秋》最重要的"义",甚至可以说是孔子所以作《春秋》的主要动因,他说:

---

[1]《中华民国解》,《章太炎全集》(四),上海人民出版社1985年版,第254页。
[2]《驳康有为论革命书》,《章太炎全集》(四),第175页。
[3]《春秋董氏学》,第206页。

> 夫不学《春秋》,则不能解辫发,削左衽。①
>
> 综观《春秋》乐道五伯,多其攘夷狄,扞族姓。虽仲尼所以自任,亦曰百世之伯主也,故曰"窃比于我老彭"。老彭者,始自籛铿,至于大彭,身更数代,功正夏略,为王官之伯,而亦领录史臧。今以立言不朽,为中国存种姓,远殊类,自谓有伯主功,非曰素王也。②

按这里说孔子自认为作《春秋》可比于上古老寿之史官,通过作《春秋》以存中国之"种姓",可比"攘夷狄"的霸主之功。对于公羊学派之不能认识《春秋》的这一主旨,章太炎痛加指责,他说:

> 汉世中国未有剧祸,经师守文,不与知《春秋》本旨,固无怪。继晋之后,逮于宋、明之亡,戎貉孔炽,京邑为虚,人思夷吾(按指管仲)而不见觏。身离其痛,而犹不喻《春秋》所为作者,恣以小文苛法,黜绝桓、文,其局促乃甚于汉儒,何哉?齐学之徒,盗憎主人,恶言孔、左同时作述,曷足怪焉!③

按章氏认为,康有为等"齐学之徒",身经民族劫难而仍不懂《春秋》主旨,故不免慨乎言之。以今日看来,章氏的民族主义立场未免过于狭隘,但在当时,其意在于排满,而排满的实质是推翻封建专制,因此他的《春秋》学已具有推动革命的意义了。

二、国粹派的《左传》研究

章太炎与刘师培,是当时国粹学派的代表人物。关于国粹学派,今人郑师渠做过很深入的探讨,著有《晚清国粹派文化思想研究》,读者可以参看。这里着重叙述章、刘等人对《春秋》经传的研究与利用。晚清今古文的对立,《春秋》一经首当其冲,此中原因固然很多,但最重要的,乃在于今文经学(主要是公羊学)先被维新派拾了起来,用作武器,杀入了政治斗争的领域;戊戌以后,革命派起,反对维新派的改良主义,于是张大古文经学,以与今文经学相抗衡。不过章、刘对公羊学的态度不完全一致,刘师培虽主古文,却并不完全排斥今文,有的时候还兼采《公羊》之说;章太炎的态度,前后有所不同,他自述其变化云:

> 余初治《左氏》,偏重汉师,亦颇傍采《公羊》,以为元凯拘滞,不如

---

① 《订孔下》,《检论》卷三,《章太炎全集》(三),上海人民出版社1984年版,第426页。
②③ 《春秋故言》,《检论》卷二,《章太炎全集》(三),第412页。

> 刘、贾闳通。数年以来，知释例必依杜氏；古字古言，则汉师尚焉；其文外微言，当取二刘以上。元年之义，采诸吴起，专明政纪，非可比傅乾元也。讥世卿之说，取之张敞，所指则季氏、田氏、赵氏，非如《公羊》谰言崔、尹也。①

按此时的章太炎，治《春秋》已完全不取《公羊》了。钱玄同曾经指出，当时今、古两方，康有为与章太炎可以说是两个极端，康氏专信今文，而以古文为全非；章氏则正好相反。②

章太炎所谓国粹，主要是指历史，③ 他说：

> 这个历史，是就广义说的，其中可以分为三项：一是语言文字，二是典章制度，三是人物事迹。④

按这三项内容，都与史学有关，语言文字是历史的载体，典章制度及人物事迹则是史学研究的对象。而章太炎对《春秋》的看法，正是把《春秋》看做是"史"的。他反对今文家视孔子为教主、为素王，指出"孔子即史家宗主"⑤，称"仲尼，良史也"⑥，而孔子所作的《春秋》，自然具有史书的性质。当然，章太炎也承认，孔子所作的"史"，不是一般意义的史，他说：

> 孟轲言："其文则史。"《十二诸侯年表》亦云："论史记旧闻，兴于鲁而次《春秋》。"然则《春秋》义经而体史。若云非史，则《诗》亦非乐章，《易》亦非筮辞邪？……《春秋》比于《史记》、《汉书》，犹华山、熊耳，为山则同，特有高下之殊尔。……称之为史，无害麟笔之尊严，正如马、班二史，与《宋史》、《元史》并列，而体例崇卑，山头井底不足比喻。

按"义经而体史"一语，颇能反映章太炎等国粹学派对《春秋》的理解。《春秋》不是孔子所制的政书，也不是什么"假托"，章氏激烈地反对公羊家所谓"孔子为汉制法"之说，他说：

> 《春秋》二百四十二年之事，不足尽人事蕃变，典章亦非具举之，即欲为汉制法，当自作一通书，若贾生之草具仪法者。今以不尽之事，寄不

---

① ⑤ 《自述学术次第》，《中国现代学术经典》章太炎卷，河北教育出版社1996年版，第644页。
② 参见郑师渠《晚清国粹派文化思想研究》，北京师范大学出版社1997年版，第272页。
③ 参见郑师渠《晚清国粹派文化思想研究》，第100页。
④ 《东京留学生欢迎会演说辞》，汤志钧编《章太炎政论选集》上册，中华书局1977年版，第276页。
⑥ 《订孔上》，《检论》卷三，《章太炎全集》（三），第424页。

> 明之典，言事则害典，言典则害事。令人若射覆探钩，卒不得其翔实。故有公羊、谷梁、驺、夹之传，为说各异。是则为汉制惑，非制法也。言《春秋》者，载其行事，宪章文武，下遵时王，惩恶而劝善有之矣，制法何与焉！①

然则《春秋》只是实实在在的史文，不过是孔子在讲解这史文时赋予了一定的"义"，因此这史文也就不是一般的史书所能比拟的了。章氏对《春秋》的此种认识固然可以说是较为符合客观实际，很有理性色彩，但也不可估计过分，章氏并不是有意识地要把《春秋》与经分离开来，与其说他分辨经史，不如说他原本就认为经、史是一非二，他说：

> 古者经史本非异业，荀勖之分四部，不学无术，明哲所讥（章氏按：唐宋以来，《春秋》为经、《左氏》为史之说，强以经史分涂，不悟荀勖以前，未有此别……）。孔子《春秋》，丘明作传，复有《国语》、《世本》。……汉初遭秦灭学，书籍散亡。重以董生专固，废斥诸子，学官既立，所见惟有六艺。以平易近人之简书，而比之于天声帝谓，固其所也；然经与传记，亦不竟分为二。至于成、哀，长夜向明，固知《春秋》之书犹夫史耳。②

按章氏之意，经与传记，性质相同，不应歧为二类。因此，《春秋》之与《左传》，自然也为一体，他说：

> 且孔子作《春秋》，本以和布当世事状，寄文于鲁，其实主道齐桓、晋文五伯之事。五伯之事，散在本国乘载，非鲁史所能具。为是博征诸书，贯穿其文，以形于传，谓之属辞比事③。虽有赴告不具于经，与其改官、定赋、制军诸大典法，足以法戒后王而不可越书于鲁史者，则无嫌于阙文，然后无害凡例，其褒贬抑损亦箸焉。经、传相依，年、事相系，故为百世史官宗主。苟意不主事，而偏矜褒贬者，《论语》可以箸之，安赖《春秋》？④

按这是强调《春秋》与《左传》之不可分。倘章氏此说不误，则唐宋以来奉

---

① 《国故论衡·原经》，《中国现代学术经典》章太炎卷。
② 《春秋左传读叙录》，《章太炎全集》（二），第845页。
③ 章氏自注"属辞比事"云："属辞比事，谓一事而涉数国者，各国皆记其一尚，至《春秋传》乃为排比整齐。犹司马《通鉴》比辑诸史纪传表志之事同为一篇，此为属辞比事。自非良史，则尚绪纷然，首尾横决，故《春秋》之失乱矣。"
④ 《春秋故言》，《检论》卷二，《章太炎全集》（三），第411页。

《春秋》为经、贬《左传》为史之说（今文家多据此以攻古文），可以不攻自破矣。

章太炎极重《左传》，早年曾撰有《春秋左传读》九卷（撰于1891—1896），共五十万言。此书取札记形式，全书900条，都是对《左传》古字古词、史事名物、典章制度之考订诠释，表现出作者具有极强的朴学功底。是书间亦有及于《左传》之"义"者，例如"纪季以酅入于齐"（庄三年）条论左氏之"褒贬俱尽"，"公会宰周公"（僖九年）条论左氏"尊上公"之义，"伯姬归于宋"（成九年）条论《左传》之"贤伯姬"等，就是对《左传》"大义"的开掘。此后大约在1902年，章氏又撰《春秋左传读叙录》（发表于1907年之《国粹学报》）。此书是为了反驳刘逢禄《左氏春秋考证》而作的，旨在论证《左传》"称传之有据，授受之不妄"①。针对刘逢禄所说"左氏春秋"同于"铎氏"、"虞氏"、"吕氏春秋"，而非《春秋》之传的议论，章氏引《史记》、《韩诗外传》所载荀子《谢春申君书》、《韩非子·奸劫弑臣篇》等，证明《左传》在刘歆之前确为《春秋》之传，他特别指出：

《吴太伯世家》赞曰："余读《春秋》古文，乃知中国之虞与荆蛮、句吴兄弟也。"此本《左传》"太伯、虞仲，太王之昭"为说。若如《吕氏》书，得称《春秋》古文否？使称《汉书》曰"书古文"、称《古诗十九首》曰"诗古文"，其可乎？②

按《史记》中的这一证据很有说服力，只要不是心存偏见，硬说《史记》中此等处是刘歆窜入，恐怕是很难否认《史记》所称"《春秋》古文"就是指《左传》而言的。

作为一个古文家，章太炎对《左传》的维护可谓不遗余力。除了力证《左传》是《春秋》之传以外，章氏每将左丘明与孔子并提，例如他说："夫发金匮之藏，被之萌庶，令人人不忘前王，自仲尼、左丘明始。且苍颉徒造字耳，百官以治，万民以察，后嗣犹蒙其泽。况于年历晻昧，行事不彰，独有一人抽而示之，以诒后嗣，令迁、固得持续其迹，迄于今兹，则耳孙小子，耿耿不能忘先代，然后民无携志，国有与立，实仲尼、左丘明之赐。"③ 关于三传出现的次序，他主张《左传》为最早；《谷梁》次之，在六国时；而《公羊》最晚，当秦朝之末。在这个问题上，他的论证方法，颇有些特色。由于他精通小学，

---

① 《春秋左传读校点说明》，《章太炎全集》（二），第2页。
② 《春秋左传读叙录》，《章太炎全集》（二），第811页。
③ 《国故论衡·原经》，《中国现代学术经典》章太炎卷，第58页。

故能从文字的字形上推测文本最初的时代。《公羊传》以昭公十二年之经文"伯于阳"为"公子阳生"之误,这个说法究竟是怎么来的呢?章氏认为,"伯"字旧或作"白",其隶变之形接近于"公";而古文的"白"字或纯小篆之"白"字则与"公"字形相距甚远。隶书"子"字"于"字字形相近,也容易讹混。《公羊》先师所见应该是隶书,才会以"伯于"为"公子"之误("作此传者,但睹隶书,不及知古文大小篆也"①),而隶书盛行的时代,则是可以确知的。这样一来,《公羊》先师的时代也就可以确定了。对于古人贬低《左传》的言论,章氏亦每予以反驳。例如曹魏时隗禧评论《左传》,曾有云:"《左氏》,相斫书耳,不足精意也。"历来学者均以"相斫"为相砍杀,殆指《左传》所记多为战争之事,疑《左传》的人就常用隗氏此语讥贬《左传》。章太炎则力辨俗说之非,他以为"相斫"一语于古无征,难以讲通,并进一步考证说:"寻《抱朴子·明本篇》云:'儒者所讲者,相研之簿领也;道家所习者,遣情之教戒也。'则'相斫'是'相研'之误。禧以为记事之书,有如簿领,以细事相研核者。此之诋諆,正与《抱朴》同类,亦犹安石所云'断烂朝报'者尔。宋后儒人多喜其说,顾欲以断义胜之,其祸甚于秦皇之烧史。"② 按"相斫书"一语确实费解,后人望文生义,以"相互砍杀之书"解之,这样《左传》不仅丧失了经典的价值,且成为一部教人作恶之书了。章氏搜寻古籍中之旁证,做文字的校勘,证明"斫"为"研"字之误,这样隗禧原意虽也是贬低《左传》(簿领为记事之簿册),总不至如此之甚了。

刘师培(1884—1919),曾一度(1903—1908)改名光汉,字申叔,别号左盦,江苏仪征人。他的曾祖刘文淇、祖父毓崧、伯父寿曾均以治《左传》名家。刘文淇著有《左传旧疏考正》。又著《春秋左氏传旧注疏证》,未竟,其子毓崧、孙寿曾续修之,然仍未作成,止于襄公十四年。这部书稿在当时虽未刊行,却早已蜚声士林。刘师培继承家学,年轻时就以治古文经学出名了。但他早年并不是一个书斋里的学者,他在二十余岁时结识章炳麟、蔡元培等人,开始投身革命,担任过《民报》主编,鼓吹排满,宣传无政府主义及社会主义。但他在1909年以后脱离了革命,辛亥革命以后还曾投靠过袁世凯,后来担任过北大教授。刘氏在政治上的功过是非自有公论,这里不多涉及;他在学术上的成就很大,堪称是清末的一位国学大师。他的旧学功底极佳,在经学、史

---

① 《春秋左传读叙录后序》,《章太炎全集》(二),第864页。
② 《春秋左传读叙录》,《章太炎全集》(二),第816页。

学、小学、诸子学、文献整理等多方面都有创获，留下了三百多万字的著作。在《春秋》学方面，刘师培的主要著作有：《读左札记》（1905）、《春秋左氏传时月日古例考》（1910）、《春秋左氏传答问》（1912）、《春秋左氏传古例诠微》（1912）、《春秋左氏传传例解略》（1913）、《春秋左氏传例略》（1916），以及不知作于何年的《春秋古经笺》、《春秋左氏传传注例略》等，其自编文集《左盦集》（1909）中也有若干篇有关《左传》的论文。

刘师培站在古文家的立场上，视《春秋》为史册，为孔子之教材，所述经传关系，似乎颇合情理：

> 吾谓"春秋"之名，乃古代史书之总称，亦即编年史之总称也。……东周之时，春秋亦列教科之一，大抵以本国之史，教本国之民。孔子鲁人，而设教之地又在鲁境之中，故所编之《春秋》，亦以鲁事为主，则《春秋》者，乃本国历史教科书也。……《春秋》又即本国近世史也。虽然，以史教民，课本所举，仅及大纲，而讲演之时，或旁征事实，以广见闻；或判断是非，以资尚论。时门人七十，弟子三千，各记所闻，以供参考，而所记之语，复各不同。或详故事，或举微言，故有左氏、谷梁、公羊之学。然溯厥源流，咸为仲尼所口述。惟所记各有所偏，亦所记互有详略耳。①

按这样很可以解释三传的差异。至于《左传》中有那么多经所不及的史实，刘师培说：

> 左丘明亦受业孔门，《左传》一书，所记所陈，亦大抵出于仲尼之语，特左氏于孔子所讲演者，复参考群书，传示来世。……仲尼讲授之时，不过仅详大旨，必非引诵全文，盖左氏复据百二十国宝书以补之耳。
>
> 《左氏》一书，本于百二十国宝书，记载较实，故战国学士大夫，莫不尊为信史。

对刘逢禄等人全面否定《左传》的言论，刘师培进行了反驳，重点还是在于《左传》乃《春秋》之传，他说：

> 近儒多以《左氏春秋》为伪书，而刘氏申受则以《左氏春秋》与《晏子春秋》、《铎氏春秋》相同，别为一书，与《春秋》经文无涉。然《史记·吴泰伯世家》云："予读古之《春秋》"，即指《左氏传》言，是史公明以《左传》为古之《春秋》矣。盖《公羊传》为《春秋》今文，故《左

---

① 刘师培《读左札记》，《刘申叔遗书》本。以下引刘师培语，除另注明者外，均同此注。

氏传》为《春秋》古文。又《汉书·翟方进传》言方进授《春秋左氏传》，若以《晏子春秋》、《铎氏春秋》例之，岂《晏子春秋》亦可称"春秋晏子传"，而《铎氏春秋》亦可称"春秋铎氏传"乎？以此知《左传》一书，与《春秋》经文相辅。特西汉之初，其学未昌，不及《公羊传》之盛耳。刘氏所言未足为信也。

针对今文家对《左传》的攻击，刘师培也采取入室操戈的手段，发掘《公》、《谷》先师有关《左传》的若干提法：

> 案汉《严氏春秋》引《观周篇》云："孔子将修《春秋》，与左丘明乘如周，观书于周史，归而修《春秋》之经；丘明为之传，共为表里。"《观周篇》者，《孔子家语》篇名，而引于汉人，且引于公羊经师，则《左传》为释经之书，固公羊家所承认矣。刘向《别录》云："左丘明授曾申"，刘向素以《谷梁》义难《左传》，而于《左传》之传授言之甚详，则《左传》为释经之书，又谷梁家所承认矣。

刘师培在撰《读左札记》的时候，思想激进，倾向革命，故他对《春秋》、《左传》的看法，也与一般古文经学家不同。当时革命派鼓吹排满，充分利用传统《春秋》学中严华夷之防的经义。刘师培一方面肯定今文经学中的这一思想，同时也着力挖掘《左传》中严辨华夷的传义，他说：

> 《公》、《谷》二传之旨，皆辨别内外，区析华戎。吾思丘明亲炙宣尼，备闻孔门之绪论，故《左传》一书，亦首严华夷之界。僖二十三年传云："杞成公卒，书曰子，杞，夷也。"二十七年传云："杞桓公来朝，用夷礼，故曰子。"此《左氏传》之大义，亦孔门之微言也。贾、服诸儒为《左氏》作注，进夏黜夷，足补传文所未及。隐元年天王使宰咺来归惠公仲子之赗，贾注云："畿内称王，诸夏称天王，夷狄称天子"，非区别华夷之意乎？僖四年楚屈完来盟于师，服注云："言来者，外楚也。"僖二十八年楚杀其大夫得臣，贾注云："不书族，陋也。"哀十三年传乃先晋人，贾注云："外传曰吴先歃，晋亚之。先叙晋，晋有信，又所以外吴。"非屏斥夷蛮之意乎？昭九年陈灾，贾、服注云："闵陈不与楚，故存陈而书之，言陈尚为国也。"昭二十三年吴败顿、胡、沈、蔡之师于鸡父，贾注云："鸡父之战，夷之故，不书晦。"非禁蛮夷之窥中国乎？《春秋》古谊，赖此仅存。

按夷夏之辨，在《左传》中本不明显，师培为适应排满之需要，不惜从汉儒贾逵、服虔的注中挖掘攘夷之义。可见当时古文学派也如今文家一样，利用经典进行政治斗争的自觉意识是很强的。

以章太炎、刘师培为代表的古文家并不局限于继承东汉以来古文经学的传统，他们也注意不断地给古文经典赋予新的思想、新的内容。他们主张革命、反对专制，因此在他们的笔下，《左传》也有了民主、民权等等内容。刘师培说：

> 辄近数年，皙种（按指白种人）政法学术播入中土，卢氏（卢梭）《民约》之论、孟氏（孟德斯鸠）《法意》之编，咸为知言君子所乐道。复援引旧籍，互相发明，以证皙种所言君民之理，皆前儒所已发。由是治经学者，咸好引《公》、《谷》二传之书，以其所言民权，多足附会西籍，而《春秋左氏传》则引者阙如。予案隐公四年经云："冬十有二月，卫人立晋。"《左氏传》云："书曰卫人立晋，众也"，以证君由民立，与《公》、《谷》二传相同。又宣四年经云"郑公子归生弑其君夷"，《左氏传》云："凡弑君称君，君无道也；称臣，臣之罪也"，以徼人君之虐民，与《公羊传》之释莒君被弑也，亦合若符节。曷尝若迂儒一孔之论，视人君为无上之尊哉！且《左氏传》所载粹言，亦多合民权之说。襄十四年传载晋师旷之言曰："天之爱民甚矣，岂其使一人肆于民上，以纵其淫而弃天地之性，必不然矣。"成十五年晋人执曹伯，《左氏传》云："不及其民也。凡君不道于其民，诸侯讨而执之，则曰某人执某侯，不然则否。"何一非警戒人君之词乎？又定公八年传云："卫侯欲叛晋，公朝国人，使王孙贾问焉"，哀元年传云："陈怀公朝国人而问焉，曰欲与楚者右，欲与吴者左"，足证春秋之时，各国之中，政由民议，合于《周礼》询危询迁之旨。而遗文佚事，咸赖《左传》而始传，则左氏之功甚巨矣。彼世之诋排左氏者，何足以窥左氏之精深哉！

按晚清西学东渐，西方的社会政治学说亦传入中国，今文学者得风气之先，每引《公羊》、《谷梁》以证西方之民主、民权诸说乃中国所旧有。章太炎、刘师培等，以古文经学家兼革命家，自不甘让今文经典独领风骚，当然也要对古文经典加以改造，他们发挥《左传》中反对君主专制的传义，挖掘那些富有民主精神的"粹言"，使他们革命的思想和理论，最大限度地得到传统经典的支持。上引刘师培的这一段议论，可以说是晚清古文经学家对《春秋》经传的最富有时代精神的开发和利用。

三、刘师培对改良派公羊学说的批判

刘师培于1907年作《论孔子无改制之事》，对以康有为为代表的改良派利用公羊学宣传改制、变法，进行了猛烈的抨击。他承认中国历代制度总在变化，但认为中国自古改革制度之权均操于君主之手。孔子改制之说始于汉儒，历来并不被人肯定。且改制之说，大多出自谶纬，而谶纬起于秦汉之际，盛于哀平之间，绝非儒家正脉。从史实来看，孔子既无改制的思想，亦无改制的实践。汉儒所以称孔子改制，盖由于诸种经典中所记之制度互有不同，遂臆指某制为孔子所改之制。实际上经典所记制度不同，可能有几个原因。一是周王朝颁行之制未必行于列国，遂造成各国制度的歧异；二是周代之制，本身前后就不一样，西周、东周就有很大的不同；三是列国之时，多变古制。加以古代之制，因地、因事、因时而殊，这些与孔子的改制，是全不相关的。刘师培此说，颇具史识，因此对孔子改制说的批判是很有力的。对康有为所津津乐道的"王鲁、新周、故宋"、"以《春秋》当新王"等等公羊之说，刘师培也给予了批判，并探讨了"王鲁"之说的来源，他说：

> 《史记·孔子世家》言"孔子据鲁亲周故宋"，据鲁者，以鲁为主也……言所记之事以鲁为主，"据"字之音义近于"主"。西汉初年，钞胥者误"主"为"王"，儒生以讹传讹，遂有王鲁之谬说。……若夫亲周之说，盖以周为天子，且为鲁国之宗国，故施亲亲之谊。……至"亲"误为"新"，汉儒不解其词，遂有新周之谬说。若夫故宋之说，不过以宋为古国之后耳。史公盖亲见古书，故能据其文以证董生之谬。……汉儒既创新周王鲁之讹言，犹以为未足，更谓孔子以《春秋》当新王，又自变其"王鲁"之说。又以"王鲁"为托词，以为王鲁者，乃托新王受命于鲁，实则孔子为继周之王，即为制法之王也。其说均迂曲难通。①

按这样就从根本上抽掉了孔子改制说的公羊学基础。刘师培还对公羊家的孔子素王说进行了批判。他指出，"周秦以前无有称孔子为素王者，以孔子为素王始于纬书"。针对康有为的种种谬说，刘氏指出，《公羊》所谓"文王"、荀孟所言"圣王"、庄孟所言之"先王"、荀子所言之"后王"，都不是指孔子而言的，而且更重要的是，"儒家素无帝王思想"，儒者之志，最多以卿相三公为期，绝不敢以天子自居。"至于孔子之徒多尊孔子为圣人"，这都是"学者标榜

---

① 刘师培《论孔子无改制之事》，《左庵外集》卷五，《刘申叔遗书》本。

之词","何得据后儒标榜孔子之词,遂以孔子为帝王乎"?而汉儒以王拟孔子,那是为了通过说孔子端门受命,为汉制法,来论证汉朝统治之合理性与合法性,"若明其立说之隐,则汉儒之说不难立破。故知纬书不足信,则知孔子之不称王;知孔子之不称王,即知孔子之未尝改制。无稽之说,其亦可以息喙矣"。①

在晚清政治风云当中,改良家利用今文《春秋》学宣传维新变法,革命家则针锋相对,利用古文之《春秋》学鼓吹革命,遂引起学界今古两派的激烈的抗争。随着清王朝的垮台,经学也走到了尽头,有关《春秋》学的争论也随之渐趋寂灭。此后对《春秋》经传的研究,已与政治脱离了干系。由于古文学派有视《春秋》为史学的传统,故古文派的《春秋》学研究更易于被纳入新时代的"纯学术"的研究轨道。而今文家的《春秋》学理论,除研究学术史和政治思想史的人尚不断孜孜爬梳以外,已很少有人问津了。

---

① 刘师培《论孔子无改制之事》,《左庵外集》卷五,《刘申叔遗书》本。

参 考 书 目

《二十四史》,中华书局点校本。
《十三经注疏》,中华书局,1980年影印本。
《四库全书总目》,中华书局,1965年影印本。
《全上古三代秦汉三国六朝文》,中华书局,1958年。
《全唐文》,中华书局,1983年。
《全宋文》,巴蜀书社,1988年。
《唐会要》,中华书局,1955年。
《宋会要辑稿》,中华书局,1957年影印本。
《太平御览》,中华书局,1960年影印本。
《文献通考·经籍考》,华东师范大学出版社,1985年点校本。
《碑传集》、《续碑传集》,上海书店影印本。
《国朝耆献类征初编》,光绪刻本。
《清史列传》,中华书局,1987年。
董仲舒:《春秋繁露》,《四部丛刊》本。
刘向:《说苑》,《四部丛刊》本。
徐干:《中论》,《四部丛刊》本。
荀悦:《申鉴》,《四部丛刊》本。
郑玄:《起废疾》(辑佚本),《丛书集成》本。
王充:《论衡》,《四部丛刊》本。
杜预:《春秋释例》,《丛书集成》本。
皇侃:《论语义疏》,《知不足斋丛书》本。
颜之推:《颜氏家训》,天津古籍出版社,1995年。
陆德明:《经典释文》,上海古籍出版社,1984年影印本。
王通:《中说》,《四部丛刊》本。

《大中遗事》，《说郛三种》本，上海古籍出版社，1988年。
刘知几：《史通》，上海古籍出版社点校《史通通释》本，1978年。
陆淳：《春秋集传纂例》、《春秋集传辨疑》，《丛书集成》本。
孙复：《春秋尊王发微》、《孙明复小集》，《四库全书》本。
石介：《徂徕集》，《四库全书》本。
王晢：《春秋皇纲论》，《四库全书》本。
刘敞：《春秋权衡》、《春秋意林》、《春秋传》，《四库全书》本。
孙觉：《春秋经解》，《丛书集成》本。
王安石：《临川先生文集》，《四部丛刊》本。
苏辙：《春秋集解》，《四库全书》本。
崔子方：《春秋经解》、《春秋本例》，《四库全书》本。
程颢、程颐：《二程集》，中华书局，1981年点校本。
萧楚：《春秋辨疑》，《四库全书》本。
叶梦得：《春秋谳》、《春秋考》、《春秋传》，《四库全书》本。
胡安国：《春秋传》，《四部丛刊续编》本。
高闶：《春秋集注》，《四库全书》本。
朱熹：《朱子语类》，中华书局，1986年。
王应麟：《困学纪闻》，《四部丛刊三编》本。
陈振孙：《直斋书录解题》，上海古籍出版社，1987年。
晁公武：《郡斋读书志》，上海古籍出版社。
陈傅良：《春秋后传》，《四库全书》本。
吕祖谦：《左氏传说》，《丛书集成》本。
吕祖谦：《左氏博议》、《左氏传续说》，《四库全书》本。
张洽：《春秋集注》，《四库全书》本。
林希逸：《竹溪鬳斋十一稿续集》，《四库全书》本。
陈亮：《龙川集》，《四库全书》本。
黄仲炎：《春秋通说》，《四库全书》本。
赵鹏飞：《春秋经筌》，《四库全书》本。
吕大圭：《春秋或问》、《春秋五论》，《四库全书》本。
吴曾：《能改斋漫录》，《丛书集成》本。
吴莱：《渊颖吴先生集》，《四部丛刊》本。
吴澄：《春秋纂言》、《吴文正集》，《四库全书》本。

程端学：《春秋本义》、《春秋或问》、《春秋三传辨疑》，《四库全书》本。

赵汸：《春秋师说》、《春秋属辞》、《春秋集传》、《春秋左氏传补注》、《东山存稿》，《四库全书》本。

李廉：《春秋诸传会通》，《四库全书》本。

汪克宽：《春秋胡传附录纂疏》，《四库全书》本。

胡广等：《春秋大全》，《四库全书》本。

张以宁：《春王正月考》，《四库全书》本。

邵宝：《左觿》，《四库存目丛书》本。

陆粲：《左传附注》，《四库全书》本。

傅逊：《左传属事》，《四库全书》本。

郝敬：《春秋直解》、《春秋非左》，《四库存目丛书》本。

《日讲春秋解义》，《四库全书》本。

《钦定春秋传说汇纂》，《四库全书》本。

《御纂春秋直解》，《四库全书》本。

李塨：《恕谷后集》，《四库存目丛书补编》本。

朱彝尊：《经义考》，乾隆乙亥刻本。

顾炎武：《日知录》，上海古籍出版社影印《日知录集释》本。

顾炎武：《亭林文集》，中华书局，1983年。

顾炎武：《左传杜解补正》，《皇清经解》本。

黄宗羲：《宋元学案》，中华书局，1986年。

黄宗羲：《明儒学案》，中华书局，1985年。

王夫之：《春秋稗疏》，《四库全书》本。

王夫之：《宋论》，中华书局，1964年。

朱鹤龄：《愚庵小集》，上海古籍出版社，1978年影印本。

朱鹤龄：《读左日钞》，《四库全书》本。

臧琳：《经义杂记》，《皇清经解》本。

魏禧：《魏叔子文集外篇》，易堂刊本《宁都三魏全集》。

郑梁：《寒村集·五丁集》，《四库存目丛书》本。

万斯大：《学春秋随笔》，《皇清经解》本。

万斯同：《群书疑辨》，嘉庆二十一年刻本。

毛奇龄：《大学证文》、《春秋毛氏传》、《春秋简书刊误》，《四库全书》本。

毛奇龄：《论语稽求篇》，《皇清经解》本。

李绂：《穆堂别稿》，乾隆丁卯刻本。
张尚瑗：《三传折诸》，《四库全书》本。
陈厚耀：《春秋长历》、《春秋世族谱》，《四库全书》本。
顾栋高：《春秋大事表》，《皇清经解续编》本。
高士奇：《春秋地名考略》，《四库全书》本。
惠栋：《九经古义》、《左传补注》，《四库全书》本。
余萧客：《古经解钩沉》，《四库全书》本。
戴震：《孟子字义疏证》，中华书局，1961年点校本。
戴震：《戴震文集》，中华书局，1980年点校本。
王念孙：《广雅疏证》，中华书局，1983年影印本。
段玉裁：《说文解字注》，上海古籍出版社，1981年影印本。
段玉裁：《经韵楼集》，《皇清经解》本。
钱大昕：《潜研堂文集》，上海古籍出版社，1989年。
钱大昕：《十驾斋养新录》，上海书店复印商务印书馆1937年版。
翁方纲：《经义考补正》，《丛书集成》本。
陈寿祺：《左海文集》，《皇清经解》本。
汪中：《述学》，《四部丛刊》本。
毕沅：《传经表》，《丛书集成》本。
纳兰性德：《通志堂集》，上海古籍出版社，1979年影印本。
全祖望：《鲒埼亭集外编》，《四部丛刊》本。
赵翼：《廿二史札记》，中华书局，1984年。
程晋芳：《勉行堂文集》，嘉庆二十五年本。
杨椿：《孟邻堂文钞》，嘉庆二十三年刻本。
王引之：《经义述闻》，《四部备要》本。
江藩：《汉学师承记》，商务印书馆，1935年。
赵坦：《春秋异文笺》，《皇清经解》本。
赵坦：《保甓斋文录》，嘉庆十五年原刻本。
李富孙：《春秋三传异文释》，《皇清经解续编》本。
李富孙：《校经庼文稿》，道光元年刻本。
洪亮吉：《春秋左传诂》，中华书局，1987年。
李贻德：《春秋左氏传贾服注辑述》，《皇清经解续编》本。
庄存与：《春秋正辞》，《皇清经解》本。

孔广森：《公羊通义》，《皇清经解》本。

马国翰：《玉函山房辑佚书》，江苏广陵古籍刻印社，1990年影印本。

阮元：《研经室集》，道光三年刻本。

焦循：《春秋左传补疏》，《皇清经解》本。

蔡上翔：《王荆公年谱考略》，上海人民出版社，1959年。

沈钦韩：《幼学堂文稿》，道光八年刻本。

沈钦韩：《春秋左氏传补注》，《丛书集成》本。

袁钧辑：《郑氏佚书·郑志》，光绪十四年浙江书局刊本。

曾朴：《补后汉书艺文志并考》，《二十五史补编》本。

严可均：《铁桥漫稿》，光绪十一年刻本。

姚振宗：《隋书经籍志考证》，《二十五史补编》本。

陈澧：《东塾读书记》，《皇清经解》本。

刘文淇：《青溪旧屋文集》，光绪九年刻本。

刘文淇：《春秋左氏传旧注疏证》，科学出版社，1959年。

刘文淇：《左传旧疏考正》，《皇清经解续编》本。

刘逢禄：《刘礼部集》，道光十年刻本。

刘逢禄：《公羊春秋何氏解诂笺》、《春秋公羊经何氏释例》、《左氏春秋考证》，《皇清经解》本。

黄承吉：《梦陔堂文集》，道光二十三年刻本。

包慎言：《广英堂遗稿》，同治八年刻本。

刘毓崧：《通义堂文集》，咸丰刻本。

刘恭冕：《广经室文钞》，同治刻本。

《龚自珍全集》，上海人民出版社，1975年。

《魏源集》，中华书局，1976年。

陈立：《句溪杂著》，《广雅书局丛书》本。

王先谦：《汉书补注》，中华书局1983年影印本。

皮锡瑞：《经学通论》，中华书局，1954年。

皮锡瑞：《经学历史》，中华书局，1959年。

廖平：《公羊解诂十论》，光绪十年刊本。

廖平：《六译馆丛书》，四川存古书局刊本。

《廖平学术论著选集》（一），巴蜀书社，1989年。

康有为：《孔子改制考》，中华书局，1958年。

康有为：《春秋董氏学》，中华书局，1990年。
康有为：《孟子微》，中华书局，1987年。
康有为：《新学伪经考》，三联书店，1998年。
《康有为全集》第二集，上海古籍出版社，1990年。
章梫：《一山文存》，民国七年刻本。
崔适：《春秋复始》，民国七年北京大学出版部排印本。
孙诒让：《墨子间诂》，台北世界书局，1986年。
《章太炎全集》（二）（三），上海人民出版社，1984年。
《章太炎全集》（四），上海人民出版社，1985年。
《中国现代学术经典》章太炎卷，河北教育出版社，1996年。
汤志钧编：《章太炎政论选集》，中华书局，1977年。
刘师培：《左庵集》、《左庵外集》、《读左札记》、《荀子斠补》，《刘申叔遗书》本。
梁启超：《中国近三百年学术史》，北京，中国书店，1985年。
钱穆：《中国近三百年学术史》，商务印书馆，1997年。
钱穆：《两汉经学今古文平议》，商务印书馆，2001年。
钱穆：《先秦诸子系年考辨》，中华书局，1985年。
冯友兰：《中国哲学史新编》（修订本），人民出版社，1982年。
王国维：《观堂集林》，中华书局，1959年。
洪业：《洪业论学集》，中华书局，1981年。
杨伯峻：《春秋左传注》，中华书局，1981年。
胡念贻：《〈左传〉的真伪和写作时代问题考辨》，载于《文史》第十一辑。
马宗霍：《中国经学史》，商务印书馆，1937年。
金德建：《太史公所见书考》，上海人民出版社，1963年。
金德建：《经今古文字考》，齐鲁书社，1986年。
江侠庵编译：《先秦经籍考》，上海文艺出版社，1990年影印本。
本田成之：《中国经学史》，上海书店出版社，2001年。
蒋伯潜：《十三经概论》，上海古籍出版社，1983年。
傅隶朴：《春秋三传比义》，中国友谊出版公司，1984年。
顾颉刚：《春秋三传及国语之综合研究》，巴蜀书社，1988年。
顾颉刚主编：《古史辨》第五册，上海古籍出版社，1982年。
赵光贤：《古史考辨》，北京师范大学出版社，1987年。

朱维铮编：《周予同经学史论著选集》，上海人民出版社，1983年。
杨向奎：《绎史斋学术文集》，上海人民出版社，1983年。
钱钟书：《管锥编》第一册，中华书局，1979年。
刘汝霖：《汉晋学术编年》，中华书局，1987年。
侯外庐等：《中国思想通史》第二卷，人民出版社，1957年。
王利器：《郑康成年谱》，齐鲁书社，1983年。
韩国磐：《魏晋南北朝史纲》，人民出版社，1983年。
张舜徽：《清儒学记》，齐鲁书社，1991年。
李亚农：《李亚农史论集》，上海人民出版社，1962年。
牟润孙：《注史斋丛稿》，中华书局，1987年。
汤用彤：《汉魏两晋南北朝佛教史》，中华书局，1983年。
韩儒林主编：《元朝史》，人民出版社，1986年。
刘正浩：《左海钩沉》，台北，东大图书出版公司，1997年。
简博贤：《今存三国两晋经学遗籍考》，台北，三民书局，1986年。
潘重规：《春秋公羊疏作者考》，《志林》，1940年第1号。
钟肇鹏：《谶纬论略》，辽宁教育出版社，1991年。
许冠三：《康南海的三世进化史观》，载于《近代中国思想人物论——晚清思想》，台北时报文化出版事业有限公司，1980年。
周桂钿：《董学探微》，北京师范大学出版社，1989年。
周桂钿主编：《中国传统政治哲学》，河北人民出版社，2001年。
汤志钧等：《西汉经学与政治》，上海古籍出版社，1994年。
陈祖武：《清初学术思辨录》，中国社会科学出版社，1992年。
刘泽华：《先秦政治思想史》，南开大学出版社，1985年。
张高评：《左传导读》，台北，文史哲出版社，1987年。
张高评：《春秋书法与左传学史》，台北，五南图书出版公司，2002年。
赵生群：《春秋经传研究》，上海古籍出版社，2000年。
卢钟锋：《论胡安国及其春秋传》，《中国史研究》1982年第3期。
王冀民、王素：《文中子辨》，载于《文史》第二十辑。
沈玉成、刘宁：《春秋左传学史稿》，江苏古籍出版社，1992年。
杨慎之、黄丽镛编：《魏源思想研究》，湖南人民出版社，1987年。
孙文光、王世芸编：《龚自珍研究资料集》，黄山书社，1984年。
张帆：《元代经筵述论》，《元史论丛》第五辑，中国社会科学出版社，1993年。

黄开国：《廖平评传》，南昌，百花洲文艺出版社，1993年。
黄开国：《评康有为与廖平的思想纠葛》，《社会科学辑刊》1990年第5期。
艾尔曼：《经学、政治和宗族——中华帝国晚期常州今文学派研究》，江苏人民出版社，1998年。
马勇：《汉代春秋学研究》，四川人民出版社，1992年。
吴雁南主编：《清代经学史通论》，云南大学出版社，1993年。
蒋庆：《公羊学引论》，辽宁教育出版社，1995年。
郑师渠：《晚清国粹派文化思想研究》，北京师范大学出版社，1997年。

（本书引用古籍，有些属于今人整理本，但本书所施标点，可能与所引用的整理本不尽相同，特此说明。）

后　记

　　此书之结撰，经始于1991年1月，那时我刚到南开大学古籍所工作不久，经过反复的考虑和筛选，择定了这样一个课题。最初以为三五年即可蒇事，不意一干就是十二年！起初进展还算顺利。后来，所里的一个大型项目上马了，大家都投入到这个项目中去，个人的科研就只好安排在了次要的位置。1993年，我承乏古籍所的所长，肩上的责任更重了些，这本书的写作虽然没有停止，速度却明显地慢了下来。同时，随着研究的深入，课题本身的困难也暴露得日益明显。我原以为凭我已有的经学素养，写这样一部书是不成问题的。但在实际写作时却常常发现，有些原来自以为熟悉的东西，其实往往不过是皮毛之论，影响之谈，因此必须静下心来，重新钻研旧籍。这给了我很大的刺激，促使我去更认真地读书，这样写作的进度自然就更慢了。1998年，所里的大项目结束，遂得以全力以赴，用心于兹。转年，全国高校古委会将《春秋学史》列为直接资助项目，这使我很受鼓舞，更加速了写作的进程。到去年年底，全稿终于告竣，此时的心境，恰似一个越野长跑的选手，历尽千辛万苦到达了终点，回首漫漫来路，已记不清有多少曲折了！古人云："十年树木"。用十几年的时间写出一部书来，本不算什么稀罕事；但对于一个人来说，确非可以轻易言之，"树犹如此，人何以堪"，何况那十年，正是人生中最年富力强且负累沉重的一段时光呢！如今这本书即将面世，十来年的心血总算有了个交代。在慨然于韶华易逝之余，也多少感到些欣慰，在学术发展的长河中，毕竟做出了自己的一份贡献。至于这贡献的大小，自然要由读者去评说，知我罪我，其惟此书乎！

　　此书在写作过程中，曾蒙同事、朋友及学生热情帮忙，深情厚意，令我难以忘怀。在录入及校订原稿等方面，陈絜博士以及诸生张淑红、唐明贵、吴漱时、阎宝明、张峰、杨桂玲、张伟、庾向芳、刘亚科、马丽丽、周国琴等均曾施以援手,其中张淑红出力尤多,在此谨致谢忱。山东教育出版社的张颖女士,为此书的出版付出了巨大的努力,这位至今尚未曾谋面的女编辑,她的敬业精神以及工作的认真与细致,真令我非常钦佩,没有她的严格要求,本书也是很难达到目前这种编辑水准的。

赵伯雄谨记

2003年5月13日

再版后记

　　此书自 2004 年出版发行以来，受到了学术界一些同行的欢迎和肯定，这使我很受鼓舞，深知今日之学界，仍然有一批脚踏实地的学者，在寂寞的学术园地里默默耕耘，他们的好尚，并未随世风潮流而转移，但凡笃实的学术著作，仍为他们所关注。这部书的内容，说不上是什么重大题材，也不是人们普遍关心的热点问题，读者的面注定不会很广；但书中所论，却是实实在在的中国学问，对研究中国的经学史，探索中国的传统文化，理解中国人的传统政治哲学，都有不可替代的基础意义。因此，作为一种长线的学术产品，此书自有其立于书林的价值。屈指算来，从初版到今天，又已有将近十个年头了。今年夏天，山东教育出版社的张颖编辑、李广军主任来津，跟我商谈此书的再版事宜。他们的诚挚、热情，很让我感动。再版也是我的愿望，一则可以让今后有更多的年轻学者接触到此书，二则可以借此机会改正书中一些已发现的疏误之处。暑期过后，我用了两个月的时间，对全书加以修订。现在看来，变动不是很大，个别的地方增加了一些内容，主要纠正了一些细节上以及文字上的错误和疏漏。在此期间，我的学生白路、谷丽伟、马丽丽、赵友林、郑伟、郭明月、赵永磊等提出了一些建议和修改意见，有的意见我在修订时已经采纳了。谢谢这些可爱的同学们。当新版《春秋学史》即将面世之际，谨向为此书的出版付出辛劳的张颖、李广军二位编辑致以谢忱，并企盼这部书能对今后研究中国学问的人有更多的帮助。

赵伯雄记于南开大学龙兴里寓所
2013 年 11 月 30 日